NICOLAI M. SCHWARZ-GONDEK

Die neuere Rechtsprechung des Bundesgerichtshofs auf dem Gebiet des Steuerrechts

Schriften zum Steuerrecht

Herausgegeben von Prof. Dr. Joachim Lang
und Prof. Dr. Jens Peter Meincke

Band 90

Die neuere Rechtsprechung des Bundesgerichtshofs auf dem Gebiet des Steuerrechts

Dargestellt anhand ausgewählter Entscheidungen der BGH-Zivilsenate zu den Ertragsteuern

Von

Nicolai M. Schwarz-Gondek

Duncker & Humblot · Berlin

Die Juristische Fakultät der Universität Augsburg
hat diese Arbeit im Wintersemester 2004 / 2005
als Dissertation angenommen.

Bibliografische Information Der Deutschen Bibliothek

Die Deutsche Bibliothek verzeichnet diese Publikation in
der Deutschen Nationalbibliografie; detaillierte bibliografische
Daten sind im Internet über <http://dnb.ddb.de> abrufbar.

Fremddatenübernahme: Klaus-Dieter Voigt, Berlin
Druck: Berliner Buchdruckerei Union GmbH, Berlin
Printed in Germany

ISSN 0582-0235
ISBN 3-428-11911-8

Gedruckt auf alterungsbeständigem (säurefreiem) Papier
entsprechend ISO 9706 ♾

Internet: http://www.duncker-humblot.de

Meinen Eltern,
Dr. med. Erwin und Rosel Schwarz-Gondek,
in dankbarer Erinnerung gewidmet

Vorwort

Im Rahmen seiner Rechtsprechungstätigkeit sieht der Bundesgerichtshof sich immer wieder mit komplexen steuerrechtlichen Problemen konfrontiert. Dies gilt insbesondere für zivilrechtliche Schadensersatzprozesse gegen steuerliche Berater, in denen regelmäßig Steuerfragen als haftungsrechtliche Vorfragen zu beurteilen sind. Unter dem Gesichtspunkt der Wahrung der Einheitlichkeit der Rechtsprechung stellt sich dabei die Frage, inwieweit diese Steuerrechtsprechung des Bundesgerichtshofs mit der des Bundesfinanzhofs als steuerrechtlichem Fachgericht konform geht respektive ob der Bundesgerichtshof in den entsprechenden Entscheidungen zu – aus steuerrechtlicher Sicht – zutreffenden Ergebnissen gelangt. Die vorliegende Monographie, die im Wintersemester 2004/2005 der Juristischen Fakultät der Universität Augsburg als Dissertation vorgelegen hat, geht dieser Problematik anhand ausgewählter Entscheidungen der BGH-Zivilsenate zu den Ertragsteuern nach. Gesetzgebung, Rechtsprechung und Schrifttum sind bis November 2004 berücksichtigt.

Bei der Anfertigung der Arbeit habe ich von vielen Seiten Unterstützung erfahren, für die ich mich an dieser Stelle herzlich bedanken möchte.

In besonderem Maße danke ich meinem verehrten Doktorvater, Herrn Professor Dr. Klaus Offerhaus, für die Anregung des Themas sowie die zielführende Betreuung der Dissertation. Seine wertvollen fachlichen Hinweise haben die Arbeit maßgeblich beeinflusst und wesentlich zu ihrem Gelingen beigetragen. Herrn Professor Dr. Wolfgang Jakob danke ich für die rasche Erstellung des Zweitgutachtens und die dort gefundenen Worte. Zusammen mit meinem Doktorvater hat er eine zügige Durchführung des Promotionsverfahrens ermöglicht.

Mein Dank gebührt ferner Herrn Dr. Peter Bräutigam und Herrn Dr. Andreas Leupold, LL.M., Rechtsanwälte und Partner der Anwaltssozietät Nörr Stiefenhofer Lutz in München, die nicht nur mein Promotionsvorhaben nachhaltig unterstützt und gefördert, sondern auch meinen juristischen Werdegang während meiner Tätigkeit als wissenschaftlicher Mitarbeiter bei Nörr Stiefenhofer Lutz entscheidend geprägt haben. Dank schulde ich weiterhin Frau Dipl.-Kffr. Dr. Michaela Engel, Herrn VRiOLG Peter Göler, Herrn RA Dr. Timo Holzborn, Herrn RA Frank Richert sowie Herrn Dipl.-Kfm. Ralf Zwingel, die in zahlreichen kritischen Diskussionen den Entstehungsgang dieser Arbeit begleitet haben. Danken möchte ich auch dem Bibliotheksteam der Kanzlei Nörr Stiefenhofer Lutz unter Leitung von Frau Dagmar Keller, ohne dessen Hilfe bei der Literaturbeschaffung eine Fertigstellung der Arbeit während meines Studienaufenthaltes an der University of Southern California in Los Angeles nicht möglich gewesen wäre.

Abschließend danke ich den Herausgebern der „Schriften zum Steuerrecht“, Herrn Professor Dr. Joachim Lang und Herrn Professor Dr. Jens Peter Meincke, für die Aufnahme der Arbeit in die Schriftenreihe.

Santa Monica, im Oktober 2005 *Nicolai M. Schwarz-Gondek*

Inhaltsverzeichnis

Viertes Kapitel

Gewerbesteuer 279

Abkürzungsverzeichnis

a. A.	anderer Ansicht
abl.	ablehnend
Abs.	Absatz
AcP	Archiv für die civilistische Praxis
a. E.	am Ende
a. F.	alte Fassung
AfA	Absetzungen für Abnutzungen
AfaA	Absetzungen für außergewöhnliche technische oder wirtschaftliche Abnutzungen
AG	Die Aktiengesellschaft
AktG	Aktiengesetz
allg.	allgemein
Alt.	Alternative
a. M.	andere Meinung
Anh.	Anhang
Anm.	Anmerkung
AO	Abgabenordnung
Art.	Artikel
Aufl.	Auflage
AVL	Amt für Verteidigungslasten
Az.	Aktenzeichen
BayObLG	Bayerisches Oberstes Landesgericht
BB	Betriebsberater
BBG	Bundesbeamtengesetz
Begr./begr.	Begründer/begründet
BewG	Bewertungsgesetz
BFH	Bundesfinanzhof
BFHE	Entscheidungen des Bundesfinanzhofs
BFH/NV	Sammlung amtlich nicht veröffentlichter Entscheidungen des Bundesfinanzhofs
BGB	Bürgerliches Gesetzbuch
BGBl.	Bundesgesetzblatt
BGH	Bundesgerichtshof
BGHSt	Entscheidungen des Bundesgerichtshofs in Strafsachen
BGHZ	Entscheidungen des Bundesgerichtshofs in Zivilsachen
BiRiLiG	Bilanzrichtlinien-Gesetz

Bl.	Blatt
BMF	Bundesminister(ium) für Finanzen
BStBl.	Bundessteuerblatt
BT-Drs.	Bundestags-Drucksache
BVerfG	Bundesverfassungsgericht
BVerfGE	Entscheidungen des Bundesverfassungsgerichts
bzw.	beziehungsweise
ca.	circa
Co.	Compagnie
DB	Der Betrieb
ders.	derselbe
d.h.	das heißt
dies.	dieselbe/n
Diss.	Dissertation
DNotZ	Deutsche Notar-Zeitschrift
Dok.	Dokument
DRiZ	Deutsche Richterzeitung
DStR	Deutsches Steuerrecht
DStZ	Deutsche Steuer-Zeitung
EFG	Entscheidungen der Finanzgerichte
EinfGRealStG	Einführungsgesetz zu den Realsteuergesetzen
EK	Eigenkapital
EStDV	Einkommensteuerdurchführungsverordnung
EStG	Einkommensteuergesetz
EStR	Einkommensteuerrichtlinien
EStRG	Einkommensteuerreformgesetz
etc.	et cetera
e.V.	eingetragener Verein
EWiR	Entscheidungen zum Wirtschaftsrecht
f.	folgend(e)
ff.	fortfolgend(e)
FAG	Finanzausgleichsgesetz
FG	Finanzgericht
FGO	Finanzgerichtsordnung
FinVtr	Finanzvertrag
Fn.	Fußnote
FR	Finanz-Rundschau
FS	Festschrift
FWW	Die Freie Wohnungswirtschaft
GbR	Gesellschaft bürgerlichen Rechts
gem.	gemäß
GenG	Gesetz betreffend die Erwerbs- und Wirtschaftsgenossenschaften

GewSt	Gewerbesteuer
GewStDV	Gewerbesteuerdurchführungsverordnung
GewStG	Gewerbesteuergesetz
GewSt-VereinfVO	Gewerbesteuervereinfachungsverordnung
GG	Grundgesetz
ggf.	gegebenenfalls
GmbH	Gesellschaft mit beschränkter Haftung
GmbHG	Gesetz betreffend die Gesellschaft mit beschränkter Haftung
GmbHR	GmbH-Rundschau
Großkomm.	Großkommentar
GrS	Großer Senat
Hdb.	Handbuch
HFR	Höchstrichterliche Finanzrechtsprechung
HGB	Handelsgesetzbuch
h. M.	herrschende Meinung
Hrsg./hrsg.	Herausgeber/herausgegeben
HS.	Halbsatz
i. d. F.	in der Fassung vom/von
i. d. R.	in der Regel
IDW	Institut der Wirtschaftsprüfer
i. e.	id est
i. H. v.	in Höhe von
i. S. d.	im Sinne des/der
i. S. v.	im Sinne von
i. V. m.	in Verbindung mit
JbFSt	Jahrbuch der Fachanwälte für Steuerrecht
JR	Juristische Rundschau
JZ	Juristenzeitung
Kap.	Kapitel
KapErhG	Gesetz über die Kapitalerhöhung aus Gesellschaftsmitteln und über die Gewinn- und Verlustrechnung
Kfz	Kraftfahrzeug
KG	Kommanditgesellschaft
KGaA	Kommanditgesellschaft auf Aktien
KÖSDI	Kölner Steuerdialog
KStG	Körperschaftsteuergesetz
KStR	Körperschaftsteuerrichtlinien
LAG	Lastenausgleichsgesetz
LBG	Landesbeamtengesetz
LG	Landgericht
lit.	littera (Buchstabe)
LM	Nachschlagewerk des Bundesgerichtshofs, hrsg. von Lindenmaier, Möhring u. a.

m. Anm.	mit Anmerkung
MDR	Monatsschrift für Deutsches Recht
Mio.	Million(en)
m. w. N.	mit weiteren Nachweisen
n. F.	neue Fassung
NJW	Neue Juristische Wochenschrift
NJW-RR	Neue Juristische Wochenschrift-Rechtsprechungsreport
Nr.	Nummer
NTS	NATO-Truppenstatut
n. v.	nicht veröffentlicht
NWB	Neue Wirtschafts-Briefe
OFD	Oberfinanzdirektion
oHG	offene Handelsgesellschaft
OLG	Oberlandesgericht
OLGR	OLGReport
Pkw	Personenkraftwagen
RA	Rechtsanwalt
Rdnr.	Randnummer
RFH	Reichsfinanzhof
RGBl.	Reichsgesetzblatt
RiOLG	Richter am Oberlandesgericht
rkr.	rechtskräftig
RsprEinhG	Gesetz zur Wahrung der Einheitlichkeit der Rechtsprechung der obersten Gerichtshöfe des Bundes
RStBl.	Reichssteuerblatt
S.	Satz, Seite
s.	siehe
s. a.	siehe auch
sog.	so genannt
StÄndG	Steueränderungsgesetz
StBerG	Steuerberatungsgesetz
StbJb	Steuerberater-Jahrbuch
StBp	Die steuerliche Betriebsprüfung
StEntlG	Steuerentlastungsgesetz
st. Rspr.	ständige Rechtsprechung
StSenkG	Steuersenkungsgesetz
StuW	Steuer und Wirtschaft
StVergAbG	Steuervergünstigungsabbaugesetz
Tz.	Textzahl
u. a.	unter anderem
UmwStG	Umwandlungssteuergesetz
UntStFG	Unternehmenssteuerfortentwicklungsgesetz

usw.	und so weiter
u. U.	unter Umständen
v.	von/vor
VersR	Versicherungsrecht
vGA/VGA	verdeckte Gewinnausschüttung
vgl.	vergleiche
v. H.	vom Hundert
VStRG	Vermögensteuerreformgesetz
VuV	Vermietung und Verpachtung
WEG	Gesetz über das Wohnungseigentum und das Dauerwohnrecht, Wohnungseigentumsgesetz
WGG	Wohnungsgemeinnützigkeitsgesetz
WiB	Wirtschaftsrechtliche Beratung
WM	Zeitschrift für Wirtschafts- und Bankrecht, Wertpapier-Mitteilungen
WpG	Die Wirtschaftsprüfung
WuB	Entscheidungssammlung Wirtschafts- und Bankrecht
z. B.	zum Beispiel
ZGR	Zeitschrift für Unternehmens- und Gesellschaftsrecht
ZHR	Zeitschrift für das gesamte Handels- und Wirtschaftsrecht
ZIP	Zeitschrift für Wirtschaftsrecht und Insolvenzpraxis
z. T.	zum Teil

Einleitung

In der Bundesrepublik Deutschland ist die rechtsprechende Gewalt (Judikative) in fünf selbständige Gerichtszweige aufgegliedert, die im Grundsatz jeweils für unterschiedliche Arten von Rechtsgebieten zuständig sind.[1] Während die *ordentliche Gerichtsbarkeit* (Zivil- und Strafgerichtsbarkeit) in zivilrechtlichen Streitigkeiten sowie Straf- und Bußgeldverfahren zur Entscheidung berufen ist, ist die *Verwaltungsgerichtsbarkeit* bei Konflikten zwischen Bürger und Staat oder Kommune[2] oder zwischen verschiedenen Gebietskörperschaften zuständig. Die *Arbeitsgerichtsbarkeit* entscheidet über Streitigkeiten zwischen Arbeitgebern und einzelnen Arbeitnehmern oder ihren Interessenvertretungen, und die Haupttätigkeit der *Sozialgerichtsbarkeit* liegt auf dem Gebiet der Sozialversicherungen. Die *Finanzgerichtsbarkeit* entscheidet schließlich im Wesentlichen in öffentlich-rechtlichen Streitigkeiten betreffend Abgabenangelegenheiten, soweit es sich um Abgaben handelt, die der Gesetzgebung des Bundes unterliegen und durch Bundes- bzw. Landesfinanzbehörden verwaltet werden.[3]

Diese Binnendifferenzierung bedeutet jedoch nicht, dass die Gerichte innerhalb eines Gerichtszweiges nur mit Rechtsfragen aus der jeweiligen Gerichtsbarkeit konfrontiert sind. Das Ineinandergreifen der verschiedenen Rechtsgebiete im Gesamtsystem einer auf Einheit bedachten Rechtsordnung bedingt vielmehr, dass sich das Gericht eines Zweiges unter Umständen auch mit Problemen aus einer anderen Gerichtsbarkeit konfrontiert sieht. Gesellschaftsrechtliche Sachverhalte werden beispielsweise nicht nur von den ordentlichen Gerichten, sondern aufgrund der engen Verflechtung zwischen Gesellschafts- und Steuerrecht auch von den Finanzgerichten entschieden. Umgekehrt gibt es insbesondere im Bereich von Haftungsprozessen Fallkonstellationen, in denen die Zivilgerichte auf dem Gebiet des Steuerrechts judizieren.

---

[1] Vgl. Art. 95 Abs. 1 des Grundgesetzes.

[2] Eine Ausnahme bilden insoweit u.a. die Amtshaftungsansprüche (Art. 34 GG i.V.m. § 839 BGB); für diese Ansprüche ist der ordentliche Rechtsweg gegeben, vgl. Art. 34 S. 3 GG.

[3] Die oberste Instanz jedes Gerichtszweiges bildet ein vom Bund eingerichteter oberster Gerichtshof. Entsprechend der dargestellten Aufgliederung der Judikative existieren derzeit fünf oberste Gerichtshöfe: der *Bundesgerichtshof* mit Sitz in Karlsruhe, das *Bundesverwaltungsgericht* mit Sitz in Leipzig, der *Bundesfinanzhof* mit Sitz in München, das *Bundesarbeitsgericht* mit Sitz in Erfurt sowie das *Bundessozialgericht* mit Sitz in Kassel.

Mit einem Teilaspekt der letztgenannten Schnittstellenproblematik befasst sich die vorliegende Arbeit. Sie soll aufzeigen, inwieweit der *Bundesgerichtshof* als oberste Instanz der ordentlichen Gerichtsbarkeit in seiner bisherigen Rechtsprechung *Steuerfragen* zu entscheiden hatte. Dabei wird insbesondere der Frage nachgegangen, ob der Bundesgerichtshof dabei zu aus steuerrechtlicher Sicht zutreffenden Ergebnissen gekommen ist sowie „ob“ und „wie“ er sich mit der Rechtsprechung des obersten Steuergerichts, des Bundesfinanzhofs, auseinander gesetzt hat. Eine solche Untersuchung erscheint insbesondere deshalb lohnend, weil sich das deutsche Steuerrecht aufgrund des seit Jahren ungebremsten Aktionismus des Gesetzgebers[4] zu einer komplexen Materie entwickelt hat (allein das Einkommensteuergesetz (EStG) besteht aus fast 100 Paragraphen mit über 650 Absätzen), die nicht einmal von Steuerexperten verlässlich beurteilt werden kann.[5] Divergenzen in der Rechtsanwendung zwischen den beiden obersten Bundesgerichten sind daher nicht auszuschließen. Von der Sache her dürften sie jedoch deshalb nicht vorkommen, weil dem Bundesgerichtshof ebenso wie den anderen obersten Bundesgerichten neben der Aufgabe der Rechtskontrolle im Einzelfall vor allem die Funktion zukommt, die *Rechtseinheit* zu wahren.

---

[4] *Lang,* in: Tipke/Lang, Steuerrecht, 17. Aufl., Vorwort S. VII spricht insoweit von einem „Stakkato der Steueränderungsgesetzgebung“.

[5] So der Vizepräsident des Deutschen Bundestages und Finanzpolitische Sprecher der FDP-Bundestagsfraktion, Dr. Hermann Otto Solms, in einer aktuellen Stellungnahme zur Notwendigkeit einer Steuerreform („Steuererklärung in einer Stunde“), abrufbar über http://solms.org.liberale.de (Stand Oktober 2004).

Erstes Kapitel

Bestimmung des Untersuchungsgegenstandes

Nachdem das zur Bearbeitung gestellte Thema mit der „Rechtsprechung des Bundesgerichtshofs auf dem Gebiet des Steuerrechts“ sehr breit angelegt war, stand am Anfang der Untersuchung eine umfassende methodische Auswertung aller Entscheidungen des Bundesgerichtshofs seit dessen Errichtung im Jahre 1950. Diese Auswertung, die einerseits die beiden amtlichen Entscheidungssammlungen des Bundesgerichtshofs – die Entscheidungen des Bundesgerichtshofs in Zivilsachen (BGHZ) und die Entscheidungen des Bundesgerichtshofs in Strafsachen (BGHSt) – sowie andererseits die wichtigsten juristischen Zeitschriften[6] berücksichtigte, war darauf ausgelegt, diejenigen Entscheidungen herauszufiltern, in denen der Bundesgerichtshof bei der Beurteilung steuerrechtlicher Fragen ausdrücklich auf Entscheidungen des Bundesfinanzhofs Bezug genommen hat. Dementsprechend basierte die Auswertung auf den folgenden formalen Kriterien:

- der Tatsache, ob im Tatbestand oder den Entscheidungsgründen eine oder mehrere – unter Umständen auch heute nicht mehr existierende – Steuerarten[7] begrifflich erschienen und
- der Tatsache, ob in den Entscheidungsgründen einzelne Entscheidungen des Bundesfinanzhofs zitiert wurden bzw. allgemein auf die Rechtsprechung des Bundesfinanzhofs hingewiesen wurde.

Dieser erste Schritt lieferte weit über 300 Entscheidungen, die grundsätzlich für das mit der vorliegenden Untersuchung verfolgte Ziel relevant erschienen. Da eine vollständige Analyse all dieser Entscheidungen den Rahmen der vorliegenden Arbeit gesprengt hätte, bestand die Notwendigkeit, den Untersuchungsgegenstand weiter einzugrenzen. Dabei erschienen zwei Möglichkeiten nahe lie-

---

[6] An dieser Stelle seien exemplarisch die folgenden Zeitschriften genannt: Aktiengesellschaft (AG), Betriebs-Berater (BB), Der Betrieb (DB), Deutsches Steuerrecht (DStR), Monatsschrift für Deutsches Recht (MDR), Neue Juristische Wochenschrift (NJW), NJW-Rechtsprechungs-Report Zivilrecht (NJW-RR), Zeitschrift für Versicherungsrecht (VersR), Wertpapiermitteilungen (WM) sowie Zeitschrift für Wirtschaftsrecht und Insolvenzpraxis (ZIP).

[7] In die Suche wurden die folgenden *Steuerarten* einbezogen: Branntweinsteuer, Einkommensteuer, Erbschaftsteuer, Gewerbesteuer, Grunderwerbsteuer, Grundsteuer, Kirchensteuer, Körperschaftsteuer, Kraftfahrzeugsteuer, Mineralölsteuer, Schenkungsteuer, Tabaksteuer, Umsatzsteuer, Vermögensteuer sowie Versicherungsteuer.

gend: einerseits eine Begrenzung in sachlicher Hinsicht (z.B. auf bestimmte Steuerarten), andererseits eine Beschränkung in zeitlicher Hinsicht (z.B. auf Entscheidungen des Bundesgerichtshofs, die innerhalb eines bestimmten Zeitraumes ergangen sind). Wie das endgültige Thema der Arbeit („Die *neuere* Rechtsprechung des Bundesgerichtshofs auf dem Gebiet des Steuerrechts – dargestellt anhand *ausgewählter* Entscheidungen der *BGH-Zivilsenate* zu den *Ertragsteuern*") erkennen lässt, fiel die Wahl auf eine Kombination beider Faktoren. Dazu im Einzelnen:

I. Begrenzung auf die neuere Rechtsprechung der BGH-Zivilsenate

1. Rechtsprechung der BGH-Zivilsenate

Eine erste grundlegende Entscheidung fiel in sachlicher Hinsicht zugunsten der Rechtsprechung der BGH-Zivilsenate und damit gegen eine Auswertung der strafrechtlichen Entscheidungen. Diese Auswahl beruhte im Wesentlichen auf den folgenden Erwägungen. Die kursorische Durchsicht der im ersten Schritt generierten Entscheidungen hatte eine ganze Reihe von Schadensersatzprozessen gegen steuerliche Berater (unter anderem Rechtsanwälte und Steuerberater) hervorgebracht, in denen sich verschiedene Zivilsenate des Bundesgerichtshofs als haftungsrechtliche Vorfrage mit steuerrechtlichen Problemen auseinander gesetzt haben. Die jeweiligen Prozesse waren regelmäßig an der Schnittstelle zwischen Gesellschaftsrecht und Steuerrecht angesiedelt und betrafen damit ein prominentes Beispiel der bereits in der Einleitung angesprochenen Schnittstellenproblematik. Da die Verfahren darüber hinaus zumeist die Folge fehlerhafter steuergestaltender Beratung waren, bot eine Fokussierung auf die Entscheidungen der BGH-Zivilsenate die Chance und gleichzeitig Herausforderung, nicht nur die entschiedenen steuerlichen Fragen nachzuzeichnen, sondern im Einzelfall auch weiterführende Überlegungen dahingehend einfließen zu lassen, wie eine den steuerrechtlichen und gesellschaftsrechtlichen Gegebenheiten am ehesten entsprechende Beratung hätte aussehen können.

2. „Neuere" Rechtsprechung

Neben der Begrenzung des Themas in sachlicher Hinsicht erschien eine zusätzliche zeitliche Limitierung auf *Entscheidungen* aus den *vergangenen fünfundzwanzig Jahren* – hier als „neuere" Rechtsprechung bezeichnet – sinnvoll. Insbesondere aufgrund der „manischen Betriebsamkeit"[8] des Gesetzgebers ist das deutsche Steuerrecht einem ständigen Wandel unterworfen. Einzelne Steuer-

---

[8] So *Boorberg* in dem Vorwort zu *Boorberg/Haas,* Steuerrecht II.

arten (z.B. die Vermögensteuer) wurden im Laufe der Zeit vollständig abgeschafft, andere Steuerarten haben grundlegende strukturelle Veränderungen erfahren. Hingewiesen sei nur auf den mehrfachen Systemwechsel innerhalb des Körperschaftsteuerrechts seit Mitte der 70er Jahre des letzten Jahrhunderts.[9] Aufgrund dieser steten Modifikationen sehen sich die heutige steuerrechtliche Forschung und Praxis mit anderen Fragen konfrontiert als noch vor vierzig oder fünfzig Jahren. Gleichsam ist zu berücksichtigen, dass sich die Sichtweise mancher Probleme aufgrund der Fortentwicklung der Rechtsprechung geändert hat. Schon deshalb lag es nahe, die „früheren" Entscheidungen des Bundesgerichtshofs im Rahmen der vorliegenden Arbeit außer Betracht zu lassen. Hinzu kommt, dass es in der Regel mehrere Jahre dauert[10], bis eine Rechtsstreitigkeit dem Bundesgerichtshof als Revisionsinstanz zur Entscheidung vorliegt. Somit liegt es in der Natur der Sache, dass der Bundesgerichtshof oftmals mit steuerrechtlichen Fragestellungen konfrontiert ist, die – weil sie frühere Streitjahre betreffen – bereits im Jahr der Entscheidung infolge von Gesetzes- oder Rechtsprechungsänderungen obsolet sind.

Dies zugrunde gelegt erhöhte die vorgenommene Eingrenzung einerseits die Wahrscheinlichkeit, dass die verbleibenden Entscheidungen Probleme betrafen, die auch für die heutige steuerrechtliche Praxis noch Bedeutung entfalten. Andererseits schien der Zeitraum ausreichend, um eventuelle Entwicklungen und Tendenzen in der Rechtsprechung der BGH-Zivilsenate herausarbeiten zu können.

II. Begrenzung auf den Bereich der Ertragsteuern

Die dargestellten Begrenzungen des Untersuchungsgegenstandes genügten jedoch noch nicht, um eine überschaubare Anzahl von Entscheidungen der BGH-Zivilsenate herauszufiltern. Vielmehr verblieben noch immer deutlich mehr als einhundert grundsätzlich relevante Entscheidungen. Da diese Tatsache auf das breite Spektrum der in Betracht kommenden Steuerarten[11] zurückzuführen war, bestand ein weiterer Schritt darin, das Thema in sachlicher Hinsicht auf bestimmte Steuerarten zu beschränken. Dabei orientierte sich die Auswahl an den von der Steuerrechtswissenschaft entwickelten Methoden der Steuersystemati-

---

[9] Vgl. dazu ausführlich unten Kapitel 3: Körperschaftsteuer.

[10] *Schulte,* Rechtsprechungseinheit als Verfassungsauftrag, S. 144 nennt einen Zeitraum von 5 Jahren.

[11] *Gemeinschaftliche Steuern* (z.B. Einkommensteuer, Körperschaftsteuer, Umsatz- und Umsatzeinfuhrsteuer); *Bundessteuern* (Versicherungssteuer, Kaffeesteuer, Tabaksteuer, Branntweinsteuer, Schaumweinsteuer, Zwischenerzeugnissteuer, Mineralölsteuer, Stromsteuer); *Ländersteuern* (u.a. Erbschaftsteuer, Grunderwerbsteuer, Kraftfahrzeugsteuer, Rennwett- und Lotteriesteuer, Biersteuer) sowie *Gemeindesteuern* (z.B. Gewerbesteuer, Grundsteuer A + B).

sierung[12]. Da die Untersuchung nicht nur auf eine Steuerart begrenzt sein sollte, gleichzeitig aber zwischen den behandelten Steuerarten ein innerer Zusammenhang bestehen sollte, fiel die Wahl schlussendlich auf die Einkommensteuer, die Körperschaftsteuer und die Gewerbesteuer als *Ertragsteuern* – nicht zuletzt wegen ihrer herausragenden wirtschaftlichen und praktischen Bedeutung.

1. Begriff der Ertragsteuern

Historisch gesehen geht der Begriff der *„Ertragsteuer"* zurück auf den Begriff des Reinertrags, zu verstehen als Gewinn.[13] In Anlehnung an diese historische Begriffsbestimmung bezeichnet insbesondere die *betriebswirtschaftliche Steuerlehre*[14] alle Steuern, die an den erwirtschafteten Gewinn eines Betriebes anknüpfen, als Ertragsteuern. Auch im steuerrechtlichen Schrifttum hat diese Sichtweise Eingang gefunden und werden als Ertragsteuern die Steuern betrachtet, die an Einkünfte anknüpfen.[15] Nach diesem Begriffsverständnis, das auch der vorliegenden Untersuchung zugrunde liegt, zählen zu den Ertragsteuern die *Einkommensteuer* (einschließlich der Lohnsteuer), die Kirchensteuer als Annex zur Einkommensteuer, die *Körperschaftsteuer* sowie die *Gewerbe(ertrag)steuer*.

Um die Belastungswirkungen der Steuern zu verdeutlichen, grenzt die betriebswirtschaftliche Steuerlehre die *Ertragsteuern* von den *Substanzsteuern* ab.[16] Da die Substanzsteuerarten anders als die Ertragsteuern an Roh- und Reinvermögensgrößen anknüpfen,[17] können Steuern entstehen, die nicht aus den Vermögenserträgen entrichtet werden können, sondern Vermögenssubstanz abschöpfen. Substanzsteuern i. S. d. betriebswirtschaftlichen Steuerlehre sind die Grundsteuer, die Erbschaft- und Schenkungsteuer sowie die frühere Vermögensteuer und Gewerbekapitalsteuer.

---

[12] Geläufig ist die Systematisierung anhand eines oder mehrerer Merkmale; dementsprechend werden die folgenden Steuerarten unterschieden: *Direkte* und *indirekte* Steuern; *Personen-* und *Realsteuern*; *Ertrag-* und *Substanzsteuern*; *generelle* und *spezielle* Steuern; *gleichartige* und *nicht gleichartige* Steuern; *periodische* und *nichtperiodische* Steuern sowie *proportionale* und *progressive* Steuern, vgl. *Lang,* in: Tipke/Lang, Steuerrecht, 17. Aufl., § 8 Rdnr. 20 ff.

[13] Vgl. *K. Bräuer,* in: Handbuch der Finanzwissenschaft, S. 3.

[14] Vgl. nur *G. Rose,* Ertragsteuern, S. 1 ff.; *Wagner,* in: Kompendium der Betriebswirtschaftslehre, S. 414 ff.

[15] Vgl. statt vieler *Birk,* Steuerrecht, Rdnr. 530; *Lang,* in: Tipke/Lang, Steuerrecht, 17. Aufl., § 8 Rdnr. 22.

[16] Vgl. *G. Rose,* Die Steuerbelastung der Unternehmung; *ders.*, Die Substanzsteuern; *ders.*, Betriebswirtschaftliche Steuerlehre, S. 38 ff.; *Wagner/Dirrigl,* Die Steuerplanung der Unternehmung; *Georgi,* Steuern in der Investitionsplanung.

[17] *Lang,* in: Tipke/Lang, Steuerrecht, 17. Aufl., § 8 Rdnr. 22.

2. Wirtschaftliche Bedeutung der Ertragsteuern

Wie bereits angedeutet stellen die Ertragsteuern eine bedeutende Einnahmequelle für die öffentlichen Haushalte dar. Sie deckten im Jahr 2003 über 40% des Gesamtsteueraufkommens ab. In Zahlen ausgedrückt betrug das *Steueraufkommen* im Jahr 2003 insgesamt € 442.238,3 Mio. (ohne Kirchensteuer)[18] und lag damit leicht über der Vorjahreszahl von € 441.704,8 Mio. Auf die zehn aufkommenstärksten Steuerarten, die mit € 414.831,2 Mio. mehr als 90% des Steueraufkommens erbrachten, verteilte sich das Gesamtsteueraufkommen wie folgt (Beträge in Mio. €)[19]:

Einkommensteuer[20]	*154.291,7*
Steuern vom Umsatz[21]	136.995,9
Mineralölsteuer	43.187,7
Gewerbesteuer	*24.138,6*
Tabaksteuer	14.093,9
Solidaritätszuschlag	10.280,3
Grundsteuer A + B	9.857,8
Versicherungsteuer	8.869,6
Körperschaftsteuer[22]	*8.275,2*
Grunderwerbsteuer	4.840,5

a) Wirtschaftliche Bedeutung der Einkommensteuer

Der Einkommensteuer kommt sowohl innerhalb der Ertragsteuern als auch unter allen Steuerarten die mit Abstand größte Bedeutung zu. Nicht zuletzt wegen ihrer Ergiebigkeit wird sie auch als „Königin" der Steuern bezeichnet.[23] Das Aufkommen der Einkommensteuer, das zusammen mit der Körperschaft- und der Umsatzsteuer dem Bund und den Ländern gemeinsam zusteht[24], lag im

[18] Quelle: Bundesministerium der Finanzen, Übersicht über die Steuereinnahmen nach Steuerarten der Jahre 1970, 1980, 1990, 2000 und 2002, abrufbar über http://www.bundesfinanzministerium.de (Stand Oktober 2004).

[19] Quelle: Bundesministerium der Finanzen, „Kassenmäßige Steuereinnahmen nach Steuerarten in den Kalenderjahren 2002 und 2003", abrufbar über http://www.bundesfinanzministerium.de (Stand: Oktober 2004).

[20] Nach Abzug der Erstattungen des Bundesamtes für Finanzen; davon Lohnsteuer € 133.090,2 Mio., veranlagte Einkommensteuer € 4.568,1 Mio., nicht veranlagte Steuern vom Ertrag € 9.001 Mio. sowie Zinsabschlagsteuer € 7.632,4 Mio.

[21] Davon Umsatzsteuer € 103.161,7 Mio. sowie Einfuhrumsatzsteuer € 33.834,2 Mio.

[22] Nach Abzug der Vergütungen des Bundesamtes für Finanzen.

[23] *Raupach,* in: Raupach/Tipke/Uelner, S. 18; *Lang,* in: Tipke/Lang, Steuerrecht, 17. Aufl., § 8 Rdnr. 17.

Jahr 2003 bei € 154.291,7 Mio. und deckte damit knapp 35% des gesamten Steueraufkommens ab. Gegenüber dem Vorjahr 2002, als das Aufkommen noch bei € 162.232 Mio. (Anteil am Gesamtsteueraufkommen: 36,73%) lag,[25] ergibt sich damit ein Rückgang um 4,9%. Diese auf den ersten Blick nur leicht rückläufige Entwicklung darf jedoch nicht über die deutlichen Einbrüche beim Aufkommen aus der veranlagten Einkommensteuer (–39,4% im Vergleich zum Vorjahr) sowie beim Aufkommen aus der Zinsabschlagsteuer (–10%) hinwegtäuschen, die nur aufgrund einer leichten Steigerung des Lohnsteueraufkommens um 0,7% aufgefangen werden konnten. Damit hat sich im Ergebnis die bereits seit dem Jahr 2000 andauernde negative Tendenz im Rahmen der Einkommensteuer fortgesetzt.

Da für das *Gesamtjahr 2004* noch keine endgültigen Zahlen vorliegen, kann an dieser Stelle lediglich eine Zwischenbilanz, gestützt auf die im Monatsbericht September 2004 des Bundesministeriums der Finanzen[26] veröffentlichten vorläufigen Zahlen, gezogen werden. Demzufolge flossen dem öffentlichen Gesamthaushalt in den ersten acht Monaten des Jahres 2004 Einkommensteuereinnahmen in Höhe von € 88.536 Mio. zu.[27] Der Bundesanteil am Aufkommen der veranlagten Einkommensteuer ist im *August 2004* gegenüber dem Vorjahr fast unverändert geblieben. Die lediglich leichte Steigerung um € 66 Mio. ist nach Angaben des Bundesministeriums der Finanzen zu einem großen Teil auf die Einnahmen in Höhe von € 45 Mio. aus dem Gesetz zur Förderung der Steuerehrlichkeit zurückzuführen. Überraschend positiv haben sich dagegen nach deutlichen Rückgängen im Juni und Juli 2004 die nicht veranlagten Steuern vom Ertrag mit einer Zunahme von 18,4% entwickelt. Ob sich hier eine Trendwende hin zu wieder steigenden Ausschüttungen der Kapitalgesellschaften andeutet, bleibt jedoch abzuwarten. Ebenso erscheint aufgrund der derzeitigen wirtschaftlichen Lage unsicher, ob die vom Bundesministerium der Finanzen für das Jahr 2004 geschätzten Gesamteinnahmen aus der Einkommensteuer in Höhe von € 160.375 Mio. erzielt werden können.

---

[24] Vgl. Art. 106 Abs. 3 S. 1 GG.

[25] Nach Abzug der Erstattungen des Bundesamtes für Finanzen; davon Lohnsteuer € 132.189,8 Mio., veranlagte Einkommensteuer € 7.540,7 Mio., nicht veranlagte Steuern vom Ertrag € 14.023,6 Mio. sowie Zinsabschlagsteuer € 8.477,9 Mio. (Quelle: Bundesministerium der Finanzen, „Kassenmäßige Steuereinnahmen nach Steuerarten in den Kalenderjahren 1998 bis 2001“, abrufbar über http://www.bundesfinanzministerium.de [Stand: Oktober 2004]).

[26] Monatsbericht des BMF September 2004, abrufbar über www.bundesfinanzministerium.de (Stand Oktober 2004).

[27] Davon Lohnsteuer € 79.644 Mio., veranlagte Einkommensteuer € – 5.300 Mio., nicht veranlagte Steuern vom Ertrag € 8.853 Mio. und Zinsabschlagsteuer € 5.159 Mio., vgl. Monatsbericht des BMF September 2004, S. 18.

b) Wirtschaftliche Bedeutung der Körperschaftsteuer

Wenngleich das Aufkommen der Körperschaftsteuer im Jahr *2003* deutlich geringer ausgefallen ist als das der Einkommensteuer, gehörte die Körperschaftsteuer noch zu den zehn aufkommenstärksten Steuern. Ihr Aufkommen lag nach Abzug der Vergütungen des Bundesamtes für Finanzen bei € 8.275,2 Mio. (1,87% des gesamten Steueraufkommens). Damit hat sich der positive Trend des Jahres 2002 fortgesetzt. In diesem Jahr lag das Aufkommen aus der Körperschaftsteuer nach Abzug der Vergütungen mit € 2.864,1 Mio. ebenfalls im positiven Bereich,[28] während das Aufkommen im Jahr *2001* mit € – 425,6 Mio. negativ ausfiel,[29] was Experten neben der Konjunkturschwäche vor allem auf hohe Gewinnausschüttungen bei der letztmaligen Anwendung des Körperschaftsteueranrechnungsverfahrens zurückführten.

Entsprechend dem oben zur Einkommensteuer Gesagten kann für das laufende Jahr *2004* lediglich festgehalten werden, dass der Monatsbericht September 2004 des Bundesministeriums der Finanzen für den Zeitraum von Januar bis August 2004 Körperschaftsteuereinnahmen des Öffentlichen Gesamthaushaltes in Höhe von € 5.325 Mio. und damit eine Steigerung gegenüber dem Vorjahreszeitraum um 50,4% ausweist.[30] Allein im Monat August 2004 lag der Bundesanteil am Körperschaftsteueraufkommen rund € 200 Mio. über dem Vorjahresresultat. Nach Angaben des Bundesministeriums der Finanzen wäre das Ergebnis sogar noch deutlich besser ausgefallen, wenn nicht in einem Einzelfall eine Erstattung an ein Großunternehmen in Höhe von € 350 Mio. für Veranlagungszeiträume in der ersten Hälfte der 90er Jahre kassenwirksam geworden wäre. Ob bis zum Jahresende die geschätzten Körperschaftsteuereinnahmen in Höhe von € 12.450 Mio. tatsächlich erreicht werden können und sich der positive Trend der beiden letzten Jahre fortsetzt, bleibt jedoch abzuwarten.

c) Wirtschaftliche Bedeutung der Gewerbesteuer

Das Aufkommen der Gewerbesteuer, das im Grundsatz den Gemeinden zusteht – diese müssen jedoch einen Teil des Aufkommens im Wege der Gewerbesteuerumlage an die Länder sowie den Bund abführen –, lag im Jahr *2003* mit € 24.138,6 Mio. zwischen dem der Einkommen- und dem der Körperschaftsteuer. Als vierte Steuer in der Liste der aufkommenstärksten Steuern deckte

[28] Quelle: Bundesministerium der Finanzen, „Kassenmäßige Steuereinnahmen nach Steuerarten in den Kalenderjahren 2002 und 2003", abrufbar über http://www.bundes finanzministerium.de (Stand: Oktober 2004).

[29] Quelle: Bundesministerium der Finanzen, „Kassenmäßige Steuereinnahmen nach Steuerarten in den Kalenderjahren 1998 bis 2001", abrufbar über http://www.bundes finanzministerium.de (Stand: Oktober 2004).

[30] Monatsbericht des BMF September 2004, S. 18.

sie 5,46% des Gesamtsteueraufkommens ab. Im Vergleich zum Vorjahr (€ 23.489,3 Mio. oder 5,32% des gesamten Steueraufkommens) ist das Aufkommen damit leicht um 2,8% gestiegen. Betrachtet man zusätzlich das Jahr *2001* (€ 24.533,4 Mio. oder 5,49% des Gesamtsteueraufkommens), erweist sich die Gewerbesteuer als eine relativ konstante Größe innerhalb des Gesamtsteuersystems.

Auch für die Gewerbesteuer liegen für das laufende Jahr *2004* noch keine endgültigen Zahlen vor. Erschwert wird eine genaue Prognose dadurch, dass im Monatsbericht September 2004 des Bundesministeriums der Finanzen als Einnahme des Öffentlichen Gesamthaushaltes lediglich die dem Bund zustehende Gewerbesteuerumlage ausgewiesen ist. Hier war mit Einnahmen in Höhe von lediglich € 1.316 Mio. für die ersten acht Monate ein deutlicher Rückgang um 42.7% verglichen mit dem Vorjahreszeitraum festzustellen. Der Grund hierfür liegt in der Reform der Gewerbesteuer, die vom Bundestag am 17. Oktober 2003 verabschiedet wurde und zum 01. Januar 2004 in Kraft getreten ist. Aufgrund der darin vorgesehenen Senkung der Gewerbesteuerumlage müssen die Kommunen künftig einen geringeren Teil ihres Gewerbesteueraufkommens an den Bund und die Länder abführen. In Zahlen ausgedrückt bedeutet dies, dass die Kommunen im laufenden Jahr 2004 aus der Gewerbesteuer € 2.500 Mio. mehr erhalten als im Vorjahr. Ab *2005* soll das Entlastungsvolumen dann auf € 3.000 Mio. ansteigen.[31]

III. Endgültige Auswahl der zu analysierenden Entscheidungen

Unter Berücksichtigung der soeben dargestellten sachlichen und zeitlichen Filter konnte die Anzahl der für die vorliegende Untersuchung relevanten Entscheidungen auf ungefähr sechzig eingegrenzt werden. Nachdem damit ein überschaubarer Rahmen abgesteckt war, blieb als abschließende Frage zu klären, ob diese Entscheidungen in ihrer Gesamtheit in die Arbeit einfließen sollten, oder die Darstellung auf ausgewählte Entscheidungen begrenzt bleiben sollte.

Im Ergebnis sprachen die besseren Argumente für die zweite Alternative. Zunächst war nach einer näheren Analyse innerhalb der verbleibenden Entscheidungen ein deutliches Ungleichgewicht im Hinblick auf den Umfang der steuerrechtlich relevanten Ausführungen festzustellen. Während die sachgerechte Lösung einer steuerrechtlichen Frage in manchen Entscheidungen nur eines Satzes bedurfte bzw. der Bundesgerichtshof seine Rechtsauffassung mit nur einem Zitat aus der Rechtsprechung des Bundesfinanzhofs belegen konnte, erstreckten sich in anderen Entscheidungen die steuerrechtlichen Ausführungen über meh-

[31] Monatsbericht des BMF September 2004, S. 39.

rere Absätze oder Seiten. Da der Bundesgerichtshof in diesen Fällen regelmäßig auch eine größere Anzahl von Entscheidungen des Bundesfinanzhofs in Bezug genommen hat, boten diese Entscheidungen eine taugliche Basis für einen Vergleich. Darüber hinaus korrespondierte der Umfang der Ausführungen in den meisten Fällen mit der Qualität der zu klärenden steuerlichen Frage und standen „harmlose" Probleme umstrittenen Rechtsfragen gegenüber. Da die letztgenannte Kategorie das größere Konfliktpotenzial barg und hier insbesondere die erhöhte Wahrscheinlichkeit einer Rechtsprechungsabweichung zwischen Bundesgerichtshof und Bundesfinanzhof bestand, erschien sie am ehesten geeignet, Divergenzen in der Rechtsanwendung aufzuzeigen.

Dies zugrunde gelegt fiel die Wahl auf eine Analyse der folgenden Entscheidungen, die samt und sonders Fragen betreffen, die auch in der steuerrechtlichen Rechtsprechung und Literatur kontrovers diskutiert wurden bzw. werden.

1. Einkommensteuer

Um ein möglichst breites Spektrum der Einkommensteuer als Ertragsteuer der natürlichen Personen, auch in ihrer Eigenschaft als Mitunternehmer, abdecken zu können, sollte mindestens ein Urteil des Bundesgerichtshofs zu jeder der *sieben Einkunftsarten*[32] ausgewertet werden. Im Ergebnis konnte dieses Ziel allerdings nicht realisiert werden, weil einerseits zu den Einkünften aus selbständiger bzw. nichtselbständiger Arbeit keine entsprechenden Urteile ausfindig gemacht werden konnten, und andererseits das zu den Einkünften aus Kapitalvermögen generierte Urteil[33] mit der Problematik verdeckter Gewinnausschüttungen einer Kapitalgesellschaft und deren Auswirkung auf der Ebene des Anteilseigners im Wesentlichen eine Materie tangierte, die im Rahmen der vorliegenden Arbeit ausführlich im Kapitel zur Körperschaftsteuer behandelt wird. Dementsprechend beschränkt sich die Untersuchung im Bereich der Einkommensteuer auf die verbleibenden vier Einkunftsarten:

- die Einkünfte aus Gewerbebetrieb [hierzu *BGH, Urteil vom 30. September 1993 – IX ZR 73/93* zur Veräußerung eines Mitunternehmeranteils (§ 16 Abs. 2 Nr. 1 EStG)] und
- die Einkünfte aus land- und forstwirtschaftlicher Tätigkeit [hierzu *BGH, Urteil vom 29. April 1993 – IX ZR 101/92* zur Gewinnermittlung nach Durchschnittssätzen (§ 13a EStG)]

[32] Vgl. den *Einkünftekatalog* des § 2 Abs. 1 S. 1 EStG, wonach der Einkommensteuer Einkünfte aus Land- und Forstwirtschaft, Einkünfte aus Gewerbebetrieb, Einkünfte aus selbständiger Arbeit, Einkünfte aus nichtselbständiger Arbeit, Einkünfte aus Kapitalvermögen, Einkünfte aus Vermietung und Verpachtung sowie sonstige Einkünfte unterliegen.

[33] BGH, Urteil vom 24.03.1982 – IVa ZR 309/80 – DB 1983, S. 279 ff. = NJW 1983, S. 1053 ff. = VersR 1983, S. 177 ff. = ZIP 1983, S. 81 ff.

als *Gewinneinkünfte* sowie

- die Einkünfte aus Vermietung und Verpachtung [hierzu *BGH, Urteil vom 27. November 1998 V ZR 344/97* zur Frage des Werbungskostenabzugs im Rahmen des sog. Erhaltungsmodells; *BGH, Urteil vom 25. Februar 1988 – VII ZR 152/87* zum Rückempfang bereits abgezogener Werbungskosten] und
- die sonstigen Einkünfte [hierzu *BGH, Urteil vom 23. Mai 1985 – III ZR 69/84* zur Frage der Steuerbarkeit von Erwerbsersatz- bzw. Mehrbedarfsrenten; *BGH, Urteil vom 06. November 1986 – III ZR 193/85* sowie *BGH, Urteil vom 02. Dezember 1997 – VI ZR 142/96* zur Frage der Steuerbarkeit von Unterhaltsersatzrenten]

als *Überschusseinkünfte*.

Zwei weitere Urteile [*BGH, Urteil vom Urteil vom 25. September 1990 – XI ZR 126/89* zur Bildung einer Rücklage nach § 6b Abs. 3 EStG und *BGH, Urteil vom 12. März 1986 – IVa ZR 183/84* zu Gebäude-Abschreibungen, insbesondere Absetzungen für außergewöhnliche Abnutzung] betreffen die Gewinnermittlung durch Betriebsvermögensvergleich als Methode der Einkünfteermittlung im Rahmen der Gewinneinkünfte. Sie bilden den Ausgangspunkt der Darstellung der Gewinneinkünfte und stehen zugleich am Anfang des Kapitels zur Einkommensteuer.

2. Körperschaftsteuer

Ein anderer methodischer Ansatz liegt der Auswahl der Entscheidungen des Bundesgerichtshofs zu Fragen des *Körperschaftsteuerrechts* zugrunde. Hier orientiert sich die Darstellung am Aufbau des Steuertatbestandes, wobei die exemplarisch herausgegriffenen Urteile drei zentrale Themenkomplexe abdecken: das Steuersubjekt der Körperschaftsteuer, die Bemessungsgrundlage der Körperschaftsteuer sowie die Frage der Behandlung von Ausschüttungen bei der Körperschaft und beim Anteilseigner während der Geltung des körperschaftsteuerlichen Anrechnungsverfahrens.

Die beiden ersten im Rahmen des Kapitels zur Körperschaftsteuer analysierten Urteile des Bundesgerichtshofs [*BGH, Urteil vom 30. September 1999 – IX ZR 139/98* zur Gewinnabführung bei gescheiterter körperschaftsteuerlicher Organschaft; *BGH, Urteil vom 16. Januar 1992 – IX ZR 56/91* zur Verlustübernahme bei gescheiterter körperschaftsteuerlicher Organschaft] greifen mit der körperschaftsteuerlichen Organschaft eine besondere Form des *Körperschaftsteuersubjekts* auf. Daran schließen sich die Urteile des Bundesgerichtshofs an, die sich mit Rechtsfragen betreffend das Steuerobjekt der Körperschaftsteuer auseinander setzen, wobei ein Großteil der Entscheidungen den Komplex der verdeckten Gewinnausschüttungen betrifft. Das Gewicht, das dieser Problematik im Rahmen der vorliegenden Arbeit beigemessen wird, spiegelt gleichzeitig deren große Praxisrelevanz sowie deren herausragende Bedeutung im Rahmen der finanzgerichtlichen Rechtsprechung wider. Im Einzelnen werden die folgenden Urteile analysiert:

- *BGH, Urteil vom 15. April 1997 – IX ZR 70/96* sowie *BGH, Urteil vom 18. Dezember 1997 – IX ZR 153/96* zu verdeckten Gewinnausschüttungen bei Zuwendungen an einen beherrschenden Gesellschafter-Geschäftsführer;
- *BGH, Urteil vom 18. November 1999 – IX ZR 402/97* zu verdeckten Gewinnausschüttungen, sofern der Anstellungsvertrag eines Alleingesellschafter-Geschäftsführers gegen das Selbstkontrahierungsverbot des § 181 BGB verstößt;
- *BGH, Urteil vom 25. Februar 1987 – IVa ZR 162/85* zu verdeckten Gewinnausschüttungen u. a. im Rahmen von Gehaltszahlungen an (beherrschende) Geschäftsführer, im Zusammenhang mit der Führung von Verrechnungskonten sowie der privaten Pkw-Nutzung durch die Geschäftsführer einer Kapitalgesellschaft.

Eine weitere Entscheidung *[BGH, Urteil vom 24. März 1982 – IVa ZR 303/80]* befasst sich mit den Rechtsfolgen einer verdeckten Gewinnausschüttung vor In-Kraft-Treten des Körperschaftsteuerreformgesetzes; mit dem Verlustabzug nach § 10d EStG [hierzu *BGH, Urteil vom 05. Dezember 1996 – IX ZR 61/96*] fließt sodann ein zusätzlicher Aspekt der körperschaftsteuerlichen Bemessungsgrundlage in die Untersuchung ein. Am Ende des Kapitels zur Körperschaftsteuer stehen zwei Urteile, die zentrale Fragen des körperschaftsteuerlichen Anrechnungsverfahrens betreffen: *BGH, Urteil vom 28. Juni 1982 – II ZR 69/81* zur Rechtsnatur der Körperschaftsteuer nach dem Körperschaftsteuergesetz 1977 und zur Funktionsweise des körperschaftsteuerlichen Anrechnungsverfahrens sowie *BGH, Urteil vom 30. Januar 1995 – II ZR 42/94* zur steuerlichen Behandlung von Anrechnungsansprüchen bei Beteiligung einer Personengesellschaft an einer Kapitalgesellschaft. Aufgrund der Komplexität und Qualität dieser Rechtsfragen wird der Schwerpunkt der Arbeit im Bereich der Körperschaftsteuer liegen.

3. Gewerbesteuer

Aus dem Bereich der *Gewerbesteuer* werden im Rahmen der vorliegenden Arbeit lediglich zwei Urteile analysiert. Der Grund hierfür ist im Wesentlichen darin zu sehen, dass die übrigen zur Gewerbesteuer generierten Urteile des Bundesgerichthofs in der Mehrzahl Themenkreise betrafen, die bereits im Rahmen der Einkommen- bzw. Körperschaftsteuer Berücksichtigung gefunden haben.[34]

---

[34] So z. B. BGH, Urteil vom 22.10.1992 – IX ZR 244/91 – BGHZ 120, S. 50 ff. sowie BGH, Urteil vom 01.03.1999 – II ZR 312/97 – BGHZ 141, S. 79 ff. zur (ge-

In den beiden ausgewählten Urteilen *[BGH, Urteil vom 26. Mai 1994 – IX ZR 57/93* sowie *BGH, Urteil vom 22. Februar 2001 – IX ZR 293/99*] war der Bundesgerichtshof mit der Frage der Abgrenzung zwischen privater Vermögensverwaltung und gewerblichem Grundstückshandel konfrontiert. Wenngleich sich die Urteile um dieselbe Streitfrage drehen, erschien ihre Aufnahme in die Untersuchung von Interesse, weil sie unterschiedliche Zeitpunkte betreffen, zwischen denen der Bundesfinanzhof seine Rechtsprechung im Hinblick auf die bei der Abgrenzungsfrage zu beachtenden Kriterien geändert hat.

IV. Gang der Darstellung

Diese allgemeinen Erwägungen vorausgeschickt schließt sich in den folgenden drei Kapiteln mit der Auswertung der exemplarisch herausgegriffenen Urteile der BGH-Zivilsenate der Hauptteil der Arbeit an. Dabei betrifft das zweite Kapitel den Bereich der *Einkommensteuer,* das dritte Kapitel den Bereich der *Körperschaftsteuer* und das vierte Kapitel den Bereich der *Gewerbesteuer.* Innerhalb eines jeden Kapitels wird die Untersuchung den folgenden Weg beschreiten.

Ausgehend von einem kurzen Überblick über die historische Entwicklung der betreffenden Steuerart werden in jedem Kapitel zunächst die Rechtsauffassungen der beiden obersten Gerichtshöfe – des Bundesfinanzhofs und des Bundesgerichtshofs – zu den in den BGH-Urteilen angesprochenen steuerrechtlichen Problemen gegenübergestellt, wobei die behandelte Rechtsfrage zunächst abstrakt unter Berücksichtigung der Rechtsprechung des Bundesfinanzhofs sowie der Sichtweise der steuerrechtlichen Literatur einer Lösung zugeführt wird. Dieser allgemein gehaltenen Darstellung folgen der konkrete Sachverhalt sowie die Entscheidungsgründe des jeweiligen BGH-Urteils. Sodann wird im Rahmen einer detaillierten Analyse der Entscheidungsgründe überprüft, ob das vom Bundesgerichtshof gefundene Ergebnis mit der Rechtsprechung des Bundesfinanzhofs vereinbar ist. Soweit geboten wird in diesem Zusammenhang auch untersucht, ob eine zwischenzeitlich erfolgte Änderung der finanzgerichtlichen Rechtsprechung aus heutiger Sicht eine abweichende Entscheidung erforderlich machen würde.

Der abschließende fünfte Teil der Untersuchung ist dem übergeordneten Gedanken der Rechtsprechungseinheit gewidmet. Die Ergebnisse aus den vorherigen Teilen zugrunde gelegt soll untersucht werden, ob der Bundesgerichtshof in seiner bisherigen Rechtsprechung zu den Ertragsteuern zu Recht davon abgesehen hat, den „Gemeinsamen Senat der obersten Gerichtshöfe des Bundes“ anzu-

werbesteuerlichen) Organschaft; BGH, Urteil vom 28.09.1988 – IVa ZR 45/87 – NJW-RR 1989, S. 152 f. zur atypischen/typischen stillen Beteiligung oder BGH, Urteil vom 09.01.1996 – IX ZR 103/95 – BB 1996, S. 526 ff. zur § 6b EStG-Rücklage.

rufen, oder ob Umgehungstendenzen bei der Anrufung dieser Ausgleichsinstanz und daraus resultierende Defizite bei der Wahrung der Rechts- bzw. Rechtsprechungseinheit feststellbar sind.

Zweites Kapitel

Einkommensteuer

Die erste im Rahmen der vorliegenden Arbeit behandelte Steuer ist die *Einkommensteuer.* Sie stellt die Steuer auf das Einkommen der natürlichen Personen dar und erfasst die im Rahmen einer bestimmten Zeitspanne ausgewiesene Finanzkraft des Steuerpflichtigen.

I. Historische Entwicklung der Einkommensteuer

Die Einkommensteuer in ihrer reinen Form als Besteuerung des Einkommens von natürlichen und juristischen Personen bzw. Personengemeinschaften hat sich in Deutschland erst verhältnismäßig spät entwickelt. Während England bereits im Jahr 1799 eine Einkommensteuer („Income Tax") einführte, ließ die Herausbildung der Einkommensbesteuerung in Deutschland länger auf sich warten. Zwar wurde in Ostpreußen bereits 1811 der Versuch unternommen, nach englischem Vorbild eine Einkommensteuer moderner Art einzuführen, doch wurde diese bereits 1813 wieder abgeschafft.

Unter Karl August Fürst von Hardenberg führte *Preußen* im Jahre 1820 neben den bestehenden direkten Steuern (Grund-, Gebäude- und Gewerbesteuer) eine Klassensteuer ein, die bei der Steuerstaffelung nach äußeren Wohlstandsmerkmalen an die Gruppierung der Stände anknüpfte. Zum 01. Mai 1851 wurde diese reine Klassensteuer für die höheren Einkommen von einer Klassen- und klassifizierten Einkommensteuer abgelöst. Es folgten verschiedene Änderungsgesetze bis zum In-Kraft-Treten der *Miquel'schen Steuerreform* vom 24. Juni 1891, die eine Einheits-Einkommensteuer mit Erklärungspflicht und Progression vorsah.[35] Diesem Vorbild folgten bis zum Ersten Weltkrieg alle deutschen Bundesstaaten, nachdem *Hessen* bereits im Jahr 1869 und *Sachsen* 1874 zu einer allgemeinen Einkommensteuer übergegangen waren. Die Finanzhoheit für diese

---

[35] Dem Preußischen Einkommensteuergesetz von 1891 lag die sog. *Quellentheorie* zugrunde, welche die Besteuerung vom Vorhandensein einer ständig fließenden Einkommensquelle abhängig macht. Dementsprechend wurde nur das Einkommen besteuert, das aus vier Quellen (Kapitalvermögen, Grundvermögen, Handel und Gewerbe sowie gewinnbringende Beschäftigung) stammte, vgl. *Birk,* Steuerrecht, 5. Aufl., Rdnr. 20.

direkte Steuer lag jedoch auch nach der Reichsgründung 1871 weiterhin bei den Ländern.

Erst nach dem Ende des Ersten Weltkriegs erhielt das Reich die konkurrierende Gesetzgebungskompetenz auf dem Gebiet der direkten und indirekten Steuern. Im Zuge der Finanzreform von Matthias Erzberger erging das erste *Reichseinkommensteuergesetz* am 29. März 1920[36] und trat damit an die Stelle der bis dahin geltenden 27 Landeseinkommensteuergesetze.[37] Dieses Gesetz wurde bereits nach fünf Jahren durch das *Einkommensteuergesetz* vom 10. August 1925[38] ersetzt, das eine grundlegende Neuordnung der Einkommensbesteuerung mit sich brachte und wieder einen Schritt in Richtung der Quellentheorie machte.

Eine Überarbeitung des Einkommensteuerrechts erfolgte nach der Weltwirtschaftskrise Ende der zwanziger und Anfang der dreißiger Jahre. Das Einkommensteuerrecht wurde im *Einkommensteuergesetz 1934*[39] von zahlreichen Systemdurchbrechungen und durch die Wirtschaftskrise bedingten Änderungen bereinigt, vereinfacht, systematisch neu geordnet und neu gestaltet. Das Einkommensteuergesetz 1934 enthielt bereits wesentliche Grundlagen des heutigen Einkommensteuerrechts[40] und hatte gegenüber den heutigen Verhältnissen einen ungewöhnlich langen Bestand: seine erste Änderung erfuhr es im Jahr 1938.[41] In den folgenden Jahren häuften sich die Änderungen des Einkommensteuergesetzes. So wurde beispielsweise im Jahr 1939 unter dem Druck der Finanzierung der Kriegsausgaben ein Kriegszuschlag zur Einkommensteuer in Höhe von 50% eingeführt.

Nach dem Zweiten Weltkrieg wurde das Einkommensteuergesetz vielfältigen Änderungen unterworfen,[42] wobei die Grundstrukturen der subjektiven Steuer-

---

[36] Reichseinkommensteuergesetz vom 29.03.1920, RGBl. 1920 I, S. 359 ff.

[37] Im Gegensatz zum Preußischen Einkommensteuergesetz von 1891 legte es einen erweiterten Einkommensbegriff zugrunde, der eher in Richtung der sog. *Reinvermögenszugangstheorie* ging, wenngleich es diese auch nicht vollständig übernahm, vgl. *Birk,* Steuerrecht, 5. Aufl., Rdnr. 20. Anders als die Quellentheorie bezieht die Reinvermögenszugangstheorie den gesamten periodischen Zuwachs an Gütern ein, die für die Befriedigung von Bedürfnissen geeignet sind, vgl. *Lang,* in: Tipke/Lang, Steuerrecht, 17. Aufl., § 9 Rdnr. 50.

[38] Einkommensteuergesetz vom 10.08.1925, RGBl. 1925 I, S. 180 ff.

[39] Einkommensteuergesetz vom 16.10.1934, RGBl. 1934 I, S. 1005 ff.

[40] Unter anderem kannte es sieben Einkunftsarten, unterschied zwischen Einkünften und Einkommen und führte den Begriff der Sonderausgaben ein, vgl. *Schöberle,* in: Klein/Flockermann/Kühr, EStG, Einleitung Rdnr. 44; *Birk,* Steuerrecht, 5. Aufl., Rdnr. 22.

[41] Gesetz zur Änderung des Einkommensteuergesetzes vom 01.02.1938, RGBl. 1938 I, S. 99 ff. Dieses Einkommensteuergesetz enthielt Erleichterungen im Tarif, führte entsprechend der damaligen politischen Lage zu einer Einschränkung der Abziehbarkeit der Kirchensteuer und erweiterte die Steuervergünstigung bei außergewöhnlichen Belastungen sowie bei außerordentlichen Einkünften.

pflicht, der Einkunftsarten, der Ermittlung der Einkünfte, der Sonderausgaben und außergewöhnlichen Belastungen im Wesentlichen unangetastet blieben.[43] Neue Impulse für eine allerdings erst am Anfang stehende Rechtsangleichung entstanden durch die Schaffung der Europäischen Gemeinschaften. Obgleich der EG-Vertrag keine ausdrückliche Rechtsgrundlage für die Harmonisierung der Einkommensteuer enthält, hat die Rechtsprechung des Europäischen Gerichtshofs Vorschriften des Einkommensteuergesetzes, welche die Freizügigkeit behindern, für europarechtswidrig erklärt und auf diesem Wege Änderungen in wesentlichen Bereichen des nationalen Einkommensteuerrechts erzwungen.[44]

II. Gewinneinkunftsarten

Bei den *Gewinneinkunftsarten* – i.e. den Einkünften aus Gewerbebetrieb (§§ 15–17 EStG), den Einkünften aus Land- und Forstwirtschaft (§§ 13–14a EStG) sowie den Einkünften aus selbständiger Arbeit (§ 18 EStG) – sind die Einkünfte der *Gewinn* (§§ 4–7k EStG).

1. Gewinnermittlung

Das Einkommensteuergesetz sieht für die Gewinneinkünfte verschiedene Arten der *Gewinnermittlung* vor: Für bilanzierende Gewerbetreibende gilt der *qualifizierte Betriebsvermögensvergleich* des § 5 Abs. 1 EStG, Land- und Forstwirte ermitteln ihren Gewinn regelmäßig nach *Durchschnittssätzen* gem. § 13a EStG, und der Gewinn aus selbständiger Arbeit ermittelt sich im Regelfall durch *Einnahme-Überschussrechnung* nach § 4 Abs. 3 EStG. Schließlich kennt das Einkommensteuergesetz eine *Gewinnermittlung durch Betriebsvermögensvergleich* nach § 4 Abs. 1 EStG, die unter anderem für buchführungspflichtige Land- und Forstwirte sowie freiwillig bilanzierende Freiberufler gilt.

---

[42] Die Darstellung aller Änderungen würde den Rahmen dieser Arbeit sprengen; insoweit sei auf den Überblick über die Entwicklung des deutschen Einkommensteuerrechts bei *Bitz,* in: Littmann/Bitz/Pust, Das Einkommensteuerrecht, 15. Aufl., Vor § 1 Rdnr. 5b ff. sowie die Auflistung der Änderungsgesetze bei *Clausen,* in: Herrmann/Heuer/Raupach, EStG und KStG, 21. Aufl., Rechtsentwicklung der ESt, Dok. 1 Rdnr. 180 ff. verwiesen. Siehe auch die vom Bundesministerium der Finanzen herausgegebene „Übersicht über die Steuerrechtsänderungen seit 1964", abrufbar über http://www.bundesfinanzministerium.de (Stand Oktober 2004).

[43] Vgl. *Birk,* Steuerrecht, 5. Aufl., Rdnr. 23.

[44] Vgl. *Birk,* Steuerrecht, 5. Aufl., Rdnr. 23, 189 f.

a) Gewinnermittlung durch Betriebsvermögensvergleich (§ 4 Abs. 1 EStG)

Im Falle der Anwendung von § 4 Abs. 1 EStG wird der Gewinn für Zwecke der Besteuerung durch *Betriebsvermögensvergleich* ermittelt. Der *Gewinn* ist in § 4 Abs. 1 EStG definiert als der Unterschiedsbetrag zweier Betriebsvermögen (Betriebsvermögen am Schluss des Wirtschaftsjahres und am Schluss des vorangegangenen Wirtschaftsjahres) und dessen Korrektur um den Wert von *Entnahmen*[45] und *Einlagen*[46]. Voraussetzung für die Gewinnermittlung ist die Ermittlung des *Betriebsvermögens*[47] zum Schluss eines jeden Wirtschaftsjahres, die im Wege der *Bilanzierung* erfolgt.

Das Recht der Buchführung und Bilanzierung ist im Handelsgesetzbuch in nicht abschließender Form kodifiziert. Es verweist an mehreren Stellen (z. B. in § 238 Abs. 1 oder in § 239 Abs. 4 HGB) auf die *„Grundsätze ordnungsgemäßer Buchführung"*, zu denen zahlreiche formelle und materielle Einzelgrundsätze gehören, die über § 5 Abs. 1 S. 1 EStG grundsätzlich auch im Steuerrecht zu beachten sind (sog. *materielle Maßgeblichkeit*).[48] Einer der wichtigsten Einzelgrundsätze, die seit In-Kraft-Treten des Bilanzrichtlinien-Gesetzes[49] in den §§ 238 ff. HGB kodifiziert sind, ist das *allgemeine Vorsichtsprinzip*, das sich insbesondere im *Realisationsprinzip* und im *Imparitätsprinzip* konkretisiert.[50]

---

[45] *Entnahmen* sind gem. § 4 Abs. 1 S. 2 EStG alle Wirtschaftsgüter, die der Steuerpflichtige dem Betrieb für sich, seinen Haushalt oder für andere betriebsfremde Zwecke im Laufe des Wirtschaftsjahres „entnommen" hat. Bei Entnahmen werden Wirtschaftsgüter des Betriebsvermögens in das Privatvermögen überführt. Die damit eintretende Betriebsvermögensminderung ist nicht betrieblich verursacht und darf keinen Einfluss auf den Gewinn haben. Daher ist die Entnahme bei der Gewinnermittlung wieder hinzuzurechnen. Die Tatsache, dass Entnahmen mit dem Teilwert anzusetzen sind (§ 6 Abs. 1 Nr. 4 S. 1 EStG), bewirkt, dass stille Reserven aufgedeckt und versteuert werden, vgl. *Birk,* Steuerrecht, 5. Aufl., Rdnr. 854.

[46] *Einlagen* sind gem. § 4 Abs. 1 S. 5 EStG alle Wirtschaftsgüter, die der Steuerpflichtige aus seinem Privatvermögen dem Betrieb im Laufe des Wirtschaftsjahres zugeführt hat. Die dadurch eintretende Erhöhung des Betriebsvermögens ist nicht durch den Betrieb erwirtschaftet und darf daher keinen Einfluss auf den Gewinn haben. Die Einlage ist daher bei der Gewinnermittlung wieder abzuziehen, vgl. *Birk,* Steuerrecht, 5. Aufl., Rdnr. 855.

[47] *Betriebsvermögen* ist hier, ebenso wie in § 16 Abs. 2 EStG, das *Betriebsreinvermögen* (Eigenkapital) als Differenz zwischen der Summe aller aktiven Wirtschaftsgüter und der Summe aller passiven Wirtschaftsgüter (soweit diese nicht Eigenkapital darstellen), und nicht wie in § 6 Abs. 1 EStG die Gesamtheit aller Wirtschaftsgüter, die zu einem Betrieb gehören, vgl. *Crezelius,* in: EStG KompaktKommentar, 4. Aufl., § 4 Rdnr. 29; *Daumke,* Grundriss, S. 99; *Lang,* in: Tipke/Lang, Steuerrecht, 17. Aufl., § 9 Rdnr. 300.

[48] Vgl. *Lang,* in: Tipke/Lang, Steuerrecht, 17. Aufl., § 9 Rdnr. 312.

[49] Gesetz zur Durchführung der Vierten, Siebenten und Achten Richtlinie des Rates der Europäischen Gemeinschaften zur Koordinierung des Gesellschaftsrechts *(Bilanzrichtlinien-Gesetz – BiRiLiG)* vom 19.12.1985, BGBl. 1985 I, S. 2355 ff.

Nach dem in § 252 Abs. 1 Nr. 4 HS. 2 HGB geregelten *Realisationsprinzip,* das auch bei der Gewinnermittlung durch Betriebsvermögensvergleich nach § 4 Abs. 1 EStG zu beachten ist,[51] sind Gewinne im Sinne einer disponiblen Vermehrung des Betriebsvermögens[52] in der Bilanz nur dann zu berücksichtigen, wenn sie am Abschlussstichtag realisiert sind. Es ist also erst ihre Verwirklichung durch einen *Umsatzakt* erforderlich. Umgekehrt bedeutet dies jedoch auch, dass bloße Wertsteigerungen von im Betrieb befindlichen Wirtschaftsgütern bis zum Zeitpunkt der Realisation keine Berücksichtigung finden. Insoweit können sich bis zum Realisationszeitpunkt sog. *stille Reserven*[53] als unversteuerte Gewinne bilden.

Das Realisationsprinzip unterliegt jedoch *Durchbrechungen.* Einerseits gibt es gesetzliche Sonderregelungen, nach denen ein Gewinn auch ohne Vorliegen eines Umsatzaktes realisiert wird. Das ist – um die Besteuerung der stillen Reserven im letztmöglichen Zeitpunkt sicherzustellen – zum Beispiel der Fall bei Entnahmen (§ 6 Abs. 1 Nr. 4 S. 1 EStG) sowie im Fall einer Betriebsaufgabe (§ 16 Abs. 3 EStG). Andererseits liegt *trotz* eines *Umsatzaktes keine Gewinnrealisierung* vor, soweit sie ausnahmsweise durch realisationsverhindernde Regelungen (z.B. § 6 Abs. 3 EStG oder § 6b EStG) ausgeschlossen ist.[54]

---

[50] Vgl. BFH, Urteil vom 29.11.1973 – IV R 181/71 – BFHE 111, 89 (94) = BStBl. 1974 II, 202 (205) unter 2.; BFH, Urteil vom 29.04.1987 – I R 192/82 – BFHE 150, 412 (414) = BStBl. 1987 II, 797 (798) unter 1.; BFH, Urteil vom 26.04.1989 – I R 147/84 – BFHE 157, 121 (124) = BStBl. 1991 II, 213 (215) sub 2.; *Kempermann,* in: Kirchhof/Söhn/Mellinghoff, EStG, § 5 Rdnr. B 83; *Weber-Grellet,* in: Schmidt, EStG, 23. Aufl., § 5 Rdnr. 77; *Moxter,* Das Realisationsprinzip – 1884 und heute, in: BB 1984, 1780 (1780 f.).

[51] Vgl. BFH, Urteil vom 10.09.1998 – IV R 80/96 – BFHE 186, 429 (430) = BStBl. 1999 II, 21 (22) unter 1.; BFH, Urteil vom 06.12.1983 – VIII R 110/79 – BFHE 140, 74 (79) = BStBl. 1984 II, 227 (229) unter II. 2. a) der Entscheidungsgründe.

[52] BFH, Urteil vom 12.05.1993 – XI R 1/93 – BFHE 171, 448 (451) = BStBl. 1993 II, 786 (787); BFH, Urteil vom 02.03.1990 – III R 70/87 – BFHE 161, 22 (25) = BStBl. 1990 II, 733 (734); BFH, Urteil vom 27.02.1986 – IV R 52/83 – BFHE 146, 383 (384) = BStBl. 1986 II, 552 (553); *Ellrott/St. Ring,* in: Beck'scher Bilanz-Kommentar, § 247 Rdnr. 80 f.; *Mathiak,* Rechtsprechung zum Bilanzsteuerrecht, in: StuW 1987, 51 (54 f.); *Woerner,* Grundsatzfragen zur Bilanzierung schwebender Geschäfte, in: FR 1984, 489 (494).

[53] Eine *stille Reserve* ist der Unterschiedsbetrag zwischen Buchwert und höherem gemeinen Wert (Verkehrswert) oder Teilwert eines Wirtschaftsgutes. Stille Reserven entstehen insbesondere durch legale Nichtberücksichtigung von Wertzuwächsen infolge des Anschaffungs- oder Herstellungskostenprinzips (§ 6 Abs. 1 Nr. 1 oder 2 EStG), legale erhöhte Absetzungen für Abnutzung oder Sonderabschreibungen, legale Sofortabschreibung von geringwertigen Wirtschaftsgütern, illegale oder sonst übermäßige Maßnahmen (z.B. übermäßige Absetzung für Abnutzung, überhöhte Rückstellungen) oder inflationäre Erscheinungen, vgl. *Lang,* in: Tipke/Lang, Steuerrecht, 17. Aufl., § 9 Rdnr. 410; *Heinicke,* in: Schmidt, EStG, 23. Aufl., § 4 Rdnr. 50.

b) Bildung einer steuerfreien Rücklage nach § 6b Abs. 3 EStG

Um die (sofortige) Versteuerung eines Veräußerungsgewinns zu vermeiden, hat der Steuerpflichtige die Möglichkeit, eine *steuerfreie Rücklage* zu bilden und die Übertragung stiller Reserven auf eine zu einem späteren Zeitpunkt vorzunehmende Ersatzinvestition „vorzutragen".[55] Sofern tatsächlich eine Ersatzinvestition getätigt wird, besteht die vom Gesetz gewährte Begünstigung darin, dass innerhalb der gesetzlichen Reinvestitionsfrist die Rücklage jederzeit ganz oder zum Teil durch Übertragung auf die Anschaffungs- bzw. Herstellungskosten des neu erworbenen Anlagegutes *(Reinvestitionsobjekt)* aufgelöst werden kann. Die gewinnerhöhende Auflösung der Rücklage wird dabei durch den Abzug des Rücklagenbetrags von den Anschaffungs- bzw. Herstellungskosten des Reinvestitionsobjekts neutralisiert.[56]

Da das sogleich analysierte *Urteil des Bundesgerichtshofs* den Zeitraum zwischen 1976 und 1980 betrifft, wird im Folgenden auf § 6b Abs. 3 EStG in seiner damaligen Fassung[57] Bezug genommen. Dabei werden nur die Aspekte der Norm angesprochen, die auch Eingang in die Rechtsprechung des Bundesgerichtshofs gefunden haben.

aa) Begünstigte Reinvestitionsobjekte

Festzuhalten ist zunächst, dass die Begünstigung nicht für alle Anschaffungen oder Herstellungen in Anspruch genommen werden konnte. Vielmehr konnte der Steuerpflichtige den begünstigten Gewinn nur von Anschaffungs- oder Herstellungskosten der in § 6b Abs. 1 S. 2 EStG abschließend aufgezählten *Reinvestitionsobjekte* abziehen.

---

[54] Zu weiteren Einzelfällen vgl. Blümich/*Wacker,* EStG/KStG/GewStG, § 5 EStG Rdnr. 930; *Crezelius,* in: EStG KompaktKommentar, 4. Aufl., § 4 Rdnr. 30a; *Heinicke,* in: Schmidt, EStG, 23. Aufl., § 4 Rdnr. 63.

[55] Vgl. *Hoffmann,* in: Littmann/Bitz/Pust, Das Einkommensteuerrecht, 15. Aufl., § 6b Rdnr. 105; *Glanegger,* in: Schmidt, EStG, 23. Aufl., § 6b Rdnr. 85; *Felix,* Übertragung stiller Reserven des Anlagevermögens, in: BB 1965, 553 (559); *Haeger,* Bildung, Übertragung und Auflösung der § 6b EStG-Rücklage nach neuem Bilanzrecht (Teil I), in: DB 1987, 445 (445).

[56] Vgl. *Jachmann,* in: EStG KompaktKommentar, 4. Aufl., § 6b Rdnr. 30; *Glanegger,* in: Schmidt, EStG, 23. Aufl., § 6b Rdnr. 91.

[57] § 6b EStG in der Fassung des Gesetzes zur Reform der Einkommensteuer, des Familienlastenausgleichs und der Sparförderung *(Einkommensteuerreformgesetz – EStRG)* vom 05.08.1974, BGBl. 1974 I, S. 1769 ff.

(1) Abnutzbare bewegliche Wirtschaftsgüter (§ 6b Abs. 1 S. 2 Nr. 1 EStG)

Möglich waren nach § 6b Abs. 1 S. 2 Nr. 1 EStG unter anderem Reinvestitionen in *abnutzbare bewegliche Wirtschaftsgüter.* Einigkeit bestand zum damaligen Zeitpunkt jedenfalls dahingehend, dass unter den Begriff „bewegliche Wirtschaftsgüter" körperliche Gegenstände, also Sachen i. S. v. § 90 BGB fielen.[58] Anders als bei den abnutzbaren beweglichen Gütern als Veräußerungsobjekte forderte § 6b EStG in seiner damaligen Fassung bei den Reinvestitionsgütern keine betriebsgewöhnliche Mindestnutzungsdauer. Vielmehr kamen alle Maschinen und maschinellen Anlagen, Betriebsvorrichtungen, Kraftfahrzeuge sowie alle Gegenstände der Geschäftseinrichtung als geeignete Reinvestitionsobjekte für sämtliche begünstigten Veräußerungsgewinne (vgl. § 6b Abs. 1 S. 1 EStG) in Betracht.[59] Von den Anschaffungs- oder Herstellungskosten für abnutzbare bewegliche Wirtschaftsgüter konnten also die Veräußerungsgewinne aus Grund und Boden, Aufwuchs auf oder Anlagen im Grund und Boden bei land- und forstwirtschaftlichen Betrieben, Gebäuden, abnutzbaren beweglichen Wirtschaftsgütern mit einer betriebsgewöhnlichen Nutzungsdauer von mindestens 25 Jahren, Schiffen, Anteilen an Kapitalgesellschaften und lebendem Inventar land- und forstwirtschaftlicher Betriebe abgezogen werden.[60]

(2) Gebäude (§ 6b Abs. 1 S. 2 Nr. 4 EStG)

Demgegenüber waren *Gebäude* Reinvestitionsobjekte nur für vier Gruppen begünstigter Veräußerungsgewinne, und zwar für Gewinne aus der Veräußerung von Grund und Boden, Aufwuchs auf und Anlagen im Grund und Boden land- und forstwirtschaftlicher Betriebe, Gebäuden sowie Anteilen von Kapitalgesellschaften. Unerheblich war, wie das Reinvestitionsobjekt „Gebäude" genutzt wurde; es musste sich lediglich um ein Gebäude handeln, das zum betrieblichen Anlagevermögen des reinvestierenden Steuerpflichtigen gehörte.

---

[58] Zweifelhaft war dagegen, ob der Begriff auch *immaterielle Wirtschaftsgüter* (z. B. Patentrechte) erfasste. Obwohl für die Frage der Bewertung und der Absetzung für Abnutzung i. S. d. § 7 EStG auch immaterielle Wirtschaftsgüter aller Art zu den abnutzbaren Anlagegütern gehörten, deutete nach wohl herrschender Meinung der Begriff der „Beweglichkeit" in § 6b EStG nur auf körperliche Gegenstände hin, nicht auf (unbewegliche) Rechte, vgl. BFH, Urteil vom 22.05.1979 – III R 129/74 – BFHE 128, 289 (291 f.) = BStBl. 1979 II, 634 (635 f.) unter 3. der Entscheidungsgründe für Fertigungsmuster und Prototypen; im Ergebnis ebenso *Littmann,* Das Einkommensteuerrecht, 13. Aufl., § 6b Rdnr. 27.

[59] Vgl. *Littmann,* Das Einkommensteuerrecht, 13. Aufl., § 6b Rdnr. 63; aus der neueren Literatur Blümich/*Schlenker,* EStG/KStG/GewStG, § 6b EStG Rdnr. 208.

[60] *Littmann,* Das Einkommensteuerrecht, 13. Aufl., § 6b Rdnr. 64.

Entscheidende Bedeutung kam der *Abgrenzung* zwischen *Gebäuden* als abnutzbaren *unbeweglichen* Wirtschaftsgütern und *Betriebsvorrichtungen* (vgl. § 68 Abs. 2 S. 1 Nr. 2 BewG 1965) zu, da Letztere zu den abnutzbaren *beweglichen* Wirtschaftsgütern gehörten, auch wenn sie bürgerlich-rechtlich wesentliche Bestandteile des Gebäudes waren. Die Abgrenzung war allein anhand des (bewertungsrechtlichen) Gebäudebegriffs vorzunehmen.[61] Für die Frage, ob ein Bauwerk ein Gebäude oder eine Betriebsvorrichtung war, kam es somit entscheidend darauf an, ob das Bauwerk die Merkmale eines Gebäudes aufwies oder nicht. Nach den vom Bundesfinanzhof aufgestellten Grundsätzen war ein Bauwerk dann als *Gebäude* anzusehen, wenn es Menschen oder Sachen durch räumliche Umschließung Schutz gegen Witterungseinflüsse gewährte, den Aufenthalt von Menschen gestattete, mit dem Grund und Boden fest verbunden und von einiger Beständigkeit und ausreichend standfest war.[62] Unter den Begriff der *„Betriebsvorrichtung"* fielen dagegen alle Bestandteile, die nicht der Nutzung des Gebäudes selbst, sondern einem davon verschiedenen Zweck, nämlich unmittelbar einem in dem Gebäude ausgeübten Betrieb dienen.[63] Damit gehörten zu den Betriebsvorrichtungen nicht nur Maschinen und maschinenähnliche Vorrichtungen, sondern auch selbständige Bauwerke oder Teile von Bauwerken (z. B. Schornsteine, Öfen oder Kanäle).

bb) Bildung und Auflösung der Rücklage

Nach § 6b Abs. 3 S. 1 EStG konnte die Rücklage nur im Wirtschaftsjahr der Veräußerung *gebildet* werden und – wurde die Bildung in diesem Jahr versäumt – für ein späteres Jahr nicht nachgeholt werden. Für das Wirtschaftsjahr der Veräußerung galt dieses Nachholverbot jedoch nicht.[64]

Eine auf diese Weise gebildete Reinvestitionsrücklage war grundsätzlich in den auf ihre Bildung folgenden *zwei Wirtschaftsjahren* auf die Anschaffungs-/Herstellungskosten der in dieser Zeit angeschafften oder hergestellten Reinvesti-

---

[61] BFH, Urteil vom 24.02.1961 – III 434/58 S – BFHE 72, 621 (623) = BStBl. 1961 III, 228 (228); BFH, Urteil vom 05.02.1965 – III 35/61 U – BFHE 81, 611 (618) = BStBl. 1965 III, 220 (223).

[62] BFH, Urteil vom 24.05.1963 – III 140/60 U – BFHE 77, 156 (159) = BStBl. 1963 III, 376 (376); vgl. ebenfalls Erlass des Finanzministers des Landes Nordrhein-Westfalen vom 31.03.1967 zur Abgrenzung des Grundvermögens von den Betriebsvorrichtungen – S 3190 – 1 – V 1, BStBl. 1967 II, 127 (127); Blümich/*Schlenker,* EStG/KStG/GewStG, § 6b EStG Rdnr. 91; *Bordewin,* in: Bordewin/Brandt, EStG, § 6b Rdnr. 66.

[63] BFH Großer Senat, Urteil vom 26.11.1973 – GrS 5/71 – BFHE 111, 242 (249) = BStBl. 1974 II, 132 (135) sub C. II. 2. b); BFH, Urteil vom 14.08.1958 – III 382/57 U – BFHE 67, 325 (327) = BStBl. 1958 III, 400 (400).

[64] BFH, Urteil vom 25.07.1979 – I R 175/76 – BFHE 129, 17 (21) = BStBl. 1980 II, 43 (45) sub 3. c).

tionsobjekte zu *übertragen,* wobei die Übertragung der stillen Reserven nur im Wirtschaftsjahr der Anschaffung oder Herstellung der Reinvestitionsobjekte erfolgen durfte (§ 6b Abs. 3 S. 2 HS. 1 EStG).

Eine Rücklage, die am Schluss des zweiten auf ihre Bildung folgenden Wirtschaftsjahres noch vorhanden war, musste nach § 6b Abs. 3 S. 5 HS. 1 EStG in der Bilanz des dritten Jahres in voller Höhe gewinnerhöhend *aufgelöst* werden, soweit nicht der Veräußerungsgewinn bei neu hergestellten Gebäuden berücksichtigt werden sollte, mit deren Herstellung zwar vor Ablauf der beiden Jahre begonnen wurde, die aber noch nicht vollendet waren. Im letztgenannten Fall konnte die Rücklage bis zur Fertigstellung des Gebäudes – höchstens allerdings vier Jahre – fortgeführt und erst dann auf seine Herstellungskosten übertragen werden. Damit wurde dem Umstand Rechnung getragen, dass der Neubau von Gebäuden und Schiffen regelmäßig eine längere Planungszeit erforderte. Sofern das Gebäude jedoch auch am Ende des vierten Wirtschaftsjahres noch nicht fertig gestellt war, musste die Rücklage auf jeden Fall aufgelöst werden. Ob gleichzeitig an den bis zum Ende des vierten Jahres angefallenen Herstellungskosten ein Abzug i. S. d. § 6b Abs. 1 EStG vorgenommen werden konnte, hing davon ab, ob man in Teilen des Gebäudes Teilgebäude sehen konnte, die wie fertige Gebäude behandelt werden konnten.[65]

c) BGH, Urteil vom 25. September 1990 – XI ZR 126/89

In seinem *Urteil vom 25. September 1990*[66] hatte sich der *Bundesgerichtshof* im Rahmen eines Schadensersatzprozesses gegen einen Steuerberater als haftungsrechtliche Vorfrage mit der Bildung einer Rücklage nach § 6b Abs. 3 EStG zu befassen. Der Entscheidung lag der folgende Sachverhalt zugrunde.

aa) Sachverhalt

Der Kläger sowie die E. H. GmbH & Co. KG, an welcher der Kläger maßgeblich beteiligt war, wurden von dem Beklagten in steuerlichen Angelegenheiten beraten. In der Gesellschaft hatte der Kläger als Geschäftsführer in Abstimmung mit dem Beklagten zum 31. Dezember 1976 eine aus einem Grundstücksverkauf im Herbst 1976 stammende Rücklage nach § 6b EStG in Höhe von DM 1.375.234,– gebildet. Im November 1978 begann die Gesellschaft mit dem Bau eines Hochregallagers, das im August 1979 bezogen wurde. Sie wandte für die *Lagerhalle* DM 622.964,97, für eine fahrbare *Regalanlage* DM 283.240,– und für zwei vollautomatische *Überladebrücken* DM 11.132,– auf. In der Bi-

---

[65] *Littmann,* Das Einkommensteuerrecht, 13. Aufl., § 6b Rdnr. 83.

[66] BGH, Urteil vom 25.09.1990 – XI ZR 126/89 – BB 1990, S. 2306 = DB 1990, S. 2517 = NJW-RR 1991, S. 92 f. = WM 1990, S. 1915 ff.

lanz der Gesellschaft zum 31. Dezember 1979 verrechnete der Kläger im Einvernehmen mit dem Beklagten die Gesamtkosten von DM 917.336,97 mit der noch verbliebenen Rücklage von DM 948.914,–.

Bei einer Betriebsprüfung in den Jahren 1981/1982 weigerte sich das Finanzamt, die Verrechnung der Kosten der *Regalanlage* und der *Überladebrücken* mit der Rücklage nach § 6b EStG anzuerkennen. Vielmehr ließ es nur die Verrechnung der Kosten der *Lagerhalle* in Höhe von DM 622.964,97 mit der Rücklage zu und löste den Restbetrag von DM 294.372,– für das Jahr 1979 gewinnerhöhend auf. Das Finanzgericht wies die Klage der E. H. GmbH & Co. KG gegen die entsprechend neu vorgenommene Gewinnfeststellung des Finanzamts ab und ließ wegen grundsätzlicher Bedeutung der Rechtssache die Revision zu. Die vom Beklagten eingelegte Revision wurde vom Bundesfinanzhof wegen verspäteter Einlegung als unzulässig verworfen.

Aufgrund der steuerlichen Nachteile nahm der Kläger den Beklagten nunmehr auf Ersatz des Schadens in Anspruch, der ihm durch die Auflösung des Restbetrags der Rücklage entstanden war. Nach Auffassung des Klägers hatte der Beklagte diesen Schaden sowohl durch fehlerhafte steuerliche Beratung im Zusammenhang mit der Verwendung der Rücklage nach § 6b EStG als auch durch die Versäumung der Revisionsfrist verursacht. Der Beklagte ist dem Schadensersatzbegehren des Klägers entgegengetreten und hat unter anderem die Einrede der Verjährung erhoben.

Das Landgericht[67] hat die Klage abgewiesen. Gegen das landgerichtliche Urteil hat der Kläger Berufung eingelegt. Das Oberlandesgericht[68] hat die Klage für dem Grunde nach gerechtfertigt erklärt und den Rechtsstreit zur Feststellung der Schadenshöhe an das Landgericht zurückverwiesen. Mit der Revision erstrebte der Beklagte die Wiederherstellung des landgerichtlichen Urteils.

bb) Entscheidungsgründe

Die Revision zum Bundesgerichthof hatte Erfolg. Sie führte zur Aufhebung des angefochtenen Urteils und zur Wiederherstellung der klageabweisenden Entscheidung des Landgerichts. Nach Auffassung des Bundesgerichtshofs konnte der Kläger weder wegen fehlerhafter steuerlicher Beratung noch wegen der Versäumung der finanzgerichtlichen Revisionsfrist Schadensersatz von dem Beklagten verlangen.

---

[67] LG Aachen, Urteil vom 21.09.1988 - 11 O 172/88.

[68] OLG Köln, Urteil vom 08.06.1989 - 18 U 132/88.

(1) Schadensersatzanspruch wegen fehlerhafter steuerlicher Beratung

Anders als das Berufungsgericht hat der Bundesgerichtshof einen Schadensersatzanspruch der Klägerin wegen fehlerhafter steuerlicher Beratung verneint. Aus seiner Sicht stand dem Anspruch auf Schadensersatz die vom Beklagten geltend gemachte Einrede der Verjährung entgegen.

(2) Schadensersatzanspruch wegen Versäumung der finanzgerichtlichen Revisionsfrist

Von besonderem Interesse im Rahmen der vorliegenden Arbeit sind die Ausführungen des Bundesgerichtshofs zu einem darüber hinaus in Betracht kommenden Schadensersatzanspruch wegen Versäumung der finanzgerichtlichen Revisionsfrist. Während das Berufungsgericht hierzu nicht Stellung nehmen musste, weil es den Schadensersatzanspruch des Klägers bereits auf die steuerliche Fehlberatung gestützt hat, hatte sich der Bundesgerichtshof mit der Problematik auseinander zu setzen, ob die schuldhafte Versäumung der finanzgerichtlichen Revisionsfrist für den Steuerschaden des Klägers ursächlich war. Dies verneinte der erkennende Senat mit der Begründung, dass die vom Beklagten verspätet eingelegte Revision in der Sache keine Aussicht auf Erfolg gehabt hätte. Hierzu führt der Bundesgerichtshof im Einzelnen aus:

(a) Hauptantrag im finanzgerichtlichen Verfahren

In dem finanzgerichtlichen Verfahren habe die E. H. GmbH & Co. KG zum einen beantragt, zwei Teilbeträge der Rücklage nach § 6b EStG in Höhe von insgesamt DM 325.949,03 erst zum 30. September 1980 aufzulösen. Zutreffend habe das Finanzgericht die begehrte Fortführung der Rücklage bis zum Ablauf des vierten Wirtschaftsjahres nach ihrer Bildung nicht zugelassen, weil die Möglichkeit einer von § 6b Abs. 3 S. 5 EStG begünstigten Verwendung der strittigen Teilbeträge nicht mehr bestand. Die Gesellschaft habe die Rücklage nach § 6b Abs. 3 EStG im Geschäftsjahr 1976 gebildet. Da das Hochregallager bereits im Jahre 1979 fertig gestellt war, und man vor dem Ende des Jahres 1978 nicht mit der Herstellung weiterer Gebäude begonnen habe, sei eine Fortführung der Rücklage über den 31. Dezember 1979 hinaus nicht möglich gewesen. Vielmehr sei die verbleibende Rücklage in der Bilanz des dritten Jahres (1979) zu Recht gewinnerhöhend aufgelöst worden.

(b) Hilfsantrag im finanzgerichtlichen Verfahren

Weiterhin weist der erkennende Senat darauf hin, dass die E. H. GmbH & Co. KG im finanzgerichtlichen Verfahren hilfsweise den Antrag gestellt hat, den Betrag von DM 294.372,– für das Jahr 1979 von den Anschaffungs- und Herstellungskosten des Fahrregals und der Überladebrücken abzuziehen. Auch den Hilfsantrag habe das Finanzgericht zu Recht abgewiesen. Ebenso wie das Finanzgericht geht der Bundesgerichtshof davon aus, dass der Abzug auch nur eines Teilbetrags der Rücklage deshalb ausschied, weil sowohl das Fahrregal als auch die Überladebrücken erst im dritten Jahr nach Bildung der Rücklage angeschafft bzw. hergestellt wurden und nicht als Teil des Lagergebäudes, sondern als eigene Reinvestitionsobjekte in Form abnutzbarer beweglicher Wirtschaftsgüter (Betriebsvorrichtungen) anzusehen waren.

cc) Analyse der Entscheidungsgründe

In seinem Urteil hatte der 11. Senat des Bundesgerichtshofs neben haftungsrechtlichen Aspekten verschiedene Probleme zur Anwendung des § 6b Abs. 3 EStG als haftungsrechtliche Vorfrage zu klären.[69] Den dabei gefundenen Ergebnissen kann aus steuerrechtlicher Sicht beigepflichtet werden. Sie stehen im Einklang mit der überwiegenden Meinung des (damaligen) steuerrechtlichen Schrifttums sowie der Rechtsprechung des Bundesfinanzhofs, so dass sich die nachfolgende Analyse im Wesentlichen auf einige ergänzende Bemerkungen zur Argumentationsstruktur der Entscheidung beschränkt.

(1) Hauptantrag im finanzgerichtlichen Verfahren

Ebenso wie das Finanzgericht hat der Bundesgerichtshof den von der E. H. GmbH & Co. KG im finanzgerichtlichen Verfahren gestellten Hauptantrag als unbegründet angesehen. In diesem Zusammenhang hat er sich mit drei Einzelfragen des § 6b EStG befasst. Angemerkt sei, dass der Bundesgerichtshof seine Rechtsauffassung allein auf das steuerrechtliche Schrifttum stützt, obgleich der *Bundesfinanzhof* in einem ungefähr fünf Monate vor der Entscheidung des Bundesgerichtshofs veröffentlichten *Urteil*[70] bereits zu einer der vom Bundesgerichtshof zu beantwortenden Fragen – der summenmäßigen Begrenzung der Fortführung der Rücklage – Stellung bezogen hatte.

---

[69] Vgl. auch *Kanzler,* Zur Zwangsauflösung einer Reinvestitionsrücklage, in: FR 1991, 170 (170).

[70] BFH, Urteil vom 26.10.1989 – IV R 83/88 – BFHE 159, S. 133 ff. = BStBl. 1990 II, S. 290 f.

(a) Anwendung des § 6b EStG nur bei objektiver Möglichkeit einer begünstigten Reinvestition

Ausgehend vom Wortlaut des § 6b Abs. 3 S. 5 EStG sowie dem Sinn und Zweck der Vorschrift gelangt der Bundesgerichtshof zunächst zu dem Schluss, dass die Fortführung einer Rücklage über das zweite Wirtschaftsjahr nach ihrer Bildung hinaus nur insoweit zulässig ist, als die *objektive Möglichkeit einer* von der Vorschrift *begünstigten Verwendung* besteht.[71]

Diese Sichtweise erscheint vor dem Hintergrund der *damaligen Rechtsprechung* des *Bundesfinanzhofs* vertretbar. Dieser hatte in einer Entscheidung aus dem Jahr 1979[72] offen gelassen, ob die Nachholung einer Rücklage nach § 6b Abs. 3 EStG auch dann noch denkbar ist, wenn der gesetzlich vorgeschriebene Übertragungszeitraum bereits abgelaufen ist und erkennbar ist, dass eine Übertragung der Rücklage auf Reinvestitionsobjekte nicht möglich ist. Obgleich der Bundesfinanzhof die Frage nicht entschieden hat, hat er in den Entscheidungsgründen auf die mit dieser Problematik befassten Literaturstimmen, und dabei unter anderem auf die Meinungen von *Thiel* und *Hellwig* verwiesen, die beide den Standpunkt vertraten, dass die Bildung einer 6b-Rücklage dann nicht zulässig ist, wenn eine Reinvestition im Zeitpunkt der Rücklagenbildung *objektiv unmöglich* erscheint.[73]

Hellwig hat seine Auffassung damit begründet, dass die Rücklage nach dem Sinn und Zweck der Vorschrift des § 6b Abs. 3 EStG dem Unternehmer die Möglichkeit geben soll, für den Fall einer späteren Ersatzinvestition die in den Vorjahren an sich entstandenen Gewinnrealisierungen durch Übertragung der stillen Reserven auf das Reinvestitionsgut zu neutralisieren. Die Bildung einer Rücklage gem. § 6b Abs. 3 EStG sei lediglich ein Mittel zum Zweck der Übertragung stiller Reserven auf Wirtschaftsgüter, die nicht im Veräußerungsjahr angeschafft bzw. hergestellt werden. Diesem Sinn des Gesetzes könne nicht mehr entsprochen werden, wenn eine Reinvestitionsrücklage gebildet bzw. fortgeführt wird, obwohl objektiv feststeht, dass eine Reinvestition nicht mehr vorgenommen werden kann. Die Gesetzesmaterialien zeigten, dass der Gesetzgeber durch § 6b EStG nur mögliche Reinvestitionen erleichtern wollte und der *Stundungseffekt* nur in Kauf genommen wurde, um dem betroffenen Unternehmer eine gewisse Zeitspanne für seine Dispositionen einzuräumen. Dieser Zweck könne

---

[71] Damit hat sich der Bundesgerichtshof *nicht* der Auffassung angeschlossen, die eine Reinvestitionsrücklage bereits dann zuließ, wenn ohne Übertragungsabsicht lediglich eine Steuerstundung erreicht oder ein Tarifunterschied ausgenutzt werden sollte, vgl. nur *o.V.*, Reinvestitionsvergünstigung nach § 6b EStG und Bilanzänderungen, in: DB 1965, 1195 (1195).

[72] BFH, Urteil vom 25.07.1979 – I R 175/76 – BFHE 129, 17 (21) = BStBl. 1980 II, 43 (45) sub 3. c).

[73] *Hellwig,* Ungelöste Probleme aus der Fundgrube des § 6b EStG, in: DStR 1968, 363 (364 f.); *R. Thiel,* Übertragung stiller Reserven, Tz. 155.

jedoch nicht mehr erreicht werden, wenn eine von § 6b EStG begünstigte Reinvestition ausscheide; dann benötige der Unternehmer auch keine Dispositionszeit für die Durchführung einer Reinvestition. Im Ergebnis müsse die Bestimmung daher so verstanden werden, dass bei objektiver Unmöglichkeit einer begünstigten Verwendung eine Rücklage weder gebildet noch fortgeführt werden darf.

Wenngleich diese Argumentation überzeugend erscheint, und sich ihr sowohl die Verwaltung[74] als auch der Bundesgerichtshof in dem hier analysierten Urteil angeschlossen haben, ist der Bundesfinanzhof in seiner neueren Rechtsprechung offensichtlich einen anderen Weg gegangen und hat entschieden, dass die Bildung einer § 6b EStG-Rücklage auch dann *zulässig* ist, wenn von Vornherein feststeht, dass eine Reinvestition *objektiv unmöglich* ist, weil eine Reinvestitionsrücklage im Wege einer zulässigen Bilanzänderung gebildet werden soll, obgleich innerhalb der inzwischen abgelaufenen Reinvestitionsfrist keine geeigneten Reinvestitionsgüter angeschafft oder hergestellt worden sind.[75] Es ist daher fraglich, ob die vom Bundesgerichtshof vertretene Rechtsauffassung mit dieser neueren Rechtsprechung des Bundesfinanzhofs noch vereinbar ist.[76] Diese Frage soll jedoch hier nicht weiter vertieft werden, da für die vorliegende Arbeit nur entscheidend ist, dass der Bundesgerichtshof zu einem im Zeitpunkt der Entscheidung zutreffenden Ergebnis gekommen ist.

(b) Voraussetzungen für die Fortführung einer Rücklage

Die soeben dargelegte Prämisse zugrunde gelegt zieht der Bundesgerichtshof den Schluss, dass die Fortführung einer Rücklage dann unzulässig war, wenn bis zum Ablauf des zweiten Wirtschaftsjahres nach ihrer Bildung noch nicht mit der Herstellung des Reinvestitionsguts begonnen wurde. Übertragen auf den zu entscheidenden Fall kommt er deshalb zu dem Ergebnis, dass am Ende des zweiten Wirtschaftsjahres nach seiner Bildung (i.e., Ende 1978) der verbleibende Teilbetrag der Rücklage in Höhe von DM 294.372,– *objektiv* deshalb *nicht mehr verwendet* werden konnte, weil – abgesehen von der Lagerhalle – nicht mit der Herstellung weiterer Reinvestitionsobjekte begonnen worden war.

---

[74] Vgl. die Verwaltungsanweisung in R 41b Abs. 10 S. 2 EStR, wonach bei einer Betriebsveräußerung eine bestehende § 6b EStG-Rücklage nur beibehalten oder eine neue § 6b EStG-Rücklage nur gebildet werden darf, wenn der Steuerpflichtige die Absicht erkennen lässt, mit den Vermögenswerten, die er bei der Veräußerung erlöst hat, einen Betrieb weiterzuführen; zustimmend offenbar auch *Bordewin,* in: Bordewin/Brandt, EStG, § 6b Rdnr. 233; *Welbers,* in: Lademann, EStG, § 6b Rdnr. 167.

[75] BFH, Urteil vom 22.09.1994 – IV R 61/93 – BFHE 176, 350 (355 f.) = BStBl. 1995 II, 367 (369 f.) unter II. 1.

[76] Dahingehende Zweifel äußern auch *Bordewin,* in: Bordewin/Brandt, EStG, § 6b Rdnr. 233 sowie *Welbers,* in: Lademann, EStG, § 6b Rdnr. 167.

Dieser Schluss erscheint jedoch deshalb nicht zwingend, weil im Schrifttum teilweise die Auffassung vertreten wurde, dass eine über zwei Jahre fortgeführte Rücklage auch insoweit auf neue Gebäude übertragen werden konnte, als mit deren Herstellung erst *nach Ablauf der zwei Jahre* begonnen wurde, sofern nur fristgemäß mit der Herstellung *irgendeines Gebäudes* begonnen worden ist. Entsprechend dem Sinngehalt des § 6b Abs. 3 S. 3 EStG sollte es keinen Unterschied machen, ob die mittels der Rücklage fortgeführten stillen Reserven im vierten auf die Bildung der Rücklage folgenden Wirtschaftsjahr tatsächlich auf solche Gebäude übertragen wurden, mit deren Herstellung bereits vor Ende des zweiten Wirtschaftsjahres begonnen wurde, oder ob sie auf Gebäude übertragen wurden, die erst kurz vor Ende des vierten Wirtschaftsjahres im Schnellbauverfahren erstellt wurden.[77] Nach dieser Auffassung wäre eine Fortführung des Teilbetrags in Betracht gekommen.

Diese Ansicht ist jedoch aufgrund des eindeutigen Wortlauts der Vorschrift abzulehnen; danach verlängert sich die Frist „bei" neu hergestellten Gebäuden, wenn mit „ihrer", d.h. mit der Herstellung „dieser" Gebäude rechtzeitig begonnen worden ist.[78] Vielmehr ist eine Übertragung der Rücklage auf andere als die eine Reinvestitionsfristverlängerung auslösenden Wirtschaftsgüter als nicht zulässig anzusehen und mit dem Bundesgerichtshof die Übertragungsmöglichkeit nur auf die Herstellungskosten solcher neu errichteter Gebäude zu erstrecken, mit deren Herstellung tatsächlich *vor Ablauf* der beiden auf die Rücklagenbildung folgenden Wirtschaftsjahre dergestalt begonnen worden ist, dass das Investitionsvorhaben vor diesem Zeitpunkt konkret ins Werk gesetzt wurde.[79]

(c) Summenmäßige Begrenzung der Fortführung

Für den Fall, dass rechtzeitig vor Ablauf der zweijährigen Frist mit der Herstellung eines Gebäudes begonnen wurde, stellte sich die weitergehende Frage, ob über das zweite Wirtschaftsjahr hinaus die Rücklage in voller Höhe fortgeführt werden konnte oder ob die Rücklage insoweit aufzulösen war, als sie die noch zu erwartenden Herstellungskosten überstieg.

---

[77] Vgl. *Heuer,* in: Herrmann/Heuer/Raupach, EStG und KStG, 21. Aufl., § 6b EStG Rdnr. 243 m.w.N.; *Hellwig,* Ungelöste Probleme aus der Fundgrube des § 6b EStG, in: DStR 1968, 363 (366); *Paus,* 6b-Rücklagen und Betriebsveräußerung, in: FR 1984, 249 (251).

[78] *Richter/Winter,* Gewinnübertragungen nach §§ 6b/6c EStG, 2. Aufl. Herne/Berlin 1979, Rdnr. 159; *Richter,* Verlängerung der Reinvestitionsfrist i.S. des § 6b EStG, in: Die steuerliche Betriebsprüfung 1973, 103 (104).

[79] Vgl. BFH, Urteil vom 26.10.1989 – IV R 83/88 – BFHE 159, 133 (137) = BStBl. 1990 II, 290 (291 f.); Blümich/*Schlenker,* EStG/KStG/GewStG, § 6b EStG Rdnr. 254; *Jachmann,* in: EStG KompaktKommentar, 4. Aufl., § 6b Rdnr. 29; *Hoffmann,* in: Littmann/Bitz/Pust, Das Einkommensteuerrecht, 15. Aufl., § 6b Rdnr. 107; *Littmann,* Das Einkommensteuerrecht, 13. Aufl., § 6b Rdnr. 80 f.; *Glanegger,* in: Schmidt, EStG, 23. Aufl., § 6b Rdnr. 93.

Überwiegend wurde die Auffassung vertreten, dass eine Fortführung der Reinvestitionsrücklage unabhängig von der Frage erfolgen konnte, welcher Rücklagenbetrag später auf das Reinvestitionsgebäude übertragen werden konnte. Irgendeine Abschätzung, in welchem Umfang die in Rücklage gestellten Veräußerungsgewinne später (i. e. nach Fertigstellung des Gebäudes) tatsächlich abgezogen werden konnten, sollte nicht in Betracht kommen.[80] Nach der gegenteiligen Ansicht, der sich der *Bundesgerichtshof* angeschlossen hat, durfte die Rücklage nicht ohne weiteres in vollem Umfang, sondern stets nur in Höhe der voraussichtlichen Herstellungskosten fortgeführt werden. Die Fortführung der Rücklage sei kein Selbstzweck, sondern nur insoweit berechtigt, als noch ein „Abzug von den Herstellungskosten von Gebäuden [...] in Betracht kommt" (§ 6b Abs. 3 S. 5 EStG). Dies bedeute, dass auch eine zunächst mit Recht fortgeführte Rücklage bereits zum Ende des dritten Wirtschaftsjahres nach ihrer Bildung aufgelöst werden müsse, wenn zu diesem Zeitpunkt – etwa infolge Fertigstellung des Gebäudes – feststehe, dass künftig keine verrechenbaren Herstellungskosten mehr entstehen.[81] Auch der *Bundesfinanzhof* hatte in einem kurz vor der Entscheidung des Bundesgerichtshofs veröffentlichten Urteil entschieden, dass sich die in § 6b Abs. 3 S. 5 EStG vorgesehene Verlängerung der Reinvestitionsfrist nur auf den Teil der Rücklage beziehen kann, der den noch zu erwartenden Herstellungskosten eines rechtzeitig begonnenen Gebäudes entspricht.[82] Wenngleich der Bundesgerichtshof dieses finanzgerichtliche Urteil nicht in seine Ausführungen einbezieht, gelangt er dennoch zu demselben Ergebnis, so dass sich die fehlende Inbezugnahme der Entscheidung des Bundesfinanzhofs als unschädlich erweist.

Angemerkt sei jedoch, dass das theoretische Abstellen auf die *„erwarteten Herstellungskosten"* deshalb auf praktische Schwierigkeiten stößt, weil die tatsächlichen Baukosten eines Gebäudes einen eventuellen Kostenvoranschlag regelmäßig überschreiten werden. Eine *ex-post-Beurteilung* – wie sie vom Bundesgerichtshof und den Finanzbehörden vorgenommen wurde – erscheint daher nicht geeignet, die Frage zu beantworten, in welchem Umfang die Rücklage

---

[80] So *Grass,* in: Hartmann/Böttcher/Grass, § 6b EStG Anm. 7; *Heuer,* in: Herrmann/Heuer/Raupach, EStG und KStG, 21. Aufl., § 6b EStG Rdnr. 253; *Littmann,* Das Einkommensteuerrecht, 13. Aufl., § 6b Rdnr. 79; *o.V.,* Reinvestitionsvergünstigung nach § 6b EStG: Übertragung stiller Reserven auf Gebäude, in: DB 1967, 2008 (2008); einschränkend *Hellwig,* Ungelöste Probleme aus der Fundgrube des § 6b EStG, in: DStR 1968, 363 (366 f.): keine Fortführung, wenn die voraussichtlichen Herstellungskosten in einem erheblichen Missverhältnis zur Höhe der Rücklagen stehen.

[81] *Paus,* 6b-Rücklagen und Betriebsveräußerung, in: FR 1984, 249 (251); *Richter/ Winter,* Gewinnübertragungen nach §§ 6b/6c EStG, 2. Aufl. Herne/Berlin 1979, Rdnr. 160; *Richter,* Verlängerung der Reinvestitionsfrist i. S. des § 6b EStG, in: Die steuerliche Betriebsprüfung 1973, 103 (104).

[82] BFH, Urteil vom 26.10.1989 – IV R 83/88 – BFHE 159, 133 (137) = BStBl. 1990 II, 290 (292) unter 2. a).

auch über die Reinvestitionsfrist von zwei Jahren fortgeführt werden darf. Sinnvollerweise kann es im Hinblick auf die Teilauflösung und -fortführung einer Rücklage nur auf die Sicht des Steuerpflichtigen zum Bilanzstichtag ankommen, dem ein eher großzügiger Beurteilungsspielraum zugestanden werden muss.[83]

(2) Hilfsantrag im finanzgerichtlichen Verfahren

Auch den Hilfsantrag der E. H. GmbH & Co. KG haben sowohl das Finanzgericht als auch der Bundesgerichtshof als unbegründet angesehen. Zutreffend weist der Bundesgerichtshof darauf hin, dass die Anschaffungs- bzw. Herstellungskosten der erst im Jahr 1979 und damit nach Ablauf der Zweijahresfrist des § 6b Abs. 3 S. 2 EStG angeschafften Wirtschaftsgüter (i.e. des *Fahrregals* und der *Überladebrücken*) nur dann nach § 6b Abs. 3 S. 3 EStG noch mit der Rücklage hätten verrechnet werden können, wenn diese Gegenstände als *Teil des Lagergebäudes* im bewertungsrechtlichen Sinne anzusehen gewesen wären. Eine Verrechnung schied jedoch deshalb aus, weil sowohl das Fahrregal als auch die Überladebrücken als *Betriebsvorrichtungen* und nicht als Teil des Lagergebäudes anzusehen waren; beide Bestandteile dienten nicht der Nutzung des Gebäudes selbst, sondern unmittelbar dem in dem Gebäude ausgeübten Betrieb.

dd) Fazit

Im Ergebnis kann festgehalten werden, dass der 11. Senat des Bundesgerichtshofs die zum Teil schwierigen Einzelfragen betreffend die Vorschrift des § 6b Abs. 3 EStG einer aus steuerrechtlicher Sicht vertretbaren Lösung zugeführt hat. Dabei hat er in den Urteilsgründen insbesondere auf die unterschiedlichen Literaturmeinungen hingewiesen, wenngleich sich der erkennende Senat nicht näher mit den von seiner Rechtsauffassung abweichenden Ansichten auseinander gesetzt hat. Eine Bezugnahme auf die einschlägige finanzgerichtliche Rechtsprechung ist hingegen unterblieben. Allerdings erscheint die Frage, ob der Bundesgerichtshof bewusst oder unbewusst darauf verzichtet hat, auf die Rechtsauffassung des Bundesfinanzhofs zu rekurrieren, deshalb von untergeordneter Bedeutung, weil sich die Rechtsansichten der beiden obersten Bundesgerichte decken.

---

[83] Ebenso *Jachmann,* in: EStG KompaktKommentar, 4. Aufl., § 6b Rdnr. 29; *Kanzler,* Zur Zwangsauflösung einer Reinvestitionsrücklage, in: FR 1991, 170 (170).

d) Wertveränderungen im Betriebsvermögen

Das Ergebnis des Betriebsvermögensvergleichs i. S. d. § 4 Abs. 1 EStG hängt nicht allein davon ab, was als Bilanzposten aktiviert oder passiviert und was als Einlage/Entnahme behandelt wird, sondern wird auch wesentlich durch die Frage bestimmt, wie die Bilanzposten sowie die Einlagen und Entnahmen bewertet werden.

Für die *Bewertung* gelten die handelsrechtlichen Grundsätze ordnungsgemäßer Buchführung grundsätzlich nicht, da sie wegen des ihnen immanenten *Gläubigerschutzprinzips* Unterbewertungen zulassen (vgl. § 253 Abs. 4 HGB); vielmehr richtet sich gemäß § 4 Abs. 1 S. 6, § 5 Abs. 6 EStG die Bewertung nach den spezifischen Vorschriften des Einkommensteuergesetzes (§§ 6 und 7 EStG) sowie hilfsweise nach den Vorschriften des Bewertungsgesetzes (vgl. § 1 BewG).[84] Nur subsidiär (z. B. wenn das Einkommensteuergesetz ein Bewertungswahlrecht einräumt) ist ein Rückgriff auf die §§ 252 ff. HGB möglich. Ausgangspunkt für die bilanzielle Wertermittlung sind in der Regel entweder die *Anschaffungs-* oder *Herstellungskosten* des betreffenden Wirtschaftsgutes oder der *Buchwert* der Vorjahresbilanz. Von diesen Basiswerten sind bei gewissen Wirtschaftsgütern bestimmte Beträge (sog. *Abschreibungen*[85]) abzusetzen, die dem Umstand Rechnung tragen, dass der betriebliche Einsatz eines Wirtschaftsgutes regelmäßig zu einer Wertminderung führt. So lässt beispielsweise § 6 Abs. 1 Nr. 1 S. 1 EStG *Absetzungen für Abnutzung* nach § 7 EStG auf Wirtschaftsgüter des Anlagevermögens[86] zu, die infolge ihres Ge- bzw. Verbrauchs der Abnutzung unterliegen.

Da sich der *Bundesgerichtshof* in seinem sogleich näher analysierten *Urteil vom 12. März 1986*[87] mit Abschreibungen betreffend ein Betriebsgebäude befasst hat, konzentrieren sich die nachfolgenden Ausführungen auf die sog. Gebäudeabschreibungen.

---

[84] Vgl. *Daumke,* Grundriss, S. 108; *Lang,* in: Tipke/Lang, Steuerrecht, 17. Aufl., § 9 Rdnr. 374.

[85] Mit *Abschreibungen* bezeichnet man die Beträge, die zur Erfassung des Wertverzehrs am Anlagevermögen in der Gewinn- und Verlustrechnung angesetzt und bei der Bewertung der Wirtschaftsgüter in der Bilanz berücksichtigt werden, vgl. *Knobbe-Keuk,* Bilanz- und Unternehmenssteuerrecht, § 5 IV 1., S. 169.

[86] Zum *Anlagevermögen* rechnen alle Wirtschaftsgüter, „die bestimmt sind, dauernd dem Geschäftsbetrieb zu dienen" (vgl. § 247 Abs. 2 HGB).

[87] BGH, Urteil vom 12.03.1986 – IVa ZR 183/84 – BB 1986, S. 1192 f. = DB 1986, S. 1915 = NJW-RR 1986, S. 1348 f. = WM 1986, S. 675 ff.

aa) Gebäudeabschreibungen (§ 7 Abs. 4–5a EStG)

Grundsätzlich bemessen sich die *Absetzungen für Abnutzungen* eines Wirtschaftsgutes[88] nach seiner betriebsgewöhnlichen Nutzungsdauer (§ 7 Abs. 1 S. 1 und S. 2 EStG). Abweichend hiervon regelt § 7 Abs. 4–5a EStG die *Gebäude-AfA* grundsätzlich mit festen Sätzen und bestimmt damit – typisierend – Absetzungszeiträume, die weder der tatsächlichen noch der betriebsgewöhnlichen Nutzungsdauer der Gebäude entsprechen müssen.[89] Im Einzelnen enthält die Vorschrift des § 7 Abs. 4 EStG Regelungen zur sog. *linearen Gebäude-AfA* mit in jedem Jahr gleich hohen Abschreibungsprozentsätzen, während § 7 Abs. 5 EStG die *degressive Gebäude-AfA* mit fallenden Abschreibungsprozentsätzen regelt; die Vorschrift des § 7 Abs. 5a EStG betrifft schließlich Eigentumswohnungen und im Teileigentum stehende Räume sowie Gebäudeteile. Auch für die letztgenannten Wirtschaftsgüter sind § 7 Abs. 4 und 5 EStG entsprechend anzuwenden.

Sowohl die lineare als auch die degressive Absetzungsmethode beruhen auf der Annahme eines bestimmten Abnutzungsverlaufs, der sich jedoch – zum Beispiel durch eine Verlängerung oder Verkürzung der Nutzungsdauer – ändern kann. Aber auch ohne Änderung der Nutzungsdauer kann ein Sprung im Abnut-

---

[88] Nach ständiger Rechtsprechung des Bundesfinanzhofs umfasst der Begriff des *Wirtschaftsguts* sowohl am Bilanzstichtag als Vermögenswert realisierbare Gegenstände i. S. d. bürgerlichen Rechts (Sachen, Tiere, Rechte) als auch bloße vermögenswerte Vorteile einschließlich „tatsächlicher Zustände“ und „konkreter Möglichkeiten“, sofern a) sich der Steuerpflichtige ihre Erlangung etwas kosten lässt, b) die Gegenstände nach der Verkehrsauffassung einer selbstständigen Bewertung zugänglich sind, c) sie in der Regel eine Nutzung für mehrere Wirtschaftsjahre erbringen und d) sie allein oder zusammen mit dem Betrieb verkehrsfähig oder auf andere Weise wirtschaftlich nutzbar sind, vgl. nur BFH Großer Senat, Beschluss vom 03.02.1969 – GrS 2/68 – BFHE 82, 461 (464) = BStBl. 1965 III, 414 (415); BFH Großer Senat, Beschluss vom 02.03.1970 – GrS 1/69 – BFHE 98, 360 (363) = BStBl. 1970 II, 382 (383); BFH, Urteil vom 09.02.1978 – IV R 201/74 – BFHE 124, 520 (522 f.) = BStBl. 1978 II, 370 (371); BFH, Urteil vom 28.05.1979 – I R 1/76 – BFHE 128, 367 (372) = BStBl. 1979 II, 734 (736) sub II. 3. b); BFH, Urteil vom 09.07.1986 – I R 218/82 – BFHE 147, 412 (413) = BStBl. 1987 II, 14 (14) unter 1.; BFH, Beschluss vom 13.05.1987 – I B 179/86 – BFHE 150, 136 (138) = BStBl. 1987 II, 777 (777 f.) unter 2. b); BFH, Beschluss vom 26.10.1987 – GrS 2/86 – BFHE 151, 523 (532) = BStBl. 1988 II, 348 (352); BFH, Urteil vom 22.07.1988 – III R 175/85 – BFHE 154, 218 (222) = BStBl. 1988 II, 995 (996 f.) unter 1. a) cc) (1); BFH, Urteil vom 06.12.1990 – IV R 3/89 – BFHE 163, 126 (127 f.) = BStBl. 1991 II, 346 (347) unter 1. b) aa); BFH, Urteil vom 26.08.1992 – I R 24/91 – BFHE 169, 163 (165) = BStBl. 1992 II, 977 (978); BFH, Urteil vom 03.08.1993 – VIII R 37/92 – BFHE 174, 31 (36) = BStBl. 1994 II, 444 (446) unter II. 2. a); BFH, Urteil vom 19.06.1997 – IV R 16/95 – BFHE 183, 484 (485 f.) = BStBl. 1997 II, 808 (889); aus dem Schrifttum Blümich/*Wacker,* EStG/KStG/GewStG, § 4 EStG Rdnr. 129; *Crezelius,* in: EStG KompaktKommentar, 4. Aufl., § 4 Rdnr. 65 ff., § 5 Rdnr. 62 ff.; *Weber-Grellet,* in: Schmidt, EStG, 23. Aufl., § 5 Rdnr. 94 ff.

[89] So *Nolde,* in: Herrmann/Heuer/Raupach, EStG und KStG, 21. Aufl., § 7 EStG Rdnr. 380.

zungsverlauf durch eine außergewöhnliche Abnutzung eintreten. Dieser Tatsache trägt die Vorschrift des § 7 Abs. 1 S. 7 EStG Rechnung, die für alle Arten von Wirtschaftsgütern *Absetzungen für außergewöhnliche technische oder wirtschaftliche Abnutzungen* (AfaA) vorsieht.

bb) Gebäude-Absetzungen für außergewöhnliche Abnutzung

Durch den ausdrücklichen Verweis in § 7 Abs. 4 S. 3 EStG auf die Regelung in § 7 Abs. 1 EStG letzter Satz ist klargestellt, dass es auch bei Gebäuden Absetzungen für außergewöhnliche Abnutzung geben kann.[90]

(1) Allgemeines

Absetzungen für außergewöhnliche Abnutzung kommen in Betracht, wenn infolge besonderer (außergewöhnlicher) Umstände die bei der normalen Absetzung für Abnutzung geschätzte Nutzungsdauer eines bestehenden Wirtschaftsgutes durch eine außergewöhnliche *technische*[91] oder *wirtschaftliche*[92] Abnutzung verkürzt wird.[93] Neben die Außergewöhnlichkeit des Ereignisses tritt als

---

90 Vgl. Blümich/*Brandis,* EStG/KStG/GewStG, § 7 EStG Rdnr. 528; *Nolde,* in: Herrmann/Heuer/Raupach, EStG und KStG, 21. Aufl., § 7 EStG Rdnr. 450; *Handzik,* in: Littmann/Bitz/Pust, Das Einkommensteuerrecht, 15. Aufl., § 7 Rdnr. 411, der auf die lediglich klarstellende Funktion des § 7 Abs. 4 S. 3 EStG hinweist.

91 Eine *technische Abnutzung* liegt vor bei einem materiellen Verschleiß des Wirtschaftsgutes im Sinne eines Substanzverzehrs. Beispielhaft genannt seien die Beschädigung oder Zerstörung des Wirtschaftsguts durch äußere Einflüsse wie Unwetter, Brand (BFH, Urteil vom 01.12.1992 – IX R 333/87 – BFHE 170, 113 (115) = BStBl. 1994 II, 12 (13)), Schwammbildung (BFH, Urteil vom 31.01.1963 – IV 119/59 S – BFHE 77, 23 (27 f.) = BStBl. 1963 III, 325 (326 f.)), Baumängel, Insektenfraß oder Sachbeschädigung (BFH, Urteil vom 29.04.1983 – VI R 139/80 – BFHE 138, 441 (442) = BStBl. 1983 II, 586 (586) unter 2. der Entscheidungsgründe) bzw. durch in der Beschaffenheit des Wirtschaftsgutes selbst liegende Umstände wie Bruch, Verformung, chemische Veränderungen usw., vgl. *Nolde,* in: Herrmann/Heuer/Raupach, EStG und KStG, 21. Aufl., § 7 EStG Rdnr. 253 f.; *Werndl,* in: Kirchhof/Söhn/Mellinghoff, EStG, § 7 Rdnr. B 139 ff.; *Knobbe-Keuk,* Bilanz- und Unternehmenssteuerrecht, § 5 V. 3. b) aa), S. 200.

92 *Wirtschaftliche Abnutzung* ist die Verminderung oder der Fortfall der wirtschaftlichen Nutzbarkeit für den Steuerpflichtigen, vgl. BFH, Urteil vom 08.07.1980 – VIII R 176/78 – BFHE 131, 310 (311) = BStBl. 1980 II, 743 (744); BFH, Urteil vom 31.01.1992 – VI R 57/88 – BFHE 166, 502 (503) = BStBl. 1992 II, 401 (403) unter 2. b)). In diese Fallgruppe gehören beispielsweise das technische oder wirtschaftliche Überholtsein eines Wirtschaftsgutes durch neue Erfindungen oder erhebliche Nachfrageverschiebungen (z. B. aufgrund eines Geschmackswandels oder des Verlustes von Absatzgebieten), vgl. Blümich/*Brandis,* EStG/KStG/GewStG, § 7 EStG Rdnr. 394; weitere Einzelfälle bei *Claßen,* in: Lademann, EStG, § 7 Rdnr. 284 sowie *Handzik,* in: Littmann/Bitz/Pust, Das Einkommensteuerrecht, 15. Aufl., § 7 Rdnr. 261.

93 Vgl. BFH, Urteil vom 08.07.1980 – VIII R 176/78 – BFHE 131, 310 (311) = BStBl. 1980 II, 743 (744); BFH, Urteil vom 31.03.1992 – IX R 164/87 – BFHE 168,

weitere Voraussetzung für die Anerkennung einer Absetzung für außergewöhnliche Abnutzungen die Notwendigkeit eines *tatsächlich* eingetretenen Wert- oder Substanzverzehrs in Form einer klaren und objektiv nachprüfbaren Werteinbuße.[94] Bei Gebäuden haben sich im Laufe der Zeit spezifische Fallgruppen im AfaA-Bereich herausgebildet, die einerseits die Behandlung des *Gebäudeabbruchs* mit anschließendem Neubau, andererseits die Behandlung des *Gebäudeumbaus* betreffen.

(2) AfaA bei Abbruch eines Gebäudes, unter Umständen mit anschließendem Neubau

Beim Erwerb eines Grundstückes mit aufstehenden Gebäuden und späterem Abbruch dieser Gebäude geht es vordringlich um die Problematik, in welcher Form der *Gebäudewert* beim Erwerb in der *Bilanz zu berücksichtigen* ist, und ob bei Abbruch des Gebäudes der *Restbuchwert* des Gebäudes bzw. die *Abbruchkosten* im Wege einer *Absetzung für außergewöhnliche Abnutzung* abziehbar sind. Dabei ist nach der Rechtsprechung wie folgt zu differenzieren:

(a) Gebäude ist beim Erwerb objektiv wertlos

Sofern das Gebäude im Zeitpunkt des Erwerbs objektiv wertlos ist, ist der Kaufpreis für das bebaute Grundstück allein als *Anschaffungskosten* des Grund und Bodens anzusetzen.[95] Die Aktivierung eines Teils des Anschaffungspreises beim Gebäude und die Abschreibung des *Restbuchwertes* bei Abbruch des Gebäudes sind in diesem Fall nicht zulässig. Vielmehr sind beim Abbruch des Gebäudes auch die *Abbruchkosten* den Anschaffungskosten des Grund und Bodens zuzurechnen.

(b) Gebäude ist beim Erwerb objektiv nicht wertlos

Ist das erworbene Gebäude im Zeitpunkt des Erwerbs objektiv nicht wertlos, ist es – als Wirtschaftsgut mit eigenem Schicksal – im Zeitpunkt des Erwerbs mit den anteiligen Anschaffungskosten zu aktivieren. Wird das Gebäude später

---

104 (107 f.) = BStBl. 1992 II, 805 (807) unter 3. b); *Stuhrmann,* in: Lademann, EStG, § 7 Rdnr. 244.

[94] Nicht ausreichend sind hingegen bloß unbestimmte Zukunftsentwicklungen, vgl. schon BFH, Urteil vom 27.06.1957 – IX 114/56 U – BFHE 65, 175 (178) = BStBl. 1957 III, 301 (302); ebenso BFH, Urteil vom 31.01.1992 – VI R 57/88 – BFHE 166, 502 (504) = BStBl. 1992 II, 401 (403) unter 2. b); *Handzik,* in: Littmann/Bitz/Pust, Das Einkommensteuerrecht, 15. Aufl., § 7 Rdnr. 260; *Werndl,* in: Kirchhof/Söhn/Mellinghoff, EStG, § 7 Rdnr. B 147.

[95] BFH, Urteil vom 06.11.1968 – I 64/65 – BFHE 93, 551 (552) = BStBl. 1969 II, 35 (35).

abgebrochen, handelt es sich um einen in der Bilanz zu berücksichtigenden Abgang. Dabei ist zwischen zwei Fallkonstellationen zu unterscheiden.

(aa) Erwerb ohne Abbruchabsicht

Sofern das Gebäude im Zeitpunkt des Abbruchs technisch oder wirtschaftlich verbraucht[96] und damit objektiv wertlos ist, kann im Jahr des Abbruchs der *Restbuchwert* des Gebäudes im Wege einer *Absetzung für außergewöhnliche Abnutzung* abgeschrieben werden.[97] Die *Abbruchkosten* sind in diesem Jahr als Betriebsausgaben/Werbungskosten abzusetzen.[98] Voraussetzung ist jedoch, dass der Steuerpflichtige das Gebäude in der Absicht erworben hatte, es als Gebäude zu nutzen *(Erwerb ohne Abbruchabsicht).*[99]

Eine außergewöhnliche Absetzung ist auch zulässig beim Abbruch eines objektiv technisch oder wirtschaftlich noch nicht verbrauchten Gebäudes, das der Steuerpflichtige auf einem ihm bereits gehörenden Grundstück errichtet hat, wenn an die Stelle des noch nicht verbrauchten Gebäudes ein überraschend möglich gewordener, seit langem geplanter Erweiterungsbau tritt.[100]

---

[96] Ein Gebäude ist *wirtschaftlich verbraucht,* wenn – ungeachtet einer fortbestehenden technischen Verwendbarkeit – die Möglichkeit einer wirtschaftlich sinnvollen Verwendung durch Nutzung oder anderweitige Veräußerung für Erwerber und Veräußerer endgültig entfallen ist, vgl. BFH, Urteil vom 15.02.1989 – X R 97/87 – BFHE 156, 423 (426) = BStBl. 1989 II, 604 (605) unter 2. a).

[97] Vgl. BFH, Urteil vom 02.06.1959 – I 74/58 S – BFHE 69, 162 (166) = BStBl. 1959 III, 323 (325); BFH, Urteil vom 03.12.1964 – IV 422/62 S – BFHE 82, 214 (216) = BStBl. 1965 III, 323 (323); BFH, Urteil vom 28.03.1973 – I R 115/71 – BFHE 109, 326 (327) = BStBl. 1973 II, 678 (679); BFH Großer Senat, Beschluss vom 12.06.1978 – GrS 1/77 – BFHE 125, 516 (523) = BStBl. 1978 II, 620 (624) unter D. II. 1. a).

[98] BFH Großer Senat, Beschluss vom 12.06.1978 – GrS 1/77 – BFHE 125, 516 (523) = BStBl. 1978 II, 620 (624) unter D. II. 1. der Entscheidungsgründe; a. A. noch BFH, Urteil vom 02.06.1959 – I 74/58 S – BFHE 69, 162 (167) = BStBl. 1959 III, 323 (325), das die Abbruchkosten zu den Herstellungskosten des neuen Gebäudes zählt.

[99] Der Große Senat des Bundesfinanzhofs hat dies damit begründet, dass bei dem Erwerb eines Gebäudes *ohne Abbruchabsicht* Anschaffung und Herstellung allein dem Ziel der Nutzung durch den Betrieb dienten und deshalb bei dessen Anschaffung oder Herstellung noch kein Zusammenhang mit dem späteren Abbruch und dem damit verfolgten Zweck, nämlich der Herstellung eines neuen Wirtschaftsguts, besteht, vgl. BFH Großer Senat, Beschluss vom 12.06.1978 – GrS 1/77 – BFHE 125, 516 (523) = BStBl. 1978 II, 620 (624) unter D. II. 1. a) und b); ebenso *Nolde,* in: Herrmann/Heuer/Raupach, EStG und KStG, 21. Aufl., § 7 EStG Rdnr. 450.

[100] BFH Großer Senat Beschluss vom 12.06.1978 – GrS 1/77 – BFHE 125, 516 (523) = BStBl. 1978 II, 620 (624) unter D. II. 1. a); BFH, Urteil vom 28.03.1973 – I R 115/71 – BFHE 109, 326 (327 f.) = BStBl. 1973 II, 678 (679).

(bb) Erwerb mit Abbruchabsicht

Absetzungen für außergewöhnliche Abnutzungen sind hingegen ausgeschlossen, wenn ein bebautes Grundstück mit der Absicht erworben wird, die objektiv nicht wertlosen aufstehenden Gebäude alsbald nach dem Erwerb abzureißen *(Erwerb in Abbruchabsicht)*. In diesem Fall gehören sowohl der *Restbuchwert* des alten Gebäudes als auch die *Abbruchkosten* zu den aktivierungspflichtigen Herstellungskosten des neuen, an die Stelle des abgebrochenen Gebäudes getretenen Gebäudes.[101] Dies gilt sowohl für den Gesamt- als auch für den Teilabriss.[102]

Wird ein neues Gebäude nicht errichtet, gehören die Abbruchkosten zu den nachträglichen Anschaffungskosten des Grund und Bodens.[103] Für das Vorliegen der *Abbruchabsicht* im Zeitpunkt des Erwerbs spricht bei einem Beginn der Abbrucharbeiten innerhalb von drei Jahren nach dem Erwerbszeitpunkt der Beweis des ersten Anscheins.[104] Der Steuerpflichtige kann diese Vermutung jedoch beispielsweise durch den Gegenbeweis entkräften, dass es zu dem Abbruch erst aufgrund eines ungewöhnlichen Geschehensablaufes gekommen ist.

(3) AfaA bei Umbau eines Gebäudes

Absetzungen für außergewöhnliche Abnutzungen können auch im Hinblick auf Gebäudeteile in Betracht kommen, die anlässlich eines *Umbaus* entfernt werden.[105] Voraussetzung ist allerdings, dass beim Erwerb *keine Umbauabsicht* bestand, dass die Teile einen „abgrenzbaren Niederschlag"[106] in den Anschaffungs- oder Herstellungskosten des Gebäudes gefunden haben und dass sie wertmäßig

---

[101] Vgl. BFH Großer Senat, Beschluss vom 12.06.1978 – GrS 1/77 – BFHE 125, 516 (524) = BStBl. 1978 II, 620 (624 f.) unter D. II. 2. a) der Entscheidungsgründe; BFH, Urteil vom 04.12.1984 – IX R 5/79 – BFHE 142, 477 (479) = BStBl. 1985 II, 208 (209); BFH, Urteil vom 06.12.1995 – X R 116/91 – BFHE 179, 331 (333) = BStBl. 1996 II, 358 (358) unter II. 1. b).

[102] BFH, Urteil vom 15.10.1996 – IX R 2/93 – BFHE 182, 41 (42 f.) = BStBl. 1997 II, 325 (326).

[103] Vgl. beispielsweise BFH, Urteil vom 06.11.1968 – I 64/65 – BFHE 93, 551 (552) = BStBl. 1969 II, 35 (36); BFH Großer Senat, Beschluss vom 12.06.1978 – GrS 1/77 – BFHE 125, 516 (525 f.) = BStBl.1978 II, 620 (625) unter D. II. 2. b); BFH, Urteil vom 04.12.1984 – IX R 5/79 – BFHE 142, 477 (479) = BStBl. 1985 II, 208 (209); *Handzik,* in: Littmann/Bitz/Pust, Das Einkommensteuerrecht, 15. Aufl., § 7 Rdnr. 413.

[104] Vgl. nur BFH, Urteil vom 15.10.1996 – IX R 2/93 – BFHE 182, 41 (42) = BStBl. 1997 II, 325 (326).

[105] So bereits BFH, Urteil vom 01.02.1962 – IV 74/60 U – BFHE 75, S. 6 ff. = BStBl. 1962 III, S. 272 f.

[106] Kritisch zu dieser Voraussetzung *Drenseck,* AfaA für ein nach dem Erwerb umgebautes Gebäude, in: FR 1994, 745 (745 f.).

nicht von ganz untergeordneter Bedeutung[107] sind.[108] Dem Abzug von außergewöhnlichen Absetzungen für Abnutzung steht – bei Vorliegen der übrigen Voraussetzungen – auch nicht entgegen, dass die Gebäudeteile im Zuge der Baumaßnahme bewusst beseitigt werden.[109] Die Umbaukosten stellen entsprechend den oben dargestellten Grundsätzen sofort abziehbare Werbungskosten dar.

Demgegenüber geht die Rechtsprechung davon aus, dass bei einer bereits beim Erwerb des Gebäudes bestehenden *Umbauabsicht* ein weiterreichendes Ziel, nämlich die Herstellung eines neuen Wirtschaftsguts, verfolgt wird, so dass sowohl der *Restbuchwert* der entfernten Gebäudeteile als auch die *Umbaukosten* Teil der aktivierungspflichtigen Herstellungskosten des neu gestalteten (umgebauten) Gebäudes sind, und dementsprechend Absetzungen für außergewöhnliche Abnutzung ausscheiden.[110] Dabei spricht bei einer Umgestaltung des Gebäudes innerhalb von drei Jahren nach dessen Anschaffung ein Beweis des ersten Anscheins für eine Umbauabsicht.[111]

e) BGH, Urteil vom 12. März 1986 – IVa ZR 183/84

Sowohl die Absetzungen für Abnutzung als auch die Absetzungen für außergewöhnliche Abnutzung waren Gegenstand des *Urteils des Bundesgerichtshofs* vom 12. März 1986[112]. Dem Urteil lag der folgende Sachverhalt zugrunde:

aa) Sachverhalt

Die beklagte Steuerberatungsgesellschaft war über mehrere Jahre für die klagenden Eheleute tätig und dabei mit der Erledigung sämtlicher Steuerangele-

---

[107] Vgl. BFH, Urteil vom 10.05.1994 – IX R 26/89 – BFHE 175, 55 (56) = BStBl. 1994 II, 902 (903). Diese Einschränkung beruht auf der Erwägung, dass es nicht sinnvoll ist, unter Umständen umfangreiche Ermittlungen anzustellen wegen eines Betrags, dessen steuerliche Auswirkung weder für den Steuerpflichtigen noch für das Finanzamt Bedeutung hat, vgl. BFH, Urteil vom 14.12.1962 – VI 270/61 S – BFHE 76, 247 (251) = BStBl. 1963 III, 89 (90).

[108] Vgl. BFH, Urteil vom 15.10.1996 – IX R 2/93 – BFHE 182, 41 (42) = BStBl. 1997 II, 325 (326); BFH, Urteil vom 10.05.1994 – IX R 26/89 – BFHE 175, 55 (56) = BStBl. 1994 II, 902 (903).

[109] Vgl. BFH, Urteil vom 20.04.1993 – IX R 122/88 – BFHE 171, 234 (235 f.) = BStBl. 1993 II, 504 (505).

[110] BFH, Urteil vom 15.10.1996 – IX R 2/93 – BFHE 182, 41 (42 f.) = BStBl. 1997 II, 325 (326); BFH, Urteil vom 20.04.1993 – IX R 122/88 – BFHE 171, 234 (235 f.) = BStBl. 1993 II, 504 (505); BFH, Urteil vom 04.12.1984 – IX R 5/79 – BFHE 142, 477 (479) = BStBl. 1985 II, 208 (209).

[111] BFH, Urteil vom 10.05.1994 – IX R 26/89 – BFHE 175, 55 (56) = BStBl. 1994 II, 902 (903).

[112] BGH, Urteil vom 12.03.1986 – IVa ZR 183/84 – BB 1986, S. 1192 f. = DB 1986, S. 1915 = NJW-RR 1986, S. 1348 f. = WM 1986, S. 675 ff.

genheiten einschließlich Buchführungsarbeiten betraut. Während dieser Zeit ließen die Kläger ein für ihr Unternehmen erworbenes Gästehaus umbauen. Hierdurch entstanden abziehbare steuerliche Verluste, die bei der Einkommensteuerfestsetzung zunächst nicht berücksichtigt wurden. Vielmehr schätzte das Finanzamt das Ergebnis aus diesem Unternehmen mangels Vorliegen einer Gewinnermittlung mit DM 0,–. Erst nach Beauftragung einer anderen Steuerberatungsgesellschaft wurde eine Steuerrückzahlung in Höhe von DM 415.000,– erreicht. Die Kläger machten die beklagte Gesellschaft für die verspätete Geltendmachung der steuerlichen Verluste verantwortlich und verlangten den Ersatz des Zinsverlustes und der Mehraufwendungen für die Überarbeitung und Neuerstellung der Steuererklärungen. Die Beklagte berief sich auf ein Mitverschulden der Kläger: Sie hatte von den Klägern vergeblich die Vorlage eines „Bausachverständigengutachtens“, offenbar zur Aufteilung in abziehbare und nichtabziehbare Kosten, verlangt. Sowohl das Landgericht[113] als auch das Oberlandesgericht[114] haben die Klage abgewiesen.

bb) Entscheidungsgründe

Die Revision zum Bundesgerichtshof führte zur Aufhebung des Urteils des Oberlandesgerichts und zur Zurückverweisung der Sache zur anderweitigen Verhandlung und Entscheidung. Nach Auffassung des erkennenden Senats hatte die Beklagte ihre Beratungstätigkeit objektiv fehlerhaft ausgeübt, weil in den von ihr ausgearbeiteten Steuererklärungen die gewinnmindernden Rechnungsposten nicht berücksichtigt worden waren. Hierdurch ist den Klägern nach Ansicht des Bundesgerichtshofs auch ein Schaden entstanden, denn obgleich ihnen die überzahlte Steuer erstattet wurde, wurde ihnen kein Ausgleich für den entstandenen Zinsverlust gewährt. Im Gegensatz zum Berufungsgericht hat der Bundesgerichtshof auch ein Verschulden der Steuerberatungsgesellschaft bejaht. Auf die diesbezügliche Argumentation betreffend die Darlegungs- und Beweislast soll jedoch im Rahmen der vorliegenden Arbeit nicht näher eingegangen werden.

Von Interesse sind vielmehr die Ausführungen des Bundesgerichtshofs unter IV. der Entscheidungsgründe. Dort gibt der erkennende Senat im Hinblick auf die vom Berufungsgericht vorzunehmende erneute Prüfung der Sache sehr detaillierte Hinweise zu Einzelfragen des Steuerrechts, die insbesondere die steuerliche Behandlung von „Abschreibungen“ betreffen. Diese Ausführungen können in einen „allgemeinen“ und in einen „besonderen“ Teil aufgegliedert werden.

---

[113] LG Koblenz, Urteil vom 20.01.1982 – 15 O 369/81.

[114] OLG Koblenz, Urteil vom 11.07.1984 – 7 U 284/82.

(1) Allgemeine Erwägungen

Ausgangspunkt der allgemeinen Überlegungen des Bundesgerichtshofs ist die Feststellung, dass die Einkünfte aus gewerblicher Tätigkeit – wie sie von den Klägern erzielt wurden – regelmäßig durch *Vermögensvergleich* zu ermitteln sind. Im Rahmen dieses Vermögensvergleichs sei das aus dem Jahresabschluss ersichtliche Betriebsvermögen dem im vorangegangenen Jahresabschluss ausgewiesenen Betriebsvermögen gegenüberzustellen. Von dem Differenzbetrag seien die während des Wirtschaftsjahres geltend gemachten Einlagen abzuziehen, und die während des Wirtschaftsjahres vorgenommenen Entnahmen hinzuzurechnen. Aus dieser Berechnungsmethode folge, dass die während des Wirtschaftsjahres eingetretenen Veränderungen im Betriebsvermögen durch Zu- bzw. Abschreibungen Berücksichtigung finden müssen. Zu beachten sei dabei, dass Wirtschaftsgüter, die nur eine begrenzte Lebensdauer haben, laufend an Wert verlören. Dem müsse – auch bei Gebäuden – durch die in § 7 EStG geregelte *„Absetzung für Abnutzung"* Rechnung getragen werden. Weiter weist der Bundesgerichtshof darauf hin, dass auch Fälle denkbar sind, in denen die Substanz eines Gebäudes durch Naturereignisse, von außen kommende menschliche Einwirkung oder durch den freien Entschluss des Eigentümers vernichtet oder vermindert wird. Auch die hierdurch eintretenden Wertveränderungen müssten in der Buchhaltung und im Jahresabschluss berücksichtigt werden; dies geschehe durch die in § 7 Abs. 1 S. 4 EStG geregelten *Absetzungen für außergewöhnliche* technische und wirtschaftliche *Abnutzung*.

(2) Anwendung auf den zu entscheidenden Fall

Diese allgemeinen Ausführungen überträgt der erkennende Senat sodann auf den zu entscheidenden Fall. Dabei kommt er – anders als das Berufungsgericht – zu dem Ergebnis, dass die Kosten, die den Klägern aufgrund der baulichen Veränderungen an den Betriebsgebäuden entstanden sind, nicht als Gegenstand der Abschreibung anzusehen sind. Vielmehr gehört nach Auffassung des Bundesgerichtshofs das Entgelt, das die Kläger für die Baumaßnahmen an die Bauunternehmer gezahlt haben, zu den *Betriebsausgaben,* und zwar unabhängig davon, ob es sich um Abbruch-, Umbau- oder Erweiterungsarbeiten handelt. Die Unterscheidung zwischen den verschiedenen baulichen Maßnahmen sei nur im Hinblick auf eine mögliche Aktivierungspflicht von Bedeutung. Hierzu führt der Bundesgerichtshof aus: „Soweit die Bauarbeiten zu einer Substanzvermehrung führen, ist der durch sie geschaffene Vermögenswert dem Betriebsvermögen hinzuzurechnen (zu ‚aktivieren'). Dadurch werden zunächst die Kosten, die durch die Erweiterung entstanden sind, neutralisiert; das Gebäude steht infolgedessen mit einem höheren Wert zu Buch als vorher. Dadurch erhöht sich aber wiederum die Bemessungsgrundlage für die planmäßige Absetzung für Abnutzung." Daraus zieht der Bundesgerichtshof den Schluss, dass es nicht zutreffend ist, wenn das Berufungsgericht in seinem Urteil von „Verlustabschreibungen“ spricht und dazu sowohl die „Abbrucharbeiten“ als auch die „Wiederherstellungsarbeiten“ rechnet. Vielmehr sei als Berechnungsgrundlage für die Abschreibungen eine Trennung der nicht aktivierungspflichtigen Abbrucharbeiten von den aktivierungspflichtigen Erweiterungsarbeiten angezeigt gewesen.

cc) Analyse der Entscheidungsgründe

Wenngleich den Ausführungen des Bundesgerichtshofs unter IV. der Urteilsgründe im Ergebnis aus steuerrechtlicher Sicht zugestimmt werden kann, seien einige kritische Anmerkungen erlaubt. Dabei sei das Augenmerk insbesondere auf die Tatsache gelenkt, dass die Ausführungen keine in sich geschlossene Argumentationsstruktur aufweisen und die komplexen steuerrechtlichen Fragen in zu undifferenzierter Form wiedergeben, so dass die Gefahr einer Fehlinterpretation besteht.

Außer Betracht bleiben können bei der nachfolgenden Analyse die zutreffenden Aussagen zur Gewinnermittlung durch Betriebsvermögensvergleich. Angesetzt werden soll vielmehr dort, wo der Bundesgerichtshof zu Fragen der *Absetzung für (außergewöhnliche) Abnutzung* Stellung nimmt.

(1) Allgemeine Erwägungen

(a) Absetzung für Abnutzung bzw. Absetzungen für außergewöhnliche Abnutzung

Zuzustimmen ist dem Bundesgerichtshof zunächst darin, dass im Rahmen des § 4 Abs. 1 EStG den Wertveränderungen des Betriebsvermögens unter anderem in der Weise Rechnung getragen werden muss, dass bei Wirtschaftsgütern mit nur begrenzter Lebensdauer – insbesondere auch bei Gebäuden – *Absetzungen für Abnutzung* nach § 7 EStG vorgenommen werden müssen. Richtig ist ebenso, dass Wertveränderungen bei Gebäuden, die dadurch entstehen, dass die Gebäudesubstanz durch Naturereignisse etc. vernichtet oder vermindert wird, in der Buchhaltung und dem Jahresabschluss durch *Absetzungen für außergewöhnliche Abnutzung* ihren Ausdruck finden.

(b) Abschreibungen

Während der Bundesgerichtshof in der soeben unter (a) angesprochenen Passage des Urteils (Absatz 2 unter IV. 1. der Entscheidungsgründe) die *steuerrechtliche Terminologie* (Absetzungen für Abnutzung bzw. für außergewöhnliche Abnutzung) verwendet, wechselt er im dritten Absatz des Abschnittes IV. 1.

der Entscheidungsgründe zu der vom steuerrechtlichen Begriffsverständnis abweichenden[115] *handelsrechtlichen Terminologie* und führt aus, dass *Abschreibungen* ihrem ursprünglichen Begriff nach keine Steuervergünstigungen sind, sondern nur der buchhalterische Ausdruck dafür, dass ein bestimmtes bisher zum Betriebsvermögen gehörendes Wirtschaftsgut aus dem Vermögen ausgeschieden ist oder an Wert verloren hat.

Obwohl die vom Bundesgerichtshof herangezogene Begriffsbestimmung der wohl herrschenden Meinung entspricht, die mit *Abschreibungen* die Beträge bezeichnet, die zur Erfassung des Wertverzehrs am Anlagevermögen in der Gewinn- und Verlustrechnung angesetzt und bei der Bewertung der Wirtschaftsgüter in der Bilanz berücksichtigt werden,[116] verwundert der Wechsel von der steuerrechtlichen zur handelsrechtlichen Terminologie. Während die grundlegenden ausführlichen Hinweise des Senats an das Berufungsgericht zu steuerrechtlichen Fragen die Vermutung nahe legen, dass er von nur rudimentären steuerrechtlichen Kenntnissen des Berufungsgerichts ausgeht, setzt er gleichsam ein entsprechendes Wissen um die unterschiedlichen Begrifflichkeiten voraus.

(2) Anwendung auf den zu entscheidenden Fall

Unter IV. 2. der Entscheidungsgründe überträgt der erkennende Senat diese „allgemeinen“ Grundsätze auf den konkreten Fall. Bevor vertieft auf die dortigen Ausführungen des erkennenden Senats eingegangen wird, erscheint zu deren besseren Verständnis ein Blick auf die steuerrechtliche Funktion der Absetzungen für Abnutzung angezeigt.

---

[115] Dem *steuerrechtlichen* Begriff der *Absetzung für Abnutzung* entspricht im *Handelsgesetzbuch* der Begriff der *planmäßigen Abschreibung*. Dem *handelsrechtlichen* Begriff der *außerplanmäßigen Abschreibung* entsprechen im Einkommensteuergesetz die *Absetzungen für außergewöhnliche technische oder wirtschaftliche Abnutzung (AfaA)* und die Teilwertabschreibung. Ebenso rechnen die steuerlichen Sonderabschreibungen zu den handelsrechtlichen außerplanmäßigen Abschreibungen, vgl. *Knobbe-Keuk,* Bilanz- und Unternehmenssteuerrecht, § 5 V. 1., S. 187. Die letztgenannten Sonderabschreibungen – hierzu rechnen unter anderem § 7b EStG [Förderung des Eigenheimbaus] oder § 7h EStG [Förderung von Gebäuden in Sanierungsgebieten und städtebaulichen Entwicklungsbereichen] – stehen in keinem Zusammenhang mit der normalen betrieblichen Gewinnermittlung und zu der Wertminderung eines Wirtschaftsgutes. Sie gewähren vielmehr – und darauf weist auch der Bundesgerichtshof zutreffend in seinen Urteilsgründen hin – Steuervergünstigungen mittels Manipulation der Steuerbemessungsgrundlage „Gewinn“ und haben vor allem wirtschafts- und sozialpolitische Zielsetzungen, vgl. *Knobbe-Keuk,* Bilanz- und Unternehmenssteuerrecht, § 5 IV. 4. a), S. 185. Um derartige Steuervergünstigungen – und auch darin ist dem erkennenden Senat zuzustimmen – ging es jedoch in dem zu entscheidenden Haftungsfall nicht.

[116] Vgl. statt vieler *Knobbe-Keuk,* Bilanz- und Unternehmenssteuerrecht, § 5 V. 1., S. 186.

(a) Exkurs: Funktion der Absetzung für Abnutzung

Die Frage nach der steuerrechtlichen Funktion der Absetzungen für Abnutzung ist in der finanzgerichtlichen Rechtsprechung sowie im steuerrechtlichen Schrifttum noch immer umstritten.

(aa) Wertverzehrthese

Nach der sog. *Wertverzehrthese* stellen die Absetzungen für Abnutzung einen Ausgleich für den eingetretenen Wertverzehr bzw. Substanzverlust eines über mehrere Jahre hinweg zur Einkunftserzielung genutzten, abnutzbaren Wirtschaftsgutes dar. Dementsprechend gehen die Vertreter der Wertverzehrthese davon aus, dass die spezifisch steuerrechtliche Funktion der Absetzung für Abnutzung darin besteht, diesen Wertverzehr als Betriebsausgaben[117] zu erfassen. Dagegen sehen sie die Anschaffungs- bzw. Herstellungskosten eines Wirtschaftsgutes bei ihrer Verausgabung noch nicht als Betriebsausgaben an.[118] Auch der Bundesfinanzhof betont gelegentlich den Wertverzehrcharakter der Absetzung für Abnutzung.[119]

(bb) Aufwandsverteilungsthese

Nach der wohl herrschenden *Aufwandsverteilungsthese* ist das Gefüge der AfA-Regelungen vom Verteilungsgedanken beherrscht, und besteht der Sinn und Zweck der Absetzung für Abnutzung darin, die Anschaffungs- bzw. Herstellungskosten eines Wirtschaftsgutes aufwandsorientiert über dessen begrenzte Nutzungsdauer, während der es bestimmungsgemäß im Einnahmeerzielungsprozess eingesetzt werden kann, zu verteilen.[120] Dieser Auffassung zufolge sind

---

117 Nach § 4 Abs. 4 EStG erfasst der Begriff der *Betriebsausgaben* alle betrieblich veranlassten Wertabgänge.

118 So z.B. *Costede,* Grundfragen der Absetzungsbefugnis wegen Abnutzung – betrachtet am Beispiel von Nutzungsrechten an Grundbesitz, in: StuW 1986, 44 (44 ff.); *Knobbe-Keuk,* Die Einkommensbesteuerung der entgeltlichen Überlassung von Bodensubstanz, in: DB 1985, 144 (146); *Meyer,* Die Behandlung beruflich genutzter Wirtschaftsgüter des Privatvermögens als Werbungskosten (§ 9 Abs. 1 Nr. 6 und 7 EStG), in: DStR 1981, 131 (132 f.); *Wolff-Diepenbrock,* Zur AfA-Berechtigung bei unentgeltlichem Nießbrauch – Die Urteile des Bundesfinanzhofs vom 28. Juli 1981, in: DStZ 1982, 331 (332).

119 Vgl. BFH, Urteil vom 09.08.1989 – X R 131–133/87 – BFHE 158, 321 (323) = BStBl. 1990 II, 50 (51) unter I. 1.

120 Vgl. BFH, Urteil vom 23.06.1977 – IV R 17/73 – BFHE 123, 140 (143) = BStBl. 1977 II, 825 (826) unter 1. b); BFH, Urteil vom 14.02.1978 – VIII R 176/73 – BFHE 124, 450 (452 f.) = BStBl. 1978 II, 343 (344) sub 1. b) aa); BFH, Urteil vom 27.06.1978 – VIII R 136/74 – BFHE 126, 15 (17) = BStBl. 1979 II, 8 (8 f.) unter 1. b); *Nolde,* in: Herrmann/Heuer/Raupach, EStG und KStG, 21. Aufl., § 7 EStG Rdnr. 9; *Werndl,* in: Kirchhof/Söhn/Mellinghoff, EStG, § 7 Rdnr. A 25; *Kruse,* Über

die Anschaffungs- und Herstellungskosten abnutzbarer Anlagegüter bereits bei ihrer Verausgabung *Betriebsausgaben.* Sie können allerdings nicht sofort in voller Höhe abgezogen werden, sondern sind (bei den Gewinneinkünften) „periodengerecht" aufzuteilen. Nach der Aufwandsverteilungsthese sind die angefallenen Kosten der Grund, der Wertverzehr ist der Maßstab für die Verteilung.[121]

(cc) Eigene Stellungnahme

Im Ergebnis dürfte der *Aufwandsverteilungsthese* zu folgen sein. Für sie spricht, dass die Auffassung der Finanzverwaltung, wonach bei teilentgeltlichem Erwerb verschiedene AfA-Reihen laufen können, nur auf der Grundlage der Aufwandsverteilungsthese denkbar ist. Darüber hinaus kann als Argument für die Aufwandsverteilungsthese angeführt werden, dass nach wohl überwiegender Meinung der Erwerber eines Altbaus seine Anschaffungskosten im Wege der Absetzung für Abnutzung steuerlich zum Abzug bringen kann, obwohl sich dieses Haus aus der steuerlich allein maßgeblichen Sicht in seinem Wert längst verzehrt hat und damit der bloße Wertverzehr auch steuerlich nicht mehr zu Buche schlagen kann.[122] Entscheidend ist damit letztlich nicht, ob sich das Wirtschaftsgut verbraucht, sondern allein, ob sich die auf das Wirtschaftsgut gemachten Aufwendungen verbrauchen. Auch der *Bundesgerichtshof* hat sich – wie sogleich zu zeigen ist – in dem hier analysierten Urteil der *Aufwandsverteilungsthese* angeschlossen.

(b) Kosten für Bauarbeiten nicht Gegenstand der Abschreibung

Ausgehend von diesem Exkurs wird im Folgenden IV. 2. der Urteilsgründe näher analysiert. Diese Urteilspassage leitet der Bundesgerichtshof mit der Aussage ein, dass die Kosten, welche den Klägern durch die Bauarbeiten entstanden sind, *nicht Gegenstand der Abschreibung* sind. Obgleich der erkennende Senat einen Hinweis darauf vermissen lässt, was Gegenstand der Abschreibung ist, legt die im Steuerrecht gebräuchliche Terminologie nahe, dass der Bundesgerichtshof mit dieser Formulierung auf den Kreis der *abschreibungsfähigen Wirtschaftsgüter* Bezug nimmt.

Werbungskosten, in: FR 1981, 473 (478); *Jakob/Jüptner,* Drittaufwand, Nutzungseinlage und Überschusseinkünfte – Zugleich ein Beitrag zur einkommensteuerlichen Grundfunktion, in: FR 1988, 141 (150); *Prinz,* Grundsatzbetrachtungen zum Werbungskostenbegriff, in: FR 1986, 397 (408); *Wassermeyer,* Der Nießbrauch im Einkommensteuerrecht, in: FR 1983, 157 (163).

[121] *Schmidt-Liebig,* Die AfA-Basis von ins Privatvermögen überführten Wirtschaftsgütern, in: DStR 1992, 1745 (1747).

[122] Beispiel bei *Jakob/Jüptner,* Drittaufwand, Nutzungseinlage und Überschusseinkünfte – Zugleich ein Beitrag zur einkommensteuerlichen Grundfunktion, in: FR 1988, 141 (150).

Bei einer derartigen Auslegung wäre dem Bundesgerichtshof zuzustimmen, denn Gegenstand der Abschreibung können nicht die auf ein Wirtschaftsgut getätigten Aufwendungen, sondern nur das Wirtschaftsgut selbst sein. Genauer gesagt kommen Absetzungen für Absetzungen nur für Wirtschaftsgüter in Betracht, die einem *technischen* oder *wirtschaftlichen Wertverzehr* unterliegen,[123] und die zum Anlagevermögen für den Fall gehören, dass sie der Erzielung von Gewinneinkünften i.S.d. § 2 Abs. 1 S. 1 Nr. 1 bis 3 EStG dienen[124].

Folglich wäre in dem vom Bundesgerichtshof zu entscheidenden Fall das zum Betriebsvermögen gehörende Grundstück der Kläger aufzugliedern gewesen in den *nicht absetzungsfähigen* Grund und Boden[125] sowie das *abnutzbare* Gästehaus, welches Gegenstand der Abschreibung sein konnte. Es wäre aus meiner Sicht sinnvoll gewesen, auf diese grundlegende Unterscheidung hinzuweisen, da sie je nach Sachlage von Bedeutung sein kann für die Frage, inwieweit den Klägern die Möglichkeit zusteht, Absetzungen für außergewöhnliche Abnutzungen geltend zu machen.

(c) Kosten für Baumaßnahmen als Betriebsausgaben

An zweiter Stelle steht die Aussage des erkennenden Senats, dass das Entgelt für die baulichen Veränderungen an dem Gästehaus zu den *Betriebsausgaben* zählt. Wenngleich diese Überlegung vom Ergebnis her richtig ist, wäre aus meiner Sicht eine nähere Begründung dieser Rechtsauffassung angezeigt gewesen und hätte eine den steuerlichen Problemen Rechnung tragende Erläuterung wie folgt aussehen können.

(aa) Ausgangspunkt: Bilanzielle Berücksichtigung der Kosten für den Erwerb des Gästehauses

Ausgangspunkt der Überlegungen des Bundesgerichtshofs hätte die Frage sein müssen, in welcher Form das Gästehaus in der Bilanz des Unternehmens der Kläger Berücksichtigung gefunden hat. Dabei hätte der Bundesgerichtshof festhalten müssen, dass der Grund und Boden einerseits sowie die aufstehenden Gebäude andererseits grundsätzlich als zwei verschiedene Wirtschaftsgüter betrachtet werden müssen, dementsprechend getrennt zu bewerten sind und für jedes Wirtschaftsgut die Anschaffungs- bzw. Herstellungskosten getrennt festzu-

---

[123] Vgl. nur BFH, Urteil vom 31.01.1986 – VI R 78/82 – BFHE 146, 76 (78) = BStBl. 1986 II, 355 (356) unter 2.

[124] *Werndl,* in: Kirchhof/Söhn/Mellinghoff, EStG, § 7 Rdnr. A 232.

[125] Vgl. zur Abschreibungsfähigkeit von Grundstücken *Werndl,* in: Kirchhof/Söhn/Mellinghoff, EStG, § 7 Rdnr. A 246; *v. Bornhaupt,* in: Kirchhof/Söhn/Mellinghoff, EStG, § 9 Rdnr. I 30 sowie *Lang,* in: Tipke/Lang, Steuerrecht, 17. Aufl., § 9 Rdnr. 387.

stellen sind.[126] Gleichzeitig wäre aber zu bedenken gewesen, dass entsprechend den obigen Ausführungen dann eine Ausnahme angezeigt ist, wenn das Gebäude beim Erwerb objektiv wertlos gewesen ist. In diesem Fall hätte das Gästehaus der Kläger in der Bilanz nicht als eigenständiges Wirtschaftsgut Berücksichtigung gefunden, sondern wäre den Anschaffungskosten des Grund und Bodens zuzurechnen gewesen.

Während im letztgenannten Fall *Absetzungen für Abnutzung* auf das Gästehaus nicht in Betracht gekommen wären, sollen die folgenden Überlegungen auf der Annahme basieren, dass das Gästehaus beim Erwerb objektiv nicht wertlos war, sondern als eigenständiges Wirtschaftsgut mit den *Anschaffungskosten* in die Bilanz des klägerischen Unternehmens aufgenommen worden ist, und dass die Kläger auf die Anschaffungskosten des Gebäudes Absetzungen für Abnutzung vornehmen konnten.

(bb) Getrennte Betrachtung der Abbruch- bzw. Umbauarbeiten und Erweiterungsmaßnahmen

Diese Prämisse zugrunde gelegt hätte der Bundesgerichtshof der Frage nachgehen müssen, inwieweit sich die von den Klägern vorgenommenen Baumaßnahmen steuerlich ausgewirkt haben. Hierbei wäre meines Erachtens eine getrennte Betrachtung der *Abbruch-* bzw. *Umbaumaßnahmen* sowie der *Erweiterungsmaßnahmen* angezeigt gewesen. Auch der Bundesgerichtshof hat die Notwendigkeit dieser Differenzierung erkannt und hierzu ausgeführt, dass die Unterscheidung nur für die Frage von Bedeutung ist, ob ein durch die Bauarbeiten geschaffener substanzieller Mehrwert dem Betriebsvermögen hinzuzurechnen und damit in der Bilanz zu aktivieren ist (IV. 2. der Urteilsgründe). Im letzten Absatz unter IV. 3. hat er diese Frage nochmals aufgegriffen und dargelegt, dass zur Berechnung der Grundlage der Abschreibung eine Trennung der – *nicht aktivierungspflichtigen* – Abbrucharbeiten von den – *aktivierungspflichtigen* – Erweiterungsarbeiten erforderlich gewesen wäre. Wie sogleich zu zeigen ist, kann die Schlussfolgerung in dieser Form jedoch keinen Bestand haben.

(cc) Behandlung der Abbruch- bzw. Umbaukosten

Im Hinblick auf die steuerliche Behandlung der *Abbruch-* und *Umbaumaßnahmen* hätte der Bundesgerichtshof entsprechend den vom Großen Senat des Bundesfinanzhofs[127] entwickelten Grundsätzen danach fragen müssen, ob die

---

[126] Vgl. BFH Großer Senat, Beschluss vom 16.07.1968 - GrS 7/67 - BFHE 94, 124 (129 ff.) = BStBl. 1969 II, 108 (110 f.) unter III. 3. der Urteilsgründe.

[127] Vgl. BFH Großer Senat, Beschluss vom 12.06.1978 - GrS 1/77 - BFHE 125, S. 516 ff. = BStBl.1978 II, S. 620 ff.

Kläger das Gästehaus mit oder ohne Abbruch- bzw. Umbauabsicht erworben haben. Sofern von einem Erwerb *ohne Abbruch-* bzw. *Umbauabsicht* auszugehen gewesen wäre, hätten die Kläger im Jahr des Umbaus den *Restbuchwert* der abgebrochenen Gebäudeteile im Wege einer *Absetzung für außergewöhnliche Abnutzung* abschreiben können, die *Abbruch-* bzw. *Umbaukosten* wären als *Betriebsausgaben* sofort abziehbar gewesen. Eine Aktivierung in der Bilanz wäre nicht in Betracht kommen. Zu einem anderen Ergebnis hätte der Bundesgerichtshof kommen müssen, wenn die Kläger das Grundstück *in Abbruchabsicht* bzw. *Umbauabsicht* erworben hätten. In diesem Fall wären sowohl der *Restbuchwert* des alten Gebäudes als auch die *Abbruch-* bzw. *Umbaukosten* aktivierungspflichtige Herstellungskosten des neuen, an die Stelle des abgebrochenen Gebäudes getretenen Gebäudes gewesen.[128] Diese Überlegungen zeigen, dass unter Umständen auch eine Aktivierungspflicht für die Abbruchkosten möglich gewesen wäre. Dies hat der Bundesgerichtshof in seinen Urteilsgründen jedoch nicht berücksichtigt.

(dd) Behandlung der Erweiterungsmaßnahmen

Gleiches gilt für die Erweiterungsmaßnahmen; auch diese Kosten sind entgegen der Aussage des Bundesgerichtshofs nicht in jedem Fall aktivierungspflichtig. Obgleich an dieser Stelle mangels näherer Sachverhaltskenntnisse nicht auf einzelne Abgrenzungsfragen eingegangen werden kann, kann allgemein festgehalten werden, dass die Kosten für die Erweiterung des Gästehauses zwar möglicherweise als (nachträgliche) *Anschaffungs-* bzw. *Herstellungskosten* des Gebäudes in der Bilanz zu aktivieren waren, dass aber andererseits auch ein sofortiger Abzug als Betriebsausgaben (ohne Aktivierung) denkbar ist.

(ee) Zuordnung zu Betriebsausgaben

Zusammenfassend lässt sich festhalten, dass die Kosten, die den Klägern durch die Bauarbeiten entstanden sind, entweder zu den sofort abziehbaren Betriebsausgaben oder zu den aktivierungspflichtigen Anschaffungs- oder Herstellungskosten zählen. Wenn der Bundesgerichtshof nun in seinen Urteilsgründen darauf verweist, dass diese Kosten in jedem Fall zu den *Betriebsausgaben* zählen, zeigt dies, dass er sich in seinem Urteil (bewusst oder unbewusst) der *Aufwandsverteilungsthese* angeschlossen hat. Wie bereits oben gesehen, sind nach dieser Theorie auch die Anschaffungs- bzw. Herstellungskosten bereits bei

[128] Vgl. BFH Großer Senat, Beschluss vom 12.06.1978 – GrS 1/77 – BFHE 125, 516 (524) = BStBl. 1978 II, 620 (624 f.) unter D. II. 2. a) der Entscheidungsgründe; BFH, Urteil vom 04.12.1984 – IX R 5/79 – BFHE 142, 477 (479) = BStBl. 1985 II, 208 (209); BFH, Urteil vom 06.12.1995 – X R 116/91 – BFHE 179, 331 (333) = BStBl. 1996 II, 358 (358) unter II. 1. b).

ihrer Verausgabung Betriebsausgaben; sie sind jedoch nicht sofort in voller Höhe abziehbar, sondern „periodengerecht" aufzuteilen.

dd) Fazit

Im Ergebnis sind die steuerrechtlichen Ausführungen des Bundesgerichtshofs durchaus kritisch zu betrachten. Auch wenn sie im Wesentlichen mit der Rechtsprechung des Bundesfinanzhofs übereinstimmen, lassen sie meines Erachtens an den entscheidenden Stellen die nötige Klarheit, Systematik und Differenzierung vermissen. Zu Recht ist daher die hier analysierte Entscheidung des Bundesgerichtshofs gerade im Hinblick auf die Stellungnahme zu Einzelfragen des Steuerrechts (insbesondere zur Abschreibung) im Schrifttum auf Kritik gestoßen. Insbesondere Mendel[129] hat sich für eine größere Zurückhaltung des Bundesgerichthofs in diesen Fachfragen ausgesprochen und gefordert, dass die Einzelfragen hierzu – soweit möglich – der Finanzgerichtsbarkeit zur Entscheidung überlassen bleiben sollten. Dabei hat Mendel zutreffend darauf hingewiesen, dass eine Herbeiziehung der Steuerakten (auch der Bundesgerichtshof hat diese Möglichkeit gesehen) möglicherweise eine Entscheidung des Zivilgerichts zu den jeweiligen Steuerfragen entbehrlich gemacht hätte.

2. Einkünfte aus Gewerbebetrieb (§§ 15–17 EStG)

Die §§ 15–17 EStG regeln Erwerbstatbestände, die unter den Oberbegriff „Einkünfte aus Gewerbebetrieb" fallen. Zu den wichtigsten zählen die Einkünfte aus gewerblichen Unternehmen (§ 15 Abs. 1 S. 1 Nr. 1 EStG), die Gewinnanteile der Gesellschafter einer offenen Handelsgesellschaft (oHG), Kommanditgesellschaft (KG) oder einer anderen Gesellschaft, bei der die Gesellschafter als Unternehmer (Mitunternehmer) des Betriebs anzusehen sind (§ 15 Abs. 1 S. 1 Nr. 2 EStG), sowie der Gewinn, der bei der Veräußerung oder Aufgabe eines Gewerbebetriebs, Teilbetriebs oder Mitunternehmeranteils entsteht (§ 16 Abs. 1 Nr. 1–3, Abs. 3 EStG). Im Hinblick auf die sogleich analysierte Entscheidung des Bundesgerichtshofs beschränken sich die nachfolgenden Ausführungen auf ausgewählte Fragen, die sich im Zusammenhang mit der Veräußerung eines Mitunternehmeranteils (§ 16 Abs. 1 Nr. 2 EStG) stellen.

a) Veräußerung eines Mitunternehmeranteils (§ 16 Abs. 1 Nr. 2 EStG)

Nach § 16 Abs. 1 Nr. 1 und Abs. 3 S. 1 EStG gehört zu den Einkünften aus Gewerbebetrieb auch der Gewinn aus der Veräußerung eines Betriebs im Gan-

---

[129] *Mendel*, WuB IV A. § 676 BGB 5.86, 1601 (1601).

zen oder aus seiner Aufgabe, die dadurch bewirkt wird, dass die einzelnen Wirtschaftsgüter in das Privatvermögen übernommen oder teilweise veräußert und teilweise in das Privatvermögen übernommen werden. Der entstehende Gewinn zählt zu den außerordentlichen Einkünften i. S. d. § 34 Abs. 1, Abs. 2 Nr. 1 EStG und wird wegen der Zusammenballung von Erträgen aufgrund der Auflösung stiller Reserven ermäßigt besteuert.

In der gleichen Weise ist nach § 16 Abs. 1 Nr. 2 EStG die *Veräußerung* eines *Mitunternehmeranteils*[130] begünstigt. Mit einem Sonderfall der Veräußerung – dem Ausscheiden eines Gesellschafters aus einer zweigliedrigen offenen Handelsgesellschaft (oHG) – hatte sich der *Bundesgerichtshof* in seinem *Urteil vom 30. September 1993*[131] zu befassen.

aa) Ausscheiden eines Gesellschafters als „Veräußerung" i. S. d. § 16 Abs. 1 EStG

Unter einer *Veräußerung* i. S. d. § 16 Abs. 1 EStG ist die (teil-)entgeltliche Übertragung des bürgerlich-rechtlichen oder wirtschaftlichen Eigentums an den Wirtschaftsgütern des Gewerbebetriebs von einem (Steuer-)Rechtssubjekt – d. h. einer natürlichen oder juristischen Person bzw. einer Personengesellschaft – auf ein anderes zu verstehen.[132] Dabei ist für die einkommensteuerrechtliche Beurteilung von der bürgerlich- und handelsrechtlichen Rechtslage auszugehen.[133]

---

[130] Der Begriff des *Mitunternehmeranteils* i. S. v. § 16 Abs. 1 Nr. 2 EStG erfasst: Gesellschaftsanteile von Personengesellschaften mit Gesamthandsvermögen (oHG, KG, GbR) oder mit Bruchteilseigentum der Gesellschafter (Partenreederei); Gesellschaftsanteile von Personengesellschaften, die als Innengesellschaften kein Gesellschaftsvermögen haben (z. B. atypische stille Gesellschaft) sowie Anteile an wirtschaftlich vergleichbaren Gemeinschaftsverhältnissen. Erforderlich ist aufgrund des in § 16 Abs. 1 Nr. 2 EStG enthaltenen Verweises auf § 15 Abs. 1 Nr. 2 EStG, dass die Gesellschaft (Gemeinschaft) einen Gewerbetrieb i. S. d. § 15 Abs. 1 S. 1 Nr. 1, Abs. 2 EStG betreibt oder ihre Tätigkeit als Gewerbebetrieb gilt (gewerblich geprägte Personengesellschaft i. S. d. § 15 Abs. 3 Nr. 2 EStG) bzw. bei einer Innengesellschaft die für Rechnung der Gesellschaft ausgeübte Tätigkeit der nach außen als Unternehmer auftretenden Person alle Merkmale eines Gewerbebetriebs erfüllt, und dass der einzelne Gesellschafter (Gemeinschafter) den Kriterien des Mitunternehmertypus genügt, vgl. *Hörger,* in: Littmann/Bitz/Pust, Das Einkommensteuerrecht, 15. Aufl., § 16 Rdnr. 139.

[131] BGH, Urteil vom 30.09.1993 – IX ZR 73/93 – BGHZ 123, S. 311 ff.

[132] Vgl. BFH, Urteil vom 22.09.1992 – VIII R 7/90 – BFHE 170, 29 (32) = BStBl. 1993 II, 228 (229); *Wacker,* in: Schmidt, EStG, 23. Aufl., § 16 Rdnr. 20; *Hörger,* in: Littmann/Bitz/Pust, Das Einkommensteuerrecht, 15. Aufl., § 16 Rdnr. 17; Blümich/ *Stuhrmann,* EStG/KStG/GewStG, § 16 EStG Rdnr. 12.

[133] BFH, Urteil vom 22.09.1992 – VIII R 7/90 – BFHE 170, 29 (32) = BStBl. 1993 II, 228 (229); BFH, Urteil vom 21.12.1972 – IV R 194/69 – BFHE 108, 495 (497) = BStBl. 1973 II, 389 (390); BFH, Urteil vom 21.08.1962 – I 82/60 U – BFHE 76, 482 (485) = BStBl. 1963 III, 178 (179).

(1) Handelsrechtliche Rechtslage

Im handelsrechtlichen Sinn stellt das *Ausscheiden*[134] eines Gesellschafters *keine Anteilsveräußerung* dar. Vielmehr müssen beide Vorgänge streng voneinander abgegrenzt werden.[135] Sofern ein Gesellschafter aus einer zweigliedrigen Personenhandelsgesellschaft *ausscheidet,* und der andere Gesellschafter das Unternehmen der Gesellschaft als Einzelunternehmen fortführt (sog. *Geschäftsübernahme),* hat dies – da es im Recht der Personengesellschaft grundsätzlich keine Einpersonengesellschaft gibt – die Vollbeendigung der Gesellschaft zur Folge. Der Gesellschaftsanteil des ausscheidenden Gesellschafters geht unter, und sämtliche Aktiva und Passiva des bisherigen Gesellschaftsvermögens fallen dem übernehmenden Gesellschafter automatisch im Wege der Gesamtrechtsnachfolge, d.h. insbesondere ohne Liquidation nach den §§ 145 ff. HGB, zu.[136] Dieser hat den ausscheidenden Gesellschafter abzufinden und wird *Alleininhaber* des Unternehmens.[137]

Bei einer *Anteilsveräußerung* tritt dagegen nicht ein Altgesellschafter mit der gesellschaftsrechtlichen Folge der Anwachsung aus der Gesellschaft aus, sondern es liegt ein Verfügungsgeschäft (sog. *Anteilsübertragung*[138]) zwischen Alt-

---

134 Vom *Ausscheiden* eines Gesellschafters spricht man, wenn dieser die Gesellschaft verlässt und hierdurch seine Mitgliedschaft und folglich auch seine vermögensmäßige Beteiligung verliert. Die *Gründe des Ausscheidens* können verschiedenartig sein: Neben einer Befristung der Mitgliedschaft kommen ein in § 131 Abs. 3 HGB geregelter Ausscheidensfall, der Ausschluss des Gesellschafters sowie der gesetzlich nicht geregelte Ausscheidensvertrag eines Gesellschafters mit den übrigen Gesellschaftern in Betracht, vgl. *K. Schmidt,* Gesellschaftsrecht, § 50 I. 1. und § 50 II. 7.

135 Vgl. Schlegelberger/*K. Schmidt,* HGB, § 105 Rdnr. 184.

136 Vgl. BGH, Urteil vom 16.12.1999 – VII ZR 53/97 – NJW 2000, 1119 (1119); BGH, Urteil vom 25.03.1999 – I ZR 77/97 – WM 1999, 2262 (2263); BGH, Urteil vom 22.09.1993 – IV ZR 183/92 – NJW-RR 1993, 1443 (1444); BGH, Urteil vom 10.05.1978 – VIII ZR 32/77 – BGHZ 71, 296 (300); BGH, Urteil vom 09.07.1968 – V ZR 80/66 – BGHZ 50, 307 (308 f.); OLG Köln, Urteil vom 14.06.1996 – 19 U 258/95 – NJW-RR 1997, 160 (161); ebenso BFH, Beschluss vom 03.06.1997 – VIII B 73/96 – BFH/NV 1997, 838 (839) für eine atypisch stille Gesellschaft; BFH, Urteil vom 06.03.1985 – I R 119/82 – BFHE 143, 444 (446 f.) = BStBl. 1985 II, 541 (542); ebenso die h.M. im Schrifttum, vgl. *Lorz,* in: Ebenroth/Boujong/Jost, HGB, § 140 Rdnr. 39; *Koller,* in: Koller/Roth/Morck, HGB, § 140 Rdnr. 4; *Ulmer,* in: Münch-Komm-BGB, § 718 Rdnr. 13; *Marotzke,* Haftungsverhältnisse und Probleme der Nachlassverwaltung bei der Beerbung des einzigen Komplementärs durch den einzigen Kommanditisten – Bemerkungen zum Urteil BGHZ 113, 132, in: ZHR 156 (1992), 17 (22); *Schiefer,* Die Anwachsung bei der Gesellschaft bürgerlichen Rechts, in: DStR 1996, 788 (791).

137 BGH, Urteil vom 09.07.1968 – V ZR 80/66 – BGHZ 50, 307 (309); BGH, Urteil vom 10.12.1990 – II ZR 256/89 – BGHZ 113, 132 (133); BGH, Urteil vom 06.05.1993 – IX ZR 73/92 – NJW 1993, 1917 (1918); *Hopt,* in: Baumbach/Hopt, HGB, § 140 Rdnr. 25; *Lorz,* in: Ebenroth/Boujong/Jost, HGB, § 140 Rdnr. 39; *K. Schmidt,* Gesellschaftsrecht, § 50 I. 1.; a.A. *Pfister,* Die Einmann-Personengesellschaft, S. 195 f.: Fortexistenz der Gesellschaft aufgrund Anerkennung der Einmann-Personengesellschaft.

gesellschafter und Neugesellschafter vor, kraft dessen der Altgesellschafter seine Mitgliedschaft auf den Neugesellschafter überträgt.

(2) Steuerrechtliche Rechtslage

Steuerrechtlich kann der mit dem Ausscheiden eines Gesellschafters aus einer zweigliedrigen Personenhandelsgesellschaft verbundene *Anwachsungserwerb* hingegen als *Anteilsveräußerung i. S. d. § 16 Abs. 1 Nr. 2 EStG* zu werten sein, weil die Anwachsung *wirtschaftlich* gesehen der Anteilsübertragung entspricht.[139]

Dies gilt aber nur, sofern dieser Vorgang entgeltlich erfolgt. Die Anwachsung des Gesellschaftsvermögens beim verbleibenden Gesellschafter bedeutet nämlich lediglich den dinglichen Vollzug der zugrunde liegenden schuldrechtlichen Vereinbarung und sagt nichts über den Rechtsgrund des Ausscheidens aus. Demzufolge ist der Bundesfinanzhof in seiner ständigen Rechtsprechung davon ausgegangen, dass es sich bei der Anwachsung steuerrechtlich entweder um eine *(entgeltliche)* Anteilsveräußerung i. S. v. § 16 Abs. 1 Nr. 2 EStG oder um eine *unentgeltliche* Anteilsübertragung i. S. v. *§ 7 Abs. 1 EStDV*[140] handeln kann.[141] Eine *entgeltliche Veräußerung* liegt jedenfalls dann vor, wenn der ver-

---

[138] Entgegen früherem Verständnis ist nach heute herrschender Meinung in Rechtsprechung und Literatur die Möglichkeit einer *Anteilsübertragung* durch Rechtsgeschäft zwischen dem Altgesellschafter und dem Neugesellschafter anerkannt, vgl. BGH, Urteil vom 28.04.1954 – II ZR 8/53 – BGHZ 13, 179 (185 f.); BGH, Urteil vom 11.04.1957 – II ZR 182/55 – BGHZ 24, 106 (114); BGH, Urteil vom 08.11.1965 – II ZR 223/64 – BGHZ 44, 229 (231); BGH, Urteil vom 30.06.1980 – II ZR 219/79 – BGHZ 77, 392 (394 f.); BGH, Urteil vom 15.12.1980 – II ZR 52/80 – BGHZ 79, 374 (378 f.); BGH, Urteil vom 29.06.1981 – II ZR 142/80 – BGHZ 81, 82 (84 ff.); BGH, Urteil vom 31.01.1983 – II ZR 288/81 – BGHZ 86, 367 (369); *Ulmer,* in: MünchKomm-BGB, § 719 Rdnr. 25 ff.; *v. Gerkan,* in: Röhricht/Graf v. Westphalen, HGB, § 105 Rdnr. 85; Schlegelberger/*K. Schmidt,* HGB, § 105 Rdnr. 186 m. w. N.; *Hueck/Windbichler,* § 10 Rdnr. 15; § 18 Rdnr. 23; *Eckert,* Rechtsfolgen des Kommanditistenwechsels – Unter Berücksichtigung des Urteils des Bundesgerichtshofes vom 29. Juni 1981, in: ZHR 147 (1983), 565 (566); *Michel,* Die Einigung bei der Übertragung von Personengesellschaftsanteilen, in: ZGR 1991, 412 (412).

[139] BFH, Urteil vom 14.09.1994 – I R 12/94 – BFHE 176, 520 (522) = BStBl. 1995 II, 407 (407 f.).

[140] § 7 Abs. 1 EStDV in der Fassung vom 24.07.1986 – BGBl. 1986 I, S. 1239 ff. lautete: „Wird ein Betrieb, ein Teilbetrieb oder der Anteil eines Mitunternehmers an einem Betrieb unentgeltlich übertragen, so sind bei der Ermittlung des Gewinns des bisherigen Betriebsinhabers (Mitunternehmers) die Wirtschaftsgüter mit den Werten anzusetzen, die sich nach den Vorschriften über die Gewinnermittlung ergeben. Der Rechtsnachfolger ist an diese Werte gebunden."

[141] Vgl. BFH, Urteil vom 10.03.1998 – VIII R 76/96 – BFH/NV 1998, 1412 (1413); BFH, Urteil vom 12.12.1996 – IV R 77/93 – BFHE 183, 379 (381) = BStBl. 1998 II, 180 (181); BFH, Urteil vom 24.10.1996 – IV R 90/94 – BFHE 181, 476 (478) = BStBl. 1997 II, 241 (242); BFH, Urteil vom 14.09.1994 – I R 12/94 – BFHE

bleibende Gesellschafter aus eigenem, gesellschaftsfremdem Vermögen eine Abfindungszahlung an den ausscheidenden Gesellschafter entrichtet, die höher ist als der Buchwert des Gesellschaftsanteils, also höher als das Kapitalkonto des ausscheidenden Gesellschafters im Zeitpunkt seines Ausscheidens.[142]

bb) Besteuerung des Veräußerers

Für den Veräußerer ergibt sich ein (zu versteuernder) Veräußerungsgewinn, wenn der Veräußerungspreis abzüglich Veräußerungskosten[143] über dem Wert seines Anteils am Betriebsvermögen liegt. Der in diesem Zusammenhang maßgebliche *Veräußerungspreis* umfasst die Gesamtheit aller Vorteile, die dem Veräußerer aus Anlass der Veräußerung als Gegenleistung zufließen.[144]

(1) Befreiung von Verbindlichkeiten

Verpflichtet sich der Erwerber im Rahmen einer Veräußerung i. S. d. § 16 Abs. 1 S. 1 EStG, den Veräußerer durch eine befreiende Schuldübernahme (§§ 414 ff. BGB) oder durch einen befreienden Schuldbeitritt im Innenverhältnis von einer *Verbindlichkeit* gegenüber einem Dritten *freizustellen,* stellt dies eine Form von Gegenleistung dar, die den Veräußerungspreis beeinflusst und im Ergebnis den Veräußerungsgewinn erhöht.[145] Beispielhaft seien die Fälle genannt, in denen der Erwerber die dem Veräußerer entstandenen Beratungskosten

---

176, 520 (522) = BStBl. 1995 II, 407 (408); *Wacker,* in: Schmidt, EStG, 23. Aufl., § 16 Rdnr. 412; *Hörger,* in: Littmann/Bitz/Pust, Das Einkommensteuerrecht, 15. Aufl., § 16 Rdnr. 144b.

142 So bereits BFH, Urteil vom 24.05.1973 – IV R 64/70 – BFHE 109, 438 (441) = BStBl. 1973 II, 655 (657); ebenso BFH, Urteil vom 12.12.1996 – IV R 77/93 – BFHE 183, 379 (381) = BStBl. 1998 II, 180 (181) m. w. N.; *Reiß,* in: EStG Kompakt-Kommentar, 4. Aufl., § 16 Rdnr. 217; *Widmann,* in: Widmann/Mayer (Hrsg.), Umwandlungsrecht, Anh. 9 Rdnr. 9.

143 *Veräußerungskosten* in diesem Sinne sind nach der Rechtsprechung des Bundesfinanzhofs die Aufwendungen, die in unmittelbarer sachlicher Beziehung zum Veräußerungsvorgang stehen (z. B. Rechtsanwalts- und Gerichtskosten), vgl. BFH, Urteil vom 10.11.1988 – IV R 70/86 – BFH/NV 1990, 31 (34); BFH, Urteil vom 12.07.1984 – IV R 76/82 – BFHE 141, 522 (524) = BStBl. 1984 II, 713 (714) m. w. N.

144 Vgl. dazu RFH, Urteil vom 19.02.1930 – VI A 1618/29, RStBl. 1930, 619 (619): Abstandssumme für die Überlassung eines Ladens im Zusammenhang mit einer Geschäftsaufgabe; RFH, Urteil vom 23.03.1933 – VI A 933/31 – RStBl. 1933, 635 (636): Entschädigungen für den Wegfall künftiger Gewinnaussichten; BFH, Urteil vom 29.10.1970 – IV R 141/67 – BFHE 100, 390 (393) = BStBl. 1971 II, 92 (93): Entschädigung für den Verzicht auf das noch bestehende Mietrecht an Geschäftsräumen; BFH, Urteil vom 17.12.1975 – I R 29/74 – BFHE 117, 483 (485 f.) = BStBl. 1976 II, 224 (225); BFH, Urteil vom 04.11.1980 – VIII R 55/77 – BFHE 132, 414 (416) = BStBl. 1981 II, 396 (397): Entschädigung für die Aufgabe eines Nießbrauchs an einem Unternehmen.

übernimmt, die durch die Veräußerung entstehenden Steuern einschließlich der Einkommensteuer trägt[146] oder den Veräußerer von einer privaten Versorgungsverpflichtung (oder betrieblichen Versorgungsrente) befreit[147].

(2) Negatives Kapitalkonto

Wird das *Kapitalkonto* eines persönlich haftenden Gesellschafters einer offenen Handelsgesellschaft (oHG) durch Entnahmen oder Verlustzurechnung *negativ,* kommt darin gesellschaftsrechtlich in der Regel zum Ausdruck, bis zu welchem Betrag der Gesellschafter, wenn die Gesellschaft aufgelöst würde, seinen Mitgesellschaftern ausgleichs-(nachschuss-)pflichtig wäre, soweit das negative Kapitalkonto nicht durch den Anteil am Abwicklungsgewinn ausgeglichen wird.[148]

Scheidet der Gesellschafter *ohne Ausgleich* des negativen Kapitalkontos aus, wird bei der Ermittlung des *Veräußerungsgewinns* der negative Buchwert dem Veräußerungspreis hinzugerechnet,[149] sofern der ausscheidende persönlich haftende Gesellschafter von den übrigen Gesellschaftern von den Verbindlichkeiten der Gesellschaft *freigestellt* wird.[150]

---

[145] Vgl. BFH, Urteil vom 05.05.1990 – GrS 4–6/89 – BFHE 161, 317 (331) = BStBl. 1990 II, 847 (853) unter C. II. 3.; BFH, Urteil vom 10.11.1988 – IV R 70/86 – BFH/NV 1990, 31 (33); BFH, Urteil vom 12.01.1983 – IV R 180/80 – BFHE 137, 481 (483 f.) = BStBl. 1983 II, 595 (596); BFH, Urteil vom 31.05.1972 – I R 49/69 – BFHE 106, 71 (73) = BStBl. 1972 II, 696 (697); Blümich/*Stuhrmann,* EStG/KStG/GewStG, § 16 EStG Rdnr. 413; *Kobor,* in: Herrmann/Heuer/Raupach, EStG und KStG, 21. Aufl., § 16 EStG Rdnr. 308; *Schulze zur Wiesche,* Betriebsveräußerung, Rdnr. 19.

[146] Vgl. BFH, Urteil vom 10.11.1988 – IV R 70/86 – BFH/NV 1990, 31 (33); *Wacker,* in: Schmidt, EStG, 23. Aufl., § 16 Rdnr. 266.

[147] BFH, Urteil vom 12.01.1983 – IV R 180/80 – BFHE 137, 481 (484) = BStBl. 1983 II, 595 (596) für die Übernahme einer Verpflichtung zur Zahlung wiederkehrender Bezüge; BFH, Urteil vom 28.09.1967 – IV 288/62 – BFHE 90, 324 (326 f.) = BStBl. 1968 II, 76 (76 f.) für die Übernahme der Vermögensabgabe nach dem Lastenausgleichsgesetz (LAG).

[148] *Wacker,* in: Schmidt, EStG, 23. Aufl., § 16 Rdnr. 469.

[149] Ständige Rechtsprechung, vgl. BFH, Urteil vom 24.11.1965 – VI 325/63 U – BFHE 84, 388 (390) = BStBl. 1966 III, 141 (141 f.); BFH, Urteil vom 25.08.1966 – IV 307/65 – BFHE 87, 130 (130) = BStBl. 1967 III, 69 (69); BFH, Urteil vom 08.03.1973 – IV R 77/72 – BFHE 108, 540 (543 f.) = BStBl. 1973 II, 398 (400); BFH, Urteil vom 26.05.1981 – IV R 47/78 – BFHE 134, 15 (20) = BStBl. 1981 II, 795 (798) unter 2. b); BFH, Urteil vom 21.04.1994 – IV R 70/92 – BFHE 174, 413 (419) = BStBl. 1994 II, 745 (748) unter 5. a).

[150] Vgl. BFH, Urteil vom 19.03.1991 – VIII R 214/85 – BFHE 164, 70 (73) = BStBl. 1991 II, 633 (634); BFH, Urteil vom 24.11.1965 – VI 325/63 U – BFHE 84, 388 (390) = BStBl. 1966 III, 141 (142); BFH, Urteil vom 06.12.1962 – IV 321/60 U – BFHE 76, 360 (363) = BStBl. 1963 III, 133 (134); vgl. auch *Kobor,* in: Herrmann/Heuer/Raupach, EStG und KStG, 21. Aufl., § 16 EStG Rdnr. 308; *Kormann,* Das ne-

Leistet der Gesellschafter dagegen beim Ausscheiden eine *Ausgleichszahlung* in Höhe des negativen Kapitalkontos, entsteht – ebenso wie wenn ein Gesellschafter bei positivem Kapitalkonto den Buchwert als Abfindung erhält – kein Veräußerungsgewinn/-verlust.[151] Die Ausgleichszahlung ist die erfolgsneutrale Tilgung einer betrieblichen Schuld. Leistet der Gesellschafter eine Ausgleichszahlung, die niedriger ist als sein negatives Kapitalkonto, ist dem Veräußerungsgewinn der um die Ausgleichszahlung verminderte Teil des negativen Kapitalkontos hinzuzurechnen.[152]

(3) Steuerliche Begünstigung des Veräußerungsgewinns

Obgleich der letztlich ermittelte Veräußerungsgewinn der Einkommensteuer unterworfen ist, sieht das Gesetz für den Veräußerer in zweifacher Hinsicht eine steuerliche Begünstigung vor.

(a) Steuerbefreiung

Zunächst bestimmt § 16 Abs. 4 EStG, dass der Veräußerungsgewinn nur bei Überschreiten bestimmter Freibeträge zur Steuer herangezogen wird. Da es sich bei diesem Freibetrag um eine sachliche Steuerbefreiung handelt,[153] ist von Vornherein nur der um den Freibetrag geminderte Veräußerungsgewinn anzusetzen. Der *Bundesgerichtshof* hatte sich mit § 16 Abs. 4 EStG in der Fassung des *Steuerentlastungsgesetzes 1984*[154] zu befassen, so dass sich die folgenden Ausführungen auf die damalige Gesetzesfassung beschränken.

Danach betrug der *Grundfreibetrag* bei Veräußerung oder Aufgabe des ganzen Gewerbebetriebs DM 30.000,– und ermäßigte sich um den Betrag, um den der Veräußerungsgewinn DM 100.000,– überstieg. Dementsprechend entfiel der Freibetrag vollständig, wenn der Veräußerungsgewinn DM 130.000,– oder mehr betrug *(Freibetragsgrenze)*. Bei der *Veräußerung* eines *Mitunternehmeranteils*

---

gative Kapitalkonto: Kontenführung – Bilanzierung – Erfolgsauswirkung von Abtretungen, in: BB 1974, 893 (897).

[151] *Hörger,* in: Littmann/Bitz/Pust, Das Einkommensteuerrecht, 15. Aufl., § 16 EStG Rdnr. 157.

[152] BFH, Urteil vom 06.12.1962 – IV 321/60 U – BFHE 76, 360 (363) = BStBl. 1963 III, 133 (134); BFH, Urteil vom 24.11.1965 – VI 325/63 U – BFHE 84, 388 (390) = BStBl. 1966 III, 141 (141); BFH, Urteil vom 30.11.1977 – I R 27/75 – BFHE 124, 56 (59) = BStBl. 1978 II, 149 (151) unter 2. b).

[153] BFH, Urteil vom 16.12.1975 – VIII R 147/71 – BFHE 117, 557 (558 f.) = BStBl. 1976 II, 360 (361); BFH, Urteil vom 08.05.1991 – I R 33/90 – BFHE 165, 191 (193) = BStBl. 1992 II, 437 (438) unter A. 2.

[154] Gesetz zur Stärkung der Wettbewerbsfähigkeit der Wirtschaft und zur Einschränkung von steuerlichen Vorteilen (*Steuerentlastungsgesetz 1984* – StEntlG 1984) vom 22.12.1983, BGBl. 1983 II, S. 1583 ff.

belief sich der Grundfreibetrag auf den „entsprechenden Teil“ von DM 30.000,– und ermäßigte sich um den Betrag, um den der Veräußerungsgewinn den entsprechenden Teil von DM 100.000,– überstieg. Der „entsprechende Teil“ des Grundfreibetrages, des Ermäßigungsbetrags sowie der Freibetragsgrenze bestimmte sich nach dem Verhältnis des bei der Veräußerung tatsächlich entstandenen Gewinns zu dem bei gleichzeitiger Veräußerung aller Mitunternehmeranteile erzielbaren Gewinns.[155] Sowohl der Grundfreibetrag als auch die Freibetragsgrenze erhöhten sich nach § 16 Abs. 4 S. 3 EStG bei Veräußerungen nach dem 31. Dezember 1983 von DM 30.000,– auf DM 120.000,– *(Grundfreibetrag)* und von DM 100.000,– auf DM 300.000,– *(Freibetragsgrenze),* wenn der Steuerpflichtige seinen Mitunternehmeranteil nach Vollendung des 55. Lebensjahres oder wegen dauernder Berufsunfähigkeit veräußerte. Eine volle Besteuerung des Veräußerungsgewinns kam in diesen Fällen somit erst in Betracht, wenn der Gewinn DM 420.000,– überstieg.

(b) Tarifliche Begünstigung

Darüber hinaus stellt der Veräußerungsgewinn „außerordentliche Einkünfte“ i.S.d. § 34 Abs. 2 Nr. 1 EStG dar und unterliegt dem *ermäßigten Steuersatz* des § 34 EStG. Nach der für die Entscheidung des Bundesgerichtshofs maßgeblichen Gesetzesfassung[156] betrug der ermäßigte Steuersatz die Hälfte des durchschnittlichen Steuersatzes, der sich ergeben hätte, wenn die tarifliche Einkommensteuer nach dem gesamten zu versteuernden Einkommen zuzüglich der nach einem Doppelbesteuerungsabkommen freigestellten ausländischen Einkünfte (§ 32b EStG) und der anderen nach § 32b Abs. 1 Nr. 1 EStG zu berücksichtigenden Einnahmen zu bemessen gewesen wäre, vgl. § 34 Abs. 1 S. 1 EStG.[157] Bereits damals kam die Tarifermäßigung des § 34 EStG nicht zum Zuge, wenn die Veräußerungsgewinne bereits nach der Freibetragsregelung in § 16 Abs. 4 EStG steuerfrei blieben.[158]

---

[155] BFH, Urteil vom 17.04.1980 - IV R 174/76 - BFHE 130, 497 (501) = BStBl. 1980 II, 566 (568) unter 3.

[156] Bekanntmachung der Neufassung des Einkommensteuergesetzes vom 27.02. 1987, BStBl. 1987 I, 657 (703).

[157] Vgl. Abschnitt 185 Abs. 1 S. 3 EStR 1981; zur Berechnung insoweit *Jacobsen,* Ermittlung der Einkommensteuer beim Zusammentreffen von Progressionsvorbehalt (§ 32b EStG) und außerordentlichen Einkünften (§ 34 Abs. 2 EStG), in: DB 1983, S. 2444 f.

[158] *Seeger,* in: Schmidt, EStG, 7. Aufl. 1988, § 34 Tz. 12.

b) BGH, Urteil vom 30. September 1993 – IX ZR 73/93

Der *Bundesgerichtshof* hat sich in seinem *Urteil vom 30. September 1993*[159] mit der steuerlichen Behandlung der Veräußerung eines Mitunternehmeranteils auseinander gesetzt. Der Entscheidung lag der folgende Sachverhalt zugrunde.

aa) Sachverhalt

Die Klägerin war zusammen mit dem Kaufmann N. Gesellschafterin einer Gesellschaft mit beschränkter Haftung (GmbH) und einer offenen Handelsgesellschaft (oHG). Im Laufe des Jahres 1988 entschloss sich die Klägerin, aus den Gesellschaften auszuscheiden und wandte sich auf Anraten ihres Anwalts wegen der damit zusammenhängenden steuerlichen Fragen an den beklagten Steuerberater.

Ende Februar 1989 erklärte N. im Rahmen einer Besprechung, an der auch der Beklagte teilnahm, der Klägerin im Falle ihres Ausscheidens eine *Barabfindung* von DM 90.000,– zu zahlen, ihr *negatives Kapitalkonto* bei der oHG in Höhe von DM 106.496,16 auszugleichen sowie *persönliche Darlehensverbindlichkeiten* im Betrag von DM 243.128,25 zu übernehmen. Die Klägerin war mit dieser Lösung, die mit notariellem Vertrag vom 27. Februar 1989 verbindlich wurde, einverstanden. Im Feststellungsbescheid für das Jahr 1989 behandelte das Finanzamt sowohl die Abfindung als auch die Freistellung als Veräußerungsgewinn der Klägerin und setzte auf dieser Grundlage eine Einkommensteuer von DM 127.764,– sowie eine Kirchensteuer von DM 11.498,76 fest. Die Bescheide erwuchsen in Bestandskraft.

Daraufhin erhob die Klägerin ihre Klage auf Schadensersatz wegen steuerlicher Fehlberatung. Sie trug vor, bei der Besprechung im Februar 1989 habe der Beklagte auf die Frage, welcher Betrag ihr nach Abzug der Steuern verbleibe, erklärt, sie müsse lediglich mit einer Steuerbelastung von ca. DM 8.800,– wegen der Barabfindung rechnen; die Befreiung von Verbindlichkeiten wirke sich steuerlich nicht aus. Hätte der Beklagte sie rechtlich zutreffend informiert, wäre sie auf das Angebot des N. nicht eingegangen und als stille Gesellschafterin in beiden Gesellschaften verblieben. Zumindest wäre es ihr gelungen, eine wesentlich höhere Abfindungszahlung zu erhalten. Durch das Verhalten des Beklagten sei ihr ein Schaden in Form von Steuermehrbelastungen, Stundungszinsen sowie Steuerberaterkosten in Höhe von DM 122.735,89 entstanden.

Das Landgericht[160] hat die Klage abgewiesen, das Berufungsgericht[161] ihr mit Ausnahme eines Teils der Zinsen stattgegeben. Mit der Revision begehrte der Beklagte die Wiederherstellung der erstinstanzlichen Entscheidung.

---

[159] BGH, Urteil vom 30.09.1993 - IX ZR 73/93 - BGHZ 123, S. 311 ff.

bb) Entscheidungsgründe

Der Bundesgerichtshof hat in seinem der Revision stattgebenden Urteil einen Verstoß gegen die dem Beklagten obliegende Aufklärungs- und Beratungspflicht bejaht. Nach Auffassung des erkennenden Senats war der Steuerberater kraft des von der Klägerin erhaltenen Mandats verpflichtet, sie über die steuerrechtlichen Folgen der am 24. Februar 1989 besprochenen Auseinandersetzungsvereinbarung zu belehren. Die der Klägerin erteilte Auskunft, die Übernahme von Verbindlichkeiten durch N. stelle eine Umschuldung in der Privatsphäre der Klägerin ohne steuerrechtliche Bedeutung dar, sei im Hinblick auf die Rechtsprechung des Bundesfinanzhofs zu § 34 Abs. 2 Nr. 1, § 16 Abs. 1 Nr. 2 und Abs. 2 EStG rechtlich unzutreffend gewesen. Der Beklagte habe auch schuldhaft gehandelt und sei damit zum Schadensersatz verpflichtet, weil ihm hätte bekannt sein müssen, dass seine Auskunft mit der Rechtslage nicht in Einklang stand.

cc) Analyse der Entscheidungsgründe

In der Entscheidung des Bundesgerichtshofs taucht die Problematik der steuerrechtlichen Behandlung der Auseinandersetzungsvereinbarung als haftungsrechtliche Vorfrage auf. Dabei kann dem Bundesgerichtshof in der steuerlichen Beurteilung des Sachverhaltes in vollem Umfang zugestimmt werden. Insbesondere entsprach es bereits im Jahr der Entscheidung des Bundesgerichtshofs der ständigen Rechtsprechung des Bundesfinanzhofs, dass die im Rahmen des Ausscheidens erfolgte Befreiung von Verbindlichkeiten (Ausgleich des negativen Kapitalkontos bei der oHG; Übernahme persönlicher Darlehensverbindlichkeiten) keine steuerlich unbeachtliche Umschuldung in der Privatsphäre darstellt.

Dennoch seien im Folgenden einige über die Ausführungen des erkennenden Senats hinausgehende Überlegungen betreffend die gezahlte Barabfindung, den Ausgleich des negativen Kapitalkontos sowie das Vorliegen eines ersatzfähigen Schadens erlaubt.

(1) Barabfindung

Ein Bestandteil der Auseinandersetzungsvereinbarung zwischen der Klägerin und N. war, dass die Klägerin eine *Barabfindung* in Höhe von DM 90.000,– erhalten sollte. Zutreffend ist der Bundesgerichtshof davon ausgegangen, dass dem beklagten Steuerberater im Hinblick auf deren steuerliche Behandlung (Steuerpflichtigkeit) *keine Pflichtverletzung* zur Last gelegt werden kann. Diese

---

160 LG Arnsberg, Urteil vom 31.01.1991 – 7 O 211/90.

161 OLG Hamm, Urteil vom 22.01.1993 – 25 U 78/91.

Beurteilung gilt – wenngleich auch aufgrund unterschiedlicher Rechtsgrundlagen – unabhängig davon, ob die Abfindung für das Ausscheiden der Klägerin aus der offenen Handelsgesellschaft (oHG) oder für ihr Ausscheiden aus der Gesellschaft mit beschränkter Haftung (GmbH) gezahlt wurde.

(a) Möglichkeit 1: Barabfindung wurde für das Ausscheiden aus der oHG gezahlt

Ein aus einer zweigliedrigen Personenhandelsgesellschaft ausscheidender Gesellschafter erlangt anstelle seines erlöschenden Gesellschaftsanteils einen schuldrechtlichen *Abfindungsanspruch* gegen den allein verbleibenden Gesellschafter (vgl. § 738 BGB).[162] Dieser Anspruch stellt ein Entgelt für den Übergang seines Gesellschaftsanteils auf den verbleibenden Gesellschafter dar.[163] Seine *Höhe* richtet sich entweder nach den Vorschriften des Handelsgesetzbuches, nach abweichenden Bestimmungen im Gesellschaftsvertrag (z.B. Abfindungsklauseln in Form von *Buchwertklauseln*[164]) oder nach einer abweichenden, gegenüber dem Gesellschaftsvertrag vorrangigen Austrittsvereinbarung.

Sofern die Barabfindung als Entgelt für das Ausscheiden aus der oHG gezahlt wurde, hatte die Klägerin den Unterschiedsbetrag zwischen der erhaltenen Abfindung (DM 90.000,–) und dem Wert ihres Anteils am Betriebsvermögen[165] als *Veräußerungsgewinn i.S.d. § 16 EStG* zu versteuern.[166]

(b) Möglichkeit 2: Barabfindung wurde für das Ausscheiden aus der GmbH gezahlt

Geht man umgekehrt davon aus, dass die DM 90.000,– für das Ausscheiden aus der GmbH gezahlt wurden, kommt zwar eine Anwendung des § 16 EStG nicht in Frage, doch ist in diesem Fall § 17 Abs. 1 S. 1 EStG einschlägig, wo-

---

162 Vgl. *Lorz,* in: Ebenroth/Boujong/Jost, HGB, § 131 Rdnr. 11.

163 BFH, Urteil vom 15.04.1993 - IV R 66/92 - BFHE 171, 440 (441) = BStBl. 1994 II, 227 (227).

164 Vgl. zu *Abfindungsklauseln* BGH, Urteil vom 09.01.1989 – II ZR 83/88 – NJW 1989, S. 2685 ff.; BGH, Urteil vom 20.09.1993 – II ZR 104/92 – BGHZ 123, S. 281 ff.; *K. Schmidt,* Gesellschaftsrecht, 4. Aufl., § 50 IV. 2. m.w.N.; *Geck,* Die Wertsicherung von Abfindungsverpflichtungen gegenüber ausgeschiedenen Gesellschaftern, in: DStR 1993, S. 1371 ff.; *Hülsmann,* Abfindungsklauseln – Kontrollkriterien der Rechtsprechung, in: NJW 2002, S. 1673 ff.; *Kemper/Sommer,* Einheitswertabhängige Abfindungen (Teil I und II) – Auswirkungen der steuerlichen Rechtslage ab 1.1.1993, in: DStR 1993, S. 1409 ff., S. 1451 ff.

165 Der *Wert des Anteils am Betriebsvermögen* ist gleich dem Buchwert des Kapitalkontos der Klägerin in der Steuerbilanz der Personenhandelsgesellschaft, vgl. *Söffing,* Das negative Kapitalkonto eines Kommanditisten bei Gesellschafterwechsel und Gesellschaftsauflösung, in: BB 1982, 629 (631).

166 Vgl. Blümich/*Stuhrmann,* EStG/KStG/GewStG, § 16 EStG Rdnr. 166 ff.

nach auch Gewinne aus der *Veräußerung* von *Anteilen an einer Gesellschaft mit beschränkter Haftung* als Kapitalgesellschaft zu den Einkünften aus Gewerbebetrieb zählen.[167] Da sich nach der Rechtsprechung des Bundesfinanzhofs die Veräußerungsbegriffe in § 16 und § 17 EStG decken,[168] ist eine *Veräußerung* i. S. v. § 17 EStG jedes vermögensrechtliche Geschäft, aufgrund dessen das rechtliche und/oder wirtschaftliche Eigentum an Anteilen an einer Kapitalgesellschaft auf einen anderen Rechtsträger gegen Entgelt übertragen wird.[169]

Dies legt nahe, auch im Rahmen des § 17 EStG das *Ausscheiden*[170] eines GmbH-Gesellschafters aus der Gesellschaft als *Veräußerung* anzusehen. Diese Schlussfolgerung stößt zwar aufgrund der mit dem Austritt des GmbH-Gesellschafters verbundenen Rechtsfolgen auf Probleme. Denn während bei einer Personenhandelsgesellschaft jeder Austritt seine Rechtsfolge in sich trägt – der Anteil des Ausscheidenden am Gesellschaftsvermögen wächst automatisch den übrigen Gesellschaftern zu –, ist diese Rechtsfolge bei der GmbH, deren Stammkapital aus der Summe der Stammeinlagen besteht, nicht möglich. Stattdessen können die Anteile des ausscheidenden Gesellschafters entweder nach § 34 GmbHG *eingezogen* werden, oder die Gesellschaft kann die *Abtretung* der Anteile gegen finanziellen Ersatz verlangen.[171]

---

167 Nach der im Zeitpunkt der Entscheidung des Bundesgerichtshofs (i. e. 1988/1989) maßgeblichen Gesetzesfassung war weiterhin erforderlich, dass der Veräußerer innerhalb der letzten fünf Jahre vor der Veräußerung an der Gesellschaft zu mehr als einem Viertel unmittelbar oder mittelbar beteiligt war (sog. *„wesentliche Beteiligung"*).

168 Vgl. BFH, Urteil vom 17.04.1997 – VIII R 47/95 – BFHE 184, 275 (279 f.) = BStBl. 1998 II, 102 (104) sowie BFH, Urteil vom 21.12.1993 – VIII R 69/88 – BFHE 174, 324 (327) = BStBl. 1994 II, 648 (649) m. w. N.: Unterschiede lediglich in zeitlicher Hinsicht.

169 BFH, Urteil vom 21.10.1999 – I R 43, 44/98 – BFHE 190, 377 (384) = BStBl. 2000 II, 424 (427) unter II. 2. b) dd) aaa); BFH, Urteil vom 29.07.1997 – VIII R 80/94 – BFHE 184, 74 (76) = BStBl. 1997 II, 727; BFH, Urteil vom 28.02.1990 – I R 43/86 – BFHE 160, 180 (182) = BStBl. 1990 II, 615 (616); BFH, Urteil vom 27.07.1988 – I R 147/83 – BFHE 155, 52 (54) = BStBl. 1989 II, 271 (273) m. w. N.; aus der Literatur Blümich/*Ebling,* EStG/KStG/GewStG, § 17 EStG Rdnr. 130; *Schneider,* in: Kirchhof/Söhn/Mellinghoff, EStG, § 17 Rdnr. B 1.

170 Allerdings existiert im Recht der GmbH ein *Austrittsrecht* des GmbH-Gesellschafters nur als außerordentliches Kündigungsrecht. Voraussetzung dieses außerordentlichen Kündigungsrechts ist ein *wichtiger Grund,* der dann vorliegt, wenn Umstände eingetreten sind, die das Verbleiben in der Gesellschaft für den Gesellschafter unzumutbar machen, und wenn eine anderweitige zumutbare Problemlösung – insbesondere eine Anteilsveräußerung – nicht möglich ist, vgl. *Hueck/Fastrich,* in: Baumbach/Hueck, GmbHG, Anh § 34 Rdnr. 16 f.; *Winter,* in: Scholz, GmbHG, § 15 Rdnr. 118 ff.; *Balz,* Die Beendigung der Mitgliedschaft in der GmbH, S. 106 ff.; *Immenga,* Die personalistische Kapitalgesellschaft, S. 304 f.; *Röhricht,* in: FS Kellermann, 361 (378 ff.); *Zätzsch,* in: Beck Hdb. GmbH, § 13 Rdnr. 103.

171 Vgl. *K. Schmidt,* Gesellschaftsrecht, 4. Aufl., § 35 IV. 3.

Werden die Geschäftsanteile eingezogen, erfolgt die Zahlung des Entgelts für die *Einziehung* nach § 34 GmbHG i. V. m. § 30 Abs. 1 GmbHG zu Lasten des Bilanzgewinns oder der freien Rücklagen. Auch wenn die eingezogenen Anteile bei der Kapitalgesellschaft wertlos sind, ist die Einziehung nach überwiegender Meinung als *Veräußerung* anzusehen, da die Anteile zivilrechtlich gegen Entgelt erworben werden, ohne dass eine Kapitalherabsetzung zu erfolgen hat.[172] Auch im Falle der Abtretung der Anteile liegt nach wohl herrschender Meinung eine *Veräußerung* nach § 17 Abs. 1 EStG vor.[173]

(2) Ausgleich des negativen Kapitalkontos

In Übereinstimmung mit der Rechtsprechung des Bundesfinanzhofs geht der Bundesgerichtshof davon aus, dass der *Ausgleich des negativen Kapitalkontos* bei der oHG keine steuerlich unbeachtliche Umschuldung in der Privatsphäre der Klägerin darstellte. Vielmehr musste der Betrag von DM 106.496,16 bei der Ermittlung des Veräußerungsgewinns i. S. v. § 16 Abs. 2 S. 1 EStG unabhängig davon Berücksichtigung finden, ob die zusätzlich gezahlte Barabfindung in Höhe von DM 90.000,– das Ausscheiden aus der oHG oder das Ausscheiden aus der Kapitalgesellschaft betraf.

Die erste Annahme zugrunde gelegt wäre die Klägerin mit einem negativen Kapitalkonto aus der Personenhandelsgesellschaft ausgeschieden und hätte zusätzlich noch eine Abfindung erhalten. In diesem Fall wäre für sie ein *Veräußerungsgewinn* in Höhe der Differenz zwischen der ihr gezahlten Abfindung und dem Betrag ihres negativen Kapitalkontos entstanden. Selbst wenn der Klägerin keine Abfindung für das Ausscheiden aus der oHG gezahlt worden wäre, hätte ebenfalls ein entgeltlicher Vorgang vorgelegen. Das Entgelt wäre in diesem Fall die „Übernahme des negativen Kapitalkontos" durch N. gewesen. Die Höhe des

---

172 Blümich/*Ebling,* EStG/KStG/GewStG, § 17 EStG Rdnr. 146; *Eilers/R. Schmidt,* in: Herrmann/Heuer/Raupach, EStG und KStG, 21. Aufl., § 17 EStG Rdnr. 85; *Hörger,* in: Littmann/Bitz/Pust, Das Einkommensteuerrecht, 15. Aufl., § 17 Rdnr. 117 f.; *Engl,* Kein Körperschaftsteuer-Anrechnungsverfahren bei der Einziehung von Anteilen an Kapitalgesellschaften – Zugleich eine Stellungnahme zum Beitrag von Ossendorf in BB 1979 S. 40, in: BB 1979, 566 (568); *Raupach,* Die Systematik der Grundvorschriften des körperschaftsteuerlichen Anrechnungsverfahrens (§§ 20, 36 EStG, §§ 27, 41, 43 KStG), in: FR 1978, 570 (574); a. A. *Ossendorf,* Körperschaftsteuer-Anrechnung bei der Einziehung von Geschäftsanteilen an einer GmbH?, in: BB 1979, 40 (40 f.); nach *Weber-Grellet,* in: Schmidt, EStG, 23. Aufl., § 17 Rdnr. 101 ist § 17 Abs. 4 EStG analog anzuwenden, da es sich um eine Teilliquidation handelt.

173 Blümich/*Ebling,* EStG/KStG/GewStG, § 17 EStG Rdnr. 148; *Eilers/R. Schmidt,* in: Herrmann/Heuer/Raupach, EStG und KStG, 21. Aufl., § 17 EStG Rdnr. 85; *Gosch,* in: EStG KompaktKommentar, 4. Aufl., § 17 Rdnr. 148; *Hörger,* in: Littmann/Bitz/Pust, Das Einkommensteuerrecht, 15. Aufl., § 17 Rdnr. 118; *Esch,* Die mitgliedschaftlichen und steuerrechtlichen Wirkungen der Ausschließung oder des Austritts aus einer GmbH aus wichtigem Grund, in: GmbHR 1981, 25 (29); a. A. *Weber-Grellet,* in: Schmidt, EStG, 23. Aufl., § 17 Rdnr. 103.

Veräußerungsgewinns hätte sich dann an der Höhe des Betrags ihres negativen Kapitalkontos orientiert[174] und hätte DM 106.496,16 betragen.

(3) Vorliegen eines ersatzfähigen Schadens

Der Bundesgerichtshof brauchte in seiner Entscheidung nicht zu der Frage Stellung zu nehmen, ob der Klägerin ein *ersatzfähiger Vermögensschaden in Form steuerlicher Nachteile* entstanden ist. Vielmehr hat er die Sache zur Prüfung der für das Vorliegen eines Schadens relevanten Frage, ob die Klägerin ihre Behauptung zu beweisen vermag, sie wäre bei rechtlich zutreffender Beratung durch den Beklagten auf das Angebot des N. nicht eingegangen und als *stille Gesellschafterin* an den Gesellschaften beteiligt geblieben, an das Berufungsgericht zurückverwiesen.[175]

Die Richtigkeit dieses Vorbringens unterstellt wird im Folgenden untersucht, ob die Klägerin – verglichen mit der tatsächlich durch die Falschberatung geschaffenen Güterlage – vermögensmäßig günstiger gestanden hätte, wenn sie in den Gesellschaften als stille Gesellschafterin verblieben wäre. Dazu sind dem wirtschaftlichen Gesamtergebnis der Vereinbarung vom 24. Februar 1989 *(tatsächliche Situation)* diejenigen finanziellen Folgen gegenüberzustellen, die sich für die Klägerin bei einem Verbleib in der Gesellschaft mutmaßlich ergeben hätten *(hypothetische Situation)*.

(a) Tatsächliche Situation

Tatsächlich wurden die Zahlungen an die Klägerin aufgrund der Auseinandersetzungsvereinbarung als Veräußerungsgewinn behandelt und der Besteuerung unterworfen.

---

[174] Vgl. zu dieser Frage auch *Söffing,* Das negative Kapitalkonto eines Kommanditisten bei Gesellschafterwechsel und Gesellschaftsauflösung, in: BB 1982, 629 (631 f.).

[175] In dem vom Bundesgerichtshof zu entscheidenden Fall stand das Problem der *Beweislastverteilung* hinsichtlich des Ursachenzusammenhangs zwischen der Verletzung einer Aufklärungs- und Beratungspflicht des Steuerberaters und dem bei der Klägerin eingetretenen Schaden im Mittelpunkt. Da eine unstreitige Falschberatung vorlag, war einerseits denkbar, die Beweislastverteilung dahingehend zu prüfen, ob die geschädigte Mandantin beweisen musste, dass sie bei zutreffender Beratung anders gehandelt hätte; andererseits kam in Betracht zu prüfen, ob der Steuerberater beweisen musste, dass die Klägerin bei zutreffender Beratung nicht anders gehandelt hätte, vgl. *Lauda,* LM BGB § 249 (Ba), Nr. 33 (1/1994), Bl. 4. Der Bundesgerichtshof hat in der vorliegenden Entscheidung mit der zuvor ganz herrschenden Rechtsprechung des Bundesgerichtshofs gebrochen und ist der vor allem in der Literatur vertretenen Auffassung gefolgt, dass die „Vermutung aufklärungsrichtigen Verhaltens" einen Anwendungsfall des *Anscheinsbeweises* darstellt, vgl. *Baumgärtel,* Beweislastverteilung bei Beratungsfehlern im Rahmen einer Rechtsberatung, in: JR 1994, 466 (466).

(b) Hypothetische Situation

Im Hinblick auf die hypothetische Situation ist zu untersuchen, inwieweit sich die Umwandlung der Beteiligung der Klägerin an der oHG bzw. der GmbH in eine stille Beteiligung an dem verbleibenden Einzelunternehmen des N. bzw. der Einmann-GmbH steuerlich ausgewirkt hätte.

(aa) Steuerliche Behandlung der stillen Beteiligung

Das Steuerrecht unterscheidet *typische* und *atypische Gesellschaften* mit Hinblick nicht auf den zivilrechtlichen Normtyp, sondern auf die steuerliche Behandlung der von dem stillen Gesellschafter erzielten Einkünfte.[176] *Steuerrechtlich* gehören die „Einnahmen aus der Beteiligung an einem Handelsgewerbe als stiller Gesellschafter" grundsätzlich zu den Einkünften aus Kapitalvermögen, „es sei denn, dass der Gesellschafter [...] als *Mitunternehmer* anzusehen ist", vgl. § 20 Abs. 1 Nr. 4 EStG. Im letzten Fall sind die Gewinnanteile Einkünfte aus Gewerbebetrieb im Sinne des § 15 Abs. 1 S. 1 Nr. 2 EStG.

Ein *stiller Gesellschafter* ist regelmäßig dann *Mitunternehmer* (§ 15 Abs. 1 S. 1 Nr. 2 EStG), wenn er nicht nur am laufenden Gewinn und Verlust des vom tätigen Teilhaber betriebenen Unternehmens teilhat, sondern im Innenverhältnis schuldrechtlich auch an den stillen Reserven und an einem Geschäftswert beteiligt sein soll, etwa in der Weise, dass er bei einer Auflösung des Gesellschaftsverhältnisses nach Maßgabe einer Auseinandersetzungsbilanz und seiner prozentualen Gewinnbeteiligung auch einen Anteil an den Wertsteigerungen des Betriebsvermögens erhalten soll.[177]

Insgesamt muss sich aus der gebotenen Gesamtwürdigung der Umstände des Einzelfalles ergeben, dass der stille Gesellschafter auf der Grundlage des Gesellschaftsvertrags *Mitunternehmerrisiko* trägt und (kumulativ) *Mitunternehmerinitiative* entfalten kann.[178] Dabei bedeutet *Mitunternehmerinitiative* vor allem

---

[176] Vgl. dazu *Ruban,* Die atypisch stille Gesellschaft im Ertragsteuerrecht – Tendenzen in der neueren Rechtsprechung des Bundesfinanzhofs, in: DStZ 1995, 637 (638 f.).

[177] BFH, Urteil vom 05.07.1978 – I R 22/75 – BFHE 125, 545 (547 ff.) = BStBl. 1978 II, 644 (646); BFH, Beschluss vom 22.01.1981 - IV B 41/80 – BFHE 132, 542 (546) = BStBl. 1981 II, 424 (426); BFH, Urteil vom 27.05.1993 – IV R 1/92 – BFHE 171, 510 (513) = BStBl. 1994 II, 700 (701).

[178] BFH, Urteil vom 18.02.1993 – IV R 132/91 – BFH/NV 1993, 647 (648); BFH Großer Senat, Beschluss vom 25.06.1984 – GrS 4/82 – BFHE 141, 405 (440) = BStBl. 1984 II, 751 (769) sub C. V. 3. c) bb); BFH, Beschluss vom 11.12.1980 – IV R 91/76 – BFHE 132, 278 (284) = BStBl. 1981 II, 310 (313) unter II. 2. a); BFH, Urteil vom 11.04.1973 – IV R 67/69 – BFHE 109, 133 (137) = BStBl. 1973 II, 528 (530); BFH, Urteil vom 28.01.1971 – IV 127/64 – BFHE 102, 362 (365) = BStBl. 1971 II, 662 (664); ebenso *Haep,* in: Herrmann/Heuer/Raupach, EStG und KStG, 21. Aufl., § 15 EStG Rdnr. 304 ff.; *Bitz,* in: Littmann/Bitz/Pust, Das Einkommensteu-

die Teilhabe an unternehmerischen Entscheidungen.[179] Schon die Möglichkeit zur Ausübung von Gesellschafterrechten, „die den Stimm-, Kontroll- und Widerspruchsrechten angenähert sind, die einem Kommanditisten nach dem HGB zustehen oder die den gesellschaftsrechtlichen Kontrollrechten nach § 716 Abs. 1 BGB entsprechen“, reicht aus, das Bestehen einer Mitunternehmerinitiative zu bejahen.[180] Die Annahme eines *Mitunternehmerrisikos* setzt eine gesellschaftsrechtliche oder eine dieser wirtschaftlich vergleichbare Teilnahme am Erfolg oder Misserfolg des gewerblichen Unternehmens voraus, wobei ein solches Risiko in der Regel durch Beteiligung am Gewinn und Verlust sowie an den stillen Reserven einschließlich eines Geschäftswertes[181] vermittelt sein muss.

Dies zugrunde gelegt ist eine atypische stille Gesellschaft im Sinne des Steuerrechts wegen der Vermögens- und Geschäftsführungsbeteiligung des stillen Gesellschafters zugleich immer auch nach den im Zivilrecht gebrauchten Begriffen atypisch; umgekehrt ist eine atypische stille Gesellschaft im zivilrechtlichen Sinne nicht immer zugleich auch eine solche des Steuerrechts.[182]

(bb) Umwandlung der oHG-Beteiligung in eine stille Beteiligung

Damit wäre es – um die Entstehung eines steuerpflichtigen Veräußerungsgewinns zu vermeiden – entscheidend darauf angekommen, dass die Klägerin als *atypisch stille Gesellschafterin* im steuerrechtlichen Sinne an dem Einzelunternehmen des N. beteiligt geblieben wäre. Solange steuerrechtlich die *Identität* der Mitunternehmerschaft gewahrt geblieben wäre, wäre die formwechselnde

---

errecht, 15. Aufl., § 15 Rdnr. 23d; *Schmidt,* in: Schmidt, EStG, 23. Aufl., § 15 Rdnr. 262.

[179] Vgl. BFH, Urteil vom 04.11.1997 – VIII R 18/95 – BFHE 185, 153 (155) = BStBl. 1999 II, 384 (385) sub II. 1. a); BFH, Urteil vom 01.08.1996 – VIII R 12/94 – BFHE 181, 423 (430) = BStBl. 1997 II, 272 (275) unter II. 1. b).

[180] BFH Großer Senat, Beschluss vom 25.06.1984 – GrS 4/82 – BFHE 141, 405 (441) = BStBl. 1984 II, 751 (769) unter C. V. 3. c) cc) (1) der Gründe; BFH, Urteil vom 04.11.1997 – VIII R 18/95 – BFHE 185, 153 (155) = BStBl. 1999 II, 384 (385) sub II. 1. a); BFH, Urteil vom 15.12.1997 – VIII R 42/90 – BFHE 170, 345 (349 f.) = BStBl. 1994 II, 702 (704) zur atypisch stillen Gesellschaft.

[181] Vgl. z.B. BFH, Urteil vom 28.10.1999 – VIII R 66–70/97 – BFHE 190, 204 (206 f.) = BStBl. 2000 II, 183 (184) unter II. 1. a); BFH, Urteil vom 01.08.1996 – VIII R 12/94 – BFHE 181, 423 (430 f.) = BStBl. 1997 II, 272 (275) unter II. 1. b); BFH, Urteil vom 13.07.1993 – VIII R 50/92 – BFHE 173, 28 (33) = BStBl. 1994 II, 282 (285) unter II. 2. b); BFH, Urteil vom 20.11.1990 – VIII R 10/87 – BFHE 163, 336 (339) unter 3. a) der Gründe; BFH Großer Senat, Beschluss vom 25.06.1984 – GrS 4/82 – BFHE 141, 405 (441) = BStBl. 1984 II, 751 (769 f.) sub C. V. 3. c) cc) (2).

[182] *Bezzenberger,* in: MünchHdbGesR, StG § 3 Rdnr. 21; vgl. auch *Zutt,* in: Großkomm. HGB, § 230 Rdnr. 33, der empfiehlt, den Terminus der „atypischen“ stillen Gesellschaft nur für diejenigen Fälle zu verwenden, die steuerrechtlich als Mitunternehmerschaft gelten.

Umwandlung der oHG in eine *atypisch stille Gesellschaft* steuerrechtlich irrelevant gewesen, auch wenn sich zivilrechtlich die Identität der Gesellschaft geändert hätte.[183]

Hätte die handelsrechtliche Aufgabe der Mitunternehmerstellung der Klägerin jedoch gleichzeitig auch den Wegfall von Unternehmerrisiko und Unternehmerinitiative bedeutet, wäre die *Mitunternehmerschaft* durch die Umwandlung in eine typisch stille Beteiligung auch steuerrechtlich *beendet* gewesen. In diesem Fall wäre wiederum ein (nach §§ 16, 34 EStG) begünstigter *Veräußerungsgewinn* entstanden, wenn die Klägerin in ihrer Eigenschaft als stille Gesellschafterin für die im Umwandlungszeitpunkt bestehenden stillen Reserven eine Gutschrift auf dem Einlagekonto oder eine Barabfindung erhalten hätte.[184]

(cc) Umwandlung der GmbH-Beteiligung in eine stille Beteiligung

Anders stellt sich die Situation im Hinblick auf die Beteiligung der Klägerin an der GmbH dar. Hier hätte sowohl durch die *Gründung* einer *atypisch stillen Gesellschaft* als auch durch die Gründung einer *typisch stillen Gesellschaft* die Entstehung eines Veräußerungsgewinns nicht vermieden werden können.

Ebenso wie im Fall der oHG vollzieht sich die Umwandlung einer GmbH in eine (atypisch) stille Gesellschaft in zwei Schritten: Ausscheiden eines Gesellschafters und Neugründung einer stillen Gesellschaft mit schuldrechtlicher Vermögensbeteiligung des stillen Gesellschafters am Unternehmen der Gesellschaft mit beschränkter Haftung durch Abschluss eines Gesellschaftsvertrages.[185] Im Unterschied zur oHG, bei welcher die Umwandlung nur deshalb steuerlich irrelevant ist, weil die steuerrechtliche Identität der Mitunternehmerschaft gewahrt bleibt, entsteht bei der Umwandlung einer GmbH-Beteiligung in eine (atypisch) stille Beteiligung jedoch erst eine Mitunternehmerschaft in Form der stillen Gesellschaft. Darüber hinaus erfolgt ein Systemwechsel vom *Trennungs-* zum *Transparenzprinzip,* der es als gerechtfertigt erscheinen lässt, den beim Austritt aus der Gesellschaft entstehenden Veräußerungsgewinn bei Überschreiten des in § 17 Abs. 3 EStG festgesetzten Freibetrags der Besteuerung mit einem ermäßigten Steuersatz (vgl. § 34 Abs. 1 S. 1, § 34 Abs. 2 Nr. 1 EStG) zu unterwerfen.

---

183 BFH, Urteil vom 28.11.1989 – VIII R 40/84 – BFHE 159, 410 (414) = BStBl. 1990 II, 561 (563); *Hörger,* in: Littmann/Bitz/Pust, Das Einkommensteuerrecht, 15. Aufl., § 16 Rdnr. 145; *Wacker,* in: Schmidt, EStG, 23. Aufl., § 16 Rdnr. 422; *L. Schmidt,* Personengesellschaften im Spannungsfeld von Zivilrecht und Ertragsteuerrecht, in: FR 1980, 482 (488); *ders.,* Ertragsteuerrechtliche Probleme des Gesellschafterwechsels bei Personengesellschaften, in: FR 1978, 353 (362).

184 Vgl. *Fleischer/Thierfeld,* Stille Gesellschaft im Steuerrecht, S. 66 f.

185 Vgl. *Bezzenberger,* in: MünchHdbGesR, StG § 7 Rdnr. 38; *Fleischer/Thierfeld,* Stille Gesellschaft im Steuerrecht, S. 66.

dd) Fazit

Insgesamt kann der Entscheidung des Bundesgerichtshofs aus steuerrechtlicher Sicht zugestimmt werden, da sie mit den vom Bundesfinanzhof entwickelten Grundsätzen zur Veräußerung eines Mitunternehmeranteils übereinstimmt. Der erkennende Senat hat zu Recht eine Pflichtverletzung des Steuerberaters und einen Schadensersatzanspruch der Klägerin bejaht. Im Hinblick auf die vom Berufungsgericht vorzunehmende Ermittlung der Schadenshöhe kann – mangels näherer Sachverhaltskenntnisse – lediglich festgehalten werden, dass bei einem Verbleib der Klägerin als stille Gesellschafterin in der oHG die Entstehung eines zu versteuernden Veräußerungsgewinns nur dadurch hätte vermieden werden können, dass durch Begründung einer atypisch stillen Beteiligung steuerrechtlich die Identität der Mitunternehmerschaft gewahrt geblieben wäre. Umgekehrt wäre bei der Umwandlung der GmbH-Beteiligung in eine (atypisch) stille Beteiligung die Entstehung eines Veräußerungsgewinns unvermeidbar gewesen. Damit erscheint es wahrscheinlich, dass – die Beweisbarkeit des klägerischen Vorbringens unterstellt – der Klägerin letztlich nicht der gesamte Betrag von DM 122.735,89 als Schadensersatz zugesprochen wurde.

3. Einkünfte aus Land- und Forstwirtschaft (§§ 13–14a EStG)

a) Einführung

Die *Einkünfte aus Land- und Forstwirtschaft* – hierzu zählen die planmäßige Nutzung der natürlichen Kräfte des Bodens (Urproduktion) sowie die Verwertung der dadurch selbsterzeugten Produkte[186] – sind in den §§ 13–14a EStG geregelt. Die in der Praxis größte Bedeutung ist einerseits den Einkünften aus der Aufzucht von Pflanzen und Bäumen und den Einkünften aus Tierzucht und Tierhaltung (*primäre Einkünfte,* § 13 Abs. 1 Nr. 1 EStG), sowie andererseits den Einkünften aus land- und forstwirtschaftlichen Nebenbetrieben (*sekundäre Einkünfte,* § 13 Abs. 2 EStG) beizumessen. Für die Erwerbsgrundlage Land- und Forstwirtschaft sieht das Einkommensteuergesetz diverse Sonderregelungen vor (z. B. Gewinnermittlung nach Durchschnittssätzen, § 13a EStG).

---

[186] Vgl. BFH, Urteil vom 16.11.1978 – IV R 191/74 – BFHE 126, 220 (223) = BStBl. 1979 II, 246 (247); BFH, Urteil vom 18.03.1976 – IV R 52/72 – BFHE 118, 441 (445) = BStBl. 1976 II, 482 (484); BFH, Urteil vom 26.02.1976 – VIII R 15/73 – BFHE 118, 568 (570) = BStBl. 1976 II, 492 (493); BFH, Urteil vom 31.03.1955 – IV 134/54 U – BFHE 60, 392 (394) = BStBl. 1955 III, 150 (151).

b) Gewinnermittlung nach Durchschnittssätzen (§ 13a EStG)

Zusätzlich zu der Gewinnermittlung durch Betriebsvermögensvergleich (§ 4 Abs. 1 EStG) und durch Überschussrechnung (§ 4 Abs. 3 EStG) können Land- und Forstwirte unter den Voraussetzungen des § 13a EStG ihren Gewinn nach Durchschnittssätzen ermitteln.[187] Die Vorschrift des § 13a EStG wurde durch Art. 4 Nr. 1 des *Vermögensteuerreformgesetzes*[188] in das Einkommensteuergesetz eingefügt und war erstmals anzuwenden für die nach dem 31. Dezember 1973 beginnenden Wirtschaftsjahre.[189] Aufgrund verfassungsrechtlicher Bedenken wurde die Norm im Jahr 1980 durch das Gesetz zur Neuregelung der Einkommensbesteuerung der Land- und Forstwirtschaft[190] neu gestaltet.[191] Bis heute haben sich zahlreiche weitere Modifikationen angeschlossen, zuletzt durch das Steuerentlastungsgesetz 1999/2000/2002[192]. Da das im Rahmen der

---

[187] Diese *selbständige Gewinnermittlungsart* soll es ermöglichen, durch ein pauschales, möglichst einfaches Verfahren den Gewinn von kleineren land- und forstwirtschaftlichen Betrieben zu erfassen, ohne dass diese Bücher und Aufzeichnungen führen müssen, vgl. *Mitterpleininger,* in: Littmann/Bitz/Pust, Das Einkommensteuerrecht, 15. Aufl., § 13a Rdnr. 10.

[188] Gesetz zur Reform des Vermögensteuerrechts und zur Änderung anderer Steuergesetze (Vermögensteuerreformgesetz – VStRG) vom 17.04.1974, BGBl. 1974 I, S. 949 ff.

[189] Zuvor war für die Gewinnermittlung der Land- und Forstwirtschaft nach Durchschnittssätzen das Gesetz über die Ermittlung des Gewinns aus Land- und Forstwirtschaft nach Durchschnittssätzen (GDL) maßgebend; vgl. zur historischen Entwicklung *Josten,* in: Herrmann/Heuer/Raupach, EStG und KStG, 21. Aufl., § 13a EStG Rdnr. 2; *Mitterpleininger,* in: Littmann/Bitz/Pust, Das Einkommensteuerrecht, 15. Aufl., § 13a Rdnr. 1 ff.; *Kutscher,* Gewinnermittlung aus Land- und Forstwirtschaft nach Durchschnittssätzen – Möglichkeiten und Unmöglichkeiten, in: DStZ/A 1976, 7 (8 f.).

[190] Gesetz zur Neuregelung der Einkommensbesteuerung der Land- und Forstwirtschaft vom 25.06.1980, BGBl. 1980 I, S. 732 ff.

[191] Demnach war für Wirtschaftsjahre, die nach dem 30.06.1980 begannen, der Gewinn aus Land- und Forstwirtschaft nach § 13a Abs. 3 bis 8 EStG zu ermitteln, wenn kumulativ drei negative Voraussetzungen erfüllt waren: (1) Der Steuerpflichtige war nicht aufgrund gesetzlicher Vorschriften verpflichtet, Bücher zu führen. (2) Der *Ausgangswert* nach § 13a Abs. 4 EStG betrug mehr als DM 0,–, jedoch nicht mehr als DM 32.000,–. (3) Die Tierbestände überstiegen nicht die in § 13a Abs. 1 Nr. 3 EStG festgesetzten Grenzwerte (vgl. dazu *Seeger,* in: Schmidt, EStG, 1. Aufl., § 13a Tz. 2; *Kutscher,* Gesetz zur Neuregelung der Einkommensbesteuerung der Land- und Forstwirtschaft, in: FR 1980, S. 449 ff.; *Wätzig,* Die Neuregelung der Einkommensbesteuerung der Land- und Forstwirtschaft, in: DB 1980, S. 1711 ff.; zu den verfassungsrechtlichen Bedenken FG Niedersachsen, Vorlagebeschluss vom 13.10.1978 – I 290/77 – EFG 1979, S. 28 sowie *Barth,* Gerechte Besteuerung der Landwirte, insbesondere im Vergleich zu den Arbeitnehmern, freien Berufen und Gewerbetreibenden, in: BB 1979, S. 1546 ff.

[192] Steuerentlastungsgesetz 1999/2000/2002 (StEntlG) vom 24.03.1999, BGBl. 1999 I, S. 402 ff., zuletzt geändert durch das Steueränderungsgesetz 2001 vom 20.12.2001, BGBl. 2001 I, 3794 (3795); vgl. dazu *Kanzler,* Steuerentlastungsgesetz 1999/2000/2002, Änderungen bei den Einkünften aus Land- und Forstwirtschaft, in: FR 1999, 423 (424 f.).

Einkünfte aus Land- und Forstwirtschaft analysierte *Urteil des Bundesgerichtshofs vom 29. April 1993*[193] den Zeitraum zwischen 1975 und 1980 betrifft, beschränken sich die folgenden Ausführungen auf § 13a EStG in seiner ursprünglichen Fassung (im Folgenden § 13a EStG a. F.).

aa) Anwendungsbereich

Die Vorschrift des § 13a EStG a. F. fand *Anwendung* auf Steuerpflichtige, die nicht auf Grund gesetzlicher Vorschriften verpflichtet waren, für einen land- und forstwirtschaftlichen Betrieb Bücher zu führen und regelmäßig Abschlüsse zu machen. Demzufolge fielen unter § 13a EStG a. F. diejenigen Land- und Forstwirte, die einen Gesamtumsatz von mehr als DM 360.000,– oder ein land- und forstwirtschaftliches Vermögen von mehr als DM 100.000,– oder Einkünfte aus Land- und Forstwirtschaft von mehr als DM 15.000,– hatten.

bb) Antragsgebundene Gewinnermittlung nach § 4 Abs. 1 oder Abs. 3 EStG

Führten Land- und Forstwirte, die nicht zur Buchführung verpflichtet waren und deren Gewinn nach § 13a EStG zu ermitteln gewesen wäre, freiwillig Bücher, konnte auf *Antrag* des Steuerpflichtigen von der Gewinnermittlung nach Durchschnittssätzen abgewichen werden und der Gewinn für vier aufeinander folgende Wirtschaftsjahre durch Betriebsvermögensvergleich (§ 4 Abs. 1 EStG) ermittelt werden, wenn für das erste dieser Wirtschaftjahre Bücher geführt wurden und ein Abschluss gemacht wurde (§ 13a Abs. 1 S. 2 Nr. 1 EStG a. F.). Darüber hinaus konnte der Steuerpflichtige auf Antrag für vier aufeinander folgende Wirtschaftsjahre zu einer Gewinnermittlung durch eine Einnahmen-Ausgaben-Überschussrechnung nach § 4 Abs. 3 EStG übergehen, wenn für das erste dieser Wirtschaftsjahre keine Bücher geführt wurden und kein Abschluss gemacht wurde, aber die Betriebseinnahmen und die Betriebsausgaben aufgezeichnet wurden (§ 13a Abs. 1 S. 2 Nr. 2 EStG a. F.). Die Abwahl der Gewinnermittlung nach Durchschnittssätzen ermöglichte dem Land- und Forstwirt insbesondere die Besteuerung nach den tatsächlichen Betriebsergebnissen unter Berücksichtigung etwaiger Betriebsverluste.[194]

Der *Antrag* war in den genannten Fällen *schriftlich* und *unwiderruflich* spätestens sechs Monate nach Ablauf des Wirtschaftsjahres zu stellen, dessen nach § 4 Abs. 1 EStG ermittelter Gewinn der Besteuerung zugrunde gelegt werden

---

[193] BGH, Urteil vom 29.04.1993 – IX ZR 101/92 – NJW 1993, S. 2045 ff. = WM 1993, S. 1508 ff.

[194] Vgl. *Kleeberg,* in: Kirchhof/Söhn/Mellinghoff, EStG, § 13a Rdnr. C 12.

sollte (§ 13a Abs. 1 S. 2 und 3 EStG a.F.). Ein Land- und Forstwirt, der einen solchen Antrag gestellt hatte, war verpflichtet, von dem Wirtschaftsjahr an, für das der Antrag gestellt wurde, bis zum Ablauf des vierten Wirtschaftsjahres Bücher zu führen und Abschlüsse zu machen. Sollte nach Ablauf der vier Wirtschaftsjahre weiterhin das Ergebnis der Buchführung (oder der Überschuss der Betriebseinnahmen über die Betriebsausgaben) der Besteuerung zugrunde gelegt werden, musste der Land- und Forstwirt dies erneut beantragen. Das Antragsrecht entfiel, wenn die Voraussetzungen für eine Buchführungspflicht nach der Abgabenordnung gegeben waren und der Land- und Forstwirt darauf besonders hingewiesen wurde.

cc) Berücksichtigung von Verlusten

Eine Berücksichtigung tatsächlich erzielter Verluste kam im Rahmen der Gewinnermittlung nach Durchschnittssätzen grundsätzlich nicht in Betracht, weil das *Wesen der Durchschnittsgewinnermittlung* gerade darin liegt, dass auf die Ermittlung des tatsächlichen Gewinns bzw. Verlustes, wie er sich aus dem Gewinnbegriff des § 4 Abs. 1 EStG ergibt, verzichtet wird. An dessen Stelle wird der Gewinn nach gesetzlich festgelegten durchschnittlichen Werten bemessen, die nicht den tatsächlichen Gewinnen oder Verlusten entsprechen können und auch nicht entsprechen sollen. Bereits zu § 13a EStG a.F. hat der Bundesfinanzhof entschieden, dass es sich bei diesen Gewinnen um eine unwiderlegbare gesetzliche Fiktion des erzielten Gewinns handelt mit der Folge, dass auf die Zugrundelegung auch eines nachgewiesenen tatsächlichen *Verlustes* kein Rechtsanspruch besteht.[195] Das gilt nach der Rechtsprechung auch dann, wenn nachgewiesen wird, dass der pauschale Durchschnittsgewinn weit über oder unter dem tatsächlichen Betriebsergebnis liegt. Auch in einem solchen Fall können nach der Systematik des Gesetzes nur die nach § 13a EStG ermittelten Durchschnittswerte als Gewinne steuerlich anerkannt und verwertet werden.[196]

Da bei der pauschalen Gewinnermittlung nach Durchschnittssätzen die tatsächlich erwirtschafteten Verluste grundsätzlich nicht in Erscheinung treten, stellt sich die Frage des Vorliegens einer *Liebhaberei* in der Regel nicht.[197] Der ermittelte fiktive Gewinn ist selbst dann anzusetzen, wenn es sich in Wirklich-

---

[195] BFH, Urteil vom 01.12.1988 – IV R 72/87 – BFHE 155, 344 (348) = BStBl. 1989 II, 234 (236) zu § 13a EStG a.F.; BFH, Urteil vom 12.12.1985 – IV R 225/83 – BFHE 145, 533 (535) = BStBl. 1986 II, 392 (393) zur AfA.

[196] BFH, Urteil vom 01.12.1988 – IV R 72/87 – BFHE 155, 344 (348) = BStBl. 1989 II, 234 (236).

[197] Vgl. BFH, Urteil vom 01.12.1988 – IV R 72/87 – BFHE 155, 344 (348) = BStBl. 1989 II, 234 zu § 13a EStG a.F.; BFH, Urteil vom 24.07.1996 – IV R 137/84 – BFHE 147, 352 (356) = BStBl. 1986 II, 808 (811); ebenso *Kleeberg*, in: Kirchhof/Söhn/Mellinghoff, EStG, § 13a Rdnr. A 72.

keit um einen Liebhabereibetrieb handelt.[198] Sofern ein Steuerpflichtiger mit Durchschnittsgewinnermittlung für seine Landwirtschaft ausnahmsweise die Anerkennung als Liebhabereibetrieb erhalten möchte, muss er erst freiwillig zur Gewinnermittlung nach § 4 Abs. 1 oder § 4 Abs. 3 EStG überwechseln und damit nachweisen, dass er nur Verluste und keinen Gewinn im obigen Sinne erzielen kann.[199]

c) *BGH, Urteil vom 29. April 1993 – IX ZR 101/92*

Mit den Einkünften aus Land- und Forstwirtschaft und hier insbesondere der Gewinnermittlung nach Durchschnittssätzen hatte sich auch der Bundesgerichtshof im Rahmen eines Schadensersatzprozesses gegen einen Rechtsanwalt auseinander zu setzen. Dem dabei ergangenen *Urteil* des *Bundesgerichtshofs vom 29. April 1993*[200] lag der folgende Sachverhalt zugrunde.

aa) Sachverhalt

Die Klägerin betrieb einen landwirtschaftlichen Betrieb in Form einer Pferdezucht und führte freiwillig Bücher über diesen Betrieb. Zur Einkommensteuer war sie zusammen mit ihrem Ehegatten veranlagt. Die jährlichen Steuererklärungen fertigte ein Steuerberater. Für die Pferdezucht ermittelte er in den Jahren 1975 bis 1980 im Wege des Betriebsvermögensvergleichs (§ 4 Abs. 1 EStG) Verluste im Gesamtbetrag von mehr als DM 300.000,–, die in den für diese Jahre unter Vorbehalt der Nachprüfung ergangenen Einkommensteuerbescheiden berücksichtigt wurden.

Im Januar 1983 fand bei der Klägerin eine Betriebsprüfung statt. Dabei gelangte das Finanzamt zu der Auffassung, der Steuerberater habe den für eine Gewinnberücksichtigung nach Betriebsvermögensvergleich erforderlichen Antrag (§ 13a Abs. 1 S. 2 EStG 1977) nicht gestellt. Die Einkünfte aus Land- und Forstwirtschaft seien daher gemäß § 13a Abs. 2 bis 6 EStG nach Durchschnittssätzen zu ermitteln. Infolge dieser Berechnungsweise gelangte das Finanzamt zu folgenden Ergebnissen:

---

[198] *Mitterpleininger,* in: Littmann/Bitz/Pust, Das Einkommensteuerrecht, 15. Aufl., § 13a Rdnr. 12.

[199] Vgl. BFH, Urteil vom 18.05.2000 – IV R 27/98 – BFHE 192, 287 (292) = BStBl. 2000 II, 524 (526); BFH, Urteil vom 24.07.1996 – IV R 137/84 – BFHE 147, 352 (356) = BStBl. 1986 II, 808 (811).

[200] BGH, Urteil vom 29.04.1993 – IX ZR 101/92 – NJW 1993, S. 2045 ff. = WM 1993, S. 1508 ff.

1975	Verlust in Höhe von	DM 2.569,–
1976	Verlust in Höhe von	DM 4.642,–
1977	Verlust in Höhe von	DM 4.617,–
1978	Verlust in Höhe von	DM 11.126,–
1979	Gewinn in Höhe von	DM 30.661,–
1980	Gewinn in Höhe von	DM 31.110,–

In der Folge ergingen zum Nachteil der Klägerin geänderte Feststellungsbescheide. Nach erfolglosem Einspruchsverfahren beauftragte der Steuerberater den beklagten Rechtsanwalt, Klage beim Finanzgericht einzureichen. Die Klage wurde mit der Begründung abgewiesen, dass die gemäß § 4 Abs. 1 S. 1 EStG ermittelten Verluste nicht berücksichtigt werden könnten, weil es an einem fristgerechten schriftlichen Antrag nach § 13a Abs. 1 S. 2 EStG 1977 gefehlt habe. Die dagegen gerichtete Nichtzulassungsbeschwerde zum Bundesfinanzhof blieb erfolglos.

Im August 1989 beauftragte die Klägerin den beklagten Rechtsanwalt mit der Durchsetzung von Schadensersatzansprüchen gegen den Steuerberater. Der Steuerberater berief sich auf Verjährung und wurde deshalb gerichtlich nicht in Anspruch genommen. Die Klägerin ist der Ansicht, der Beklagte habe es schuldhaft versäumt, sie über die Verjährung der Ansprüche gegen den Steuerberater zu belehren und Maßnahmen zur Unterbrechung der Verjährung zu ergreifen. Ihre auf Ersatz daraus entstandener Nachteile in Höhe von DM 234.531,93 gerichtete Klage hatte in den Vorinstanzen[201] keinen Erfolg.

bb) Entscheidungsgründe

Im Gegensatz zu den Vorinstanzen sprach der Bundesgerichtshof, der die Revision nur teilweise angenommen hat, der Klägerin einen Schadensersatzanspruch zu. Obgleich das Mandat des beklagten Rechtsanwalts lediglich darauf gerichtet war, im finanzgerichtlichen Verfahren Klage gegen die zum Nachteil der Klägerin geänderten Feststellungsbescheide zu erheben, bejahte der erkennende Senat einen Verstoß gegen die dem Beklagten obliegenden Beratungs- und Belehrungspflichten, weil sich eine Inanspruchnahme des Steuerberaters für den Fall eines negativen Ausgangs der finanzgerichtlichen Klage unmittelbar aufdrängen musste. In ihrem Kernbereich erstreckt sich die Entscheidung auf den Umfang der Beratungspflicht des Rechtsanwaltes. Allerdings hat der erkennende Senat als haftungsrechtliche Vorfrage zu den nicht geltend gemachten

[201] LG Hannover, Urteil vom 06.02.1991 – 13 O 344/90; OLG Celle, Urteil vom 25.03.1992 – 3 U 107/91.

Schadensersatzansprüchen gegen den Steuerberater auch zu steuerlichen Fragen Stellung genommen.

(1) Pflichtverletzung des Steuerberaters

Schadensersatzansprüche gegen den Steuerberater waren aus Sicht des erkennenden Senats begründet, weil der Steuerberater seine Pflichten aus dem Mandatsvertrag dadurch verletzt hat, dass er keinen *förmlichen Antrag* nach § 13a Abs. 1 S. 2 EStG (i.e., durch Ankreuzen des dafür vorgesehenen Kästchens in der Anlage L zur Einkommensteuererklärung) gestellt hat. Dies wäre jedoch der sicherste Weg gewesen, um eine für die Klägerin ungünstige Gewinnermittlung nach Durchschnittssätzen zu vermeiden. Zwar habe die Klägerin im finanzgerichtlichen Verfahren geltend gemacht, ein Schreiben des Steuerberaters vom 2. September 1977 sei als entsprechender Antrag auszulegen oder in einen solchen umzudeuten. Da zum damaligen Zeitpunkt die Frage, ob es zwingend eines förmlichen Antrags bedurfte, in der Praxis unterschiedlich beurteilt wurde und noch nicht höchstrichterlich geklärt war, habe der Steuerberater seine Pflichten jedoch nur durch eine förmliche Antragstellung erfüllen können.

(2) Vorliegen eines ersatzfähigen Schadens

Nach dem Bundesgerichtshof war der Klägerin auch ein ersatzfähiger Schaden in Form steuerlicher Nachteile entstanden. Infolge des fehlenden Antrags habe das Finanzamt die Klägerin nach den für sie ungünstigen Pauschalsätzen des § 13a Abs. 3 bis 6 EStG besteuert.

Im Falle eines *ordnungsgemäß gestellten Antrags* nach § 13a Abs. 1 S. 2 EStG hätte die Betriebsprüfung weder einen Gesamtgewinn von DM 61.771,– für die Jahre 1979/1980 noch einen Verlust von insgesamt DM 22.954,– für die Jahre 1975 bis 1978 feststellen können. Folglich seien die Klägerin und ihr Ehemann insoweit geschädigt, als sie infolge des fehlenden Antrags für den Zeitraum 1975 bis 1980 insgesamt einen um DM 38.817,– höheren Gewinn versteuern mussten.

Demgegenüber konnte aus der Sicht des Bundesgerichtshofs die Tatsache, dass der Klägerin die Berücksichtigung der Verluste aus der Pferdezucht infolge des vom Steuerberater zu vertretenden Versäumnisses unmöglich geworden ist, nicht zu einem (höheren) ersatzfähigen Schaden führen. Das Berufungsgericht habe in rechtlich nicht zu beanstandender Weise die Betätigung der Klägerin als *Liebhaberei* eingestuft.[202] Daher hätte die Klägerin auch bei Vorliegen eines

---

[202] Da das Urteil des OLG Celle, das eine Gewinnerzielungsabsicht verneinte und von Liebhaberei ausging, insoweit Bestand hatte, hat der Bundesgerichtshof die Revision in diesem Punkt nicht angenommen.

förmlichen Antrags nach § 13a Abs. 1 S. 2 EStG weder steuerpflichtige Gewinne noch steuermindernde Verluste geltend machen können. Eine Verlustberücksichtigung wäre nur dann möglich gewesen, wenn die Klägerin die Pferdezucht als Gewerbebetrieb in *Gewinnerzielungsabsicht* geführt hätte.

cc) Analyse der Entscheidungsgründe

Dem vom Bundesgerichtshof gefundenen Ergebnis kann aus steuerrechtlicher Sicht zugestimmt werden. Nichtsdestotrotz seien die folgenden Anmerkungen erlaubt.

(1) Antragstellung nach § 13a Abs. 1 S. 2 EStG a. F.

Zutreffend ist zunächst, dass nach der zwischen 1975 und 1980 geltenden finanzgerichtlichen Rechtsprechung ein *förmlicher* Antrag nach § 13a Abs. 1 S. 2 EStG a. F. den sichersten Weg darstellte, um von der Gewinnermittlung nach Durchschnittssätzen zu einer Gewinnermittlung nach § 4 Abs. 1 oder § 4 Abs. 3 EStG überzuwechseln. Andere als förmliche Anträge waren mit erheblichen Unsicherheiten behaftet. Beispielsweise hat das FG Niedersachsen es abgelehnt, den bloßen Ansatz eines durch freiwillige Buchführung ermittelten Gewinnes in der Steuererklärung als Antrag i. S. d. § 13a Abs. 1 S. 2 EStG a. F. anzusehen.[203]

Von dieser streng formalen Sichtweise ist der Bundesfinanzhof erst später abgerückt. Nach seiner neueren Rechtsprechung ist auch eine *konkludente* Antragstellung rechtswirksam, sofern aus den Eintragungen in der Steuererklärung und den beigefügten Unterlagen (z. B. Bilanz, Einnahmeüberschussrechnung) ein eindeutiger Wille des Steuerpflichtigen zur Antragstellung hervorgeht.[204] Dabei muss der Wille des Steuerpflichtigen, von seinem Antragsrecht auf eine abweichende Gewinnermittlung Gebrauch zu machen, aus der maßgeblichen Sicht des Erklärungsempfängers mit genügender Bestimmtheit feststellbar sein.[205]

---

203 Vgl. FG Niedersachsen, Urteil vom 25.10.1979 – VII 6/79 – EFG 1980, 77 (78).

204 Vgl. BFH, Urteil vom 04.06.1992 – IV R 123–124/91 – BFHE 169, 132 (136 f.) = BStBl. 1993 II, 125 (127); BFH, Urteil vom 28.01.1988 – IV R 12/86 – BFHE 152, 476 (479) = BStBl. 1988 II, 530 (532): das in der Anlage L vorgesehene Kästchen muss nicht angekreuzt sein; BFH, Beschluss vom 28.01.1988 – IV S 8/86 – BFH/NV 1988, 730 (731); ebenso *Kleeberg,* in: Kirchhof/Söhn/Mellinghoff, EStG, § 13a Rdnr. C 5; *Jachmann,* in: EStG KompaktKommentar, 2. Aufl., § 13a Rdnr. 5; *Pape,* in: Felsmann, Teil C Rdnr. 140; a. A. noch FG Niedersachsen, Urteil vom 25.10.1979 – VII 6/89 – EFG 1980, 77 (78); FG Niedersachsen, Urteil vom 12.09. 1983 – XII 5/82 – EFG 1984, 238 (238): ausdrücklicher Antrag; *Leingärtner/Zaisch,* Die Einkommensbesteuerung der Land- und Forstwirtschaft, Rdnr. 479.

(2) *Pferdezucht als Gewerbebetrieb oder land- und forstwirtschaftlicher Betrieb*

Kritisch betrachtet werden muss dagegen der Hinweis des Bundesgerichtshofs unter 4. der Urteilsgründe, dass eine Verlustberücksichtigung nur dann möglich gewesen wäre, wenn die Pferdezucht als *Gewerbebetrieb* in Gewinnerzielungsabsicht geführt worden wäre.

Die Verwendung des Begriffs *„Gewerbebetrieb"*[206] erscheint an dieser Stelle verfehlt, weil in dem zu entscheidenden Fall die Pferdezucht als land- und forstwirtschaftlicher Betrieb anzusehen war. Diese Zuordnung schloss das Vorliegen eines „Gewerbebetriebs" aus (vgl. *negatives Tatbestandsmerkmal* „keine Land- und Forstwirtschaft" in § 15 Abs. 2 S. 1 EStG).

Davon ist offensichtlich auch das Finanzamt ausgegangen, als es die Einkünfte der Klägerin nach § 13a Abs. 2 bis 6 EStG a.F. ermittelt hat – eine Gewinnermittlung, die nur für land- und forstwirtschaftliche Einkünfte in Betracht kommt, nicht hingegen für einen landwirtschaftlichen Betrieb, der Bestandteil eines Gewerbebetriebs ist und aus dem nur Einkünfte aus Gewerbebetrieb fließen.[207] Damit lag das Finanzamt in einer Linie mit der Rechtsprechung des Bundesfinanzhofs, wonach Zucht und Haltung von Pferden, auch Reit- und Rennpferden, mit Gewinnabsicht grundsätzlich Land- und Forstwirtschaft ist, soweit die Tierbestände den in § 13 Abs. 1 Nr. 1 S. 2 EStG angegebenen Umfang nicht übersteigen und der land- und forstwirtschaftliche Betrieb eine ausreichende Ernährungsgrundlage für die gehaltenen Tiere bietet.[208] Diese Zuordnung von Tierzucht und -haltung zu *Land- und Forstwirtschaft* gilt bei allen Tierarten, die nach der Verkehrsauffassung typischerweise in land- und forstwirtschaftlichen Betrieben gezogen („tierische Veredelung") und gehalten werden (z.B. Pferde, Rindvieh, Schafe, Ziegen oder Schweine).[209]

---

[205] Vgl. BFH, Beschluss vom 28.01.1988 – IV S 8/86 – BFH/NV 1988, 730 (731); BFH, Urteil vom 01.12.1988 – IV R 72/87 – BFHE 155, 344 (348) = BStBl. 1989 II, 234 (236).

[206] Nach dem *damaligen Begriffsverständnis* waren die Hauptmerkmale des *Gewerbebegriffs* eine selbständige und nachhaltige Tätigkeit mit der Absicht, Gewinn zu erzielen, sowie die Beteiligung am allgemeinen Wirtschaftsverkehr. Die Tätigkeit durfte darüber hinaus weder als Ausübung der Land- und Forstwirtschaft noch als Ausübung einer freiberuflichen Tätigkeit anzusehen sein, vgl. *Bühler/Paulick,* Einkommensteuer/Körperschaftsteuer, § 15 EStG Rdnr. 2.

[207] *Kleeberg,* in: Kirchhof/Söhn/Mellinghoff, EStG, § 13a Rdnr. A 5.

[208] Vgl. z.B. BFH, Urteil vom 24.01.1989 – VIII R 91/83 – BFHE 156, 121 (124 f.) = BStBl. 1989 II, 416 (418) zur Vermietung von Reitpferden; BFH, Urteil vom 16.11.1978 – IV R 191/74 – BFHE 126, 220 (224) = BStBl. 1979 II, 246 (247) für Reitpferde; offen geblieben bei BFH, Urteil vom 23.09.1988 – III R 182/84 – BFHE 154, 364 (366) = BStBl. 1989 II, 111 (112) für Pensionsreitpferdehaltung; ebenso *Gmach,* in: Herrmann/Heuer/Raupach, EStG und KStG, 21. Aufl., § 13 EStG Rdnr. 250 Stichwort „Pferdehaltung, Pferdezucht".

Um Missverständnissen vorzubeugen hätte der Bundesgerichtshof besser von einem in Gewinnerzielungsabsicht geführten *land- und forstwirtschaftlichen Betrieb* gesprochen.

(3) Liebhaberei vs. Gewinnerzielungsabsicht

Sowohl das Berufungsgericht als auch der Bundesgerichtshof haben die Pferdezucht der Klägerin jedoch *nicht* als einen mit *Gewinnerzielungsabsicht* geführten land- und forstwirtschaftlichen Betrieb, sondern als steuerlich nicht relevanten land- und forstwirtschaftlichen *Liebhabereibetrieb* eingestuft. Dieser Beurteilung ist aus meiner Sicht beizupflichten.

Richtig ist zunächst, dass auch ein Betrieb der Land- und Forstwirtschaft eine mit *Gewinnerzielungsabsicht* unternommene Betätigung erfordert.[210] Der Bundesfinanzhof hat in seiner Rechtsprechung bestimmte Grundsätze entwickelt, nach denen zu entscheiden ist, wann eine an sich land- und forstwirtschaftliche Betätigung (z. B. Pferdezucht) mit Gewinnerzielungsabsicht betrieben wird. Bevor eine Definition der Gewinnerzielungsabsicht[211] existierte, kam es entscheidend darauf an, ob der Betrieb nach seiner Wesensart und der Art seiner Bewirtschaftung auf die Dauer gesehen nachhaltig mit Gewinnen arbeiten konnte. Dies erforderte eine in die Zukunft gerichtete Beurteilung, wofür die Verhält-

---

[209] *Gewerbe* (oder Liebhaberei) ist die Zucht und Haltung von Tierarten, die nicht typischerweise in land- und forstwirtschaftlichen Betrieben gehalten werden (z. B. Katzen, Vögel, Zierfische, exotische Tiere), vgl. BFH, Urteil vom 22.09.1992 – VII R 45/92 – BFHE 169, 478 (480) = BStBl. 1993 II, 200 (201) für Brieftaubenzucht; *Jachmann,* in: EStG KompaktKommentar, 2. Aufl., § 13 Rdnr. 7; *Weber-Grellet,* in: Schmidt, EStG, 23. Aufl., § 15 Rdnr. 106.

[210] Vgl. BFH, Urteil vom 18.03.1976 – IV R 52/72 – BFHE 118, 441 (444) = BStBl. 1976 II, 482 (483): „Die am Begriff des Gewerbebetriebs i. S. d. § 1 GewStDV orientierte Bestimmung, wonach Einkünfte aus dem Betrieb der Land- und Forstwirtschaft erzielt, wer mit der *Absicht der Gewinnerzielung* nachhaltig eine selbständige Tätigkeit ausübt, die sich als Beteiligung am allgemeinen wirtschaftlichen Verkehr darstellt und auf der planmäßigen Nutzung der natürlichen Kräfte des Bodens zur Gewinnung von Erzeugnissen sowie ihrer Verwertung beruht, gilt [...] mit gewissen Einschränkungen." Zur vorläufigen Veranlagung bei ungewisser Gewinnerzielungsabsicht vgl. BFH, Urteil vom 25.10.1989 – X R 109/87 – BFHE 159, 128 (132) = BStBl. 1990 II, 278 (280).

[211] Die *Gewinnerzielungsabsicht* ist durch BFH Großer Senat, Beschluss vom 25.06.1984 – GrS 4/82 – BFHE 141, 405 (434 f.) = BStBl. 1984 II, 751 (766 f.) unter B. IV. 3. c) der Entscheidungsgründe als Streben nach Betriebsvermögensmehrung in Gestalt eines Totalgewinns, d.h. eines positiven Gesamtergebnisses des Betriebs von der Gründung bis zur Veräußerung, Aufgabe oder Liquidation definiert worden. Im Anschluss daran für die Gewinnerzielungsabsicht eines land- und forstwirtschaftlichen Betriebs BFH, Urteil vom 21.01.1999 – IV R 27/97 – BFHE 188, 27 (40) = BStBl. 1999 II, 638 (645) unter B. III. 1.; BFH, Urteil vom 27.01.2000 – IV R 33/99 – BFHE 191, 119 (122) = BStBl. 2000 II, 227 (228); BFH, Urteil vom 29.03.2001 – IV R 62/99 – BFH/NV 2001, 1248 (1249).

nisse eines bereits abgelaufenen längeren Zeitraumes wichtige Anhaltspunkte boten. Dauernde *Verluste* während eines Zeitraumes von mehreren Jahren (bei Pferdezucht i.d.R. zwischen 5 und 10 Jahren[212]) sprachen nach der Rechtsprechung für die Annahme einer *Liebhaberei,* weil der geschlossene Verlustzeitraum einer solchen Anzahl von Jahren eine ausreichende Grundlage für die Prognose bot, dass der Betrieb bei gleich bleibender Form der Bewirtschaftung nicht geeignet war, aus der Verlustzone herauszukommen und nachhaltige Gewinne zu erzielen.[213]

In dem zu entscheidenden Fall hatte die Klägerin zwischen 1975 und 1980 Verluste in erheblicher Höhe (ca. DM 300.000,–) erwirtschaftet. Daher war es ohne weiteres mit der Rechtsprechung des Bundesfinanzhofs zu vereinbaren, die Pferdezucht der Klägerin als *Liebhaberei* einzustufen und damit der steuerlich nicht relevanten Privatsphäre zuzurechnen. Dies zugrunde gelegt kann dem Bundesgerichtshof aus steuerrechtlicher Sicht auch darin zugestimmt werden, dass die erwirtschafteten Verluste in Höhe von DM 300.000,– auch bei Vorliegen eines ordnungsgemäß gestellten Antrags (*hypothetische* Situation) einkommensteuerlich keine Berücksichtigung finden konnten.

dd) Fazit

Im Ergebnis ist mit dem Bundesgerichtshof ein Schadensersatzanspruch gegenüber dem Steuerberater zu bejahen. Allerdings hätte der Bundesgerichtshof, um Missverständnissen vorzubeugen, in seiner Entscheidung davon sprechen müssen, dass eine Verlustberücksichtigung nur dann in Betracht gekommen wäre, wenn die Klägerin ihre Pferdezucht als land- und forstwirtschaftlichen Betrieb mit Gewinnerzielungsabsicht geführt hätte.

III. Überschusseinkunftsarten

Für die in § 2 Abs. 1 S. 1 Nr. 4–7 EStG genannten Einkunftsarten – i.e., die Einkünfte aus nichtselbstständiger Arbeit (§ 19 EStG), die Einkünfte aus Kapitalvermögen (§ 20 EStG), die Einkünfte aus Vermietung und Verpachtung (§ 21 EStG) sowie die sonstigen Einkünfte (§ 22 EStG) – schreibt § 2 Abs. 2 Nr. 2 EStG eine andere Einkunftsermittlungsmethode als bei den Gewinneinkunftsarten vor. Einkünfte sind bei den so genannten *Überschusseinkünften* der Überschuss der Einnahmen über die Werbungskosten (§§ 8–9a EStG).

---

212 Vgl. *Seeger,* in: Schmidt, EStG, 23. Aufl., § 13 Rdnr. 4.

213 Vgl. BFH, Urteil vom 29.10.1981 – IV R 138/78 – BFHE 134, 339 (341) = BStBl. 1982 II, 381 (382); ebenso *Seeger,* in: Schmidt, EStG, 1. Aufl., § 13 Tz. 2.

Soweit ersichtlich hatte sich der *Bundesgerichtshof* in seiner neueren Rechtsprechung mit zwei der genannten Überschusseinkunftsarten zu befassen: den Einkünften aus Vermietung und Verpachtung (§ 21 EStG) sowie den sonstigen Einkünften (§ 22 EStG).

1. Einkünfte aus Vermietung und Verpachtung (§ 21 EStG)

Gemäß § 21 EStG können Erträge aus der wirtschaftlichen Nutzung von *privaten Vermögensgegenständen* als Einkünfte aus Vermietung und Verpachtung steuerbar sein. Die Vorschrift des § 21 EStG enthält in Absatz 1 Nr. 1–4 eine *abschließende*[214] Aufzählung der Sachverhalte, die als Vermietung und Verpachtung steuerbar sind. Hierzu zählen die Vermietung und Verpachtung von unbeweglichem Vermögen, z.B. Grundstücken und grundstücksgleichen Rechten (§ 21 Abs. 1 Nr. 1 EStG), die Vermietung und Verpachtung von Sachinbegriffen (z.B. Bibliothek, § 21 Abs. 1 Nr. 2 EStG), die zeitliche Überlassung von Rechten, insbesondere Urheberrechten (§ 21 Abs. 1 Nr. 3 EStG) sowie die Veräußerung von Miet- und Pachtzinsforderungen (§ 21 Abs. 1 Nr. 4 EStG).

a) Werbungskostenabzug beim sog. Erhaltungsmodell

Im Bereich der Vermietung und Verpachtung spielen steuerbegünstigte Kapitalanlagen in Form von Bauherren- und Erwerbermodellen eine wichtige Rolle. Im Laufe der Zeit haben sich verschiedene Formen für Immobilien-Investitionen herauskristallisiert. Zu nennen sind die sog. Bauherrenmodelle, Bauträgermodelle, Erwerbermodelle, Modernisierungs- bzw. Sanierungsmodelle, Erhaltungsmodelle, geschlossene Immobilienfonds, Berlin-Modelle sowie Modelle für Selbstnutzer. Bei all diesen Anlagevehikeln geht es in erster Linie darum, dem Anleger möglichst hohe (sofort abziehbare) *Werbungskosten* zu verschaffen, so dass die dadurch entstehenden negativen Einkünfte aus Vermietung und Verpachtung im Wege des Verlustausgleichs die anderen Einkünfte mindern.

Der *Bundesgerichtshof* hat sich in einem *Schadensersatzprozess gegen einen Anlagevermittler*[215] mit steuerlichen Fragen betreffend das sog. *Erhaltungsmodell* befasst. Insbesondere ging es dabei um die Frage, ob Reparaturaufwendungen im Rahmen des Erhaltungsmodells *sofort abziehbaren Erhaltungsaufwand* oder *Anschaffungskosten* darstellen.

---

[214] Vgl. BFH, Urteil vom 03.11.1961 – VI 42/60 U – BFHE 74, 15 (18) = BStBl. 1962 III, 7 (7).

[215] BGH, Urteil vom 27.11.1998 – V ZR 344/97 – BGHZ 140, S. 111 ff.

aa) Konzeption des Erhaltungsmodells

Das *Erhaltungsmodell* wurde in den 80er Jahren des letzten Jahrhunderts entwickelt und bot steuerliche Vergünstigungen, indem es auf folgenden Vorteilen aufbaute: Die Anleger erwarben selbst oder vertreten durch einen Treuhänder eine nach § 8 WEG aufgeteilte gebrauchte Immobilie im unbearbeiteten Zustand. Die erforderlichen Instandsetzungs- und Instandhaltungsmaßnahmen wurden unter gezielter Ausnutzung der Abgrenzungsmöglichkeiten Herstellungsaufwand/Erhaltungsaufwand sowie Erhaltungsaufwand/anschaffungsnaher Aufwand bei Beachtung der Nichtprüfungsgrenze des Abschnittes 157 Abs. 5 S. 7 EStR 1984 durch die Gemeinschaft der Kapitalanleger selbst durchgeführt.[216] Durch eine vertraglich festgelegte Teilung des Gesamtaufwandes (Renovierungskosten für das Gemeinschaftseigentum einerseits, für das Sondereigentum andererseits) sollte ein möglichst großer Teil des Gesamtaufwands für eine instand gesetzte, modernisierte Immobile (ca. 10–15%) aus dem Herstellungskostenbereich herausgelöst und sofort abziehbare Werbungskosten gebildet werden. Hinzu kamen weitere Werbungskosten, die aus einer Vielzahl inhaltlich aufeinander abgestimmter Verträge über Einzelaufwendungen *(„Vertragsbündel“)* resultierten. In der Regel handelte es sich dabei um verschiedene Dienstleistungsverträge (z. B. über Finanzierungsvermittlung, Mietgarantie oder Steuerberatung). Zusammen sollten im Ergebnis insgesamt ca. 30–35% des Gesamtaufwandes in den Bereich sofort abzugsfähiger Werbungskosten verlagert werden. Die für das Erhaltungsmodell zentrale *steuerliche Problematik* war an der Grenzlinie zwischen Herstellungs- und Werbungskosten angesiedelt und betraf die Abgrenzung von Herstellungsaufwand zu Erhaltungsaufwand sowie von Erhaltungsaufwand zu anschaffungsnahem Aufwand.

Im Grundsatz erfüllen alle Aufwendungen, die durch die Erzielung von Einkünften aus Vermietung und Verpachtung veranlasst sind, die Werbungskostendefinition des § 9 Abs. 1 S. 1 EStG und sind im Jahr des Abflusses sofort in voller Höhe abziehbar (vgl. § 11 Abs. 2 EStG).[217] Dazu gehören auch die – im

---

[216] Vgl. *Pabst,* Die Konzeption des Erhaltungsmodells, in: FWW 1986, 19 (19).

[217] Der erforderliche Veranlassungszusammenhang ist zu bejahen, wenn objektiv ein Zusammenhang mit der Vermietung und Verpachtung besteht, und die Aufwendungen subjektiv zur Förderung der Nutzungsüberlassung gemacht werden (vgl. nur BFH, Urteil vom 07.11.1995 – IX R 99/93 – BFHE 179, 96 (98) = BStBl. 1996 II, 89 (90); BFH, Urteil vom 20.12.1994 – IX R 122/92 – BFHE 177, 50 (51) = BStBl. 1995 II, 534 (534); BFH, Urteil vom 08.12.1992 – IX R 68/89 – BFHE 170, 134 (136) = BStBl. 1993 II, 434 (435); BFH, Urteil vom 23.01.1990 – IX R 17/85 – BFHE 159, 491 (492) = BStBl. 1990 II, 465 (466); BFH, Urteil vom 23.02.1988 – IX R 151/86 – BFH/NV 1989, 485 (486 f.); BFH, Urteil vom 29.10.1985 – IX R 56/82 – BFHE 145, 52 (54 f.) = BStBl. 1986 II, 143 (144 f.); BFH, Urteil vom 23.10.1984 – IX R 48/80 – BFHE 143, 313 (316) = BStBl. 1985 II, 453 (454). Voraussetzung für den Werbungskostenabzug ist allerdings, dass eine *Absicht* zur *Erzielung von Einnahmen* aus Vermietung und Verpachtung besteht, vgl. BFH, Urteil vom 27.01.1993 – IX R 64/88

Gesetz nicht definierten – Erhaltungsaufwendungen. Abweichend davon schreibt die Sonderregelung des § 9 Abs. 1 S. 3 Nr. 7 EStG[218] i.V.m. § 7 Abs. 1, Abs. 4 und Abs. 5 EStG für Anschaffungs- und Herstellungskosten vor, dass sie nur verteilt auf die Nutzungsdauer des Wirtschaftsgutes in Form von Absetzungen für Abnutzung (AfA) abgezogen werden dürfen. Ziel der Konzeption des Erhaltungsmodells war es nun, einen möglichst großen Teil der an einer gebrauchten Immobilie vorzunehmenden Baumaßnahmen *nicht* als *Herstellungsaufwand* sondern als (sofort abziehbaren) *Erhaltungsaufwand* behandeln zu lassen.[219]

bb) Finanzgerichtliche Rechtsprechung zum Erhaltungsmodell

Ein Abzug der Renovierungskosten als Erhaltungsaufwand scheiterte letztlich daran, dass der Bundesfinanzhof – in Anlehnung an seine Rechtsprechung zum *Bauherrenmodell*[220] – die Anleger im *Erhaltungsmodell nicht* als *Bauherren*

– BFH/NV 1993, 528 (528); BFH, Urteil vom 02.03.1993 – IX R 69/89 – BFH/NV 1993, 532 (532) jeweils m.w.N.; ausführlich zur Überschusserzielungsabsicht im Rahmen der Einkünfte aus Vermietung und Verpachtung *Drenseck,* in: Schmidt, EStG, 23. Aufl., § 21 Rdnr. 10 ff.; Blümich/*Stuhrmann,* EStG/KStG/GewStG, § 21 EStG Rdnr. 9 ff.; *Hörmann/Jakob,* Einkünfteerzielungsabsicht oder Liebhaberei im Rahmen der Einkünfte aus VuV, in: FR 1989, S. 665 ff.; *Leu,* Die Einkunftserzielungsabsicht im Bereich der Einkünfte aus Vermietung und Verpachtung – Verbliebene Praxisrelevanz, in: DStZ 2000, S. 129 ff.

218 Nach der ständigen Rechtsprechung des Bundesfinanzhofs enthält § 9 Abs. 1 S. 3 Nr. 7 EStG eine rechtsbegründende Ausnahme von dem bei Überschusseinkünften geltenden Verbot des Abzugs von Aufwendungen, die auf das Vermögen getätigt werden (vgl. nur BFH, Urteil vom 21.12.1982 – VIII R 215/78 – BFHE 138, 44 (46) = BStBl. 1983 II, 410 (412)). Demgegenüber wird im Schrifttum überwiegend die Auffassung vertreten, die Anschaffungs- bzw. Herstellungskosten seien auch ohne § 9 Abs. 1 S. 3 Nr. 7 EStG in vollem Umfang im Zeitpunkt der Verausgabung abziehbar, vgl. nur *Flies,* Vermögensverluste bei den Überschusseinkünften, S. 49 ff.; *Söhn,* Anschaffungskosten/Herstellungskosten und Betriebsausgabenbegriff, in: StuW 1991, 270 (277); ähnlich wohl *Kruse,* Über Werbungskosten, in: FR 1981, 473 (478 f.); *Jakob/Jüptner,* Drittaufwand, Nutzungseinlage und Überschusseinkünfte – Zugleich ein Beitrag zur einkommensteuerlichen Grundfunktion, in: FR 1988, 141 (150); *Jakob/Wittmann,* Von Zweck und Wesen steuerlicher AfA, in: FR 1988, 540 (547) unter Hinweis auf die BFH-Rechtsprechung; *Drenseck,* in: Schmidt, EStG, 23. Aufl., § 9 Rdnr. 176 m.w.N.

219 Vgl. *Pabst,* Die Konzeption des Erhaltungsmodells, in: FWW 1986, 19 (20).

220 Zu den „*Bauherrenmodellen*" gehören alle Modelle, bei denen jemand regelmäßig aber nicht notwendig zusammen mit anderen Interessenten in einem mehrstöckigen, noch zu errichtenden Haus Eigentümer einer Eigentumswohnung werden soll, und zwar nicht dadurch, dass er diese Eigentumswohnung kauft, sondern dadurch, dass er selbst diese Wohnung errichtet, vgl. *Goldbeck/Uhde,* Das Bauherrenmodell in Recht und Praxis, Rdnr. 43 mit zahlreichen weiteren Nachweisen in Fn. 13; *Wollny,* Bauherrenmodelle zur Errichtung von Eigentumswohnungen im Einkommensteuerrecht – Überlegungen zur bisherigen Rechtsprechung in ihren Tendenzen, in: Beilage 1 zu BB 1982, 1 (2).

und damit *Hersteller*[221], sondern als *Erwerber* der (sanierten) Immobilie eingestuft hat.[222] Diese Einordnung ist von entscheidender Bedeutung, weil der Bundesfinanzhof damit indirekt entschieden hat, dass die Anleger hinsichtlich der das Bauprojekt betreffenden Aufwendungen *keine Herstellungs-* sondern *Anschaffungskosten* gehabt haben. Demzufolge kam die soeben dargestellte Abgrenzungsproblematik gar nicht zum Tragen.

(1) Begriff des Bauherren

Der *Bauherrenbegriff* erscheint zur Abgrenzung der Anschaffungs- von den Herstellungskosten deshalb geeignet, weil Aufwendungen des Anlegers zum Erhalt eines Gebäudes, das im Verantwortungsbereich einer anderen Person errichtet wird, den Charakter von Anschaffungskosten tragen. Wird das Gebäude dagegen vom Anleger selbst – also in seinem eigenen Verantwortungsbereich – als Bauherr errichtet, sind die fraglichen Aufwendungen grundsätzlich den Herstellungskosten zuzuordnen.

Nach dem sog. „Bauherren-Urteil" des Bundesfinanzhofs, dem sich die Finanzverwaltung[223] angeschlossen hat, war *Bauherr/Hersteller* des Gebäudes, wer auf eigene Rechnung und Gefahr ein Gebäude baute oder bauen ließ und das Baugeschehen beherrschte.[224] Dabei war von besonderer Bedeutung, ob der Erwerber oder das Wohnungsbauunternehmen das umfassend zu verstehende *Bauherrenwagnis*[225] trug und wer rechtlich und tatsächlich die Planung und Ausführung des Bauvorhabens in der Hand hatte.

---

[221] Zur Gleichsetzung des Bauherren- mit dem Herstellerbegriff vgl. *Gail/Grothe,* Anschaffung oder Herstellung von Wirtschaftsgütern bei der Investitionszulage, in: BB 1975, 551 (552); *Söffing,* Überlegungen zum Begriff „Bauherr", in: DB 1982, 1189 (1189, 1192); *Wichmann,* Die Frage nach dem zutreffenden Verständnis von der Bauherreneigenschaft, in: DB 1982, 2057 (2057); *ders.*, Der Bauherr im Einkommensteuerrecht, in: BB 1991, 589 (589).

[222] Vgl. zu dieser Unterscheidung von Bauherr und Erwerber BFH, Urteil vom 22.04.1980 – VIII R 149/75 – BFHE 130, 391 (395 f.) = BStBl. 1980 II, 441 (443); zustimmend *Gorski,* Zur einkommensteuerrechtlichen Beurteilung der Bauherren- und Erwerbermodelle in der neueren Rechtsprechung des Bundesfinanzhofs, in: BB 1991, 593 (594); kritisch dagegen *Trzaskalik,* in: Kirchhof/Söhn/Mellinghoff, EStG, § 21 Rdnr. B 559.

[223] BMF-Schreiben vom 13.08.1981, IV B 1 – S 2253a – 3/81 (3. Bauherren- und Erwerbererlass), BStBl. 1981 I, S. 604 ff.

[224] BFH, Urteil vom 22.04.1980 – VIII R 149/75 – BFHE 130, 391 (396) = BStBl. 1980 II, 441 (443); ausführlich zu den einzelnen Merkmalen des Bauherrenbegriffs *Birkenfeld,* Treuhandverhältnisse im Steuerrecht – dargestellt im Rahmen von Bauherrengemeinschaften, in: BB 1983, S. 1086 ff.; *Söffing,* Überlegungen zum Begriff „Bauherr", in: DB 1982, S. 1189 ff.; *Wichmann,* Der Bauherr im Einkommensteuerrecht, in: BB 1991, S. 589 ff.

[225] Zum *Bauherrenwagnis* gehören neben dem *Baurisiko* (d.h. der Gefahr des Gebäudeuntergangs während der Bauzeit) und dem sogenannten *Baukostenrisiko* (d.h. der

Für die Beurteilung der Modernisierung oder Sanierung bestehender Gebäude galten dieselben Grundsätze.[226] Um eine Anerkennung des Anlegers als Bauherr im steuerrechtlichen Sinn zu gewährleisten, war das Erhaltungsmodell so ausgestaltet, dass der Anbieter – der *Promoter* – von der Vertragsform her gesehen in den Hintergrund trat und primärer Vertragspartner des „Bauherren" ein *Treuhänder* wurde.[227] Allein der Treuhänder, der vom Promoter ausgesucht und bestellt wurde (und gelegentlich abhängig war[228]), trat gegenüber dem Anleger auf. Der Anleger wiederum erteilte dem Treuhänder eine notarielle Generalvollmacht *(Treuhandvollmacht),* die den Treuhänder ermächtigte, namens des Bauherren mit dem Promoter einen Renovierungsbetreuungsvertrag abzuschließen, aufgrund dessen der Promoter verpflichtet wird, für den Anleger – unter Zwischenschaltung des Treuhänders – die Sanierung durchzuführen. Aufgrund der dem Treuhänder erteilten Generalvollmacht war dieser weiterhin in der Lage, im Namen der einzelnen Anleger mit einem Generalübernehmer oder verschiedenen Handwerkern Verträge zu schließen, die zum einen zur Renovierung des Gemeinschaftseigentums, zum anderen zur Renovierung des Sondereigentums führten.[229]

(2) Finanzgerichtliche Rechtsprechung zum Bauherrenmodell

Die Frage, ob der Anleger im Erhaltungsmodell die rechtliche Stellung eines Bauherren erlangt, war lange Zeit nicht höchstrichterlich entschieden. Für *Bauherrenmodelle* (i.e. den Neubaubereich) hat der *Bundesfinanzhof* diese Frage zunächst offen gelassen.[230]

Erst durch *Grundsatzurteil* vom *14. November 1989*[231] hat der *Bundesfinanzhof* entschieden, dass die Anleger im Rahmen eines Bauherrenmodells, an dem sich die Anleger aufgrund eines von den Projektanbietern vorformulierten Ver-

Gefahr der Kostensteigerung während der Bauphase) das *Finanzierungs-* und das *Zahlungsrisiko,* vgl. FG des Saarlandes, Urteil vom 09.07.1986 – I 87/86 – EFG 1986, 551 (552) unter 5.; *Wollny,* Bauherrenmodelle zur Errichtung von Eigentumswohnungen im Einkommensteuerrecht – Überlegungen zur bisherigen Rechtsprechung in ihren Tendenzen, in: Beilage 1 zu BB 1982, 1 (5).

226 BMF-Schreiben vom 13.08.1981, IV B 1 – S 2253a – 3/81 (3. Bauherren- und Erwerbererlass), BStBl. 1981 I, 604 (604) unter Tz. 1.

227 *Brych,* Das Bauherrenmodell, in: Jura 1981, 248 (251).

228 *Wolfsteiner,* Bauherrenmodelle in der notariellen Praxis, in: DNotZ 1979, 579 (586).

229 Vgl. *Feldhahn,* Stellungnahme zur Frage der einkommensteuerrechtlichen Beurteilung von Erhaltungsmodellen nach dem Urteil des BFH vom 14.11.1989, in: DStR 1990, 474 (474).

230 Vgl. nur BFH, Urteil vom 29.10.1985 – IX R 107/82 – BFHE 145, 351 (355) = BStBl. 1986 II, 217 (219 f.) unter II. 1.; BFH, Urteil vom 12.11.1985 – IX R 70/84 – BFHE 145, 526 (529) = BStBl. 1986 II, 337 (339); BFH, Urteil vom 31.03.1987 – IX R 112/83 – BFHE 150, 325 (331) = BStBl. 1987 II, 774 (777); BFH, Urteil vom 01.12.1987 – IX R 112/83 – BFH/NV 1989, 99 (100).

tragswerks beteiligen und bei den damit zusammenhängenden Rechtsgeschäften durch die Projektanbieter vertreten lassen, regelmäßig *nicht Bauherren*, sondern *Erwerber* des bebauten Grundstücks sind. Der Bauherrenbegriff kommt nach dem Bundesfinanzhof nicht zum Tragen, weil der Anleger das gesamte vollständig vorformulierte *Vertragsbündel* einschließlich der Bauplanung und der Bauausführung übernimmt und sich umfassend durch Baubetreuer und Treuhänder vertreten lässt. Der Anleger habe also nur die Wahl, das gesamte Bündel der Verträge zu übernehmen oder sich nicht zu beteiligen. Solch ein Anleger habe im Wesentlichen ebenso wenig Einwirkungsmöglichkeiten wie ein Erwerber.

(3) Hersteller-/Erwerbereigenschaft des Anlegers im Erhaltungsmodell

Diese zum Bauherrenmodell entwickelten Grundsätze hat der *Bundesfinanzhof* seit seinem *Urteil vom 30. Juli 1991*[232] auf *Erhaltungsmodelle* in der Altbausanierung angewendet. Auch hier hat er entscheidend auf die Verbindung der Verträge des Modells (Vertragsgeflecht) zu dem von den Beteiligten angestrebten Ziel abgestellt. Sofern gleichzeitig mit dem Kaufvertrag über die unbearbeitete Wohnung ein Werk- oder ein Geschäftsbesorgungsvertrag über die Instandsetzung und Modernisierung abgeschlossen werde, sei von einem einheitlichen, auf die Anschaffung einer renovierten Eigentumswohnung in einem renovierten Gebäude gerichteten Vorgang auszugehen, wenn die Verträge in engem wirtschaftlichen Zusammenhang stünden.

Daher gehörten nach Auffassung des Bundesfinanzhofs sämtliche Zahlungen des Erwerbers an den Veräußerer zu den *Anschaffungskosten*[233]. Insbesondere

---

[231] BFH, Urteil vom 14.11.1989 – IX R 197/84 – BFHE 158, 546 (555) = BStBl. 1990 II, 299 (302). Der IX. Senat hat sich damit der gleichlautenden Rechtsprechung des II. Senats des Bundesfinanzhofs angeschlossen, vgl. BFH, Urteil vom 19.07.1989 – II R 95/87 – BFHE 157, S. 248 ff. = BStBl. 1989 II, S. 685 ff.; BFH, Urteil vom 29.11.1989 – II R 254/85 – BFHE 159, S. 246 ff. = BStBl. 1990 II, S. 230 ff. zur Vertragsbündelung; BFH, Urteil vom 13.09.1989 – II R 28/87 – BFHE 158, S. 139 ff. = BStBl. 1989 II, S. 586 f. zum eigeninitiierten Bauherrenmodell, bei dem eine kleine Gruppe bei der Planung und beim Bau eigeninitiativ tätig wird und damit die Bauherreneigenschaft erfüllen kann.

[232] BFH, Urteil vom 30.07.1991 – IX R 43/89 – BFHE 165, 245 (248) = BStBl. 1991 II, 918 (919); vgl. dazu *Heuermann,* Anschaffungskosten einer noch zu modernisierenden Eigentumswohnung – BFH-Urteil vom 30.7.1991 – IX R 43/89 (BStBl. II S. 918), in: NWB Fach 3 (5/1992), S. 8173 f.; nachfolgend BFH, Beschluss vom 04.02.1992 – IX B 39/91 – BFHE 167, 102 (107) = BStBl. 1992 II, 883 (885); BFH, Beschluss vom 18.04.1994 – IX B 155/93 – BFH/NV 1994, 852 (853). Vor dem Urteil des Bundesfinanzhofs bereits FG Hamburg, Urteil vom 04.07.1988 – VII 74/85 – EFG 1988, 625 (625).

[233] *Anschaffungskosten* sind alle Aufwendungen, die geleistet werden, um ein Wirtschaftsgut zu erwerben und in einen dem angestrebten Zweck entsprechenden Zustand zu versetzen. Dazu gehören neben dem Anschaffungspreis auch alle Aufwendungen,

seien die Kosten für Renovierungs- oder Modernisierungsarbeiten, die gleichzeitig mit dem einheitlichen Kaufvertrag über eine Eigentumswohnung in einem Altbau in Auftrag gegeben würden, als Bestandteil des Kaufpreises und damit als *Anschaffungskosten* anzusehen.[234] Die Kosten seien nicht mehr als Erhaltungsaufwand sofort abzugsfähig, sondern nur im Wege der Absetzung für Abnutzung zu berücksichtigen.

b) BGH, Urteil vom 27. November 1998 – V ZR 344/97

Wie bereits oben angedeutet hat sich der *Bundesgerichtshof* in seinem *Urteil vom 27. November 1998*[235] mit steuerlichen Fragen betreffend das sog. *Erhaltungsmodell* befasst. Insbesondere ging es dabei um die Frage, ob Reparaturaufwendungen im Rahmen des Erhaltungsmodells *sofort abziehbaren Erhaltungsaufwand* oder *Anschaffungskosten* darstellen.

aa) Sachverhalt

Der Entscheidung des Bundesgerichtshofs lag ein Fall zugrunde, in dem die Klägerin von der Beklagten eine Eigentumswohnung kaufte. Der Kaufvertrag kam über eine von der Beklagten eingesetzte Vermittlungsfirma zustande. Eine Mitarbeiterin dieser Vermittlungsfirma erstellte für die Klägerin vor Abschluss des Kaufvertrages ein „persönliches Berechnungsbeispiel", das unter anderem auch Angaben über die Steuerersparnis in der Erwerbsphase enthielt. Die Berechnung ging davon aus, dass die Renovierungskosten im Jahr der Anschaffung sofort abziehbare *Werbungskosten* waren. Dementsprechend wurde der „Gesamtaufwand für den Erwerb" im notariellen Kaufvertrag vom 31. Januar/04. März 1991 in einen „reinen Wohnungskaufpreis" in Höhe von DM 74.412,– und in Renovierungskosten von DM 19.188,– aufgeteilt. Das Finanzamt behandelte die Renovierungskosten später hingegen als *Anschaffungsaufwand,* der lediglich mit der Abnutzung des Gebäudes abschreibbar war. Mit Rücksicht auf die Rechtsprechung des Bundesfinanzhofs zu Reparaturaufwendungen beim Er-

---

die im Zusammenhang mit dem Erwerb des Wirtschaftsgutes stehen, soweit diese Aufwendungen dem einzelnen Wirtschaftsgut zugeordnet werden können. Ausschlaggebend ist dabei die wirtschaftliche Zweckbestimmung der Aufwendungen, vgl. BFH, Urteil vom 24.02.1987 – IX R 114/82 – BFHE 149, 233 (238) = BStBl. 1987 II, 810 (812); BFH, Urteil vom 13.10.1983 – IV R 160/78 – BFHE 139, 273 (275) = BStBl. 1984 II, 101 (102); BFH Großer Senat, Beschluss vom 12.06.1978 – GrS 1/77 – BFHE 125, 516 (525 f.) = BStBl. 1978 II, 620 (625) unter II. 2. b) aa) m.w.N.; siehe auch § 255 Abs. 1 HGB.

234 Vgl. BFH, Urteil vom 30.07.1991 – IX R 43/89 – BFHE 165, 245 (248) = BStBl. 1991 II, 918 (919); ebenso *Fischer,* in: EStG KompaktKommentar, 4. Aufl., § 6 Rdnr. 63; *Mellinghoff,* in: EStG KompaktKommentar, 4. Aufl., § 21 Rdnr. 115.

235 BGH, Urteil vom 27.11.1998 – V ZR 344/97 – BGHZ 140, S. 111 ff.

haltungsmodell legte die Klägerin gegen den Steuerbescheid keine Rechtsmittel ein. Statt dessen hat die Klägerin die beklagte Verkäuferin u. a. wegen der nicht mit der Einschätzung des Finanzamts übereinstimmenden Angaben zur Behandlung des Renovierungsaufwands auf Zahlung von rund DM 129.000,– (Gesamtaufwand, Finanzierungsdisagio, Verluste aus Vermietung, Steuerberatungskosten) Zug um Zug gegen Rückübertragung des Eigentums an der Wohnung sowie auf Feststellung in Anspruch genommen, dass sie zum Ersatz weiterer, durch den Kauf verursachter Schäden verpflichtet sei. In den Tatsacheninstanzen[236] ist die Klage erfolglos geblieben.

bb) Entscheidungsgründe

In seiner der Revision stattgebenden Entscheidung hat es der erkennende Senat des Bundesgerichtshofs als eine zum Schadensersatz verpflichtende schuldhafte Verletzung der Aufklärungspflichten aus dem (stillschweigend geschlossenen) Beratungsvertrag angesehen, dass der für die Beklagte tätig gewordene Anlagevermittler in seinem Berechnungsbeispiel (fahrlässig) von unzutreffenden steuerlichen Annahmen ausgegangen ist. Die von ihm gemachte Angabe, bei den Renovierungskosten handele es sich um sofort abziehbare Werbungskosten, sei nicht zutreffend gewesen. Die Beklagte, vertreten durch den Anlagevermittler, entlaste es nicht, dass zu der Frage der Behandlung von Reparaturaufwendungen beim sog. „Erhaltungsmodell" im Zeitpunkt der Erstellung des Berechnungsbeispiels noch keine höchstrichterliche Rechtsprechung vorgelegen habe, die dieser Einschätzung entgegenstand.

Der Vermittler sei vielmehr gehalten gewesen, die Klägerin darauf hinzuweisen, dass die Rechtslage wegen zweier der Einschätzung des Vermittlers entgegenstehender Entscheidungen der Finanzgerichte sowie unter Berücksichtigung der Rechtsprechung des Bundesfinanzhofs zum Bauherrenmodell schon im Zeitpunkt des Vertragsabschlusses zumindest unsicher gewesen sei. Zwar sei in der Literatur im Anschluss an das Urteil des Bundesfinanzhofs der Versuch unternommen worden, das Erhaltungsmodell vom Bauherrenmodell abzugrenzen und seine steuerlichen Vorteile, wenigstens unter bestimmten qualifizierten Voraussetzungen, zu retten. Dies war aus Sicht des Bundesgerichtshofs jedoch nur ein weiteres Indiz dafür, dass sich die steuerliche Rechnung der Vermittlerin auf „schwankendem Boden" befand und keine eindeutige Rechtslage bestand.

---

[236] LG Hannover, Urteil vom 09.10.1996 – 12 O 86/96; OLG Celle, Urteil vom 23.09.1997 – 16 U 235/96.

cc) Analyse der Entscheidungsgründe

Anders als das Berufungsgericht hat der Bundesgerichtshof als haftungsrechtliche Vorfrage den „Inhalt des deutschen Steuerrechts" – mithin die einschlägigen Normen des Einkommensteuerrechts – geprüft und ist zu dem zutreffenden Ergebnis gekommen, dass nach der (neueren) Rechtsprechung des Bundesfinanzhofs Reparaturaufwendungen bei einer Immobilienanlage im Erhaltungsmodell zu den Anschaffungskosten und nicht zum sofort abziehbaren Erhaltungsaufwand zählen. Diese Entwicklung in der Rechtsprechung des Bundesfinanzhofs war – und darauf weist der erkennende Senat zutreffend hin – aus mehreren Gründen vorhersehbar.

(1) Vorhersehbarkeit der BFH-Rechtsprechung zum Erhaltungsmodell

Bereits vor der vom Bundesgerichtshof in Bezug genommenen Entscheidung des Bundesfinanzhofs zum *Bauherrenmodell* aus dem Jahr 1989 wurde in der Literatur – insbesondere im Anschluss an die Rechtsprechung zur Bauherreneigenschaft bei Vertragsbündelung in der Grunderwerbsteuer[237], die von einigen Finanzgerichten auf die Einkommensteuer übertragen wurde[238] – verstärkt diskutiert, ob im Rahmen von Bauherrenmodellen und anderen Vertragsbündelmodellen die Anleger überhaupt noch Bauherren sein konnten.[239] Diesen kritischen Stimmen hat sich der Bundesfinanzhof letztlich angeschlossen und die Bauherreneigenschaft der Anleger aufgrund der Besonderheiten des Vertragsgeflechts verneint.

Vor diesem Hintergrund erschien es nicht ganz unwahrscheinlich, dass der Bundesfinanzhof auch bei *Erhaltungsmodellen,* die ebenfalls durch die „paketartige" Erbringung von verschiedenen Dienst- und Werkleistungen für den Anleger geprägt sind[240], die Bauherreneigenschaft der Anleger verneinen würde. Zutreffend ist auch, dass aufgrund der dahingehenden Bedenken in der Literatur

---

[237] BFH, Urteil vom 21.12.1981 – II R 124/79 – BFHE 135, 217 (220 f.) = BStBl. 1982 II, 330 (331 f.); BFH, Urteil vom 23.06.1982 – II R 155/80 – BFHE 136, 427 (429 f.) = BStBl. 1982 II, 741 (742); BFH, Urteil vom 27.10.1982 – II R 102/81 – BFHE 136, 561 (563) = BStBl. 1983 II, 55 (56); BFH, Beschluss vom 18.09.1985 – II B 24–29/85 – BFHE 144, 280 (287 ff.) = BStBl. 1985 II, 627 (630 ff.).

[238] So z.B. FG des Saarlandes, Urteil vom 22.04.1983 – I 134/81 – EFG 1983, 446 (446); FG des Saarlandes, Urteil vom 09.07.1986 – I 87/86 – EFG 1986, 551 (552); a.A. FG Münster, Urteil vom 17.12.1986 – VI 4461/81 E – EFG 1987, 398 (399): keine Übertragbarkeit.

[239] So zum Beispiel *Schmidt-Liebig,* Der Beschluss des Bundesfinanzhofs vom 18.09.1985 und die steuerliche Einordnung von Bauherren- und anderen Vertragsbündelmodellen – Zugleich ein Beitrag zur wirtschaftlichen Betrachtungsweise, in: BB 1986, 774 (778); a.A. *Nehm,* Gibt es Bauherren im Bauherrenmodell – Anmerkungen zum BFH-Beschluss vom 18.9.1985 II B 24–29/85, in: DB 1986, 1486 (1489).

der Versuch unternommen wurde, das Erhaltungsmodell vom Bauherrenmodell abzugrenzen und seine steuerlichen Vorteile unter bestimmten Voraussetzungen zu bewahren. Auch wenn vom Bundesgerichtshof nicht näher ausgeführt, kann sich der entsprechende Verweis nur auf den Beitrag von Feldhahn[241] beziehen, der im Anschluss an das Urteil des Bundesfinanzhofs vom 14. November 1989 der Frage nachgegangen ist, inwieweit die Rechtsprechung zum Bauherrenmodell auf das Erhaltungsmodell übertragbar ist, und dabei zu dem Ergebnis gekommen ist, dass es bei einer Anwendung des 3. Bauherren- und Erwerbererlasses und der Möglichkeit eines sofortigen Werbungskostenabzuges bleibt, wenn durch die durchgeführten Renovierungsmaßnahmen die tatsächliche Nutzung der Eigentumswohnung nicht für einen längeren Zeitraum unmöglich ist.

(2) Anwendung des Abschnittes 157 Abs. 5 EStR auf das Erhaltungsmodell fraglich

Ein weiteres Argument für die vom Bundesgerichtshof angesprochene Unsicherheit der steuerlichen Rechtslage hätte sich aus *Abschnitt 157 Abs. 5 EStR 1984,* auf den der erkennende Senat in seinen Entscheidungsgründen eher beiläufig hinweist, herleiten lassen. In der Literatur wurde nämlich teilweise angezweifelt, ob Abschnitt 157 Abs. 5 EStR 1984 für das Erhaltungsmodell überhaupt Geltung haben konnte.[242] Nachdem das Erhaltungsmodell wesentlich auf diesem Abschnitt der Einkommensteuer-Richtlinien, der sich mit der Abgrenzungsproblematik Herstellungsaufwand – Erhaltungsaufwand sowie Erhaltungsaufwand – anschaffungsnaher Aufwand beschäftigte, aufbaute, soll hierauf in Ergänzung zu den Ausführungen des Bundesgerichtshofs im Folgenden näher eingegangen werden.

(a) Abgrenzung Erhaltungsaufwand – Herstellungsaufwand

Nach Abschnitt 157 Abs. 1 EStR 1984 gehörten zum *Erhaltungsaufwand* die durch die gewöhnliche Nutzung eines Gebäudes veranlassten Aufwendungen für die laufende Instandsetzung und Instandhaltung.[243] Demgegenüber definierte Abschnitt 157 Abs. 3 EStR 1984 den *Herstellungsaufwand* als die Schaffung

---

[240] Vgl. *Schmidt-Liebig,* Der Beschluss des Bundesfinanzhofs vom 18.09.1985 und die steuerliche Einordnung von Bauherren- und anderen Vertragsbündelmodellen – Zugleich ein Beitrag zur wirtschaftlichen Betrachtungsweise, in: BB 1986, 774 (778).

[241] *Feldhahn,* Stellungnahme zur Frage der einkommensteuerrechtlichen Beurteilung von Erhaltungsmodellen nach dem Urteil des BFH vom 14.11.1989, in: DStR 1990, S. 474 ff.

[242] Dagegen beispielsweise *Drenseck,* Anmerkung zu IX R 111/86 und IX R 112/83, in: FR 1987, 510 (510); *Stuhrmann,* Anschaffungsnaher Aufwand bei Gebäuden und „Erwerbermodelle", in: BB 1985, 1656 (1656 f.); für eine Anwendung hingegen *Söffing,* Der anschaffungsnahe Aufwand, in: DB 1986, 662 (664).

von etwas Neuem, bisher nicht Vorhandenem. Er war dann anzunehmen, wenn das Gebäude durch die Baumaßnahme wesentlich in seiner Substanz vermehrt, in seinem Wesen erheblich verändert oder über seinen bisherigen Zustand[244] hinaus deutlich verbessert wurde.[245]

(b) Abgrenzung Erhaltungsaufwand – anschaffungsnahe Aufwendungen

Zurückgehend auf eine Entscheidung des Großen Senats des Bundesfinanzhofs aus dem Jahr 1966 lag Herstellungsaufwand in Form *anschaffungsnahen*

[243] Vgl. auch BFH, Urteil vom 06.06.1974 - IV R 170/72 - BFHE 113, 202 (204 f.) = BStBl. 1974 II, 710 (711); BFH, Urteil vom 11.03.1979 - VIII R 83/77 - BFHE 127, 383 (385) = BStBl. 1979 II, 435 (437), BFH, Urteil vom 01.02.1983 - VIII R 103/82 - BB 1983, 1076 (1077). Der Begriff des Erhaltungsaufwands war weit zu fassen, so dass in Zweifelsfällen nicht Herstellungs- sondern Erhaltungsaufwand anzunehmen war, vgl. grundlegend BFH Großer Senat, Urteil vom 26.11.1973 - GrS 5/71 - BFHE 111, 242 (254) = BStBl. 1974 II, 132 (137) unter C. II. 4. b), das die Grenzlinie zwischen nachträglichen Herstellungskosten und Erhaltungsaufwand zugunsten des Bereichs der Erhaltung (Instandhaltung und Instandsetzung) verschoben und so mit steuerentlastender Wirkung den gesteigerten Bedürfnissen der Substanzerhaltung und Modernisierung Rechnung getragen hat.

[244] Unter dem *„bisherigen Zustand"* war grundsätzlich der Zustand des Gebäudes zu dem Zeitpunkt zu verstehen, in dem der Steuerpflichtige es in sein Vermögen aufgenommen hat. Dies ist, wenn der Steuerpflichtige das Gebäude erworben hat, der Zeitpunkt des Erwerbs, vgl. BFH Großer Senat, Beschluss vom 22.08.1966 - GrS 2/66 - BFHE 86, 792 (795) = BStBl. 1966 III, 672 (674).

[245] Ebenso BFH, Urteil vom 07.12.1976 - VIII R 42/75 - BFHE 121, 188 (189) = BStBl. 1977 II, 281 (281). Im Jahr 1995 hat der Bundesfinanzhof in mehreren Urteilen neu definierte Grundsätze zur Frage der Abgrenzung von Herstellungs- und Erhaltungsaufwand bei Instandsetzung und Modernisierung eines Gebäudes aufgestellt. In diesen Entscheidungen hat er insbesondere die bis dahin geltende Rechtsprechung zur *Generalüberholung* aufgegeben und entschieden, dass für die Abgrenzung ausschließlich die Vorschrift des § 255 Abs. 2 S. 1 Alt. 3 HGB („eine über den ursprünglichen Zustand hinausgehende wesentliche Verbesserung des Vermögensgegenstandes") maßgeblich ist (BFH, Urteil vom 09.05.1995 - IX R 116/92 - BFHE 177, 454 (456 ff.) = BStBl. 1996 II, 632 (633 ff.); BFH, Urteil vom 09.05.1995 - IX R 88/90 - BFHE 178, 32 (34 f.) = BStBl. 1996 II, 628 (629 f.); BFH, Urteil vom 09.05.1995 - IX R 69/92 - BFHE 178, 36 (37 f.) = BStBl. 1996 II, 630 (631); BFH, Urteil vom 09.05.1995 - IX R 2/94 - BFHE 178, 42 (44 f.) = BStBl. 1996 II, 637 (638); BFH, Urteil vom 10.05.1995 - IX R 62/94 - BFHE 178, 46 (48 f.) = BStBl. 1996 II, 639 (640 f.)). Zu dieser Rechtsprechung vgl. *Glade,* Wesentlichkeitsgrundsatz und nachträgliche Herstellungskosten, in: DB 1997, S. 296 ff.; *Pezzer,* Die Instandsetzung und Modernisierung von Gebäuden nach der jüngsten Rechtsprechung des BFH, in: DB 1996, S. 849 ff.; *Scharfenberg,* Zu der Abgrenzung von Herstellungsaufwand und Erhaltungsaufwand bei der Instandsetzung und Modernisierung von Gebäuden, in: DStR 1997, S. 473 ff.; *Spindler,* Zur Abgrenzung von Herstellungs- und Erhaltungsaufwand bei Instandsetzungs- und Modernisierungsmaßnahmen an Gebäuden, in: DStR 1996, S. 765 ff.; *Stuhrmann,* Abgrenzung von Herstellungsaufwendungen und Erhaltungsaufwendungen bei Instandsetzung und Modernisierung von Gebäuden, in: BB 1997, S. 658 ff.

Aufwands in der Regel jedenfalls dann vor, wenn nach dem Erwerb eines Gebäudes im Verhältnis zum Kaufpreis hohe Aufwendungen auf das Gebäude gemacht wurden,[246] durch die im Vergleich zu dem Zustand des Gebäudes im Anschaffungszeitpunkt das Wesen des Gebäudes verändert, der Nutzungswert erheblich erhöht oder die Nutzungsdauer erheblich verlängert wurde.[247]

In Anlehnung an diese Rechtsprechung hat die Finanzverwaltung in Abschnitt 157 Abs. 5 S. 7 EStR 1984 einen Prüfungsmaßstab für die Frage der Abgrenzung von Erhaltungsaufwand zu anschaffungsnahem Herstellungsaufwand aufgenommen. Danach sollte die Finanzverwaltung die Frage, ob *anschaffungsnahe Aufwendungen* und damit *Herstellungskosten* vorliegen, nur dann prüfen, wenn innerhalb der ersten drei Jahre nach der Anschaffung des Gebäudes die Aufwendungen für die Instandsetzung 20% der Anschaffungskosten des Gebäudes überstiegen. In derartigen Fällen sprachen nach Auffassung des Bundesfinanzhofs die Höhe der Aufwendungen im Verhältnis zum Kaufpreis und deren enger zeitlicher Zusammenhang mit der Anschaffung dafür, dass die Aufwendungen das Gebäude nicht in dem Zustand erhalten sollten, in dem es sich im Zeitpunkt des Erwerbs befand, sondern dass bereits zu diesem Zeitpunkt ein Bedarf an erheblichen Instandsetzungs- und Modernisierungsmaßnahmen bestanden hatte, deren Durchführung das Gebäude über seinen beim Erwerb gegebenen Zustand hinaus wesentlich verbessern sollte. Eine solche wesentliche Verbesserung sei dann aufgrund der Art der Baumaßnahmen und der Höhe des dadurch bedingten Aufwands im Verhältnis zur Höhe des Kaufpreises offenkundig.

Die Aufwendungen innerhalb der Nicht-Prüfungsgrenze konnten sofort als Werbungskosten (Erhaltungsaufwand) in Abzug gebracht werden.[248] Diese Tat-

---

[246] Vgl. BFH, Urteil vom 11.08.1989 - IX R 44/86 - BFHE 158, S. 240 ff. = BStBl. 1990 II, S. 53 ff.: Aufwand von mehr als 30% des Kaufpreises; BFH, Urteil vom 12.02.1985 – IX R 114/83 – BFHE 143, S. 431 ff. = BStBl. 1985 II, S. 690 ff.: Aufwand von 40% des Kaufpreises.

[247] Grundlegend BFH Großer Senat, Urteil vom 22.08.1966 – GrS 2/66 – BFHE 86, 792 (794) = BStBl. 1966 III, 672 (673 f.); BFH, Urteil vom 11.08.1989 – IX R 44/86 – BFHE 158, 240 (243) = BStBl. 1990 II, 53 (54); BFH, Urteil vom 30.07.1991 – IX R 123/90 – BFHE 165, 253 (254) = BStBl. 1992 II, 30 (31); BFH, Urteil vom 29.10.1991 – IX R 117/90 – BFHE 166, 203 (205) = BStBl. 1992 II, 285 (285); BFH, Urteil vom 23.09.1992 – X R 10/92 – BFHE 169, 331 (334 f.) = BStBl. 1993 II, 338 (339 f.) unter 2.

[248] Mit *zwei Urteilen vom 12. September 2001* hat der *Bundesfinanzhof* eine Abkehr von dieser typisierenden Betrachtungsweise vollzogen und entschieden, dass die Verwaltungspraxis der Behandlung von anschaffungsnahem Aufwand rechtswidrig ist. Für die Frage, ob die Kosten als Erhaltungsaufwand sofort abzuziehen sind, dürfe weder die zeitliche Nähe zur Anschaffung noch die Höhe der Kosten eine Rolle spielen. Maßgeblich sei gemäß § 255 Abs. 2 HGB allein, ob durch die Modernisierung eine wesentliche Verbesserung (oder eine Erweiterung) erreicht werde, vgl. BFH, Urteil vom 12.09.2001 – IX R 39/97 – BFH/NV 2002, 968 (969 ff.); BFH, Urteil vom 12.09.2001 – IX R 52/00 – BFH/NV 2002, 966 (967 f.); dazu *Carlé,* Die Zukunft des

sache wollten sich die Initiatoren der Erhaltungsmodelle zunutze machen und wendeten regelmäßig in den ersten drei Jahren nach dem Erwerb eines sanierungsbedürftigen Gebäudes nicht mehr als 20% der Anschaffungskosten des Objekts für Reparaturen auf. Größere Reparaturen und Umgestaltungen wurden erst nach diesem Zeitraum vorgenommen.

Daher ist das Erhaltungsmodell zu Recht auch als *„Vermeidungsstrategie"* zum anschaffungsnahen Aufwand bezeichnet worden[249] und ist als bedenklich angesehen worden, dass durch diesen „Missbrauch" der 20%-Grenze letztlich Herstellungsaufwand durch die unterlassene Prüfung zu Erhaltungsaufwand umfunktioniert werden konnte. Nachdem diese Bedenken auch im Zeitpunkt der Erstellung des „persönlichen Berechnungsbeispiels" noch im Raum standen, hätte der Bundesgerichtshof sie meines Erachtens als weiteres Indiz für die Unsicherheit der steuerlichen Rechtslage heranziehen können.

dd) Fazit

Abschließend kann festgehalten werden, dass dem Bundesgerichtshof aus steuerlicher Sicht und insbesondere vor dem Hintergrund der finanzgericht-

---

anschaffungsnahen Aufwands, in: DStZ 2001, S. 377 ff.; *Fischer,* Abschied vom anschaffungsnahen (Herstellungs-)Aufwand, in: DStZ 2002, S. 860 ff.; *Söffing,* Anschaffungskosten – Herstellungskosten – anschaffungsnaher Aufwand: Die wichtigsten Punkte der BFH-Urteile vom 12. September 2001 IX R 39/97 sowie IX R 52/00 und Gedanken dazu, in: DStZ 2002, S. 587 ff. Die *Finanzverwaltung* hat die Rechtsprechung des BFH zunächst übernommen und versucht, diese für die Verwaltungspraxis umzusetzen (vgl. *BMF-Schreiben vom 18.07.2003,* IV C 3 – S 2211 – 94/03, BStBl. 2003 I, S. 386).

Durch das Zweite Gesetz zur Änderung steuerlicher Vorschriften *(Steueränderungsgesetz 2003 – StÄndG 2003)* vom 15.12.2003, BGBl. 2003 I, S. 2645 ff. sind mit Wirkung für die nach dem 31. Dezember 2003 begonnenen Modernisierungen die früheren Grundsätze zum anschaffungsnahen Aufwand nunmehr in § 6 Abs. 1 Nr. 1a EStG gesetzlich verankert worden. Abweichend von § 255 Abs. 2 HGB ist darin geregelt, dass sämtliche Modernisierungsaufwendungen zu aktivieren sind, wenn die Summe der in den ersten drei Jahren aufgewendeten Baukosten die Grenze von 15% des Gebäudewertanteils der Anschaffungskosten übersteigt. Erst für Modernisierungsmaßnahmen, die nach Ablauf der drei Jahre durchgeführt werden, soll die Abgrenzung zwischen Herstellungs- und Erhaltungsaufwendungen nach § 255 Abs. 2 HGB und damit nach der Rechtsprechung des Bundesfinanzhofs und dem hierzu ergangenen BMF-Schreiben vom 18. Juli 2003 erfolgen. Zu beachten ist, dass die neue gesetzliche Regelung mit der bisherigen Verwaltungspraxis, wie sie sich aus Abschnitt 157 Abs. 5 EStR ergab, nicht identisch ist. Zum einen ist die Drei-Jahres-Frist nunmehr eine genaue und verlässliche Grenze, während die Finanzverwaltung die betreffende Frist in den EStR nur als ungefähren Anhaltspunkt angewendet hat. Zum anderen bleiben Baumaßnahmen, die zu einer Erweiterung führen, bei der Berechnung der 15%-Grenze unberücksichtigt (vgl. *Fischer,* in: EStG KompaktKommentar, 4. Aufl., § 6 Rdnr. 64).

[249] So *Heuermann,* Anschaffungskosten einer noch zu modernisierenden Eigentumswohnung – BFH-Urteil vom 30.7.1991 – IX R 43/89 (BStBl. II S. 918), in: NWB Fach 3 (5/1992), 8173 (8173).

lichen Rechtsprechung vollumfänglich beigepflichtet werden kann. Erlaubt sei der Hinweis, dass die Entscheidung ein mahnendes Beispiel für die unerwünschten Konsequenzen ist, die sich ergeben können, sofern Anleger den Versprechungen von Modellerfindern erliegen, und sich das entsprechende Modell im Nachhinein als nicht tragfähig erweist. Da die Entwicklung der Rechtsprechung des Bundesfinanzhofs eigentlich abzusehen war, stand zu erwarten, dass den Finanzprozessen ein entsprechender Zivilprozess folgt.

c) *Rückfluss früherer Werbungskosten*

Grundsätzlich sind Werbungskosten entsprechend dem abschnittsbezogenen Leistungsprinzip *im Jahr der Verausgabung* anzusetzen, und zwar unabhängig davon, welchem Veranlagungszeitraum sie wirtschaftlich zuzuordnen sind.[250]

Der *Rückempfang früherer Werbungskosten* durch den Steuerpflichtigen in späteren Jahren bildet nach ständiger Rechtsprechung des Bundesfinanzhofs im Jahr des Zuflusses steuerpflichtige *Einnahmen i. S. v. § 8 EStG* bei der Einkunftsart, bei der die Aufwendungen vorher als Werbungskosten abgezogen worden waren.[251] Werden die Aufwendungen in einem anderen Veranlagungszeitraum als dem der Verauslagung erstattet, sind sie erst in dem Veranlagungszeitraum ihrer Erstattung als Einnahmen bei der entsprechenden Einkunftsart zu erfassen.[252] Unerheblich ist dabei, ob im Rückflusszeitpunkt noch die frühere Einkunftserzielung ausgeübt wird.[253] Allerdings setzt der steuerliche Ansatz der

---

[250] *Stark,* in: Littmann/Bitz/Pust, Das Einkommensteuerrecht, 15. Aufl., § 9 Rdnr. 33.

[251] Vgl. nur BFH, Beschluss vom 13.07.2000 – VI B 184/99 – BFH/NV 2000, 1470 (1471); BFH, Urteil vom 14.12.1999 – IX R 23/99 – BFH/NV 2000, 831 (831); BFH, Urteil vom 28.03.1995 – IX R 41/93 – BFHE 177, 414 (415) = BStBl. 1995 II, 704 (705); BFH, Urteil vom 22.09.1994 – IX R 13/93 – BFHE 175, 546 (547) = BStBl. 1995 II, 118 (119) unter 1.; BFH, Urteil vom 22.09.1994 – IX R 6/93 – BFH/NV 1995, 499 (500); BFH, Urteil vom 23.11.1993 – IX R 101/92 – BFHE 173, 103 (105) = BStBl. 1994 II, 348 (349) unter 1. a); BFH, Urteil vom 23.03.1993 – IX R 67/88 – BFHE 171, 183 (184) = BStBl. 1993 II, 748 (749) unter 1.; BFH, Beschluss vom 04.09.1990 – IX B 10/90 – BFH/NV 1991, 164 (165); BFH, Beschluss vom 03.12.1990 – IX B 136/89 – BFH/NV 1991, 316 (317); BFH, Urteil vom 11.10.1983 – VIII R 61/81 – BFHE 140, 177 (181) = BStBl. 1984 II, 267 (269); BFH, Urteil vom 29.06.1982 – VIII R 6/79 – BFHE 136, 238 (241) = BStBl. 1982 II, 755 (756) zur Erstattung von Vorsteuerbeträgen; BFH, Urteil vom 30.10.1964 – VI 346/61 U – BFHE 81, 188 (189) = BStBl. 1965 III, 67 (67) zur Erstattung von Grundsteuer; aus dem Schrifttum vgl. *Birk,* in: Herrmann/Heuer/Raupach, EStG und KStG, 21. Aufl., § 8 EStG Rdnr. 33; *Jachmann,* in Lademann, EStG, § 8 Rdnr. 61; *Claßen,* in: Lademann, EStG, § 9 Rdnr. 21; *Stark,* in: Littmann/Bitz/Pust, Das Einkommensteuerrecht, 15. Aufl., § 9 Rdnr. 34; *Drenseck,* in: Schmidt, EStG, 23. Aufl., § 8 Rdnr. 16; § 9 Rdnr. 65.

[252] BFH, Urteil vom 22.10.2002 – VI R 16/02 – BFH/NV 2003, 164 (165); BFH, Urteil vom 02.05.2001 – VIII R 32/00 – BFHE 195, 302 (307 f.) = BStBl. 2001 II, 668 (670) unter 2. a) cc); BFH, Urteil vom 22.09.1994 – IX R 13/93 – BFHE 175,

rückempfangenen Bezüge entsprechend den Tatbestandsmerkmalen des § 8 Abs. 1 EStG eine erwerbsbezogene Veranlassung voraus. Erfolgt der Rückfluss der Werbungskosten dagegen aus privaten (z. B. verwandtschaftlichen) Motiven oder sind rein vermögensumschichtende Gründe (z. B. Rückgewähr als Darlehen) maßgeblich, so liegen keine steuerpflichtigen Einnahmen vor.[254]

Obwohl der Ansatz der rückgewährten Beträge als Einnahmen wirtschaftlich in der Regel nichts anderes bedeutet als die Rückgängigmachung des ursprünglichen Werbungskostenabzugs, sind diese Erstattungsbeträge selbst dann als Einnahmen zu erfassen, wenn der Steuerpflichtige sie nicht als Werbungskosten geltend gemacht hat oder sie sich nicht oder nicht vollständig bei ihm als Werbungskosten steuermindernd ausgewirkt haben.[255]

d) BGH, Urteil vom 25. Februar 1988 – VII ZR 152/87

Der *Bundesgerichtshof* hatte sich in seinem *Urteil vom 25. Februar 1988*[256] mit dem Rückfluss bereits abgezogener Werbungskosten im Rahmen der Einkünfte aus Vermietung und Verpachtung zu befassen. Der Entscheidung, die wie das soeben behandelte Urteil im Bereich der Bauherrenmodelle angesiedelt ist, lag der folgende Sachverhalt zugrunde.

aa) Sachverhalt

Die Klägerin hatte sich in den Jahren 1981/1982 an einem nach dem Bauherrenmodell durchgeführten Bauvorhaben beteiligt. Treuhänderin war die Beklagte. In dem notariell beurkundeten Vertrag vom 2. Dezember 1981 hatte die Klägerin der beklagten Treuhänderin Auftrag und Vollmacht erteilt, einen Finanzierungsvermittlungsvertrag abzuschließen, durch den „Gebühren" für die

546 (547) = BStBl. 1995 II, 118 (119); BFH, Urteil vom 23.03.1993 – IX R 67/88 – BFHE 171, 183 (184 f.) = BStBl. 1993 II, 748 (749).

253 BFH, Urteil vom 28.03.1995 – IX R 41/93 – BFHE 177, 414 (415) = BStBl. 1995 II, 704 (705) zur Rückerstattung eines Disagios nach Wegfall der Nutzungswertbesteuerung; *Leu*, Randprobleme der neuen Rechtsprechung zum Damnum, in: DStZ 1997, 823 (825).

254 *Prinz*, in: Herrmann/Heuer/Raupach, EStG und KStG, 21. Aufl., § 9 EStG Rdnr. 85.

255 BFH, Urteil vom 28.05.1968 – IV R 65/67 – BFHE 92, 361 (362) = BStBl. 1968 II, 581 (581) betreffend die Rückerstattung nicht geltend gemachter Schmiergelder; BFH, Urteil vom 29.06.1982 – VIII R 6/79 – BFHE 136, 238 (241) = BStBl. 1982 II, 755 (756) unter 1. d) betreffend erstattete Vorsteuerbeträge; *Prinz*, in: Herrmann/Heuer/Raupach, EStG und KStG, 21. Aufl., § 9 EStG Rdnr. 87; *v. Bornhaupt*, in: Kirchhof/Söhn/Mellinghoff, EStG, § 9 Rdnr. B 65.

256 BGH, Urteil vom 25.02.1987 – VII ZR 152/87 – BB 1988, S. 793 f. = DB 1988, S. 1212 = NJW-RR 1988, S. 788 f. = WM 1988, S. 586 f.

Vermittlung der Zwischen- und Endfinanzierung in Höhe von 1,6% und 1,76% der kalkulierten Gesamtkosten anfallen sollten.

Aufgrund der ihr unbeschränkt erteilten Vollmacht schloss die Beklagte Mitte Dezember 1981 einen Vertrag mit der HE GmbH, demzufolge die Vergütung bereits für den Nachweis der Finanzierung zu zahlen war. Obwohl die Klägerin die nachgewiesene Finanzierung nicht in Anspruch nahm, zahlte die Beklagte an die HE GmbH eine Vergütung in Höhe von DM 12.308,– von dem für die Klägerin verwalteten Bankkonto.

Die Klägerin verlangte von der Beklagten die Rückzahlung der „Gebühren", weil die Beklagte entgegen dem erteilen Auftrag die Fälligkeit nur vom Nachweis, nicht jedoch von der tatsächlichen Vermittlung abhängig gemacht habe. Das Landgericht[257] hat dem Antrag der Klägerin im Wesentlichen stattgegeben; es hat lediglich einen Teil der Zinsforderung abgewiesen. Mit der Berufung hat die Beklagte neu geltend gemacht, die Klägerin habe aufgrund der „Gebührenzahlung" Steuervorteile in Höhe von DM 6.892,48 erlangt, welche sie sich anrechnen lassen müsse. Das Oberlandesgericht[258] ist diesem Vorbringen gefolgt und hat die Beklagte nur zur Zahlung von DM 5.415,52 nebst Zinsen verurteilt und die Klage im Übrigen abgewiesen. Mit der zugelassenen Revision zum Bundesgerichtshof erstrebte die Klägerin die Wiederherstellung des erstinstanzlichen Urteils.

bb) Entscheidungsgründe

Der 7. Senat des Bundesgerichtshofs hat der Revision stattgegeben und sich der Rechtsauffassung des Landgerichts angeschlossen.

(1) Pflichtverletzung

Der erkennende Senat hat zunächst klargestellt, dass die Beklagte ihre Pflichten aus dem Treuhandvertrag schuldhaft verletzt hat, indem sie im Namen und für Rechnung der Klägerin einen Finanzierungsvermittlungsvertrag abgeschlossen hat, der eine Provisionspflicht schon für den Fall des bloßen Nachweises einer Finanzierungsmöglichkeit ausgelöst hat, obwohl eine solche Gestaltung nach dem Treuhandvertrag nicht vorgesehen war. Aufgrund dieser positiven Vertragsverletzung sah der Bundesgerichtshof grundsätzlich eine Schadensersatzpflicht der beklagten Treuhänderin als gegeben an.

---

[257] LG Trier, Urteil vom 07.03.1986 – 4 O 270/85.

[258] OLG Koblenz, Urteil vom 10.04.1987 – 8 U 492/86.

(2) Schadensumfang

Im Hinblick auf den Schadensumfang behandelt der Bundesgerichtshof sodann die im Rahmen der vorliegenden Arbeit interessierende Frage, ob die geschädigte Klägerin, die letztlich eine *Rückerstattung bereits geltend gemachter Werbungskosten* verlangte, sich den mit dem vorherigen Werbungskostenabzug verbundenen Vorteil (i. e., die ersparte Einkommensteuer) anrechnen lassen muss.[259]

Hierzu führt der erkennende Senat aus, dass *Steuern,* die der Geschädigte infolge der Schädigung erspart hat, grundsätzlich zu den Vorteilen gehören, die er sich auf seinen Schadensersatzanspruch anrechnen lassen muss.[260] Als Ausnahme von diesem Grundsatz entfalle eine Anrechnung jedoch, wenn der als Schadensersatz zu leistende Betrag wieder zu versteuern sei. In dem zu entscheidenden Fall fielen durch die nachträgliche Ersatzleistung diejenigen Aufwendungen weg, welche die Klägerin als Teil ihrer Werbungskosten geltend gemacht hat. Wirtschaftlich betrachtet komme es dabei zu einem Werbungskostenrückfluss, der im betreffenden Steuerjahr zu versteuernde Einnahmen auslöse.

cc) Analyse der Entscheidungsgründe

Den Ausführungen des Bundesgerichtshofs zur steuerlichen Behandlung des Rückflusses bereits abgezogener Werbungskosten kann vollumfänglich zugestimmt werden. Auch der Bundesfinanzhof geht in seiner ständigen, vom Bundesgerichtshof zutreffend in Bezug genommenen Rechtsprechung davon aus, dass Erstattungsbeträge, die Werbungskosten ersetzen, im Jahr des Zuflusses steuerpflichtige Einnahmen bei der Einkunftsart darstellen, bei der die Aufwendungen vorher als Werbungskosten abgezogen worden sind.[261]

Dieser Grundsatz gilt insbesondere auch für eine *Schadensersatzleistung,* die zuvor abgezogene Werbungskosten ersetzt.[262] Allerdings zählen Schadensersatz-

---

[259] Nach den Grundsätzen der *Vorteilsausgleichung* sind Vorteile des Geschädigten bei der Schadensberechnung generell dann zu berücksichtigen, wenn (1) das schädigende Ereignis den Vorteil adäquat verursacht hat, (2) die Anerkennung zumutbar ist und dem Zweck des Schadensersatzes entspricht und (3) der Schädiger nicht unbillig entlastet wird, vgl. BGH, Urteil vom 15.11.1967 – VIII ZR 150/65 – BGHZ 49, 56 (61 f.); BGH, Urteil vom 22.03.1979 – VII ZR 259/77 – BGHZ 74, 103 (113 f.); BGH, Urteil vom 17.05.1984 – VII ZR 169/82 – BGHZ 91, 206 (209 ff.) m. w. N.

[260] Vgl. nur BGH, Urteil vom 10.04.1967 – VIII ZR 27/65 – NJW 1967, 1462 (1462); BGH, Urteil vom 18.12.1969 – VII ZR 121/67 – BGHZ 53, 132 (134); BGH, Urteil vom 22.03.1979 – VII ZR 259/77 – BGHZ 74, 103 (113 f.) unter IV. 2. a) der Entscheidungsgründe; BGH, Urteil vom 27.06.1984 – IVa ZR 231/82 – BB 1984, 1577 (1579) = NJW 1984, 2524 (2524).

[261] Vgl. die Nachweise oben in Fußnote 251.

leistungen nur insoweit zu den steuerpflichtigen Einnahmen, als sie tatsächliche Werbungskosten (z.B. in Form von Erhaltungsaufwand) ersetzen sollen.[263] Nur der Vollständigkeit halber sei erwähnt, dass es sich bei den von der Klägerin gezahlten „Gebühren" für die Vermittlung der Zwischen- und Endfinanzierung tatsächlich um Werbungskosten i.S.d. § 9 Abs. 1 S. 3 Nr. 1 EStG gehandelt hat. Zu den dort genannten *Schuldzinsen* gehören nämlich auch die Nebenkosten der Darlehensaufnahme in Form von Geldbeschaffungs- und Finanzierungskosten.[264]

Zu Recht hat sich der Bundesgerichtshof nicht der gelegentlich in Rechtsprechung und Literatur vertretenen Auffassung[265] angeschlossen, derzufolge rückerstattete Werbungskosten als *negative Werbungskosten* zu behandeln sind mit der Folge, dass sie als Einnahmen nur bis zu der Höhe mit Werbungskosten verrechnet werden könnten, die der Steuerpflichtige im Rahmen dieser Einkunftsart im Jahr des Rückflusses getätigt hat. Ein darüber hinausgehender Erstattungsbetrag soll dagegen steuerlich nicht als Einnahme angesetzt werden können. Diese Ansicht ist jedoch schon deshalb abzulehnen, weil die Rückgewähr wirtschaftlich im Zusammenhang mit der ursprünglichen Aufwendung steht, nicht aber mit dem Anfall zufällig hoher oder niedriger Werbungskosten im Jahr der Rückgewähr von Werbungskosten, die im Vorjahr geleistet wurden.[266]

dd) Fazit

Der Bundesgerichtshof hatte sich in dem soeben analysierten Urteil mit der bei Schadensersatzprozessen im Bereich von *Steuermodellen* immer wieder auftauchenden Frage zu befassen, ob sich der Geschädigte ersparte Einkommen-

---

262 BFH, Urteil vom 23.03.1993 – IX R 67/88 – BFHE 171, 183 (184 f.) = BStBl. 1993 II, 748 (749) unter 1.

263 BFH, Urteil vom 01.12.1992 – IX R 36/86 – BFH/NV 1993, 472 (472); BFH, Urteil vom 01.12.1992 – IX R 333/87 – BFHE 170, 113 (118) = BStBl. 1994 II, 12 (14) unter 3. a); BFH, Beschluss vom 04.09.1990 – IX B 10/90 – BFH/NV 1991, 164 (165) zur Erstattung von Versicherungsleistungen.

264 Vgl. BFH, Urteil vom 24.05.1968 – VI R 6/67 – BFHE 92, 400 (400 f.) = BStBl. 1968 II, 574 (574); *Drenseck,* in: Schmidt, EStG, 23. Aufl., § 9 Rdnr. 91.

265 So z.B. FG Berlin, Urteil vom 13.04.1967 – V 78/65 – EFG 1967, 619 (620) rkr.; FG Nürnberg, Urteil vom 13.09.1968 – III 87/66 – EFG 1969, 14 (14) rkr.; Blümich/*Glenk,* EStG/KStG/GewStG, § 8 EStG Rdnr. 54; *Flies,* Mindern Umlagen und Erstattungen von Aufwendungen die Werbungskostenpauschbeträge?, in: DB 1997, 799 (802).

266 So *v. Bornhaupt,* in: Kirchhof/Söhn/Mellinghoff, EStG, § 9 Rdnr. B 64; ablehnend ebenso BFH, Urteil vom 19.02.2002 – IX R 36/98 – BFH/NV 2002, 1078 (1078); BFH, Urteil vom 28.03.1995 – IX R 41/93 – BFHE 177, 414 (415) = BStBl. 1995 II, 704 (705) m.w.N.; Blümich/*Thürmer,* EStG/KStG/GewStG, § 9 EStG Rdnr. 184; *Gericke,* in: Bordewin/Brandt, EStG, § 9 Rdnr. 39.

steuer als Vorteil anrechnen lassen muss. Dabei reiht sich die Entscheidung nahtlos in die ständigen Rechtsprechung des Bundesgerichtshofs ein, die davon ausgeht, dass zu den auf den Schadensersatzanspruch eines Geschädigten anzurechnenden Vorteilen grundsätzlich auch die Steuern gehören, die der Geschädigte infolge der Schädigung erspart hat. Von diesem Grundsatz macht der Bundesgerichtshof – meines Erachtens zu Recht – jedoch dann eine Ausnahme, wenn der Geschädigte die Schadensersatzleistung selbst wieder zu versteuern hat.[267] Man könnte lediglich daran denken, einen Vorteil erst dann anzunehmen, wenn der Geschädigte nach der Wiederversteuerung per Saldo eine Steuerminderung übrig behält.[268] Von einem Vorteil im schadensrechtlichen Sinne könnte folglich dann nicht ausgegangen werden, wenn eine Wiederversteuerung der ursprünglich abgezogenen Beträge noch aussteht. Zu dieser Frage hat der 7. Senat des Bundesgerichtshofs jedoch in der vorliegenden Entscheidung nicht Stellung nehmen müssen.

2. Sonstige Einkünfte (§§ 22, 23 EStG)

Die *sonstigen einkommensteuerpflichtigen Einkünfte,* die nur dann in Betracht kommen, wenn sich die Einkünfte keiner anderen Einkunftsart i. S. d. § 2 Abs. 1 Nr. 1–6 EStG zuordnen lassen, sind in den §§ 22, 23 EStG normiert. Trotz der Bezeichnung „sonstige Einkünfte“ sind die §§ 22, 23 EStG nicht als steuerliche Generalklauseln bzw. als Auffangtatbestände für alle denkbaren Einkunftsquellen zu verstehen. Vielmehr sind nur die folgenden Einkünfte steuerbar: Einkünfte aus wiederkehrenden Bezügen (§ 22 Nr. 1 EStG); Einkünfte aus Unterhaltsleistungen beim Realsplitting (§ 22 Nr. 1a EStG); Einkünfte aus privaten Veräußerungsgeschäften (§ 22 Nr. 2 i. V. m. § 23 EStG); Einkünfte aus sonstigen Leistungen (§ 22 Nr. 3 EStG); Teile der Einkünfte auf Grund der Abgeordnetengesetze und vergleichbare Leistungen (§ 22 Nr. 4 EStG) sowie Einkünfte

[267] Diese Auffassung hat der hier zur Entscheidung berufene 7. Senat des Bundesgerichtshofs bereits in einem früheren Urteil vertreten, vgl. BGH, Urteil vom 22.03. 1979 - VII ZR 259/77 - BGHZ 74, S. 103 ff.

[268] So z. B. BGH, Urteil vom 24.05.1982 – II ZR 124/81 – BGHZ 84, 141 (149); vgl. auch BGH, Urteil vom 06.10.1980 – II ZR 60/80 – BGHZ 79, 337 (347) sub I. 6.: „In Fällen der vorliegenden Art erhebt sich allerdings die Frage, ob dem Geschädigten deshalb noch ein anrechenbarer Vorteil verbleibt, weil die Schadensersatzleistung nur mit dem halben Steuersatz belastet wird, und ob der Ersatzpflichtige sich darauf berufen kann (vgl. BGH, Urteil vom 22.03.1979 – VII ZR 259/77 – BGHZ 74, 103 (115 f.)). Im vorliegenden Fall kann dahingestellt bleiben, ob diese Frage in Übereinstimmung mit BGH, Urteil vom 22.03.1979 – VII ZR 259/77 – BGHZ 74, S. 103 ff. zu verneinen ist. Die Beklagten wurden entsprechend dem Antrag der Kläger nur verurteilt, die Hälfte der von diesen entrichteten Beträge zu zahlen, so dass mangels abweichenden Vortrags der Parteien angenommen werden muss, dass der Schaden der Kläger diese Summe selbst dann erreicht, wenn ein anrechenbarer Steuervorteil mit Rücksicht darauf zu bejahen wäre, dass die Ersatzleistung nur mit dem halben Steuersatz belastet wird.“

durch Leistungen aus begünstigten Altersvorsorgeverträgen, wenn die Beiträge steuerbefreit, abzugsfähig oder zulagebegünstigt sind (§ 22 Nr. 5 EStG).

In die *Rechtsprechung des Bundesgerichtshofs* haben nicht alle der soeben genannten Tatbestände Eingang gefunden. Der Bundesgerichtshof hat sich in *mehreren Urteilen*[269] lediglich mit der Frage auseinander gesetzt, ob Erwerbsersatzrenten i.S.v. § 843 Abs. 1 Alt. 1 BGB, Mehrbedarfsrenten i.S.v. § 843 Abs. 1 Alt. 2 BGB sowie Unterhaltsersatzrenten i.S.v. § 844 Abs. 2 BGB (steuerbare) Einkünfte aus wiederkehrenden Bezügen (§ 22 Nr. 1 EStG) darstellen. Daher beschränkt sich die Darstellung im Rahmen der vorliegenden Arbeit auf diesen Tatbestand der sonstigen Einkünfte.

a) Einkünfte aus wiederkehrenden Bezügen (§ 22 Nr. 1 EStG)

Zu den „sonstigen Einkünften" rechnen zunächst die Einkünfte aus *„wiederkehrenden Bezügen"*, soweit sie nicht zu den in § 2 Abs. 1 Nr. 1 bis 6 EStG bezeichneten Einkunftsarten gehören. Obgleich der Inhalt des Begriffs „wiederkehrende Bezüge" noch nicht abschließend geklärt ist, rechnen nach wohl herrschender Ansicht zu den *„wiederkehrenden Bezügen"* Einnahmen in Geld oder Geldeswert, die nicht Kaufpreisraten sind, und die einer Person auf Grund eines einheitlichen Rechtsgrundes oder wenigstens auf Grund eines einheitlichen Entschlusses des Leistenden für eine gewisse Zeit periodisch wiederkehrend zufließen.[270] Der Begriff der wiederkehrenden Bezüge umfasst demnach (auf Empfängerseite) grundsätzlich auch Renten.

Dennoch wird die Frage der Steuerbarkeit verschiedener Renten in der finanzgerichtlichen Rechtsprechung nicht einheitlich beurteilt. Vielmehr ist zu differenzieren zwischen den sog. *Erwerbsersatzrenten* (§ 843 Abs. 1 Alt. 1 BGB) sowie den *sonstigen Schadens(ersatz)renten,* zu denen neben Unterhaltsersatzrenten (§ 844 Abs. 2 BGB) und Mehrbedarfsrenten (§ 843 Abs. 1 Alt. 2 BGB) auch Dienstleistungsersatzrenten (§ 845 BGB) sowie Schmerzensgeldrenten (§ 847 BGB) gehören.[271]

---

[269] Von diesen Entscheidungen werden im Rahmen der vorliegenden Arbeit die folgenden Urteile näher analysiert: BGH, Urteil vom 23.05.1985 – III ZR 69/84 – NJW 1985, S. 3011 ff. = VersR 1985, S. 860 zu *Mehrbedarfs- und Erwerbsersatzrenten*; BGH, Urteil vom 06.11.1986 – III ZR 193/85 – VersR 1987, S. 409 f. sowie BGH, Urteil vom 02.12.1997 – VI ZR 142/96 – BGHZ 137, S. 237 ff. zu *Unterhaltsersatzrenten.*

[270] BFH, Urteil vom 19.10.1978 – VIII R 9/77 – BFHE 126, 405 (406) = BStBl. 1979 II, 133 (134); BFH, Urteil vom 26.04.1977 – VIII R 2/75 – BFHE 122, 271 (273) = BStBl. 1977 II, 631 (632) m.w.N.; ausführlich zum Begriff der „wiederkehrenden Bezüge" *Jansen/Wrede,* Renten, Raten, Dauernde Lasten, 12. Aufl., Rdnr. 11 ff.

[271] Vgl. zu dieser Differenzierung *Söhn,* Steuerbarkeit von Unterhaltsersatzrenten, in: FR 1996, 81 (82).

b) Steuerbarkeit/Nichtsteuerbarkeit von Erwerbsersatzrenten

Nach der ständigen Rechtsprechung des *Reichsfinanzhofs* waren *Erwerbsersatzrenten* i.S.d. § 843 Abs. 1 Alt. 1 BGB[272] so zu versteuern wie die entgangenen oder entgehenden Einnahmen, an deren Stelle sie getreten waren (vgl. heutiger § 24a EStG). Sie waren der Einkunftsart zuzurechnen, zu der die entgangenen Einnahmen gehört hätten. Einkünfte i.S.d. § 22 Nr. 1 EStG lagen nach Auffassung des Reichsfinanzhofs nur vor, soweit die in Frage stehenden Zuflüsse nicht einer der anderen, vorrangigen Einkunftsarten zuzuordnen waren, sondern selbst „sonstige Einkünfte" darstellten.[273]

Der *Bundesfinanzhof* hat die Judikatur des Reichsfinanzhofs zur Besteuerung von Erwerbsersatzrenten in ständiger Rechtsprechung fortgeführt.[274] Danach erzielt der Empfänger einer Rente nach § 843 Abs. 1 Alt. 1 BGB, die in Form wiederkehrender Bezüge wegen Aufhebung oder Minderung der Erwerbsfähigkeit zum Ausgleich für entgangene steuerbare Einkünfte gewährt wird, Einkünfte der Einkunftsart, die ihm durch die zum Schadensersatz verpflichtende Handlung entgangen sind (§ 24 Nr. 1a EStG). Da die Vorschrift des § 24 Nr. 1a EStG lediglich die Einkünftetatbestände der §§ 13 bis 23 EStG ergänzt und keinen neuen Besteuerungstatbestand schafft,[275] muss eine kausale Verknüpfung zwischen der „Entschädigung" und den entgangenen Einnahmen bestehen.[276] Anders ausgedrückt: Die entgangenen Einnahmen müssten, falls sie erzielt wor-

---

272 Die *Erwerbsersatzrente* (§ 843 Abs. 1 Alt. 1 BGB) ist eine besondere Form des deliktischen Schadensersatzes und entschädigt den Verletzten für entgangene oder entgehende Einnahmen. Voraussetzung für die Rentengewährung ist, dass die Erwerbsfähigkeit des Geschädigten infolge der (deliktischen) Verletzung des Körpers oder der Gesundheit aufgehoben oder gemindert wurde. Der Erwerbsschaden bestimmt sich dabei nicht abstrakt nach dem medizinisch festgestellten Grad der Erwerbsminderung des Verletzten; er ist vielmehr im Wege der konkreten Schadensberechnung auf der Basis der effektiven Vermögenseinbuße zu berechnen, die der Geschädigte durch die Beeinträchtigung seiner Arbeitsfähigkeit erleidet, vgl. BGH, Urteil vom 16.10.1990 – VI ZR 275/89 – NJW-RR 1990, 470 (471); BGH, Urteil vom 24.10.1978 – VI ZR 142/77 – VersR 1978, 1170 (1170); OLG München, Urteil vom 23.10.1987 – 10 U 2359/85 – NJW 1987, 1484 (1485); Palandt/*Sprau,* BGB, § 843 Rdnr. 2; *Wagner,* in: MünchKomm-BGB, § 843 Rdnr. 15; *Stürner,* Der Erwerbsschaden und seine Ersatzfähigkeit, in: JZ 1984, 461 (465).

273 Vgl. RFH, Urteil vom 07.05.1930 – VI A 827/27 – RStBl. 1930, 578 (578); RFH, Urteil vom 14.10.1937 – IV A 81/37 – RStBl. 1937, 1225 (1225 f.); RFH, Urteil vom 10.02.1939 – IV 262/38 – RStBl. 1939, 907 (908).

274 Vgl. z.B. BFH, Urteil vom 21.02.1957 – IV 630/55 U – BFHE 64, 437 (440) = BStBl. 1957 III, 164 (165); BFH, Urteil vom 17.12.1959 – IV 223/58 S – BFHE 70, 195 (198) = BStBl. 1960 III, 72 (73).

275 BFH, Urteil vom 25.03.1975 – VIII R 183/73 – BFHE 115, 472 (475) = BStBl. 1975 II, 634 (635); BFH, Urteil vom 12.09.1985 – VIII R 306/81 – BFHE 145, 320 (323) = BStBl. 1986 II, 252 (254).

276 BFH, Urteil vom 19.10.1978 – VIII R 9/77 – BFHE 126, 405 (408) = BStBl. 1979 II, 133 (135).

den wären, steuerpflichtig gewesen sein.[277] Ist der Geschädigte also Landwirt oder freiberuflich tätig, gehören die Rentenzahlungen zu den Einkünften aus Land- und Forstwirtschaft (§ 13 EStG) bzw. aus selbständiger Arbeit (§ 18 EStG); hat er als Arbeitnehmer einen Unfall erlitten und erhält er die Entschädigung als Ausgleich für entgehenden Arbeitslohn, fallen die Zahlungen im Rahmen der Einkünfte aus § 19 EStG an.[278] Dieser Auffassung hat sich die *Literatur* angeschlossen.[279]

c) Steuerbarkeit/Nichtsteuerbarkeit von Mehrbedarfsrenten

Bis zu dem Urteil des Bundesfinanzhofs vom 25. Oktober 1994[280] fehlte eine höchstrichterliche Stellungnahme zu den sog. *Mehrbedarfsrenten* (§ 843 Abs. 1 Alt. 2 BGB)[281]. Lediglich andere Formen privater Schadensersatzrenten waren mehrfach Gegenstand finanzgerichtlicher Urteile.

---

[277] BFH, Urteil vom 16.08.1978 – I R 73/76 – BFHE 126, 199 (200) = BStBl. 1979 II, 120 (120); BFH, Urteil vom 16.12.1960 – IV 139/58 U – BFHE 72, 266 (267) = BStBl. 1961 III, 100 (100).

[278] Hat der Verletzte einen *Berufswechsel* vorbereitet oder war er *noch nicht berufstätig* (z.B. als Kind), bereitet die Abgrenzung zwischen den Einkunftsarten Schwierigkeiten. Zu welcher Einkunftsart die Schadensersatzleistungen gehören, die den Verdienstausfall ausgleichen, richtet sich dann primär nach den hypothetischen Überlegungen über die künftige berufliche Entwicklung des Verletzten, nach denen die Leistung bemessen ist. Fehlen entsprechende Anhaltspunkte und kann daher die von dem Schädiger für den Erwerbsausfall gezahlte Entschädigung nicht über § 24 Nr. 1a EStG einer bestimmten Einkunftsart zugeordnet werden, bleibt sie entweder – bei Zahlung eines Kapitalbetrags – steuerfrei oder ist – bei Leistung in Form einer Geldrente – u.U. als *wiederkehrender Bezug nach § 22 Nr. 1 EStG* steuerbar, vgl. *Horn,* in: Herrmann/Heuer/Raupach, EStG und KStG, 21. Aufl., § 24 EStG Rdnr. 33; Blümich/ *Stuhrmann,* EStG/KStG/GewStG, § 22 EStG Rdnr. 58; *Jansen,* in: Herrmann/Heuer/ Raupach, EStG und KStG, 21. Aufl., § 22 EStG Rdnr. 153; *Jansen/Wrede,* Renten, Raten, Dauernde Lasten, 12. Aufl., Rdnr. 837 und 1183.

[279] Vgl. nur *Boelsen,* Schadensersatzleistungen und Vorteilsausgleich bei Schadensfällen mit einkommensteuerrechtlichem Hintergrund, in: DB 1988, 2187 (2192); *Jansen/Wrede,* Renten, Raten, Dauernde Lasten, 10. Aufl., Rdnr. 504 f.; *Koch,* Die Besteuerung von Schadensersatzleistungen unter dem besonderen Aspekt der steuerlichen Leistungsfähigkeit im Einkommensteuerrecht, S. 90 ff.; *Schick,* Die steuerliche Behandlung von Schadensersatzrenten beim Rentenempfänger, in: NJW 1967, 962 (963); *Heinicke,* in: Schmidt, EStG, 23. Aufl., § 22 Rdnr. 50.

[280] BFH, Urteil vom 25.10.1994 – VIII R 79/91 – BFHE 175, S. 439 ff. = BStBl. 1995 II, S. 121 ff.

[281] Die eng mit der Erwerbsersatzrente zusammenhängende *Mehrbedarfsrente* (§ 843 Abs. 1 Alt. 2 BGB) ist ebenfalls eine Sonderform deliktischen Schadensersatzes und soll einen Ausgleich für die Vermögensnachteile darstellen, die einem Geschädigten infolge der dauerhaften Beeinträchtigung seines körperlichen Wohlbefindens entstehen. Die von § 843 Abs. 1 Alt. 2 BGB verlangte *„Vermehrung der Bedürfnisse"* hat die wohl h.M. inhaltlich dahin bestimmt, dass davon alle unfallbedingten ständigen, d.h. immer wiederkehrenden, Aufwendungen umfasst werden, die den Zweck haben, diejenigen Nachteile auszugleichen, die dem Verletzten infolge dauernder Beeinträchtigung seines körperlichen Wohlbefindens entstehen, vgl. BGH, Urteil vom 11.02.

aa) Rechtsprechung des Reichsfinanzhofs

Der *Reichsfinanzhof* hat die sonstigen Schadens(ersatz)renten als „wiederkehrende Bezüge" i.S.d. (heutigen) § 22 Nr. 1 EStG behandelt und in voller Höhe der Besteuerung unterworfen.[282] Zur Begründung hat er darauf verwiesen, dass die Steuerpflicht bei der Einkunftsart „wiederkehrende Bezüge" allein an die äußere Form anknüpfe. Die Art des Rechtsgrundes sei unerheblich. Entscheidend sei, dass jemand mit einer gewissen Regelmäßigkeit oder auf gewisse Dauer mit dem Zufließen von Einnahmen rechnen könne, „die ihrem Wesen nach zum laufenden Verbrauch bestimmt" seien.[283] Diese Voraussetzung sah der Reichsfinanzhof bei privaten Schadensersatzrenten als erfüllt an. Lediglich die Steuerbarkeit eines tatsächlich in Form einer Einmalzahlung geleisteten Schadensersatzes verneinte der Reichsfinanzhof, weil hier die äußere Form „wiederkehrende Bezüge" fehlte.[284] Das galt sowohl für den Fall, dass die Ersatzleistung von Vornherein als Einmalbetrag erbracht wurde, als auch bei Ablösung einer Schadensersatzrente durch eine Kapitalabfindung.

bb) Rechtsprechung des Bundesfinanzhofs vor 1994

Der Bundesfinanzhof hat diese Rechtsprechung – anknüpfend an Ansätze in der Rechtsprechung des Reichsfinanzhofs – zwar für sog. *Veräußerungsrenten,* bei denen das Rentenrecht durch Veräußerung eines Grundstücks oder durch Zahlung eines bestimmten Kaufpreises erworben wurde, in dem Sinne weiterentwickelt, dass die Teilbeträge der Rente, die bei wirtschaftlicher Betrachtung Kaufpreisraten darstellen oder ihnen gleichgestellt werden können, bei der Besteuerung unberücksichtigt bleiben.[285] Für *Schadensersatzrenten* hat er die Rechtsprechung des Reichsfinanzhofs dagegen zunächst nicht modifiziert; insbesondere hat er diese Renten *nicht* als – nur teilweise steuerpflichtige – *Leib-*

1992 – VI ZR 103/91 – NJW-RR 1992, 791 (791); BGH, Urteil vom 19.05.1981 – VI ZR 108/79 – NJW 1982, 757 (757); KG Berlin, Urteil vom 15.02.1982 – 12 U 3843/81 – VersR 1982, 978 (979); ebenso Palandt/*Sprau,* BGB, § 843 Rdnr. 3; *Wagner,* in: MünchKomm-BGB, § 843 Rdnr. 57.

[282] Vgl. nur RFH, Urteil vom 03.12.1927 – VI A 597/27 – StuW 1928 Nr. 66; RFH, Urteil vom 18.01.1928 – VI A 192/27 – RStBl. 1928, 97 (98); RFH, Urteil vom 28.03.1928 – VI A 209/28 – RStBl. 1928, 212 (212) zu Leibrenten; RFH, Urteil vom 07.05.1930 – VI A 827/27 – RStBl. 1930, 578 (579); RFH, Urteil vom 14.10.1936 – VI A 82/36 – RStBl. 1937, 110 (110); RFH, Urteil vom 29.03.1944 – VI 28/44 – RStBl. 1944, 651 (652).

[283] So RFH, Urteil vom 07.05.1930 – VI A 827/27 – RStBl. 1930, 578 (579); sowie RFH, Urteil vom 29.03.1944 – VI 28/44 – RStBl. 1944, 651 (652).

[284] RFH, Urteil vom 14.10.1936 – VI A 82/36 – RStBl. 1937, 110 (110); RFH, Urteil vom 10.02.1939 – IV 262/38 – RStBl. 1939, 907 (908).

[285] Vgl. BFH, Urteil vom 18.09.1952 – IV 70/49 U – BFHE 56, 754 (758) = BStBl. 1952 III, 290 (292).

renten anerkannt.[286] Auch der überwiegende Teil der *Literatur* hat vor dem Urteil des Bundesfinanzhofs aus dem Jahr 1994 den als Geldrente geleisteten Schadensersatz unterschiedslos den in voller Höhe zu versteuernden sonstigen wiederkehrenden Bezügen zugeordnet.[287]

cc) Neuere Rechtsprechung des Bundesfinanzhofs seit 1994

Für den Bereich der *Mehrbedarfsrenten* i. S. d. § 843 Abs. 1 Alt. 2 BGB hat sich der *Bundesfinanzhof* mit *Urteil vom 25. Oktober 1994*[288] von seiner früheren Rechtsprechung gelöst und entschieden, dass eine Mehrbedarfsrente zwar die begrifflichen Merkmale „sonstiger wiederkehrender Bezüge" erfüllt, aber *nicht* nach § 22 Nr. 1 S. 1 EStG *steuerbar* ist.

Damit hat er die zur Steuerbarkeit privater Schadensersatzrenten vertretene Rechtsprechung auf Fälle eingeschränkt, „in denen Ersatz für andere, bereits steuerbare Einkünfte geleistet" wird (z. B. wegen Beeinträchtigung der Erwerbsfähigkeit, §§ 843 Abs. 1 Alt. 1 BGB, 24 Nr. 1a EStG). Gleichzeitig hat der Bundesfinanzhof eine Abkehr von dem Grundsatz vollzogen, dass die Besteuerung nach § 22 Abs. 1 Nr. 1 S. 1 EStG allein an die äußere Form der wiederkehrenden Zahlung anknüpft.

Anders als der Reichsfinanzhof geht er davon aus, dass eine Besteuerung nur wegen der Wiederkehr von Bezügen dem Grundsatz der Besteuerung nach der *wirtschaftlichen Leistungsfähigkeit* widerspricht. Diese werde aufgrund der Wie-

---

[286] Nach Auffassung des Bundesfinanzhofs sind Schadensersatzrenten deshalb keine Leibrenten i. S. v. § 22 Nr. 1 S. 3 lit. a) EStG, weil bei ihnen die einzelnen Rentenleistungen nicht wie bei Leibrenten Erträge eines selbständigen Stammrechts sind, sondern unmittelbar auf gesetzlicher Vorschrift beruhen, vgl. BFH, Urteil vom 05.04.1965 – VI 330/63 U – BFHE 82, 312 (314) = BStBl. 1965 III, 359 (360) zu einer Schadensrente nach § 844 Abs. 2 BGB.

[287] Vgl. *Heinicke,* in: Schmidt, EStG, 13. Aufl. 1994, § 22 Tz. 14; *Jansen/Wrede,* Renten, Raten, Dauernde Lasten, 10. Aufl., Rdnr. 505; *v. Reden,* in: Littmann/Bitz/Pust, Das Einkommensteuerrecht, 15. Aufl., § 22 Rdnr. 80; *Steinle,* Schadensersatz und Ertragsteuerrecht, S. 50, 63; *Bilsdorfer,* Einkommensteuerpflicht für Schadensersatzrenten wegen Entziehung des Rechts auf Unterhalt – Anmerkung, in: NJW 1979, 2423 (2424); *v. Bornhaupt,* Schadensersatz im Einkommensteuerrecht, in: NWB Fach 3 (11/1986), 6197 (6204). Kritisch zur (vollen) steuerlichen Erfassung wiederkehrender Bezüge, die Schäden im Bereich der privaten Lebensführung abgelten, *Fischer,* in: Kirchhof/Söhn/Mellinghoff, EStG, § 22 Rdnr. B 446; *Seeger,* in: Schmidt, EStG, 13. Aufl. 1994, § 24 Tz. 5c; *Fischer,* Wiederkehrende Bezüge und Leistungen, Rdnr. 456 f.; *Lang,* Die Bemessungsgrundlage der Einkommensteuer, 1988, S. 265 f.

[288] BFH, Urteil vom 25.10.1994 – VIII R 79/91 – BFHE 175, S. 439 ff. = BStBl. 1995 II, S. 121 ff.; bestätigt durch BFH, Urteil vom 14.12.1994 – X R 106/92 – BFHE 176, S. 402 ff. = BStBl. 1995 II, S. 410 ff. Die Finanzverwaltung hat sich dieser Rechtsprechung angeschlossen, vgl. BMF-Schreiben vom 08.11.1995, IV B 3 – S 2255 – 22/95, BStBl. 1995 I, 705 (705). Vgl. aus dem Schrifttum *Gérard,* in: Lademann, EStG, § 22 Rdnr. 17.

derkehr von Leistungen nicht erhöht. Bei der Abgeltung vermehrter Bedürfnisse erlange der Geschädigte kein zusätzliches disponibles Einkommen; es handele sich wirtschaftlich lediglich um „durchlaufendes Geld“. Darüber hinaus hat der erkennende Senat die Nichtsteuerbarkeit der Mehrbedarfsrenten mit einer *verfassungswidrigen Ungleichbehandlung* im Vergleich zur Besteuerung von Schadensersatzleistungen in Form eines Einmalbetrages begründet. Letztere seien nicht steuerbar, weil sie keiner der sieben Einkunftsarten in § 2 Abs. 2 Nr. 1 bis 7 EStG zuordenbar sind. Die zeitlich gestreckte Auszahlung einer Schadensersatzrente könne aber grundsätzlich nicht anders besteuert werden als der in einer Summe ausgezahlte Betrag, soweit nicht – was allerdings für die Mehrbedarfsrente zu verneinen sei – in den einzelnen Zahlungen Zinsanteile als Erträge enthalten seien. Auch das sog. *Korrespondenzprinzip,* demzufolge der Empfänger einer Leistung nicht zu versteuern braucht, was der Geber nicht abziehen darf, und umgekehrt der Empfänger einer Leistung versteuern muss, was der Leistende von der Bemessungsgrundlage abziehen darf (hier: Abziehbarkeit der Schadensersatzrente als dauernde Last nach § 10 Abs. 1 Nr. 1a EStG),[289] gebiete nicht die Steuerbarkeit der Mehrbedarfsrente. Die generelle Geltung eines solchen Prinzips für die wiederkehrenden Bezüge lasse sich dem Einkommensteuergesetz nicht entnehmen.

d) BGH, Urteil vom 23. Mai 1985 – III ZR 69/84

Der *Bundesgerichtshof* hatte sich mit der Problematik der Erwerbsersatz- bzw. Mehrbedarfsrenten in *seinem Urteil vom 23. Mai 1985*[290] zu befassen. Das Urteil betraf einen auf die Vorschriften des Finanzvertrages[291] gestützten Schadensersatzprozess gegen die Bundesrepublik Deutschland, die in Prozessstandschaft für die US-Stationierungsstreitkräfte auftrat. Der Entscheidung lag der folgende Sachverhalt zugrunde.

---

[289] Vgl. BFH, Urteil vom 26.01.1994 – X R 57/89 – BFHE 174, 1 (3) = BStBl. 1994 II, 597 (598). Eine derart unbedingte wechselseitige Abhängigkeit wäre mit dem Grundsatz der Individualbesteuerung unvereinbar, vgl. BFH, Urteil vom 04.04.1989 – X R 14/85 – BFHE 157, 88 (90) = BStBl. 1989 II, 779 (780 f.); Blümich/*Stuhrmann,* EStG/KStG/GewStG, § 22 EStG Rdnr. 60; *Kirchhof,* in: Kirchhof/Söhn/Mellinghoff, EStG, § 2 Rdnr. A 189; *Fischer,* in: Kirchhof/Söhn/Mellinghoff, EStG, § 22 Rdnr. A 36, 38, 39; *Lang,* Die Bemessungsgrundlage der Einkommensteuer, 1988, S. 82 ff.; *Tipke,* Die Steuerrechtsordnung, S. 662 f.; *Lang,* in: Tipke/Lang, Steuerrecht, 17. Aufl., § 9 Rdnr. 24, 580.

[290] BGH, Urteil vom 23.05.1985 – III ZR 69/84 – NJW 1985, S. 3011 ff. = VersR 1985, S. 860.

[291] *Finanzvertrag* (FinVtr) in der gemäß Liste III zu dem am 23. Oktober 1954 in Paris unterzeichneten Protokoll über die Beendigung des Besatzungsregimes in der Bundesrepublik Deutschland geänderten Fassung, veröffentlicht in der Bekanntmachung zum Protokoll vom 23. Oktober 1954 über die Beendigung des Besatzungsregimes in der Bundesrepublik Deutschland vom 30.03.1955, BGBl. 1955 II, S. 381 ff.

aa) Sachverhalt

Die Klägerin wurde bei einem Verkehrsunfall, der von einem Angehörigen der US-Streitkräfte schuldhaft verursacht worden war, verletzt. Die Beklagte hatte seitdem an die Klägerin wegen Beeinträchtigung der Haushaltsführung eine Schadensrente gezahlt. Die Höhe der Rente wurde durch ein landgerichtliches Urteil aus dem Jahr 1975 nach den geschätzten Kosten einer Haushaltshilfe zuzüglich eines Betrages von DM 8,20 für Einkaufsfahrten bemessen. Die Klägerin zahlte zunächst keine Einkommensteuer auf die Schadensersatzrente. Dementsprechend wurde die Einkommensteuer im Rahmen der Schadenshöhe nicht berücksichtigt.

Nach einer Steuerprüfung im Jahre 1980 hat das Finanzamt die Schadensersatzrente bei der Einkommensteuer berücksichtigt und für die Jahre 1978 und 1979 für Einkommensteuer und Kirchensteuer eine Nachzahlung von insgesamt DM 8.316,72 festgesetzt. Mit Schreiben vom 16. Februar 1982 meldete die Klägerin die auf die Schadensersatzrente zu entrichtende Steuer als weiteren Schaden an. Sie stützte sich dabei auf eine Entschließung aus dem Jahr 1963, wonach ihr das Recht vorbehalten war, Ersatz des ihr aus Anlass des Unfalls zukünftig noch entstehenden Schadens zu verlangen.

Die Beklagte lehnte den Ersatz der Steuerbeträge ab, weil die Rente nach dem Bruttolohn einer Haushaltshilfe einschließlich Steuern berechnet worden sei und hiernach eine zusätzliche Abgeltung der nacherhobenen Steuern nicht verlangt werden könne. Mit der Klage begehrte die Klägerin Ersatz der für 1978 und 1979 nacherhobenen Einkommen- und Kirchensteuer und die Feststellung, dass die Beklagte ihr ab dem Jahre 1980 die Beträge an Einkommen- und Kirchensteuer ersetzen müsse, welche die Finanzbehörde auf die Schadensersatzrente erhebe. Die Vorinstanzen[292] hatten die Klage abgewiesen.

bb) Entscheidungsgründe

Auch die Revision der Klägerin hatte keinen Erfolg. Der Bundesgerichtshof hat einen Anspruch der Klägerin auf Erstattung der von ihr wegen Empfangs der zuerkannten Schadensrente zu zahlenden Einkommen- und Kirchensteuer verneint, weil der in der Besteuerung der Rente liegende (zusätzliche) Schaden[293] für die Klägerin *vorhersehbar*[294] gewesen sei. Nach dem Stand der

[292] LG Koblenz, Urteil vom 18.05.1983 – 5 O 3/83; OLG Koblenz, Urteil vom 12.03.1984 – 12 U 965/83.

[293] Allgemein anerkannt ist, dass bereits in dem (teilweisen) Verlust der Fähigkeit einer Hausfrau, weiterhin Haushaltsarbeiten zu verrichten, ein ersatzfähiger Schaden zu sehen ist, vgl. nur BGH, Urteil vom 08.10.1996 – VI ZR 247/95 – NJW 1997, 256 (256); BGH, Urteil vom 06.06.1989 – VI ZR 66/88 – NJW 1989, 2539 (2539) m. w. N.

Rechtsprechung und der herrschenden Meinung habe die Klägerin sowohl im Zeitpunkt des Schadensereignisses als auch im Zeitpunkt der landgerichtlichen Entscheidung aus dem Jahr 1975, deren Abänderung die Klägerin begehrte, von der *Steuerpflichtigkeit* der Schadensrente ausgehen müssen.

Zur Begründung dieser Rechtsauffassung verweist der erkennende Senat auf die steuerliche Behandlung der Mehrbedarfs- und Erwerbsersatzrente. Die Rente wegen des in der Beeinträchtigung der Hausarbeitsfähigkeit liegenden *Erwerbsschadens* sei entweder als Ersatz für entgehende Einnahmen nach § 24 Nr. 1a EStG oder – sofern sie nicht unter § 24 EStG zu subsumieren sei, weil die Steuerpflicht nach § 24 EStG Ersatzleistungen für nach § 2 Abs. 1 Nr. 1 bis 6 EStG steuerpflichtige Einkünfte voraussetze, der „Erwerb" durch die Tätigkeit als Hausfrau dazu aber nicht gehöre – jedenfalls nach der subsidiären Vorschrift des § 22 Nr. 1 S. 1 EStG als wiederkehrende Bezüge steuerbar. Die Schadensersatzrente wegen vermehrter Bedürfnisse *(Mehrbedarfsrente)* gehöre ohnehin zu den nach § 22 Nr. 1 S. 1 EStG einkommensteuerpflichtigen sonstigen Einkünften in Form wiederkehrender Bezüge.

Die Zuordnung der Schadensrenten (soweit sie nicht zu den in § 2 Abs. 1 Nr. 1 bis 6 EStG bezeichneten Einkunftsarten gehören) zu den Einkünften aus wiederkehrenden Bezügen entspreche zum einen der Rechtsprechung sowohl des Reichs- als auch des Bundesfinanzhofs. Nach dieser Rechtsprechung beruhe die steuerliche Erfassung von Renten allein darauf, dass jemand mit einer gewissen Regelmäßigkeit oder auf eine gewisse Dauer mit dem Zufließen von Einnahmen rechnen kann. Auch die Literatur gehe überwiegend davon aus, dass die Schadensersatzrente – soweit sie nicht unter § 24 Nr. 1a EStG fällt – zu den nach § 22 Nr. 1 S. 1 EStG steuerpflichtigen Einkünften gehört.[295] Soweit im Schrifttum die Auffassung vertreten werde, Renten für Verdienstausfall

---

[294] Nach Art. 8 Abs. 1 FinVtr waren Ansprüche wegen Verlusten oder Schäden, die im Bundesgebiet infolge von Handlungen oder Unterlassungen der Stationierungsstreitkräfte bei Erfüllung ihrer dienstlichen Verrichtungen entstanden waren, grundsätzlich innerhalb einer *Frist von 90 Tagen nach Kenntnis des Schadens* bei der zuständigen Behörde geltend zu machen (Art. 8 Abs. 6 FinVtr). Gegen einen ablehnenden Bescheid der Behörde hatte der Anspruchsberechtigte *innerhalb von zwei Monaten nach Mitteilung* im Sinne einer ordnungsmäßigen Zustellung des Bescheides Klage gegen die Bundesrepublik zu erheben, die in Prozessstandschaft für die Stationierungsstreitkräfte auftrat (Art. 8 Abs. 10 FinVtr). Nach dem rechtskräftigen Abschluss eines Prozesses, in dem ein Schaden nach Art. 8 Abs. 10 FinVtr hätte anhängig gemacht werden können, war dem Geschädigten die Möglichkeit zur Erweiterung des geltend gemachten Anspruchs auf weitere *bereits entstandene* oder *voraussehbare* Schäden verschlossen, vgl. BGH, Urteil vom 23.05.1985 – III ZR 69/84 – NJW 1985, 3011 (3012) m.w.N.

[295] Unter Hinweis auf *Geigel,* Der Haftpflichtprozess, 6. Aufl., S. 465 f.; *Littmann,* Das Einkommensteuerrecht, 3. Aufl., § 22 Anm. 2a) cc), d); *Littmann,* Das Einkommensteuerrecht, 8. Aufl., § 22 Rdnr. 34; *Steinle,* Schadensersatz für immaterielle Schäden und Einkommensteuerpflicht, in: BB 1981, 359 (360); teilweise a.A. *Schick,* Die steuerliche Behandlung von Schadensersatzrenten beim Rentenempfänger, in:

fielen nicht unter § 22 EStG[296], beruhe dies darauf, dass § 22 EStG subsidiär gelte und hinter § 2 Abs. 1 Nr. 1 bis 6 EStG zurücktrete.

cc) Analyse der Entscheidungsgründe

Dem Bundesgerichtshof ist aus steuerlicher Sicht darin zuzustimmen, dass nach der damals maßgeblichen Rechtsauffassung eine Steuerbarkeit der Erwerbsersatz- und der Mehrbedarfsrente zu bejahen war.

(1) Frühere finanzgerichtliche Rechtsprechung

Nachdem im Zeitpunkt der Entscheidung des Bundesgerichtshofs noch keine (höchstrichterliche) Stellungnahme zur Frage der Steuerbarkeit von *Mehrbedarfsrenten* vorlag, hat der erkennende Senat zu Recht auf die zu sonstigen Schadens(ersatz)renten ergangenen Urteile des Reichs- und Bundesfinanzhofs rekurriert. Hinsichtlich der *Erwerbsersatzrente* bejaht der Bundesgerichtshof eine Besteuerung zumindest als „wiederkehrende Bezüge" i. S. d. § 22 Nr. 1 S. 1 EStG. Die Frage, ob die Erwerbsersatzrente einer Hausfrau u. U. bereits über § 24 Nr. 1a EStG i. V. m. § 2 Abs. 1, §§ 13–23 EStG zu versteuern war, konnte der Bundesgerichtshof hingegen offen lassen. Nach der damals herrschenden Rechtsauffassung – auf die der Bundesgerichtshof zutreffend hinweist – war nämlich stets ein Rückgriff auf die (subsidiäre) Einkunftsart „wiederkehrende Bezüge" möglich, sofern eine Anwendung von § 24 Nr. 1a EStG ausschied.

(2) Neuere Rechtsprechung des Bundesfinanzhofs

Vor dem Hintergrund der *neueren Rechtsprechung* des Bundesfinanzhofs, welche die Erwerbsersatzrente und die Mehrbedarfsrente einer unterschiedlichen Besteuerung unterwirft, wäre eine solche einheitliche Behandlung nicht möglich. Obwohl die Rente, wenn sie sowohl die *Erwerbsminderung* als auch die *Bedarfserhöhung* abgilt, bürgerlich-rechtlich eine Einheit darstellt,[297] ist für steuerliche Zwecke eine Aufteilung erforderlich. Darüber hinaus muss im Urteilstenor eine betragsmäßige Auftrennung der Schadensrente erfolgen, die sich an den folgenden Gesichtspunkten orientiert:[298]

NJW 1967, 962 (963); vorübergehend auch *Littmann,* Das Einkommensteuerrecht, 5. Aufl., § 22 Rdnr. 29 sowie 6. Aufl., § 22 Rdnr. 29.

[296] *Krebs,* Die Grundsätze der Besteuerung des Schadensersatzes im Haftpflichtrecht nach dem Einkommensteuergesetz, S. 29.

[297] *Spindler,* in: Bamberger/Roth, BGB, § 843 Rdnr. 2; *Wagner,* in: MünchKomm-BGB, § 843 Rdnr. 69.

[298] Vgl. BGH, Urteil vom 08.10.1996 – VI ZR 247/95 – NJW 1997, 256 (256 f.) m. w. N.; *Spindler,* in: Bamberger/Roth, BGB, § 843 Rdnr. 2; *Gschwendtner,* Mehrbe-

- Soweit die Haushaltstätigkeit der *Beitrag* der Hausfrau *zum Familienunterhalt* gewesen ist, ist im Falle der Verletzung der Hausfrau vom Vorliegen eines *Erwerbsschadens*[299] i. S. v. § 843 Abs. 1 Alt. 1 BGB auszugehen.
- Soweit die Haushaltstätigkeit der *Befriedigung ihrer eigenen Bedürfnisse* gedient hat, gehört der teilweise Ausfall dieser Tätigkeit zur Schadensgruppe der *vermehrten Bedürfnisse*[300] i. S. v. § 843 Abs. 1 Alt. 2 BGB.

Sowohl in dem einen wie dem anderen Fall ist die Schadenshöhe messbar an der markt- oder tarifüblichen Entlohnung, die für die verletzungsbedingt in eigener Person nicht mehr ausführbaren Hausarbeiten an eine Hilfskraft gezahlt wird (dann Erstattung des Bruttolohns) oder gezahlt werden müsste (dann Orientierung am Nettolohn).[301] Diese neue steuerrechtliche Praxis zugrunde gelegt, hätte der Bundesgerichtshof hinsichtlich der steuerlichen Behandlung der Renten und damit hinsichtlich der Frage nach dem Vorliegen eines (zusätzlichen) Schadens der klagenden Hausfrau zu folgendem Ergebnis kommen müssen:

darfsrenten nicht einkommensteuerbar – Anmerkung zum BFH-Urteil vom 25. Oktober 1994 VIII R 79/91, in: DStZ 1995, 130 (131)

299 Der Bundesgerichtshof erkennt in ständiger Rechtsprechung die Ermittlung des *Erwerbsschadens* einer Hausfrau an, vgl. BGH, Urteil vom 10.10.1989 – VI ZR 247/88 – NJW-RR 1990, 34 (34); BGH, Urteil vom 06.06.1989 – VI ZR 66/88 – NJW 1989, 2539 (2539); BGH, Urteil vom 07.05.1974 – VI ZR 10/73 – NJW 1974, 1651 (1652); OLG Köln, Urteil vom 31.01.1990 – 13 U 166/89 – VersR 1992, 112 (113); OLG Oldenburg, Urteil vom 28.07.1992 – 5 U 32/92 – VersR 1993, 1491 (1491); ebenso *Wagner,* in: MünchKomm-BGB, § 843 Rdnr. 50. Dem Schädiger kann nämlich allein der Umstand, dass die sonst nur gegen Entgelt erhältliche Arbeit der geschädigten Person ausnahmsweise unentgeltlich oder ohne gesetzliche Verpflichtung ausgeübt wird, nicht zugute kommen, vgl. *Spindler,* in: Bamberger/Roth, BGB, § 843 Rdnr. 15; nur für typische Haushaltsarbeit: *v. Einem,* Beitragsregress des Rentenversicherungsträgers wegen drittverursachter Schädigung einer Pflegeperson, in: VersR 1995, 1164 (1166).

300 Nach dem Bundesgerichtshof kann bei einer Hausfrau auch ein Schaden wegen *vermehrter Bedürfnisse* auftreten. In dieser Schadensgruppe sind die Kosten des tatsächlich anfallenden Bedarfs zu ersetzen, der für die Aufrechterhaltung der materiellen Lebensqualität der Zeit vor der Verletzung erforderlich ist. Hierzu rechnet auch die ausgefallene Arbeitsleistung im Haushalt, die nur den eigenen Bedürfnissen diente, vgl. BGH, Urteil vom 25.09.1973 – VI ZR 49/72 – NJW 1974, 41 (42); BGH, Urteil vom 06.06.1989 – VI ZR 66/88 – NJW 1989, 2539 (2539); BGH, Urteil vom 08.10.1996 – VI ZR 247/95 – NJW 1997, 256 (257); vgl. auch *Spindler,* in: Bamberger/Roth, BGB, § 843 Rdnr. 24.

301 Vgl. BGH, Urteil vom 08.10.1996 – VI ZR 247/95 – NJW 1997, 256 (257); BGH, Urteil vom 06.06.1989 – VI ZR 66/88 – NJW 1989, 2539 (2539); BGH, Urteil vom 08.02.1983 – VI R 201/81 – BGHZ 86, 372 (375 f.).

(a) Nichtbesteuerung der Mehrbedarfsrente

Der Teil der Rente, welcher zur Schadensgruppe der vermehrten Bedürfnisse zu rechnen ist (Mehrbedarfsrente i.S.d. § 843 Abs. 1 Alt. 2 BGB), wäre weder als Leibrente noch als sonstige wiederkehrende Bezüge nach § 22 Nr. 1 EStG steuerbar, obwohl er seiner äußeren Form nach eine wiederkehrende Leistung darstellt. Ein zusätzlicher Schaden der Klägerin hätte sich nicht ergeben.

(b) Nichtbesteuerung der Erwerbsersatzrente

Auch soweit die Haushaltstätigkeit der Hausfrau ihr Beitrag zum Familienunterhalt gewesen ist und dafür eine Erwerbsersatzrente gezahlt wird, lägen keine steuerbaren Einkünfte und damit kein zusätzlicher Schaden vor. Das ergibt sich aus folgenden Erwägungen:

(aa) Besteuerung nach § 24 Nr. 1a EStG i.V.m. § 2 Abs. 1, §§ 13–23 EStG

Wie bereits oben gesehen gehören Schadensersatzleistungen zum Ausgleich des Schadens, der durch den Wegfall oder die Minderung der Erwerbsfähigkeit eingetreten ist, als *„Entschädigung"* zu der Einkunftsart, die von dem Einnahmeausfall betroffen ist (vgl. § 24 Nr. 1a EStG).

In dem vom Bundesgerichtshof zu entschiedenen Fall wäre eine Besteuerung der Erwerbsschadenrente nach § 24 Nr. 1a EStG i.V.m. § 2 Abs. 1, §§ 13–23 EStG bereits daran gescheitert, dass die Hausarbeit der Klägerin in keiner Form vergütet wurde. Damit konnte die Erwerbsersatzrente keine „Entschädigung" für entgangene Einnahmen darstellen.

Selbst wenn die Klägerin (z.B. von ihrem Ehemann) eine Vergütung für die Hausarbeit erhalten hätte, wären diese Einnahmen keiner Einkunftsart zuzurechnen gewesen. Eine Hausfrau ist weder als Arbeitnehmerin anzusehen,[302] so dass die Erwerbsersatzrente keine „Entschädigung" für Einkünfte aus nichtselbständiger Arbeit (§ 19 EStG) darstellen würde, noch wäre eine eventuell gezahlte Vergütung für die Haushaltstätigkeit unter den Tatbestand des § 22 Nr. 3 EStG (Einkünfte aus sonstigen Leistungen) zu subsumieren gewesen. Die Vorschrift erfasst zur Ergänzung der übrigen Einkunftsarten das Ergebnis einer Erwerbstätigkeit oder Vermögensnutzung; sie setzt dementsprechend die allgemeinen Merkmale des Erzielens von Einkünften gemäß § 2 EStG voraus.[303] Leistungen innerhalb der familiären Lebensgemeinschaft, die üblicherweise auf familienrechtlicher Grundlage erbracht werden (z.B. Tätigkeiten einer Ehefrau gemäß

---

[302] Vgl. *Drenseck,* in: Schmidt, EStG, 23. Aufl., § 19 Rdnr. 15 Stichwort „Hausfrau".

§ 1360 S. 2 BGB als Beitrag zum Familienunterhalt), dienen jedoch gerade nicht der Erzielung von Einkünften im Sinne von § 2 EStG. Insbesondere stellt die Führung des Haushaltes keine auf den Gelderwerb gerichtete Tätigkeit des haushaltsführenden Ehegatten dar.[304] Solche Leistungen fallen unter keine Einkunftsart, sondern werden der einkommensteuerrechtlich unbeachtlichen Privatsphäre zugeordnet.[305]

Da die Schadensersatzleistungen zum Ausgleich des Wegfalls oder der Minderung der Erwerbsfähigkeit der Hausfrau zu keiner der sieben Einkunftsarten hätten gezählt werden können, hätte der Bundesgerichtshof eine Besteuerung der Erwerbsersatzrente über die Zuordnungsnorm des § 24 Nr. 1a EStG ablehnen müssen.

(bb) Besteuerung als „wiederkehrende Bezüge" nach § 22 Nr. 1 EStG

Es wäre ebenfalls nicht in Betracht gekommen, die Steuerpflicht der *Erwerbsersatzrente* allein an ihre Form als „wiederkehrende Bezüge" im Sinne des § 22 Nr. 1 S. 1 EStG zu knüpfen. Nach der neueren Rechtsprechung des Bundesfinanzhofs sind nämlich Schadensersatzleistungen, die zu den sonstigen Einkünften gehören, nur steuerbar, soweit Ersatz für *weggefallene steuerbare* Einkünfte geleistet wird.[306] An „steuerbaren Einkünften" in diesem Sinne hätte es jedoch in dem zu entscheidenden Fall gefehlt.

---

[303] BFH, Urteil vom 14.09.1999 – IX R 88/95 – BFHE 189, 424 (427) = BStBl. 1999 II, 776 (777); *Kirchhof,* in: Kirchhof/Söhn/Mellinghoff, EStG, § 2 Rdnr. B 170; *Wacker,* in: Schmidt, EStG, 23. Aufl., § 22 Rdnr. 132 f.

[304] BFH, Urteil vom 26.03.1980 – II R 152/78 – BFHE 130, 557 (558) = BStBl. 1980 II, 594 (595); FG Düsseldorf, Urteil vom 16.08.2001 – 14 K 582/00 E – EFG 2001, 1598 (1599); die beim Bundesfinanzhof eingelegte Nichtzulassungsbeschwerde wurde nach § 116 Abs. 5 FGO als unbegründet zurückgewiesen (BFH, Beschluss vom 09.08.2002 – VI B 248/01, nicht dokumentiert).

[305] BFH, Urteil vom 27.10.1978 – VI R 166, 173, 174/76 – BFHE 126, 285 (287) = BStBl. 1979 II, 80 (81): Reinigung des häuslichen Arbeitszimmers durch die Ehefrau; BFH, Urteil vom 26.10.1990 – IX R 148/86 – BFH/NV 1990, 773 (774): Vermietung von Räumen in einem gemeinsam genutzten Reihenhaus an die Lebensgefährtin; BFH, Urteil vom 09.12.1993 – IV R 14/92 – BFHE 173, 140 (142) = BStBl. 1994 II, 298 (298): Telefondienst einer Arzttochter in der Familienwohnung; BFH, Urteil vom 30.01.1996 – IX R 100/93 – BFHE 180, 74 (75 f.) = BStBl. 1996 II, 359 (360): Vermietung einer gemeinsam genutzten Eigentumswohnung an die Lebensgefährtin; BFH, Urteil vom 14.09.1999 – IX R 88/95 – BFHE 189, 424 (427) = BStBl. 1999 II, 776 (777 f.).

[306] Vgl. *Wacker,* in: Schmidt, EStG, 23. Aufl., § 22 Rdnr. 50.

dd) Fazit

Dem Bundesgerichtshof ist in seiner steuerlichen Beurteilung der Mehrbedarfs- und Erwerbsersatzrente zuzustimmen. Hätte der Bundesgerichtshof sein Urteil an der neuen Rechtsprechung des Bundesfinanzhofs orientieren müssen, hätte er zur Nichtsteuerbarkeit der an die Klägerin gezahlten Mehrbedarfs- und Erwerbsersatzrente kommen müssen und einen zusätzlichen Schaden der Hausfrau verneinen müssen. Dies wäre die konsequente Folge der (neuen) finanzgerichtlichen Praxis gewesen. Da § 24 Nr. 1a EStG nur Einkünfte erfasst, die einen Ersatz für andere steuerpflichtige Einkünfte darstellen, bleibt eine Ersatzleistung, selbst wenn sie in wiederkehrenden Leistungen erbracht wird, steuerfrei, wenn die Grundleistung nicht steuerpflichtig ist.[307]

Damit kann – und das sei abschließend festgehalten – sogar davon ausgegangen werden, dass die Klägerin, die es versäumt hatte, die Einkommensteuerbelastung als zusätzlichen Schadensposten geltend zu machen und durch die Rechtskraft gehindert war, die Einkommensteuer nachträglich einzuklagen, durch die finanzgerichtliche Rechtsprechungsänderung letztlich sogar begünstigt wurde.[308] Ab dem Veranlagungszeitraum 1995 ist für sie die (nicht vom Schädiger erstattete) Steuerbelastung als (zusätzlicher) Schaden weggefallen.

e) Steuerbarkeit/Nichtsteuerbarkeit von Unterhaltsersatzrenten

Da auch die *Unterhaltsersatzrenten nach § 844 Abs. 2 BGB*[309] zu den sonstigen Schadens(ersatz)renten gehören, lagen nach der *früheren Rechtsprechung*

---

[307] BFH, Urteil vom 25.10.1994 – VIII R 79/91 – BFHE 175, 439 (443) = BStBl. 1995 II, 121 (123) unter II. 1. c); *Seeger,* in: Schmidt, EStG, 23. Aufl., § 24 Rdnr. 50.

[308] Vgl. BFH, Urteil vom 25.10.1994 – VIII R 79/91 – BFHE 175, 439 (447) = BStBl. 1995 II, 121 (125) sub II. 1. c) gg) unter ausdrücklichem Hinweis auf das hier analysierte Urteil des Bundesgerichtshofs.

[309] Nach § 844 Abs. 2 BGB ist einem Dritten Schadensersatz durch Entrichtung einer Geldrente zu leisten, wenn im Falle der Tötung der Getötete dem Dritten gegenüber kraft Gesetzes unterhaltspflichtig war oder unterhaltspflichtig werden konnte und dem Dritten infolge der Tötung das Recht auf Unterhalt entzogen wird *(„Unterhaltsersatzrente“).* Dabei muss der Ersatzpflichtige dem Dritten insoweit Schadensersatz leisten, als der Getötete während der mutmaßlichen Dauer seines Lebens zur Gewährung von Unterhalt verpflichtet gewesen wäre. Der Rentenanspruch nach § 844 Abs. 2 BGB ist (begrifflich) kein Unterhaltsanspruch, sondern ein Schadensersatzanspruch wegen Entziehung eines gesetzlichen Unterhaltsanspruchs; der Schädiger übernimmt nur schadensersatzrechtlich die Rolle des Getöteten. Zum Kreis der *ersatzberechtigten Personen* gehören: Ehegatten (§ 1360 S. 1 BGB), auch bei Getrenntleben (§ 1361 BGB) und nach der Scheidung (§§ 1570 ff. BGB); Verwandte in gerader Linie (§§ 1601 ff. BGB); nichteheliche Kinder gegenüber dem Vater (§§ 1615a ff. BGB) und gegenüber der Mutter (§§ 1705 Abs. 1 S. 2, 1606 Abs. 3 S. 2 BGB); für ehelich erklärte Kinder (§§ 1736 ff., 1739 BGB), an Kindes Statt angenommene Kinder sowie Adoptiveltern (§ 1754 BGB), vgl. *Wagner,* in: MünchKomm-BGB, § 844 Rdnr. 22 f., Rdnr. 25 f.

des Bundesfinanzhofs in voller Höhe steuerbare „wiederkehrende Bezüge" i.S.d. § 22 Nr. 1 EStG vor, da sich die Rentenzahlungen auf Grund eines einheitlichen Rechtsgrundes mit einer gewissen Regelmäßigkeit, wenn auch nicht immer in gleicher Höhe, wiederholten.[310] Zwar hatte der Bundesfinanzhof in einer Entscheidung zu Vergütungen für die Bindung eines Grundstückseigentümers an ein Kaufangebot[311] bezweifelt, ob es dem Sinn und Zweck des § 22 Nr. 1 S. 1 EStG entsprechen könne, eine Leistung, die bei einmaliger Zahlung nicht steuerbar wäre, nur deshalb zur Besteuerung heranzuziehen, weil sie – mehr oder weniger zufällig – wiederholt erbracht werde. Diese Bedenken hat er jedoch mit dem Hinweis zerstreut, dass Schadensersatz nach § 844 Abs. 2 BGB „kraft Gesetzes im Regelfall als Geldrente zu entrichten" sei, und der Verletzte eine Abfindung in Kapital nur verlangen könne, wenn ein wichtiger Grund vorliege.[312] Die Steuerbarkeit der Rente entspreche zudem auch dem sog. *Korrespondenzprinzip,* weil der Schädiger die Schadensersatzrente in vollem Umfang als dauernde Last (§ 10 Abs. 1 Nr. 1a EStG) abziehen könne.

In seinem *Urteil vom 25. Oktober 1994* zur Frage der Steuerbarkeit von Mehrbedarfsrenten hat *der 8. Senat des Bundesfinanzhofs* die Unterhaltsrente beiläufig erwähnt, jedoch nicht über ihre Steuerbarkeit entschieden. Er hat lediglich darauf verwiesen, dass in der früheren Rechtsprechung der Widerspruch zwischen Steuerfreiheit des als Einmalbetrag geleisteten Schadensersatzes und der vollen Steuerbarkeit der Geldrente nicht aufgegriffen wurde. Auch in einem neueren Urteil hat der Bundesfinanzhof ausdrücklich offen gelassen, ob Schadensersatzrenten nach § 844 Abs. 2 BGB als „sonstige Einkünfte" der Besteuerung nach § 22 Nr. 1 EStG unterliegen.[313]

---

310 Vgl. BFH, Urteil vom 19.10.1978 – VIII R 9/77 – BFHE 126, 405 (406) = BStBl. 1979 II, 133 (134); ebenso für eine Besteuerung *Kanaplei,* Renten im Einkommensteuerrecht, 2. Aufl., S. 57; *Kapp/Grune,* Die Besteuerung von Renten, S. 41 f.

311 BFH, Urteil vom 26.04.1977 – VIII R 2/75 – BFHE 122, 271 (273) = BStBl. 1977 II, 631 (632).

312 BFH, Urteil vom 19.10.1978 – VIII R 9/77 – BFHE 126, 405 (406) = BStBl. 1979 II, 133 (134); vgl. ferner BFH, Urteil vom 05.04.1965 – VI 330/63 U – BFHE 82, 312 (313 f.) = BStBl. 1965 III, 359 (359 f.); FG München, Urteil vom 23.09.1977 – I 175/75 E – EFG 1978, 124 (124); FG Baden-Württemberg, Urteil vom 25.08.1992 – 13 K 115/90 – EFG 1993, 81 (82); *Bilsdorfer,* Einkommensteuerpflicht für Schadensersatzrenten wegen Entziehung des Rechts auf Unterhalt, in: NJW 1979, 2423 (2424); *Steinle,* Schadensersatz und Ertragsteuerrecht, S. 57 f.; *ders.,* Schadensersatz für immaterielle Schäden und Einkommensteuerpflicht, in: BB 1981, 359 (361); *Boelsen,* Schadensersatzleistungen und Vorteilsausgleich bei Schadensfällen mit einkommensteuerrechtlichem Hintergrund, in: DB 1988, 2187 (2192).

313 BFH, Urteil vom 22.05.2002 – VIII R 82/00 – BFH/NV 2002, 1298 (1298) unter Hinweis auf den Streitstand bei *Mellinghoff,* in: EStG KompaktKommentar, 2. Aufl., § 24 Rdnr. 18; *Heinicke,* in: Schmidt, EStG, 20. Aufl., § 22 Rdnr. 50; *Söhn,* Steuerbarkeit von Unterhaltsersatzrenten, in: FR 1996, S. 81 ff.; BMF-Schreiben vom 08.11.1995, IV B 3 – S 2255 – 22/95, BStBl. 1995 I, S. 705 f.

Die *Finanzverwaltung* und *Teile der Literatur* halten auch nach dem Urteil des Bundesfinanzhofs daran fest, dass Schadensersatzrenten, die auf der Rechtsgrundlage des § 844 Abs. 2 BGB für den Verlust von Unterhaltsansprüchen gezahlt werden, mit ihrem vollen Betrag nach § 22 Nr. 1 S. 1 EStG zu besteuern sind.[314] Zur Begründung führt die Finanzverwaltung an, dass Schadensersatzleistungen nach § 844 Abs. 2 BGB die wirtschaftliche Leistungsfähigkeit des Empfängers erhöhen, da sie ausschließlich dazu dienen, die durch das Schadensereignis entfallene wirtschaftliche Absicherung des Empfängers wiederherzustellen. Es bleibe in diesem Fall bei dem für Unterhaltsrenten in § 22 Nr. 1 S. 2 EStG bestimmten *Korrespondenzprinzip,* wonach wiederkehrende Bezüge beim Verpflichteten und beim Empfänger einheitlich zu beurteilen seien.

Andere Autoren gehen hingegen davon aus, dass die im Urteil des Bundesfinanzhofs zum Ausdruck gekommene veränderte Sicht auch für die Unterhaltsrente des Angehörigen eines getöteten Schadensopfers (§ 844 Abs. 2 BGB) gelten muss.[315] Auch bei der Frage der Steuerbarkeit einer Unterhaltsersatzrente komme es entscheidend darauf an, ob und inwieweit die Rentenbezüge Ersatzleistungen für steuerbare oder nicht steuerbare Einkünfte seien. Da die Rente eine Entschädigung i. S. d. § 24 Nr. 1a EStG für den Wegfall *steuerfreier* Unterhaltsleistungen (vgl. § 22 Nr. 1 S. 2 EStG) sei, müssten die wiederkehrenden Schadensersatzleistungen ebenfalls steuerfrei bleiben.[316]

Solange eine höchstrichterliche Stellungnahme zu dieser Frage aussteht, erscheint es zur Vermeidung von Friktionen für die Praxis der Zivilgerichte ratsam, sich der Auffassung der Finanzverwaltung anzuschließen und eine Steuerbarkeit der Unterhaltsersatzrente als „wiederkehrende Bezüge" zu bejahen.

f) BGH, Urteil vom 06. November 1986 – III ZR 193/85

Die Frage der Steuerbarkeit von Unterhaltsersatzrenten war auch Gegenstand des *Urteils des Bundesgerichtshofs vom 06. November 1986*[317]. Ähnlich wie die

[314] Vgl. BMF-Schreiben vom 08.11.1995, IV B 3 – S 2255 – 22/95, BStBl. 1995 I, 705 (706); zustimmend *Mellinghoff,* in: EStG KompaktKommentar, 2. Aufl., § 24 Rdnr. 18; wohl auch *v. Reden,* in: Littmann/Bitz/Pust, Das Einkommensteuerrecht, 15. Aufl., § 22 Rdnr. 80.

[315] Vgl. *Beiser,* Unterhaltsersatzrenten in der Einkommensteuer, in: DB 2001, 1900 (1902); *Gschwendtner,* Mehrbedarfsrenten nicht einkommensteuerbar – Anmerkung zum BFH-Urteil vom 25. Oktober 1994 VIII R 79/91, in: DStZ 1995, 130 (131); ebenso *Wacker,* in: Schmidt, EStG, 23. Aufl., § 24 Rdnr. 50.

[316] Vgl. dazu schon *Schick,* Die steuerliche Behandlung von Schadensersatzrenten beim Rentenempfänger, in: NJW 1967, 962 (964); Blümich/*Stuhrmann,* EStG/KStG/GewStG, § 24 EStG Rdnr. 44.

[317] BGH, Urteil vom 06.11.1986 – III ZR 193/85 – VersR 1987, S. 409 f.; vgl. zu dieser Frage bereits BGH, Urteil vom 10.04.1979 – VI ZR 151/75 – VersR 1979, S. 670 f.

soeben analysierte Entscheidung betraf auch dieses Urteil einen Schadensersatzprozess wegen eines Stationierungsschadens gegen die Bundesrepublik Deutschland. Der Entscheidung lag der folgende Sachverhalt zugrunde.

aa) Sachverhalt

Die Ehefrau des Klägers zu 1) und Mutter der Kläger zu 2) und 3) wurde im Jahr 1977 bei einem Verkehrsunfall mit einem Militärfahrzeug der US-Stationierungsstreitkräfte getötet. Das Amt für Verteidigungslasten (AVL) erkannte den Klägern zu 1) bis 3) durch Bescheide vom 17. Juli 1979, 16. und 30. Januar 1980 sowie 9. März und 7. April 1981 Unterhaltsrenten i. S. d. § 844 Abs. 2 BGB zu.

Im Jahr 1983 behandelte das Finanzamt die Rentenzahlungen an die Kläger als Einkünfte nach § 22 Nr. 1 EStG und unterwarf sie dementsprechend der Besteuerung. Die Kläger haben die Steuermehrbelastung mit Schreiben vom 7. April 1983 als zusätzlichen Schaden beim AVL angemeldet. Dieses hat die auf die Vorschriften des NATO-Truppenstatuts[318] gestützten Ansprüche mit Bescheiden vom 3. August und 5. September 1983 abgelehnt.

Mit ihrer Klage begehrten die Kläger zu 1) bis 3) Ersatz der sich aus der Besteuerung der Renten ergebenden Mehrbelastung für die Jahre 1978 bis 1980, die Kläger zu 1) und 3) darüber hinaus die Feststellung der Pflicht zum Ersatz der für die Zeit nach dem 1. Januar 1981 zu erwartenden Mehrbelastung. Die beklagte Bundesrepublik hat Klageabweisung beantragt. Sie hat sich auf die abschließende und rechtsbeständige Entscheidung über die den Klägern zustehenden Ansprüche und außerdem auf Verjährung berufen. Sowohl das Landgericht als auch das Oberlandesgericht[319] haben die Klage abgewiesen.

---

[318] Abkommen zwischen den Parteien des Nordatlantikvertrags über die Rechtsstellung ihrer Truppen vom 19.06.1951 (*NATO-Truppenstatut,* NTS), BGBl. 1961 II, S. 1190 ff.; Zusatzabkommen zu dem Abkommen zwischen den Parteien des Nordatlantikvertrages über die Rechtsstellung ihrer Truppen hinsichtlich der in der Bundesrepublik Deutschland stationierten ausländischen Truppen (ZA-NTS) vom 03.08.1959, BGBl. 1961 II, S. 1218 ff.; siehe auch Gesetz zu dem Abkommen zwischen den Parteien des Nordatlantikvertrags vom 19.06.1951 über die Rechtsstellung ihrer Truppen und zu den Zusatzvereinbarungen vom 03.08.1959 zu diesem Abkommen (Gesetz zum NATO-Truppenstatut und zu den Zusatzvereinbarungen, NTS-AG) vom 18.08.1961, BGBl. 1961 II, S. 1183 ff. sowie Bekanntmachung über das In-Kraft-Treten des Abkommens zwischen den Parteien des Nordatlantikvertrags über die Rechtsstellung ihrer Truppen (NATO-Truppenstatut) und der Zusatzvereinbarung zu diesem Abkommen vom 16.06.1963, BGBl. 1963 II, S. 745 f.

[319] OLG Nürnberg, Urteil vom 31.07.1985.

bb) Entscheidungsgründe

Auch die Revision zum Bundesgerichtshof blieb erfolglos. Der 3. Zivilsenat hat einen Anspruch der Kläger auf Erstattung der wegen Empfangs der zuerkannten Unterhaltsersatzrente zu zahlenden Einkommensteuer mit der Begründung verneint, dass der in der Besteuerung der Rente liegende (zusätzliche) Schaden für den Anwalt der Kläger bei sorgfältiger Prüfung *vorhersehbar*[320] gewesen sei. Nach dem Stand der Rechtsprechung und der herrschenden Meinung wäre im Zeitpunkt der erstmaligen Zuerkennung der Schadensrente von deren *Steuerpflichtigkeit* auszugehen gewesen.

Wie in dem soeben behandelten Urteil des Bundesgerichtshofs zu Mehrbedarfs- und Erwerbsersatzrenten verweist der erkennende Senat zur Begründung seiner Rechtsauffassung auf die steuerliche Behandlung der Schadensrente Hinterbliebener nach § 844 Abs. 2 BGB. Diese gehöre zu den nach § 22 Nr. 1 EStG einkommensteuerpflichtigen sonstigen Einkünften. Die dazu angeführte Begründung unter II. 2. b) des Urteils entspricht wortwörtlich den Ausführungen, die der *erkennende Senat* bereits in dem soeben analysierten *Urteil vom 23. Mai 1985* gemacht hat. Da auch die in Bezug genommenen finanzgerichtlichen Urteile und Literaturstimmen einander entsprechen, kann insoweit auf die obigen Ausführungen verwiesen werden.

cc) Analyse und Fazit

Der Bundesgerichtshof hat in seiner Entscheidung zutreffend darauf hingewiesen, dass Schadensersatzrenten Hinterbliebener i. S. v. § 844 Abs. 2 BGB zu den nach § 22 Nr. 1 S. 1 EStG einkommensteuerpflichtigen sonstigen Einkünften gehören. Er hat daher zu Recht einen in der Besteuerung der Rente liegenden zusätzlichen Schaden der Kläger bejaht, dessen Ersatz lediglich daran scheiterte, dass es die Kläger zu 1) bis 3) versäumt hatten, die Einkommensteuerbelastung rechtzeitig als zusätzlichen Schadensposten geltend zu machen.

---

[320] Nach Art. 6 Abs. 1 NTS-AG waren Ansprüche u. a. wegen Schäden, die im Bundesgebiet infolge von Handlungen oder Unterlassungen der NATO-Truppenmitglieder in Ausübung ihres Dienstes entstanden waren (vgl. Art. VIII Abs. 5 NTS), zur Vermeidung des Ausschlusses *innerhalb von 3 Monaten nach Kenntnis des Schadens* bei dem zuständigen AVL anzumelden. Gegen einen ablehnenden Bescheid der Behörde konnte der Anspruchsberechtigte nach Art. 12 Abs. 1, Abs. 3 NTS-AG *innerhalb von zwei Monaten nach Mitteilung* im Sinne einer ordnungsmäßigen Zustellung des Bescheides Klage gegen die Bundesrepublik erheben, die in Prozessstandschaft für den Entsendestaat auftrat (Art. 12 Abs. 2 NTS-AG). Nach Ablauf der für die Klage vorgeschriebenen Frist war dem Geschädigten die Möglichkeit zur Erweiterung des geltend gemachten Anspruchs auf weitere *bereits entstandene* oder *voraussehbare* Schäden verschlossen, vgl. BGH, Urteil vom 08.11.1984 – III ZR 138/83 – VersR 1985, 88 (89).

Obgleich die als Referenz herangezogenen finanzgerichtlichen Urteile die Rechtsauffassung des Bundesgerichtshofs stützen, sei die Bemerkung erlaubt, dass die Ausführungen des Bundesgerichtshofs einen Hinweis auf das Ende der 70er Jahre speziell zu Unterhaltsersatzrenten ergangene Urteil des Bundesfinanzhofs vermissen lassen. Dort hatte der Bundesfinanzhof nochmals ausdrücklich klargestellt und ausführlich begründet, dass Schadensersatzrenten, die aufgrund von § 844 Abs. 2 BGB für den Verlust von Unterhaltsansprüchen gewährt werden, in vollem Umfang als wiederkehrende Bezüge i. S. d. § 22 Nr. 1 S. 1 EStG steuerpflichtig sind.

Da der Bundesfinanzhof diese Rechtsprechung bis heute nicht ausdrücklich aufgegeben hat, müsste der Bundesgerichtshof – sofern er den Fall heute zu entscheiden hätte – trotz der in der Literatur im Hinblick auf die Einkommensteuerpflicht der Unterhaltsersatzrente geäußerten Bedenken zu demselben Ergebnis kommen wie im Jahr 1986.

g) BGH, Urteil vom 02. Dezember 1997 – VI ZR 142/96

Ein weiteres *Urteil des Bundesgerichtshofs vom 02. Dezember 1997*[321] befasst sich mit der Frage der Steuerbarkeit von beamtenrechtlichen Versorgungsbezügen, die der Unterhaltsersatzrente i. S. d. § 844 Abs. 2 BGB (teilweise) kongruent sind. Die Entscheidung betraf den Prozess eines Bundeslandes, das einen Haftpflichtversicherer aus übergegangenem Recht auf Schadensersatz im Hinblick auf geleistete beamtenrechtliche Versorgungsbezüge in Anspruch genommen hat. Von Interesse im Rahmen der vorliegenden Arbeit ist nur der Teil der Entscheidungsgründe, der die steuerliche Behandlung der Unterhaltsersatzrente aufgreift.

aa) Sachverhalt

Im Jahr 1985 verunglückte ein im Dienst des klagenden Landes stehender Beamter bei einer Hilfeleistung auf einer Bundesautobahn tödlich. Für die Unfallfolgen traf die Beklagte als Haftpflichtversicherer des Unfallverursachers die volle Einstandspflicht. Der Getötete hinterließ seine Ehefrau und zwei Kinder, denen gegenüber er unterhaltspflichtig war. Diese erhielten seit dem Unfallzeitpunkt eine von dem klagenden Land gezahlte beamtenrechtliche Hinterbliebenenversorgung.

Das klagende Land machte gegenüber der Beklagten den nach § 103a LBG Schleswig-Holstein, § 87a BBG auf das Land übergegangenen Anspruch der

[321] BGH, Urteil vom 02.12.1997 – VI ZR 142/96 – BGHZ 137, S. 237 ff. = NJW 1998, S. 985 ff.

Witwe auf Ersatz des Unterhaltsschadens (§ 844 Abs. 2 BGB) geltend. Ein Teil des Regressanspruchs wurde von der Beklagten vorprozessual erstattet. In dem zum Bundesgerichtshof gelangten Rechtsstreit hat das Land die Zahlung weiterer Beträge sowie die Feststellung einer weitergehenden Ersatzpflicht der Beklagten begehrt. Dabei ging es unter anderem um die der Witwe gegebenenfalls zu ersetzende Einkommensteuer, welche auf die Versorgungsbezüge zu entrichten war.

Das Landgericht[322] hat weitergehende Zahlungsansprüche des Klägers aus übergegangenem Recht der Witwe verneint. Das Berufungsgericht[323] hat dem Zahlungsanspruch des klagenden Landes teilweise stattgegeben und die begehrte Feststellung ausgesprochen. Mit seiner Revision verfolgte der Kläger sein Zahlungsbegehren in Höhe eines darüber hinausgehenden Betrages weiter.

bb) Entscheidungsgründe

Obwohl der Bundesgerichtshof die Revision teilweise als begründet angesehen hat, blieb sie ohne Erfolg, soweit geltend gemacht wurde, auf das klagende Land sei ein höherer als der im Berufungsurteil zugesprochene Ersatzanspruch wegen des *„Steuerschadens"* der Witwe übergegangen.

Es sei zwar anerkannt, dass der Schädiger dem Geschädigten, falls dieser eine Schadensersatzrente versteuern müsse, auch diese Steuern als weiteren Schadensberechnungsposten ersetzen müsse. Dies gelte grundsätzlich auch im Rahmen des auf der Grundlage des § 844 Abs. 2 BGB zu leistenden Schadensersatzes. Ob – wovon bisher im Hinblick auf die steuerrechtliche Rechtsprechung auszugehen gewesen sei – Unterhaltsschadenrenten nach § 844 Abs. 2 BGB der *Einkommensteuerpflicht* unterlägen, oder ob diese Frage nunmehr entsprechend den vom Bundesfinanzhof zu Renten für vermehrte Bedürfnisse angestellten Überlegungen anders zu beurteilen sei, könne im vorliegenden Rechtsstreit jedoch offen bleiben, weil der Anspruch der Witwe auf Ersatz der von ihr zu entrichtenden Steuern nicht auf das klagende Land übergegangen, sondern bei ihr verblieben sei.

Mit der Einkommensteuer und Kirchensteuer, die vom Witwengeld einzubehalten und an die Steuerbehörden abzuführen waren, sei die Witwe selbst belastet. Ihr als Steuerschuldnerin sei ein zusätzlicher unfallbedingter, vom Schädiger zu ersetzender Schaden erwachsen. Auf das klagende Land übergegangen sei aber nur der Anspruch der Witwe auf die nach § 844 Abs. 2 BGB vom Schädiger geschuldete Unterhaltsschadensrente als solche; denn lediglich in dieser

---

322 LG München I, Urteil vom 15.01.1993 – 17 O 10130/91.

323 OLG München, Urteil vom 16.02.1996 – 10 U 3065/93.

Höhe bestehe Kongruenz bezüglich des entsprechenden Teils des Witwengeldes.

cc) Fazit

Der Bundesgerichtshof hat in seiner Entscheidung die Problematik der Steuern auf Witwen- und Waisengeld materiellrechtlich zutreffend behandelt.[324] Insbesondere ist ihm darin zuzustimmen, dass nach (noch) geltender finanzgerichtlicher Rechtsprechung von der Einkommensteuerpflichtigkeit der Unterhaltsersatzrente auszugehen ist. Zwar weist der erkennende Senat auf die seit dem Urteil des Bundesfinanzhofs zu Mehrbedarfsrenten bestehenden Unsicherheiten hin, konnte aber von einer genaueren Erörterung und Entscheidung der Problematik aufgrund der besonderen Fallkonstellation absehen.

Sofern tatsächlich eine Entscheidung der Frage erforderlich gewesen wäre, wäre es – worauf bereits oben hingewiesen wurde – zur Vermeidung von Friktionen wünschenswert gewesen, wenn der Bundesgerichtshof der Rechtauffassung der Finanzbehörden Rechnung getragen und dem Ersatzberechtigten die auf die Unterhaltsrenten nach § 844 Abs. 2 BGB zu entrichtende Einkommensteuer als Schadensposten zugesprochen hätte.

---

[324] *Schiemann,* LM BGB § 844 Abs. 2, Nr. 94 (6/1998), Bl. 6 weist darauf hin, dass die steuerrechtliche Problematik die Schadensregulierung deshalb zusätzlich erschwerte, weil der Gesamtschaden nicht durch den Dienstherrn allein, sondern zu einem Teil von den Geschädigten selbst geltend gemacht werden musste. Die Quelle hierfür liegt seiner Meinung nach aber nicht im Schadensersatzrecht, sondern in der rechtspolitisch unsinnigen steuerrechtlichen Regelung, die aus einer steuerfreien Unterhaltsleistung im Falle der Unterhaltsersatzleistung ein steuerpflichtiges Einkommen macht.

Drittes Kapitel

Körperschaftsteuer

Die zweite Steuer aus dem Kanon der Ertragsteuern ist die gem. Art. 108 Abs. 2 S. 1 GG von den Landesfinanzbehörden verwaltete *Körperschaftsteuer*. Sie erfasst das Einkommen der im Körperschaftsteuergesetz genannten Körperschaften, Vereinigungen und Vermögensmassen und entspricht der Einkommensteuer als Ertragsteuer der natürlichen Personen, auch in ihrer Eigenschaft als Mitunternehmer.

I. Historische Entwicklung der Körperschaftsteuer

Die Besteuerung von natürlichen Personen und Kapitalgesellschaften war zunächst einheitlich in den *Einkommensteuergesetzen der Einzelstaaten* geregelt (z. B. im preußischen Einkommensteuergesetz von 1891). Erst im Zuge der Erzberger'schen Steuerreform wurde *auf Reichsebene* ein erstes eigenständiges *Körperschaftsteuergesetz*[325] geschaffen, das die Besteuerung der Körperschaften aus dem Einkommensteuergesetz herauslöste. An die Stelle der progressiv gestaffelten Einkommensteuer trat eine proportionale Körperschafteuer. Sie betrug für einbehaltene Gewinne 10% und erhöhte sich für ausgeschüttete Gewinnteile um einen Zuschlag, der um bis zu 10% dieser Beträge anstieg. Die Doppelbelastung, die sich durch die Besteuerung des Gewinns bei der juristischen Person und der Ausschüttung beim Anteilseigner ergab, wurde zunächst beibehalten. Eine Lösung des Problems wurde offenbar angesichts des damaligen Steuersatzes von lediglich 10% nicht als drängend empfunden.[326]

Im Rahmen der *Steuerreform des Jahres 1953*[327] wurde die Doppelbelastung erstmals durch eine niedrigere Besteuerung der auf einem ordnungsgemäßen Gewinnverteilungsbeschluss beruhenden Ausschüttungen gemildert. Während der allgemeine Körperschaftsteuersatz auf einbehaltene Gewinne ohne progressive Staffelung 60% betrug, wurde das Einkommen in Höhe der berücksichtigungsfähigen Ausschüttungen mit nur 30% belastet *(gespaltener Körperschaftsteuertarif)*. In den darauf folgenden Jahren wurden die Steuersätze für ausge-

[325] Körperschaftsteuergesetz vom 30.03.1920, RGBl. 1920, S. 393 ff.

[326] Vgl. *Birk*, Steuerrecht, 5. Aufl., Rdnr. 1044.

[327] Gesetz zur Änderung steuerlicher Vorschriften und zur Sicherung der Haushaltsführung vom 24.06.1953, BGBl. 1953 I, S. 413 ff.

schüttete Gewinne schrittweise gesenkt, was zu einer noch stärkeren Milderung der Doppelbelastung führte.

Mit dem In-Kraft-Treten des *Körperschaftsteuerreformgesetzes*[328] am 01. Januar 1977 wurde das „klassische" Körperschaftsteuersystem aufgegeben und durch ein Vollanrechnungsverfahren ersetzt. Grundprinzip des *Anrechnungsverfahrens* war, dass die gesamte von der Körperschaft gezahlte Körperschaftsteuer im Fall der Ausschüttung beim Anteilseigner angerechnet wurde. Die von der Körperschaft gezahlte Körperschaftsteuer wurde daher grundsätzlich nicht definitiv, sondern hatte wirtschaftlich den Charakter einer Vorauszahlung auf die Steuer der Anteilsinhaber.[329]

Die letzte grundlegende Reform fand mit der Einführung des *Halbeinkünfteverfahrens* ab dem Jahr 2001 durch das *Steuersenkungsgesetz*[330] statt. Das Halbeinkünfteverfahren ist ein klassisches System mit einheitlichem Steuersatz, bei dem die Doppelbelastung durch eine vollständige (bei Körperschaften) oder teilweise Steuerfreistellung (bei natürlichen Personen) der Ausschüttung auf der Ebene der Anteilseigner beseitigt wird.

II. Körperschaftsteuersubjekt: Sonderfall der körperschaftsteuerlichen Organschaft (§§ 14–19 KStG)

Die wichtigsten Körperschaftsteuersubjekte sind die in § 1 Abs. 1 Nr. 1 KStG abschließend aufgezählten Kapitalgesellschaften (Aktiengesellschaft, Gesellschaft mit beschränkter Haftung sowie Kommanditgesellschaft auf Aktien). Im Grundsatz sind diese Körperschaften zivilrechtlich selbständig und daher als einzelne Rechtssubjekte jeweils für sich steuerpflichtig. Eine Ausnahme hiervon stellt die Besteuerung so genannter *Organschaften* dar, bei welcher besonders eng miteinander verflochtene Unternehmen steuerlich als eine wirtschaftliche Einheit behandelt werden.[331] Auch der *Bundesgerichtshof* hat in zwei Entscheidungen[332] zu Fragen der *körperschaftsteuerlichen Organschaft* Stellung genommen. Vor diesem Hintergrund soll zunächst das Rechtsinstitut der (körperschaftsteuerlichen) Organschaft näher beleuchtet werden.

---

328 Körperschaftsteuerreformgesetz vom 31.08.1976, BGBl. 1976 I, S. 2597 ff.

329 Vgl. hierzu näher unten Drittes Kapitel, Körperschaftsteuer, IV. 2 c).

330 Gesetz zur Senkung der Steuersätze und zur Reform der Unternehmensbesteuerung (Steuersenkungsgesetz – StSenkG) vom 23.10.2000, BGBl. 2000 I, S. 1433.

331 *Fischer,* in: MAH Unternehmenssteuerrecht, § 13 Rdnr. 1 ff.

332 BGH, Urteil vom 16.01.1992 – IX ZR 56/91 – WM 1992, S. 741 f. sowie BGH, Urteil vom 30.09.1999 – IX ZR 139/98 – DStR 1999, S. 1863 ff. = GmbHR 1999, S. 1196 ff. = WM 1999, S. 2360 ff.

1. Allgemeines

Organschaften mit steuerlicher Wirkung gibt es nicht nur bei der *Körperschaftsteuer,* sondern auch bei der *Gewerbe-* und der *Umsatzsteuer.* Gemein ist diesen Organschaften lediglich das Erfordernis der finanziellen Eingliederung der Organgesellschaft in das Unternehmen des Organträgers. Über das Merkmal der finanziellen Eingliederung hinaus setzen die körperschaft- und gewerbesteuerliche Organschaft einen Gewinnabführungsvertrag (Ergebnisabführungsvertrag) der Organgesellschaft mit dem Organträger voraus, während die umsatzsteuerliche Organschaft neben der finanziellen eine wirtschaftliche und organisatorische Eingliederung der Organgesellschaft in das Unternehmen des Organträgers erfordert.

Die *Organschaftsvoraussetzungen* bei der *Körperschaftsteuer* sind in den letzten Jahren erheblich geändert wurden, zuletzt durch das Steuervergünstigungsabbaugesetz[333]. Neuerungen haben sich auch durch den mit dem Steuersenkungsgesetz[334] erfolgten Systemwechsel im Körperschaftsteuerrecht vom Anrechnungsverfahren zum Halbeinkünfteverfahren sowie durch das Unternehmenssteuerfortentwicklungsgesetz[335] ergeben.[336]

2. Voraussetzungen der körperschaftsteuerlichen Organschaft

a) Rechtsform der Organgesellschaft und des Organträgers

Im Körperschaftsteuerrecht muss die *Organgesellschaft* stets eine Kapitalgesellschaft mit Sitz und Geschäftsleitung in Deutschland sein (§ 14 Abs. 1 S. 1 und § 17 KStG).[337]

---

[333] Gesetz zum Abbau von Steuervergünstigungen und Ausnahmeregelungen (Steuervergünstigungsabbaugesetz – StVergAbG) vom 16.05.2003, BGBl. 2003 I, S. 660.

[334] Gesetz zur Senkung der Steuersätze und zur Reform der Unternehmensbesteuerung (Steuersenkungsgesetz – StSenkG) vom 23.10.2000, BGBl. 2000 I, S. 1433.

[335] Gesetz zur Fortentwicklung des Unternehmenssteuerrechts (Unternehmenssteuerfortentwicklungsgesetz – UntStFG) vom 20.12.2001, BGBl. 2001 I, S. 3858.

[336] Vgl. zur neuen Rechtslage *Prinz,* „Fortentwicklung" des Organschaftsrechts: Neue Irrungen und Wirrungen, in: FR 2002, S. 66 ff. sowie *Krebühl,* Besteuerung der Organschaft im neuen Unternehmenssteuerrecht, in: DStR 2002, S. 1241 ff. Zur körperschaftsteuerlichen Organschaft unter Berücksichtigung des Steuersenkungsgesetzes (StSenkG) sowie des Unternehmenssteuerfortentwicklungsgesetzes (UntStFG) nimmt auch das BMF-Schreiben vom 26.08.2003, IV A 2 – S 2770 – 18/03 – BStBl. 2003 I, S. 437 f. Stellung.

[337] Die Vorschrift des § 14 KStG setzt als *Organgesellschaft* eine Aktiengesellschaft (AG) oder eine Kommanditgesellschaft auf Aktien (KGaA) voraus; § 17 KStG erweitert den Kreis der möglichen Organgesellschaften auf alle anderen Kapitalgesellschaften im Sinne von § 1 Abs. 1 Nr. 1 KStG. Dementsprechend kommt insbesondere die Gesellschaft mit beschränkter Haftung als (weitere) Organgesellschaft in Betracht, vgl. *Olbing,* in: Streck, KStG, 6. Aufl., § 17 Tz. 3.

Organträger kann demgegenüber jeder Rechtsträger mit einem inländischen gewerblichen Unternehmen sein. Da ein *gewerbliches Unternehmen* in diesem Sinne vorliegt, wenn die Voraussetzungen für einen Gewerbebetrieb i.S.d. § 2 GewStG erfüllt sind, und eine eigene gewerbliche Tätigkeit des Organträgers nicht (mehr) erforderlich ist,[338] kommen als Organträger neben allen juristischen Personen und allen natürlichen Personen auch Personengesellschaften im Sinne des § 15 Abs. 1 S. 1 Nr. 2 EStG mit Geschäftsleitung im Inland sowie gewerblich geprägte Personengesellschaften i.S.d. § 15 Abs. 3 Nr. 2 EStG[339] in Betracht. Die Vorschrift des § 14 Abs. 2 Nr. 1 S. 2 KStG verlangt jedoch seit dem Veranlagungszeitraum 2003 bei Personengesellschaften, dass sie eine Tätigkeit im Sinne des § 15 Abs. 1 S. 1 Nr. 1 EStG ausüben. Auch eine doppelt ansässige Kapitalgesellschaft mit Sitz im Ausland und Geschäftsleitung in Deutschland kann Organträger sein.[340]

b) Eingliederung der Organgesellschaft in das Unternehmen des Organträgers

Die Organgesellschaft muss finanziell in das Unternehmen des Organträgers eingegliedert sein. Das Erfordernis der *finanziellen Eingliederung* ist erfüllt, wenn der Organträger unmittelbar oder mittelbar vom Beginn ihres Wirtschaftsjahres an ununterbrochen in einer Weise an der Organgesellschaft beteiligt ist, dass er seinen Willen (durch Mehrheitsbeschlüsse) durchsetzen kann.[341]

Maßgebend ist die Mehrheit der Stimmrechte aus den Anteilen an der Organgesellschaft (§ 14 Abs. 1 Nr. 1 S. 1 KStG). Dabei richtet sich der Mehrheitsmaßstab nach Gesellschaftsrecht für allgemeine Beschlüsse (§ 133 AktG). Bestimmt der Gesellschaftsvertrag der Organgesellschaft eine andere Mehrheit oder andere Berechnungsmodalitäten für allgemeine Beschlüsse, so kann von finanzieller Eingliederung erst gesprochen werden, wenn der Organträger die größere Mehrheit der Stimmrechte besitzt.[342]

---

338 Vgl. BMF-Schreiben vom 26.08.2003, IV A 2 – S 2770 – 18/03 – BStBl. 2003 I, 437 (437) unter Tz. 2.

339 Nach der Legaldefinition des § 15 Abs. 3 Nr. 2 EStG ist eine *gewerblich geprägte Personengesellschaft* eine Personengesellschaft, die keine Tätigkeit i.S.d. § 15 Abs. 1 S. 1 Nr. 1 EStG ausübt und bei der ausschließlich eine oder mehrere Kapitalgesellschaften persönlich haftende Gesellschafter sind und nur diese oder Personen, die nicht Gesellschafter sind, zur Geschäftsführung befugt sind.

340 Vgl. § 14 Abs. 1 S. 1 Nr. 2 KStG. Zur Unbeachtlichkeit der restriktiveren alten Gesetzesfassung im Falle einer US-Gesellschaft siehe BFH, Urteil vom 29.01.2003 – I R 6/99 – DB 2003, S. 1200 m. Anm. *Thömmes*.

341 Vgl. BFH, Urteil vom 22.11.2001 – V R 50/00 – BFHE 197, 319 (321) = BStBl. 2002 II, 167 (168) zur umsatzsteuerlichen Organschaft; ebenso BFH, Urteil vom 20.01.1999 – XI R 69/97 – BFH/NV 1999, 1136 (1137); BFH, Beschluss vom 26.02.1998 – V B 97/97 – BFH/NV 1998, 1267 (1268).

Bis zum Jahr 2000[343] verlangte § 14 Abs. 1 Nr. 2 KStG a.F. neben der finanziellen zusätzlich die *organisatorische* und *wirtschaftliche* Eingliederung der Organgesellschaft in das Unternehmen des Organträgers. Von einer *wirtschaftlichen* Eingliederung wurde dabei im Falle der wirtschaftlichen Zweckabhängigkeit eines beherrschten Unternehmens von dem beherrschenden Unternehmen ausgegangen.[344] Um eine derartige Eingliederung bejahen zu können, musste das herrschende Unternehmen eigene (gewerbliche) Ziele verfolgen, denen sich das beherrschte Unternehmen im Sinne einer Zweckabhängigkeit unterordnen konnte. Das beherrschte Unternehmen seinerseits musste den gewerblichen Zwecken des herrschenden Unternehmens dienen, d.h. im Sinne einer eigenen wirtschaftlichen Unselbständigkeit die gewerblichen Zwecke des herrschenden Unternehmens fördern oder ergänzen und dabei nach Art einer unselbständigen Geschäftsabteilung des herrschenden Unternehmens auftreten.[345] Fehlte es an der erforderlichen wirtschaftlichen Eingliederung, griff die Rechtsfolge des § 17 S. 1 KStG i.V.m. § 14 S. 1 KStG 1977 nicht ein.[346] Dementsprechend wurde in dem Fall, der dem *Urteil des Bundesgerichtshofs vom 16. Januar 1992*[347] zugrunde lag, einer Organschaft aufgrund der fehlenden wirtschaftlichen Eingliederung der Organgesellschaft die körperschaftsteuerliche Anerkennung versagt.

---

342 Vgl. BFH, Urteil vom 22.11.2001 – V R 50/00 – BFHE 197, 319 (321) = BStBl. 2002 II, 167 (168); Blümich/*Danelsing,* EStG/KStG/GewStG, § 14 KStG Rdnr. 63.

343 Durch das Gesetz zur Senkung der Steuersätze und zur Reform der Unternehmensbesteuerung (Steuersenkungsgesetz – StSenkG) vom 23.10.2000 (BGBl. 2000 I, S. 1433) wurde das in § 14 Abs. 1 Nr. 2 KStG a.F. enthaltene Erfordernis der wirtschaftlichen und organisatorischen Eingliederung ab dem Veranlagungszeitraum 2001 gestrichen, vgl. auch BMF-Schreiben vom 26.08.2003, IV A 2 – S 2770 – 18/03 – BStBl. 2003 I, 437 (437) unter Tz. 9.

344 BFH, Urteil vom 24.01.2001 – I R 13/00 – BFH/NV 2001, 1047 (1048); BFH, Urteil vom 22.04.1998 – I R 132/97 – BFHE 186, 203 (204) = BStBl. 1998 II, 687 (688); BFH, Urteil vom 13.09.1989 – I R 110/88 – BFHE 158, 346 (349) = BStBl. 1990 II, 24 (26); BFH, Urteil vom 26.04.1989 – I R 152/84 – BFHE 157, 127 (130) = BStBl. 1989 II, 668 (669). Zu Einzelheiten der wirtschaftlichen Eingliederung siehe auch Niedersächsisches FG, Urteil vom 31.07.2001 – 6 K 821/97 – EFG 2002, S. 40 f., bestätigt durch BFH, Urteil vom 07.08.2002 – I R 83/01 – BFH/NV 2003, S. 345 f.; ebenso *Schmidt/Müller/Stöcker,* Organschaft, 5. Aufl., Rdnr. 122 ff.

345 Vgl. BFH, Urteil vom 13.09.1989 – I R 110/88 – BFHE 158, 346 (350) = BStBl. 1990 II, 24 (26); BFH, Urteil vom 26.04.1989 – I R 152/84 – BFHE 157, 127 (130) = BStBl. 1989 II, 668 (669); BFH, Urteil vom 21.01.1976 – I R 21/74 – BFHE 118, 169 (171 f.) = BStBl. 1976 II, 389 (390); BFH, Urteil vom 18.04.1973 – I R 120/70 – BFHE 110, 17 (20) = BStBl. 1973 II, 740 (741).

346 BFH, Urteil vom 13.09.1989 – I R 110/88 – BFHE 158, 346 (351) = BStBl. 1990 II, 24 (27).

347 BGH, Urteil vom 16.01.1992 – IX ZR 56/91 – WM 1992, S. 741 f.

c) Gewinnabführungsvertrag

Weiterhin muss sich die Organgesellschaft durch einen *Gewinnabführungsvertrag* verpflichten, ihren ganzen Gewinn an das gewerbliche Unternehmen des Organträgers abzuführen (§ 14 Abs. 1 S. 1 KStG). Der Organträger ist umgekehrt dazu verpflichtet, gegebenenfalls einen Verlust der Organgesellschaft zu übernehmen (auszugleichen).

Sofern die Organgesellschaft in der Rechtsform der Aktiengesellschaft oder Kommanditgesellschaft auf Aktien organisiert ist, statuiert § 14 KStG mehrere Anforderungen an den Inhalt des Gewinnabführungsvertrages, sein Wirksamwerden, seine Mindestdauer (grundsätzlich fünf Jahre) und seine Durchführung (§ 14 Abs. 1 Nr. 3 und Nr. 4 KStG). Handelt es sich bei der Organgesellschaft nicht um eine Aktiengesellschaft oder eine Kommanditgesellschaft auf Aktien, greift § 17 KStG, der weitere, in § 14 KStG nicht geforderte Voraussetzungen für den Gewinnabführungsvertrag enthält. Unter anderem muss nach § 17 S. 2 Nr. 2 KStG eine Verlustübernahme entsprechend den Vorschriften des § 302 AktG vereinbart werden.[348]

Dieses Erfordernis hat der *Bundesfinanzhof* dahingehend konkretisiert, dass der Ergebnisabführungsvertrag entweder einen entsprechenden Verweis auf die Vorschrift des § 302 AktG enthalten muss oder sie im Vertrag inhaltlich wiedergegeben werden muss.[349] Insbesondere muss die Vereinbarung den Inhalt der Norm des § 302 Abs. 3 AktG umfassen, da ansonsten der Organträger in einer außeraktienrechtlichen Organschaft die Möglichkeit hätte, die Organgesellschaft nach Ablauf des Ergebnisabführungsvertrages anzuweisen, auf den Anspruch auf Verlustausgleich und dessen gerichtliche Geltendmachung zu verzichten. Damit wäre seine Position entgegen der Absicht des Gesetzgebers günstiger als die eines Organträgers in einer aktienrechtlichen Organschaft.[350] Fehlt diese Vereinbarung, scheidet eine steuerliche Anerkennung des Organschaftsverhältnisses aus.[351]

In Übereinstimmung mit dieser Rechtsprechung des Bundesfinanzhofs hat der *Bundesgerichtshof* in seinem *Urteil vom 30. September 1999*[352] einen Ergebnisabführungsvertrag als unwirksam angesehen, der keine der Vorschrift des § 302

---

[348] Vgl. zu diesem Erfordernis ausführlich *Jurkat,* Die Organschaft im Körperschaftsteuerrecht, Rdnr. 500; *Laube,* Probleme des Übergangs zur gesetzlichen Regelung der körperschaftsteuerlichen Organschaft, in: BB 1969, 1532 (1533 f.); *Schmidt,* Die GmbH als Organgesellschaft im Körperschaftsteuerrecht, in: GmbHR 1971, 9 (14); ebenso *Olbing,* in: Streck, KStG, 6. Aufl., § 17 Tz. 11.

[349] Vgl. BFH, Urteil vom 17.12.1980 – I R 220/78 – BFHE 132, 285 (287) = BStBl. 1981 II, 383 (384).

[350] BFH, Urteil vom 17.12.1980 – I R 220/78 – BFHE 132, 285 (287) = BStBl. 1981 II, 383 (384).

[351] Vgl. BFH, Urteil vom 17.12.1980 – I R 220/78 – BFHE 132, 285 (287) = BStBl. 1981 II, 383 (384).

Abs. 3 AktG entsprechende Regelung enthielt. In dem der Entscheidung zugrunde liegenden Fall hatte ein Steuerberater – der Beklagte – für seine Mandantin – die Klägerin – einen Ergebnisabführungsvertrag entworfen, der lediglich allgemein bestimmte, dass die Klägerin einen etwaigen Verlust ihrer Organgesellschaft zu übernehmen hatte. Nach Auffassung des Bundesgerichtshofs genügte diese allgemeine Formulierung nicht den Anforderungen, die das Gesetz in § 17 S. 2 Nr. 3 KStG in der damals geltenden Fassung (§ 17 S. 2 Nr. 2 KStG n.F.) an die Vertragsgestaltung stellte. Auch in dem Fall, der dem *Urteil des Bundesgerichtshofs vom 16. Januar 1992*[353] zugrunde lag, war der von einem Steuerberater entworfene Ergebnisabführungsvertrag deshalb unwirksam, weil er keinen Hinweis darauf enthielt, dass die Verlustübernahme entsprechend § 302 AktG erfolgen sollte.

3. Rechtsfolgen der körperschaftsteuerlichen Organschaft

a) Grundsatz

Hat sich eine Organgesellschaft unter den in §§ 14, 17 KStG normierten Voraussetzungen durch einen Gewinnabführungsvertrag i.S.d. § 291 Abs. 1 AktG wirksam verpflichtet, ihren ganzen Gewinn an ein anderes inländisches Unternehmen abzuführen, so ist das nach den Vorschriften des Körperschaftsteuergesetzes ermittelte Einkommen der Organgesellschaft mit Ausnahme der Ausgleichszahlungen an außenstehende Anteilseigner[354] „im Wege einer Addition" dem getrennt ermittelten Einkommen des Organträgers hinzuzurechnen.[355] Ein bei der Organgesellschaft anfallender Gewinn oder Verlust gilt steuerrechtlich als Gewinn oder Verlust des Organträgers.

---

[352] BGH, Urteil vom 30.09.1999 – IX ZR 139/98 – DStR 1999, S. 1863 ff. = GmbHR 1999, S. 1196 ff. = WM 1999, S. 2360 ff., vgl. dazu sogleich ausführlich Drittes Kapitel – Körperschaftsteuer, II. 3. c) bb).

[353] BGH, Urteil vom 16.01.1992 – IX ZR 56/91 – WM 1992, S. 741 f., vgl. dazu näher Drittes Kapitel – Körperschaftsteuer, II. 3. d) bb).

[354] Ausgleichszahlungen an außenstehende Anteilseigner (§ 304 AktG) dürfen weder den Gewinn der Organgesellschaft noch den Gewinn des Organträgers mindern (§ 4 Abs. 5 Nr. 9 EStG). Die Ausgleichszahlungen sind nach § 16 KStG stets von der Organgesellschaft zu versteuern, auch wenn die Ausgleichsverpflichtung von dem Organträger erfüllt worden ist (vgl. Abschnitt 63 KStR 1995).

[355] Vgl. BFH, Urteil vom 11.04.1990 – I R 167/86 – BStBl. 1990 II, 772 (774); *Schmidt/Müller/Stöcker,* Organschaft, 6. Aufl., Rdnr. 468; der Bundesfinanzhof hat diese Form der Einkommenszurechnung in ständiger Rechtsprechung als eine ausschließlich steuerrechtliche beurteilt, die nicht an den handelsrechtlich abzuführenden Gewinn bzw. an den zu übernehmenden Verlust laut Jahresabschluss der Organgesellschaft anknüpft, vgl. BFH, Urteil vom 29.10.1974 – I R 240/72 – BFHE 114, 70 (74) = BStBl. 1975 II, 126 (127); BFH, Urteil vom 26.01.1977 – I R 101/75 – BFHE 121, 425 (427) = BStBl. 1977 II, 441 (442).

Um eine steuerliche Doppelerfassung des abzuführenden *Gewinns* zu vermeiden, ist bei der Ermittlung des Einkommens des Organträgers der von der Organgesellschaft an den Organträger abgeführte bzw. abzuführende Gewinn außer Ansatz zu lassen.[356] Die im Rahmen einer Organschaft abgeführten Gewinne werden wie steuerfreie Einnahmen des Organträgers behandelt.[357] Mit der Qualifizierung der Gewinnabführung als einer Einnahme, die beim Organträger einkommensteuer- bzw. körperschaftsteuerrechtlich außer Ansatz bleiben muss, ist die weitere Folge verbunden, dass die Gewinnabführung beim Organträger keine Einnahmen i. S. d. § 20 Abs. 1 Nr. 1 und Nr. 2 EStG darstellt und dementsprechend auch keinen Anspruch auf Anrechnung von Körperschaftsteuer nach § 36 Abs. 2 Nr. 3 EStG begründen konnte.[358] Diese Folgerung korrespondiert mit der Tatsache, dass weder die Gewinnabführung noch die Zurechnung des Einkommens der Organgesellschaft eine Ausschüttung darstellen, so dass unter Geltung des Anrechnungsverfahrens auch keine Ausschüttungsbelastung bei organschaftlich bedingten Gewinnabführungen herzustellen war; § 14 KStG ging insoweit den §§ 27 ff. KStG vor.[359]

Ebenso darf bei der Einkommensermittlung des Organträgers ein an die Organgesellschaft zum Ausgleich eines sonst entstehenden Jahresfehlbetrags geleisteter Betrag *(Verlustübernahme)* nicht abgezogen werden.[360] Die übernommenen Verluste werden vielmehr wie nichtabziehbare Betriebsausgaben behandelt.

---

[356] Vgl. Abschnitt 57 Abs. 1 S. 2 KStR; BFH, Urteil vom 18.12.2002 – I R 51/01 – BFHE 201, 221 (223); BFH, Urteil vom 16.05.1990 – I R 96/88 – BFHE 160, 554 (555) = BStBl. 1990 II, 797 (798); BFH, Urteil vom 20.08.1986 – I R 150/82 – BStBl. 1987 II, 455 (458); BFH, Urteil vom 26.01.1977 – I R 101/75 – BStBl. 1977 II, 441 (442); BFH, Urteil vom 29.10.1974 – I R 240/72 – BFHE 114, 70 (75) = BStBl. 1975 II, 126 (127).

[357] Vgl. *Olbing,* in: Streck, KStG, 6. Aufl., § 14 Tz. 90; *Schmidt/Müller/Stöcker,* Organschaft, 6. Aufl., Rdnr. 486.

[358] Vgl. *Schmidt/Müller/Stöcker,* Organschaft, 6. Aufl., Rdnr. 487.

[359] Vgl. Gesetzesbegründung zum KStG 1977, BT-Drs. 7/1470, S. 347 ff.; BFH, Urteil vom 18.12.2002 – I R 51/01 – BFHE 201, 221 (223); BFH, Urteil vom 08.08.2001 – I R 25/00 – BFHE 196, 485 (492) = BStBl. 2003 II, 923 (926) unter II. 3.; BFH, Urteil vom 05.04.1995 – I R 156/93 – BFHE 177, 429 (431); *Winter,* in: Herrmann/Heuer/Raupach, EStG und KStG, 21. Aufl., § 14 KStG Rdnr. 9; *Schneck/Hirsch,* Mehrabführungen aufgrund vorvertraglicher Geschäftsvorfälle in der Organschaft, in: GmbHR 1999, 898 (899 f.); *Preißer/Seeliger,* Die organsteuerliche Behandlung vorvertraglich veranlasster Mehrabführungen nach neuer Verwaltungsauffassung – Null gleich Null gleich Eins? Das Aufeinandertreffen zweier Besteuerungssysteme zur Vermeidung von Mehrbelastungen als lohnendes Additiv für den Fiskus!, in: BB 1999, 393 (395).

[360] Vgl. Abschnitt 57 Abs. 1 S. 2 KStR; BFH, Urteil vom 18.12.2002 – I R 51/01 – BFHE 221 (223); BFH, Urteil vom 16.05.1990 – I R 96/88 – BFHE 160, 554 (555) = BStBl. 1990 II, 797 (798); BFH, Urteil vom 20.08.1986 – I R 150/82 – BStBl. 1987 II, 455 (458); BFH, Urteil vom 26.01.1977 – I R 101/75 – BStBl. 1977 II, 441 (442); BFH, Urteil vom 29.10.1974 – I R 240/72 – BFHE 114, 70 (75) = BStBl. 1975 II, 126 (127).

Eine Aktivierung als nachträgliche Anschaffungskosten auf dem Beteiligungskonto erfolgt nicht.[361] Der Wert der Beteiligung wird durch die Verlustübernahme nicht erhöht; er „erstarrt“ vielmehr.[362] Die so ermittelte Summe aus Einkommen der Organgesellschaft und Einkommen des Organträgers ist der Veranlagung des Organträgers zugrunde zu legen, so wie wenn der sich aus der Zusammenrechnung ergebende Betrag in vollem Umfang Einkommen des Organträgers wäre.

b) Die steuerlichen Folgen einer „verunglückten Organschaft“

Probleme entstehen, wenn eines der Tatbestandsmerkmale der körperschaftsteuerlichen Organschaft von Anfang an fehlt oder nachträglich wegfällt (sog. *„verunglückte Organschaft“*).[363] Weil die Beteiligten aber irrtümlich die Voraussetzungen der körperschaftsteuerlichen Organschaft für gegeben erachtet haben, wird handelsrechtlich regelmäßig wie bei einer wirksamen Organschaft verfahren worden sein: die Organgesellschaft hat gleichwohl ihren Gewinn ganz oder teilweise an den Organträger abgeführt bzw. der Organträger hat gleichwohl die Verluste der Organgesellschaft übernommen. Hieraus ergeben sich für die (vermeintliche) Organgesellschaft und den (vermeintlichen) Organträger unterschiedliche Rechtsfolgen.

Der *Bundesgerichtshof* hatte sich nur mit den steuerlichen Folgen des anfänglichen Fehlens eines Tatbestandsmerkmals der körperschaftsteuerlichen Organschaft zu befassen, so dass sich die folgenden Ausführungen hierauf beschränken. In dieser Konstellation ist der Tatbestand der §§ 14 ff. KStG von Anfang an nicht erfüllt bzw. ein Tatbestandsmerkmal ist bereits im Laufe des Wirtschaftsjahres der Organgesellschaft wieder entfallen, für welches das Einkommen der Organgesellschaft erstmals dem Organträger zugerechnet werden sollte.

---

[361] BFH, Urteil vom 29.10.1974 – I R 240/72 – BFHE 114, 70 (75) = BStBl. 1975 II, 126 (127); BFH, Urteil vom 26.01.1977 – I R 101/75 – BFHE 121, 425 (428) = BStBl. 1977 II, 441 (442); BFH, Urteil vom 16.05.1990 – I R 96/88 – BFHE 160, 554 (555) = BStBl. 1990 II, 797 (798).

[362] Vgl. BFH, Urteil vom 26.01.1977 – I R 101/75 – BStBl. 1977 II, 441 (442); BFH, Urteil vom 17.09.1969 – I 170/65 – BFHE 97, 160 (163) = BStBl. 1970 II, 48 (49); *Döllerer,* in: FS Schmidt, 523 (534).

[363] Blümich/*Danelsing,* EStG/KStG/GewStG, § 14 KStG Rdnr. 170; *Witt,* in: Dötsch/Eversberg/Jost/Witt, Die Körperschaftsteuer, § 14 KStG Rdnr. 113; zur Versagung der steuerlichen Anerkennung kann beispielsweise das Fehlen oder der nachträgliche Wegfall der finanziellen Eingliederung der Organgesellschaft in den Organträger, der fehlende oder nicht hinreichend genaue Verweis auf § 302 AktG im Ergebnisabführungsvertrag, die Auflösung freier vorvertraglicher Rücklagen oder die fehlende Eintragung des Ergebnisabführungsvertrages im Handelsregister führen, vgl. *Sturm,* Verlustübernahme bei verunglückter Organschaft – eine Steueroase für verbundene Unternehmen?, in: DB 1991, 2055 (2055).

c) *Gewinnabführung bei „verunglückter Organschaft"*

aa) Die Rechtsprechung des Bundesfinanzhofs

Die Unwirksamkeit des Gewinnabführungsvertrages führt primär dazu, dass das Einkommen der Organgesellschaft dem Organträger nicht zur Versteuerung zugerechnet werden kann. Die Organgesellschaft hat ihr Einkommen selbst zu versteuern.[364] Für die Organgesellschaft ist die Gewinnabführung Einkommensverwendung und aufgrund der gesellschaftsrechtlichen Beteiligung des (vermeintlichen) Organträgers an der (vermeintlichen) Organgesellschaft als Leistung auf gesellschaftsrechtlicher Grundlage zu qualifizieren.[365] Die Gewinnabführung stellt eine *Gewinnausschüttung* dar, die als solche das Einkommen der Organgesellschaft nach §§ 7, 8 KStG nicht mindern darf.[366]

(1) Rechtslage bis zur Körperschaftsteuerreform 1977

Vor diesem Hintergrund stellte sich bis zur Reform des Körperschaftsteuerrechts im Jahre 1977 die Frage, ob die tatsächlich abgeführten Beträge verdeckte Gewinnausschüttungen oder „berücksichtigungsfähige Ausschüttungen" der Organgesellschaft i. S. d. § 19 Abs. 3 KStG 1955[367] waren. Hiervon hing die Frage ab, ob die Ausschüttungen dem vollen oder nur dem ermäßigten Steuersatz nach § 19 KStG 1955 unterlagen.

In seiner ständigen Rechtsprechung zu § 19 Abs. 3 KStG 1955 hat der Bundesfinanzhof die Gewinnabführung einer Organgesellschaft an den Organträger aufgrund eines nicht anerkannten Ergebnisabführungsvertrags als *verdeckte Gewinnausschüttung* beurteilt, die nicht in eine ordentliche Gewinnausschüttung umgewandelt oder umgedeutet werden konnte.[368] Sie stellte *keine* für die Minderung der Körperschaftsteuer *berücksichtigungsfähige Ausschüttung* i. S. d. § 19 Abs. 3 KStG 1955 dar. Hierunter fielen nur die auf Grund eines „den gesellschaftsrechtlichen Vorschriften entsprechenden Gewinnverteilungsbeschlusses"[369] vorgenommenen Gewinnausschüttungen, nicht aber Gewinnabführungen

---

[364] *Frotscher,* in: Frotscher/Maas, KStG/UmwStG, § 14 KStG Rdnr. 366; *Schmidt/Müller/Stöcker,* Organschaft, 6. Aufl., Rdnr. 814.

[365] Vgl. *Frotscher,* in: Frotscher/Maas, KStG/UmwStG, § 14 KStG Rdnr. 366; *Schmidt/Müller/Stöcker,* Organschaft, 6. Aufl., Rdnr. 813.

[366] Vgl. *Lange,* Verdeckte Gewinnausschüttungen, 7. Aufl., Rdnr. 582.

[367] Körperschaftsteuergesetz in der Fassung vom 21.12.1954 (KStG 1955), BGBl. 1954 I, S. 467 ff.

[368] Vgl. nur BFH, Urteil vom 26.08.1987 – I R 28/84 – BFHE 151, 135 (139) = BStBl. 1988 II, 76 (78); BFH, Urteil vom 17.12.1980 – I R 220/78 – BFHE 132, 285 (289) = BStBl. 1981 II, 383 (385); BFH, Urteil vom 31.03.1976 – I R 123/74 – BFHE 118, 459 (465)= BStBl. 1976 II, 510 (512); BFH, Urteil vom 30.01.1974 – I R 104/72 – BFHE 111, 410 (411 f.) = BStBl. 1974 II, 323 (324); BFH, Urteil vom 30.11.1966 – I R 310/62 – BFHE 87, 394 (394 f.) = BStBl. 1967 III, 152 (153).

auf Grund eines steuerlich nicht anerkannten Ergebnisabführungsvertrags, auch wenn dieser als gesellschaftsrechtlicher Vertrag zu beurteilen sei. Im letztgenannten Fall fehle es an der Feststellung eines Bilanzgewinns und einem Beschluss über die Verteilung dieses Gewinns.[370] Mit dem Abschluss eines Ergebnisabführungsvertrages verpflichte sich die Gesellschaft, ihren Gewinn während der Zeit der Geltung des Ergebnisabführungsvertrags an den beherrschenden Gesellschafter in vollem Umfang abzuführen. In den Leistungen auf Grund des Vertrages kann nach Ansicht des Bundesfinanzhofs keine Gewinnverwendung gesehen werden, da lediglich eine Verpflichtung erfüllt wird, deren Ausweis das Entstehen eines verteilbaren Bilanzgewinns verhindert. Folglich löste die Gewinnausschüttung keine Körperschaftsteuerminderung bei der (vermeintlichen) Organgesellschaft aus.

(2) Rechtslage nach In-Kraft-Treten des Körperschaftsteuergesetzes 1977

Auch während der Geltung des Anrechnungsverfahrens (ab dem Jahr 1977) hat der Bundesfinanzhof Gewinnausschüttungen aufgrund eines mangelhaften Gewinnabführungsvertrages als *verdeckte Gewinnausschüttungen* i.S.v. § 8 Abs. 3 S. 2 KStG 1977 behandelt, weil sie eine Vermögensminderung der Organgesellschaft auslösten, die sich in der Form der Nichtanwendung der §§ 14 S. 1, 17 S. 1 KStG 1977 auf die Höhe des Einkommens auswirkten und in keinem Zusammenhang mit einer offenen Ausschüttung standen.[371] Da die Ausschüttungen nicht auf einem den gesellschaftsrechtlichen Vorschriften entsprechenden Gewinnverteilungsbeschluss beruhten, verneinte der Bundesfinanzhof in Anlehnung an die Rechtsprechung zu § 19 Abs. 3 KStG 1955 die Anwen-

---

[369] Eine Gewinnausschüttung beruht nach ständiger Rechtsprechung des Bundesfinanzhofs dann auf einem *den gesellschaftsrechtlichen Vorschriften entsprechenden Gewinnverteilungsbeschluss,* wenn der Beschluss nach gesellschaftsrechtlichen Vorschriften (z.B. nach GmbHG, AktG) wirksam gefasst wurde, d.h. handelsrechtlich weder nichtig ist noch nach Anfechtung für nichtig erklärt wurde noch eine etwa gegebene Nichtigkeit geheilt wurde (vgl. BFH, Urteil vom 05.06.1985 – I R 276/82 – BFHE 144, 348 (350) = BStBl. 1986 II, 81 (82); BFH, Urteil vom 31.10.1984 – I R 95/80 – BFHE 142, 446 (448) = BStBl. 1985 II, 225 (226); BFH, Urteil vom 30.03.1983 – I R 178/79 – BFHE 138, 236 (238) = BStBl. 1983 II, 512 (513 f.); BFH, Urteil vom 23.07.1975 – I R 165/73 – BFHE 117, 30 (31) = BStBl. 1976 II, 73 (73); BFH, Urteil vom 18.11.1970 – I R 88/69 – BFHE 100, 400 (402) = BStBl. 1971 II, 73 (74); BFH, Urteil vom 16.07.1969 – I R 92/67 – BFHE 96, 310 (313) = BStBl. 1969 II, 634 (635 f.)).

[370] Vgl. BFH, Urteil vom 30.01.1974 – I R 104/72 – BFHE 111, 410 (412) = BStBl. 1974 II, 323 (324); ebenso *Schmidt/Müller/Stöcker,* Organschaft, 6. Aufl., Rdnr. 816.

[371] So z.B. BFH, Beschluss vom 05.07.1990 – I B 38/90 – BFH/NV 1991, 121 (122); BFH, Urteil vom 13.09.1989 – I R 110/88 – BFHE 158, 346 (352) = BStBl. 1990 II, 24 (27).

dung des § 27 Abs. 3 S. 1 KStG 1977.[372] Er beurteilte die verdeckten Gewinnausschüttungen jedoch dann als *„andere Ausschüttungen"*[373] i. S. d. § 27 Abs. 3 S. 2 KStG 1977, wenn die der Vermögensminderung entsprechenden Mittel abflossen.[374] Für den Veranlagungszeitraum, in dem das Wirtschaftsjahr endete, in das die „andere Ausschüttung" fiel, war dann auch die Ausschüttungsbelastung herzustellen, d.h. die Gewinnausschüttung löste bei der Organgesellschaft eine Körperschaftsteuerminderung oder -erhöhung aus.[375] Damit ergab sich folgendes Bild:

- Bei der *Organgesellschaft* war das Einkommen um den abgeführten Betrag zu erhöhen und bei ihr der Körperschaftsteuer zu unterwerfen. Dabei war die Ausschüttungsbelastung nach § 27 Abs. 3 S. 2 KStG 1977 durch Minderung oder Erhöhung der Körperschaftsteuer für den Veranlagungszeitraum herzustellen, in dem das Wirtschaftsjahr endete, in dem die Ausschüttung erfolgt war.

- Beim *Organträger* stellten die abgeführten Gewinne entsprechend einer Ausschüttung steuerpflichtige Betriebseinnahmen dar.[376]

---

[372] Der Bundesfinanzhof konnte die Rechtsprechung zu § 19 Abs. 3 KStG 1955 auf § 27 Abs. 3 KStG 1977 übertragen, weil die „berücksichtigungsfähigen Ausschüttungen" ebenfalls als Ausschüttungen definiert wurden, die aufgrund eines den gesellschaftsrechtlichen Vorschriften entsprechenden Gewinnverteilungsbeschlusses vorgenommen wurden, vgl. *Jünger,* in: Lademann, KStG, § 27 KStG Anm. 84.

[373] Eine *„andere Ausschüttung"* i. S. d. § 27 Abs. 3 S. 2 KStG liegt nach der Rechtsprechung des Bundesfinanzhofs bei einer Kapitalgesellschaft im Falle einer Vermögensminderung vor, die durch das Gesellschaftsverhältnis veranlasst ist, nicht im Zusammenhang mit einer Ausschüttung i. S. d. § 27 Abs. 3 S. 1 KStG 1977 steht und sich in der Form des Mittelabflusses konkretisiert hat (BFH, Urteil vom 11.10.1989 – I R 12/87 – BFHE 158, 390 (391) = BStBl. 1990 II, 89 (89 f.)).

[374] BFH, Beschluss vom 05.07.1990 – I B 38/90 – BFH/NV 1991, 121 (122); BFH, Urteil vom 28.06.1989 – I R 58/84 – BFH/NV 1990, 325 (325 f.); BFH, Urteil vom 28.06.1984 – I R 89/85 – BFHE 157, 408 (415) = BStBl. 1989 II, 854 (857); BFH, Urteil vom 24.05.1989 – I R 90/85 – BFHE 157, 168 (172) = BStBl. 1989 II, 800 (801 f.); BFH, Urteil vom 26.04.1989 – I R 172/87 – BFHE 157, 138 (142) = BStBl. 1989 II, 673 (675); BFH, Urteil vom 14.03.1989 – I R 8/85 – BFHE 156, 452 (457) = BStBl. 1989 II, 633 (635); BFH, Urteil vom 22.02.1989 – I R 9/85 – BFHE 156, 428 (432) = BStBl. 1989 II, 631 (633); BFH, Urteil vom 09.12.1987 – I R 260/83 – BFHE 151, 560 (563) = BStBl. 1988 II, 460 (462); BFH, Urteil vom 20.08.1986 – I R 87/83 – BFHE 147, 521 (523) = BStBl. 1987 II, 75 (76); *Frotscher,* in: Frotscher/Maas, KStG/UmwStG, § 14 KStG Rdnr. 367.

[375] Anderenfalls blieb es bei der Nichtanwendung der §§ 27 ff. KStG, vgl. BFH, Beschluss vom 05.07.1990 – I B 38/90 – BFH/NV 1991, 121 (122); anders wohl *Schmidt/Müller/Stöcker,* Organschaft, 6. Aufl., Rdnr. 817, die davon ausgehen, dass die Gewinnausschüttung bei der vermeintlichen Organschaft keine Körperschaftsteuerminderung auslöst.

[376] Vgl. *Frotscher,* in: Frotscher/Maas, KStG/UmwStG, § 14 KStG Rdnr. 366.

(3) Derzeitige Rechtslage

Seit dem Übergang zum *Halbeinkünfteverfahren* ab dem Jahr 2002 stellen die an den Organträger trotz Unwirksamkeit des Abführungsvertrages abgeführten Gewinne im Grundsatz weiterhin steuerpflichtige Betriebseinnahmen dar. Diese bleiben jedoch nach § 8b Abs. 1 KStG bei der Ermittlung des Einkommens außer Ansatz, sofern der Organträger eine Körperschaft ist.[377] In allen anderen Fällen unterliegen die Einkünfte dem Halbeinkünfteverfahren.

bb) BGH, Urteil vom 30. September 1999 – IX ZR 139/98

Im Rahmen seines *Urteils vom 30. September 1999*[378] hatte der *9. Senat des Bundesgerichtshofs* Gelegenheit, sich mit der Behandlung einer Gewinnabführung auf der Grundlage eines unwirksamen Gewinnabführungsvertrages auseinander zu setzen. In diesem Zusammenhang hatte der Senat auch das körperschaftsteuerliche Anrechnungsverfahren in seinen Feinheiten auszuloten.

(1) Sachverhalt

Die klagende Kapitalgesellschaft (Klägerin zu 1) wurde von den beklagten Steuerberatern im Rahmen eines Dauermandats steuerlich beraten. Die Steuerberater entwarfen Ergebnisabführungsverträge, welche die Klägerin zu 1 als Organträger mit zwei Gesellschaften als Organgesellschaften (Klägerin zu 2 und Klägerin zu 3) schloss. Diese Verträge wurden in den Veranlagungszeiträumen 1987 und 1988 von der Finanzbehörde körperschaftsteuerlich nicht anerkannt. Dementsprechend behandelte die Finanzbehörde für das Jahr 1987 eine Gewinnabführung in Höhe von DM 353.058,– als Gewinnausschüttung der Klägerin zu 3 an die Klägerin zu 1. Die Klägerin zu 1 verlangte von den Beklagten Schadensersatz mit der Begründung, durch die fehlerhafte Gestaltung der Verträge sei bei ihr eine erhöhte Körperschaftsteuerschuld angefallen, weshalb sie Verlustvorträge bzw. -rückträge verbraucht hat, die ihr ansonsten noch für spätere Jahre zur Verfügung gestanden hätten.

(2) Entscheidungsgründe

Ausgangspunkt der Überlegungen des Bundesgerichtshofs ist die steuerliche Qualifizierung der Gewinnabführung im Rahmen eines steuerrechtlich unwirksamen Gewinnabführungsvertrages. Ebenso wie der Bundesfinanzhof ordnet der

---

[377] *Frotscher,* in: Frotscher/Maas, KStG/UmwStG, § 14 KStG Rdnr. 366.

[378] BGH, Urteil vom 30.09.1999 – IX ZR 139/98 – DStR 1999, S. 1863 ff. = GmbHR 1999, S. 1196 ff. = NJW 2000, S. 69 ff. = WM 1999, S. 2360 ff.

Bundesgerichtshof die Gewinnabführung als *„verdeckte Gewinnausschüttung“* ein – ohne jedoch den Terminus selbst zu nennen.[379]

Der Bundesgerichtshof geht sodann der Frage nach, ob der Klägerin zu 1 durch die Unwirksamkeit des Ergebnisabführungsvertrages tatsächlich ein Schaden entstanden ist. Zum Vorliegen eines Schadens führt er aus, dass die Zuweisung des Gewinns der Klägerin zu 3 für das Jahr 1987 in Höhe von *DM 225.957,–* als (verdeckte) Gewinnausschüttung zu behandeln sei, so dass dem hieraus resultierenden zu versteuernden Einkommen der Klägerin zu 1 die hierauf entfallende körperschaftsteuerliche Ausschüttungsbelastung (56,25% = 36/64 = 9/16 des Ausschüttungsbetrages) in Höhe von *DM 127.101,–* hinzuzurechnen sei, was für sich betrachtet zu einem zu versteuernden Einkommen der Klägerin zu 1 in Höhe von *DM 353.058,–* führe. Im Falle eines wirksamen Ergebnisabführungsvertrages hätte das zu versteuernde Einkommen der Klägerin zu 1 aus der Gewinnzuweisung lediglich *DM 225.957,–* betragen. Die Fehlerhaftigkeit des Ergebnisabführungsvertrages habe somit bei der Klägerin zu 1 zu einer erhöhten Steuerschuld aus einem um *DM 127.101,–* erhöhten zu versteuernden Einkommen geführt. Um diesen Betrag wäre das vom Finanzamt ermittelte Einkommen bei sachgerechter steuerlicher Gestaltung niedriger ausgefallen und hätte durch die Verwendung von Verlusten aus anderen Jahren (§§ 8 KStG, 10d EStG) auf Null gestellt werden können.

(3) Analyse der Entscheidungsgründe

Im Ergebnis kann den Ausführungen des Bundesgerichtshofs zum Vorliegen eines Schadens nicht zugestimmt werden. Richtigerweise hätte der Bundesgerichtshof – ebenso wie die Vorinstanz[380] – einen Schaden des Organträgers verneinen müssen. Das ergibt sich aus folgenden Erwägungen:

(a) Hypothetische Situation: Wirksamkeit des Ergebnisabführungsvertrages

Der Bundesgerichtshof führt aus, dass der Organträger auf der Grundlage eines steuerlich wirksamen Ergebnisabführungsvertrages (hypothetische Situation) nur den Betrag von DM 225.957,– hätte versteuern müssen. Dies erweist sich deswegen als falsch, weil es sich bei diesem Betrag um den *Nettogewinn* der Organgesellschaft handelt, d.h. um den Gewinn nach Abzug der bei einer Ausschüttung anfallenden Körperschaftsteuer in Höhe von 36%.[381]

---

[379] Ebenso *Becker*, Steuerliche Behandlung einer verdeckten Gewinnausschüttung, die auf einem unwirksamen Gewinnabführungsvertrag beruht – Anmerkung, in: GmbHR 1999, 1200 (1200).

[380] OLG Düsseldorf, Urteil vom 26.02.1998 – 13 U 185/95.

Bei unterstellter Wirksamkeit des Vertrages wäre dem Organträger jedoch der *Bruttogewinn* der Klägerin zu 3, d.h. der Gewinn vor Abzug der Körperschaftsteuer und ohne Herstellung der Ausschüttungsbelastung, in Höhe von DM 353.058,– zur Versteuerung zugerechnet worden.[382] Die Organgesellschaft selbst wäre einkommenslos gewesen.[383] Beim Organträger, der Klägerin zu 1, hätte das zuzurechnende Einkommen in Höhe von DM 353.058,– nach Maßgabe des für sie gültigen Steuersatzes (§ 23 KStG) der Körperschaftsteuer unterlegen.[384] Geht man davon aus, dass die Klägerin zu 1 den ihr zugeflossenen Betrag nicht ausgeschüttet hat, hätte sich – den zum damaligen Zeitpunkt geltenden Thesaurierungssatz von 56% zugrunde gelegt – eine *Steuerbelastung* des Organträgers in Höhe von *DM 197.712,–* ergeben.

(b) Tatsächliche Situation: Unwirksamkeit des Ergebnisabführungsvertrages

Tatsächlich hat das Finanzamt die Gewinnabschöpfung bei der Klägerin zu 1 als verdeckte Gewinnausschüttung behandelt.[385] Hiervon geht auch der Bundesgerichtshof zutreffend aus. Dies hatte zur Folge, dass nach § 8 Abs. 3 KStG das Einkommen der Organgesellschaft um den abgeführten Betrag zu erhöhen und bei ihr der Körperschaftsteuer zu unterwerfen war. Da der Ergebnisabführungsbetrag im Wirtschaftsjahr 1987 tatsächlich abfloss, war für den Veranlagungszeitraum 1987 auf der Ebene der Organgesellschaft die Ausschüttungsbelastung herzustellen (vgl. § 27 Abs. 3 S. 2 KStG). Einen *Bruttogewinn* in Höhe von DM 353.058,– zugrunde gelegt konnte die Klägerin zu 3 damit an die Klägerin zu 1 eine Bardividende in Höhe von DM 225.957,– ausschütten. Der Differenz-

---

[381] Selbst wenn man mit dem Bundesgerichtshof davon ausgeht, dass die Klägerin zu 1 nur den Betrag von DM 225.957,– hätte versteuern müssen, so wäre die hierauf entfallende Körperschaftsteuerlast bei einem Körperschaftsteuersatz von 56% für nicht ausgeschüttete Gewinne DM 126.536,– gewesen. Die Summe von DM 127.101,–, die der Bundesgerichtshof als „darauf entfallende Körperschaftsteuer" angibt, stellt vielmehr die auf der Ebene der Organgesellschaft anfallende Ausschüttungsbelastung dar.

[382] Die Gewinnabführung auf der Grundlage eines wirksamen Gewinnabführungsvertrages erfolgt stets brutto, das heißt vor Abzug der Körperschaftsteuer (vgl. *Neumann,* VGA und verdeckte Einlagen von A–Z, Köln 2001, S. 368); im Ergebnis ebenso *Patzner,* Haftung eines Steuerberaters für einen fehlerhaften Ergebnisabführungsvertrag, in: WuB IV A. § 675 BGB 1.00, 247 (250).

[383] Vgl. *Schmidt/Müller/Stöcker,* Organschaft, 6. Aufl., Rdnr. 471. Es ist daher richtig, wenn der Bundesgerichtshof unter 3. c) des Urteils darauf hinweist, dass bei einem steuerlich wirksamen Ergebnisabführungsvertrag im Veranlagungszeitraum 1987 bei der Klägerin zu 3 keine Körperschaftsteuer angefallen wäre.

[384] Vgl. *Schmidt/Müller/Stöcker,* Organschaft, 6. Aufl., Rdnr. 469.

[385] Vgl. zu dieser Rechtsfolge auch BFH, Urteil vom 30.01.1974 – I R 104/72 – BFHE 111, 410 (411 f.) = BStBl. 1974 II, 323 (324); BGH, Urteil vom 17.12.1969 – I 252/64 – BFHE 98, 152 (162) = BStBl. 1970 II, 257 (262); FG Düsseldorf, Urteil vom 13.06.1978 – XVI (XIII) 449/76 K – EFG 1979, 43 (43).

betrag zwischen Bruttogewinn und Barausschüttung (DM 127.101,–) wurde an das Finanzamt abgeführt.

Gewinn der Klägerin zu 3 vor Abzug der Körperschaftsteuer (Bruttogewinn)	*353.058,–*
Ausschüttungsbelastung (36%)	127.101,–
Barausschüttung	*225.957,–*

Auf der Ebene des Organträgers hat sich dies dahingehend ausgewirkt, dass dieser eine Bardividende in Höhe von DM 225.957,– und zusätzlich ein Anrechnungsguthaben in Höhe von DM 127.101,– erhalten hat.[386] Hierzu führt der Bundesgerichtshof unter 3. b) des Urteils aus, dass „der Klägerin zu 1 die bei der Organgesellschaft, der Klägerin zu 3, angefallene Kapitalertragsteuer [Anm.: hier hätte es richtigerweise Körperschaftsteuer heißen müssen] von DM 127.101,– in vollem Umfang angerechnet" wurde.

Barausschüttung (= Dividende), § 20 Abs. 1 Nr. 1 EStG	225.957,–
Körperschaftsteuerguthaben (§ 20 Abs. 1 Nr. 3 EStG)	127.101,–
Zu versteuernder Gewinn	*353.058,–*
Körperschaftsteuer hierauf (56%)[387]	197.712,–
Körperschaftsteueranrechnung (9/16 von 225.957,–; § 36 Abs. 2 Nr. 3 EStG)	127.101,–
Zu zahlende Reststeuerschuld	*70.611,–*

[386] Ebenso *Becker,* Steuerliche Behandlung einer verdeckten Gewinnausschüttung, die auf einem unwirksamen Gewinnabführungsvertrag beruht – Anmerkung, in: GmbHR 1999, 1200 (1200). Allerdings erweisen sich seine weiteren Ausführungen als unrichtig. Er übersieht, dass es sich bei der Summe von DM 353.058,– *nicht* um eine tatsächliche Auszahlung nach Steuern der Gesellschaft, sondern um den *Bruttogewinn* handelt. Nach Steuern konnte die Organgesellschaft – wie dargelegt – aber nur DM 225.957,– ausschütten. Nur diese tatsächliche Auszahlung ist bei der nach § 8 Abs. 3 KStG vorzunehmenden Einkommenserhöhung der Organgesellschaft auf den entsprechenden Betrag vor Steuern hochzurechnen, vgl. *Lange/Janssen,* Verdeckte Gewinnausschüttungen, 8. Aufl. 2003, Rdnr. 203 unter Hinweis auf die unrichtigen Berechnungen bei *Hey,* Bedeutung der Besteuerungsfolgen der verdeckten Gewinnausschüttung nach der Unternehmenssteuerreform, in: GmbHR 2001, 1 (3).

[387] Der Bundesgerichtshof legt fälschlicherweise einen Steuersatz von 56,25% zugrunde und kommt zu einer Körperschaftsteuerlast in Höhe von DM 198.594,–, vgl. hierzu sogleich näher unter (c).

(c) Vergleich zwischen hypothetischer und tatsächlicher Situation

Aufgrund seiner fehlerhaften Beurteilung der hypothetischen Situation kommt der Bundesgerichtshof beim Vergleich zwischen hypothetischer und tatsächlicher Situation zu dem Ergebnis, dass die Klägerin zu 1 aufgrund der Qualifizierung der Gewinnabschöpfung als verdeckte Gewinnausschüttung schlechter steht als bei unterstellter Wirksamkeit des Ergebnisabführungsvertrages. Zur Begründung verweist er darauf, dass aufgrund der Nichtanerkennung des Ergebnisabführungsvertrages die *Körperschaftsteuerschuld* beider Gesellschaften zusammengenommen *erhöht* wurde.

Er geht davon aus, dass der Besteuerung der Klägerin zu 1 ein Gewinn von DM 353.058,– (*Nettoausschüttung*[388] zzgl. der bei der Organgesellschaft angefallenen Körperschaftsteuer) zugrunde gelegt wurde. Sodann berechnet er die hierauf entfallende Körperschaftsteuer. Er legt einen Steuersatz von 56,25% zugrunde und kommt zu einer Körperschaftsteuerlast in Höhe von DM 198.594,–. Die zusätzliche Körperschaftsteuerlast berechnet der Bundesgerichtshof dann, indem er von den DM 198.594,– die bei der Organgesellschaft anzurechnende Körperschaftsteuer (vgl. § 49 Abs. 1 KStG, § 36 Abs. 2 S. 2 Nr. 3 EStG) in Höhe von DM 127.101,– abzieht. Die dadurch entstehende zusätzliche Körperschaftsteuerlast gibt der Bundesgerichtshof mit DM 61.493,– an.

Zu dieser Berechnung ist Folgendes anzumerken: Einerseits ist nicht nachvollziehbar, warum der Bundesgerichtshof die auf den Gewinn der Klägerin zu 1 entfallende Körperschaftsteuer mit einem Steuersatz von 56,25% berechnet. Der damals für nicht ausgeschüttete Gewinne geltende Körperschaftsteuersatz betrug 56% (vgl. § 23 Abs. 1 KStG), so dass sich richtigerweise eine Körperschaftsteuerlast in Höhe von DM 197.712,– ergeben hätte. Andererseits ist die zusätzliche Körperschaftsteuerlast falsch berechnet. Die Differenz zwischen DM 198.594,– und DM 127.101,– beträgt nämlich nicht DM 61.493,– (so der Bundesgerichtshof) sondern DM 71.493,–.

Abgesehen von diesen „Rechenfehlern" kann das Ergebnis des Bundesgerichtshofs schon deshalb keinen Bestand haben, weil der erkennende Senat – wie oben ausgeführt – von einer falschen hypothetischen Situation ausgeht. Richtigerweise ergibt ein Vergleich zwischen tatsächlicher und (korrekter) hypothetischer Lage keine erhöhte Körperschaftsteuerbelastung von Organgesellschaft und -träger. Sie beträgt sowohl bei unterstellter Wirksamkeit des Ergebnisabführungsvertrages als auch bei Unwirksamkeit des Vertrages DM 197.712,–, wobei der Organträger im ersten Fall die volle Steuerlast in Höhe von

---

[388] Hier hätte es richtigerweise *Bruttoausschüttung* heißen müssen; vgl. auch die Ausführungen bei *Heinicke,* in: Schmidt, EStG, 16. Aufl., § 20 Rdnr. 127, auf die der Bundesgerichtshof verweist.

DM 197.712,– zu tragen hat, während im zweiten Fall auf der Ebene der Organgesellschaft DM 127.101,–, auf der Ebene des Organträgers DM 70.611,– anfallen (vgl. hierzu die oben angestellten Berechnungen). Zu diesem Ergebnis hätte der Bundesgerichtshof schon deshalb kommen müssen, weil organschaftliche Einkommenszurechnung und Anrechnungsverfahren im Prinzip gleichwertige Methoden der Ausschaltung einer Doppelbelastung der von einer Kapitalgesellschaft erwirtschafteten und an die Anteilseigner ausgeschütteten Gewinne mit Körperschaft- und Einkommensteuer und zur Ausschaltung einer entsprechenden Mehrfachbelastung dieser Gewinne mit Körperschaftsteuer sind.[389]

(d) Berechnung der Steuerschuld der Klägerin zu 1

Weiterhin kommt der Bundesgerichtshof zu dem Ergebnis, dass die Auswirkungen des steuerlich fehlerhaften Ergebnisabführungsvertrages beim Organträger darin bestehen, dass dessen *Steuerschuld* aus einem um DM 127.101,– erhöhten Gewinn berechnet wurde. Der erkennende Senat führt aus, dass das Finanzamt unter Zugrundelegung eines Gewinns der Klägerin zu 1 in Höhe von DM 353.058,– das zu versteuernde Einkommen auf DM 147.484,– festgesetzt hat. Bei sachgerechter steuerlicher Behandlung wäre das vom Finanzamt ermittelte Einkommen um DM 127.101,– niedriger ausgefallen und hätte durch die Verwendung von Verlusten aus anderen Jahren (§§ 8 KStG, 10d EStG) in Höhe von DM 20.383,– auf Null gestellt werden können.

Auch diesen Ausführungen kann nicht beigepflichtet werden. Im Falle der Wirksamkeit des Ergebnisabführungsvertrages hätte das Finanzamt die Steuerschuld aus einem Gewinn der Klägerin zu 1 in Höhe von DM 353.058,– berechnen müssen und ebenso gem. § 47 Abs. 2 KStG auf DM 147.484,– festgesetzt. Damit hätte der Organträger auch bei unterstellter Wirksamkeit des Vertrages den gesamten aus anderen Jahren festgestellten Verlust in Höhe von DM 128.064,– einsetzen müssen, um sein Einkommen zu senken.

(e) Schaden der Klägerin zu 1 aufgrund bestehender Verlustausgleichspflicht

Auch die Ausführungen unter 3. b) des Urteils können keinen Schaden der Klägerin zu 1 begründen. Der Bundesgerichtshof geht davon aus, dass der Organträger die Gutschrift der gem. § 36 Abs. 2 Nr. 3 EStG angerechneten *Kapitalertragsteuer* [Anm.: auch hier hätte es richtigerweise Körperschaftsteuer

---

[389] Vgl. *Frotscher,* in: Frotscher/Maas, KStG/UmwStG, § 14 KStG Rdnr. 2; *Schmidt/Müller/Stöcker,* Organschaft, 6. Aufl., Rdnr. 474. Im Ergebnis ebenso *Patzner,* Haftung eines Steuerberaters für einen fehlerhaften Ergebnisabführungsvertrag, in: WuB IV A. § 675 BGB 1.00, 247 (250).

heißen müssen] nicht für sich behalten durfte. Er sei vielmehr aufgrund des zivilrechtlich wirksamen Ergebnisabführungsvertrages verpflichtet gewesen, die Erstattung der bei der Klägerin zu 3 in gleicher Höhe angefallenen Körperschaftsteuerschuld einzusetzen. Bei der Organgesellschaft sei durch die Entrichtung der Körperschaftsteuer nur deshalb ein Fehlbetrag entstanden, weil die Organgesellschaft bereits den Bruttogewinn von DM 353.058,– an den Organträger abgeführt hatte, zusätzlich aber verpflichtet war, die Körperschaftsteuer in Höhe von DM 127.101,– an das Finanzamt abzuführen.

Es mag zwar zutreffen, dass eine Pflicht des Organträgers zum Ausgleich des Fehlbetrags besteht, doch übersieht der Bundesgerichtshof meines Erachtens einen entscheidenden Punkt. Dem Organträger ist tatsächlich die Summe von DM 353.058,– in bar zugeflossen, weil die Klägerin zu 1 und die Klägerin zu 3 von der Wirksamkeit des Ergebnisabführungsvertrages ausgegangen sind. Eigentlich hätte die Klägerin zu 3 an die Klägerin zu 1 aber nur den Betrag von DM 225.957,– bar ausschütten können (vgl. dazu bereits oben). Sofern der Bundesgerichtshof nunmehr von einer Verpflichtung des Organträgers ausgeht, den Mehrbetrag in Höhe von DM 127.101,– an die Organgesellschaft abzuführen, wird hierdurch nur das Resultat erzielt, von dem das Finanzamt bei der Veranlagung ausgegangen ist: einer Bruttobarausschüttung von DM 225.957,–. Negative Auswirkungen verbleiben beim Organträger hingegen nicht.

(4) Fazit

Insgesamt kann der Entscheidung des Bundesgerichtshofs aus steuerrechtlicher Sicht nicht zugestimmt werden. Da sich insbesondere die Überlegungen und Berechnungen des Bundesgerichtshofs im Zusammenhang mit Fragen des körperschaftsteuerlichen Anrechnungsverfahrens als fehlerhaft erweisen, hat der Bundesgerichtshof zu Unrecht einen Schaden der Gesellschaften bejaht. Wenngleich diese Fehlentscheidung die Ausnahme darstellt, und der Bundesgerichtshof in steuerlichen Fragen regelmäßig zu vertretbaren Ergebnissen gelangt, ist sie dennoch ein deutliches Beispiel dafür, dass die fehlende regelmäßige Auseinandersetzung mit der komplizierten Systematik des (reformierten) Körperschaftsteuerrechts zu durchaus unerwünschten Konsequenzen für die Prozessbeteiligten – in diesem Fall die beklagten Steuerberater – führen kann.

d) Verlustübernahme bei „verunglückter Organschaft"

Größere Schwierigkeiten als die soeben dargestellte Gewinnabführung bei verunglückter Organschaft bereitet die steuerrechtliche Behandlung der *Verlustübernahme*, wenn die Organschaft verunglückt ist.

aa) Die Rechtsprechung des Bundesfinanzhofs

Soweit ersichtlich hat sich der *Bundesfinanzhof* bislang erst in einem Fall ausführlich mit dieser Konstellation befasst.[390] Das Nichtvorliegen der tatbestandlichen Voraussetzungen der körperschaftsteuerlichen Organschaft führt nach Ansicht des Bundesfinanzhofs zunächst dazu, dass die Rechtsfolgen des § 7a KStG 1968[391] bzw. § 14 Abs. 1 KStG 1977[392] nicht anzuwenden sind. Im Falle der dennoch erfolgten Verlustübernahme sei die Frage der steuerlichen Behandlung der Verlustübernahme nach den allgemeinen Vorschriften zu beurteilen, ohne dass § 7a KStG 1968 bzw. § 14 KStG 1977 darauf Einfluss nähmen.

Nach Auffassung des Bundesfinanzhofs stellt die Verlustübernahme durch den Organträger eine Bareinzahlung i.S.d. § 4 Abs. 1 S. 3 EStG 1971[393] dar und führt zu einer *verdeckten Einlage* bei der Organgesellschaft.[394] Die verdeckte Einlage ihrerseits löse beim Organträger *betrieblich veranlasste Aufwendungen* aus, die als *nachträgliche Anschaffungskosten* für die Beteiligung an der Organgesellschaft auf dem Beteiligungskonto zu aktivieren seien.[395] In der Steuerbilanz des Organträgers sei die Verpflichtung zum Ausgleich des Verlusts

---

[390] BFH, Urteil vom 16.05.1990 – I R 96/88 – BFHE 160, S. 554 ff. = BStBl. 1990 II, S. 797 f. = BB 1990, S. 1735 f. = HFR 1990, S. 644 f. Dem Urteil des Bundesfinanzhofs lag ein recht komplizierter Sachverhalt zugrunde, der auf den folgenden rechtlich relevanten Kern reduziert werden kann: Zwischen der Klägerin, einer inländischen Aktiengesellschaft, und ihrer Tochtergesellschaft bestand ein steuerlich anerkanntes Organschaftsverhältnis mit Gewinnabführungsvertrag. Im Laufe des Geschäftsjahres 1972 veräußerte die Klägerin ihre gesamte Beteiligung an der Tochtergesellschaft an eine GmbH, so dass die tatbestandsmäßigen Voraussetzungen für ein Organschaftsverhältnis i.S.d. § 14 KStG 1977 bzw. § 7a KStG 1968 nicht mehr während des gesamten Geschäftsjahres vorlagen. Gleichwohl glich die Klägerin den Jahresverlust 1972 aus. Der Bundesfinanzhof hatte nun die Frage zu klären, wie die erfolgte Verlustübernahme durch den Organträger in dessen Jahresabschluss zu erfassen war.

[391] Körperschaftsteuergesetz (KStG 1968) in der Fassung vom 13.10.1969, BGBl. 1969 I, S. 1869 ff.

[392] Körperschaftsteuergesetz (KStG 1977) vom 31.08.1976, BGBl. 1976 I, S. 2597 ff.

[393] Einkommensteuergesetz (EStG 1971) in der Fassung vom 01.12.1971, BGBl. 1971 I, S. 1881 ff.

[394] BFH, Urteil vom 16.05.1990 – I R 96/88 – BFHE 160, 554 (556) = BStBl. 1990 II, 797 (799); zustimmend *Gonnella/Starke,* Körperschaftsteuerliche Besonderheiten bei verunglückter Organschaft, in: DB 1996, 248 (249); *Knepper,* Gewinnabführungsvertrag bei verunglückter Organschaft – eine Erwiderung auf den Beitrag von Laengner, in: BB 1991, 1607 (1608), *Schmidt/Müller/Stöcker,* Organschaft, 6. Aufl., Rdnr. 818; *Wichmann,* Bilanzierung bei verunglückter Organschaft – zugleich Anmerkung zum Urteil des Bundesfinanzhofs vom 16.5.1990, in: BB 1992, 394 (394 f.); kritisch bzw. a.A. *Gassner,* in: Lademann, KStG, § 14 Anm. 113; *Laengner,* Gewinnabführungsvertrag bei verunglückter Organschaft, in: BB 1991, 1239 (1239); *Sturm,* Verlustübernahme bei verunglückter Organschaft – eine Steueroase für verbundene Unternehmen?, in: DB 1991, 2055 (2056).

der Organgesellschaft (Passivposten) durch eine entsprechende Erhöhung des Ansatzes der Beteiligung (Aktivseite) auszugleichen. Diese Sichtweise führt dazu, dass der Vorgang in der Bilanz des Organträgers zunächst steuerneutral ist,[396] weil dem auf der Passivseite verbuchten übernommenen Verlust auf der Aktivseite ein um eben diesen Betrag erhöhter Buchwert der Beteiligung an der Organgesellschaft gegenübersteht. Auf den so erhöhten Beteiligungswert lässt der Bundesfinanzhof eine *Teilwertabschreibung* gemäß § 6 Abs. 1 Nr. 2 S. 2 EStG zu, sofern die nach allgemeinen Grundsätzen hierfür notwendigen Voraussetzungen vorliegen. Anstelle des Buchwertes der Beteiligung kann dann ein niedrigerer Teilwert[397] angesetzt werden. Dies führt dazu, dass die zunächst als Einlage auf den Beteiligungsansatz aktivierte Verlustübernahme in einem zweiten Schritt gewinnmindernd über eine Teilwertabschreibung wieder auf den ursprünglichen Beteiligungsansatz zurückgeführt werden muss. Dies bedeutet im Ergebnis, dass der eigentlich von der Organgesellschaft erzielte Verlust über die Teilwertabschreibung auf der Ebene des Organträgers steuerlich wirksam wird.[398] Sind die Voraussetzungen einer Teilwertabschreibung nicht erfüllt, so mindern die erhöhten Anschaffungskosten den Gewinn spätestens im Falle einer Veräußerung der Beteiligung an der Organgesellschaft.[399]

bb) BGH, Urteil vom 16. Januar 1992 – IX ZR 56/91

Dieser Rechtsauffassung des Bundesfinanzhofs hat sich der *Bundesgerichtshof* in seinem *Urteil vom 16. Januar 1992*[400] angeschlossen. Dies kommt insbe-

---

[395] BFH, Urteil vom 16.05.1990 – I R 96/88 – BFHE 160, 554 (555 f.) = BStBl. 1990 II, 797 (799) sowie BFH, Urteil vom 24.01.2001 – I R 13/00 – BFH/NV 2001, 1047 (1048); vgl. *Witt,* in: Dötsch/Eversberg/Jost/Witt, Die Körperschaftsteuer, § 14 KStG n.F. Rdnr. 221; *Schmidt/Müller/Stöcker,* Organschaft, 6. Aufl., Rdnr. 821, *Sturm,* Verlustübernahme bei verunglückter Organschaft – eine Steueroase für verbundene Unternehmen?, in: DB 1991, 2055 (2056); a.A. FG Düsseldorf, Urteil vom 12.04.1989 – 6 K 173/82 K – EFG 1989, 478 (479), wonach die Aktivierung daran scheitern soll, dass durch die Verlustübernahme der Wert der Beteiligung nicht erhöht wird; vielmehr wirke sich die Verlustübernahme bei der herrschenden Gesellschaft steuermindernd aus.

[396] Ebenso *Frotscher,* in: Frotscher/Maas, KStG/UmwStG, § 14 KStG Rdnr. 366.

[397] Der *Teilwert* ist nach § 6 Abs. 1 Nr. 1 S. 3 EStG der Betrag, den ein Erwerber des ganzen Betriebs im Rahmen des Gesamtkaufpreises für das einzelne Wirtschaftsgut ansetzen würde, wobei davon auszugehen ist, dass der Erwerber den Betrieb fortführt.

[398] Ebenso *Dötsch/Buyer,* Teilwertabschreibung auf Organbeteiligungen – Die Grenzen der körperschaftsteuerlichen Anerkennung, in: DB 1991, 10 (13); *Gonnella/Starke,* Körperschaftsteuerliche Besonderheiten bei verunglückter Organschaft, in: DB 1996, 248 (249); *Schmidt/Müller/Stöcker,* Organschaft, 6. Aufl., Rdnr. 821.

[399] Vgl. *Neumann,* VGA und verdeckte Einlagen von A–Z, S. 369.

[400] BGH, Urteil vom 16.01.1992 – IX ZR 56/91 – WM 1992, S. 741 f.

sondere dadurch zum Ausdruck, dass der Bundesgerichtshof die oben angeführte Entscheidung des Bundesfinanzhofs zum Teil wörtlich zitiert.

(1) Sachverhalt

Die Entscheidung betraf einen Schadensersatzprozess gegen einen Steuerberater, der im Jahr 1975 für seine Mandantin – die Klägerin – einen Gewinnabführungsvertrag mit einer Tochtergesellschaft entworfen hatte. Ziel dieses am 31. Dezember 1975 abgeschlossenen Vertrages war, dass der Klägerin als Organträger die Verluste der Tochtergesellschaft – einer inländischen GmbH – unmittelbar zugerechnet würden und sie damit eine entsprechend geringere Körperschaftsteuer zu zahlen hatte. Während die Steuerbehörde im Rahmen einer ersten Betriebsprüfung im Jahre 1979 die Wirksamkeit des Gewinnabführungsvertrages anerkannte, versagte sie dem Vertrag im Rahmen einer weiteren Betriebsprüfung im Jahre 1986 die steuerliche Anerkennung. Aufgrund der Nichtanerkennung des Ergebnisabführungsvertrages musste die Klägerin für den Zeitraum von 1978 bis 1982 Körperschaftsteuer in Höhe von DM 200.776,80 nachentrichten. Diesen Betrag machte sie mit ihrer Klage geltend und verlangte darüber hinaus die Feststellung, dass der Beklagte ihr auch den weiteren durch die steuerliche Nichtanerkennung entstehenden Schaden ersetzen muss. Sowohl das Landgericht[401] als auch das Oberlandesgericht[402] hatten die Klage abgewiesen.

(2) Entscheidungsgründe

Die Revision zum Bundesgerichtshof führte zur Aufhebung und Zurückverweisung. In seiner Entscheidung hatte der Bundesgerichtshof zu beurteilen, inwieweit der Klägerin durch die „verunglückte Organschaft" ein Schaden entstanden ist. Vor dem Hintergrund der Rechtsauffassung des Bundesfinanzhofs folgert der Bundesgerichtshof im Hinblick auf den Schaden der Klägerin: „Wenn in den Jahren ab 1978 der Teilwert der Beteiligung [an der Organgesellschaft] jeweils in Höhe des Betrages des aktivierten übernommenen Verlustes niedriger gewesen sein sollte als der Buchwert, dann wäre im Ergebnis durch die Unwirksamkeit des Gewinnabführungsvertrages kein Schaden eingetreten. Hierzu müssten aber für jedes Jahr die Buchwerte und die Teilwerte ermittelt und gegenübergestellt werden". Betrachtet man die verschiedenen Möglichkeiten, die sich bei einer Gegenüberstellung der beiden Werte ergeben können, gelangt man zu folgenden Ergebnissen:

---

[401] LG Essen, Urteil vom 10.01.1990 – 19 O 204/89.

[402] OLG Hamm, Urteil vom 25.01.1991 – 25 U 44/90.

Entspricht der Teilwert der Anteile nach der Teilwertabschreibung dem Buchwert vor der Erhöhung des Beteiligungskontos aufgrund der Verlustübernahme, wirkt sich die Verlustübernahme beim Organträger in voller Höhe gewinnmindernd aus, da die Nachaktivierung auf dem Beteiligungskonto in voller Höhe durch die Teilwertabschreibung beseitigt wird.[403] Die Teilwertabschreibung gleicht in diesem Fall die Zuaktivierung infolge der Einlage aus. Da ein gedachter Anteilserwerber in dieser Situation nur zur Zahlung des tatsächlichen Wertes – nicht des erhöhten Buchwertes – bereit wäre, würde sich ein geringerer Veräußerungsgewinn bzw. ein Veräußerungsverlust nicht ergeben und dasselbe Ergebnis erreicht wie im Falle eines wirksamen Ergebnisabführungsvertrages. Damit wäre der Klägerin *kein ersatzfähiger Schaden* entstanden.

Wird dagegen die auf den Beteiligungsansatz aktivierte Verlustübernahme durch die Teilwertabschreibung nicht vollständig auf den ursprünglichen Beteiligungsansatz zurückgeführt, ist der Teilwert der Anteile nach der Teilwertabschreibung höher als der Buchwert vor der Erhöhung des Beteiligungskontos aufgrund der Verlustübernahme. Folglich würde die handelsrechtliche Verlustübernahme dann teilweise steuerlich neutralisiert, so dass ein höherer zu versteuernder Gewinn verbleibt als bei Wirksamkeit des Ergebnisabführungsvertrages. Dann wäre der Klägerin aufgrund der damit verbundenen höheren Körperschaftsteuerbelastung tatsächlich *ein ersatzfähiger Schaden* entstanden.

(3) Analyse und kritische Stellungnahme

Sowohl der Bundesgerichtshof als auch der Bundesfinanzhof stimmen in ihren Entscheidungen bei der Beurteilung der steuerrechtlichen Folgen einer „verunglückten Organschaft" überein. Allerdings ist die vom Bundesgerichtshof zitierte Entscheidung des Bundesfinanzhofs in der Literatur auf erhebliche Kritik gestoßen. Dies gibt nicht zuletzt aufgrund der Tatsache, dass sich der Bundesgerichtshof mit den gegen das Urteil des Bundesfinanzhofs vorgebrachten Argumenten nicht näher auseinandergesetzt hat, Anlass dazu, den Lösungsansatz des Bundesgerichtshofs einer kritischen Analyse zu unterziehen.

(a) Verlustübernahme als verdeckte Einlage

Beide Gerichte haben die Verlustübernahme durch den Organträger als Bareinzahlung gewertet, die steuerlich gesehen zu einer verdeckten Einlage bei der Organgesellschaft führt.

---

[403] Vgl. *Dötsch/Buyer,* Teilwertabschreibung auf Organbeteiligungen – Die Grenzen der körperschaftsteuerlichen Anerkennung, in: DB 1991, 10 (13); *Sturm,* Verlustübernahme bei verunglückter Organschaft – eine Steueroase für verbundene Unternehmen?, in: DB 1991, 2055 (2056).

Nach ständiger Rechtsprechung des Bundesfinanzhofs liegt eine *verdeckte Einlage* vor, wenn der Gesellschafter einer Kapitalgesellschaft seiner Gesellschaft außerhalb der gesellschaftsrechtlichen Einlagen Vermögensgegenstände zuwendet und diese Zuwendung ihre Ursache im Gesellschaftsverhältnis hat.[404] Das Gesellschaftsverhältnis ist für eine Zuwendung des Gesellschafters dann ursächlich, wenn ein Nichtgesellschafter bei Anwendung der Sorgfalt eines ordentlichen Kaufmanns den Vermögensvorteil der Gesellschaft nicht eingeräumt hätte.[405] Regelmäßig ist davon auszugehen, dass ein fremder Dritter die in der Verlustübernahme liegende Zuwendung ohne die gesellschaftsrechtliche Verbundenheit nicht übernommen hätte, so dass die Verlustübernahme ihre Ursache im Gesellschaftsverhältnis hat.

Die Ursächlichkeit des Gesellschaftsverhältnisses für die Verlustübernahme ist jedoch unabhängig davon, ob zwischen dem herrschenden Unternehmen und der abhängigen Gesellschaft eine steuerrechtliche Organschaft mit Ergebnisabführungsvertrag und eine darauf beruhende Verpflichtung des herrschenden Unternehmens zur Übernahme des Verlustes der abhängigen Gesellschaft besteht.[406] Das Gesetz verlangt zwar eine Verlustübernahme nach § 302 AktG, schweigt aber zu der Frage, ob und unter welchen Voraussetzungen die Verlustübernahme durch das Gesellschaftsverhältnis veranlasst ist. Dies haben offensichtlich sowohl der Bundesgerichtshof als auch der Bundesfinanzhof so gesehen. Sie erkennen die Verpflichtung zur Verlustübernahme an, wenden auf sie aber, da die Voraussetzungen der steuerlichen Organschaft nicht erfüllt sind, die allgemeinen Rechtsfolgen der verdeckten Einlage an. Damit haben beide Gerichte die *Ursächlichkeit des Gesellschaftsverhältnisses* für die Verlustübernahme bejaht, denn das kennzeichnende Merkmal einer verdeckten Einlage ist

---

404 Vgl. nur BFH, Urteil vom 07.07.1992 – VIII R 24/90 – BFHE 168, 551 (553) = BStBl. 1993 II, 333 (334); BFH, Urteil vom 16.04.1991 – VIII R 100/87 – BFHE 165, 31 (35) = BStBl. 1992 II, 234 (235); BFH, Urteil vom 21.09.1989 – IV R 115/88 – BFHE 158, 397 (399) = BStBl. 1990 II, 86 (86); BFH, Urteil vom 14.11.1984 – I R 50/80 – BFHE 142, 453 (457) = BStBl. 1985 II, 227 (229); BFH, Urteil vom 09.03.1983 – I R 182/78 – BFHE 139, 139 (141) = BStBl. 1983 II, 744 (745); BFH, Urteil vom 14.08.1974 – I R 168/72 – BFHE 114, 41 (42) = BStBl. 1975 II, 123 (124); BFH Urteil vom 19.02.1970 – I R 24/67 – BFHE 98, 254 (257) = BStBl. 1970 II, 442 (443).

405 So beispielsweise BFH, Urteil vom 07.07.1992 – VIII R 24/90 – BFHE 168, 551 (553) = BStBl. 1993 II, 333 (334); BFH, Urteil vom 04.12.1991 – I R 68/89 – BFHE 166, 465 (467) = BStBl. 1992 II, 744 (745); BFH, Urteil vom 16.04.1991 – VIII R 100/87 – BFHE 165, 31 (35) = BStBl. 1992 II, 234 (235); BFH, Urteil vom 21.09.1989 – IV R 115/88 – BFHE 158, 397 (399) = BStBl. 1990 II, 86 (86); BFH, Urteil vom 09.03.1983 – I R 182/78 – BFHE 139, 139 (141) = BStBl. 1983 II, 744 (745); BFH, Urteil vom 14.08.1974 – I R 168/72 – BFHE 114, 41 (42) = BStBl. 1975 II, 123 (124); BFH, Urteil vom 19.02.1970 – I R 24/67 – BFHE 98, 254 (257) = BStBl. 1970 II, 442 (443).

406 In diese Richtung auch *Knepper,* Bilanzierung im qualifiziert faktischen Konzern, in: DStR 1993, 1613 (1615); *Laengner,* Gewinnabführungsvertrag bei verunglückter Organschaft, in: BB 1991, 1239 (1239).

gerade die Ursächlichkeit des Gesellschaftsverhältnisses für die Leistung des Gesellschafters.

(b) Verlustübernahme als „betrieblich veranlasste Aufwendung“

Hat die Verlustübernahme und damit die Vermögensmehrung bei der Organgesellschaft ihre Ursache im Gesellschaftsverhältnis, so verwundert es, dass sowohl der Bundesgerichtshof als auch der Bundesfinanzhof die Verlustübernahme ohne nähere Begründung als eine *„betrieblich veranlasste Aufwendung“* des Organträgers ansehen. Die Beurteilung als „betrieblich veranlasste Aufwendung“ überrascht zum einen, weil beide Gerichte die Antwort darauf schuldig bleiben, warum die betrieblich veranlassten Aufwendungen der Verlustübernahme zu der gesellschaftsrechtlich veranlassten verdeckten Einlage in die Organgesellschaft führen. Zum anderen, weil beide Gerichte im umgekehrten Fall die Gewinnabführung bei einer verunglückten Organschaft als verdeckte Gewinnausschüttung und damit als eine Leistung qualifizieren, deren Veranlassung im Gesellschaftsverhältnis wurzelt.

Dieser offensichtliche Widerspruch lässt sich nur dann einer sinnvollen Lösung zuführen, wenn man davon ausgeht, dass mit der Bezeichnung als „betrieblich veranlasste Aufwendungen“ nicht der Gegensatz zwischen „durch das Gesellschaftsverhältnis veranlasst“ und „betrieblich veranlasst“ gemeint ist.[407] „Durch das Gesellschaftsverhältnis veranlasste Aufwendungen“ sind – bei verdeckten Gewinnausschüttungen und verdeckten Einlagen – nicht einfach „Nicht-Betriebsausgaben“, weil sich der Kausalitätsbegriff bei Betriebsausgaben und der Kausalitätsbegriff bei verdeckten Gewinnausschüttungen und verdeckten Einlagen nicht decken.[408]

(c) Rechtsfolgen der Verlustübernahme als verdeckte Einlage

Trotz der zutreffenden Einordnung der Verlustübernahme als verdeckte Einlage hat der Bundesgerichtshof meines Erachtens zu Unrecht angenommen, dass die Verlustübernahme auf dem Beteiligungskonto des Organträgers zu aktivieren ist. Zwar haben verdeckte Einlagen beim Gesellschafter der Kapitalgesellschaft grundsätzlich zur Folge, dass nachträgliche Anschaffungskosten entstehen,[409] die in der Handelsbilanz und in der Steuerbilanz zu aktivieren

---

[407] Vgl. *Döllerer,* in: FS Schmidt, 523 (531).

[408] Vgl. *Döllerer,* Verdeckte Gewinnausschüttungen, 2. Aufl., S. 127 f.

[409] Vgl. BFH, Urteil vom 16.04.1991 – VIII R 100/87 – BFHE 165, 31 (37) = BStBl. 1992 II, 234 (237); BFH, Urteil vom 21.09.1989 – IV R 115/88 – BFHE 158, 397 (399 f.) = BStBl. 1990 II, 86 (86 f.); BFH Großer Senat, Beschluss vom 26.10.1987 – GrS 2/86 – BFHE 151, 523 (538 f.) = BStBl. 1988 II, 348 (355) unter

sind.[410] In dem vom Bundesgerichtshof entschiedenen Fall kam eine Aktivierung jedoch ausnahmsweise nicht in Betracht. Das ergibt sich aus folgenden Erwägungen.

(aa) Verdeckte Einlage als nachträgliche Anschaffungskosten

Mangels einer eigenen Umschreibung des Begriffes der *Anschaffungskosten* in den Steuergesetzen ist nach dem Grundsatz der Maßgeblichkeit der Handelsbilanz für die Steuerbilanz auf die handelsrechtliche Begriffsbestimmung zurückzugreifen.[411] Folglich rechnen zu den *Anschaffungskosten* alle Aufwendungen, die geleistet werden, um ein Wirtschaftsgut zu erwerben und in einen dem angestrebten Zweck entsprechenden Zustand zu versetzen (§ 255 Abs. 1 S. 1 HGB).[412] Gemäß § 255 Abs. 1 S. 2 HGB zählen zu den Anschaffungskosten auch die *nachträglichen Anschaffungskosten*. Dabei handelt es sich um solche Aufwendungen, die in einem unmittelbaren wirtschaftlichen Zusammenhang mit der Anschaffung stehen, insbesondere zwangsläufig im Gefolge der Anschaffung anfallen und zu einer Erhöhung des Werts des Wirtschaftsguts führen.[413] Sie entstehen insbesondere dann, wenn der Gesellschafter seiner Kapitalgesellschaft außerhalb der gesellschaftsrechtlichen Einlagen Vermögensvorteile zuwendet und diese Zuwendungen ihre Ursache im Gesellschaftsverhältnis haben (z. B. in Form verdeckter Einlagen).[414]

C. I. 3. d) m. w. N.; BFH, Urteil vom 20.08.1986 – I R 150/82 – BFHE 149, 25 (31) = BStBl. 1987 II, 455 (458); BFH, Urteil vom 02.10.1984 – VIII R 36/83 – BFHE 143, 228 (231) = BStBl. 1985 II, 320 (322); BFH, Urteil vom 12.02.1980 – VIII R 114/77 – BFHE 130, 378 (382) = BStBl. 1980 II, 494 (497); BFH, Urteil vom 09.03.1977 – I R 203/74 – BFHE 122, 68 (69 f.) = BStBl. 1977 II, 515 (515); BFH, Urteil vom 29.05.1968 – I 187/65 – BFHE 93, 62 (63) = BStBl. 1968 II, 722 (723); *Häuselmann,* in: MAH Unternehmenssteuerrecht, § 10 Rdnr. 83; vgl. nunmehr auch § 6 Abs. 6 S. 6 EStG.

[410] Vgl. BFH, Urteil vom 21.09.1989 – IV R 115/88 – BFHE 158, 397 (399 f.) = BStBl. 1990 II, 86 (87); BFH, Urteil vom 09.03.1977 – I R 203/74 – BFHE 122, 68 (69 f.) = BStBl. 1977 II, 515 (515).

[411] Vgl. zu *Anschaffungskosten* BFH, Urteil vom 04.06.1991 – X R 136/87 – BFHE 165, 349 (354); zu *Herstellungskosten* BFH Großer Senat, Beschluss vom 04.07.1990 – GrS 1/89 – BFHE 160, 466 (473) = BStBl. 1990 II, 830 (833).

[412] BFH, Urteil vom 13.10.1983 – IV R 160/78 – BFHE 139, 273 (275) = BStBl. 1984 II, 101 (102). Der aus dem Handelsrecht in das Steuerrecht übernommene einheitliche Anschaffungskostenbegriff gilt gleichermaßen im Bereich der Gewinneinkünfte wie im Bereich der Überschusseinkünfte, vgl. BFH, Urteil vom 21.01.1999 – IV R 27/97 – BFHE 188, 27 (32) = BStBl. 1999 II, 638 (640); BFH, Urteil vom 12.02.1980 – VIII R 114/77 – BFHE 130, 378 (382) = BStBl. 1980 II, 494 (497).

[413] Vgl. BFH, Urteil vom 26.04.1995 – I R 92/94 – BFHE 177, 444 (447) = BStBl. 1995 II, 594 (596); BFH, Urteil vom 27.10.1992 – VIII R 87/89 – BFHE 170, 53 (56) = BStBl. 1993 II, 340 (341 f.) m. w. N.; BFH, Urteil vom 24.02.1987 – IX R 114/82 – BFHE 149, 233 (238).

Es ist zwar eingewandt worden, dass verdeckte Einlagen schon deshalb keine *nachträglichen* Anschaffungskosten sein können, weil es im Fall von langfristig bestehenden Beteiligungen an einem zeitlichen Zusammenhang mit dem ursprünglichen Anschaffungsvorgang fehle.[415] Diese Ansicht ist jedoch schon deshalb abzulehnen, weil ein zeitlicher Zusammenhang zwischen dem ursprünglichen Anschaffungsvorgang und nachträglichen Anschaffungskosten gerade nicht gegeben sein muss.[416]

(bb) Aktivierung der Verlustübernahme

Der Bundesgerichtshof geht davon aus, dass die durch die Verlustübernahme entstehenden nachträglichen Anschaffungskosten auf dem Beteiligungskonto des Organträgers zu aktivieren sind. Wie soeben unter (aa) gesehen lassen sich verdeckte Einlagen vor allem deshalb als nachträgliche Anschaffungskosten einstufen, weil sie dem Zweck dienen, den Wert der Beteiligung zu erhöhen. Obwohl nach Handelsrecht eine Aktivierung grundsätzlich nur in Betracht kommt, wenn die verdeckte Einlage selbst zu einer dauernden Wertsteigerung führt, hat der Bundesfinanzhof allgemein klargestellt, dass es beim Ansatz von Anschaffungskosten und Herstellungskosten nicht darauf ankommt, ob die Aufwendung *tatsächlich* zu einer Wertverbesserung des Wirtschaftsguts geführt hat und sich diese nachweisen lässt.[417]

Eine Ausnahme gilt aber, wenn feststeht, dass sich der Wert der Beteiligung durch die Leistung des Gesellschafters nicht erhöht hat.[418] So hat zunächst der

---

414 Vgl. BFH, Urteil vom 19.07.1994 – VIII R 58/92 – BFHE 176, 317 (324 f.) = BStBl. 1995 II, 362 (366); zur Inanspruchnahme eines Gesellschafters aus einer Bürgschaft für eine Verbindlichkeit der Kapitalgesellschaft BFH, Urteil vom 27.10.1992 – VIII R 87/89 – BFHE 170, 53 (56); BFH, Urteil vom 07.07.1992 – VIII R 24/90 – BFHE 168, 551 (553) = BStBl. 1993 II, 333 (334).

415 *Kraft/Kraft,* Steuerliche Konsequenzen aus der Verlustausgleichsverpflichtung des beherrschenden GmbH-Gesellschafters, in: BB 1992, 2465 (2468); *Hoffmann,* Beteiligungsbewertung und kapitalersetzendes Darlehen, in: BB 1991, 2262 (2262); *ders.*, Sanierungszuschuss als Anschaffungskosten, in: BB 1992, 402 (403); *Wichmann,* Bilanzierung bei verunglückter Organschaft – Zugleich Anmerkung zum Urteil des Bundesfinanzhofs vom 16.5.1990, in: BB 1992, 394 (394).

416 Vgl. BFH, Urteil vom 03.07.1997 – III R 114/95 – BFHE 183, 504 (509); aus der Literatur vgl. *Döllerer,* Verdeckte Gewinnausschüttungen, 2. Aufl., S. 212; *ders.*, Verlust eines kapitalersetzenden Gesellschafterdarlehens als nachträgliche Anschaffungskosten einer wesentlichen Beteiligung – Bemerkungen zum BFH-Urteil vom 16.4. 1991 – VIII R 100/87, in: FR 1992, 233 (234); *Werndl,* in: Kirchhof/Söhn/Mellinghoff, EStG, § 6 Rdnr. B 106 f. m.w.N.; ebenso *Ellrott/Schmidt-Wendt,* in: Beck'scher Bilanz-Kommentar, § 255 Rdnr. 110 (... „in keinem zeitlichen Bezug" ...).

417 So zu *Herstellungskosten* BFH Großer Senat, Beschluss vom 04.07.1990 – GrS 1/89 – BFHE 160, 466 (473) = BStBl. 1990 II, 830 (833); zu *Anschaffungskosten* BFH, Urteil vom 04.06.1991 – X R 136/87 – BFHE 165, 349 (353) = BStBl. 1992 II, 70 (72).

Bundesfinanzhof für den Fall der Verlustübernahme bei einer wirksamen Organschaft entschieden, dass die sonst gebotene Aktivierung der Verlustübernahme als verdeckte Einlage auf dem Beteiligungskonto daran scheitert, dass der Wert der Beteiligung an der Organgesellschaft nicht erhöht wird, sondern vielmehr wegen der Verlustübernahme „erstarrt“.[419] Sodann hat der *Bundesgerichtshof* für verdeckte Einlagen in Gestalt von Sanierungszuschüssen und eines Forderungsverzichts entschieden, dass ein Ausweis des Zugangs in der Bilanz der Kapitalgesellschaft nicht geboten ist, wenn schon im Zeitpunkt der Zuwendung feststeht, dass der Wert der Beteiligung dadurch nicht erhöht wird.[420]

Aus dieser Rechtsprechung hat *Döllerer* mit Recht gefolgert, dass als Voraussetzung für die Aktivierung verdeckter Einlagen eine tatsächliche Erhöhung des Wertes der Beteiligung zwar nicht nachweisbar sein muss, dass aber die Aufwendungen wenigstens *allgemein geeignet* sein müssen, den Wert der Beteiligung zu erhöhen.[421] Fehlt es an dieser Eignung (z. B. wenn von vornherein feststeht, dass sich der Wert der Beteiligung durch die verdeckte Einlage nicht erhöht), scheidet eine Aktivierung aus.[422] So liegt nach *Döllerer* der Fall auch bei einer Verlustübernahme in Organschaftsfällen.[423] Hier wird der Verlust der Tochtergesellschaft unmittelbar nach seinem Entstehen durch die Verlustübernahme ausgeglichen, so dass er keine Teilwertabschreibung in der Bilanz der

---

[418] So *Döllerer,* Verdeckte Gewinnausschüttungen und verdeckte Einlagen bei Kapitalgesellschaften, 2. Aufl., Heidelberg 1990, S. 214.

[419] BFH, Urteil vom 26.01.1977 – I R 101/75 – BFHE 121, 425 (427) = BStBl. 1977 II, 441 (442).

[420] BGH, Urteil vom 31.10.1978 – KZR 5/77 – BB 1979, 387 (388).

[421] *Döllerer,* in: FS Schmidt, 523 (534); *ders.,* Verdeckte Gewinnausschüttungen, verdeckte Einlage – neue Rechtsprechung, neue Fragen, in: DStR 1989, 331 (334).

[422] Dieser Auffassung hat sich der Bundesfinanzhof in seiner Rechtsprechung zu § 17 EStG nicht angeschlossen. In seinem Urteil vom 25.05.1999 – VIII R 59/97 – BFHE 188, 569 (573) = BStBl. 2001 II, 226 (227 f.) führt er aus: „Der Senat vermag sich nicht der Ansicht von *Döllerer* anzuschließen, dass – ähnlich der Rechtsprechung des Bundesfinanzhofs zum Fall der Verlustübernahme im Rahmen einer Organschaft gemäß §§ 7a KStG 1968, 14 KStG 1977 – ein Ansatz der Einlage als nachträgliche Anschaffungskosten dann nicht in Betracht komme, wenn sich der Wert der Beteiligung durch die Rückgewähr der vGA nicht erhöht habe.“ Vgl. hierzu beispielsweise auch *Priester,* in: StbJb 1993/94, 141 (160 ff.); *Knepper,* Bilanzierung im qualifiziert faktischen Konzern, in: DStR 1993, 1613 (1615); *Kraft/Kraft,* Steuerliche Konsequenzen aus der Verlustausgleichsverpflichtung des beherrschenden GmbH-Gesellschafters, in: BB 1992, 2465 (2466); *Trautmann,* Bilanzierung und Besteuerung im qualifiziert faktischen Konzern, S. 127). Erst kürzlich hat der Bundesfinanzhof darauf hingewiesen, dass diese Rechtsprechung zu § 17 EStG, die nachträgliche Anschaffungskosten einer Beteiligung auch ohne Erhöhung des Beteiligungswertes bejaht, im Rahmen einer Gewinnermittlung nach § 5 Abs. 1 EStG i. V. m. § 255 HGB nicht anwendbar ist (vgl. BFH, Urteil vom 06.03.2003 – XI R 52/01 – BFHE 202, 128 (134) = BStBl. 2003 II, 658 (661) unter Hinweis auf die Ausführungen bei *Döllerer,* in: FS Schmidt, 523 (534)).

[423] Ebenso *Laengner,* Gewinnabführungsvertrag bei verunglückter Organschaft, in: BB 1991, 1239 (1240).

Muttergesellschaft rechtfertigt. Seiner Ansicht nach ist für die Frage einer Werterhöhung durch die Verlustübernahme von dem Wert der Beteiligung in der Bilanz der Muttergesellschaft auszugehen, der vor dem Entstehen des Verlustes angesetzt war. Dieser Wert werde durch die Verlustübernahme nicht erhöht, da diese nur den in der Bilanz nicht (durch Teilwertabschreibung) berücksichtigten Verlust der Tochtergesellschaft ausgleicht. Versagen der Abschreibung der Beteiligung in der Bilanz der Muttergesellschaft wegen des Verlustes der Tochtergesellschaft und Nichtaktivierung der Verlustübernahme in die Bilanz der Muttergesellschaft bedingen daher einander.[424] Dabei könne offen bleiben, ob dies eine Teilwertabschreibung rechtfertige, da es jedenfalls nicht die Verlustübernahme sei, die eine Aktivierung rechtfertige. Die Aktivierung könne auch nicht mit einer Wertsteigerung aus anderen Gründen gerechtfertigt werden, da sie sonst dem Ausweis eines nicht realisierten Gewinns gleichkäme. Diese Überlegung zeige zugleich, dass der Verzicht auf die Aktivierung der Verlustübernahme als nachträgliche Anschaffungskosten der Beteiligung unabhängig davon sei, ob eine Organschaft bestehe oder nicht.[425]

(4) Fazit

Wenngleich sich die Rechtsauffassungen des Bundesgerichtshofs und des Bundesfinanzhofs im Hinblick auf die Behandlung der „verunglückten Organschaft" decken, kann der von beiden Gerichten gefundenen Lösung nicht in vollem Umfang zugestimmt werden. Richtig ist, dass die Verlustübernahme bei verunglückter Organschaft die Voraussetzungen einer verdeckten Einlage erfüllt, die beim Organträger betrieblich veranlasste Aufwendungen auslöst. Entgegen der Ansicht des Bundesgerichtshofs sind die Aufwendungen jedoch *nicht* als *nachträgliche Anschaffungskosten* der Beteiligung an der Organgesellschaft zu aktivieren, weil von Vornherein feststeht, dass sich der Wert der Beteiligung durch die Verlustübernahme nicht erhöht. Andererseits ist es jedoch auch nicht möglich, die Verlustausgleichszahlung als *sofort abziehbare Betriebsausgabe* anzusehen, die im Zeitpunkt der Inanspruchnahme des Organträgers in voller Höhe seinen steuerlichen Gewinn mindert.[426]

---

[424] *Döllerer,* in: FS Schmidt, 523 (535).

[425] Ebenso FG Düsseldorf, Urteil vom 12.04.1989 – 6 K 173/82 K – EFG 1989, 478 (479); *Döllerer,* in: FS Schmidt, 523 (535); *Gassner,* in: Lademann, KStG, § 14 Anm. 113.

[426] So jedoch *Kraft/Kraft,* Steuerliche Konsequenzen aus der Verlustausgleichsverpflichtung des beherrschenden GmbH-Gesellschafters, in: BB 1992, 2465 (2468); im Ergebnis wohl ebenso gegen eine Qualifizierung als Betriebsausgaben *Frotscher,* in: Frotscher/Maas, KStG/UmwStG, § 14 KStG Rdnr. 366; *Gassner,* in: Lademann, KStG, § 14 Anm. 113 („Das Oberunternehmen darf nach allgemeinen Grundsätzen die Leistung einer verdeckten Einlage *nicht* als *Betriebsausgabe* abziehen"); *Laengner,* Gewinnabführungsvertrag bei verunglückter Organschaft, in: BB 1991, 1239 (1239);

III. Bemessungsgrundlage (Steuerobjekt)

1. Grundsatz

Bemessungsgrundlage der Körperschaftsteuer ist nach § 7 Abs. 1 KStG das „zu versteuernde Einkommen". Aus der Legaldefinition des § 7 Abs. 2 KStG ergibt sich, dass darunter das Einkommen i. S. d. § 8 Abs. 1 S. 1 KStG vermindert um die Freibeträge der §§ 24 und 25 KStG zu verstehen ist. Was als Einkommen gilt und wie das Einkommen zu ermitteln ist, bestimmt sich nach den allgemeinen Vorschriften des Einkommensteuergesetzes[427] und den sie ergänzenden oder ihnen vorgehenden speziellen Regelungen des Körperschaftsteuergesetzes (§ 8 Abs. 1 KStG).

2. Gewinn (§§ 4, 5 EStG) als Ausgangsgröße bei Kapitalgesellschaften

Für die Besteuerungsgrundlagen verweist die Vorschrift des § 8 Abs. 1 S. 1 KStG für alle Steuerrechtssubjekte des Körperschaftsteuerrechts gleichermaßen auf sämtliche sieben Einkunftsarten des Einkommensteuergesetzes. Allerdings enthält § 8 Abs. 2 KStG eine wichtige Modifikation für Steuerpflichtige, die bereits nach Handelsrecht buchführungspflichtig sind (hierzu rechnen die *Gesellschaft mit beschränkter Haftung* [§ 238 Abs. 1 S. 1, § 6 Abs. 1 HGB i. V. m. § 13 Abs. 3 GmbHG], die *Aktiengesellschaft* [§ 238 Abs. 1 S. 1, § 6 Abs. 1 HGB i. V. m. § 3 AktG]; die *Kommanditgesellschaft auf Aktien* [§ 238 Abs. 1 S. 1, § 6 Abs. 1 HGB i. V. m. § 278 Abs. 3 AktG] als Kapitalgesellschaften sowie die *Genossenschaft* [§ 238 Abs. 1 S. 1, § 6 Abs. 1 HGB i. V. m. § 17 Abs. 2 GenG]). Bei ihnen sind alle (steuerbaren) Einkünfte solche aus Gewerbebetrieb (§ 15 EStG).[428] Nur bei den übrigen, soeben nicht genannten Körperschaften des § 1 Abs. 1 KStG sind sämtliche Einkunftsarten des Einkommensteuergesetzes mit den jeweiligen einkunftsartspezifischen Sondervorschriften anwendbar.

Dementsprechend stellt bei den nach Handelsrecht buchführungspflichtigen Steuerpflichtigen der Gewinn i. S. d. §§ 4, 5 EStG die Ausgangsgröße bei der

---

Schmidt/Müller/Stöcker, Organschaft, 6. Aufl., Rdnr. 821; *Sturm,* Verlustübernahme bei verunglückter Organschaft – eine Steueroase für verbundene Unternehmen?, in: DB 1991, 2055 (2056).

[427] Eine Aufzählung der anwendbaren Vorschriften des Einkommensteuergesetzes (EStG) und der Einkommensteuerdurchführungsverordnung (EStDV) enthält Abschnitt 27 KStR.

[428] Vgl. auch BFH, Urteil vom 20.10.1976 – I R 139–140/74 – BFHE 120, 236 (238) = BStBl. 1977 II, 96 (97), der davon ausgeht, dass bereits die Auslegung des Körperschaftsteuergesetzes zu dem Ergebnis führt, dass Kapitalgesellschaften nur Einkünfte aus Gewerbebetrieb haben können.

Ermittlung der körperschaftsteuerlichen Bemessungsgrundlage dar. Wegen der *Maßgeblichkeit der Handelsbilanz für die Steuerbilanz* (vgl. § 5 Abs. 1 S. 1 EStG) ist bei der Ermittlung des steuerlichen Gewinns zunächst vom handelsrechtlichen Jahresüberschuss (§ 275 HGB) auszugehen.

3. Nichtabziehbare Aufwendungen nach § 10 KStG

Aufgrund des in § 8 Abs. 1 KStG enthaltenen Verweises richtet sich auch die Frage, welche Aufwendungen bzw. Ausgaben bei der Ermittlung des körperschaftsteuerlichen Einkommens nicht abziehbar sind, grundsätzlich nach den Vorschriften des Einkommensteuergesetzes. Die einkommensteuerrechtlichen Vorschriften über nichtabziehbare Ausgaben werden ergänzt durch die körperschaftsteuerrechtliche Vorschrift des § 10 KStG, wonach unter anderem bestimmte Steuern zu den *nichtabziehbaren Aufwendungen* rechnen.[429] Dies trifft beispielsweise auf die Körperschaftsteuer zu; diese ist grundsätzlich eine Betriebsausgabe und ist nur deswegen nicht bei der Berechnung des zu versteuernden Einkommens mindernd zu berücksichtigen, weil dies die Vorschrift des § 10 Nr. 2 KStG ausschließt.[430]

a) Erstattung nichtabziehbarer Aufwendungen

Aus dem Abzugsverbot für nichtabziehbare Steuern folgt im Umkehrschluss, dass Erhöhungen des Jahresergebnisses, die aus der *Erstattung nichtabziehbarer Ausgaben* als actus contrarius zur Zahlung der Steuer resultieren, nicht der Körperschaftsteuer unterliegen dürfen.[431] Soweit die Erstattung das Jahresergebnis erhöht hat, ist bei der Ermittlung des steuerlichen Einkommens eine entsprechende außerbilanzielle Kürzung vorzunehmen. Eine Erstattung in diesem Sinne liegt allerdings nur dann vor, wenn der Steuerschuldner die von ihm entrichteten Steuerzahlungen vom Steuergläubiger selbst zurückerhält. Anders liegt der Fall dann, wenn die bereits entrichtete Steuer (z. B. Körperschaftsteuer) nicht

---

[429] Die Aufzählung der nichtabziehbaren Aufwendungen in § 10 KStG ist nicht abschließend; das ergibt sich aus den einleitenden Worten der Vorschrift „Nichtabziehbar sind auch ...", vgl. *Frotscher,* in: Frotscher/Maas, KStG/UmwStG, § 10 KStG Rdnr. 3; *Olgemüller,* in: Streck, KStG, 6. Aufl., § 10 Tz. 1.

[430] Vgl. BFH, Urteil vom 22.11.1957 – III 196/55 S – BFHE 66, 24 (31) = BStBl. 1958 III, 10 (13) zur Vorschrift des § 12 Nr. 2 KStG; betreffend ausländische Steuern BFH, Urteil vom 03.04.1962 – I 196/59 U – BFHE 74, 685 (689) = BStBl. 1962 III, 254 (255); BFH, Urteil vom 14.11.1968 – I R 11/66 – BFHE 94, 243 (245) = BStBl. 1969 II, 140 (141); BFH, Urteil vom 26.10.1972 – I R 125/70 – BFHE 108, 146 (149) = BStBl. 1973 II, 271 (273); zu § 10 Nr. 2 KStG vgl. BFH, Urteil vom 04.12.1991 – I R 26/91 – BFHE 167, 32 (35) = BStBl. 1992 II, 686 (687).

[431] Vgl. RFH, Urteil vom 08.02.1938 – I 19/38 – RStBl. 1938, 494 (494) zur Erstattung von Körperschaftsteuer durch das Finanzamt.

vom Finanzamt erstattet wird, sondern an die Kapitalgesellschaft im Rahmen einer Schadensersatzleistung des steuerlichen Beraters wegen einer von diesem zu vertretenden höheren als notwendigen Körperschaftsteuer zurückfließt. In diesem Fall wird die Forderung im zu versteuernden Einkommen erfasst und erhöht als Betriebseinnahme den Gewinn der Kapitalgesellschaft.[432] Der Grund für die steuerliche Erfassung liegt darin, dass der Schadensersatzanspruch nur mittelbar mit den nichtabziehbaren Ausgaben zusammenhängt und insbesondere kein actus contrarius zur Zahlung der Steuer ist. Vielmehr hat die Schadensersatzforderung gegenüber dem Steuerberater mit dem Beratungsvertrag einen eigenständigen Rechtsgrund.

b) Rechtsprechung des Bundesgerichtshofs

Der *Bundesgerichtshof* hat sich dieser Rechtsprechung des Bundesfinanzhofs unter anderem in einem *Urteil vom 18. Dezember 1997*[433] angeschlossen und entschieden, dass der Schadensersatzanspruch einer Kapitalgesellschaft gegen den beauftragten Steuerberater auch den Ausgleich für die mit der Schadensersatzleistung anfallende Körperschaftsteuer umfasst. Als Begründung verweist der Bundesgerichtshof – ebenso wie der Bundesfinanzhof – darauf, dass die Schadensersatzleistung des Steuerberaters als Betriebseinnahme zu behandeln ist und das zu versteuernde Einkommen der Gesellschaft erhöht, so dass insoweit Körperschaftsteuer anfällt.

---

[432] Ständige Rechtsprechung des Bundesfinanzhofs, vgl. BFH, Urteil vom 08.12.1970 – I R 80/70 – BFHE 104, 134 (135 f.) = BStBl. 1972 II, 292 (293); BFH, Urteil vom 15.12.1976 – I R 4/75 – BFHE 121, 57 (59) = BStBl. 1977 II, 220 (220 f.); ausführlich und seine frühere Rechtsprechung bestätigend BFH, Urteil vom 04.12.1991 – I R 26/91 – BFHE 167, 32 (35 ff.) = BStBl. 1992 II, 686 (687 ff.). Zur Kritik im Schrifttum an dieser Rechtsprechung vgl. *Conze,* Rückwirkung zwischen der Höhe der Schadensersatzleistung und deren Ertragsbesteuerung, in: FR 1972, S. 532 f.; *Fasold,* Schadensersatzleistungen für erhöhte Körperschaftsteuer, in: Der Steuerberater, 1973, S. 43 ff.; *Frotscher,* in: Frotscher/Maas, KStG/UmwStG, § 10 KStG Rdnr. 31; *Keuk,* Rückzahlung und Entschädigung nicht abzugsfähiger Ausgaben im Einkommen- und Körperschaftsteuerrecht, in: DB 1972, S. 847 f.; *Ranft,* in: StbJb 1972/1973, 269 (320 ff.); *Schäufele,* Sind Schadensersatzleistungen des steuerlichen Beraters wegen überhöhter Körperschaftsteuerzahlungen körperschaftsteuerpflichtiges Einkommen der schadlos gestellten Kapitalgesellschaft? – Kritik am Urteil des Bundesfinanzhofes vom 8. Dezember 1971, BStBl. 1972 II, S. 292, in: BB 1972, S. 1399 f.; *Scheiterle,* Entschädigungsleistungen für nichtabzugsfähige Ausgaben, in: Der Steuerberater 1972, S. 195 ff.; *Steinle,* Schadensersatz im Ertragsteuerrecht, 1982 S. 277 ff., *Wüllenkemper,* Rückfluss von Aufwendungen im Einkommensteuerrecht, S. 104.

[433] BGH, Urteil vom 18.12.1997 – IX ZR 153/96 – DB 1998, 669 (670) = NJW 1998, 1486 (1487 f.) = WM 1998, 301 (304) = ZIP 1998, 648 (651); vgl. auch BGH, Urteil vom 09.11.1978 – VII ZR 19/78 – DB 1979, 1971 (1971) = VersR 1979, 183 (183).

4. Problematik verdeckter Gewinnausschüttungen

Das steuerrechtliche Problem der verdeckten Gewinnausschüttung hat seit Jahrzehnten die Rechtsprechung bereits des Reichsfinanzhofs und bis heute die des Bundesfinanzhofs und der Finanzgerichte beschäftigt. Auch die Mehrzahl der Urteile des Bundesgerichtshofs, die im Bereich der Körperschaftsteuer ergangen sind, befasst sich mit dem Komplex der verdeckten Gewinnausschüttungen. Bevor auf diese Entscheidungen näher eingegangen wird, sind einige grundlegende Bemerkungen, insbesondere zum Begriff der verdeckten Gewinnausschüttungen sowie zu ausgewählten Einzelfällen, geboten.

a) Einführung

Das Körperschaftsteuerrecht unterscheidet zwischen der steuerpflichtigen Körperschaft einerseits und den hinter ihr stehenden Gesellschaftern bzw. Mitgliedern andererseits (sog. *Trennungsprinzip*). Angesichts der rechtlichen Verselbständigung der Körperschaft kann sich der Leistungsaustausch zwischen ihr und den Gesellschaftern/Mitgliedern sowohl auf gesellschafts- als auch auf schuldrechtlicher Grundlage abspielen. Die Gesellschafter können der Gesellschaft auf *gesellschaftsrechtlicher Grundlage* zum einen ihre Arbeitskraft, zum anderen aber auch Betriebsanlagen, Einrichtungen jeder Art oder Grundstücke ohne jede Gegenleistung überlassen. Sie können der Körperschaft diese Leistungen jedoch auch auf *schuldrechtlicher Grundlage* (z. B. aufgrund von Arbeits-, Darlehens-, Dienst, Miet-, Pacht- oder Werkverträgen) anbieten. Die schuldrechtlichen Vereinbarungen zwischen der Kapitalgesellschaft und ihren Gesellschaftern werden steuerlich wie Verträge mit Außenstehenden behandelt, soweit die vereinbarten Bedingungen den unter fremden Dritten üblichen entsprechen.

Soweit die Verträge *angemessen* sind, gehören sie zum *betrieblichen Bereich,* d.h. sie sind Bestandteil der Gewinnermittlung. Die vereinbarten Vergütungen sind auf der Ebene der Kapitalgesellschaft als Betriebseinnahmen oder -ausgaben erfolgswirksam zu erfassen. Beim Anteilseigner werden sie nach den allgemeinen einkommensteuerlichen Abgrenzungskriterien einer der sieben Einkunftsarten zugerechnet. *Unangemessene* Vertragsbeziehungen werden dem *gesellschaftsrechtlichen Bereich* zugeordnet und damit als Gewinnverwendung angesehen. Der unangemessene Teil der vereinbarten Vergütung wirkt sich nicht erfolgswirksam aus, er hat – als *verdeckte Gewinnausschüttung* – keinen Einfluss auf die Höhe des Einkommens der Kapitalgesellschaft.

b) Definition der verdeckten Gewinnausschüttung

Die verdeckte Gewinnausschüttung ist gesetzlich nicht definiert. Das Körperschaftsteuergesetz enthält lediglich in § 8 Abs. 3 S. 2 KStG die Bestimmung, dass „auch" verdeckte Gewinnausschüttungen die Einkommensermittlung nicht beeinflussen dürfen. Eine genaue Definition hat der Gesetzgeber der Rechtsprechung überlassen. Diese Freiheit hat der Bundesfinanzhof genutzt und den von ihm entwickelten Begriff der „verdeckten Gewinnausschüttung" im Laufe der Zeit teils inhaltlich, teils den Worten nach geändert und fortentwickelt.

aa) Rechtsprechung des Bundesfinanzhofs bis 1984

Bis 1984 hat der für Körperschaftsteuerfragen allein zuständige 1. Senat des Bundesfinanzhofs an seiner Ende der 60er Jahre des letzten Jahrhunderts ins Leben gerufenen Begriffsbestimmung festgehalten, nach der eine *verdeckte Gewinnausschüttung* voraussetzte, dass eine Gesellschaft ihrem Gesellschafter außerhalb der gesellschaftsrechtlichen Gewinnverteilung Vermögensvorteile zuwandte und dass diese Zuwendung ihre Ursache im Gesellschaftsverhältnis hatte.[434]

Die Ursächlichkeit des Gesellschaftsverhältnisses bejahte der Bundesfinanzhof im Allgemeinen dann, wenn die Gesellschaft bei Anwendung der Sorgfalt eines ordentlichen und gewissenhaften Geschäftsleiters die Vorteile einem Nichtgesellschafter unter sonst gleichen Umständen nicht gewährt hätte. Dabei gehörten weder die Absicht der Gesellschaft, den Gewinn verdeckt zu verteilen, noch die Einigung der Parteien darüber, dass die Zuwendung mit Rücksicht auf das Gesellschaftsverhältnis erfolgte, zu den Voraussetzungen einer verdeckten Gewinnausschüttung.[435] Auch genügte bei einem Geschäft zwischen der Gesellschaft und dem Gesellschafter das Missverhältnis zwischen Leistung und Gegenleistung für sich allein nicht, um eine verdeckte Gewinnausschüttung anzunehmen. Hinzu kommen musste vielmehr, dass ein ordentlicher und gewissenhafter Geschäftsleiter dieses Missverhältnis erkannt und keinen rechtlichen oder betrieblichen Anlass gesehen hätte, das Geschäft dennoch abzuschließen.

---

[434] Vgl. BFH, Urteil vom 19.03.1982 – I R 102/79 – BFHE 136, 105 (107) = BStBl. 1982 II, 631 (632); BFH, Urteil vom 16.04.1980 – I R 75/78 – BFHE 133, 19 (19 f.) = BStBl. 1981 II, 492 (492); BFH, Urteil vom 30.07.1975 – I R 110/72 – BFHE 117, 36 (38) = BStBl. 1976 II, 74 (75); BFH, Urteil vom 29.10.1974 – I R 83/73 – BFHE 114, 471 (473) = BStBl. 1975 II, 366 (367); BFH, Urteil vom 10.01.1973 – I R 119/70 – BFHE 108, 183 (184) = BStBl. 1973 II, 322 (323); BFH, Urteil vom 27.01.1972 – I R 28/69 – BFHE 104, 353 (355) = BStBl. 1972 II, 320 (321); BFH, Urteil vom 03.02.1971 – I R 51/66 – BFHE 101, 501 (505) = BStBl. 1971 II, 408 (409); BFH, Urteil vom 03.12.1969 – I R 107/69 – BFHE 97, 524 (526) = BStBl. 1970 II, 229 (230) sowie grundlegend BFH, Urteil vom 16.03.1967 – I 261/63 – BFHE 89, 208 (210) = BStBl. 1967 III, 626 (627).

[435] Vgl. BFH, Urteil vom 10.01.1973 – I R 119/70 – BFHE 108, 183 (184) = BStBl. 1973 II, 322 (323); BFH, Urteil vom 03.12.1969 – I R 107/69 – BFHE 97, 524 (526) = BStBl. 1970 II, 229 (230).

bb) Rechtsprechung des Bundesfinanzhofs zwischen 1984 und 1989

Von dieser über lange Zeit gebräuchlichen Definition ist der 1. Senat des Bundesfinanzhofs zwischen 1984 und 1989 abgewichen und hat zur Beschreibung der verdeckten Gewinnausschüttung auf die Rechtsprechung des Reichsfinanzhofs zurückgegriffen:

„Unter *verdeckten Gewinnausschüttungen* sind [...] alle Vorgänge zu verstehen, durch die letztlich Vermögen einer Kapitalgesellschaft den Gesellschaftern bzw. diesen nahe stehenden Personen zugeführt wird, wobei [...] eine Beurteilung des Sachverhalts geltend gemacht wird, die diesen nicht als Grundlage einer Ausschüttung erscheinen lässt, vielmehr eine solche ‚verdeckt'. Vermögensvorteile werden den Gesellschaftern damit in einer Form zugeführt, in der sie nicht als Ausschüttung erscheinen, sondern unter anderer Bezeichnung verborgen sind."

Für die Abgrenzung stellte der Bundesfinanzhof entscheidend darauf ab, ob die Leistung an den Gesellschafter aus betrieblichen Gründen oder mit Rücksicht auf das Gesellschaftsverhältnis (societatis causa) gewährt wurde.[436]

Die betriebliche oder gesellschaftsrechtliche Veranlassung der Leistung beurteilte der Bundesfinanzhof weiterhin regelmäßig anhand eines hypothetischen Vergleichs mit einem Nichtgesellschafter (sog. *Dritt-* oder *Fremdvergleich*) und fragte, ob dasselbe Geschäft bei Anwendung der Sorgfalt eines ordentlichen und gewissenhaften Geschäftsleiters auch mit einem Nichtgesellschafter abgeschlossen worden wäre.[437] Im Unterschied zu seiner früheren Rechtsprechung hat der Bundesfinanzhof allerdings die Denkfigur des ordentlichen und gewissenhaften Geschäftsleiters dann nicht mehr herangezogen, wenn ein Drittvergleich deshalb ausschied, weil die in Frage stehenden Vereinbarungen nur mit einem Gesellschafter und nicht auch mit dritten Personen getroffen werden konnten bzw. weil ein Geschäft nur von einem Gesellschafter selbst vorgenommen werden

---

[436] Vgl. hierzu grundlegend BFH, Urteil vom 23.05.1984 – I R 294/81 – BFHE 141, 266 (270) = BStBl. 1984 II, 673 (675); nachfolgend BFH, Urteil vom 17.10.1984 – I R 22/79 – BFHE 142, 276 (280 f.) = BStBl. 1985 II, 69 (71); BFH, Urteil vom 14.11.1984 – I R 110/82 – NV; BFH, Urteil vom 05.12.1984 – I R 139/80 – NV; BFH, Urteil vom 27.02.1985 – I R 187/81 – BFH/NV 1986, 430 (431); BFH, Urteil vom 14.08.1985 – I R 149/81 – BFHE 144, 548 (549) = BStBl. 1986 II, 86 (86 f.); BFH, Urteil vom 23.10.1985 – I R 247/81 – BFHE 145, 165 (168 f.) = BStBl. 1986 II, 195 (197 f.); BFH, Urteil vom 01.10.1986 – I R 54/83 – BFHE 149, 33 (34 f.) = BStBl. 1987 II, 459 (459 f.); BFH, Urteil vom 10.06.1987 – I R 149/83 – BFHE 150, 524 (527) = BStBl. 1988 II, 25 (26); BFH, Urteil vom 07.12.1988 – I R 25/82 – BFHE 155, 349 (350 f.) = BStBl. 1989 II, 248 (249).

[437] Vgl. BFH, Urteil vom 07.12.1988 – I R 25/82 – BFHE 155, 349 (351) = BStBl. 1989 II, 248 (249); BFH, Urteil vom 23.10.1985 – I R 247/81 – BFHE 145, 165 (169) = BStBl. 1986 II, 195 (197); BFH, Urteil vom 14.08.1985 – I R 149/81 – BFHE 144, 548 (550) = BStBl. 1986 II, 86 (87); BFH, Urteil vom 27.02.1985 – I R 187/81 – BFH/NV 1986, 430 (431).

konnte (z. B. Rechtsgeschäfte im Zusammenhang mit der Gründung einer Gesellschaft).[438]

cc) Neuere Rechtsprechung des Bundesfinanzhofs seit 1989

Im Jahr 1989 hat der 1. Senat des Bundesfinanzhofs die Definition der verdeckten Gewinnausschüttung teilweise geändert: „Eine *verdeckte Gewinnausschüttung* i. S. d. § 8 Abs. 3 S. 2 KStG ist bei einer Kapitalgesellschaft eine Vermögensminderung (verhinderte Vermögensmehrung), die durch das Gesellschaftsverhältnis veranlasst ist, sich auf die Höhe des Einkommens auswirkt und in keinem Zusammenhang mit einer offenen Ausschüttung steht."[439] Ferner fügte der Bundesfinanzhof regelmäßig hinzu: „Für den größten Teil der entschiedenen Fälle hat der Bundesfinanzhof seit seinem Urteil vom 16. März 1967 – I 261/63 – BFHE 89, S. 208 ff. = BStBl. 1967 III, S. 626 ff. die Veranlassung durch das Gesellschaftsverhältnis angenommen, wenn die Kapitalgesellschaft ihrem Gesellschafter einen Vermögensvorteil zuwendet, den sie bei der Sorgfalt eines ordentlichen und gewissenhaften Geschäftsleiters einem Nichtgesellschafter nicht gewährt hätte. Ist allerdings der begünstigte Gesellschafter ein beherrschender, so kann die verdeckte Gewinnausschüttung auch dann anzunehmen sein, wenn die Kapitalgesellschaft eine Leistung erbringt, für die es an einer klaren und im Voraus getroffenen, zivilrechtlich wirksamen und tatsächlich durchgeführten Vereinbarung fehlt."[440] Im Gegensatz zu der bis dahin ge-

---

[438] Im Ergebnis bezieht sich die Denkfigur des *ordentlichen* und *gewissenhaften Geschäftsleiters* in erster Linie auf Geschäfte einer bereits tätigen Kapitalgesellschaft, die auch mit dritten Personen (Nichtgesellschaftern) abgeschlossen sein könnten, vgl. BFH, Urteil vom 17.10.1984 – I R 22/79 – BFHE 142, 276 (281) = BStBl. 1985 II, 69 (71 f.); BFH, Urteil vom 23.05.1984 – I R 294/81 – BFHE 141, 266 (271) = BStBl. 1984 II, 673 (675); erstmals BFH, Urteil vom 07.12.1983 – I R 70/77 – BFHE 140, 221 (228) = BStBl. 1984 II, 384 (387).

[439] Erstmals BFH, Urteil vom 01.02.1989 – I R 73/85 – BFHE 156, 155 (156); nachfolgend BFH, Urteil vom 22.02.1989 – I R 9/85 – BFHE 156, 428 (430) = BStBl. 1989 II, 631 (632); BFH, Urteil vom 22.02.1989 – I R 44/85 – BFHE 156, 177 (178) = BStBl. 1989 II, 475 (476); BFH, Urteil vom 14.03.1989 – I R 8/85 – BFHE 156, 452 (454) = BStBl. 1989 II, 633 (635); BFH, Urteil vom 12.04.1989 – I R 142–143/85, BFHE 156, 484 (486) = BStBl. 1989 II, 636 (636 f.); BFH, Urteil vom 26.04.1989 – I R 172/87 – BStBl. 1989 II, 673 (674); BFH, Urteil vom 28.06.1989 – I R 89/85 – BFHE 157, 408 (411) = BStBl. 1989 II, 854 (855); BFH, Urteil vom 14.03.1990 – I R 6/89 – BFHE 160, 459 (460) = BStBl. 1990 II, 795 (796); BFH, Urteil vom 29.07.1992 – I R 18/91 – BFHE 169, 171 (173) = BStBl. 1993 II, 139 (139); BFH, Urteil vom 10.03.1993 – I R 51/92 – BFHE 171, 58 (59) = BStBl. 1993 II, 635 (635); BFH, Urteil vom 02.02.1994 – I R 78/92 – BFHE 173, 412 (414) = BStBl. 1994 II, 479 (480); BFH, Urteil vom 30.08.1995 – I R 155/94 – BFHE 178, 371 (373).

[440] Vgl. nur BFH, Urteil vom 14.03.1990 – I R 6/89 – BFHE 160, 459 (460) = BStBl. 1990 II, 795 (796); BFH, Urteil vom 02.02.1994 – I R 78/92 – BFHE 173, 412 (414 f.) = BStBl. 1994 II, 479 (480); BFH, Urteil vom 30.07.1997 – I R 65/96 –

bräuchlichen Begriffsbestimmung bestand die neue Definition der verdeckten Gewinnausschüttung nicht mehr nur aus drei, sondern aus *vier Begriffsmerkmalen.*

Der 1. Senat des Bundesfinanzhofs sah sich zu dieser Änderung der Rechtsprechung veranlasst, um eine trennschärfere Unterscheidung zwischen den *„verdeckten Gewinnausschüttungen"* i.S.d. § 8 Abs. 3 S. 2 KStG und den *„anderen Ausschüttungen"* des § 27 Abs. 3 S. 2 KStG 1977 zu ermöglichen. Während bei letzterer zu der Vermögensminderung ein Mittelabfluss bei der Kapitalgesellschaft hinzutreten musste, der die Vermögensminderung konkretisierte (Korrespondenzprinzip), kam es bei einer verdeckten Gewinnausschüttung nicht darauf an, ob die Vermögensminderung mit einem Vermögensvorteil des Gesellschafters korrespondierte. Diese Unterscheidung war insbesondere dann von Bedeutung, wenn die entsprechenden Mittel sich zwar einkommensmindernd auswirkten (z.B. durch die Bildung von Rückstellungen), aber erst zu einem späteren Zeitpunkt oder überhaupt nicht abflossen.[441]

Da letztlich nur entscheidend war, ob bei der Kapitalgesellschaft eine Vermögensminderung eintrat, die durch das Gesellschaftsverhältnis veranlasst war und sich gleichzeitig auf der Ebene der Kapitalgesellschaft einkommensmindernd auswirkte,[442] hatte die neue Definition nur die Verhältnisse der Kapitalgesellschaft im Auge und verzichtete auf den in der alten Definition verwendeten Begriff der „Zuwendung".[443]

BFHE 184, 297 (300) = BStBl. 1998 II, 402 (404); BFH, Urteil vom 15.10.1997 – I R 42/97 – BFHE 184, 444 (446) = BStBl. 1999 II, 316 (317).

[441] So stellte beispielsweise die bloße *Zusage* einer *unangemessen hohen Pension* gegenüber einem Gesellschafter-Geschäftsführer, die aber aufgrund des vorzeitigen Todes des Gesellschafter-Geschäftsführers nicht zur Auszahlung kam, zwar eine verdeckte Gewinnausschüttung, aber gerade keine „andere Ausschüttung" i.S.v. § 27 Abs. 3 S. 2 KStG dar, vgl. zu diesem Beispiel näher *Wassermeyer,* Verdeckte Gewinnausschüttungen und verdeckte Einlage, in: DStR 1990, 158 (159).

[442] Hier lag auch der wesentliche Unterschied zwischen einer „verdeckten Gewinnausschüttung" i.S.d. § 8 Abs. 3 S. 2 KStG und einer „anderen Ausschüttung" i.S.d. § 27 Abs. 3 S. 2 KStG: Bei letzterer musste zu der Vermögensminderung ein Mittelabfluss bei der Kapitalgesellschaft hinzutreten, der die Vermögensminderung konkretisierte. Ein Mittelabfluss war für eine verdeckte Gewinnausschüttung dagegen nicht erforderlich. Es reichte aus, wenn sich die Vermögensminderung gleichzeitig als Einkommensminderung auswirkte, vgl. *Wassermeyer,* Verdeckte Gewinnausschüttungen und verdeckte Einlage, in: DStR 1990, 158 (159).

[443] Vgl. *Schwedhelm,* in: Streck, KStG, 6. Aufl., § 8 Tz. 65 unter c.; *Thiel,* Die verdeckte Gewinnausschüttung im Spannungsfeld zwischen Zivil- und Steuerrecht, in: DStR 1993, 1801 (1802 f.); *Wassermeyer,* Verdeckte Gewinnausschüttungen und verdeckte Einlage, in: DStR 1990, 158 (159), der darauf hinweist, dass einer Vermögenszuwendung stets eine indizielle Wirkung für den Eintritt einer Vermögensminderung bei der Kapitalgesellschaft beizumessen ist.

dd) Rechtsprechung des Bundesgerichtshofs

Lediglich in einer der hier behandelten Entscheidungen des *Bundesgerichtshofs* – dem *Urteil vom 25. Februar 1987*[444] – findet sich eine Definition der „verdeckten Gewinnausschüttung". Dabei hat der 4a. Zivilsenat auf die bis 1984 gebräuchliche, aus *drei Begriffselementen*[445] bestehende Definition zurückgegriffen, ohne näher auf die seit 1984 von der ursprünglichen Rechtsprechung abweichende Definition des Bundesfinanzhofs einzugehen. Zu berücksichtigen ist jedoch zum einen, dass 1984 keine tatsächliche Änderung der Rechtsprechung stattfand, sondern der 1. Senat lediglich den Maßstab des ordnungsgemäß handelnden Geschäftsleiters zurückgestuft hat.[446] Zum anderen ist der Bundesfinanzhof selbst nach seinem eigenen Bekenntnis stets von einem einheitlichen Begriff der verdeckten Gewinnausschüttung ausgegangen.[447] Daher begegnet es keinen Bedenken, dass der Bundesgerichtshof im Jahr 1987 auf die frühe Definition des Bundesfinanzhofs rekurriert hat. Der Vollständigkeit halber sei darauf hingewiesen, dass der Bundesfinanzhof im Jahr 2002 seine seit 1989 verwendete Definition ein weiteres Mal abgewandelt hat, ohne dass diese Änderung bisher ihren Niederschlag in der *Rechtsprechung des Bundesgerichtshofs* gefunden hat. Allerdings betraf die Entscheidung nur einen besonders liegenden Sachverhalt und fügt sich im Übrigen unbeschadet der dort vorgenommenen Klarstellung[448] wie ein Mosaikstein in die bisherige Rechtsprechung

---

[444] BGH, Urteil vom 25.02.1987 – IVa ZR 162/85 – WM 1987, 721 (722).

[445] Diese drei Elemente waren: (1) Die Kapitalgesellschaft musste dem Gesellschafter [oder einer ihm nahe stehenden Person] einen Vermögensvorteil zugewendet haben, (2) die Zuwendung musste ihre Ursache im Gesellschaftsverhältnis haben und (3) die verdeckte Gewinnausschüttung musste außerhalb der gesellschaftsrechtlichen Gewinnverteilung erfolgen.

[446] Vgl. *Schwedhelm,* in: Streck, KStG, 6. Aufl., § 8 Tz. 65.

[447] So BFH, Urteil vom 10.06.1987 – I R 149/83 – BFHE 150, 524 (527) = BStBl. 1988 II, 25 (26); ebenso *Döllerer,* Neue Definition der verdeckten Gewinnausschüttung, in: BB 1989, 1175 (1175).

[448] Da die seit 1989 gebräuchliche Definition den Eindruck erwecken konnte, dass jede Minderung bzw. verhinderte Mehrung des Unterschiedsbetrages gemäß § 4 Abs. 1 S. 1 EStG i. V. m. § 8 Abs. 1 KStG eine verdeckte Gewinnausschüttung ist, die durch das Gesellschaftsverhältnis veranlasst ist, hat der Bundesfinanzhof eine ausdrückliche Einschränkung dieser These für geboten gehalten. Zwar setzt nach der neuen Definition weiterhin jede *verdeckte Gewinnausschüttung* eine Vermögensminderung (bzw. verhinderte Vermögensmehrung) voraus, die durch das Gesellschaftsverhältnis veranlasst ist, sich auf die Höhe des Unterschiedsbetrages gemäß § 4 Abs. 1 S. 1 EStG i. V. m. § 8 Abs. 1 KStG auswirkt und in keinem Zusammenhang zu einer offenen Ausschüttung steht. Allerdings muss die Unterschiedsbetragsminderung (bzw. verhinderte Unterschiedsbetragsmehrung) zusätzlich die Eignung haben, im Fall ihrer „Erfüllung" bei dem begünstigten Gesellschafter einen Beteiligungsertrag i. S. d. § 20 Abs. 1 Nr. 1 S. 2 EStG auszulösen, vgl. BFH, Urteil vom 07.08.2002 – I R 2/02 – BFHE 200, 197 (198) sowie *Wassermeyer,* Neues zur Definition der verdeckten Gewinnausschüttung – Anmerkung zu dem BFH-Urteil vom 7.8.2002, I R 2/02 und zugleich Stellungnahme zu *Frotscher,* FR 2002, S. 859, in: DB 2002, 2668 (2668). Mit

des Bundesfinanzhofs ein.[449] Diese Rechtsprechung bleibt nach wie vor anwendbar.[450]

Grundsätzlich bedarf jedes Tatbestandsmerkmal der soeben dargestellten Definitionen einer eingehenden Erläuterung. Dies hat dazu geführt, dass sich im Laufe der Zeit bestimmte Fallgruppen herausgebildet haben, bei denen typischerweise verdeckte Gewinnausschüttungen angenommen werden. Da eine umfassende Behandlung dieser Einzelfälle den Rahmen der vorliegenden Arbeit sprengen würde, werden im Folgenden nur die Fragen herausgegriffen, die ihren Niederschlag in der *Rechtsprechung des Bundesgerichtshofs* gefunden haben. Hierzu rechnen insbesondere die Vergütungsleistungen an (beherrschende) Gesellschafter-Geschäftsführer sowie die Frage, inwieweit einem Gesellschafter nahe stehende Personen Begünstigte einer verdeckten Gewinnausschüttung sein können.

c) Verdeckte Gewinnausschüttungen im Rahmen der Geschäftsführertätigkeit

Alle im Rahmen der vorliegenden Arbeit analysierten Urteile des Bundesgerichtshofs, die sich mit dem Komplex verdeckter Gewinnausschüttungen befassen, betreffen (zumindest teilweise) verdeckte Gewinnausschüttungen im Zusammenhang mit Vergütungen, die seitens einer Kapitalgesellschaft an (beherrschende) Gesellschafter-Geschäftsführer gezahlt wurden.

aa) Rechtsprechung des Bundesfinanzhofs

Der Kapitalgesellschaft und ihren Gesellschaftern steht es grundsätzlich frei, ihre Rechtsverhältnisse nach eigenen Vorstellungen zu gestalten.[451] Möglich ist daher, dass der Gesellschafter als Angestellter oder als selbständiger Gewerbetreibender (z. B. als Berater) für die Gesellschaft tätig wird, wobei zwischen den Parteien sowohl hinsichtlich der Art als auch der Höhe der Vergütung (angemessenes Entgelt; unentgeltliche Mitarbeit) Vertragsfreiheit besteht.[452] Um auf

---

diesem *„Korrespondenzprinzip"* zwischen der verdeckten Gewinnausschüttung und dem Beteiligungsertrag lässt der Bundesfinanzhof die zuvor aufgehobene Verknüpfung zwischen der Einkommenskorrektur nach § 8 Abs. 3 S. 2 KStG und den Einkünften nach § 20 EStG wiederaufleben, vgl. *Schwedhelm,* in: Streck, KStG, 6. Aufl., § 8 Tz. 65 unter 1.; ebenso *Frotscher,* „Zweistufige Gewinnermittlung" und Korrektur der verdeckten Gewinnausschüttung – Replik zu dem Beitrag von Prof. Dr. Franz Wassermeyer, DB 2002, 2668, in: FR 2003, 230 (230).

449 Vgl. *Wassermeyer,* Neues zur Definition der verdeckten Gewinnausschüttung – Anmerkung zu dem BFH-Urteil vom 7.8.2002, I R 2/02 und zugleich Stellungnahme zu *Frotscher,* FR 2002, S. 859, in: DB 2002, 2668 (2671).

450 *Lange/Janssen,* Verdeckte Gewinnausschüttungen, 8. Aufl., Rdnr. 35.

451 Vgl. *Schwedhelm,* in: Streck, KStG, 6. Aufl., § 8 Tz. 120.

der Ebene der Gesellschaft eine Anerkennung der an den Gesellschafter-Geschäftsführer (z. B. einer GmbH) aufgrund des Anstellungsvertrages erbrachten Leistungen als Betriebsausgaben sicherzustellen, und umgekehrt beim Geschäftsführer eine Einordnung als Einkünfte aus nichtselbständiger Arbeit (§ 19 EStG) zu ermöglichen, sind bei der Abfassung des Anstellungsvertrags bestimmte Anforderungen zu beachten.

Dabei muss im Hinblick auf die Prüfung etwaiger verdeckter Gewinnausschüttungen zwischen *beherrschenden* und *nicht beherrschenden Gesellschafter-Geschäftsführern* unterschieden werden, weil die Rechtsprechung die steuerliche Anerkennung von Anstellungsverträgen mit beherrschenden Gesellschaftern von der Erfüllung zusätzlicher Sondertatbestandsmerkmale abhängig macht.

(1) Allgemeine Anforderungen an die steuerliche Anerkennung von Anstellungsverträgen

Sowohl Verträge mit *beherrschenden* als auch Verträge mit *nicht beherrschenden Gesellschafter-Geschäftsführern* werden von der finanzgerichtlichen Rechtsprechung für steuerliche Zwecke nur anerkannt, wenn sie *zivilrechtlich wirksam* vereinbart und *tatsächlich durchgeführt* sind. Schließlich gilt sowohl für beherrschende als auch für nicht beherrschende Gesellschafter-Geschäftsführer, dass die vereinbarte Leistung *angemessen* sein muss.

(a) Die Rechtsbeziehung beruht auf einer zivilrechtlich wirksamen Vereinbarung

Im Interesse der Gesellschaft sind für die schuldrechtliche Gestaltung *zivilrechtlich wirksame Verträge* notwendig.[453] Allein dadurch kann der Gesellschafter zum Ausdruck bringen, dass er nicht auf Grund seiner Gesellschafterstellung im Interesse der Gesellschaft handelt, sondern ihr wie ein unbeteiligter Dritter gegenübertreten will. Nur Rechtsgeschäfte, die den an sie gestellten zivilrechtlichen Anforderungen entsprechen, verdeutlichen, dass den Leistungen der Kapi-

---

[452] *Rischar,* Geschäftsführerentgelte und verdeckte Gewinnausschüttungen, in: GmbHR 2003, 15 (15).

[453] BFH, Urteil vom 13.03.1991 – I R 1/90 – BFHE 164, 255 (256) = BStBl. 1991 II, 597 (598); BFH, Beschluss vom 11.04.1990 – I B 65/89 – BFH/NV 1991, 704 (704); BFH, Urteil vom 22.09.1976 – I R 68/74 – BFHE 120, 200 (202) = BStBl. 1977 II, 15 (16). Eine entsprechende Vereinbarung ist auch dann erforderlich, wenn ein gesetzlicher zivilrechtlicher Anspruch des Anteilseigners besteht, da dieser abbedungen sein könnte, vgl. BFH, Urteil vom 03.11.1976 – I R 98/75 – BFHE 120, 388 (391) = BStBl. 1977 II, 172 (173 f.) betreffend Pkw-Kosten und Miete; BFH, Urteil vom 02.03.1988 – I R 63/82 – BFHE 152, 515 (518) = BStBl. 1988 II, 590 (591) betreffend Zinsen; BFH, Urteil vom 15.10.1997 – I R 19/97 – BFH/NV 1998, 746 (748).

talgesellschaft ein schuldrechtlicher und kein verdeckter gesellschaftsrechtlicher Anlass zugrunde liegt.[454] So ist bei Anstellungsverträgen des Geschäftsführers einer GmbH insbesondere zu beachten, dass die *Gesellschafterversammlung* für den Abschluss sowie die Änderung und Aufhebung der Gesellschafter-Geschäftsführer-Dienstvereinbarung *zuständig* ist.[455]

Keine Anwendung findet im Rahmen verdeckter Gewinnausschüttungen aufgrund der damit verbundenen Manipulationsgefahr die Vorschrift des § 41 AO, wonach auch zivilrechtlich ungültige Verträge dann steuerlich anerkannt werden, wenn sie tatsächlich durchgeführt werden.[456]

(b) Die Vereinbarung wird tatsächlich durchgeführt

Darüber hinaus ist eine verdeckte Gewinnausschüttung auch dann anzunehmen, wenn eine an sich zivilrechtlich wirksame Vereinbarung *tatsächlich* nicht *durchgeführt* wird.[457] Die Tatsache, dass ein Anstellungsvertrag nicht durchgeführt wird, lässt Zweifel an einer ernsthaften schuldrechtlichen Verpflichtung der Körperschaft aufkommen und verdeckt eine auf gesellschaftsrechtlicher Grundlage erbrachte Leistung. Dies gilt jedoch nur dann, wenn das Fehlen der tatsächlichen Durchführung darauf schließen lässt, dass die von Vornherein abgeschlossene Vereinbarung lediglich die Unentgeltlichkeit der Leistung des Gesellschafters verdecken soll.[458]

Ausnahmsweise kann eine zivilrechtlich wirksame Vereinbarung, die *nicht* oder *nur unvollständig durchgeführt* worden ist, der Besteuerung zugrunde ge-

---

[454] Vgl. BFH, Urteil vom 31.05.1995 – I R 64/94 – BFHE 178, 321 (323) = BStBl. 1996 II, 246 (246).

[455] Vgl. BGH, Urteil vom 25.03.1991 – II ZR 169/90 – BB 1991, 927 (929) = DB 1991, 1065 (1066) = NJW 1991, 1680 (1681) = WM 1991, 852 (854); ebenso BFH, Urteil vom 11.12.1991 – I R 49/90 – BFHE 166, 545 (548) = BStBl. 1992 II, 434 (436).

[456] BFH, Beschluss vom 11.04.1990 – I B 65/89 – BFH/NV 1991, 704 (705); *Lange/Janssen,* Verdeckte Gewinnausschüttungen, 8. Aufl., Rdnr. 135; insoweit kritisch *Schwedhelm,* in: Streck, KStG, 6. Aufl., § 8 Tz. 123.

[457] Dies ist bei Verträgen regelmäßig dann der Fall, wenn nicht alle Vertragsbestimmungen eingehalten werden und die Parteien in der Abwicklung nicht denjenigen Regeln folgen, die für diesen Vertragstypus gelten, vgl. *Frotscher,* in: Frotscher/Maas, KStG/UmwStG, Anhang zu § 8 KStG Rdnr. 107. Zur Zahlung von Arbeitsentgelt vgl. BFH, Beschluss vom 13.03.1997 – I B 124/96 – BFH/NV 1997, 712 (712); BFH, Urteil vom 13.11.1996 – I R 53/95 – BFH/NV 1997, 622 (623); BFH, Urteil vom 06.12.1995 – I R 88/94 – BFHE 179, 322 (325 f.) = BStBl. 1996 II, 383 (384 f.).

[458] Diese Vermutung gilt jedenfalls dann, wenn die Vereinbarung überhaupt nicht oder hinsichtlich einer vertraglichen Hauptpflicht (z. B. Zahlung der vereinbarten Vergütung, Überlassung der Nutzung beim Mietvertrag) nicht durchgeführt wird, vgl. BFH, Urteil vom 28.10.1987 – I R 110/83 – BFHE 152, 74 (77) = BStBl. 1988 II, 301 (303); BFH, Urteil vom 13.11.1996 – I R 53/95 – BFH/NV 1997, 622 (623); BFH, Beschluss vom 21.03.2001 – I B 31/00 – BFH/NV 2001, 1149 (1150).

legt werden, wenn andere Umstände dafür sprechen, dass sie dennoch ernstlich gemeint ist und zu einer Leistungspflicht der Gesellschaft führen soll. Dies ist beispielsweise der Fall, wenn die mit dem Gesellschafter vereinbarte Gehaltszahlung sich verzögert, weil die Gesellschaft nicht über die zur fristgerechten Zahlung erforderlichen Mittel verfügt. Allerdings müssen aber auch in diesem Fall die rechtlichen Folgerungen aus der Vereinbarung gezogen werden, z.B. indem die Gehaltsverbindlichkeit der Gesellschaft in der Bilanz ausgewiesen wird.[459]

Hingewiesen sei noch darauf, dass bei einem *nicht beherrschenden Gesellschafter* die Ernsthaftigkeit bzw. Nichternsthaftigkeit aufgrund aller Umstände positiv festzustellen ist,[460] während bei einem *beherrschenden Gesellschafter* aus der Tatsache der Nichtdurchführung des Vertrages in der Regel auf die Nichternsthaftigkeit der Vereinbarung geschlossen wird.[461]

(c) Angemessenheit der Geschäftsführerbezüge

Die *angemessene Höhe der Bezüge* eines Gesellschafter-Geschäftsführers einer Kapitalgesellschaft stellt einen der größten Streitpunkte bei der Besteuerung von Kapitalgesellschaften dar. Insbesondere bei nicht beherrschenden Gesellschafter-Geschäftsführern bildet sie im Rahmen des Fremdvergleichs den Schwerpunkt der Prüfung.

Maßgebend für die Prüfung der Angemessenheit ist die sog. *Gesamtausstattung,* das heißt die Summe aller Vorteile und Entgelte, die der Geschäftsführer für seine Tätigkeit erhält (Festgehalt, Tantieme, Pensionszusage, Sonderzahlungen wie Weihnachts- und Urlaubsgeld, Leistungen zur Altersversorgung sowie alle geldwerten Sachleistungen).[462] Darüber hinaus prüft der Bundesfinanzhof in seiner ständigen Rechtsprechung auch die Angemessenheit der Einzelbe-

---

459 BFH, Beschluss vom 21.03.2001 – I B 31/00 – BFH/NV 2001, 1149 (1150); BFH, Urteil vom 13.11.1996 – I R 53/95 – BFH/NV 1997, 622 (623); BFH, Urteil vom 20.07.1988 – I R 136/84 – BFH/NV 1990, 64 (66); BFH, Urteil vom 05.10.1977 – I R 230/75 – BFHE 124, 164 (168) = BStBl. 1978 II, 234 (237); BFH, Urteil vom 02.05.1974 – I R 194/72 – BFHE 112, 476 (477) = BStBl. 1974 II, 585 (586); BFH, Urteil vom 12.12.1973 – I R 183/71 – BFHE 111, 150 (152 f.) = BStBl. 1974 II, 179 (180); Blümich/*Rengers,* EStG/KStG/GewStG, § 8 KStG Rdnr. 640 m.w.N. Vgl. auch FG München, Urteil vom 21.02.2000 – EFG 2000, 584 (585), wonach eine nur teilweise durchgeführte Gehaltsvereinbarung im Umfang ihrer tatsächlichen Durchführung als ernstlich gewollt anzusehen ist.

460 Vgl. BFH, Urteil vom 06.12.1995 – I R 88/94 – BFHE 179, 322 (325) = BStBl. 1996 II, 383 (384).

461 Vgl. BFH, Urteil vom 12.12.1973 – I R 183/71 – BFHE 111, 150 (152) = BStBl. 1974 II, 179 (180); BFH, Urteil vom 02.05.1974 = BFHE 112, 476 (477) = BStBl. 1974 II, 585 (586); BFH, Urteil vom 05.10.1977 – I R 230/75 – BFHE 124, 164 (168) = BStBl. 1978 II, 234 (236); BFH, Urteil vom 02.03.1988 – I R 103/86 – BFHE 153, 313 (316) = BStBl. 1988 II, 786 (788 f.).

standteile der Geschäftsführervergütung.[463] Dabei sind sowohl die Angemessenheit der Gesamtausstattung als auch die Angemessenheit der Einzelbestandteile dem Grunde und der Höhe nach[464] durch einen *innerbetrieblichen* und durch einen *außerbetrieblichen Vergleich* zu überprüfen und unter Berücksichtigung aller Umstände des Unternehmens sowie der Person und der Leistungen des Gesellschafter-Geschäftsführers im Einzelfall unter Berücksichtigung folgender Kriterien zu bestimmen:[465]

- Größe des Unternehmens,
- Ertragssituation der Gesellschaft/Verhältnis des Geschäftsführergehalts zum Gesamtgewinn und zur verbleibenden Kapitalverzinsung,
- Art und Umfang der Tätigkeit des Gesellschafter-Geschäftsführers,
- Betriebsinterne Gehaltsstruktur sowie
- Art und Höhe der Vergütungen, die gleichartige Betriebe ihren Geschäftsführern für entsprechende Leistungen gewähren.

Liegt die Angemessenheit dem Grunde nach bereits nicht vor, ist die *gesamte Zahlung* als verdeckte Gewinnausschüttung zu behandeln. Liegt sie dagegen nur der Höhe nach nicht vor, ist nur der *überhöhte Teil der Zahlung* eine verdeckte Gewinnausschüttung; der angemessene Teil ist weiterhin als Betriebsausgabe berücksichtigungsfähig.

---

[462] *Lang,* in: Dötsch/Eversberg/Jost/Witt, Die Körperschaftsteuer, § 8 Abs. 3 KStG n.F. Rdnr. 384; *Staiger,* in: Lademann, KStG, § 8 Anm. 232a; *Rischar,* Geschäftsführerentgelte und verdeckte Gewinnausschüttungen, in: GmbHR 2003, 15 (16).

[463] Vgl. BFH, Urteil vom 05.10.1994 – I R 50/94 – BFHE 176, 523 (527 f.) = BStBl. 1995 II, 549 (550 f.) für Tantiemen sowie BFH, Urteil vom 21.12.1994 – I R 98/93 – BFHE 176, 413 (415) = BStBl. 1995 II, 419 (420) für Pensionszusage.

[464] Mit der *Angemessenheit dem Grunde nach* wird gefragt, ob eine Gesellschaft die entsprechende Zahlung an einen Nichtgesellschafter überhaupt leisten würde; mit der *Angemessenheit der Höhe nach* wird danach gefragt, ob – die Angemessenheit dem Grunde nach vorausgesetzt – ein Nichtgesellschafter eine Zahlung in derselben Höhe auch erhalten würde, *Lange/Janssen,* Verdeckte Gewinnausschüttungen, 8. Aufl., Rdnr. 78.

[465] Dazu auch BMF-Schreiben vom 14.10.2002, IV A 2 – S 2742 – 62/02, BStBl. 2002 I, 972 (973) unter Tz. 10. Schwierigkeiten ergeben sich insbesondere deshalb, weil es nach der Rechtsprechung des Bundesfinanzhofs weder feste Regeln noch Obergrenzen für die Prüfung der Angemessenheit der Gesellschafter-Geschäftsführerentgelte gibt, vgl. BFH, Urteil vom 05.10.1977 – I R 230/75 – BFHE 124, 164 (166) = BStBl. 1978 II, 234 (235); BFH, Urteil vom 28.06.1989 – I R 89/85 – BFHE 157, 408 (412) = BStBl. 1989 II, 854 (855); BFH, Urteil vom 05.10.1994 – I R 50/94 – BFHE 176, 523 (526) = BStBl. 1995 II, 549 (550).

(2) Sondertatbestandsmerkmale für beherrschende Gesellschafter-Geschäftsführer

Für den Fall, dass die Kapitalgesellschaft von einem Gesellschafter beherrscht wird, hat der Bundesfinanzhof vor die Prüfung der Angemessenheit der Geschäftsbeziehung einen formalen Maßstab geschaltet und zusätzliche Voraussetzungen für die Anerkennung von schuldrechtlichen Beziehungen zwischen Gesellschaft und *beherrschendem Gesellschafter*[466] geschaffen. Er macht die steuerrechtliche Anerkennung der schuldrechtlichen Vereinbarungen zwischen einer Kapitalgesellschaft und dem sie beherrschenden Gesellschafter – ihre *zivilrechtliche Wirksamkeit* vorausgesetzt[467] – davon abhängig, dass sie *im Voraus* sowie *klar* und *eindeutig* getroffen sowie *tatsächlich durchgeführt* worden sind.[468] Nur bei Erfüllung dieser Voraussetzungen sind die an den Gesellschaf-

---

[466] Ein Gesellschafter *beherrscht* eine Kapitalgesellschaft, wenn er den Abschluss des zu beurteilenden Rechtsgeschäfts erzwingen kann. Maßgeblich ist dabei, ob der Gesellschafter aufgrund der aus seiner Gesellschafterposition fließenden Stimmrechte den entscheidenden Beschluss durchsetzen kann (vgl. BFH, Urteil vom 08.01.1969 – I R 91/66 – BFHE 95, 215 (217 f.) = BStBl. 1969 II, 347 (348); BFH, Urteil vom 01.02.1989 – I R 73/85 – BFHE 156, 155 (157) = BStBl. 1989 II, 522 (523)). Ob eine Beherrschung in diesem Sinne vorliegt, hängt von den Stimmrechten des Gesellschafters sowie von den Mehrheitserfordernissen nach der Satzung ab. Im Regelfall reicht eine Beteiligung zur Beherrschung aus, die mehr als 50% der Stimmrechte gewährt (vgl. BFH, Urteil vom 09.04.1997 – I R 52/96 – BFH/NV 1997, 808 (809); BFH, Urteil vom 13.12.1989 – I R 99/87 – BFHE 159, 338 (340) = BStBl. 1990 II, 454 (455); BFH, Urteil vom 21.10.1981 – I R 230/78 – BFHE 134, 315 (317) = BStBl. 1982 II, 139 (140); BFH, Urteil vom 26.07.1978 – I R 138/76 – BFHE 125, 557 (559) = BStBl. 1978 II, 659 (660); BFH, Urteil vom 03.11.1976 – I R 98/75 – BFHE 120, 388 (390) = BStBl. 1977 II, 172 (173); BFH, Urteil vom 08.01.1969 – I R 91/66 – BFHE 95, 215 (218) = BStBl. 1969 II, 347 (348)). Allerdings kann auch ein Gesellschafter, der nur über 50% oder weniger der Gesellschaftsanteile verfügt, einem beherrschenden Gesellschafter gleichgestellt werden, wenn er mit anderen, gleichgerichtete Interessen verfolgenden Gesellschaftern zusammenwirkt, um eine ihren Gesellschafterinteressen entsprechende Willensbildung der Kapitalgesellschaft herbeizuführen. Dabei muss das jeweilige Rechtsgeschäft Ausdruck gleichgerichteter Interessen sein (vgl. nur BFH, Urteil vom 10.03.1993 – I R 51/92 – BFHE 171, 58 (60) = BStBl. 1993 II, 635 (636) m.w.N.; BFH, Urteil vom 04.12.1991 – I R 63/90 – BFHE 166, 279 (281) = BStBl. 1992 II, 362 (363) m.w.N.; BFH, Urteil vom 28.02.1990 – I R 83/87 – BFHE 160, 192 (195) = BStBl. 1990 II, 649 (650); BFH, Urteil vom 11.12.1985 – I R 223/82 – BFH/NV 1985/86, 637 (638); BFH, Urteil vom 08.01. 1969 – I R 91/66 – BFHE 95, 215 (218) = BStBl. 1969 II, 347 (348)).

[467] Das Erfordernis der zivilrechtlichen Wirksamkeit der Vereinbarung als Voraussetzung steuerlicher Anerkennung steht unabhängig neben dem Erfordernis klarer und im Voraus getroffener Vereinbarungen, vgl. BFH, Beschluss vom 02.03.1994 – I B 189/93 – BFH/NV 1994, 661 (661) m.w.N.

[468] Vgl. BFH, Urteil vom 15.10.1997 – I R 42/97 – BFHE 184, 444 (446) = BStBl. 1999 II, 316 (317); BFH, Urteil vom 30.07.1997 – I R 65/96 – BFHE 184, 297 (300) = BStBl. 1998 II, 402 (404); BFH, Urteil vom 14.03.1990 – I R 6/89 – BFHE 160, 459 (460) = BStBl. 1990 II, 795 (796) m.w.N.: „Ist allerdings der begünstigte Gesellschafter ein beherrschender, kann die verdeckte Gewinnausschüttung auch dann anzunehmen sein, wenn die Kapitalgesellschaft eine Leistung erbringt, für die es an einer

ter gezahlten Entgelte (z.B. Gehaltszahlungen) Betriebsausgaben der Körperschaft. Andernfalls wird die gesellschaftsrechtliche Veranlassung der Leistungsbeziehung fingiert und liegt selbst dann eine verdeckte Gewinnausschüttung vor, wenn die Zuwendung angemessen ist und einem Drittvergleich standhält.[469]

Während bei *beherrschenden Gesellschaftern* die steuerliche Anerkennung des Anstellungsvertrags von der Erfüllung dieser Voraussetzungen abhängt, führen *bei nicht beherrschenden Gesellschaftern* unklare Vereinbarungen, Nachzahlungen und Durchführungsmängel nicht ohne weiteres zu einer verdeckten Gewinnausschüttung. Sie können jedoch unter Umständen eine mangelnde Ernsthaftigkeit der getroffenen Vereinbarungen indizieren.[470]

(a) Die Vereinbarung ist inhaltlich klar und eindeutig

Der Inhalt der Vereinbarung muss *nach Grund und Höhe eindeutig* und *klar* sein,[471] weil ansonsten wegen des fehlenden Interessengegensatzes zwischen Gesellschaft und beherrschendem Gesellschafter die Möglichkeit besteht, den Gewinn der Gesellschaft mehr oder weniger beliebig festzusetzen und ihn so zu beeinflussen, wie es bei einer steuerlichen Gesamtbetrachtung des Einkommens der Gesellschaft und des Gesellschafters jeweils am günstigsten ist. Dem Erfordernis der Klarheit bzw. Eindeutigkeit ist dann genüge getan, wenn ein außenstehender Dritter zweifelsfrei erkennen kann, dass die Leistung der Gesellschaft auf Grund einer entgeltlichen Vereinbarung mit dem Gesellschafter erbracht wurde.[472] Insbesondere muss dabei entweder das Entgelt für die Leistung bestimmt sein oder zumindest die Berechnungsgrundlage so bestimmt sein, dass allein durch Rechenvorgänge die Höhe der Leistung ermittelt werden kann, ohne dass es noch der Ausübung irgendwelcher Ermessensakte seitens der Geschäftsführung oder Gesellschafterversammlung bedarf.[473] Daher hat der Bun-

---

klaren und im Voraus getroffenen, zivilrechtlich wirksamen und tatsächlich durchgeführten Vereinbarung fehlt."

[469] Vgl. BFH, Beschluss vom 12.10.1995 – I B 46/95 – BFH/NV 1996, 266 (266) sowie *Geiger,* in: Dötsch/Eversberg/Jost/Witt, Die Körperschaftsteuer, § 8 Abs. 3 KStG n.F. Rdnr. 300; Blümich/*Rengers,* EStG/KStG/GewStG, § 8 KStG Rdnr. 295.

[470] *Fischer,* in: MAH Unternehmenssteuerrecht, § 4 Rdnr. 47; *Korn/Strahl,* GmbH und Gesellschafter: steueroptimale Gestaltungen und Formulierungen, in: NWB Fach 4, 4291 (4294).

[471] BFH, Urteil vom 30.07.1975 – I R 110/72 – BFHE 117, 36 (38) = BStBl. 1976 II, 74 (75); BFH, Urteil vom 21.07.1976 – I R 223/74 – BFHE 119, 453 (454) = BStBl. 1976 II, 734 (734).

[472] Vgl. BFH, Urteil vom 04.12.1991 – I R 63/90 – BFHE 166, 279 (282) = BStBl. 1992 II, 362 (364); BFH, Urteil vom 24.01.1990 – I R 157/86 – BFHE 160, 225 (227) = BStBl. 1990 II, 645 (646).

[473] BFH, Urteil vom 17.12.1997 – I R 70/97 – BFHE 185, 224 (227) = BStBl. 1998 II, 545 (547); BFH, Urteil vom 11.12.1985 – I R 164/82 – BFHE 146, 126

desfinanzhof beispielsweise die Vereinbarung eines „angemessenen Gehalts“[474], die Vereinbarung eines Entgelts „an der oberen Grenze des Angemessenen“[475] oder den Hinweis auf „betriebswirtschaftliche Grundsätze“[476] als unzureichend erachtet.

Eine bestimmte *Form* ist für die Vereinbarung steuerlich nicht vorgesehen, so dass grundsätzlich auch mündliche Vereinbarungen „klar und eindeutig“ sein können.[477] Da Unklarheiten in den Rechtsbeziehungen zwischen Gesellschaft und Steuerpflichtigem zu Lasten des Steuerpflichtigen gehen,[478] erscheint es aus Beweisgründen in der Praxis empfehlenswert, die entsprechenden Vereinbarungen schriftlich abzuschließen. Enthält in diesem Fall der Geschäftsführervertrag zwischen einer Kapitalgesellschaft und ihrem beherrschenden Gesellschafter wie im Fall, der dem *Urteil des Bundesgerichtshofs vom 15. April 1997*[479] zugrunde lag, die Klausel, dass die Befreiung von der Schriftformklausel selbst der Schriftform bedarf (sog. *qualifizierte Schriftformklausel*), so ist eine mündlich vereinbarte Vertragsänderung mit der Folge zivilrechtlich unwirksam, dass hierauf beruhende erhöhte Zuwendungen steuerlich als verdeckte Gewinnausschüttung zu behandeln sind.[480]

---

(129) = BStBl. 1986 II, 469 (470); BFH, Urteil vom 30.01.1985 – I R 37/82 – BFHE 143, 263 (265) = BStBl. 1985 II, 345 (347).

474 BFH, Urteil vom 17.12.1997 – I R 70/97 – BFHE 185, 224 (227) = BStBl. 1998 II, 545 (547); BFH, Urteil vom 03.04.1974 – I R 241/71 – BFHE 112, 178 (181) = BStBl. 1974 II, 497 (498).

475 BFH, Urteil vom 23.09.1970 – I R 116/66 – BFHE 100, 364 (367 f.) = BStBl. 1971 II, 64 (65).

476 BFH, Urteil vom 21.07.1976 – I R 223/74 – BFHE 119, 453 (454) = BStBl. 1976 II, 734 (734).

477 Nichtsdestotrotz muss auch in diesem Fall das Zustandekommen der Vereinbarung auf irgendeine Weise klar und eindeutig nachgewiesen werden können, vgl. BFH, Urteil vom 18.05.1972 – I R 165/70 – BFHE 106, 69 (70) = BStBl. 1972 II, 721 (721) betreffend Gehalt; BFH, Urteil vom 24.01.1990 – I R 157/86 – BFHE 160, 225 (227) = BStBl. 1990 II, 645 (646); BFH, Urteil vom 24.07.1990 – VIII R 304/84 – BFH/NV 1991, 90 (92); BFH, Urteil vom 17.10.1990 – I R 47/87 – BFH/NV 1991, 773 (774) betreffend Gehaltsnebenleistungen; BFH, Urteil vom 09.04.1997 – I R 52/96 – BFH/NV 1997, 808 (808); aus der Literatur vgl. *Schwedhelm,* in: Streck, KStG, 6. Aufl., § 8 Tz. 125 unter c.; *Frotscher,* in: Frotscher/Maas, KStG/UmwStG, Anhang zu § 8 KStG Rdnr. 150.

478 Vgl. BFH, Urteil vom 24.01.1990 – I R 157/86 – BFHE 160, 225 (227) = BStBl. 1990 II, 645 (646); BFH, Urteil vom 11.10.1955 – I 47/55 U – BFHE 61, 515 (516 f.) = BStBl. 1955 III, 397 (397 f.).

479 BGH, Urteil vom 15.04.1997 – IX ZR 70/96 – NJW 1997, S. 2238 f. = WM 1997, S. 1396 ff.

480 Vgl. BFH, Beschluss vom 31.07.1991 – I S 1/91 – BFHE 165, 256 (259) = BStBl. 1991 II, 933 (934) für eine nur mündlich vereinbarte Gehaltserhöhung des beherrschenden Gesellschafter-Geschäftsführers, obwohl der Geschäftsführervertrag eine qualifizierte Schriftformklausel enthielt; zustimmend *Geiger,* in: Dötsch/Geiger/Klingebiel/Lang/Rupp/Wochinger, Kapitel D Rdnr. 323; *Schwedhelm,* in: Streck, KStG, 6. Aufl., § 8 Tz. 125 unter c.; kritisch dazu *Depping/Voß,* Qualifizierte Schriftform-

(b) Die Vereinbarung ist im Vorhinein abgeschlossen

Das ebenfalls nur für Vereinbarungen der Kapitalgesellschaft mit beherrschenden Gesellschaftern geltende *Nachzahlungs-* oder *Rückwirkungsverbot* bestimmt, dass für alle schuldrechtlich begründeten Zahlungen der Gesellschaft an den beherrschenden Gesellschafter die schuldrechtliche Vereinbarung im Vorhinein getroffen werden muss. Rückwirkende Vereinbarungen mit beherrschenden Gesellschaftern sind steuerrechtlich unbeachtlich,[481] da hierbei die Gefahr besteht, dass der beherrschende Gesellschafter die Gesellschaft in einer Weise beeinflusst, dass sie bei der rückwirkenden Gestaltung der Beziehungen weniger ihre eigenen Belange als die Belange des beherrschenden Gesellschafters berücksichtigt.[482]

bb) BGH, Urteil vom 15. April 1997 – IX ZR 70/96

Mit den Bezügen der beherrschenden Gesellschafter-Geschäftsführer einer Gesellschaft mit beschränkter Haftung hat sich auch der *Bundesgerichtshof* in seinem *Urteil vom 15. April 1997*[483] befasst. Dem Urteil lag folgender Sachverhalt zugrunde:

(1) Sachverhalt

Der beklagte Steuerberater hatte für die Klägerin – eine Gesellschaft mit beschränkter Haftung (GmbH) – Anstellungsverträge entworfen, welche diese mit ihren beiden Gründungsgesellschaftern, die zu Geschäftsführern bestellt wurden, abschloss. In § 8 der Verträge wurde das Geschäftsführergehalt betragsmäßig festgesetzt; weiterhin bestimmte die Regelung, dass „darüber hinausgehende Änderungen der Bezüge" der Schriftform bedürften. In den Schlussbestimmungen des Vertrages war eine qualifizierte Schriftformklausel enthalten, wonach eine Befreiung von der Schriftform durch mündliche Vereinbarung unwirksam

---

klausel und verdeckte Gewinnausschüttung – Anmerkungen zum Beschluss des BFH vom 31.7.1991 – I S 1/91, in: DStR 1992, 341 (343); *Tiedtke,* Die mündliche Änderung der qualifizierten Schriftformklausel im Steuerrecht, in: DStZ 1992, 195 (197 f.); *Frotscher,* in: Frotscher/Maas, KStG/UmwStG, Anhang zu § 8 KStG Rdnr. 155.

[481] BFH, Urteil vom 31.07.1956 – I 4/5-55 U – BFHE 63, 237 (239) = BStBl. 1956 III, 288 (289); BFH, Urteil vom 13.12.1960 – I 88/60 U – BFHE 72, 182 (184) = BStBl. 1961 III, 68 (68); BFH, Urteil vom 30.09.1970 – I R 116/66 – BFHE 100, 364 (367) = BStBl. 1971 II, 64 (65); vgl. auch *Frotscher,* in: Frotscher/Maas, KStG/UmwStG, Anhang zu § 8 KStG Rdnr. 163; *Staiger,* in: Lademann, KStG, § 8 Anm. 300.

[482] Vgl. *Döllerer,* Verdeckte Gewinnausschüttungen und verdeckte Einlagen bei Kapitalgesellschaften, 2. Aufl., S. 104.

[483] BGH, Urteil vom 15.04.1997 – IX ZR 70/96 – NJW 1997, S. 2238 f. = WM 1997, S. 1396 ff.

war. In den Folgejahren erhöhten die Gesellschafter mehrfach ihre Geschäftsführergehälter, ohne dies jedoch schriftlich niederzulegen. Im Rahmen einer Betriebsprüfung wurden die über die ursprüngliche, im Vertrag festgesetzte Gehaltshöhe hinaus gezahlten Geschäftsführerbezüge als verdeckte Gewinnausschüttung behandelt.[484] Die GmbH begehrte nun die Feststellung, dass der Beklagte ihr den Steuerschaden zu ersetzen habe, der daraus entstanden ist, dass er sie nicht auf die Notwendigkeit hingewiesen habe, für die Gehaltserhöhungen die Schriftform zu beachten.

Während das Oberlandesgericht[485] der Klage aufgrund eines angenommenen Mitverschuldens der Klägerin nur zur Hälfte stattgegeben hat, haben sowohl das erstinstanzliche Gericht[486] als auch der Bundesgerichtshof der Klage in vollem Umfang stattgegeben.

(2) Entscheidungsgründe

Der Bundesgerichtshof geht davon aus, dass der Steuerberater seine Pflichten aus dem mit der Gesellschaft abgeschlossenen Geschäftsbesorgungsvertrag deshalb verletzt hat, weil er nach Überprüfung der im Zusammenhang mit der Gesellschaftsgründung abgeschlossenen Gesellschafter-Geschäftsführer-Verträge nicht darauf hingewiesen hat, dass die an die geschäftsführenden Gesellschafter ausgezahlten Bezüge vom Finanzamt als verdeckte Gewinnausschüttung qualifiziert werden könnten.

Ein entsprechendes Risiko sah der erkennende Senat deshalb als gegeben an, weil nach der Praxis der Finanzverwaltung und der ständigen Rechtsprechung des Bundesfinanzhofs Zuwendungen an beherrschende Gesellschafter nur dann als Betriebsausgaben anerkannt werden, wenn sie im Voraus klar und eindeutig vereinbart worden sind. Der Bundesgerichtshof führt in Übereinstimmung mit der ständigen Rechtsprechung des Bundesfinanzhofs weiter aus, dass eine klare und eindeutige, zivilrechtlich gültige Vereinbarung zwar grundsätzlich nicht schriftlich getroffen werden muss, doch zumindest dann eine mündliche Änderungsvereinbarung nicht anerkannt wird, wenn ein mit einem beherrschenden Gesellschafter abgeschlossener (insbesondere Geschäftsführer-)Vertrag eine qualifizierte Schriftformklausel enthält. Unabhängig von der Frage der zivilrechtlichen Wirksamkeit der (mündlich geschlossenen) Änderungsverträge, mit denen die Geschäftsführerbezüge erhöht wurden, bargen die mündlich getroffenen Än-

---

[484] Widerspruch und Klage der GmbH vor den Finanzgerichten hiergegen blieben erfolglos; über eine von der Klägerin eingelegte Beschwerde gegen die Nichtzulassung der Revision hatte der Bundesfinanzhof bei Schluss der mündlichen Verhandlung vor dem OLG Köln noch nicht entschieden.

[485] OLG Köln, Urteil vom 05.03.1996 – 24 U 170/95.

[486] LG Bonn, Urteil vom 11.07.1995 – 15 O 511/94 – DStR 1996, S. 240.

derungsvereinbarungen aus Sicht des Bundesgerichtshofs ein hohes steuerliches Risiko, das durch die in den Anstellungsverträgen vorgesehene qualifizierte Schriftformklausel noch vergrößert wurde und über das der Beklagte hätte aufklären müssen.

(3) Analyse der Entscheidungsgründe

Genauer betrachtet wird im Folgenden die vom Bundesgerichtshof angesprochene steuerliche Qualifizierung der Geschäftsführerbezüge als verdeckte Gewinnausschüttung. Die Ausführungen hierzu unter 1. der Entscheidungsgründe stehen im Grundsatz in einer Linie mit der ständigen Rechtsprechung des Bundesfinanzhofs. Sie geben jedoch nur in allgemeiner Form die Rechtslage wieder, ohne die Grundsätze auf den zugrunde liegenden Sachverhalt anzuwenden. Insbesondere findet sich keine Aussage dazu, ob die Zuwendungen tatsächlich eine verdeckte Gewinnausschüttung darstellen. Diese Frage war für das Urteil des Bundesgerichtshofs deshalb nicht von Bedeutung, weil die klagende GmbH lediglich die Feststellung begehrte, dass der beklagte Steuerberater ihr den durch seine Pflichtverletzung entstehenden Steuerschaden zu ersetzen habe.[487] Zur Bejahung einer Pflichtverletzung genügte es, dass aufgrund der fehlerhaften Beratung die Gefahr bestand, dass die nur mündlich vereinbarten Geschäftsführergehaltserhöhungen vom Finanzamt als verdeckte Gewinnausschüttung gewertet werden.

Vor dem Hintergrund, dass das tatsächliche Vorliegen einer verdeckten Gewinnausschüttung entscheidend für die weitergehende *Problematik* ist, ob und in welcher Höhe der GmbH ein *ersatzfähiger Schaden* entstanden ist, wird dieser Frage im Folgenden nachgegangen. Dabei kann auf das in gleicher Sache ergangene Revisionsurteil des Bundesfinanzhofs[488] zurückgegriffen werden. Während die Vorinstanz – das Finanzgericht Köln[489], auf dessen Rechtsansicht sich der Bundesgerichtshof in seinem Urteil stützt – eine verdeckte Gewinnausschüttung bejaht hat, hat der Bundesfinanzhof gegen die Annahme einer verdeckten Gewinnausschüttung in zweierlei Hinsicht Bedenken geäußert.

(a) Unwirksame Vereinbarung

Zweifel bestehen aus Sicht des Bundesfinanzhofs zunächst an der von der Vorinstanz angenommenen *zivilrechtlichen Unwirksamkeit* der (mündlichen) Vereinbarung der Geschäftsführergehaltserhöhungen. Er weist darauf hin, dass

---

[487] BGH, Urteil vom 15.04.1997 - IX ZR 70/96 - NJW 1997, 2238 (2238) = WM 1997, 1396 (1397).

[488] BFH, Urteil vom 09.04.1997 - I R 52/96 - BFH/NV 1997, S. 808 ff.

[489] FG Köln, Urteil vom 27.11.1995 – 13 K 58/95.

diese Beurteilung nur dann zutreffend ist, wenn die Auslegung der Geschäftsführer-Anstellungsverträge ergibt, dass der Ausschluss einer mündlichen Befreiung von der Schriftformklausel in § 12 der Verträge auch Gehaltsänderungen betrifft. Bei dieser vom Finanzgericht unzureichend vorgenommenen Auslegung[490] sei zu ermitteln, was die Erklärenden geäußert und was sie subjektiv gewollt haben. Wenngleich die subjektiven Komponenten auf der Basis der vorliegenden Materialien nicht ermittelt werden können, legt meines Erachtens zumindest der Wortlaut des § 12 („Vertragsänderungen bedürfen der Schriftform [...]. Eine Befreiung von der Schriftform durch mündliche Vereinbarung ist unwirksam.") eine Anwendung auch auf Gehaltsänderungen nahe. Die Vertragsklausel enthält keine Differenzierung sondern bezieht sich auf sämtliche Vertragsänderungen – und damit auch auf eine Änderung des § 8 betreffend die Änderungen der Bezüge.

(b) Keine beherrschende Stellung der Gesellschafter-Geschäftsführer

Da sich im Falle einer Leistung an einen lediglich zu 50% beteiligten Gesellschafter allein aus dem Vorliegen einer unwirksamen Vereinbarung keine verdeckte Gewinnausschüttung ergeben kann, ist nach der Rechtsprechung des Bundesfinanzhofs in tatsächlicher Hinsicht festzustellen, ob der jeweilige Gesellschafter ein beherrschender ist.

Eine *beherrschende Stellung* der Gesellschafter-Geschäftsführer vermochte der Bundesfinanzhof jedoch nicht zu bejahen, weil es an den für Gesellschafter mit gleich hohen Anteilen erforderlichen gleichgerichteten Interessen fehlte. Zur Begründung verweist der erkennende Senat darauf, dass es sich – da die verdeckte Gewinnausschüttung eine Vermögensminderung seitens der Kapitalgesellschaft voraussetze – um gleichgerichtete materielle, d.h. finanzielle Interessen der Gesellschafter handeln müsse. Allein aus der übereinstimmenden Negierung einer Schriftformklausel, i.e., aus einem Formfehler, könne jedoch nicht auf solche gleichgerichteten materiellen Interessen geschlossen werden.[491] Wei-

---

[490] Das Finanzgericht hat lediglich lapidar in einem Satz feststellt, die einschlägigen Vereinbarungen könnten „nur" im Sinne einer qualifizierten Schriftformklausel bei Gehaltsänderungen verstanden werden, vgl. BFH, Urteil vom 09.04.1997 – I R 52/96 – BFH/NV 1997, 808 (809).

[491] BFH, Urteil vom 09.04.1997 – I R 52/96 – BFH/NV 1997, 808 (809); das FG Köln konnte nur deshalb zu einer gegenteiligen Rechtsauffassung kommen (vom Bundesfinanzhof als „rechtsirrig" bezeichnet), weil die von ihm in Bezug genommenen Urteile des Bundesfinanzhofs abweichende Sachverhalte betrafen: BFH, Urteil vom 29.11.1967 – I 96/64 – BFHE 91, 151 (154) = BStBl. 1968 II, 234 (236); BFH, Urteil vom 06.03.1968 – I R 135/65 – BFHE 92, 205 (206 f.) = BStBl. 1968 II, 482 (483): gleichzeitige, nachträgliche Gehaltserhöhung in gleicher Höhe für die zu 50% beteiligten Gesellschafter; BFH, Urteil vom 21.07.1976 – I R 223/74 – BFHE 119, 453

terhin gibt der Bundesfinanzhof zu Bedenken, dass die Interessen der Gesellschafter im Zeitpunkt des jeweils zu beurteilenden schuldrechtlichen Vertrags gleichgerichtet sein müssten.[492] Davon sei zwar bei der Erhöhung von Gesellschafter-Geschäftsführergehältern regelmäßig auszugehen, doch lege die Tatsache, dass das Gehalt eines der beiden Gesellschafter-Geschäftsführer in sämtlichen Streitjahren nicht erhöht wurde, eine ausnahmsweise abweichende Beurteilung nahe.

(c) Vorliegen einer sonstigen verdeckten Gewinnausschüttung

Nachdem aus den vorgenannten Gründen die Sondertatbestandsmerkmale für beherrschende Gesellschafter nicht erfüllt waren, hätte sich ein Steuerschaden der GmbH nur dann ergeben können, wenn die erhöhten Gehaltszahlungen aus anderen Gründen als verdeckte Gewinnausschüttung zu bewerten gewesen wären. Die entscheidende Frage, ob die Vermögensminderung der Gesellschaft zugunsten der Gesellschafter auf dem Gesellschaftsverhältnis beruhte, wäre dann – da es sich um nicht beherrschende Gesellschafter handelte – nach der Sorgfalt eines ordentlichen und gewissenhaften Geschäftsleiters zu beurteilen gewesen.[493] Insbesondere wäre es auf die Angemessenheit bzw. Unangemessenheit der Rechtsbeziehungen und mithin auf die Frage angekommen, ob auch ein nicht an der Gesellschaft beteiligter Dritter die Gehaltszahlungen im Hinblick auf seine der Gesellschaft erbrachten Leistungen erhalten hätte. Nach dem zu beurteilenden Sachverhalt bestanden jedoch keine Anhaltspunkte dafür, dass die gezahlten Gehälter unangemessen hoch waren. Hierauf hat der Bundesgerichtshof ausdrücklich unter 3. seines Urteils hingewiesen, so dass auch unter diesem Gesichtspunkt ein Schaden der klagenden GmbH ausschied.

(454 f.) = BStBl. 1976 II, 734 (734 f.): gleichzeitige Gehaltserhöhung von beherrschendem Gesellschafter und Minderheitsgesellschafter; BFH, Urteil vom 11.12.1985 – I R 223/82 – BFH/NV 1985/86, 637 (638): Tantieme im Verhältnis der Beteiligungsquote.

[492] Dies deshalb, weil gleichgerichtete Interessen mehrerer Gesellschafter nur eine besondere Form der Beherrschung einer Kapitalgesellschaft darstellen und auch die übergeordnete Frage, ob ein Gesellschafter ein beherrschender ist, nach den tatsächlichen Verhältnissen im Zeitpunkt des jeweiligen Vertragsabschlusses zu beantworten ist, vgl. BFH, Urteil vom 18.12.1996 – I R 139/94 – BFHE 182, 184 (188) = BStBl. 1997 II, 301 (303); BFH, Urteil vom 28.04.1982 – I R 51/76 – BFHE 135, 519 (522) = BStBl. 1982 II, 612 (614); BFH, Urteil vom 06.04.1979 – I R 39/76 – BFHE 128, 352 (354) = BStBl. 1979 II, 687 (688).

[493] Vgl. BFH, Urteil vom 13.12.1989 – I R 99/87 – BFHE 159, 338 (340) = BStBl. 1990 II, 454 (456); BFH, Urteil vom 10.06.1987 – I R 149/83 – BFHE 150, 524 (527) = BStBl. 1988 II, 25 (26) m. w. N.

(4) Fazit

Im Ergebnis ist dem Bundesgerichtshof darin zuzustimmen, dass der Steuerberater die von ihm beratene Gesellschaft auf das Risiko hätte hinweisen müssen, welches die nur mündlich getroffenen Abreden bargen. Grundsätzlich wäre der Beklagte also gegenüber der Klägerin zum Schadensersatz verpflichtet gewesen. Lediglich die Tatsache, dass der GmbH kein zu ersetzender Schaden in Form steuerlicher Nachteile entstanden ist, weil die erhöhten Gehaltszahlungen nicht die Beurteilung als verdeckte Gewinnausschüttung zuließen, hat eine Ersatzpflicht des Steuerberaters verhindert.

cc) BGH, Urteil vom 18. Dezember 1997 – IX ZR 153/96

Die Bezüge des beherrschenden Gesellschafter-Geschäftsführers einer Gesellschaft mit beschränkter Haftung waren auch Gegenstand des *BGH-Urteils vom 18. Dezember 1997*[494]. Dabei verlangte die beklagte Kapitalgesellschaft von der klagenden Steuerberatungsgesellschaft im Wege der Widerklage Schadensersatz, weil die Klägerin aus Sicht der Beklagten Mehrsteuern wegen verdeckter Gewinnausschüttungen verschuldet hatte.

(1) Sachverhalt

Die Klägerin (Widerbeklagte) betreute die beklagte GmbH (Widerklägerin) mehr als 10 Jahre lang in allen steuerlichen Angelegenheiten. Aufgrund einer Außenprüfung 1994 bewertete das Finanzamt die Gehaltszahlungen der Beklagten an ihren Alleingesellschafter-Geschäftsführer zwischen 1986 und 1989 in Höhe von DM 460.000,– als verdeckte Gewinnausschüttung. Der Gesellschafter-Geschäftsführer hatte sich am 18. Dezember 1982 von der Beklagten eine erfolgsabhängige Tantieme gewähren lassen. Dabei wurde schriftlich eine Neuregelung der Bezüge „ab dem Wirtschaftsjahr 1984“ vorgesehen. Eine derartige Regelung unterblieb jedoch. Stattdessen trafen die GmbH und ihr Gesellschafter-Geschäftsführer am 20. Dezember 1984 eine weitere schriftliche Vereinbarung, in der eine zusätzliche freiberufliche Beratungstätigkeit des Geschäftsführers zu einem Stundensatz von DM 200,– ab dem Jahr 1985 vorgesehen wurde. Die aus dieser Beratungstätigkeit resultierenden Bezüge zahlte die GmbH jedoch nicht aus, sondern bildete insoweit steuerliche Rückstellungen in den Bilanzen. Erst zum 31. Dezember 1990 buchte sie den Gesamtbetrag für die Jahre 1986 bis 1989 in Höhe von DM 460.000,– auf ein „Verrechnungskonto“, das die Beklagte für ihren Gesellschafter-Geschäftsführer führte. Dies wertete die Finanzbehörde als verdeckte Gewinnausschüttung, weil es an einer im Vorhi-

[494] BGH, Urteil vom 18.12.1997 – IX ZR 153/96 – DB 1998, S. 669 f. = NJW 1998, S. 1486 ff. = WM 1998, S. 301 ff. = ZIP 1998, S. 648 ff.

nein getroffenen klaren Vereinbarung fehlte. Die Revision der Beklagten zum Bundesgerichtshof führte insoweit zur Aufhebung des Berufungsurteils, als der Widerklageanspruch hierdurch abgewiesen worden war. Dieser Anspruch wurde vom Bundesgerichtshof dem Grunde nach für gerechtfertigt erklärt.

(2) Entscheidungsgründe

Im Gegensatz zu den Vorinstanzen[495] hat der Bundesgerichtshof der GmbH einen Schadensersatzanspruch gegenüber der sie betreuenden Steuerberatungsgesellschaft zugesprochen.

(a) Pflichtverletzung

Nach dem Bundesgerichtshof hat die Klägerin ihre Pflichten aus dem Steuerberatungsvertrag verletzt, weil sie die Beklagte nicht auf die Gefahr einer Steuerbelastung aus *verdeckter Gewinnausschüttung* hingewiesen und dieser Gefahr nicht durch geeignete Maßnahmen und Empfehlungen entgegengewirkt hat. Diese Gefahr habe bestanden, weil *Zuwendungen an einen beherrschenden Gesellschafter* nur unter strengen Voraussetzungen als Betriebsausgaben anerkannt würden. Ebenso wie in dem soeben besprochenen Urteil führt der erkennende Senat in Übereinstimmung mit der Rechtsprechung des Bundesfinanzhofs aus, dass die Anerkennung als Betriebsausgaben nur dann in Betracht kommt, wenn die Zuwendung – auch der Höhe nach – auf einer klaren, im Voraus getroffenen, zivilrechtlich wirksamen Vereinbarung beruht.

(aa) Fehlen einer steuerlich ausreichenden Gehaltsvereinbarung

Eine in diesem Sinne wirksame Vereinbarung habe nicht vorgelegen. Die *Tantiemeregelung vom 18. Dezember 1982* konnte aus Sicht des erkennenden Senats deshalb keine steuerlich ausreichende Gehaltsvereinbarung für die Zukunft darstellen, weil danach ab 1984 „die Bezüge neu geregelt werden sollten“, die Parteien aber von einer Neuregelung abgesehen haben.

Auch die *Vereinbarung vom 20. Dezember 1984* sah er als für eine steuerliche Anerkennung nicht ausreichend an. Die Abrede sei unklar gewesen, weil sie sich nur auf freiberufliche betriebswirtschaftliche Beratungsleistungen, nicht aber auf ein Entgelt für die übliche Geschäftsführertätigkeit bezog und zudem die Höhe der Vergütung einer Berechnung zu einem beliebigen Zeitpunkt überließ.

---

[495] LG München I, Urteil vom 20.09.1995 – 2 HKO 20898/94; OLG München, Urteil vom 03.05.1996 – 23 U 5423/95.

(bb) Keine tatsächliche Durchführung der Vereinbarung

Weiterhin verweist der Bundesgerichtshof – und dies stimmt ebenfalls mit der Rechtsauffassung des Bundesfinanzhofs überein – auf die Notwendigkeit der tatsächlichen Durchführung der zwischen Gesellschaft und Gesellschafter getroffenen Vereinbarung. Hieran habe es in dem zu beurteilenden Fall gefehlt, weil weder der Gesellschafter-Geschäftsführer der Beklagten seine Arbeitsstunden gemäß der Abrede in Rechnung gestellt, noch die Beklagte ihrerseits im maßgeblichen Zeitraum an ihren Geschäftsführer ein Gehalt gezahlt hat.

(b) Vorliegen eines Schadens

Eine weitere steuerliche Problematik eröffnete sich im Rahmen der Frage, in welcher Höhe eine Schadensersatzpflicht der Steuerberatungsgesellschaft gegenüber der GmbH bestand. Strittig war insoweit, ob bei der Prüfung der Schadenshöhe zu berücksichtigen war, dass der alleinige Gesellschafter der GmbH die von der GmbH gezahlte Körperschaftsteuer im Rahmen seiner Einkommensteuererklärung als anrechenbare Körperschaftsteuer geltend machen konnte (vgl. § 20 Abs. 1 Nr. 3, § 36 Abs. 2 Nr. 3 EStG).

Der Bundesgerichtshof hat diese saldierende Betrachtung abgelehnt und einen Schaden in Höhe der vom Finanzamt festgesetzten Körperschaftsteuernachzahlung bejaht. Seine Entscheidung hat er unter Berufung auf eine ganze Reihe von Urteilen des Bundesfinanzhofs[496] sowie die Auffassung der Finanzverwaltung[497] wie folgt begründet: „Der Bundesfinanzhof lehnt es in ständiger Rechtsprechung grundsätzlich ab, den Steuernachteil der Gesellschaft infolge der verdeckten Gewinnausschüttung mit dem Anrechnungsvorteil des Gesellschafters gleichsam zu saldieren." Der Bundesfinanzhof habe es lediglich für möglich gehalten, dass die einmal eingetretene verdeckte Gewinnausschüttung durch eine spätere Vermögenserhöhung überlagert werden könnte, wenn ein auch steuerlich zu berücksichtigender „Vorteilsausgleich" vorliege. Dies setze allerdings einerseits voraus, dass Leistungen der Gesellschaft durch Leistungen des Gesellschafters aufgewogen würden; andererseits müsse der Vorteilsausgleich bei Gesellschaften mit beherrschenden Gesellschaftern auf einer im Voraus getroffenen, klaren und eindeutigen Vereinbarung beruhen.[498] Diese Voraussetzungen sah der Bundesgerichtshof jedoch nicht als gegeben an.

---

[496] Im Einzelnen BFH, Urteil vom 23.05.1984 – I R 266/81 – BFHE 141, 261 (265) = BStBl. 1984 II, 723 (725); BFH, Urteil vom 29.04.1987 – I R 176/83 – BFHE 150, 337 (341 f.) = BStBl. 1987 II, 733 (735); BFH, Urteil vom 13.09.1989 – I R 41/86 – BFHE 158, 338 (340) = BStBl. 1989 II, 1029 (1030); BFH, Urteil vom 10.03.1993 – I R 51/92 – BFHE 171, 58 (61 f.) = BStBl. 1993 II, 635 (636).

[497] BMF-Schreiben vom 06.08.1981, IV B 7 – S 2813 – 23/81, BStBl. 1981 I, S. 599 sowie BMF-Schreiben vom 23.04.1985, DB 1985, S. 1437.

(3) Analyse der Entscheidungsgründe

(a) Fehlen einer steuerlich ausreichenden Gehaltsvereinbarung

Zu Recht hat der Bundesgerichtshof weder in der Tantiemeregelung noch in der Vereinbarung vom 20. Dezember 1984 eine steuerlich ausreichende Gehaltsvereinbarung gesehen.[499]

Insbesondere die zweite Vereinbarung genügte nicht den Anforderungen der Klarheit und Eindeutigkeit, weil die beklagte Gesellschaft aus dem Inhalt der Vereinbarung weder den genauen Umfang der von ihrem Gesellschafter-Geschäftsführer zu erbringenden Beratertätigkeit noch die dafür aufzuwendenden Mittel abschätzen konnte. Zwar bildete der Honoraranspruch von DM 200,– je Arbeitsstunde einen Anhaltspunkt, doch enthielt die Vereinbarung keine Begrenzung des Abrechnungsumfangs auf eine bestimmte Maximalstundenzahl je Beratungstag, so dass es voll und ganz im Ermessen des Gesellschafter-Geschäftsführers stand, was er im Einzelnen als Beratungsleistung ansah und in welchem Umfang er diese der Beklagten in Rechnung stellte. Verstärkt wurde diese Unklarheit dadurch, dass sich in dem Beratervertrag keine Vereinbarung über die Vertragsdauer fand. Damit eröffnete die Vereinbarung aufgrund des nicht vorhandenen Interessengegensatzes dem Gesellschafter die Möglichkeit, den Gewinn der Kapitalgesellschaft nach seinem Belieben zu beeinflussen.[500] Hinzu kommen die folgenden Erwägungen: der Gesellschafter-Geschäftsführer der Beklagten war ohnehin für die gesamte laufende Geschäftstätigkeit zuständig und hatte hierfür seine Kenntnisse einzusetzen. Für eine hiervon zu isolierende Beratungstätigkeit gegenüber der Gesellschaft bestand damit eigentlich kein Raum.[501] Im Übrigen ist die Erbringung von Beratungsleistungen auch praktisch kaum vorstellbar: die Gesellschaft ist eine juristische Person und kann als solche nicht beraten werden. Tatsächlicher Empfänger des Ratschlags kann nur eine natürliche Person sein (hier: der Geschäftsführer). Bei einer „Einmann-GmbH wie der Beklagten waren damit Berater und zu Beratender in der Person des Gesellschafter-Geschäftsführers identisch.[502]

---

[498] BFH, Urteil vom 10.03.1993 – I R 51/92 – BFHE 171, 58 (61 f.) = BStBl. 1993 II, 635 (636) m.w.N.

[499] Ebenso *Schlehe,* Anmerkung zum Urteil des BGH vom 18.12.1997 – IX ZR 153/96, in: IBR 1998, 363 (363).

[500] Vgl. BFH, Urteil vom 22.02.1989 – I R 9/85 – BFHE 156, 428 (430) = BStBl. 1989 II, 631 (632).

[501] Vgl. *Wassermeyer,* Verdeckte Gewinnausschüttungen im Zusammenhang mit Gesellschafter-Geschäftsführern, in: DStR 1991, 1065 (1067).

[502] Vgl. zu dieser Argumentation auch FG München, Gerichtsbescheid vom 27.07.2000 – 6 K 3142/97.

(b) Keine tatsächliche Durchführung der Vereinbarung

Zuzustimmen ist dem Bundesgerichtshof auch darin, dass es jedenfalls an einer tatsächlichen Durchführung der Vereinbarung gefehlt hat. Zwar spricht für eine tatsächliche Durchführung, dass insoweit rechtliche Folgerungen aus dem Vertrag gezogen wurden, als in den Jahren 1986 bis 1989 steigende Beträge für das Geschäftsführergehalt als Rückstellungen in die Bilanzen der GmbH aufgenommen wurden. Allerdings wäre darüber hinaus auch die Zahlung der vereinbarten Vergütungen erforderlich gewesen.[503] Fehlt es an einer Auszahlung, dann scheidet die Annahme einer verdeckten Gewinnausschüttung nämlich nur dann aus, wenn finanzielle Schwierigkeiten der Gesellschaft die zeitgerechte Erfüllung ihrer Verpflichtungen aus dem Vertrag verhindert haben.[504] Dafür bestanden in dem zu beurteilenden Fall jedoch keine Anhaltspunkte.

(c) Vorliegen eines Schadens

Abzulehnen sind jedoch die Ausführungen des Bundesgerichtshofs unter II. 4. des Urteils zum Vorliegen eines Schadens.

(aa) Fehlerhafte Bezugnahme auf die Rechtsprechung des BFH sowie die Ansicht des BMF

Zunächst sprechen die vom Bundesgerichtshof in Bezug genommenen Entscheidungen des Bundesfinanzhofs den Sachverhalt, für den der erkennende Senat die Auffassung des Bundesfinanzhofs in Anspruch nimmt, überhaupt nicht an.[505] Während der Bundesgerichtshof die Frage zu prüfen hatte, ob die GmbH im Falle einer verdeckten Gewinnausschüttung das dem Gesellschafter zustehende Anrechnungsguthaben zurückfordern kann, haben die Entscheidungen des Bundesfinanzhofs sämtlich die Frage zum Inhalt, ob eine verdeckte Gewinnausschüttung sowie deren steuerliche Folgen durch einen Rückgewähranspruch, der durch sie verursacht wird, korrigiert bzw. aufgehoben werden kann.

Auch auf die von ihm zitierten BMF-Schreiben kann sich der Bundesgerichtshof nicht stützen. Die Schreiben befassen sich ebenfalls mit der Rückgän-

---

[503] Vgl. BFH, Urteil vom 02.03.1988 – I R 103/86 – BFHE 153, 313 (316) = BStBl. 1988 II, 786 (788); BFH, Urteil vom 05.10.1977 – I R 230/75 – BFHE 124, 164 (168) = BStBl. 1978 II, 234 (236).

[504] BFH, Urteil vom 02.05.1974 – I R 194/72 – BFHE 112, 476 (477) = BStBl. 1974 II, 585 (586); BFH, Urteil vom 12.12.1973 – I R 183/71 – BFHE 111, 150 (152 f.) = BStBl. 1974 II, 179 (180).

[505] Vgl. *Schmitz/Wichmann,* Die Haftung des Steuerberaters bei verdeckter Gewinnausschüttung – Anmerkungen zu dem BGH-Urteil vom 18.12.1997, DB 1998, S. 669 ff., in: DB 1999, 732 (732).

gigmachung oder der Rückzahlung verdeckter Gewinnausschüttungen und nicht mit der vom Bundesgerichtshof zu beurteilenden Verrechnung.

(bb) Eigener Lösungsansatz

Richtigerweise hätte der Bundesgerichtshof prüfen müssen, ob dem durch die festgesetzte Körperschaftsteuernachzahlung entstandenen Schaden Vorteile gegenüberstanden, die im Wege des Vorteilsausgleichs auf den Schadensersatzanspruch hätten angerechnet werden müssen. Dabei hätte er im Hinblick auf das Anrechnungsguthaben einen bereicherungsrechtlichen Rückforderungsanspruch der Gesellschaft bejahen und zu einem Vorteilsausgleich kommen müssen, der bei der Bemessung der Höhe des aus der verdeckten Gewinnausschüttung entstandenen Schadens als Minderungsposten zu berücksichtigen gewesen wäre. Das ergibt sich aus den nachfolgenden Erwägungen.

Es ging in dem zu entscheidenden Fall um eine verdeckte Gewinnausschüttung wegen einer steuerlich unwirksamen Vereinbarung von *Honoraren für Beratungsleistungen* des Gesellschafter-Geschäftsführers. Indem das Finanzamt die Gehaltszahlungen als verdeckte Gewinnausschüttung qualifiziert hat, entstand für den Gesellschafter-Geschäftsführer neben dem Betrag der verdeckten Gewinnausschüttung ein körperschaftsteuerliches Anrechnungsguthaben in Höhe von 3/7 (bis 1993: 9/16) des Bruttobetrages.[506] Dieses Guthaben war einerseits gem. § 20 Abs. 1 Nr. 3 EStG als Kapitalertrag zu versteuern und erhöhte das zu versteuernde Einkommen in dem Jahr, in dem auch die verdeckte Gewinnausschüttung beim Gesellschafter zur Einkommensteuer herangezogen wurde (§ 20 Abs. 1 Nr. 3 S. 2 EStG). Andererseits war es auf die persönliche Einkommensteuer des Gesellschafter-Geschäftsführers anrechenbar (§ 36 Abs. 2 Nr. 3 EStG). Die Aufdeckung einer verdeckten Gewinnausschüttung begünstigte also deren Empfänger zu Lasten der Körperschaft, indem sie zu einer zwangsweisen Erhöhung der Ausschüttung in Form der Steuergutschrift führte.[507] Nach den zwischen dem Gesellschafter-Geschäftsführer und der Gesellschaft getroffenen Vereinbarungen sollte dieser jedoch „nur“ die – steuerlich als verdeckte Gewinnausschüttung zu wertenden – Honorare, nicht aber zusätzlich noch ein steuerliches Anrechnungsguthaben erhalten. Daher stellte sich die Frage, ob die

[506] Vgl. *Frotscher,* in: Frotscher/Maas, KStG/UmwStG, Anhang zu § 8 KStG, ABC „Anrechnungsverfahren“; *Dötsch,* in: Dötsch/Eversberg/Jost/Witt, Die Körperschaftsteuer, § 20 EStG Rdnr. 47; *Schwedhelm,* in: Streck, KStG, 6. Aufl., § 8 Tz. 109; *Tipke/Lang,* Steuerrecht, 15. Aufl., § 11 Rdnr. 160.

[507] Vgl. *Knobbe-Keuk,* Bilanz- und Unternehmenssteuerrecht 9. Aufl., § 19 I 3 c, S. 666: „unerträgliche Konsequenz“; *Institut „Finanzen und Steuern“ e.V.*, Zur Problematik der Behandlung verdeckter Gewinnausschüttungen nach der Körperschaftsteuer-Reform, Heft 117, S. 78, 3. Abs.; *Schwedhelm,* in: Streck, KStG, 6. Aufl., § 8 Tz. 109; *Tipke/Lang,* Steuerrecht, 15. Aufl., § 11 Rdnr. 160.

durch die Aufdeckung der verdeckten Gewinnausschüttung verursachte zusätzliche Begünstigung des Anteilseigners mit Mitteln des Zivilrechts – i. e., durch entsprechende Rückgewähransprüche – ausgeglichen werden konnte.

Während es zu der Frage der Ersatzpflicht des Anrechnungsguthabens augenscheinlich keine veröffentliche Rechtsprechung gibt,[508] besteht in der handels- und steuerrechtlichen Literatur weitgehende Einigkeit darüber, dass der von dem körperschaftsteuerlichen Anrechnungsguthaben begünstigte Gesellschafter zur Rückgewähr der Steuergutschrift bzw. des sie repräsentierenden Betrages verpflichtet ist. Umstritten ist lediglich die Anspruchsgrundlage:[509] das Spektrum reicht vom Institut der ungerechtfertigten Bereicherung (§§ 812 ff. BGB)[510] über eine Verpflichtung zur Vertragsanpassung wegen Veränderungen der Vertragsgrundlage[511] bis hin zu einem Rückzahlungsanspruch aus spezifisch gesellschaftsrechtlichen Vorschriften.[512] Teilweise wird ein Rückforderungsanspruch auch ohne Hinweis auf eine bestimmte Rechtsgrundlage bejaht.[513] Geht man mit der herrschenden Meinung von der grundsätzlichen Existenz eines Ersatzanspruchs aus, beläuft sich dieser zunächst auf 3/7 (bis 1993: 9/16) des Bruttobetrags des Gehalts. Stützt man den Anspruch auf das Institut der ungerechtfertigten Bereicherung, muss jedoch weiterhin berücksichtigt werden, ob und gegebenenfalls in welchem Umfang die Bereicherung des Empfängers der

---

[508] Vgl. *Jonas,* Schadensersatzanspruch einer GmbH gegen den steuerlichen Berater wegen Nichtvermeidung einer verdeckten Gewinnausschüttung, in: GmbHR 1987, 233 (236).

[509] Einen umfassenden Überblick über die möglichen Anspruchsgrundlagen sowie die verschiedenen Literaturauffassungen geben *Tipke/Lang,* Steuerrecht, 15. Aufl., § 11 Rdnr. 160 sowie *Wichmann,* Die Frage nach der Rückforderbarkeit des Anrechnungsguthabens bei verdeckten Gewinnausschüttungen, in: BB 1996, S. 88 ff.

[510] Wohl herrschende Meinung, vgl. *Brezing,* Verdeckte Gewinnausschüttungen nach dem Körperschaftsteuergesetz 1977, in: DB 1976, 2079 (2080); *Fasold,* Die verdeckte Gewinnausschüttung im neuen KStG 1977, in: DB 1976, 1886 (1887), der eine Nichtleistungskondiktion annimmt („in sonstiger Weise ohne rechtlichen Grund"); *Thiel,* Die Neutralisierung der dem Empfänger der verdeckten Gewinnausschüttung zu Lasten der Kapitalgesellschaft erwachsenden Bereicherung, in: FR 1977, 267 (270). Regelmäßig differenzieren die Autoren jedoch nicht nach den verschiedenen Unterfällen des § 812 BGB, vgl. *Wichmann,* Die Frage nach der Rückforderbarkeit des Anrechnungsguthabens bei verdeckten Gewinnausschüttungen, in: BB 1996, 88 (89).

[511] *Lempenau,* Verdeckte Gewinnausschüttung – Sorgenkind der Körperschaftsteuerreform, in: BB 1977, 1209 (1212).

[512] Vgl. z. B. *Döllerer,* Verdeckte Gewinnausschüttungen und verdeckte Einlagen nach neuem Körperschaftsteuerrecht, in: BB 1979, 57 (61); *ders.,* Die verdeckte Gewinnausschüttung und ihre Rückabwicklung nach neuem Körperschaftsteuerrecht, in: DStR 1980, 395 (399) zu einem gesellschaftsrechtlichen Rückgewähranspruch nach §§ 62 Abs. 1, 57 Abs. 1 AktG für Aktiengesellschaften; *Fasold,* Die verdeckte Gewinnausschüttung im neuen KStG 1977, in: DB 1976, 1886 (1888) will für die GmbH einen Anspruch aus den Treuepflichten des Gesellschafters herleiten.

[513] Vgl. *Knobbe-Keuk,* Die Behandlung von verdeckten Gewinnausschüttungen, Gewinnverlagerungen zwischen Konzerngesellschaften und „verunglückten" Gewinnabführungen nach dem neuen Körperschaftsteuerrecht, in: StuW 1977, 157 (162).

verdeckten Gewinnausschüttung weggefallen ist (vgl. § 818 Abs. 3 BGB).[514] Zu untersuchen ist dabei anhand der im Rahmen der Betriebsprüfung geänderten Einkommensteuerbescheide des Gesellschafter-Geschäftsführers, in welchem Umfang das Anrechnungsguthaben einer Einkommensteuerbelastung unterlegen hat.[515]

(4) Fazit

Zusammenfassend kann den steuerlichen Ausführungen des Bundesgerichtshofs nicht in vollem Umfang zugestimmt werden. Insbesondere die Ausführungen unter 4. b) erweisen sich als rechtsfehlerhaft. Hier hätte der erkennende Senat prüfen müssen, ob dem steuerlichen Nachteil, den die GmbH durch die verdeckte Gewinnausschüttung erlitten hat, ein zivilrechtlicher Vorteilsausgleich in Gestalt eines Anspruchs auf Erstattung des dem Gesellschafter zustehenden körperschaftsteuerlichen Anrechnungsguthabens gegenübersteht. Dabei hätte der Bundesgerichtshof zu dem Ergebnis kommen müssen, dass ein Bereicherungsanspruch der Gesellschaft gegenüber dem Gesellschafter-Geschäftsführer nach § 812 BGB in Höhe des Anrechnungsguthabens besteht, der bei der Bemessung der Höhe des aus der verdeckten Gewinnausschüttung entstandenen Schadens als Minderungsposten hätte Berücksichtigung finden müssen.

d) Verdeckte Gewinnausschüttungen bei einem als In-Sich-Geschäft unwirksamen Geschäftsführungsvertrag

aa) Rechtsprechung des Bundesfinanzhofs

Wie bereits oben gesehen müssen Vereinbarungen einer Kapitalgesellschaft mit ihrem Gesellschafter-Geschäftsführer zivilrechtlich wirksam sein. Daraus ergibt sich, dass Vereinbarungen zwischen dem Geschäftsführer und der von ihm vertretenen GmbH steuerrechtlich unbeachtlich sind, wenn sie gegen das für

---

[514] An einen Wegfall der Bereicherung ist insbesondere deshalb zu denken, weil das Anrechnungsguthaben selbst einkommensteuerpflichtig ist (§ 20 Abs. 1 Nr. 3 EStG); *Thiel,* Die Neutralisierung der dem Empfänger der verdeckten Gewinnausschüttung zu Lasten der Kapitalgesellschaft erwachsenden Bereicherung, in: FR 1977, 267 (270 f.) führt dazu aus, der begünstigte Gesellschafter sei gem. § 818 Abs. 3 BGB berechtigt, „sich in dem Umfang auf den Wegfall der Bereicherung zu berufen, als der Anrechnungsanspruch bei ihm zu einer unabänderlichen Steuermehrbelastung geführt hat". In diese Richtung wohl auch *Hoffmann,* Die Steuerbelastungswirkung der verdeckten Gewinnausschüttung gemäß Körperschaftsteuergesetz 1977, in: BB 1977, 239 (241), der darauf hinweist, dass der Empfänger wegen § 20 Abs. 1 Nr. 3 EStG und der darauf lastenden zusätzlichen Einkommensteuer nicht nur bereichert ist.

[515] Vgl. *Jonas,* Schadensersatzanspruch einer GmbH gegen den steuerlichen Berater wegen Nichtvermeidung einer verdeckten Gewinnausschüttung, in: GmbHR 1987, 233 (236).

beherrschende und *nicht beherrschende Gesellschafter-Geschäftsführer* gleichermaßen geltende *Selbstkontrahierungsverbot (§ 181 BGB)* verstoßen.[516] Danach kann ein Vertreter im Namen des Vertretenen mit sich im eigenen Namen grundsätzlich keine Rechtsgeschäfte vornehmen. In-Sich-Verträge zwischen einer GmbH und ihrem Gesellschafter-Geschäftsführer sind nur wirksam, wenn dieser gem. § 181 BGB vom Selbstkontrahierungsverbot befreit ist, oder die Verträge lediglich der Erfüllung einer Verbindlichkeit dienen oder für die Kapitalgesellschaft lediglich rechtlich vorteilhaft sind. Seit dem 01. Januar 1981 gilt dies gem. § 35 Abs. 4 GmbHG auch für den Alleingesellschafter-Geschäftsführer einer GmbH.

Die einem *Alleingesellschafter-Geschäftsführer* nach dem 31.12.1980 erteilte *allgemeine Befreiung* vom Selbstkontrahierungsverbot bedarf einer – konstitutiv wirkenden – Regelung in der Satzung (im Vorhinein oder nachträglich durch Änderung der Satzung) und der – deklaratorischen – Eintragung im Handelsregister (vgl. § 10 Abs. 1 S. 2 GmbHG).[517] Ausreichend ist es auch, wenn ein Alleingesellschafter-Geschäftsführer aufgrund einer Satzungsermächtigung durch Gesellschafterbeschluss von den Beschränkungen des § 181 BGB befreit wird, und der Gesellschafterbeschluss ordnungsgemäß protokolliert (§ 48 Abs. 3 GmbHG) und im Handelsregister eingetragen wird.[518] Fehlt hingegen eine Satzungsbestimmung, kann dem Alleingesellschafter-Geschäftsführer auch nicht im Einzelfall durch Gesellschafterbeschluss das Selbstkontrahieren gestattet werden.

Für eine *mehrgliedrige GmbH* hat der Bundesfinanzhof in seiner früheren Rechtsprechung[519] eine *generelle Befreiung* von den Beschränkungen des § 181 BGB durch Beschluss der Gesellschafterversammlung als ausreichend und eine

---

516 Vgl. BFH, Urteil vom 31.05.1995 – I R 64/94 – BFHE 178, 321 (323) = BStBl. 1996 II, 246 (246); BFH, Urteil vom 22.09.1976 – I R 68/74 – BFHE 120, 200 (202) = BStBl. 1977 II, 15 (16).

517 BFH, Urteil vom 15.10.1997 – I R 19/97 – BFH/NV 1998, 746 (747) BFH, Urteil vom 23.10.1996 – I R 71/95 – BFHE 181, 328 (330) = BStBl. 1999 II, 35 (36); BFH, Urteil vom 30.08.1995 – I R 128/94 – BFH/NV 1996, 363 (364); aus der zivilrechtlichen Rechtsprechung vgl. BGH, Beschluss vom 28.02.1983 – II ZB 8/82 – BGHZ 87, 59 (61 f.); BGH, Urteil vom 06.10.1960 – II ZR 215/58 – BGHZ 33, 189 (191 f.), wonach die Gestattung des Selbstkontrahierens keine eintragungspflichtige Tatsache darstellte; aus dem Schrifttum *Lutter/Bayer,* in: Lutter/Hommelhoff, GmbHG, 16. Aufl., § 10 Rdnr. 4; *Bokelmann,* in: MünchKomm-HGB, § 8 Rdnr. 41. Fehlt die *deklaratorische* Handelsregistereintragung, führt dies allerdings nicht zur Unwirksamkeit des Dispenses und deshalb allein nicht zu einer verdeckten Gewinnausschüttung, vgl. BFH, Urteil vom 31.05.1995 – I R 64/94 – BFHE 178, 321 (325) = BStBl. 1996 II, 246 (247).

518 Die Satzungsermächtigung allein i. V. m. dem schuldrechtlichen Vertrag genügt hingegen nicht (BFH, Beschluss vom 25.10.1995 – I B 6/95 – BFH/NV 1996, 509 (510)).

519 BFH, Urteil vom 17.09.1992 – I R 89–98/91 – BFHE 169, 171 (174) = BStBl. 1993 II, 141 (142).

Regelung in der Satzung als entbehrlich angesehen. Diese Sichtweise hat er in seiner neueren Rechtsprechung aufgegeben und hat diese Frage unter Hinweis auf die gegenteilige, eine Regelung in der Satzung und Eintragung im Handelsregister verlangende Rechtsprechung der Zivilgerichte offen gelassen.[520] Für eine Befreiung *im Einzelfall* genügt bei einer mehrgliedrigen GmbH dagegen ein einfacher Gesellschafterbeschluss. Die dem Gesellschafter-Geschäftsführer einer mehrgliedrigen GmbH erteilte Befreiung von den Beschränkungen des § 181 BGB bleibt auch dann wirksam, wenn sich die GmbH in eine Einmann-GmbH verwandelt.[521]

Trotz *unwirksamer Befreiung* von den Beschränkungen des § 181 BGB ist (bei einer Einmann-GmbH oder einer mehrgliedrigen GmbH) gegebenenfalls *keine verdeckte Gewinnausschüttung* anzunehmen, wenn im Zuwendungszeitpunkt eine unklare Zivilrechtslage bestand und die betreffende Rechtsfrage (noch) nicht höchstrichterlich entschieden war. Hier hat es der Bundesfinanzhof als ausreichend erachtet, dass sich der Geschäftsführer um einen zivilrechtlich gültigen Vertrag bemüht, auch wenn später die Ungültigkeit festgestellt wird.[522] Darüber hinaus hat der Bundesfinanzhof die Voraussetzung der zivilrechtlichen Wirksamkeit der Vereinbarung für den Fall abgemildert, dass im Zuwendungszeitpunkt eine klare und eindeutige, wenngleich schwebend unwirksame vertragliche Vereinbarung bestand und der Schwebezustand im Einklang mit den zivilrechtlichen Vorgaben – etwa durch eine Genehmigung nach § 184 BGB – rückwirkend beendet wird und das Geschäft dadurch Wirksamkeit erlangt.[523]

---

[520] BFH, Urteil vom 22.11.1995 – I R 168/94 – BFH/NV 1996, 644 (645) unter Hinweis auf BayObLG, Beschluss vom 17.07.1980 – BReg. I Z 69/80 – DNotZ 1981, 185 (188); OLG Köln, Beschluss vom 23.04.1980 – 2 Wx 11/80 – GmbHR 1980, 129 (130); OLG Stuttgart, Beschluss vom 26.11.1984 – 8 W 435/84 – GmbHR 1985, 221 (221); OLG Köln, Beschluss vom 02.10.1992 – 2 Wx 33/92 – NJW 1993, 1018 (1018).

[521] Herrschende Meinung, vgl. BFH, Urteil vom 13.03.1991 – I R 1/90 – BFHE 164, 255 (258 ff.) = BStBl. 1991 II, 597 (599 f.); ebenso BGH, Beschluss vom 08.04.1991 – II BR 3/91 – BGHZ 114, 167 (170 ff.); aus dem Schrifttum *Tiedtke,* Fortbestand der Befreiung vom Verbot des Selbstkontrahierens bei der Umwandlung einer mehrgliedrigen in eine Einmann-GmbH, in: ZIP 1991, 355 (358); *Lutter/Hommelhoff,* in: Lutter/Hommelhoff, GmbHG, 16. Aufl., § 35 Rdnr. 22.

[522] Vgl. BFH, Urteil vom 31.05.1995 – I R 64/94 – BFHE 178, 321 (324) = BStBl. 1996 II, 246 (247); BFH, Urteil vom 30.08.1995 – I R 128/94 – BFH/NV 1996, 363 (365); BFH, Urteil vom 22.11.1995 – I R 168/94 – BFH/NV 1996, 644 (645) mit der Begründung, dass es nicht Zweck der finanzgerichtlichen Rechtsprechung ist, dem Steuerpflichtigen die Risiken einer ungeklärten Zivilrechtslage aufzubürden; vgl. auch *Lange/Janssen,* Verdeckte Gewinnausschüttungen, 8. Aufl., Rdnr. 136.

[523] Eine solche Genehmigung wird immer dann anzunehmen sein, wenn der alleinige oder beherrschende Gesellschafter-Geschäftsführer nach Abschluss des Vertrages in rechtswirksamer Weise von den Beschränkungen des § 181 BGB befreit wird, vgl. BFH, Urteil vom 23.10.1996 – I R 71/95 – BFHE 181, 328 (332) = BStBl. 1999 II, 35 (37); BFH, Urteil vom 16.12.1998 – I R 96/95 – BFH/NV 1999, 1125 (1127); BFH, Urteil vom 15.10.1997 – I R 19/97 – BFH/NV 1998, 746 (747). Zur entgegen-

bb) BGH, Urteil vom 18. November 1999 - IX ZR 402/97

Auch das *Urteil des Bundesgerichtshofs vom 18. November 1999*[524] befasst sich mit dem Komplex der verdeckten Gewinnausschüttungen und hier insbesondere mit dem beim Abschluss eines Gesellschafter-Geschäftsführervertrages zu beachtenden Selbstkontrahierungsverbot. Das Urteil betrifft den Schadensersatzanspruch einer Gesellschaft mit beschränkter Haftung (GmbH) gegen einen Notar und ist insbesondere deshalb von Interesse, weil es die ohnehin schon schwierige Problematik der verdeckten Gewinnausschüttung bei zivilrechtlich unwirksamen Geschäftsführeranstellungsverträgen um weitere Facetten anreichert.

(1) Sachverhalt

Die klagende GmbH bestand zunächst aus mehreren Gesellschafter-Geschäftsführern, die nach der GmbH-Satzung nicht von den Beschränkungen des § 181 BGB befreit waren. Einige Jahre später beschloss der mittlerweile alleinige Gesellschafter dieser GmbH in einer Gesellschafterversammlung seine Befreiung vom Selbstkontrahierungsverbot. Dieser Beschluss wurde von dem beklagten Notar beurkundet. Die Urkunde reichte der Notar beim zuständigen Amtsgericht ein und bat um entsprechende Eintragung in das Handelsregister. Nachdem das Registergericht ihm wenig später mitteilte, dem Vollzug der betreffenden Anmeldung stehe das Eintragungshindernis entgegen, dass zuvor eine diesbezügliche Satzungsänderung vorgenommen werden müsse, nahm der Notar den Eintragungsantrag zurück.

Zwischenzeitlich hatte der GmbH-Geschäftsführer mit seiner GmbH einen „Gesellschafter-Geschäftsführer-Vertrag" geschlossen, in dessen § 4 die Vergütung für die Geschäftsführertätigkeit geregelt wurde. Zwei Jahre später wertete das zuständige Finanzamt die Vergütungsleistungen der klagenden GmbH an ihren Alleingesellschafter-Geschäftsführer als verdeckte Gewinnausschüttungen, weil dieser nicht wirksam von den Beschränkungen des § 181 BGB befreit gewesen und infolgedessen der Anstellungsvertrag unwirksam sei. Das führte zu steuerlichen Mehrbelastungen der Klägerin in Höhe von mehr als DM 100.000,–, hinsichtlich derer die GmbH den Notar auf Schadensersatz wegen Amtspflichtverletzung verklagte. Während das Landgericht[525] und das Oberlandesgericht[526]

---

stehenden früheren Rechtsprechung vgl. BFH, Urteil vom 22.09.1976 – I R 68/74 – BFHE 120, 200 (202) = BStBl. 1977 II, 15 (16).

[524] BGH, Urteil vom 18.11.1999 – IX ZR 402/97 – BB 2000, S. 167 ff. = DB 2000, S. 412 ff. = NJW 2000, S. 664 ff. = WM 2000, S. 35 ff. = ZIP 2000, S. 131 ff.

[525] LG Frankenthal, Urteil vom 09.10.1996 – 5 O 1799/95.

[526] OLG Zweibrücken, Urteil vom 06.11.1997 – 4 U 208/96.

der Klage dem Grunde nach stattgaben, hob der Bundesgerichtshof das Berufungsurteil auf und verwies die Sache zurück.[527]

(2) Entscheidungsgründe

In den Entscheidungsgründen hat sich der Bundesgerichtshof zum einen im Rahmen der Frage nach einer Amtspflichtverletzung des Beklagten mit der Haftungssystematik des § 19 BNotO befasst. Darüber hinaus hat er in steuerlicher Hinsicht entschieden – und dies ist von Relevanz für eine *Schadensersatzpflicht* gemäß §§ 249 ff. BGB – dass die Vergütungsleistungen der klagenden GmbH an ihren Alleingesellschafter-Geschäftsführer in den Jahren 1992 und 1993 als verdeckte Gewinnausschüttung zu werten sind. Der Anstellungsvertrag zwischen der Klägerin und ihrem GmbH-Gesellschafter-Geschäftsführer sei wegen Verstoßes gegen § 181 BGB schwebend unwirksam gewesen, da er vor der Eintragung der Satzungsänderung in das Handelsregister geschlossen wurde.

Eine wirksame Gestattung des Selbstkontrahierens habe nicht vorgelegen. Zwar könnten dem einzigen Geschäftsführer und Gesellschafter einer GmbH Rechtsgeschäfte mit sich selbst von Vorneherein im Gesellschaftsvertrag oder nachträglich durch Änderung der Satzung gestattet werden. Eine nachträgliche allgemeine Befreiung von der Beschränkung des § 181 BGB sei in der Regel dann eine Satzungsänderung gemäß §§ 53, 54 GmbHG, wenn – wie im vorliegenden Falle – der Gesellschaftsvertrag die gesetzliche Einschränkung vorgesehen hatte. Der vom Beklagten beurkundete Beschluss des neuen Alleingesellschafters über seine Befreiung von den Beschränkungen des § 181 BGB erfüllte nach seinem objektiven Inhalt zwar die Voraussetzungen einer Satzungsänderung gemäß § 53 GmbHG. Diese Satzungsänderung wäre jedoch nach § 10 Abs. 1 S. 2 GmbHG in das Handelsregister einzutragen gewesen. Daran habe es in dem zu entscheidenden Fall gefehlt. Dabei konzediert der BGH, dass – sofern der Beschluss der Ein-Mann-Gesellschafterversammlung vom 01.01.1992 zur Eintragung gelangt wäre – die Genehmigung zivil- und nach neuerer Rechtsprechung des Bundesfinanzhofs auch steuerrechtlich wirksam auf den Zeitpunkt des Abschlusses des Anstellungsvertrags zurückgewirkt hätte, auch wenn dieser vor Eintragung der Satzungsänderung im Handelsregister erfolgt sei.

Ein *Vergleich* zwischen der *tatsächlichen Situation* der Klägerin und ihrer *hypothetischen Vermögenslage* wie sie sich darstellen würde, wenn der Beklagte sich pflichtgerecht verhalten hätte, führte aus Sicht des erkennenden Senats zum *Vorliegen eines Schadens*. Es sei davon auszugehen, dass die Klägerin bei pflichtgemäßem Verhalten des Beklagten – dieser hatte entweder seine aus § 53 BeurkG folgende Pflicht zur Veranlassung der Eintragung der Satzungsänderung

---

[527] Vgl. nachgehend OLG Zweibrücken, Urteil vom 25.10.2001 – 4 U 1/00 – OLGR Zweibrücken 2002, S. 141 f.

verletzt, indem er den Eintragungsantrag ohne Weisung des Geschäftsführers zurücknahm, oder er verstieß gegen seine Amtspflicht zur allgemeinen Betreuung, indem er auf Weisung den Antrag zurücknahm, ohne den Geschäftsführer über die nachteiligen Rechtsfolgen einer Rücknahme aufzuklären – auf einer Eintragung der Satzungsänderung bestanden hätte, die ihren Geschäftsführer-Gesellschafter von den Beschränkungen des § 181 BGB befreite. Das Registergericht hätte nach einer Klarstellung, dass eine ordnungsgemäße, einzutragende Satzungsänderung vorlag, diese eintragen müssen. Damit wäre der Anstellungsvertrag der Klägerin mit ihrem Geschäftsführer-Gesellschafter durch dessen Genehmigung wirksam geworden (§§ 53, 54 GmbHG, 181, 184 BGB). Darüber hinaus wären die vertraglichen Vergütungsleistungen nicht als verdeckte Gewinnausschüttungen gewertet worden und keine Mehrsteuern angefallen.

(3) Analyse der Entscheidungsgründe

Der Bundesgerichtshof ist zu Recht davon ausgegangen, dass die Vergütungsleistungen der klagenden GmbH an ihren Alleingesellschafter-Geschäftsführer in den Jahren 1992 und 1993 als verdeckte Gewinnausschüttung zu werten waren, weil Grundlage der Leistungen ein gegen § 181 BGB verstoßender und damit zivilrechtlich (schwebend) unwirksamer Anstellungsvertrag war. Das entsprach der *damaligen Rechtsprechung* des Bundesfinanzhofs.[528] Folglich hatte der erkennende Senat zu prüfen, ob der Alleingesellschafter-Geschäftsführer wirksam vom Verbot des Selbstkontrahierens befreit war.

(a) Grundsätzlich keine wirksame Befreiung vom Verbot des Selbstkontrahierens

Im vorliegenden Fall war in der ursprünglichen Fassung des Gesellschaftsvertrages ausdrücklich eine Nichtbefreiung der Geschäftsführer von den Beschränkungen des § 181 BGB vorgesehen. Nachdem sich die vormals mehrgliedrige GmbH in eine Einmann-GmbH verwandelt hatte, musste entsprechend der Rechtsprechung des Bundesfinanzhofs, wonach im Falle einer solchen Umwandlung die einmal erteilte Befreiung von den Beschränkungen des § 181 BGB

[528] Im Zeitpunkt des Abschlusses des Anstellungsvertrages (1992) kam eine steuerlich wirksame rückwirkende Genehmigung des schwebend unwirksamen Vertrages nicht in Betracht, vgl. BFH, Urteil vom 22.09.1976 – I R 68/74 – BFHE 120, 200 (202) = BStBl. 1977 II, 15 (16); BFH, Urteil vom 13.03.1991 – I R 1/90 – BFHE 164, 255 (256) = BStBl. 1991 II, 597 (598). Erst mit Urteil vom 23.10.1996 hat der Bundesfinanzhof seine Rechtsprechung geändert und es auch steuerlich anerkannt, wenn ein Schwebezustand im Einklang mit den zivilrechtlichen Vorgaben rückwirkend beendet wird und das Geschäft dadurch Wirksamkeit erlangt, vgl. BFH, Urteil vom 23.10.1996 – I R 71/95 – BFHE 181, 328 (332) = BStBl. 1999 II, 35 (37).

wirksam bleibt, auch die *ausdrückliche Nichtbefreiung* wirksam bleiben. Das hat offenbar auch der Bundesgerichtshof so gesehen.

Wird nunmehr in den Gesellschaftsvertrag nachträglich eine Befreiung von § 181 BGB aufgenommen, so ist dies nach wohl überwiegender Meinung als Satzungsänderung zu behandeln, die den zwingenden Vorschriften des § 53 GmbHG genügen muss, also notariell zu beurkunden ist und einer Mehrheit von mindestens 75% bedarf.[529] Zu Recht und entgegen der vom Registergericht und den beiden Vorinstanzen vertretenen Ansicht hat der Bundesgerichtshof das Vorliegen einer Satzungsänderung nicht von der Existenz einer entsprechenden Überschrift des dahin gehenden Gesellschafterbeschlusses abhängig gemacht, sondern es ausreichen lassen, dass die materiellen Voraussetzungen des § 53 Abs. 2 GmbHG gegeben waren.[530] Zutreffend ist der erkennende Senat weiterhin davon ausgegangen, dass die Satzungsänderung in das Handelsregister einzutragen ist und im *Außenverhältnis* erst mit ihrer Eintragung Wirksamkeit erlangt (§ 54 Abs. 3 GmbHG).[531] Die Eintragung der Satzungsänderung hat damit nicht nur deklaratorische sondern vielmehr *konstitutive Wirkung*.[532] Damit kann auch die Rechtsprechung des Bundesfinanzhofs, wonach das Fehlen einer *deklaratorischen* Handelsregistereintragung allein nicht zu einer verdeckten Gewinnausschüttung führt,[533] hier nicht angewendet werden.

(b) Lehre vom fehlerhaften Anstellungsvertrag

Allerdings wurde im Schrifttum vertreten, dass die vorliegend an den Geschäftsführer gezahlte Vergütung jedenfalls wegen des Vorliegens eines *„faktischen Dienstverhältnisses"* nicht als verdeckte Gewinnausschüttung zu werten sei.[534] Nach Aufnahme der Tätigkeit durch den Alleingesellschafter-Geschäfts-

---

[529] OLG Frankfurt, Urteil vom 08.12.1982 – 20 W 132/82 – BB 1983, 275 (276) = DB 1983, 545 (545) = NJW 1983, 945 (945) = WM 1983, 250 (250); ebenso *Fuhrmann*, in: GmbH-Handbuch, Rdnr. I 2272.

[530] Ebenso *Kornblum*, Satzungsändernder Gesellschafterbeschluss – Anmerkung, in: EWiR 2000, 675 (675); *Saenger*, Amtspflichtverletzungen des Notars bei Beurkundung einer Befreiung vom Selbstkontrahierungsverbot und Vollzug einer Satzungsänderung, in: WuB IV A. § 181 BGB 1.00, 338 (338).

[531] *Fuhrmann*, in: GmbH-Handbuch, Rdnr. I 2272; *Lutter/Hommelhoff*, in: Lutter/Hommelhoff, GmbHG, 16. Aufl., § 54 Rdnr. 11 f.

[532] Vgl. Michalski-*Hoffmann*, GmbHG, § 54 Rdnr. 42; a. A. offenbar BFH, Urteil vom 30.08.1995 – I R 128/94 – BFH/NV 1996, 363 (364): deklaratorische Wirkung.

[533] BFH, Urteil vom 31.05.1995 – I R 64/94 – BFHE 178, 321 (325) = BStBl. 1996 II, 246 (247).

[534] *Schick*, Zur verdeckten Gewinnausschüttung bei einem als Insichgeschäft unwirksamen Dienstvertrag zwischen GmbH und beherrschendem Gesellschafter – Anmerkung, in: GmbHR 2000, 140 (141); nicht zur Anwendung kommen konnte im vorliegenden Fall die *Lehre vom faktischen Geschäftsführer*. Voraussetzung dafür wäre gewesen, dass eine Person als Geschäftsführer amtierte, obwohl der körperschaftliche

führer sei der fehlerhafte Anstellungsvertrag für die Dauer der Geschäftsführerbeschäftigung so zu behandeln, als wäre er mit allen gegenseitigen Rechten und Pflichten wirksam.[535] Insbesondere sei der Geschäftsführer für die schon erbrachte Dienstleistung nach Maßgabe des (fehlerhaften) Anstellungsvertrages zu bezahlen.[536] Offensichtlich zielt diese Ansicht auf eine Anwendung des § 41 AO ab, wonach auch zivilrechtlich ungültige Verträge dann steuerlich anerkannt werden, wenn sie tatsächlich durchgeführt werden. Dabei wird jedoch übersehen, dass im Bereich der verdeckten Gewinnausschüttungen aufgrund der damit verbundenen Manipulationsgefahr die Vorschrift des § 41 AO gerade keine Anwendung findet.[537]

(c) Vorliegen einer unklaren Zivilrechtslage

Auch aus einem anderen Gesichtspunkt wurde das Vorliegen einer verdeckten Gewinnausschüttung angezweifelt. Hingewiesen wurde auf zwei Entscheidungen, in denen der Bundesfinanzhof einer bei einer *mehrgliedrigen GmbH* durch einfachen Beschluss erteilten Befreiung vom Selbstkontrahierungsverbot, die nach wohl überwiegender Meinung zivilrechtlich unwirksam ist, keine steuerlichen Folgen beigemessen hatte, weil die Ernsthaftigkeit der zu beurteilenden schuldrechtlichen Leistungsverpflichtung außer Zweifel stand und die *Beteiligten im Zeitpunkt der Beschlussfassung von der zivilrechtlichen Wirksamkeit* der erteilten Befreiung *ausgingen bzw. ausgehen konnten.*[538]

Bestellungsakt, d.h. der Gesellschafterbeschluss, nichtig gewesen ist. In dem zu entscheidenden Fall litt der Gesellschafterbeschluss jedoch an keinem Mangel (vgl. ausführlich zum faktischen Geschäftsführer BGH, Urteil vom 21.03.1988 – II ZR 194/87 – BGHZ 104, 44 (45 f.); OLG Düsseldorf, Urteil vom 25.11.1993 – 6 U 245/92 – DB 1994, 371 (372) sowie aus der Literatur *Fuhrmann,* in: GmbH-Handbuch, Rdnr. I 2072 ff.; *Lutter/Hommelhoff,* in: Lutter/Hommelhoff, GmbHG, 16. Aufl., vor § 35 Rdnr. 11; *Weimar,* Grundprobleme und offene Fragen um den faktischen GmbH-Geschäftsführer, in: GmbHR 1997, S. 473 ff., S. 538 ff.).

535 BGH, Urteil vom 06.04.1964 – II ZR 75/62 – BGHZ 41, 282 (287).

536 BGH, Urteil vom 06.04.1964 – II ZR 75/62 – BGHZ 41, 282 (288 ff.) mit ausführlicher Begründung; BGH, Urteil vom 21.01.1991 – II ZR 144/90 – BGHZ 113, 237 (249); *Hommelhoff/Kleindiek,* in: Lutter/Hommelhoff, GmbHG, 16. Aufl., Anh. § 6 Rdnr. 73; *Meermann,* in: Hottmann u. a., Die GmbH im Steuerrecht, Kap. D Rdnr. 32; Rowedder/Schmidt-Leithoff-*Koppensteiner,* GmbHG, § 35 Rdnr. 108.

537 BFH, Beschluss vom 11.04.1990 – I B 65/89 – BFH/NV 1991, 704 (705) zu § 181 BGB; *Lange/Janssen,* Verdeckte Gewinnausschüttungen, 8. Aufl., Rdnr. 135; insoweit kritisch *Schwedhelm,* in: Streck, KStG, 6. Aufl., § 8 Tz. 123.

538 BFH, Urteil vom 30.08.1995 – I R 128/94 – BFH/NV 1996, 363 (364 f.) sowie BFH, Urteil vom 31.05.1995 – I R 64/94 – BFHE 178, 321 (325 f.) = BStBl. 1996 II, 246 (246 f.); vgl. *Schick,* Zur verdeckten Gewinnausschüttung bei einem als Insichgeschäft unwirksamen Dienstvertrag zwischen GmbH und beherrschendem Gesellschafter – Anmerkung, in: GmbHR 2000, 140 (141).

Diese Rechtsprechung kann im vorliegenden Fall zumindest nicht zur Anwendung kommen, soweit es um die Anforderungen geht, die an eine (nachträgliche) generelle Befreiung von den Beschränkungen des § 181 BGB zu stellen sind. Nachdem das Bayerische Oberste Landesgericht in einem Beschluss vom 17. Juli 1980, das der Bundesgerichtshof auch in Bezug nimmt, ausdrücklich entschieden hatte, dass die Befreiung in diesem Fall eine Satzungsänderung voraussetzt, haben sich die Zivilgerichte durchgängig dieser Auffassung angeschlossen.[539] Damit lag im Zeitpunkt der entsprechenden Satzungsänderung im Jahr 1991 keine ungeklärte bzw. umstrittene Zivilrechtslage mehr vor.

Allerdings – und hierauf ist der Bundesgerichtshof nicht eingegangen – bestanden vergleichbare zivilrechtliche Unklarheiten im Hinblick auf die Rechtsfrage, ob sich das Erfordernis der Befreiung vom Verbot des Selbstkontrahierens auch auf den *Anstellungsvertrag* erstreckt, den die GmbH mit ihrem Alleingesellschafter-Geschäftsführer schließt.[540] (Höchstrichterliche) Rechtsprechung existierte zu dieser Frage soweit ersichtlich nicht. Im Schrifttum sprachen sich einige Stimmen dafür aus, § 35 Abs. 4 GmbHG auch beim Abschluss des Anstellungsvertrages anzuwenden[541] mit der Folge, dass der Alleingesellschafter der Klägerin den Anstellungsvertrag mit sich nur wirksam hätte abschließen können, wenn der Gesellschaftsvertrag ihn von § 181 BGB befreit hätte. Andere Stimmen verneinten dagegen die Anwendung des § 35 Abs. 4 GmbHG, sofern es um den Abschluss des Anstellungsvertrages ging.[542] Dieser Ansicht zufolge verlangt die enge Verknüpfung von Bestellung und Anstellung, dass der Gesellschafter nicht nur sich selbst bestellen kann, sondern dass er auch den Anstellungsvertrag mit sich abschließen kann.

Damit bestanden gewichtige Anhaltspunkte für die Annahme, dass auch ohne wirksame Befreiung von den Beschränkungen des § 181 BGB ein wirksamer Anstellungsvertrag geschlossen werden konnte. Entsprechend der Rechtsprechung des Bundesfinanzhofs war es in dieser Situation zur Vermeidung des

---

539 Vgl. nur OLG Stuttgart, Beschluss vom 26.11.1984 – 8 W 435/87 – GmbHR 1985, 221 (221) m.w.N.; OLG Frankfurt, Urteil vom 08.12.1982 – 20 W 132/82 – BB 1983, 275 (276) = DB 1983, 545 (545) = NJW 1983, 945 (945) = WM 1983, 250 (250).

540 Vgl. BFH, Urteil vom 23.10.1996 – I R 71/95 – BFHE 181, 328 (331) = BStBl. 1999 II, 35 (36); in seiner Entscheidung konnte der Bundesfinanzhof jedoch offen lassen, ob diese Unklarheit dazu gereicht, eine Ausnahme von dem Grundsatz zu machen, dass nur zivilrechtlich wirksame Verträge auch steuerlich anerkannt werden.

541 So z.B. Hachenburg/*Mertens,* GmbHG, § 35 Rdnr. 58; *Fuhrmann,* in: GmbH-Handbuch, Rdnr. I 2274; *Schneider,* in: Scholz, GmbHG, § 35 Rdnr. 121; *Fleck,* Das Dienstverhältnis der Vorstandsmitglieder und Geschäftsführer in der Rechtsprechung des BGH, in: WM 1985, 677 (677 f.).

542 So *Zöllner,* in: Baumbach/Hueck, GmbHG, § 35 Rdnr. 95; Hachenburg/*Hüffer,* GmbHG, § 47 Rdnr. 118; *Heinemann,* Der Geltungsbereich des § 181 BGB für Rechtsbeziehungen zwischen GmbH und ihrem Vertretungsorgan und seine Steuerrelevanz, in: GmbHR 1985, 176 (179).

Verdachts von Gewinnmanipulationen ausreichend, wenn der Steuerpflichtige im zeitlichen Zusammenhang mit Vertragsabschluss sich den Rat einer zur Rechtsberatung berufenen Person einholt, sich auf den erteilten Rechtsrat verlässt und die getroffenen (klaren, eindeutigen und rechtzeitigen) Vereinbarungen vertragsgemäß durchführt.[543] Diesen Anforderungen ist der Gesellschafter-Geschäftsführer allerdings nicht gerecht geworden, da der Anstellungsvertrag nur von der Steuerberaterin der Klägerin entworfen wurde, der hinzugezogene Notar zu dieser (zivilrechtlichen) Frage hingegen nicht befragt wurde.

(4) Fazit

Im Ergebnis ist dem Bundesgerichtshof in der Beurteilung der Vergütungsleistungen als verdeckte Gewinnausschüttungen zuzustimmen. Der Vollständigkeit halber sei jedoch auch noch darauf hingewiesen, dass der erkennende Senat hinsichtlich der Höhe der Steuernachteile für die Jahre 1992 und 1993 darauf verweist, dass sich die klagende GmbH den Vorteil ihres Alleingesellschafters bei seiner persönlichen Einkommensteuerschuld anrechnen lässt. In diesem Zusammenhang nimmt er Bezug auf seine diesbezüglichen Ausführungen im *Urteil vom 18. Dezember 1997*[544], das auch Gegenstand dieser Arbeit ist. Dass die darin zum Ausdruck gebrachte Ansicht rechtsfehlerhaft ist, wurde bereits erläutert. Insoweit kann auf die vorstehenden Ausführungen verwiesen werden.

e) Weitere Einzelfälle aus der Rechtsprechung des Bundesgerichtshofs

Abgerundet wird der Bereich der verdeckten Gewinnausschüttungen mit einem *Urteil des Bundesgerichtshofs vom 25. Februar 1987*[545]. Darin hatte sich der Bundesgerichtshof nicht nur mit der steuerlichen Anerkennung der Bezüge der Geschäftsführer einer Kapitalgesellschaft zu befassen, sondern darüber hinaus mit verdeckten Gewinnausschüttungen bei Zuwendungen an nahe Angehörige der Gesellschafter, bei der Privatnutzung eines zum Gesellschaftsvermögen gehörenden Kraftfahrzeuges sowie im Zusammenhang mit der Führung von Verrechnungskonten.

---

[543] Vgl. BFH, Urteil vom 31.05.1995 – I R 64/94 – BFHE 178, 321 (324) = BStBl. 1996 II, 246 (247).

[544] BGH, Urteil vom 18.12.1997 – IX ZR 153/96 – DB 1998, S. 669 f. = NJW 1998, S. 1486 ff. = WM 1998, S. 301 ff. = ZIP 1998, S. 648 ff.

[545] BGH, Urteil vom 25.02.1987 – IVa ZR 162/85 – BB 1987, S. 1127 ff. = DB 1987, S. 1292 f. = WM 1987, S. 721 ff.

aa) Verdeckte Gewinnausschüttung an nahe stehende Personen

In der Regel ist eine Vermögensminderung durch das Gesellschaftsverhältnis veranlasst, wenn die Kapitalgesellschaft dem Inhaber einer mitgliedschaftsrechtlichen (gesellschaftsrechtlichen) Stellung (z. B. GmbH-Gesellschafter oder Aktionär) einen Vermögensvorteil zuwendet, den sie bei Anwendung der Sorgfalt eines ordentlichen und gewissenhaften Geschäftsleiters einem Nichtgesellschafter nicht gewährt hätte.

Eine verdeckte Gewinnausschüttung kann aber auch vorliegen, wenn die *Leistung,* die zu einer Vermögensminderung oder verhinderten Vermögensmehrung beim Körperschaftsteuersubjekt führt, nicht an den Gesellschafter, sondern *an einen Dritten* erfolgt. Eine solche Zuwendung steht der unmittelbaren Zuwendung an einen Gesellschafter gleich, wenn sie durch das Gesellschaftsverhältnis veranlasst ist. Falls der Dritte eine einem Gesellschafter nahe stehende Person ist, wertet die Rechtsprechung dies als Indiz für die Veranlassung durch das Gesellschaftsverhältnis.[546] Entscheidend ist dann, ob die Kapitalgesellschaft dem Dritten einen Vermögensvorteil zugewendet hat, den sie bei Anwendung der Sorgfalt eines ordentlichen und gewissenhaften Geschäftsleiters einer Person, die dem betreffenden Gesellschafter nicht nahe steht, nicht gewährt hätte.[547]

(1) Abgrenzung des Kreises der nahe stehenden Personen

Aufgrund der indiziellen Wirkung des „Nahestehens" für eine Veranlassung durch das Gesellschaftsverhältnis reicht zur Begründung des „Nahestehens" jede Beziehung zwischen einem Gesellschafter[548] und dem Dritten aus, die den Schluss zulässt, sie habe die Vorteilszuwendung der Kapitalgesellschaft an den

[546] BFH, Urteil vom 18.12.1996 – I R 139/94 – BFHE 182, 184 (186) = BStBl. 1997 II, 301 (302); BFH, Urteil vom 22.02.1989 – I R 9/85 – BFHE 156, 428 (431) = BStBl. 1989 II, 631 (633); BFH, Urteil vom 27.11.1974 – I R 250/72 – BFHE 114, 236 (237) = BStBl. 1975 II, 306 (307); BFH, Urteil vom 06.12.1967 – I 98/65 – BFHE 91, 239 (242) = BStBl. 1968 II, 322 (323). Der Beweis des ersten Anscheins kann im Allgemeinen nur durch die Feststellung widerlegt werden, dass die Zuwendung des Vorteils ihre Ursache ausschließlich in den Beziehungen der Kapitalgesellschaft zu der dem Gesellschafter nahe stehenden Person hat, vgl. BFH, Urteil vom 13.04.1988 – I R 284/82 – BFH/NV 1989, 395 (396); BFH, Urteil vom 06.04.1977 – I R 86/75 – BFHE 122, 98 (100 f.) = BStBl. 1977 II, 569 (570); BFH, Urteil vom 27.11.1974 – I R 250/72 – BFHE 114, 236 (237) = BStBl. 1975 II, 306 (307).

[547] Vgl. BFH, Urteil vom 18.12.1996 – I R 139/94 – BFHE 182, 184 (186) = BStBl. 1997 II, 301 (302); BFH, Urteil vom 06.12.1967 – I 98/65 – BFHE 91, 239 (242) = BStBl. 1968 II, 322 (323).

[548] Nicht ausreichend ist hingegen, dass es sich um eine der *Gesellschaft* selbst nahe stehende Person handelt, vgl. BFH, Urteil vom 25.10.1963 – I 325/61 S – BFHE 78, 46 (51) = BStBl. 1964 III, 17 (19).

Dritten beeinflusst. Da derartige Beziehungen familienrechtlicher, gesellschaftsrechtlicher, schuldrechtlicher oder auch rein tatsächlicher Art sein können,[549] gehören hierzu *enge persönliche Freundschaften*[550] ebenso wie *eheähnliche* (auch gleichgeschlechtliche) *Lebensgemeinschaften*[551].

Eine wichtige Fallgruppe der Leistungen der Körperschaft an Dritte (Nichtgesellschafter) bilden die Leistungen an *Angehörige des Gesellschafters*. Angehörige im Sinne von nahe stehenden Personen sind nicht nur die in § 15 AO aufgeführten Personen (z.B. Ehegatten[552], Verlobte, Kinder und Eltern[553], Onkel, Nichte etc.) sondern alle Personen, zu denen ein familienrechtliches Band besteht (z.B. Schwiegersohn[554]). Auch *Personengesellschaften* können als nahe stehende Personen in Betracht kommen, sofern der Gesellschafter der vorteilsgewährenden Kapitalgesellschaft oder eine diesem nahe stehende Person an der begünstigten Gesellschaft beteiligt ist.[555]

---

549 Herrschende Meinung in Rechtsprechung und Literatur, vgl. BFH, Urteil vom 06.12.1967 – I 98/65 – BFHE 91, 239 (242) = BStBl. 1968 II, 322 (323 f.): Mitglieder eines Vereins stehen einem anderen Verein nahe, wenn zum Teil Mitgliederidentität besteht und sich die Aufgaben und Verpflichtungen der Vereine überschneiden; BFH, Urteil vom 23.10.1985 – I R 247/81 – BFHE 145, 165 (173) = BStBl. 1986 II, 195 (199); BFH, Urteil vom 20.08.1986 – I R 150/82 – BFHE 149, 25 (28) = BStBl. 1987 II, 455 (457): Schwestergesellschaft als der Muttergesellschaft nahe stehende Person; *Döllerer,* Verdeckte Gewinnausschüttungen und verdeckte Einlagen bei Kapitalgesellschaften, 2. Aufl., S. 46 ff.; *Klingebiel,* in: Dötsch/Eversberg/Jost/Witt, Die Körperschaftsteuer, § 8 Abs. 3 KStG n.F. Rdnr. 250 ff.; Blümich/*Rengers,* EStG/KStG/GewStG, § 8 KStG Rdnr. 140 ff.; *Frotscher,* in: Frotscher/Maas, KStG/UmwStG, Anhang zu § 8 KStG Rdnr. 59 ff.; *Konow,* Verdeckte Gewinnausschüttungen durch mittelbare Zuwendungen an Gesellschafter, in: GmbHR 1966, 231 (233); *Staiger,* in: Lademann, KStG, § 8 Anm. 188c; *Schwedhelm,* in: Streck, KStG, 6. Aufl., § 8 Tz. 72 ff.; Abschnitt 31 Abs. 7 S. 3 KStR 1995.

550 BFH, Urteil vom 25.10.1963 – I 325/61 S – BFHE 78, 46 (52) = BStBl. 1964 III, 17 (19): dem beherrschenden Gesellschafter nahe stehende Personen sind Eheleute, die durch enge persönliche Verbindungen mit dem beherrschenden Gesellschafter verbunden sind.

551 BFH, Urteil vom 29.11.2000 – I R 90/99 – BFHE 194, 64 (65 ff.) = BStBl. 2001 II, 204 (205 f.); BFH, Urteil vom 18.12.1996 – I R 139/94 – BFHE 182, 184 (186) = BStBl. 1997 II, 301 (302); vgl. *Frotscher,* in: Frotscher/Maas, KStG/UmwStG, Anhang zu § 8 KStG Rdnr. 64a; *Ottersbach,* Verdeckte Gewinnausschüttung durch Leistungen an nahe stehende Personen eines Gesellschafters, in: NWB Fach 4 (9/01), 4435 (4435); *Schwedhelm,* in: Streck, KStG, 6. Aufl., § 8 Tz. 75.

552 BFH, Urteil vom 02.03.1988 – I R 103/86 – BFHE 153, 313 (316) = BStBl. 1988 II, 786 (788).

553 BFH, Urteil vom 29.04.1987 – I R 192/82 – BFHE 150, 412 (417) = BStBl. 1987 II, 797 (800).

554 BFH, Urteil vom 18.12.1996 – I R 139/94 – BFHE 182, 184 (184 ff.) = BStBl. 1997 II, 301 (301 f.).

555 Vgl. BFH, Urteil vom 01.10.1986 – I R 54/83 – BFHE 149, 33 (36) = BStBl. 1987 II, 459 (460): Personengesellschaft als nahe stehende Person; BFH, Urteil vom 14.10.1992 – I R 69/88 – BFH/NV 1993, 269 (270): Personengesellschaft schweizerischen Rechts als eine dem GmbH-Gesellschafter nahe stehende Person. Dabei ist es

(2) Vermögensvorteil des Gesellschafters

Eine verdeckte Gewinnausschüttung in Form der Zuwendung eines Vermögensvorteils an einen Dritten setzte nach der *früheren Rechtsprechung des Bundesfinanzhofs*[556] zwingend voraus, dass der Gesellschafter selbst durch die Zuwendung einen Vermögensvorteil erzielt hat. Der Vermögensvorteil konnte beispielsweise darin bestehen, dass durch die Leistung an den Dritten eine Verpflichtung gegenüber dem Dritten erfüllt wurde, dass eine freiwillige Leistung des Gesellschafters an den Dritten vollzogen wurde oder dass der Vorteil des Dritten nach Auftragsrecht dem Gesellschafter zustand.[557] Vereinfacht gesagt handelte sich dabei um eine verdeckte Gewinnausschüttung durch *mittelbare Zuwendungen* an den Gesellschafter, in denen sich die unmittelbare Leistung zwischen der Kapitalgesellschaft und dem Dritten vollzog, der Leistungserfolg aber aufgrund rechtlicher bzw. tatsächlicher Beziehungen zu dem Dritten in der Person des Gesellschafters eintrat.[558]

Von diesem Erfordernis ist der Bundesfinanzhof inzwischen abgerückt und bejaht eine „gesellschaftsrechtliche Veranlassung" der Zuwendung auch dann, wenn der Gesellschafter hierdurch selbst keinen unmittelbaren oder mittelbaren Vermögensvorteil erlangt. Zwar erhöht ein mit der Zuwendung verbundener Vorteil des Gesellschafters die Indizwirkung des Nahestehens, doch ist er nicht notwendige Voraussetzung der indiziellen Wirkung. Vielmehr können auch Zuwendungen, die ausschließlich für die nahe stehende Person vorteilhaft oder gar für den Gesellschafter nachteilig sind, durch das Gesellschaftsverhältnis veranlasst sein.[559]

---

unerheblich, ob an der begünstigten Personengesellschaft auch Personen beteiligt sind, die nicht Gesellschafter der leistenden Kapitalgesellschaft sind, vgl. BFH, Urteil vom 06.12.1967 – I 98/65 – BFHE 91, 239 (242 f.) = BStBl. 1968 II, 322 (324); BFH, Urteil vom 01.10.1986 – I R 54/83 – BFHE 149, 33 (36 f.) = BStBl. 1987 II, 459 (460).

[556] Vgl. BFH, Urteil vom 23.10.1985 – I R 247/81 – BFHE 145, 165 (172) = BStBl. 1986 II, 195 (199); BFH, Urteil vom 29.09.1981 – VIII R 8/77 – BFHE 135, 31 (34) = BStBl. 1982 II, 248 (249); BFH, Urteil vom 31.07.1974 – I R 238/72 – BFHE 113, 434 (435 f.) = BStBl. 1975 II, 48 (49); BFH, Urteil vom 27.01.1972 – I R 28/69 – BFHE 104, 353 (355) = BStBl. 1972 II, 320 (321).

[557] Vgl. BFH, Urteil vom 23.10.1985 – I R 247/81 – BFHE 145, 165 (172) = BStBl. 1986 II, 195 (199) sowie BFH, Urteil vom 06.12.1967 – I 98/65 – BFHE 91, 239 (243) = BStBl. 1968 II, 322 (324).

[558] So *Döllerer,* Verdeckte Gewinnausschüttungen und verdeckte Einlagen bei Kapitalgesellschaften, 2. Aufl., S. 46 f.

[559] Vgl. BFH, Urteil vom 18.12.1996 – I R 139/94 – BFHE 182, 184 (187) = BStBl. 1997 II, 301 (302); ebenso *Frotscher,* in: Frotscher/Maas, KStG/UmwStG, Anhang zu § 8 KStG Rdnr. 60; *Lange/Janssen,* Verdeckte Gewinnausschüttungen, 8. Aufl., Rdnr. 57; *Mahlow,* Verdeckte Gewinnausschüttungen an nahe stehende Personen – Anmerkungen zum BFH-Urteil vom 18.12.1996 – I R 139/84 –, in: DB 1997, 1640 (1640 ff.).

(3) Zurechnung der verdeckten Gewinnausschüttung

Schließlich stellt sich im Zusammenhang mit verdeckten Gewinnausschüttungen an nahe stehende Angehörige die Frage, wem die betreffende verdeckte Gewinnausschüttung zuzurechnen ist. Nach wohl herrschender Auffassung rechtfertigt die Vorteilsziehung durch eine dem Gesellschafter nahe stehende Person keine vom Normalfall abweichende Beurteilung der verdeckten Gewinnausschüttung. Die der nahe stehenden Person zugeflossene verdeckte Gewinnausschüttung wird so behandelt, wie wenn der Gesellschafter sie tatsächlich erhalten und an die nahe stehende Person weitergegeben hätte.[560] Daher wird sie dem Anteilseigner, dem die betreffende Person nahe steht, als Einnahme i. S. d. § 20 Abs. 1 Nr. 1 S. 2 EStG zugerechnet.[561]

bb) Verdeckte Gewinnausschüttung an nahe stehende Personen eines beherrschenden Anteilseigners

Wie bereits oben gesehen gelten für Leistungsbeziehungen zwischen einer Kapitalgesellschaft und ihrem *beherrschenden Anteilseigner* in Bezug auf verdeckte Gewinnausschüttungen besondere Anforderungen. Nach ständiger Rechtsprechung des Bundesfinanzhofs bedarf es auch bei einer Leistung an *eine dem beherrschenden Anteilseigner nahe stehende Person* einer im Voraus getroffenen, klaren und eindeutigen Vereinbarung.[562] Liegt eine solche Vereinbarung

---

560 Vgl. *Wanninger/Nikolaidu,* Ausgewählte Probleme zur vGA insbesondere bei Gesellschafter-Geschäftsführern, in: BB 2002, 2470 (2470).

561 Vgl. BMF-Schreiben vom 20.05.1999, IV C 6 – S 2252 – 8/99, BStBl. 1999 I, 514 (514); ebenso FG Münster, Urteil vom 18.12.2001 – 15 K 8610/98 E – EFG 2002, 301 (302); offengelassen bei BFH, Urteil vom 18.12.1996 – I R 139/94 – BFHE 182, 184 (187 f.) = BStBl. 1997 II, 302 (303); für eine Besteuerung beim Anteilseigner z. B. *Klingebiel,* in: Dötsch/Geiger/Klingebiel/Lang/Rupp/Wochinger, Kapitel D Rdnr. 260, der darauf hinweist, dass eine Zurechnung an die die Zuwendung erhaltende Person selbst nur dann in Betracht kommt, wenn die Beteiligung dieser Person als *wirtschaftliches Eigentum i. S. d. § 39 AO* zuzurechnen ist; *Mahlow,* Verdeckte Gewinnausschüttungen an nahe stehende Personen – Anmerkungen zum BFH-Urteil vom 18.12.1996 I R 139/84, in: DB 1997, 1640 (1640); *Seeger,* Verdeckte Gewinnausschüttung – Zurechnung – Körperschaftsteueranrechnung, in: FR 1989, 466 (466); *Wanninger/Nikolaidu,* Ausgewählte Probleme zur vGA insbesondere bei Gesellschafter-Geschäftsführern, in: BB 2002, 2470 (2470); *Wassermeyer,* 20 Jahre BFH-Rechtsprechung zu Grundsatzfragen der verdeckten Gewinnausschüttung, in: FR 1989, 218 (221); zweifelnd *Gosch,* Mittelbare verdeckte Gewinnausschüttung an nahestehende Personen, in: NWB Fach 4, 4167 (4168); *ders.,* Verdeckte Gewinnausschüttung bei bestehenden Schadensersatzansprüchen – Anmerkung zum Urteil des BFH vom 14.07.1998 – VIII B 38/98, in: DStR 1998, 1550 (1551); gegen eine Besteuerung beim Anteilseigner *Paus,* Pensionszahlungen an „nahe stehende Personen" als vGA – Anmerkungen zu dem BFH-Urteil vom 18.12.1996, in: DStZ 1997, 739 (740 f.); *Söffing,* Verdeckte Gewinnausschüttung bei nahe stehenden Personen, in: DStZ 1999, 885 (886).

562 BFH, Urteil vom 01.10.1986 – I R 54/83, teilweise unveröffentlicht – BFHE 149, 33 (36) = BStBl. 1987 II, 459 (460); BFH, Urteil vom 29.04.1987 – I R 192/82

nicht vor, ist die gesamte Leistungsbeziehung unabhängig davon, ob die Leistung angemessen ist oder nicht, in vollem Umfang als verdeckte Gewinnausschüttung i. S. d. § 8 Abs. 3 S. 2 KStG anzusehen.[563]

cc) Private Kfz-Nutzung des Gesellschafter-Geschäftsführers

In vielen Fällen überlassen Kapitalgesellschaften ihren Geschäftsführern unentgeltlich firmeneigene Fahrzeuge nicht nur für betriebliche Fahrten, sondern auch zur *privaten Nutzung*. Die private Nutzung firmeneigener Fahrzeuge stellt als Teil der Gehaltsnebenleistungen einen als Arbeitslohn zu erfassenden geldwerten Vorteil für die Geschäftsführer dar.

Zur Vermeidung von verdeckten Gewinnausschüttungen ist neben der Erfassung auf den Lohnkonten und dem Lohnsteuerabzug eine Vereinbarung über die private Kfz-Nutzung im Anstellungsvertrag notwendig, die bei beherrschenden Gesellschafter-Geschäftsführern darüber hinaus klar und eindeutig sowie wegen des Rückwirkungsverbots im Voraus getroffen sein muss.[564] Fehlt es an einer Vereinbarung, kann dennoch von der Annahme einer verdeckten Gewinnausschüttung abgesehen werden, wenn die lohnsteuerlichen Konsequenzen der Kfz-Überlassung laufend gezogen worden sind bzw. das Verrechnungskonto des Gesellschafter-Geschäftsführers laufend mit den (anteiligen) Kfz-Kosten belastet worden ist.[565] Darüber hinaus hat der Bundesfinanzhof Vorteile, die üblicherweise Geschäftsführern ohne besondere Vereinbarung im Rahmen ihres Arbeitsverhältnisses gewährt werden, auch ohne ausdrückliche Vereinbarung im Arbeitsvertrag als Betriebsausgaben der Gesellschaft anerkannt.[566] Dies soll ins-

– BFHE 150, 412 (417) = BStBl. 1987 II, 797 (800); BFH, Urteil vom 02.03.1988 – I R 103/86 – BFHE 153, 313 (316) = BStBl. 1988 II, 786 (788); BFH, Urteil vom 22.02.1989 – I R 9/85 – BFHE 156, 428 (430) = BStBl. 1989 II, 631 (632 f.); BFH, Urteil vom 16.12.1992 – I R 2/92 – BFHE 170, 175 (177) = BStBl. 1993 II, 455 (456); *Frotscher,* in: Frotscher/Maas, KStG/UmwStG, Anhang zu § 8 KStG Rdnr. 148. Zur abweichenden früheren Rechtsprechung vgl. BFH, Urteil vom 21.01.1970 – I R 125/67 – BFHE 98, 470 (472) = BStBl. 1970 II, 466 (467); BFH, Urteil vom 08.03.1967 – I 119/64 – BFHE 88, 289 (291) = BStBl. 1967 III, 372 (373).

563 Vgl. zu dieser Rechtsfolge nur BFH, Urteil vom 14.03.1990 – I R 6/89 – BFHE 160, 459 (461) = BStBl. 1990 II, 795 (796); *Klingebiel,* in: Dötsch/Eversberg/Jost/Witt, Die Körperschaftsteuer, § 8 Abs. 3 KStG n. F. Rdnr. 259.

564 Vgl. *Lang,* in: Dötsch/Eversberg/Jost/Witt, Die Körperschaftsteuer, § 8 Abs. 3 KStG n. F. Rdnr. 789; *Schlagheck,* Private Pkw-Nutzung und verdeckte Gewinnausschüttung, in: StBp 1998, 237 (238 f.); *Wochinger,* Verdeckte Gewinnausschüttungen und verdeckte Einlagen, Rdnr. 523.

565 Vgl. OFD Hannover, Verfügung vom 16.08.2000, S 7100 – 421 – StO 355, DStR 2000, 1827 (1828); ebenso BFH, Urteil vom 24.01.1990 – I R 157/86 – BFHE 160, 225 (228) = BStBl. 1990 II, 645 (646); *Schlagheck,* Private Pkw-Nutzung und verdeckte Gewinnausschüttung, in: StBp 1998, 237 (239).

566 Der Bundesfinanzhof geht davon aus, dass es *nicht allgemein üblich* ist, Geschäftsführern firmeneigene Fahrzeuge für private Zwecke ohne besondere Vereinba-

besondere für *dienstbezogene Fahrten* (z.B. Fahrten zwischen Wohnung und Arbeitsstätte) gelten, nicht hingegen für Erholungs- und Urlaubsreisen, „denn es ist nicht üblich, dass fremden Geschäftsführern Wagen des Unternehmens ohne besondere Vereinbarung zu privaten Erholungs- und Urlaubsreisen zur Verfügung stehen“.[567]

dd) Führung von Verrechnungskonten

Die Problematik verdeckter Gewinnausschüttungen stellt sich auch im Zusammenhang mit der Führung von *Verrechnungskonten*[568] für einen Gesellschafter. Sofern die Kapitalgesellschaft von den Konten nach Einbuchung der Gehälter Auszahlungen für private Zwecke der Gesellschafter abbucht und dabei höhere Auszahlungen als Gehaltseinbuchungen vornimmt, entstehen in Höhe der die Gehälter übersteigenden Sollbuchungen auf den Verrechnungskonten Forderungen der Kapitalgesellschaft gegen die Gesellschafter. Diesen Forderungen kommt *Darlehenscharakter* zu, weil sie von Vornherein auf Verrechnungskonten festgehalten werden und damit die Rückzahlungsverpflichtung zum Ausdruck gebracht wird.[569] Daher erfolgt die Behandlung des Verrechnungskontos steuerlich als Darlehensgewährung der Gesellschaft an den Gesellschafter in Form eines Kontokorrentkredits. Voraussetzung für die Annahme einer Kreditgewährung in Fällen dieser Art ist allerdings, dass von Anfang an eine Rückzahlungsabsicht des Gesellschafters offensichtlich ernsthaft besteht und die Rückzahlung auch objektiv möglich ist.[570] Sind diese Voraussetzungen erfüllt, führen die über ein solches Konto an den Gesellschafter vorgenommenen Auszahlungen selbst nicht zu einer verdeckten Gewinnausschüttung. Eine

---

rung zur Verfügung zu stellen, (BFH, Urteil vom 05.10.1977 – I R 230/75 – BFHE 124, 164 (169) = BStBl. 1978 II, 234 (237)).

567 BFH, Urteil vom 21.08.1962 – I 255/60, soweit nicht U – HFR 1962, 339 (340) = StRK, Körperschaftsteuergesetz, § 6 Abs. 1 S. 2, Rechtsspruch 70. An dieser Auffassung hat jedoch die neuere BFH-Rechtsprechung (BFH, Urteil vom 19.02.1999 – I R 105–107/97 – BFHE 188, 61 (64) = BStBl. 1999 II, 321 (323)) Zweifel aufkommen lassen.

568 Auf einem bei einer Kapitalgesellschaft für den Gesellschafter geführten *Verrechnungskonto* werden Zahlungen für private Zwecke des Gesellschafters erfasst, die bei einem Personenunternehmen als Privatentnahmen zu verbuchen wären. So werden häufig Leistungen an den Gesellschafter (z.B. Geschäftsführergehälter, Pachtzahlungen oder Darlehenszinsen) auf einem Verrechnungskonto gutgeschrieben, und Auszahlungen von der Gesellschaft an den Gesellschafter vom Verrechnungskonto „abgebucht“, vgl. *Rupp,* in: Dötsch/Geiger/Klingebiel/Lang/Rupp/Wochinger, Kapitel D Rdnr. 1133.

569 BFH, Urteil vom 23.06.1981 – VIII R 102/80 – BFHE 134, 541 (543) = BStBl. 1982 II, 245 (246); BFH, Urteil vom 08.10.1985 – VIII R 284/83 – BFHE 146, 108 (112) = BStBl. 1986 II, 481 (483); *Schwedhelm,* in: Streck, KStG, 6. Aufl., § 8 Tz. 150 Stichwort „Darlehen“ unter 3.

570 Vgl. FG Köln, Urteil vom 14.11.2002 – 10 K 3475/02 – EFG 2003, 390 (390).

verdeckte Gewinnausschüttung kann aber insoweit vorliegen, als die Kapitalgesellschaft auf die Verzinsung eines zu ihren Gunsten ausgewiesenen Sollsaldos oder auf eine spätere Rückzahlung ihrer Forderung verzichtet.[571] Bei *beherrschenden Gesellschaftern* sollte im Hinblick auf das Nachzahlungsverbot auch auf klare Vereinbarungen über das Bestehen, die Verzinsung und die Tilgung von Verrechnungskonten geachtet werden.[572]

ee) BGH, Urteil vom 25. Februar 1987 – IVa ZR 162/85

Das *Urteil des Bundesgerichtshofs vom 25. Februar 1987*[573] betraf wiederum einen Schadensersatzprozess gegen die steuerlichen Berater einer Gesellschaft mit beschränkter Haftung (GmbH). Dem Urteil lag der folgende Sachverhalt zugrunde.

(1) Sachverhalt

Die im Jahr 1973 gegründete Klägerin – eine Gesellschaft mit beschränkter Haftung (GmbH) – betrieb ab 1976 einen Campingplatz mit angegliedertem Gaststättenbetrieb. Bis zur Aufnahme des Geschäftsbetriebs durch die Klägerin wurde der Campingplatz von deren Gründern und Gesellschafter-Geschäftsführern in Form einer Gesellschaft bürgerlichen Rechts (GbR) geführt. Entsprechend dem Vorhaben, die beim Betrieb des Campingplatzes anfallenden Steuern zu sparen, übernahm die Klägerin als Betriebsgesellschaft den Campingplatz, während die Grundstücke bei der GbR als Besitzgesellschaft verblieben und an die Klägerin zu einem jährlichen Pachtzins in Höhe von DM 180.000,– verpachtet wurden. Im Jahre 1974 wurde der Gesellschaftsvertrag der Klägerin dahingehend geändert, dass die Geschäftsanteile von den Gesellschafter-Geschäftsführern auf deren Ehefrauen übertragen wurden. Gleichzeitig erteilten die Ehefrauen durch zusätzlichen Vertrag den Geschäftsführern unwiderrufliche und von den Beschränkungen des § 181 BGB befreite Vollmacht, die Geschäftsanteile jederzeit unentgeltlich auf sich zurückzuübertragen und verpflichteten sich darüber hinaus, über die Anteile selbst nicht ohne Zustimmung der Geschäftsführer zu verfügen. Sowohl bei der Gründung der Klägerin als auch bei der Änderung des Gesellschaftsvertrages wurden die Gründer und späteren Ge-

[571] FG Hessen, Urteil vom 23.07.1992 – 4 K 4094/86 – GmbHR 1993, 670 (670); *Lange/Janssen,* Verdeckte Gewinnausschüttungen, 8. Aufl., Rdnr. 1240; *Sender,* Die angemessene Verzinsung des Gesellschafter-Verrechnungskontos bei einer GmbH und die steuerliche Erfassung eines möglichen Zinsvorteils beim Gesellschafter, in: GmbHR 1992, 649 (650).

[572] Vgl. *Wochinger,* Verdeckte Gewinnausschüttungen und verdeckte Einlagen, Rdnr. 129.

[573] BGH, Urteil vom 25.02.1987 – IVa ZR 162/85 – BB 1987, S. 1127 ff. = DB 1987, S. 1292 f. = WM 1987, S. 721 ff.

schäftsführer der Klägerin von den Beklagten steuerlich beraten. Im Jahr 1979 fand bei der Klägerin eine Außenprüfung des Finanzamtes statt. Dabei gelangte die Finanzverwaltung zu der Überzeugung, dass es bei der Klägerin im Jahre 1976 in erheblichem Umfang zu verdeckten Gewinnausschüttungen gekommen war und forderte daher für die Jahre 1976 und 1977 sowohl Körperschaft- als auch Gewerbesteuer in Höhe von DM 92.450,50 nach.

In Höhe dieses Betrages hat die GmbH die Beklagten auf Schadensersatz wegen fehlerhafter steuerlicher Beratung in Anspruch genommen. Darüber hinaus begehrte sie die Feststellung der Schadensersatzpflicht der Beklagten hinsichtlich der weiteren Schäden, die ihr durch die Nichtaufklärung über die Gefahr verdeckter Gewinnausschüttungen und die dadurch festgestellten verdeckten Gewinnausschüttungen bei der Verrechnung von Geschäftsführergehältern, Gesellschaftergehältern, Gehältern der Töchter der Geschäftsführer, bei der Überlassung von Personenkraftwagen für Privatfahrten und Fahrten zwischen Wohnung und Betrieb, bei Zinsvorteilen sowie durch die Falschberechnung des Pachtzinses für den Campingplatz entstehen. Sowohl das Landgericht[574] als auch das Oberlandesgericht[575] haben die Klage abgewiesen. Gegen das Berufungsurteil wendete sich die Klägerin mit ihrer Revision zum Bundesgerichtshof.

(2) Entscheidungsgründe

Im Gegensatz zum Berufungsgericht hat der Bundesgerichtshof einen Schadensersatzanspruch der Klägerin bejaht. Auch den Feststellungsanspruch hat er insoweit als begründet angesehen, als er sich nicht auf die angebliche Falschberechnung des Pachtzinses für den Campingplatz bezog. In diesem Umfang hat er das Urteil des Oberlandesgerichts aufgehoben und die Sache zur anderweitigen Verhandlung und Entscheidung an das Berufungsgericht zurückverwiesen.

Im Hinblick auf eine Pflichtverletzung des steuerlichen Beraters sowie einen Schaden der Klägerin erörtert der Bundesgerichtshof vom methodischen Ansatzpunkt her zunächst, in welchen Vorgängen die verdeckte Gewinnausschüttung, die zur Nachforderung der Steuern geführt hat, zu sehen ist. Sodann prüft er, inwieweit hierfür Beratungsfehler der Beklagten ursächlich waren. Dabei geht er nicht von einem Dauermandat der Beklagten aus, sondern von einem Einzelberatungsvertrag über die mit der Gründung der GmbH zusammenhängenden Fragen.

---

[574] LG Saarbrücken, Urteil vom 15.04.1981 – 15 O 277/80.
[575] OLG Saarbrücken, Urteil vom 17.05.1985 – 4 U 105/81.

(a) Voraussetzungen für das Vorliegen einer verdeckten Gewinnausschüttung

Ähnlich der Rechtsprechung des Bundesfinanzhofs stellt der erkennende Senat den einzelnen zu beurteilenden Vorgängen eine allgemeine Begriffsbestimmung der verdeckten Gewinnausschüttung voran. Dabei stimmt er der Sichtweise des Berufungsgerichts zu, dass *verdeckte Gewinnausschüttungen* unter zwei voneinander unabhängigen Voraussetzungen gegeben sein können. Einerseits dann, wenn eine Kapitalgesellschaft ihren Gesellschaftern außerhalb der gesellschaftsrechtlichen Gewinnverteilung einen Vermögensvorteil zuwendet, den sie bei Anwendung der Sorgfalt eines ordentlichen und gewissenhaften Geschäftsleiters einem Nichtgesellschafter unter sonst gleichen Umständen nicht gewährt haben würde. Andererseits, wenn nicht von vorneherein klar und eindeutig bestimmt ist, ob und in welcher Höhe Leistungen erbracht werden sollen oder wenn nicht einer klaren Vereinbarung gemäß verfahren wird. Zutreffend sei weiterhin, dass es für die Annahme einer verdeckten Gewinnausschüttung ausreiche, wenn der Vermögensvorteil dem Gesellschafter nur mittelbar, nämlich über eine ihm nahe stehende Person zugewendet wird. Ausgehend von diesen allgemeinen Grundsätzen nimmt er eine Qualifikation der einzelnen Leistungen der GmbH vor.

(b) Zahlung der Geschäftsführergehälter

Eine verdeckte Gewinnausschüttung sieht der Bundesgerichtshof zunächst in der Zahlung der Geschäftsführergehälter. Diese Sichtweise des erkennenden Senats stimmt im Grundsatz mit der Auffassung der Betriebsprüfer überein. Diese hatten trotz fehlender Schriftform die Wirksamkeit der mündlich vereinbarten Geschäftsführerverträge bejaht und waren darüber hinaus davon ausgegangen, dass die Verträge im Vorhinein abgefasst wurden und hinreichend klare Vereinbarungen über die Bezüge enthielten. Allerdings führte aus der Sicht der Finanzverwaltung die *Nichtdurchführung* der Verträge hinsichtlich der Vergütungszahlungen – obwohl regelmäßige Gehaltszahlungen vorgesehen waren, wurden zu ganz unterschiedlichen Zeitpunkten entnommene Beträge auf einem Verrechnungskonto verbucht, während die Geschäftsführerbezüge erst zum Jahresende in einem Vorgang nachgebucht und mit den im Laufe des Jahres getätigten Entnahmen verrechnet wurden – zur Annahme einer verdeckten Gewinnausschüttung. Entgegen der „Hilfsbegründung“ der Prüfer lehnt der Bundesgerichtshof jedoch eine Unangemessenheit der Bezüge ab und verneint unter diesem Gesichtspunkt die Annahme einer verdeckten Gewinnausschüttung.

(c) Gehaltszahlungen an die Töchter

Die Betriebsprüfer haben auch die Gehaltszahlungen an die Töchter der GmbH-Gesellschafter als verdeckte Gewinnausschüttung gewertet, weil die Arbeitsverhältnisse zwischen ihnen und der GmbH nur fingiert waren. Dieser steuerrechtlichen Beurteilung hat sich der erkennende Senat zwar angeschlossen, hat aber eine Ersatzpflicht der Beklagten für den dadurch verursachten Schaden mit der Begründung verneint, dass die Beklagten mit solchen Manipulationen der Mandanten nicht hätte rechnen müssen.

(d) Private Nutzung der Personenkraftwagen

Weiterhin hat der Bundesgerichtshof in der privaten Nutzung der zum Gesellschaftsvermögen gehörenden Personenkraftwagen eine verdeckte Gewinnausschüttung gesehen. Seine Rechtsauffassung begründet er wie folgt: Zwar sei den Geschäftsführern der Klägerin in ihren Anstellungsverträgen die private Nutzung der Firmenkraftwagen gestattet worden, doch seien diese Verträge steuerlich nicht anzuerkennen, weil sie nicht in dem Sinne durchgeführt wurden, dass in allen wesentlichen Punkten nach ihnen verfahren worden ist. Dies führe dazu, dass sämtliche Leistungen, die aufgrund der Verträge erbracht wurden – also auch die Nutzung der Pkw –, als verdeckte Gewinnausschüttungen behandelt werden müssten.

Selbst wenn man die steuerliche Anerkennung eines Anstellungsvertrags als teilbar ansehe, habe es an der tatsächlichen Durchführung der Vereinbarung gefehlt. Die Leistung – i. e., die Benutzung der Firmenwagen – sei nicht in der im Anstellungsvertrag vereinbarten Form erbracht worden. Der Anstellungsvertrag habe vorgesehen, dass die Geschäftsführer zur *unentgeltlichen Nutzung* der Firmenwagen berechtigt sein sollten. Tatsächlich seien sie jedoch *mit den Kosten der privaten Nutzung belastet* worden, was sich daraus ergebe, dass die Beklagten den Gegenwert der privaten Nutzung in der Gewinn- und Verlustrechnung als Betriebseinnahmen angesetzt hätten und die Gegenbuchung auf dem Verrechnungskonto erfolgte, auf dem die Einnahmen der Geschäftsführer erfasst wurden.

(e) Pachtzinszahlung

Allein in der Pachtzinszahlung hat der Bundesgerichtshof entgegen der Auffassung der Finanzverwaltung keine verdeckte Gewinnausschüttung gesehen, weil der Pachtzins, den die GmbH an die GbR zahlte, aus seiner Sicht angemessen war.

(3) Analyse der Entscheidungsgründe

Den steuerlichen Ausführungen des erkennenden Senats, die im Folgenden näher untersucht werden, kann zwar im Ergebnis zugestimmt werden, doch lassen sie einige Ungenauigkeiten erkennen.

(a) Voraussetzungen für das Vorliegen einer verdeckten Gewinnausschüttung

Unscharf ist zunächst die Aussage des Bundesgerichtshofs, dass verdeckte Gewinnausschüttungen unter *zwei voneinander unabhängigen Voraussetzungen* gegeben sein können. Vielmehr handelt es sich bei der vom Bundesgerichtshof genannten ersten „Möglichkeit“ um die vom Bundesfinanzhof entwickelte und bis 1984 gebräuchliche Definition der verdeckten Gewinnausschüttung. Die zweite „Möglichkeit“ („[...] wenn nicht von vorneherein klar und eindeutig bestimmt ist, ob und in welcher Höhe Leistungen erbracht werden sollen oder wenn nicht einer klaren Vereinbarung gemäß verfahren wird“) betrifft allerdings die Sondertatbestandsmerkmale, welche vom Bundesfinanzhof für verdeckte Gewinnausschüttungen an beherrschende Gesellschafter entwickelt wurden. Es handelt sich dabei – wie bereits oben gesehen – nur um einen zusätzlichen formalen Maßstab, bei dessen Eingreifen ein Rückgriff auf die allgemeine Definition der verdeckten Gewinnausschüttung entbehrlich ist. Dennoch bleiben die allgemeinen Grundsätze neben den Sondertatbestandsmerkmalen anwendbar[576] und kann eine Veranlassung im Gesellschaftsverhältnis trotz Vorliegen einer zivilrechtlich wirksamen, klaren und eindeutigen, im Voraus abgeschlossenen Vereinbarung insbesondere zu bejahen sein, wenn der Drittvergleich scheitert.[577]

Auch der Hinweis des Bundesgerichtshofs, dass es „für die Annahme einer verdeckten Gewinnausschüttung ausreicht, wenn der Vermögensvorteil dem Gesellschafter nur mittelbar, nämlich über eine ihm nahe stehende Person zugewendet wird“[578], stellt keine unabhängige Voraussetzung dar, sondern bezieht

---

[576] Vgl. BFH, Urteil vom 23.10.1985 – I R 247/81 – BFHE 145, 165 (169) = BStBl. 1986 II, 195 (197): „Im Verhältnis zwischen Gesellschaft und beherrschendem Gesellschafter kommt eine verdeckte Gewinnausschüttung angesichts der verschiedenen Möglichkeiten, die Rechtsverhältnisse zwischen Gesellschaft und Gesellschafter zu gestalten, *auch* dann in Betracht, wenn nicht von vornherein klar und eindeutig bestimmt ist, ob und in welcher Höhe ein Entgelt für eine Leistung des Gesellschafters gezahlt wird.

[577] Vgl. *Lange/Janssen,* Verdeckte Gewinnausschüttungen, 8. Aufl., Rdnr. 115.

[578] Unter Hinweis auf BFH, Urteil vom 23.10.1985 – I R 247/81 – BFHE 145, 165 (169) = BStBl. 1986 II, 195 (197); BFH, Urteil vom 29.09.1981 – VIII R 8/77 – BFHE 135, 31 (34) = BStBl. 1982 II, 248 (249); BFH, Urteil vom 31.07.1974 – I R 238/72 – BFHE 113, 434 (435) = BStBl. 1975 II, 48 (49); BFH, Urteil vom 27.01.1972 – I R 28/69 – BFHE 104, 353 (355) = BStBl. 1972 II, 320 (321).

sich nur auf ein Tatbestandsmerkmal der allgemeinen Definition: die „Gesellschaftereigenschaft“. Die Tatsache, dass mit der Zuwendung an die nahe stehende Person zumindest ein mittelbarer Vermögensvorteil des Gesellschafters verbunden sein musste, entsprach – wie oben ausgeführt – der damaligen Rechtsauffassung des Bundesfinanzhofs und ist erst seit dem Urteil des Bundesfinanzhofs vom 18. Dezember 1996 überholt.

(b) Geschäftsführergehalt

Zu Recht hat der Bundesgerichtshof in der Zahlung der Geschäftsführergehälter eine verdeckte Gewinnausschüttung gesehen. Allerdings bedarf die hierzu unter II. 1. der Entscheidungsgründe gegebene Begründung folgender Ergänzungen.

(aa) Beherrschende Stellung der Gesellschafter-Geschäftsführer

Obwohl der erkennende Senat die Annahme einer verdeckten Gewinnausschüttung auf das Nichtvorliegen der vom Bundesfinanzhof für beherrschende Gesellschafter entwickelten Sondertatbestandsmerkmale stützt[579] – ohne jedoch den Terminus selbst zu nennen – sieht er davon ab, das Vorliegen einer *beherrschenden Stellung* zu prüfen. Dies wäre jedoch aus mehreren Gründen erforderlich gewesen. Zum einen deshalb, weil nach der Rechtsprechung des Bundesfinanzhofs die Frage, ob ein Gesellschafter beherrschend ist, dann entscheidungserheblich ist, wenn es – wie im zu entscheidenden Fall – für eine Leistung an einer klaren, von vornherein abgeschlossenen, zivilrechtlich wirksamen und tatsächlich durchgeführten Vereinbarung fehlt.[580] Zum anderen, weil aufgrund der gesellschaftsrechtlichen Struktur der Klägerin – die GmbH bestand sowohl bei ihrer Gründung als auch nach Änderung des Gesellschaftsvertrages im Jahr

---

[579] Dies wird insbesondere auch daran deutlich, dass sämtliche vom Bundesgerichtshof an dieser Stelle in Bezug genommenen Entscheidungen des Bundesfinanzhofs (BFH, Urteil vom 31.07.1956 – I 4–5/55 U – BFHE 63, S. 237 ff. = BStBl. 1956 III, S. 288 f.; BFH, Urteil vom 13.12.1960 – I 88/60 U – BFHE 72, S. 182 ff. = BStBl. 1961 III, S. 68 f.; BFH, Urteil vom 29.11.1967 – I 96/64 – BFHE 91, S. 151 ff. = BStBl. 1968 II, S. 234; BFH, Urteil vom 08.01.1969 – I R 26/67 – BFHE 95, S. 1 ff. = BStBl. 1969 II, S. 268 f.; BFH, Urteil vom 03.04.1974 – I R 241/71 – BFHE 112, S. 178 ff. = BStBl. 1974 II S. 497 ff.; BFH, Urteil vom 02.05.1974 – I R 194/72 – BFHE 112, S. 476 ff. = BStBl. 1974 II, S. 585 f.; BFH, Urteil vom 10.07.1974 – I R 205/72 – BFHE 113, S. 218 ff. = BStBl. 1974 II, S. 719 f.; BFH, Urteil vom 30.07.1975 – I R 110/72 – BFHE 117, S. 36 ff. = BStBl. 1976 II, S. 74 ff.; BFH, Urteil vom 03.11.1976 – I R 98/75 – BFHE 120, S. 398 ff. = BStBl. 1977 II, S. 172 ff.) beherrschende Gesellschafter betreffen.

[580] Vgl. BFH, Urteil vom 11.12.1991 – I R 152/90 – BFHE 167, 42 (44) = BStBl. 1992 II, 690 (690 f.); BFH, Urteil vom 09.04.1997 – I R 52/96 – BFH/NV 1997, 808 (809).

1974 nur aus zwei Gesellschaftern – eine beherrschende Stellung der Gesellschafter nicht ohne weiteres zu bejahen gewesen wäre.

Da es nach wohl herrschender Meinung für die Beurteilung der beherrschenden Stellung bei Leistungen, die aufgrund eines Vertrages bewirkt werden, auf die Stellung im Zeitpunkt des jeweiligen Vertragsabschlusses ankommt,[581] hätte der Bundesgerichtshof im Hinblick auf die Beratungspflichten der Beklagten bei der Gründung der Klägerin eine *beherrschende Stellung* der *Gesellschafter-Geschäftsführer* prüfen und bejahen müssen. Obgleich die Beteiligung der einzelnen Gesellschafter von 50% isoliert betrachtet keine beherrschende Stellung gewährte, haben die beiden für sich nicht beherrschend beteiligten Gesellschafter mit gleichgerichteten Interessen zusammengewirkt, um die Bedingungen ihrer Geschäftsführerverträge festzusetzen. Dies reicht für die Annahme einer beherrschenden Stellung aus.[582] An dieser Beurteilung hätte auch die Tatsache nichts geändert, dass die Geschäftsführer im Jahre 1974 die Anteile auf ihre Ehefrauen übertrugen. Für die Beurteilung von Leistungen auf vertraglicher Grundlage als verdeckte Gewinnausschüttung ist nämlich unerheblich, ob ein beherrschender Gesellschafter nach Vertragsabschluss seine beherrschende Stellung oder gar seine Gesellschafterstellung durch Anteilsveräußerung verliert.[583]

(bb) Angemessenheitsprüfung

Im Hinblick auf das Geschäftsführergehalt hat der Bundesgerichtshof ausführlich zur Frage der *Angemessenheit der Zahlungen* Stellung genommen. Diese Prüfung wäre jedoch entbehrlich gewesen, weil für den Fall, dass – wie hier – die vom Bundesfinanzhof aufgestellten Sondertatbestandsmerkmale für beherrschende Gesellschafter nicht erfüllt sind, die gesellschaftsrechtliche Veranlassung der Leistungsbeziehung fingiert wird und eine verdeckte Gewinnausschüttung vorliegt, ohne dass es noch auf die Angemessenheit oder Unangemessenheit der Rechtsbeziehungen zwischen Gesellschaft und Gesellschafter ankommt.[584]

---

[581] Vgl. BFH, Urteil vom 18.12.1996 – I R 139/94 – BFHE 182, 184 (188) = BStBl. 1997 II, 301 (303); BFH, Urteil vom 28.04.1982 – I R 51/76 – BFHE 135, 519 (522) = BStBl. 1982 II, 612 (613).

[582] Vgl. BFH, Urteil vom 10.11.1965 – I 178/63 U – BFHE 84, 202 (204 f.) = BStBl. 1966 III, 73 (74); BFH, Urteil vom 06.03.1968 – I 135/65 – BFHE 92, 205 (207) = BStBl. 1968 II, 482 (483); BFH, Urteil vom 08.01.1969 – I R 91/66 – BFHE 95, 215 (218) = BStBl. 1969 II, 347 (348 f.); BFH, Urteil vom 23.01.1991 – I R 113/88 – BFHE 163, 207 (208) = BStBl. 1991 II, 379 (380) für gleich lautende Pensionszusagen an Gesellschafter-Geschäftsführer; BFH, Urteil vom 29.04.1992 – I R 21/90 – BFHE 168, 151 (153) = BStBl. 1992 II, 851 (853) für gleich lautende Tantiemezusagen an drei mit je einem Drittel beteiligte Gesellschafter-Geschäftsführer.

[583] *Lange/Janssen,* Verdeckte Gewinnausschüttungen, 8. Aufl., Rdnr. 131.

[584] Vgl. BFH, Beschluss vom 12.10.1995 – I B 46/95 – BFH/NV 1996, 266 (266).

(cc) Rechtsfolgen aus der Sicht des Bundesgerichtshofs

Schließlich nimmt der Bundesgerichtshof ausführlich zu der Frage Stellung, welche Rechtsfolgen die Qualifikation der Zahlungen als verdeckte Gewinnausschüttung nach sich zieht.[585] Der erkennende Senat möchte die gesamten Zahlungen an die Geschäftsführer in voller Höhe als verdeckte Gewinnausschüttung behandeln. Dieser Ansicht ist im Ergebnis zuzustimmen, denn während bei einem Mangel einer klaren, eindeutig im Voraus geschlossenen Vereinbarung lediglich *ein Teil der Leistungsbeziehung* ganz oder zeitanteilig als verdeckte Gewinnausschüttung zu qualifizieren sein kann, ist bei einem Mangel der rechtlichen Wirksamkeit, der Ernsthaftigkeit (Nichtdurchführung) des Vertrages und der Unüblichkeit die *gesamte Leistungsbeziehung* als verdeckte Gewinnausschüttung zu qualifizieren.[586]

(dd) Rechtsfolgen aus Sicht der Finanzverwaltung

Nichtsdestotrotz soll auch der Lösungsansatz der Betriebsprüfer näher untersucht werden. Sie haben nicht in den gesamten Zahlungen an die Geschäftsführer eine verdeckte Gewinnausschüttung gesehen, sondern die „Entnahmen", welche die Geschäftsführer über ihr Gehalt hinaus getätigt hatten, als zinsloses Darlehen behandelt und im Zinsvorteil eine verdeckte Gewinnausschüttung gesehen.

Zunächst muss hierzu Folgendes angemerkt werden. Sofern eine Kapitalgesellschaft Leistungen an ihre Anteilseigner erbringt, handelt es sich *nicht* um *Entnahmen* i.S.d. § 4 Abs. 1 S. 2 EStG[587], weil es sich bei der Kapitalgesellschaft und ihrem Anteilseigner um unterschiedliche Rechtssubjekte handelt.[588] Auch können derartige Leistungen grundsätzlich nicht willkürlich „entnommen"

[585] Da das Geschäftsführergehalt neben der privaten Pkw-Nutzung nur *eine* Komponente der Gesamtausstattung darstellte, und in einem solchen Fall hinsichtlich der Rechtsfolgen die einzelnen Teile der Gesamtausstattung getrennt zu beurteilen sind, hat der Bundesgerichtshof richtigerweise zur privaten Nutzung der Personenkraftwagen und zur Zahlung der Geschäftsführergehälter gesondert Stellung genommen, vgl. *Lang,* in: Dötsch/Eversberg/Jost/Witt, Die Körperschaftsteuer, § 8 Abs. 3 KStG n.F. Rdnr. 338.

[586] *Lang,* in: Dötsch/Eversberg/Jost/Witt, Die Körperschaftsteuer, § 8 Abs. 3 KStG n.F. Rdnr. 362; *ders.*, in: Dötsch/Geiger/Klingebiel/Lang/Rupp/Wochinger, Kapitel D Rdnr. 362.

[587] Nach § 4 Abs. 1 S. 2 EStG sind *Entnahmen* alle Wirtschaftsgüter (Barentnahmen, Waren, Erzeugnisse, Nutzungen und Leistungen), die der Steuerpflichtige dem Betrieb für sich, für seinen Haushalt oder für andere betriebsfremde Zwecke im Laufe des Wirtschaftsjahres entnommen hat.

[588] Vgl. *Klingebiel,* in: Dötsch/Eversberg/Jost/Witt, Die Körperschaftsteuer, Anhang zu § 8 Abs. 3 KStG n.F. Stichwort „Entnahmen" Rdnr. 1; *Lange/Janssen,* Verdeckte Gewinnausschüttungen, 8. Aufl., Rdnr. 1341 Stichwort „Entnahmen"; *Frotscher,* in: Frotscher/Maas, KStG/UmwStG, Anhang zu § 8 KStG Stichwort „Entnahmen".

werden, sondern sie unterliegen im Normalfall gesellschaftsrechtlichen Beschränkungen. So muss z.B. von der Gesellschafterversammlung ein Gewinnverteilungsbeschluss gefasst werden bzw. es muss über einen Leistungsaustausch eine entsprechende zivilrechtlich wirksame Vereinbarung abgeschlossen werden. Ansonsten kann eine „Entnahme" bei der Kapitalgesellschaft durch einen Anteilseigner oder eine dem Anteilseigner nahe stehende Person als verdeckte Gewinnausschüttung angesehen werden. Das Problem der Annahme von verdeckten Gewinnausschüttungen bei „Entnahmen" kann im Normalfall jedoch durch die *Führung von Verrechnungskonten* für die Gesellschafter (Geschäftsführer) vermieden werden.[589] Dann ist es möglich, anstelle der verdeckten Gewinnausschüttung ein *Darlehen der Gesellschaft an den Gesellschafter oder eine ihm nahe stehende Person* anzunehmen.[590] Auf diesen Gedanken hätte der Bundesgerichtshof schon deshalb kommen müssen, weil das von ihm unter II. 1. d) zitierte Urteil des Bundesfinanzhofs[591] diese Problematik anreißt und sich offensichtlich auch die Beklagten in der mündlichen Verhandlung vor dem Bundesgerichtshof darauf berufen haben.

Im Hinblick darauf bedarf zunächst die Person des Darlehensempfängers einer näheren Betrachtung. Vorliegend flossen die fraglichen Leistungen an die Geschäftsführer der GmbH. Diese waren aber nur bei Gründung der Gesellschaft im Jahr 1973 gleichzeitig Gesellschafter. Nachdem sie infolge der Anteilsübertragung im Jahr 1974 nicht mehr selbst an der Kapitalgesellschaft beteiligt waren, schieden sie als Gesellschafter aus. Allein die Beteiligung ihrer Ehefrauen konnte sie nicht zu Gesellschaftern machen.[592] Auch die Tatsache, dass die Ehefrauen den Geschäftsführern unwiderrufliche und von den Beschränkungen des § 181 BGB befreite Vollmacht erteilt hatten, die Geschäftsanteile jederzeit unentgeltlich auf sich zurückzuübertragen[593] und sich darüber

---

[589] *Wochinger,* Verdeckte Gewinnausschüttungen und verdeckte Einlagen, Rdnr. 128.

[590] Vgl. *Lange/Janssen,* Verdeckte Gewinnausschüttungen, 8. Aufl., Rdnr. 1218 sowie Rdnr. 1341 Stichwort „Entnahmen".

[591] „Erhält ein Gesellschafter unter der Bezeichnung „Darlehen" Beträge von seiner Gesellschaft, so kann es sich um echte Darlehen handeln, wie sie auch zwischen Fremden im Wirtschaftsleben vorkommen. [...] Nicht selten werden *Entnahmen* aus der Gesellschaft aber nur als „Darlehen" bezeichnet. Eine Rückzahlung ist von vornherein nicht ernsthaft beabsichtigt (BFH, Urteil vom 16.09.1958 – I 88/57 U – BFHE 67, 468 (468 f.) = BStBl. 1958 III, 451 (451 f.)).

[592] Vgl. BFH, Urteil vom 11.01.1967 – I R 49/66 – BFHE 87, 566 (567) = BStBl. 1967 III, 264 (264).

[593] Nach wohl überwiegender Meinung ist eine solche gesellschaftsrechtliche Gestaltung zulässig, sofern die entsprechenden Formvorschriften Beachtung finden. Insbesondere bedarf die *vertragliche Rückübertragungsverpflichtung* der notariellen Beurkundung (§ 15 Abs. 4 GmbHG, vgl. Michalski-*Ebbing,* GmbHG, § 15 Rdnr. 80). Für die im Rahmen der Rückübertragung erforderliche Abtretung kann eine *Abschlussvollmacht* erteilt werden, die nach der Regel des § 167 Abs. 2 BGB auch dann nicht der Form des § 15 Abs. 4 GmbHG bedarf, wenn die Vollmacht praktisch die Abtretung ersetzt, d.h. der Vertreter von den Beschränkungen des § 181 BGB befreit wurde und

hinaus verpflichtet hatten, über die Anteile selbst nicht ohne Zustimmung der Geschäftsführer zu verfügen,[594] konnte die Geschäftsführer *nicht* zu *faktischen (beherrschenden) Gesellschaftern* machen. Vielmehr hätte es für eine beherrschende Einflussnahme erst einer (wenn auch jederzeit möglichen) Rückübertragung der Geschäftsanteile bedurft. In diesem Zeitraum kommt also nur eine Darlehensgewährung an Personen, die den Gesellschafterinnen nahe stehen, in Betracht.

Wendet man – dies vorausgeschickt – die *Rechtsprechung des Bundesfinanzhofs zu verdeckten Gewinnausschüttungen bei der Führung von Verrechnungskonten* an, kommt man zu dem Ergebnis, dass die (wiederkehrenden) Zahlungen der GmbH zur Deckung des laufenden privaten Verbrauchs der Geschäftsführer bereits keine für die Annahme einer verdeckten Gewinnausschüttung erforderliche Vorteilsgewährung darstellten. Hinsichtlich der „Entnahmen" stand von Vornherein fest, dass es sich um eine Kreditgewährung seitens der GmbH handelte, weil die aus diesen „Entnahmen" entstandenen Forderungen der GmbH gegen die Geschäftsführer durch die Verbuchung auf den Verrechnungskonten als Darlehen ausgewiesen wurden. Dies bringt die Rückzahlungsverpflichtung zum Ausdruck und spricht dafür, dass die von der GmbH aufgewandten Beträge den Geschäftsführern nicht endgültig zugewendet werden sollten. Tatsächlich fand auch Ende des Jahres 1976 eine „Tilgung" der Darlehen statt. Gegen die Annahme eines Darlehens spricht auch entgegen der Auffassung des Bundesgerichtshofs nicht, dass die Gehälter auf dem Verrechnungskonto nicht laufend und rechtzeitig verbucht wurden, denn der Bundesfinanzhof hat entschieden, dass selbst dann nicht auf eine fehlende Rückzahlungsabsicht geschlossen werden kann, wenn weder Löhne noch Gehälter auf einem Verrechnungskonto eingebucht werden.[595]

Fehlte es insoweit an einem Vermögensvorteil der Geschäftsführer, stellte sich die weitere Frage nicht, ob die Gewährung des Vermögensvorteils ihre Ursache im Gesellschaftsverhältnis hat. Damit schieden auch die Fragen aus, wie sich ein ordentlicher und gewissenhafter Geschäftsleiter verhalten hätte und ob der Kredit, den die GmbH den Geschäftsführern in ihrer Eigenschaft als Gesell-

---

die Vollmacht unwiderruflich ist (vgl. BGH, Urteil vom 24.03.1954 – II ZR 23/53 – BGHZ 13, 49 (52 f.); BGH, Urteil vom 17.11.1955 – II ZR 222/54 – BGHZ 19, 69 (72); *Winter,* in: Scholz, GmbHG, § 15 Rdnr. 46; *Lutter/Bayer,* in: Lutter/Hommelhoff, GmbHG, 16. Aufl., § 15 Rdnr. 21; *Hueck/Fastrich,* in: Baumbach/Hueck, GmbHG § 15 Rdnr. 29; Hachenburg/*Zutt,* GmbHG, § 15 Rdnr. 54; Michalski-*Ebbing,* GmbHG, § 15 Rdnr. 152).

[594] Auch eine *Vinkulierung* des Geschäftsanteils dergestalt, dass die Wirksamkeit der Abtretung des Anteils von der Zustimmung des Geschäftsführers abhängt, wird als zulässig erachtet, vgl. Michalski-*Ebbing,* GmbHG, § 15 Rdnr. 152.

[595] BFH, Urteil vom 08.10.1985 – VIII R 284/83 – BFHE 146, 108 (113) = BStBl. 1986 II, 481 (483).

schafter bzw. als den Gesellschafterinnen nahe stehenden Personen gewährt hat, auf einem Vertrag beruht, der in jeder Beziehung den Anforderungen genügt, welche die Rechtsprechung an im Voraus getroffene klare und eindeutige Vereinbarungen zwischen der Kapitalgesellschaft und ihrem beherrschenden Gesellschafter bzw. diesen nahe stehenden Personen stellt. Dies hat der Bundesgerichtshof offensichtlich übersehen, wenn er die von den Betriebsprüfern vorgenommene Beurteilung als Darlehen schon deshalb verwirft, weil die Darlehensvereinbarung nicht im Voraus abgeschlossen wurde und klare Regelungen über die Kündigung, die Tilgung bzw. den Rückzahlungszeitpunkt enthielt. Damit läge im Grundsatz keine verdeckte Gewinnausschüttung vor.

(ee) Eigene Bewertung

Zu berücksichtigen ist – und hierauf weist der Bundesgerichtshof zu Recht hin – dass die „Entnahmen“ vorliegend mit den Geschäftsführergehältern verrechnet wurden, die Geschäftsführerverträge für die steuerrechtliche Beurteilung aber so angesehen werden müssen, als ob überhaupt kein entgeltlicher Vertrag geschlossen worden ist. Da somit direkte Gehaltszahlungen – ohne Zwischenschaltung eines Verrechnungskontos – zweifelsohne als verdeckte Gewinnausschüttung zu werten gewesen wären, müssen zumindest auch die Gutschriften der Gehälter auf dem Verrechnungskonto als verdeckte Gewinnausschüttung gewertet werden.[596]

Darüber hinaus ist meines Erachtens in Übereinstimmung mit dem Schrifttum im Hinblick auf die Führung von Verrechnungskonten zu fordern, dass die Kapitalgesellschaft mit einem *beherrschenden Gesellschafter* aufgrund des Darlehenscharakters klare Vereinbarungen hinsichtlich des Bestehens, der Verzinsung und der Tilgung der Verrechnungskonten treffen muss.[597] Bei Gesellschaftsgründung wäre eine beherrschende Stellung der Gesellschafter-Geschäftsführer zu bejahen gewesen. Ab dem Jahr 1974 konnte es nur mehr auf die *beherrschende Stellung* der Geschäftsführer-*Ehefrauen* ankommen, die zu bejahen gewesen wäre, wenn die Ehefrauen beim Abschluss der Geschäftsführerverträge mit gleichgerichteten Interessen zusammengewirkt hätten. In diesem Sinne gleichgerichtete Interessen hätten aus dem in § 1360 BGB geregelten Familien-

---

[596] Vgl. dazu Blümich/*Rengers,* EStG/KStG/GewStG, § 8 KStG Rdnr. 265.

[597] Vgl. *Wochinger,* Verdeckte Gewinnausschüttungen und verdeckte Einlagen, Rdnr. 129; *Lang,* in: Dötsch/Eversberg/Jost/Witt, Die Körperschaftsteuer, § 8 Abs. 3 KStG n.F. Rdnr. 1137 sowie BFH, Urteil vom 05.02.1992 – I R 127/90 – BFHE 166, 356 (365) = BStBl. 1992 II, 532 (537) für eine vorherige Zinsvereinbarung; BFH, Urteil vom 23.09.1970 – I R 116/66 – BFHE 100, 364 (367 f.) = BStBl. 1971 II, 64 (65) zu Pachtzinsen; BFH, Urteil vom 27.03.1963 – I 171/61 – HFR 1963, 297 (298); BFH, Urteil vom 16.09.1958 – I 88/57 U – BFHE 67, 468 (469) = BStBl. 1958 III, 451 (452).

unterhalt hergeleitet werden können. Da die dort niedergeschriebene Unterhaltspflicht insbesondere aus den Arbeitseinkünften und dem Vermögen zu erfüllen ist (vgl. § 1360 S. 1 BGB) und in ihrer Höhe abhängig ist von den Vermögens- und Einkommensverhältnissen der Ehegatten,[598] hatten die Ehefrauen als Unterhaltsberechtigte ein eigenes Interesse daran, ihren Ehegatten entsprechend hohe Geschäftsführerzahlungen zuzubilligen.

Da eine den Kriterien für beherrschende Gesellschafter bzw. diesen nahe stehende Personen entsprechende Vereinbarung offensichtlich nicht vorlag, war es gerechtfertigt, jegliche „Entnahmen" zumindest wegen Verstoßes gegen das Rückwirkungsverbot als verdeckte Gewinnausschüttungen anzusehen.

(c) Private Pkw-Nutzung

Zu Recht ist der Bundesgerichtshof der Auffassung des Berufungsgerichts entgegengetreten und hat in den Leistungen, die im Zusammenhang mit der privaten Pkw-Nutzung stehen, eine verdeckte Gewinnausschüttung gesehen. Allerdings bedarf auch hier die Begründung verschiedener Korrekturen.

Zunächst ist darauf hinzuweisen, dass der erkennende Senat auch hinsichtlich der privaten Pkw-Nutzung auf die Frage der *beherrschenden Stellung* der Gesellschafter-Geschäftsführer hätte eingehen müssen. Er schließt aus der Nichtdurchführung des Vertrags auf die Tatbestandsvoraussetzungen der verdeckten Gewinnausschüttung – ein Schluss, der nach der damaligen Rechtsprechung des Bundesfinanzhofs[599] nur bei beherrschenden Gesellschaftern möglich war.[600]

---

598 Vgl. *Wacke,* in: MünchKomm-BGB, § 1360a Rdnr. 3.

599 BFH, Urteil vom 12.12.1973 – I R 183/71 – BFHE 111, 150 (152) = BStBl. 1974 II, 179 (180); BFH, Urteil vom 02.05.1974 = BFHE 112, 476 (477) = BStBl. 1974 II, 585 (586); BFH, Urteil vom 05.10.1977 – I R 230/75 – BFHE 124, 164 (168) = BStBl. 1978 II, 234 (236); BFH, Urteil vom 02.03.1988 – BFHE 153, 313 (316) = BStBl. 1988 II, 786 (788 f.). Demgegenüber bedurfte es bei vertraglichen Vermögensminderungen auf Grund von Vereinbarungen mit einem *nicht beherrschenden* Gesellschafter der positiven Feststellung im Einzelfall, dass die Leistungszusage nicht ernstlich gemeint war.

600 Mittlerweile hat der Bundesfinanzhof seine Rechtsprechung zur verdeckten Gewinnausschüttung gegenüber beherrschenden Gesellschaftern und ihnen nahe stehenden Personen in Anlehnung an zwei Beschlüsse des Bundesverfassungsgerichts (BVerfG, Beschluss vom 07.11.1995 – 2 BvR 802/90 – BStBl. 1996 II, S. 34 f. sowie BVerfG, Beschluss vom 15.08.1996 – 2 BvR 3027/95 – DB 1996, S. 2470 f. = WM 1996, S. 2174 f.) dahingehend fortentwickelt, dass einzelne Kriterien des Fremdvergleichs, dem die Geschäftsbeziehungen einer Kapitalgesellschaft zu der ihrem beherrschenden Gesellschafter nahe stehenden Person zu unterziehen sind, nicht mehr im Sinne von absoluten Tatbestandsvoraussetzungen verstanden werden können (seit BFH, Urteil vom 23.10.1996 – I R 71/95 – BFHE 181, 328 (331) = BStBl. 1999 II, 35 (36)). Vielmehr ist indiziell zu würdigen, ob sie den Rückschluss auf eine Veranlassung durch das Gesellschaftsverhältnis zulassen. Daher wäre der vom Bundesgerichtshof gezogene Schluss heute nicht mehr möglich.

Weiterhin kann der Aussage des Bundesgerichtshofs nicht gefolgt werden, dass die steuerliche Anerkennung des Anstellungsvertrages nicht teilbar ist. Richtig ist zwar, dass das Fehlen einer vorherigen, klaren und eindeutigen Vereinbarung über eine Nebenleistung nicht zur Nichtanerkennung des gesamten Vertrages führt, wenn eine solche Vereinbarung über die Hauptleistung vorliegt,[601] doch muss gerade bei Gehaltsvereinbarungen eine nur teilweise durchgeführte Vereinbarung im Umfang ihrer tatsächlichen Durchführung als gewollt angesehen werden, auch wenn es – wie hier – um selbständig nebeneinander stehende Teile der Gesamtausstattung geht, die nicht im Verhältnis Haupt-/Nebenleistung zueinander stehen.

Die Teilbarkeit der Vereinbarung zugrunde gelegt wäre es auch hinsichtlich der Pkw-Nutzung auf die tatsächliche Durchführung der Vereinbarung angekommen. Der Bundesgerichtshof hat diese verneint, weil die Geschäftsführer *nach dem Anstellungsvertrag* zur *unentgeltlichen Nutzung* der Personenwagen berechtigt sein sollten, sie *tatsächlich* jedoch mit den *Kosten* für die Nutzung *belastet* wurden. Dieser Begründung kann nicht gefolgt werden. Nach der Rechtsprechung des Bundesfinanzhofs gilt der Grundsatz, dass die Nichtdurchführung einer Vereinbarung zu einer verdeckten Gewinnausschüttung führt, nur dann, wenn das Fehlen der tatsächlichen Durchführung darauf schließen lässt, dass die von Vornherein abgeschlossene Vereinbarung die Unentgeltlichkeit der Leistung des Gesellschafters verdecken soll (z.B. bei fehlender Zahlung einer vereinbarten Vergütung). Hier liegt aber der umgekehrte Fall vor: Vereinbart war die Unentgeltlichkeit der Leistung, tatsächlich wurden den Geschäftsführern die Kosten aber in Rechnung gestellt. Mithin sollte nicht die Unentgeltlichkeit der Leistung verdeckt werden.

Allerdings lässt sich eine verdeckte Gewinnausschüttung unter einem anderen Gesichtspunkt bejahen, den der Bundesgerichtshof auch angesprochen hat. Obgleich die Geschäftsführer mit den Kosten der Nutzung belastet wurden, ist eine Zahlung nicht erfolgt. Vielmehr ist der entsprechende Betrag im Wege der Buchung über das Verrechnungskonto als ein Darlehen der Gesellschaft an die Gesellschafter behandelt worden. Für dieses Darlehen gelten die oben für Verrechnungskonten dargestellten Grundsätze. Dabei legen die Ausführungen des Bundesgerichtshofs nahe, dass entgegen den „Entnahmen" keine Rückführung der Darlehen erfolgte und damit keine ernsthafte Rückzahlungsabsicht der Geschäftsführer bestand. Daher war eine verdeckte Gewinnausschüttung zu bejahen.

---

[601] Vgl. *Frotscher,* in: Frotscher/Maas, KStG/UmwStG, Anhang zu § 8 KStG Rdnr. 146.

(4) Fazit

Die Entscheidung des Bundesgerichtshofs betrifft insgesamt einen recht komplexen Sachverhalt und hat dem erkennenden Senat die Möglichkeit eröffnet, zu verschiedenen Aspekten verdeckter Gewinnausschüttungen Stellung zu nehmen. Obgleich die vom Bundesgerichtshof gefundenen Ergebnisse auf einer Linie mit der finanzgerichtlichen Rechtsprechung liegen, zeigen sich beim näheren Hinsehen mehrere Ungenauigkeiten. Erwähnt sei insbesondere die fehlende Prüfung der beherrschenden Stellung der Gesellschafter, die meines Erachtens zwingend erforderlich gewesen wäre.

f) Rechtsfolgen verdeckter Gewinnausschüttungen vor In-Kraft-Treten des Körperschaftsteuerreformgesetzes

aa) Einführung

Bis zum In-Kraft-Treten des Körperschaftsteuerreformgesetzes[602] galt in Deutschland das *klassische Körperschaftsteuersystem,* in dem Einkünfte, welche durch die Tätigkeit von Kapitalgesellschaften erzielt wurden, regelmäßig steuerlich doppelt erfasst wurden. Um die sich daraus ergebenden Nachteile zu mildern, wurde bei der Steuerreform des Jahres 1953[603] ein gespaltener Körperschaftsteuersatz eingeführt. Die ausgeschütteten Gewinne wurden mit einer erheblich niedrigeren Steuer (ursprünglich 30%, zuletzt – i. e., im Jahr 1976 – 15%) belegt als die nicht ausgeschütteten (ursprünglich 60%, zuletzt 51%).

Auf *verdeckte Gewinnausschüttungen* kam der ermäßigte Steuersatz jedoch nicht zur Anwendung, da die Steuervergünstigung nur für solche Gewinne gewährt wurde, die aufgrund eines ordnungsgemäßen Gewinnverteilungsbeschlusses den Gesellschaftern zuflossen.[604] Schüttete eine Kapitalgesellschaft verdeckt Gewinne aus, wurde ihr körperschaftsteuerpflichtiger Gewinn um die verdeckt ausgeschütteten Beträge erhöht und mit dem gleichen Steuersatz belegt wie nicht ausgeschüttete Gewinne. Nur in Ausnahmefällen war es möglich, eine verdeckte Gewinnausschüttung nach ihrer Aufdeckung durch nachträgliche

---

602 Körperschaftsteuerreformgesetz vom 31.08.1976, BGBl. 1976 I, S. 2597 ff.

603 Gesetz zur Änderung steuerlicher Vorschriften und zur Sicherung der Haushaltsführung vom 24.06.1953, BGBl. 1953 I, 413 (418 f.).

604 Allgemeine Meinung, vgl. BFH, Urteil vom 16.11.1965 – I 302/61 S – BFHE 84, 268 (276 ff.); *Döllerer,* Verdeckte Gewinnausschüttungen und verdeckte Einlagen bei Kapitalgesellschaften, 1. Aufl., S. 82; *Jonas,* Schadensersatzanspruch einer GmbH gegen den steuerlichen Berater wegen Nichtvermeidung einer verdeckten Gewinnausschüttung, in: GmbHR 1987, 233 (233); *Lange,* Verdeckte Gewinnausschüttungen, 4. Aufl., Rdnr. 113; *Lenski/Schmidt,* Körperschaftsteuer, S. 167; *Sporbeck,* Die Körperschaftsteuer, § 19 Anm. 19.09; *Blümich/Klein/Steinbring/Stutz,* KStG, § 19 Anm. 19.

Gewinnverteilungsbeschlüsse in eine offene Gewinnausschüttung umzuwandeln.[605]

bb) BGH, Urteil vom 24. März 1982 – IVa ZR 303/80

Mit den Rechtsfolgen einer verdeckten Gewinnausschüttung vor In-Kraft-Treten des Körperschaftsteuerreformgesetzes hatte sich auch der *Bundesgerichtshof* in seinem *Urteil vom 24. März 1982*[606] auseinander zu setzen. Der Entscheidung lag der folgende Sachverhalt zugrunde:

(1) Sachverhalt

Die Beklagten hatten die Klägerin – eine Gesellschaft mit beschränkter Haftung (GmbH) – unter anderem in den Jahren 1971 bis 1973 steuerlich beraten. Die Klägerin war persönlich haftende Gesellschafterin (Komplementärin) der Kommanditgesellschaft in Firma T Bau GmbH & Co. KG; der Gesellschafter-Geschäftsführer der GmbH war zugleich Gesellschafter (Kommanditist) der Kommanditgesellschaft. Nach einer Betriebsprüfung für die Kalenderjahre 1971 bis 1973 wurde der Klägerin eröffnet, dass die Gehaltszahlungen an ihren Gesellschafter-Geschäftsführer zu 75% als verdeckte Gewinnausschüttung behandelt würden,[607] da die Tätigkeit des Geschäftsführers zu 75% auf die Wahrnehmung der Aufgaben der Klägerin als Komplementärin entfiel und sie hierfür

---

[605] Ständige Rechtsprechung des Bundesfinanzhofs, vgl. BFH, Urteil vom 24.06.1957 – I 143/56 U – BFHE 65, S. 433 ff. = BStBl. 1957 III, S. 400 f. zur rückwirkenden Beseitigung der steuerlichen Folgen einer Kapitalerhöhung durch eine Kapitalherabsetzung; BFH, Urteil vom 10.04.1962 – I 65/61 U – BFHE 74, S. 690 ff. = BStBl. 1962 III, S. 255 ff. zur Möglichkeit, die steuerlichen Folgen einer verdeckten Gewinnausschüttung rückwirkend zu beseitigen; eine Rückgängigmachung nicht zugelassen hat BFH, Urteil vom 30.11.1966 – I 310/62 – BFHE 87, S. 394 ff. = BStBl. 1967 III, S. 152 f.

[606] BGH, Urteil vom 24.03.1982 – IVa ZR 303/80 – BGHZ 83, S. 260 ff. = DB 1982, S. 1164 f. = NJW 1982, S. 1516 ff. = WM 1982, S. 556 ff.

[607] Bei einer GmbH sind unangemessen hohe Gehaltszahlungen an den Gesellschafter-Geschäftsführer stets als verdeckte Gewinnausschüttung anzusehen (vgl. *Lange/Janssen,* Verdeckte Gewinnausschüttungen, 8. Aufl., Rdnr. 1071). Das Gehalt ist der Höhe nach nur dann angemessen, wenn es auch einem Geschäftsführer gezahlt worden wäre, der nicht Gesellschafter ist. Für die Angemessenheit der Bezüge gibt es keine feste Grenze. Beurteilungskriterien sind unter anderem Art und Umfang der Tätigkeiten des Gesellschafter-Geschäftsführers (BFH, Urteil vom 28.06.1989 – I R 89/85 – BFHE 157, 408 (412) = BStBl. 1989 II, 854 (855 f.)). Diese sowie deren Werthaltigkeit für die GmbH richten sich nach dem Aufgabenbereich des Geschäftsführers, zu dem grundsätzlich die gerichtliche und außergerichtliche Vertretung der Gesellschaft sowie die Geschäftsleitung der GmbH insgesamt zählen (vgl. *Zöllner,* in: Baumbach/Hueck, GmbHG, § 35 Rdnr. 2 ff.; *Seitrich,* Zur Angemessenheit der Vergütung des Gesellschafter-Geschäftsführers einer GmbH, in: BB 1987, 877 (878)).

keine Vergütung erhalten hatte. Den Anspruch auf Schadensersatz aus positiver Vertragsverletzung wegen steuerlicher Fehlberatung begründete die Klägerin damit, dass es die Beklagten versäumt hätten, ihr den Abschluss einer Vergütungsvereinbarung mit der Firma T Bau GmbH & Co. KG für ihre Tätigkeit als persönlich haftende Gesellschafterin zu empfehlen. Durch die Behandlung als verdeckte Gewinnausschüttung sei eine Steuermehrbelastung von DM 70.353,– entstanden, die durch den Abschluss einer entsprechenden Vereinbarung hätte vermieden werden können. Sowohl das erstinstanzliche Gericht[608] als auch das Berufungsgericht[609] haben die Klage abgewiesen.

(2) Entscheidungsgründe

Im Gegensatz zu den Vorinstanzen bejahte der Bundesgerichtshof das Vorliegen eines Schadens, weil sich beim Abschluss einer Vergütungsvereinbarung zwischen der Klägerin und der T Bau GmbH & Co. KG eine geringere Steuerbelastung für die Klägerin ergeben hätte. Zur Untermauerung seiner Rechtsauffassung vergleicht der Bundesgerichtshof die tatsächliche Situation der Klägerin (ohne Abschluss der Vergütungsvereinbarung) mit der Situation, in der sie sich befände, wenn eine Vergütungsvereinbarung abgeschlossen worden wäre.

(a) Tatsächliche Situation

Tatsächlich wurden die Gehaltszahlungen der GmbH an ihren Gesellschafter-Geschäftsführer zu 75% als verdeckte Gewinnausschüttung behandelt. In Übereinstimmung mit der Rechtsprechung des Bundesfinanzhofs weist der Bundesgerichtshof darauf hin, dass vor In-Kraft-Treten des Körperschaftsteuerreformgesetzes auf solche verdeckten Gewinnausschüttungen nicht der ermäßigte Steuersatz für ausgeschüttete Gewinne, sondern der hohe Steuersatz für nicht ausgeschüttete Gewinne zur Anwendung kam.

(b) Hypothetische Lage mit Abschluss einer Vergütungsvereinbarung

Sodann untersucht der Bundesgerichtshof, welche steuerlichen Auswirkungen der (hypothetische) Abschluss einer Vergütungsvereinbarung gehabt hätte. Mit dem Berufungsgericht geht er davon aus, dass sich durch den Abschluss einer Vergütungsvereinbarung an der Höhe des Gewinns der Klägerin nichts geändert hätte, weil die von der Kommanditgesellschaft an die GmbH zu zahlende Vergütung[610] den Gewinn der GmbH um den Betrag erhöht hätte, den sie an ihren

[608] LG Düsseldorf, Urteil vom 14.09.1978 – 40 I 48/79.

[609] OLG Düsseldorf, Urteil vom 03.07.1980 – 8 U 212/79.

Gesellschafter-Geschäftsführer für die Wahrnehmung ihrer Aufgaben als Komplementärin gezahlt hat (75% des Geschäftsführergehalts).

Nichtsdestotrotz wäre unabhängig von der Art der Gewinnverwendung die steuerliche Belastung der GmbH nach Auffassung des Bundesgerichtshofs geringer gewesen: Hätte die GmbH den zusätzlichen Gewinn, der durch die Vergütungszahlungen der Kommanditgesellschaft entstand, in ihre *Gewinnverteilungsbeschlüsse einbezogen,*[611] dann hätte sie insoweit nicht mit dem hohen Steuersatz für nicht (ordnungsgemäß) ausgeschüttete Gewinne, sondern nur mit dem ermäßigten Steuersatz für ausgeschüttete Gewinne zur Körperschaftsteuer herangezogen werden können.[612] Entsprechend hätten sich auch die zusätzlichen, ihrer Höhe nach von der Körperschaftsteuer abhängigen Belastungen der Klägerin im Vergleich zur Behandlung als verdeckte Gewinnausschüttung gemindert. Hätte die Klägerin umgekehrt beschlossen, den durch die Zahlung der Vergütung seitens der Kommanditgesellschaft entstandenen *Mehrgewinn nicht* zu *verteilen,* so wäre er zwar mit dem hohen Steuersatz für nicht ausgeschüttete Gewinne zu belegen gewesen. Allerdings wäre bei der Feststellung der gemeinschaftlichen Einkünfte aus der Kommanditgesellschaft die Vergütung, welche die Kommanditgesellschaft an die GmbH zu zahlen gehabt hätte, gewinnmindernd zu berücksichtigen gewesen. Das hätte zur Folge gehabt, dass der Klägerin in ihrer Eigenschaft als Komplementärin geringere Einkünfte aus Gewerbebetrieb entstanden wären.

(3) Analyse der Entscheidungsgründe

Im Ergebnis ist mit dem Bundesgerichtshof das Vorliegen eines Schadens zu bejahen. Auch stimmt die steuerliche Beurteilung des Sachverhalts grundsätz-

[610] Erhält die Komplementär-GmbH die von ihr gezahlte Tätigkeitsvergütung von der GmbH & Co. KG erstattet, stellt dieser Aufwandsersatz eine *Sondervergütung* i.S.v. § 15 Abs. 1 S. 1 Nr. 2 S. 1 HS. 2 EStG dar, die Bestandteil der gewerblichen Einkünfte der GmbH aus ihrer Beteiligung an der GmbH & Co. KG wird. Vgl. auch BFH, Urteil vom 13.10.1998 – VIII R 50/92 – BFHE 173, 28 (36 f.) = BStBl. 1999 II, 284 (285), wonach eine Sondervergütung nur anzunehmen ist, wenn eine Behandlung als Aufwand vereinbart und die Vergütung von der GmbH & Co. KG auch dann zu bezahlen ist, wenn kein Gewinn erwirtschaftet wird; andernfalls liegt ein *Gewinnvorab* vor, der – als Teil der Gewinnverteilung – weder den Handels- noch den Steuerbilanzgewinn mindert (BFH, Urteil vom 06.05.1965 – IV 135/64 U – BFHE 83, 1 (3 f.) = BStBl. 1965 III, 502 (502)).

[611] Über die Verwendung des in der Bilanz ausgewiesenen Gewinns hatte die Gesellschafterversammlung zu befinden, vgl. § 46 Nr. 1 GmbHG.

[612] Obwohl für die Entscheidung deshalb nicht relevant, weil über die Ergebnisverwendung ordnungsgemäß befunden wurde, wies der Bundesgerichtshof darauf hin, dass die Situation anders zu beurteilen gewesen wäre, wenn der aus der Bilanz ersichtliche, also offen ausgewiesene Gewinn ohne ordnungsgemäße Beschlussfassung an die Gesellschafter ausgeschüttet worden wäre.

lich mit der Rechtsprechung des Bundesfinanzhofs überein. Dennoch seien die folgenden kritischen Anmerkungen erlaubt.

(a) Fehlerhafte Angabe der Steuersätze

Die erste Ungenauigkeit besteht darin, dass dem Bundesgerichtshof unter 2. des Urteils bei der Angabe der Steuersätze ein Fehler unterläuft. Dort heißt es: „Die ausgeschütteten Gewinne wurden gemäß § 19 des Gesetzes mit einer erheblich niedrigeren Steuer (ursprünglich 30%, zuletzt 51%) belegt als die nicht ausgeschütteten (ursprünglich 60%, zuletzt 15%)". Richtigerweise betrug der Steuersatz für ausgeschüttete Gewinne zuletzt (i.e., im Jahre 1976) 15%, derjenige für nicht ausgeschüttete Gewinne 51%.

(b) Keine nachteilige Auswirkung der verdeckten Gewinnausschüttung beim Gesellschafter der GmbH

Weiterhin führt der Senat unter 2. der Entscheidung aus, dass die Aufdeckung verdeckter Gewinnausschüttungen unter anderem für den steuerpflichtigen Gesellschafter *erhebliche Nachteile* zur Folge hatte. Der dem Urteil zugrunde liegende Sachverhalt lässt eine solche Beurteilung jedoch nicht zu. Die nachträgliche Feststellung einer verdeckten Gewinnausschüttung führt in der Person des Gesellschafters nämlich dann nicht zu einer Erhöhung seines bereits zur Versteuerung gelangten Einkommens, wenn der dem Gesellschafter zugeflossene Vorteil schon in dem von ihm versteuerten Einkommen enthalten ist – so zum Beispiel bei unangemessen hohen Gehaltszahlungen.[613] Konsequenz ist in diesem Fall lediglich eine Umschichtung in der Zusammensetzung der Einkünfte des Gesellschafters dergestalt, dass an die Stelle der überhöhten Einkünfte aus nicht selbständiger Arbeit solche aus Kapitalvermögen treten.[614] Damit konnte sich in dem vom Bundesgerichtshof zu entscheidenden Fall die Qua-

---

[613] Vgl. nur *Thiel,* Die verdeckte Gewinnausschüttung und ihre Bedeutung für das Einkommen der ausschüttenden Gesellschaft und das ihrer Gesellschafter, in: DB 1962, 1482 (1483).

[614] Vgl. *Dörner,* Verdeckte Gewinnausschüttungen sowie Leistungen zwischen Kapitalgesellschaft und Gesellschafter nach dem Halbeinkünfteverfahren, in: Information StW 2001, 76 (77); *Hey,* Bedeutung der Besteuerungsfolgen der verdeckten Gewinnausschüttung nach der Unternehmenssteuerreform, in: GmbHR 2001, 1 (3); *Korn,* in: KÖSDI 2001, 12811 (12812); *Lange/Janssen,* Verdeckte Gewinnausschüttungen, 8. Aufl., Rdnr. 313 f.; *Thiel,* Die verdeckte Gewinnausschüttung und ihre Bedeutung für das Einkommen der ausschüttenden Gesellschaft und das ihrer Gesellschafter, in: DB 1962, 1482 (1483). Überhöhte Entgelte erhöhen das Einkommen des Gesellschafters nur dann, wenn die Entgelte grundsätzlich zu keiner Einkunftsart gehören würden und erst wegen der steuerlichen Qualifizierung als verdeckte Gewinnausschüttung als Einkünfte aus Kapitalvermögen erfasst werden (*Lange/Janssen,* Verdeckte Gewinnausschüttungen, 8. Aufl., Rdnr. 314).

lifizierung der Gehaltszahlung als verdeckte Gewinnausschüttung nur für die Klägerin selbst als nachteilig erweisen, nicht jedoch für den Gesellschafter-Geschäftsführer. Der Streit um die verdeckte Gewinnausschüttung wurde gerade nicht bei der Einkommensteuerveranlagung des Gesellschafter-Geschäftsführers, sondern bei der Körperschaftsteuerveranlagung der GmbH entschieden.[615]

(c) Behandlung des Geschäftsführergehalts bei Abschluss einer Vergütungsvereinbarung

Ein weiterer Kritikpunkt betrifft die Ausführungen des erkennenden Senats unter 3. b) des Urteils. Dort heißt es, dass der Gesellschafter-Geschäftsführer der Komplementär-GmbH sein Geschäftsführergehalt auch bei Abschluss einer Vergütungsvereinbarung als Einkünfte aus nicht selbständiger Arbeit hätte versteuern müssen.

Auch dieser Aussage kann so nicht beigepflichtet werden. Die Tätigkeitsvergütung ist beim Geschäftsführer nämlich nur insoweit als Einkünfte aus nicht selbständiger Tätigkeit zu versteuern, als die Vergütung von der Komplementär-GmbH für eine Tätigkeit des Geschäftsführers gezahlt wird, die er nicht im Interesse der GmbH & Co. KG, sondern im Interesse der Komplementär-GmbH für deren eigenes deutlich abgrenzbares und nicht unwesentliches, gewerbliches, mit der GmbH & Co. KG in keinem Zusammenhang stehendes Unternehmen erbringt.[616] Im vorliegenden Fall trifft dies aber nur auf 25% des Geschäftsführergehalts zu, nicht auf die übrigen 75%. Soweit es nämlich um die Besteuerung von Tätigkeitsvergütungen geht, die eine Komplementär-GmbH an ihren Geschäftsführer zahlt, der zugleich Kommanditist der GmbH & Co. KG ist, hat sich der Bundesfinanzhof im Anschluss an die Rechtsprechung des Reichsfinanzhofs für den Durchgriff durch die Komplementär-GmbH und damit für eine Besteuerung der GmbH & Co. KG wie eine normale Personengesellschaft entschieden.[617] Dementsprechend ist eine Tätigkeitsvergütung, welche der *Ge-*

---

615 Auf diese regelmäßig zu beobachtende Folge weist auch *Hartz*, Verdeckte Gewinnausschüttungen an Gesellschafter-Geschäftsführer von Kapitalgesellschaften. Tatsachenfeststellung und rechtliche Würdigung nach der FGO – Anmerkungen zum BFH-Urteil I 88/63 U, in: DB 1966, 238 (238) hin.

616 Vgl. BFH, Urteil vom 12.03.1980 – I R 186/76 – BFHE 130, 296 (298) = BStBl. 1980 II, 531 (532); BGH, Urteil vom 21.03.1968 – IV R 166/67 – BFHE 92, 328 (330) = BStBl. 1968 II, 579 (579 f.); *Binz/Sorg*, Die GmbH & Co. KG, § 16 Rdnr. 221; *Hesselmann/Tillmann*, Handbuch der GmbH & Co., Rdnr. 948.

617 Ständige Rechtsprechung, vgl. BFH, Urteil vom 02.08.1960 – I 221/59 S – BFHE 71, 425 (428) = BStBl. 1960 III, 408 (409); BFH, Urteil vom 11.02.1965 – IV 284/64 – BB 1965, 529 (529) [die hiergegen eingelegte Verfassungsbeschwerde (Az. 1 BvR 271/65) ist als offensichtlich unbegründet nicht zur Entscheidung angenommen worden, vgl. *Hesselmann*, Zur einkommen- und gewerbesteuerlichen Behandlung der Geschäftsführer-Gehälter bei der GmbH & Co., in: GmbHR 1966, 37 (38)]; BFH, Urteil vom 14.12.1978 – IV R 98/74 – BFHE 127, 45 (48) = BStBl. 1979 II, 284 (285);

schäftsführer einer Komplementär-GmbH von dieser für seine Tätigkeit im Interesse der GmbH & Co. KG *erhält,* bei ihm als *Sondervergütung* i.S.v. § 15 Abs. 1 S. 1 Nr. 2 S. 1 HS. 2 EStG und damit unter den Einkünften aus Gewerbebetrieb zu erfassen.[618] Dies gilt auch dann, wenn der Geschäftsführer sein Gehalt unmittelbar von der Komplementär-GmbH erhält und dieser von der Kommanditgesellschaft das gezahlte Gehalt erstattet wird.[619] Diese Differenzierung hat der Bundesgerichtshof nicht vorgenommen. Sie wäre aber notwendig gewesen, weil die dargelegte Rechtsprechung zur Folge hat, dass der Unternehmerlohn bei der GmbH & Co. KG auch dann der Gewerbesteuer unterworfen bleibt, wenn er von der Komplementär-GmbH gezahlt wird.[620] Die mit der Gewerbesteuerbelastung verbundene Gewinnminderung hätte die Einkünfte der Komplementär-GmbH aus Gewerbebetrieb weiter verringert und wäre ein weiteres Argument für eine im Vergleich zur verdeckten Gewinnausschüttung geringere steuerliche Belastung der Klägerin gewesen.

5. Sonderausgabenähnliche Abzugstatbestände

a) Einführung

Wie bereits oben gesehen verweist § 8 Abs. 1 S. 1 KStG hinsichtlich der Ermittlung des Einkommens – vorbehaltlich etwaiger Spezialregelungen des Körperschaftsteuergesetzes – auf die Vorschriften des Einkommensteuergesetzes. Bei der Ermittlung des Einkommens einer Körperschaft werden jedoch einige Posten abgezogen, die nicht zum Gewinn i.S.d. §§ 4, 5 EStG, 8 Abs. 1 S. 1 KStG gehören und im Einkommensteuerrecht systematisch bei den Sonderausgaben eingereiht werden. Zwar kennt das Körperschaftsteuerrecht den Begriff der Sonderausgaben nicht; der Sache nach handelt es sich aber um sonderausgabenähnliche Abzugstatbestände.[621] Hierzu rechnen beispielsweise der in § 9 Abs. 1 Nr. 2 KStG vorgesehene Spendenabzug sowie der Verlustabzug nach § 10d EStG. Von Interesse im Rahmen der vorliegenden Arbeit ist nur der letztgenannte Abzugstatbestand.

BFH Großer Senat, Beschluss vom 25.02.1991 – GrS 7/89 – BFHE 163, 1 (21 f.) = BStBl. 1991 II, 691 (701 f.); BFH, Urteil vom 16.12.1992 – I R 105/91 – BFHE 170, 169 (172 f.) = BStBl. 1993 II, 792 (794).

618 *Binz/Sorg,* Die GmbH & Co. KG, § 16 Rdnr. 220.

619 *Hesselmann/Tillmann,* Handbuch der GmbH & Co., Rdnr. 947.

620 So ausdrücklich BFH, Urteil vom 14.12.1978 – IV R 98/74 – BFHE 127, 45 (48) = BStBl. 1979 II, 284 (285); ebenso *Binz/Sorg,* Die GmbH & Co. KG, § 16 Rdnr. 229.

621 *Birk,* Steuerrecht, 5. Aufl., Rdnr. 1083.

b) Verlustabzug nach § 10d EStG

Die soeben erwähnte Bezugnahme auf das Einkommensteuergesetz erstreckt sich – wie sich aus § 8 Abs. 4 KStG ergibt – auch auf § 10d EStG, so dass die Regelungen zum Verlustrücktrag und -vortrag grundsätzlich in vollem Umfang auch im Körperschaftsteuerrecht anzuwenden sind. Demnach kann eine Kapitalgesellschaft eine *Verlustverrechnung* vornehmen. Es handelt sich dabei entweder um *noch nicht verrechnete körperschaftsteuerliche Verluste* (negatives Einkommen) aus früheren Wirtschaftsjahren (Verlustabzug im engeren Sinne) oder um *Verlustrücktrag*.

aa) Voraussetzungen des Verlustabzugs bei Kapitalgesellschaften

Zu den Voraussetzungen des Verlustabzugs bei Kapitalgesellschaften gehörte nach der früheren Rechtsprechung des Bundesfinanzhofs die *wirtschaftliche* Personenidentität zwischen der Kapitalgesellschaft, die den Verlust erlitten hat, und derjenigen, die den Verlustabzug geltend machen wollte.[622] Daher waren bei Kapitalgesellschaften über die bei natürlichen Personen hinaus zu beachtenden Regeln vor allem die Grundsätze zum so genannten *Mantelkauf* mit Verlustabzug zu beachten. Dabei ging es um den Fall, dass eine im Wesentlichen vermögenslose und nicht mehr gewerblich tätige Kapitalgesellschaft mit einem nicht getilgten Verlustabzug von ihren bisherigen Anteilseignern an neue Anteilseigner veräußert wurde.[623] An der rechtlichen Identität der Kapitalgesellschaft änderte sich dadurch zwar nichts, doch hat die Rechtsprechung den Verlustabzug bei der Kapitalgesellschaft unter anderem deshalb versagt, weil die „wirtschaftliche Identität" der Gesellschaft durch den Kauf verloren geht, wenn sie „ihre bisherigen Vermögenswerte im Wesentlichen verloren hat und in dieser Lage neue Gesellschafter eintreten, überdies der Gesellschaft neue Mittel zuführen und sie wirtschaftlich neu beleben."[624]

Diese Rechtsprechung hat der Bundesfinanzhof mit seinen *Urteilen vom 29. Oktober 1986*[625] aufgegeben. Im ersten dieser Urteile[626] hat er entschieden,

---

[622] Vgl. BFH, Urteil vom 19.12.1973 – I R 137/71 – BFHE 111, 155 (156 f.) = BStBl. 1974 II, 181 (182); BFH, Urteil vom 15.02.1966 – I 112/63 – BFHE 85, 217 (222) = BStBl. 1966 III, 289 (290 f.); BFH, Urteil vom 17.05.1966 – I 141/63 – BFHE 86, 369 (371) = BStBl. 1966 III, 513 (514).

[623] Vgl. *Brönner,* Die Besteuerung der Gesellschaften, Kap. II Rdnr. 245; *Schwedhelm,* in: Streck, KStG, 6. Aufl., § 8 Tz. 151.

[624] BFH, Urteil vom 19.12.1973 – I R 137/71 – BFHE 111, 155 (157) = BStBl. 1974 II, 181 (182); vgl. auch BFH, Urteil vom 15.02.1966 – I 112/63 – BFHE 85, 217 (222) = BStBl. 1966 II, 289 (290).

[625] BFH, Urteil vom 29.10.1986 – I R 202/82 – BFHE 148, S. 153 ff. = BStBl. 1987 II, S. 308 ff.; BFH, Urteil vom 29.10.1986 – I R 318/83, I R 319/83, I R 318–319/83 – BFHE 148, S. 158 ff. = BStBl. 1987 II, S. 310 ff. sowie BFH, Urteil vom 29.10.1986 – I R 271/83 – BFH/NV 1987, S. 266 f.

dass eine verlustbringende Muttergesellschaft, auf die deren Tochtergesellschaft umgewandelt wurde und die den Namen der Tochter erhielt, die bisher bei ihr aufgelaufenen Verluste mit den Gewinnen verrechnen durfte, die sie nach der Vereinigung erzielte. Im zweiten Fall[627] ließ es der Bundesfinanzhof zu, dass eine Kapitalgesellschaft Verlustabzüge aus der Zeit vor einem grundlegenden Gesellschafterwechsel weiterhin geltend machen durfte, obwohl sie nur aus Mitteln der Neugesellschafter „wiederbelebt" werden konnte. Der Bundesfinanzhof hat hier *allein* darauf abgestellt, dass die *juristische Identität* der Gesellschaft von dem Gesellschafterwechsel unberührt bleibt und damit der gesellschaftsrechtlichen Würdigung entscheidenden Bedeutung zugemessen.[628]

Auf die geänderte Rechtsprechung des Bundesfinanzhofs hat der Gesetzgeber durch die Einführung des *§ 8 Abs. 4 KStG* im Rahmen des Steuerreformgesetzes 1990[629] reagiert. Nach S. 1 dieser bis heute anwendbaren Vorschrift ist Voraussetzung für den Verlustabzug nach § 10d EStG bei einer Körperschaft, dass sie nicht nur *rechtlich* sondern auch *wirtschaftlich* mit der Körperschaft identisch ist, die den Verlust erlitten hat. Im Unterschied zur Mantelkauf-Rechtsprechung ist die Voraussetzung der wirtschaftlichen Identität allerdings von der juristischen Sicht auf die Gesellschaft weg in gewissem Umfang hin zu einer Sicht auf die Gesellschafter bezogen worden. Dies zeigt sich daran, dass gegenwärtig der Verlustabzug (-rücktrag und -vortrag) auf der Ebene der Kapitalgesellschaft voraussetzt, dass kein wesentlicher Wechsel im Gesellschafterbestand vorliegt. Wird die wirtschaftliche Identität der Kapitalgesellschaft verneint, so geht der Verlustabzug auf ihrer Ebene verloren.

bb) Verlustabzug bei Verschmelzung von Kapitalgesellschaften

Der Begriff der *Verschmelzung* bezeichnet als Unterfall der Umwandlung die Vereinigung mehrerer bisher rechtlich selbständiger Rechtsträger mit der Folge, dass einer der ursprünglichen Rechtsträger übrig bleibt (*Verschmelzung durch*

---

[626] BFH, Urteil vom 29.10.1986 – I R 202/82 – BFHE 148, S. 153 ff. = BStBl. 1987 II, S. 308 ff.

[627] BFH, Urteil vom 29.10.1986 – I R 318/83, I R 319/83, I R 318–319/83 – BFHE 148, S. 158 ff. = BStBl. 1987 II, S. 310 ff.

[628] Bei der Entscheidung der Frage, ob *juristische Identität* besteht, geht der Bundesfinanzhof in ständiger Rechtsprechung von der bürgerlich-rechtlichen Rechtslage aus (vgl. dazu grundlegend BFH, Urteil vom 19.08.1958 – I 78/58 U – BFHE 67, 509 (510 f.) = BStBl. 1958 III, 468 (470)). Dementsprechend knüpft er bei Kapitalgesellschaften die in § 1 Abs. 1 Nr. 1 KStG geregelte Körperschaftsteuersubjektivität an deren Zivilrechtsfähigkeit (so z. B. BFH, Urteil vom 13.09.1989 – I R 105/86 – BFH/NV 1990, 326 (327); BFH, Urteil vom 29.10.1986 – I R 202/82 – BFHE 148, 153 (157) = BStBl. 1987 II, 308 (310); BFH, Urteil vom 29.10.1986 – I R 318–319/83 – BFHE 148, 158 (160) = BStBl. 1987 II, 310 (312); BFH Großer Senat, Beschluss vom 25.06.1984 – GrS 4/82 – BFHE 141, 405 (417) = BStBl. 1984 II, 751 (757)).

[629] Steuerreformgesetz 1990 vom 25.07.1990, BGBl. 1988 I, S. 1093 ff.

Aufnahme, § 2 Nr. 1 UmwG) oder ein neuer gebildet wird (*Verschmelzung durch Neubildung,* § 2 Nr. 2 UmwG) und der alte bzw. alle alten Rechtsträger erlöschen. Dies erfolgt durch Übertragung des Vermögens der übertragenden Rechtsträger als Ganzes unter Auflösung ohne Abwicklung gegen Gewährung von Anteilen oder Mitgliedschaften der Übernehmerin an die bisherigen Gesellschafter bzw. Anteilsinhaber der übertragenden Rechtsträger.

Im Hinblick auf den Verlustabzug nach § 10d EStG stellen sich im Wesentlichen zwei Probleme. Zum einen ist fraglich, ob ein bei der übertragenden Gesellschaft bestehender Verlust auf die übernehmende Gesellschaft übertragen werden kann [hierzu unter (1)], zum anderen, ob eine wirtschaftliche Identität zwischen der übernehmenden Gesellschaft, so wie sie sich vor der Verschmelzung darstellt, und der übernehmenden Gesellschaft nach der Verschmelzung anzunehmen ist mit der Folge, dass die übernehmende Gesellschaft die Möglichkeit hat, den Verlustabzug nach § 10d EStG geltend zu machen [hierzu unter (2)].

(1) Übertragung des Verlustabzugs

Die *Besteuerung* des mit der Verschmelzung verbundenen Vermögensübergangs auf einen anderen Rechtsträger war bis zum In-Kraft-Treten des Umwandlungssteuergesetzes 1995 ertragsteuerlich in §§ 1, 2, 14–17 UmwStG 1977 geregelt, wobei sich § 15 UmwStG 1977 mit den steuerlichen Folgen des Vermögensübergangs bei der Übernehmerin befasste.

Die Vorschrift des § 15 Abs. 3 UmwStG 1977 bestimmte hierbei, dass die übernehmende Körperschaft in bestimmten Bereichen (z.B. bezüglich der AfA oder der Sonderabschreibungen) auch steuerrechtlich in die Rechtsstellung der übertragenden Körperschaft eintrat. Der Verlustabzug nach § 10d EStG gehörte nicht zu den dort genannten Bereichen. Die herrschende Meinung ging daher davon aus, dass ein der Überträgerin gem. § 10d EStG, § 8 Abs. 1 KStG zustehender Verlustabzug nicht auf die Übernehmerin überging.[630] Bei der Überträgerin entstandene Verluste konnten daher nicht über den steuerlichen Übertragungsstichtag hinaus vorgetragen werden.

Bestanden bei den zu verschmelzenden Unternehmen vortragsfähige Verluste, so hatten die Beteiligten jedoch regelmäßig ein Interesse daran, die in der Nichtübertragbarkeit von Verlusten liegenden Nachteile auszugleichen. Hierbei kamen verschiedene Möglichkeiten in Betracht.[631] Beispielsweise konnte bei der

---

[630] BVerfG, Beschluss vom 26.03.1969 – 1 BvR 512/66 – BVerfGE 25, 309 (312 f.); BFH, Urteil vom 05.11.1969 – I R 60/67 – BStBl. 1970 II, 149 (150); aus der Literatur *Dehmer,* Umwandlungsrecht, § 15 UmwStG Tz. 11.g.; *Hübl,* in: Herrmann/Heuer/Raupach, EStG und KStG, 21. Aufl., § 15 UmwStG 1977 Rdnr. 109; *Widmann/Meyer,* Umwandlungsrecht, § 15 UmwStG 1977 Rdnr. 6224.

Gesellschaft, die den Verlust erlitten hatte, eine steuerrechtlich zulässige *Gewinnrealisierung* durch die Aufdeckung stiller Reserven vorgenommen werden.[632] Beim übertragenden Unternehmen konnte dann ein vorhandener Verlustabzug mit dem entstehenden Gewinn ausgeglichen werden, der von der Übernehmerin nicht mehr hätte in Anspruch genommen werden können.[633] Auch für die Übernehmerin wirkte sich die Gewinnrealisierung günstig aus. Durch die Auflösung der stillen Reserven erhöhten sich nämlich die Ansätze in der steuerlichen Schlussbilanz. Da diese gem. § 15 Abs. 1 i.V.m. § 5 Abs. 1 UmwStG von der Übernehmerin fortzuführen war, ermäßigte sich für die Übernehmerin der Veräußerungsgewinn aus den Wirtschaftsgütern, bei denen die Aufstockung vorgenommen wurde, um den Aufstockungsbetrag.

(2) Verlustabzug bei der übernehmenden Gesellschaft

Andererseits konnte der Sachverhalt so gestaltet werden, dass das Vermögen auf die Gesellschaft überging, die über den *Verlustabzug* verfügte.[634] Angewandt auf den Fall der Verschmelzung durch Aufnahme musste also die über den Verlustabzug verfügende Gesellschaft die aufnehmende Gesellschaft – i.e., die Übernehmerin – sein.[635]

Soweit § 8 Abs. 4 KStG in der Fassung des Steuerreformgesetzes 1990 noch nicht anwendbar war, ergab sich die Zulässigkeit dieser Gestaltung aus der im Jahr 1986 geänderten Rechtsprechung des Bundesfinanzhofs zum Mantelkauf, da eine *wirtschaftliche* Identität zwischen der übernehmenden Gesellschaft vor der Verschmelzung und der übernehmenden Gesellschaft nach der Verschmelzung – wie oben gesehen – gerade nicht erforderlich war.

Soweit § 8 Abs. 4 KStG zur Anwendung kommt, kann die Übernehmerin den Verlustabzug nach dem Vermögensübergang nur noch dann geltend machen, wenn sie nach dem Vermögensübergang rechtlich und *wirtschaftlich* mit der Körperschaft identisch ist, die den Verlust erlitten hat. Allerdings enthält die Vorschrift des § 8 Abs. 4 KStG keine Definition der *„wirtschaftlichen Identi-*

---

[631] Vgl. ausführlich zu den verschiedenen Möglichkeiten *Widmann/Meyer,* Umwandlungsrecht, § 15 UmwStG 1977 Rdnr. 6224 f.

[632] Bedeutung hatte die Auflösung stiller Reserven vor allem für das Umlaufvermögen, da dieses regelmäßig nach dem Vermögensübergang veräußert wurde, vgl. *Widmann/Meyer,* Umwandlungsrecht, § 14 UmwStG 1977 Rdnr. 5978 sowie § 15 UmwStG 1977, Rdnr. 6224.

[633] Vgl. *Widmann/Meyer,* Umwandlungsrecht, § 14 UmwStG 1977 Rdnr. 5978

[634] Vgl. *Widmann/Meyer,* Umwandlungsrecht, § 15 UmwStG 1977 Rdnr. 6226.1.

[635] Vgl. hierzu *Benne,* Verlustabzug bei Fusion von Konzerntochtergesellschaften – Zu § 10d des Einkommensteuergesetzes, in: BB 1977, 491 (492); *Meilicke,* Verlustabzug bei Fusion von Konzerntochtergesellschaften, in: BB 1977, 1138 (1139); *Widmann/Meyer,* Umwandlungsrecht, § 15 UmwStG 1977 Rdnr. 6226.1.

tät" einer Körperschaft. Während § 8 Abs. 4 S. 1 KStG nur allgemein von der „wirtschaftlichen Identität" spricht, formuliert § 8 Abs. 4 S. 2 KStG genauere Tatbestandsmerkmale. Demnach ist eine wirtschaftliche Identität „insbesondere" dann nicht mehr gegeben, wenn mehr als 75% der Anteile an einer Kapitalgesellschaft übertragen werden und die Gesellschaft danach den Geschäftsbetrieb mit überwiegend neuem Betriebsvermögen wieder aufnimmt.

Eine Ansicht geht daher davon aus, dass es sich bei § 8 Abs. 4 S. 2 KStG um eine lex specialis gegenüber § 8 Abs. 4 S. 1 KStG handelt, die eine ausschließliche Definition des Begriffs der „wirtschaftlichen Identität" enthält.[636]

Die wohl überwiegende Ansicht betrachtet § 8 Abs. 4 S. 1 KStG demgegenüber als allgemeine Regel, derzufolge § 8 Abs. 4 S. 2 KStG nur einen – wenn auch besonders wichtigen – Beispielsfall enthält.[637] Dieser Ansicht ist schon deshalb der Vorzug zu geben, weil § 8 Abs. 4 S. 2 KStG ausschließlich von Kapitalgesellschaften spricht, § 8 Abs. 4 S. 1 KStG hingegen allgemein von Körperschaften. Würde man nun § 8 Abs. 4 S. 2 KStG als Legaldefinition betrachten, ginge die allgemeine Bedeutung des § 8 Abs. 4 S. 1 KStG völlig verloren. Darüber hinaus macht das Wort „insbesondere" – auch bezogen auf Kapitalgesellschaften – deutlich, dass die in § 8 Abs. 4 S. 2 KStG enthaltene Aufzählung keine abschließende ist und dass auch bei anderen Gestaltungen die wirtschaftliche Identität verloren gehen kann. Richtigerweise sind sowohl § 8 Abs. 4 S. 1 KStG und § 8 Abs. 4 S. 2 KStG auf alle Körperschaften anzuwenden. Dabei setzt § 8 Abs. 4 S. 2 KStG mittelbar einen Maßstab für die unter § 8 Abs. 4 S. 1 KStG zu fassenden Sachverhalte. Sie müssen die Voraussetzungen erfüllen, die mit den in § 8 Abs. 4 S. 2 KStG genannten Voraussetzungen wirtschaftlich vergleichbar sind.[638]

---

[636] So beispielsweise *Dieterlein,* in: Lademann, KStG, § 8 Anm. 328; *Hörger/Kemper,* Mantelkauf bei Kapitalgesellschaften, in: DStR 1989, 15 (19); *dies.*, Mantelkauf bei Kapitalgesellschaften – Der BMF-Erlass vom 11.6.1990, in: DStR 1990, 539 (542); *Schwedhelm,* in: Streck, KStG, 6. Aufl., § 8 Tz. 152; *Streck/Schwedhelm,* Verlustabzug und Mantelkauf nach der Steuerreform, in: FR 1989, 153 (156).

[637] Allgemeine Ansicht, vgl. BFH, Urteil vom 13.08.1997 – I R 89/96 – BFHE 183, 556 (558) = BStBl. 1997 II, 829 (830); BMF-Schreiben vom 11.06.1990, IV B 7 – S 2745 – 7/90, BStBl. 1990 I, 252 (253); *Achenbach,* in: Dötsch/Eversberg/Jost/Witt, Die Körperschaftsteuer, § 8 KStG Rdnr. 107d; *Frotscher,* in: Frotscher/Maas, KStG/UmwStG, § 8 KStG Rdnr. 184; *Wrede,* in: Herrmann/Heuer/Raupach, EStG und KStG, 21. Aufl., § 8 KStG Rdnr. 56; *Lange,* in: Mössner/Seeger, KStG, § 8 Rdnr. 41/4; *Schuhmann,* in: Greif/Schuhmann, KStG, § 8 Rz. 143; *Widmann/Meyer,* Umwandlungsrecht, § 15 UmwStG 1977 Rdnr. 6226.3; *Hörger/Kemper,* Mantelkauf bei Kapitalgesellschaften – Der BMF-Erlass vom 11.6.1990, in: DStR 1990, 539 (542); *Krebs,* Änderungen des Körperschaftsteuerrechts zur Jahreswende 1989/1990, in: BB 1990, 527 (530); *Müller-Gatermann,* Sanierung und Mantelkauf – ein Widerspruch?, in. DStR 1991, 597 (598); *Nölkel,* Steuerliche Verlustabzugspotenziale in den Unternehmen der neuen Bundesländer, in: BB 1995, 332 (333); *Schulze zur Wiesche,* Körperschaftsteuerliche Änderungen aufgrund des Steuerreformgesetzes 1990, in: GmbHR 1988, 350 (352); *Thiel,* Mantelkauf oder Sanierung – Zur Auslegung des § 8 Abs. 4 KStG, in: GmbHR 1990, 223 (224).

cc) BGH, Urteil vom 05. Dezember 1996 – IX ZR 61/96

Mit dem Verlustabzug nach § 10d EStG im Fall einer Verschmelzung hatte sich auch der *Bundesgerichtshof* in seinem *Urteil vom 05. Dezember 1996*[639] zu befassen. Für das Urteil war zwar bereits die Vorschrift des § 8 Abs. 4 KStG relevant, jedoch kam § 12 Abs. 3 S. 2 UmwStG 1995 noch nicht zur Anwendung.

(1) Sachverhalt

Die Beklagte, eine Wirtschaftsprüfungs- und Steuerberatungsgesellschaft, hatte die Klägerin und die GfB, die beide in der Rechtsform der GmbH geführt wurden, bei der Verschmelzung der Klägerin mit der GfB steuerlich beraten. Beide Gesellschaften hatten Verlustvorträge, wobei der Verlustvortrag der GfB fast doppelt so hoch war wie der Verlustvortrag der Klägerin. Die GfB wurde auf die Klägerin als übernehmende Gesellschaft verschmolzen (§ 19 Abs. 1 Nr. 1 KapErhG). Dieses Vorgehen erwies sich als steuerlich ungünstig, weil nach dem im Zeitpunkt der Verschmelzung (1989) geltenden Recht die übernehmende Gesellschaft den Verlustvortrag der übertragenden Gesellschaft nicht nutzen konnte (vgl. § 15 Abs. 3 UmwStG a.F.).

Den Anspruch auf Schadensersatz aus positiver Vertragsverletzung wegen der steuerlichen Fehlberatung begründete die Klägerin damit, dass bei umgekehrter Verschmelzung der Klägerin auf die GfB die Verluste der GfB steuerlich nicht verloren gegangen wären und die eigenen Verluste der Klägerin mit durch die Verschmelzung aufgedeckten stillen Reserven hätten verrechnet werden können.

Das OLG Köln[639a] verneinte einen Schaden sowohl der GfB als auch der Klägerin, weil der steuerliche Vorteil, der sich aus einer Verschmelzung der Klägerin auf die GfB ergeben hätte, nicht ihr, sondern allenfalls der GfB zugute gekommen wäre. Die Klägerin wäre infolge der Verschmelzung untergegangen. Bei der GfB sei kein Schaden entstanden, der im Wege der Gesamtrechtsnachfolge auf die Klägerin hätte übergehen können.

(2) Entscheidungsgründe

Dieser Sichtweise des Berufungsgerichts folgte der Bundesgerichtshof nicht und verwies die Sache zurück an das Oberlandesgericht. Bei der Entscheidung des Bundesgerichtshofs stand die Frage nach dem Vorliegen eines Schadens im

---

[638] BFH, Urteil vom 13.08.1997 - I R 89/96 - BFHE 183, 556 (558) = BStBl. 1997 II, 829 (830).

[639] BGH, Urteil vom 05.12.1996 – IX ZR 61/96 – DB 1997, S. 523 ff. = NJW 1997, S. 1001 f. = WM 1997, S. 333 f. = ZIP 1997, S. 322 ff.

[639a] OLG Köln, Urteil vom 29.02.1996 – 12 U 3/95; vorgehend LG Köln, Urteil vom 24.11.1994 – 83 O 45/94.

Mittelpunkt. Hierzu führt der Bundesgerichtshof zunächst aus, dass es sich – entgegen dem Berufungsgericht – verbiete darauf abzustellen, ob sich die Schadensentstehung insgesamt bei einer der beiden Gesellschaften vollendet habe. Der Steuerberater hätte dafür Sorge tragen müssen, dass nach der Verschmelzung die Gesellschaft fortbestand, welche die größtmöglichen Steuervorteile in Anspruch nehmen konnte. Der Schaden beurteile sich demnach durch einen Vergleich der Vermögenslage der tatsächlich übernehmenden Gesellschaft mit der hypothetischen Situation, in der sich die Gesellschaft befände, auf die bei richtiger Gestaltung die Verschmelzung vorgenommen worden wäre.

Dies zugrunde gelegt prüft der Bundesgerichtshof, wie sich die Vermögenslage der GfB darstellen würde, sofern die Klägerin auf sie verschmolzen worden wäre. Er setzt sich dabei mit dem Einwand der Revisionserwiderung auseinander, dass auch bei einer Verschmelzung der Klägerin auf die GfB deren Verlustvortrag nicht mit den nach der Verschmelzung entstehenden Gewinnen hätte verrechnet werden dürfen. Diesem Einwand folgt der Bundesgerichtshof jedoch nicht. Vielmehr geht der erkennende Senat davon aus, dass die Voraussetzungen für einen Verlustabzug nach § 8 Abs. 4 KStG bei der GfB vorgelegen hätten, weil sie nach der Verschmelzung ihre rechtliche und wirtschaftliche Identität nicht verloren hätte. Die allein problematische *wirtschaftliche Identität* sei deshalb zu bejahen, weil bei einer Verschmelzung der Klägerin auf die GfB nicht mehr als 75% der Anteile einer Kapitalgesellschaft übertragen worden wären und damit kein Fall des § 8 Abs. 4 S. 2 KStG vorgelegen hätte. Auch aus der allgemeineren Bestimmung des § 8 Abs. 4 S. 1 KStG lasse sich kein Fehlen der wirtschaftlichen Identität herleiten. Die mit der Verschmelzung erfolgte grundlegende Änderung des Gesellschaftszwecks der GfB sowie die Fortführung der GfB mit dem für sie überwiegend neuen Betriebsvermögen der Klägerin wären hierfür allein nicht ausreichend gewesen. In Übereinstimmung mit der Ansicht des Bundesfinanzhofs sowie der herrschenden Meinung in der Literatur bejaht er eine Ausstrahlungswirkung des § 8 Abs. 4 S. 2 KStG auf § 8 Abs. 4 S. 1 KStG dergestalt, dass der von § 8 Abs. 4 S. 2 KStG aufgestellte Maßstab auch für andere, unter § 8 Abs. 4 S. 1 KStG zu fassende Sachverhalte gilt. Voraussetzung sei aber stets, dass unmittelbar oder mittelbar Gesellschaftsanteile von mehr als 75% den Inhaber wechseln. Da dies im vorliegenden Fall offensichtlich nicht gegeben war, konnte der Bundesgerichtshof auch die Frage offen lassen, ob § 8 Abs. 4 KStG überhaupt auf Verschmelzungen Anwendung findet.[640]

---

[640] Diese Frage wird nicht einheitlich behandelt. Ein Teil der Literatur geht davon aus, dass § 8 Abs. 4 KStG nicht anzuwenden ist bei einer Verschmelzung auf die Verlustkapitalgesellschaft, wenn nach der Verschmelzung die Gesellschafter der übertragenden Gesellschaft zu mehr als 75% beteiligt sind. In diesem Fall liege keine „Übertragung" im Sinne einer entgeltlichen Veräußerung der ihre Identität behaltenden Altanteile vor (so z.B. *Dieterlein,* in: Lademann, KStG, § 8 Anm. 324; *Hörger/Kemper,* Mantelkauf bei Kapitalgesellschaften, in: DStR 1989, 15 (19); *Streck,* KStG,

(3) Analyse der Entscheidungsgründe und Fazit

Im Ergebnis ist den Ausführungen des Bundesgerichtshofs zuzustimmen. Sie entsprechen den von der finanzgerichtlichen Rechtsprechung aufgestellten Grundsätzen.

Zunächst ist anzumerken, dass der Bundesgerichtshof richtigerweise zu einer Anwendung des § 8 Abs. 4 KStG gekommen ist. Gemäß § 54 Abs. 4 KStG i.d.F. des Steuerreformgesetzes 1990 war § 8 Abs. 4 KStG auch für vor dem 01. Januar 1990 beginnende Veranlagungszeiträume anzuwenden, wenn die Rechtsgeschäfte, die zu dem Verlust der wirtschaftlichen Identität geführt haben, nach dem 23. Juni 1988 abgeschlossen worden sind.[641] Dies traf auf den am 28. Dezember 1989 zwischen der Klägerin und der GfB geschlossenen Verschmelzungsvertrag zu.

Zutreffend geht der Bundesgerichtshof weiter davon aus, dass die GfB als Übernehmerin auch ihre *rechtliche Identität* nicht verloren hätte. Zwar geht bei Verschmelzungen die rechtliche Identität der übertragenden Gesellschaft verloren, wenn eine Gesamtrechtsnachfolge durch eine andere juristische Person eintritt,[642] doch behält zumindest der *übernehmende Rechtsträger* – hier die GfB – seine Identität.[643]

Darüber hinaus seien einige ergänzende Bemerkungen erlaubt. Wenngleich der Bundesgerichtshof im Grundsatz das Vorliegen eines Schadens bejaht, geht er im Rahmen des Urteils nicht auf das – aus meiner Sicht gewichtige – Vorbringen der Klägerin ein, dass sie bei einer Verschmelzung auf die GfB durch die Aufdeckung stiller Reserven Gewinne hätte realisieren können, die sie mit eigenen Verlusten hätte verrechnen können. Dieses Argument hätte der Vollständigkeit halber bei der Beurteilung der (hypothetischen) Vermögenslage der

---

5. Aufl., § 8 Tz. 152; *Streck/Schwedhelm,* Verlustabzug und Mantelkauf nach der Steuerreform, in: FR 1989, 153 (156)). Demgegenüber wendet insbesondere die Finanzverwaltung § 8 Abs. 4 KStG trotz seiner Entstehungsgeschichte unter anderem auch auf Verschmelzungen an; Voraussetzung ist jedoch, dass unmittelbar oder mittelbar Gesellschaftsanteile von mehr als 75% den Inhaber wechseln oder auf ähnliche Weise eine vergleichbare Wirkung eintritt (BMF-Schreiben vom 11.06.1990, IV B 7 – S 2745 – 7/90, BStBl. 1990 I, 252 (253); im Ergebnis ähnlich *Thiel,* Mantelkauf oder Sanierung – Zur Auslegung des § 8 Abs. 4 KStG, in: GmbHR 1990, 223 (225)).

[641] Vgl. *Widmann/Meyer,* Umwandlungsrecht, § 15 UmwStG 1977 Rdnr. 6226.3 a.E.

[642] In dem vom Bundesgerichtshof zu entscheidenden Fall erfolgte die Verschmelzung nach *§ 19 Abs. 1 S. 2 Nr. 1 KapErhG.* Die dort geregelte Verschmelzung durch Aufnahme erfolgte durch Übertragung des Vermögens einer GmbH auf eine andere bestehende GmbH gegen Gewährung von Anteilen an dieser Gesellschaft. Die übertragende Gesellschaft hörte mit Abschluss des Verschmelzungsvorgangs auf zu existieren, während die aufnehmende Gesellschaft als *Gesamtrechtsnachfolgerin* Trägerin aller Rechte und Pflichten jener Gesellschaft wurde, vgl. *Dehmer,* Umwandlungsrecht, § 19 KapErhG Tz. 3.

[643] Vgl. *Dieterlein,* in: Lademann, KStG, § 8 Anm. 324.

GfB als Übernehmerin mit einfließen müssen, weil sich daraus im Ergebnis ein höherer Schaden der Klägerin hätte herleiten lassen. Zwar hätte die Klägerin ihre Verluste aufgrund der Regelung des § 15 Abs. 3 UmwStG 1977 nicht auf die GfB übertragen können,[644] doch wäre es zulässig gewesen, bei der Gesellschaft, die den Verlust erlitten hatte (hier: die Klägerin), eine steuerrechtlich zulässige Gewinnrealisierung durch die Aufdeckung stiller Reserven vorzunehmen, um die in der Nichtübertragbarkeit der Verluste liegenden Nachteile auszugleichen. Diese Realisierung stiller Reserven hätte sich steuerlich auch bei der Übernehmerin GfB niedergeschlagen. Bleibt zu erwähnen, dass der letztgenannte Aspekt sich aufgrund der durch das Gesetz zur Fortsetzung der Unternehmenssteuerreform[645] in der bis heute geltenden Fassung eingeführten Regelung in § 12 Abs. 3 S. 2 UmwStG betreffend den Übergang des Verlustabzugs einer übertragenden Kapitalgesellschaft auf die Übernehmerin überholt hat.[646]

IV. Die Behandlung von Ausschüttungen bei der Körperschaft und beim Anteilseigner

1. Einführung

Solange die von einer Kapitalgesellschaft erzielten Gewinne nicht ausgeschüttet werden, sondern in der Gesellschaft verbleiben (sog. *Thesaurierung*), unterliegt der Gewinn nur auf der Ebene der Kapitalgesellschaft der Besteuerung. Den Anteilseignern können die Gewinne der Körperschaft aufgrund des geltenden *Trennungsprinzips* nicht zugerechnet werden. Erst im Falle einer *Ausschüttung* oder bei steuerlich gleichgestellten Vermögensmehrungen (z. B. einer Beteiligungsveräußerung gem. § 17 EStG) erfolgt eine Besteuerung auf der Ebene der Anteilseigner. Sodann stellt sich aber das aus steuersystematischer Sicht unerwünschte Problem, dass das gleiche wirtschaftliche Ergebnis bei verschiedenen Steuersubjekten zweifach besteuert wird: zum einen auf der Ebene der Körperschaft mit Körperschaftsteuer, zum anderen – unter Umständen mit erheblichem zeitlichem Abstand – auf der Ebene der Anteilseigner mit Einkommensteuer bzw. Körperschaftsteuer.[647]

Vor dem In-Kraft-Treten des Steuersenkungsgesetzes und der damit verbundenen Einführung des *Halbeinkünfteverfahrens* wurde die Doppelbelastung des

[644] Ebenso *Heidenhain,* LM BGB § 249 (A) Nr. 112 (5/1997).

[645] Gesetz zur Fortsetzung der Unternehmenssteuerreform vom 29.10.1997, BGBl. 1997 I, S. 2590 ff.

[646] Dazu auch *Heidenhain,* LM BGB § 249 (A) Nr. 112 (5/1997).

[647] Zu den verschiedenen Möglichkeiten, diese Doppelbelastung zu eliminieren ausführlich *Streck,* in: Streck, KStG, 6. Aufl., Vor § 1 Tz. 14.

Gewinns mit Ertragsteuern durch das seit 1977 praktizierte *Anrechnungsverfahren* verhindert.

2. Das Anrechnungsverfahren

Das Anrechnungsverfahren war im Vierten Teil (§§ 27–47) des KStG in der bis zum Veranlagungszeitraum 2000 geltenden Fassung geregelt. Es beruhte auf dem Grundgedanken, dass die Besteuerung bei der Körperschaft nur eine vorläufige war, und erst bei einer Ausschüttung an den Anteilseigner die endgültige Steuerbelastung nach dessen individuellen Verhältnissen erfolgen sollte.[648] Da das Anrechnungsverfahren nach §§ 27–43 KStG 1977, § 36 Abs. 2 Nr. 3, §§ 36a–36e EStG sowohl in das Verhältnis zwischen der Kapitalgesellschaft und ihren Gesellschaftern als auch in das Verhältnis zwischen den Gesellschaftern einer Kapitalgesellschaft untereinander hineinwirkte, verwundert es nicht, dass auch der *Bundesgerichtshof* als Gericht der ordentlichen Gerichtsbarkeit in *zwei Urteilen* mit zentralen Rechtsfragen betreffend das Anrechnungsverfahren befasst war.

a) Behandlung der Ausschüttung bei der ausschüttenden Körperschaft

Grundvoraussetzung für das Funktionieren des Anrechnungsverfahrens war eine einheitliche Körperschaftsteuerbelastung der Ausschüttung, da hiervon bei der Besteuerung des Anteilseigners und der bei ihm anzurechnenden Körperschaftsteuer ausgegangen wurde (vgl. § 20 Abs. 1 Nr. 3 EStG, § 36 Abs. 2 Nr. 3 EStG). Um die *Ausschüttungsbelastung* herzustellen, musste die ursprüngliche Steuerbelastung der ausgeschütteten Gewinne mit Körperschaftsteuer *(Tarifbelastung)* im Fall der Ausschüttung auf die Ausschüttungsbelastung gesenkt oder angehoben werden (§ 27 Abs. 1 KStG 1977).

Zur Feststellung der Tarifbelastung wurden alle Vermögensmehrungen, die für Ausschüttungen in Frage kamen (z.B. Gewinn + Rücklagen + Gewinnvortrag ./. Verlust ./. Verlustvortrag), in einer Aufstellung über das *verwendbare Eigenkapital*[649] erfasst (§§ 29–39 KStG).[650] Welcher Betrag des verwendbaren Eigenkapitals dann für die Ausschüttung als verwendet galt, bestimmte das Gesetz im Wege einer Fiktion (§ 28 KStG). Stand fest, welcher Teil des verwend-

---

648 Vgl. *Birk,* Steuerrecht, 5. Aufl., Rdnr. 1098.

649 Das *verwendbare Eigenkapital* war nach der steuerlichen Vorbelastung in drei Gruppen untergliedert (§§ 30, 32 KStG). Am bedeutsamsten waren der regulär tarifbelastete Teilbetrag (§ 30 Abs. 1 S. 3 Nr. 1 KStG, auch als „$EK_{56/50/45}$“ bezeichnet) und der unbelastete Teilbetrag (§ 30 Abs. 1 S. 3 Nr. 3, Abs. 2 KStG, wegen der fehlenden steuerlichen Belastung auch als „EK_0“ bezeichnet).

650 Für die Aufstellung, die neben der Handels- und Steuerbilanz durchzuführen war, sah § 47 KStG ein gesondertes Feststellungsverfahren vor.

baren Eigenkapitals als ausgeschüttet galt, führte die Differenz zwischen Tarif- und Ausschüttungsbelastung zu einer Körperschaftsteuererhöhung oder -minderung. Sofern die Tarifbelastung des Eigenkapitals, das als verwendet galt, über der Ausschüttungsbelastung lag, wurde der übersteigende Teil erstattet (*Körperschaftsteuerminderung*[651]), war die Ursprungsbelastung niedriger als die Ausschüttungsbelastung, kam es zu einer Nachbelastung (*Körperschaftsteuererhöhung*[652]).

Als Konsequenz der einheitlichen Ausschüttungsbelastung in Höhe von 36% (durch das Standortsicherungsgesetz[653] auf 30% abgesenkt) konnte jede Kapitalgesellschaft eine *Bruttobardividende* in Höhe von 64% (bzw. 70%) des von ihr erzielten Gewinns an die Anteilseigner ausschütten.[654] Davon hatte die Körperschaft noch 25% *Kapitalertragsteuer*[655] einzubehalten (§§ 43 ff. EStG), so dass letztlich an den Anteilseigner eine *Nettodividende* nach Abzug von Körperschaft- und Kapitalertragsteuer gezahlt wurde.

b) Behandlung der Ausschüttung beim Anteilseigner

Auf der Ebene des Anteilseigners führte die Ausschüttung zu *Einkünften aus Kapitalvermögen.* Zu den Einkünften rechnete neben der Bruttobarausschüttung (einschließlich der anrechenbaren Kapitalertragsteuer) auch die anzurechnende oder zu vergütende Körperschaftsteuer (§ 20 Abs. 1 Nr. 3 EStG). Die Vorschrift rechnete also die Körperschaftsteuer des § 27 Abs. 1 KStG auf dem Umweg

---

[651] Eine *Körperschaftsteuerminderung* zur Herstellung der Ausschüttungsbelastung trat z.B. bei einer Verwendung aus $EK_{56/50/45}$ ein. In diesem Fall galt die Körperschaftsteuerminderung als mitausgeschüttet (vgl. § 28 Abs. 6 S. 1 KStG).

[652] Eine *Körperschaftsteuererhöhung* erfolgte zum Beispiel bei der Ausschüttung von Eigenkapital, das aus unbesteuerten Vermögensmehrungen (z.B. steuerfreien Einnahmen) stammte. Die festzusetzende Körperschaftsteuer war in diesen Fällen also höher als bei unterbliebener Ausschüttung. Körperschaftsteuererhöhungen mussten stets mit dem verwendeten Eigenkapital „bezahlt" werden (§ 28 Abs. 6 S. 2 KStG 1977).

[653] Gesetz zur Verbesserung der steuerlichen Bedingungen zur Sicherung des Wirtschaftsstandortes Deutschland im Europäischen Binnenmarkt (Standortsicherungsgesetz – StandOG) vom 13.09.1993, BGBl. 1993 I, S. 1569 ff.

[654] Vgl. *Bartholl,* Zivilrechtlicher Ausgleich der Körperschaft- und Kapitalertragsteueranrechnung in Personengesellschaften – Besprechung des BGH-Urteils vom 30.1.1995 – II ZR 42/91, DB 1995, S. 918, in: DB 1995, 1797 (1797 Fn. 5); *Heinicke,* in: Schmidt, EStG, 23. Aufl., § 20 Rdnr. 41.

[655] Die *Kapitalertragsteuer* ist eine besondere Erhebungsform der Einkommensteuer für die Einkünfte aus Kapitalvermögen. Sie wird an der Quelle, vom Schuldner des Kapitalertrags, einbehalten und für Rechnung des Gläubigers an das Finanzamt abgeführt (Quellensteuer). Die Kapitalertragsteuer entsteht in dem Zeitpunkt des Zuflusses des Kapitalertrags beim Gläubiger (§ 44 Abs. 1 S. 2 EStG). Im Rahmen der Einkommensteuerveranlagung des Empfängers des Kapitalertrags wird die einbehaltene Kapitalertragsteuer angerechnet.

über § 36 Abs. 2 S. 2 Nr. 3 EStG bzw. §§ 36b–36e EStG zu den Einnahmen bzw. den Betriebseinnahmen, allerdings nur, soweit sie auf offene oder verdeckte Gewinnausschüttungen nach § 20 Abs. 1 Nr. 1, Nr. 2, Abs. 2 Nr. 1 EStG entfielen und diese nicht vom Anrechnungsverfahren ausgenommen waren.

Der materielle Kern des Anrechnungsverfahrens bestand nun darin, dass auf die persönliche Steuerschuld des Anteilseigners neben der Kapitalertragsteuer (vgl. § 36 Abs. 2 S. 2 Nr. 2 EStG) auch die Körperschaftsteuer angerechnet wurde (nach § 36 Abs. 2 S. 2 Nr. 3 EStG für natürliche Personen bzw. nach §§ 49 Abs. 1 KStG, 36 Abs. 2 S. 2 Nr. 3 EStG für Körperschaften). Die Anrechnung erfolgte schematisch in Höhe von 9/16 [3/7] der Einnahmen aus § 20 Abs. 1 Nr. 1 EStG und spiegelte damit das Verhältnis von Ausschüttungsbelastung und Barausschüttung wider (36:64 [30:70]).[656]

Auf diese Weise wurden ausgeschüttete Gewinne vollständig von der Körperschaftsteuer entlastet und nur einmal auf der Ebene des Anteilseigners nach dessen individuellen Einkommens- und Progressionsverhältnissen belastet. Eine Doppelbelastung mit Ertragsteuern wurde vermieden.[657]

c) Rechtsnatur der Körperschaftsteuer nach dem KStG 1977

Der Bundesfinanzhof hat in ständiger Rechtsprechung[658] darauf hingewiesen, dass die Körperschaftsteuer der Kapitalgesellschaft auf ausgeschüttete Gewinne nach §§ 27 ff. KStG 1977 keine Einkommensteuer oder Körperschaftsteuer der Gesellschafter *(Teilhabersteuer)* und auch keine Vorauszahlung auf die Einkommensteuer oder Körperschaftsteuer der Gesellschafter darstellte. Vielmehr handelte es sich sowohl bei der Ausschüttungsbelastung des § 27 Abs. 1 KStG als auch bei dem Regelsteuersatz des § 23 Abs. 1 KStG um eine genuine Körperschaftsbesteuerung der thesaurierenden oder ausschüttenden Kapitalgesellschaft. Mit der Zahlung der Körperschaftsteuer tilgte die Kapitalgesellschaft eine eigene, ihr auferlegte Steuerschuld und nicht – wie mit der Einbehaltung und Abführung der Kapitalertragsteuer[659] – eine fremde Steuerschuld, i. e., die Einkom-

---

[656] Damit ist auch verständlich, warum die Ausschüttungsbelastung unabhängig von der jeweiligen steuerlichen Vorbelastung des für die Ausschüttung verwendeten Eigenkapitals immer 36% [30%] betragen musste: Die schematische Anrechnung der Körperschaftsteuer in Höhe von 9/16 [3/7] der Einnahmen setzte voraus, dass auf Seiten der Gesellschaft in jedem Fall eine entsprechende Körperschaftsteuerbelastung hergestellt worden war, vgl. *Birk,* Steuerrecht, 5. Aufl., Rdnr. 1103.

[657] Da allein die Doppelbelastung vermieden werden sollte, entfiel die Anrechnung, wenn die Ausschüttung selbst nicht steuerpflichtig war (§ 51 KStG a. F.), vgl. *Streck,* KStG, 4. Aufl., ABC Stichwort „Anrechnungsverfahren (Überblick)“.

[658] Vgl. grundlegend BFH, Beschluss vom 09.02.1982 – VIII B 132/81 – BFHE 135, 303 (305) = BStBl. 1982 II, 401 (402) = BB 1982, 972 (973).

mensteuer- oder Körperschaftsteuerschuld der Gesellschafter. Zur Begründung verwies der Bundesfinanzhof auf die Vorschrift des § 36 Abs. 2 Nr. 3 S. 3 EStG, wonach die Anrechnung der Körperschaftsteuer unabhängig von der Entrichtung der Körperschaftsteuer erfolgte.

Dementsprechend erfolgte auch die Anrechnung oder Vergütung der Körperschaftsteuer (§ 36 Abs. 2 Nr. 3, §§ 36b–36d EStG) nicht, weil die Kapitalgesellschaft für ihre Gesellschafter Einkommensteuer oder Körperschaftsteuer vorausgezahlt hatte. Sie beruhte vielmehr auf der Absicht des Gesetzgebers, die doppelte steuerrechtliche Belastung der Gewinne der Kapitalgesellschaften dadurch zu beseitigen, dass auf der Ebene des anrechnungsberechtigten Gesellschafters eine Entlastung in der Höhe eintrat, in der die Ausschüttung auf der Ebene der Kapitalgesellschaft Körperschaftsteuer ausgelöst hatte. In diesem Zusammenhang hat der Bundesfinanzhof eingeräumt, dass die anzurechnende oder zu vergütende Körperschaftsteuer rechtstechnisch so ausgestaltet war, dass sie zwar *wirtschaftlich* wie eine Vorauszahlung auf die Einkommensteuer oder Körperschaftsteuer der Gesellschafter wirkte.[660] Der Bundesfinanzhof betonte jedoch, dass sich dadurch der Rechtsgrund der Körperschaftsteuer nicht änderte. Aus der Zahlung zur Tilgung einer eigenen Steuerschuld wurde keine Zahlung zur Tilgung von Steuerschulden der Gesellschafter.

d) BGH, Urteil vom 28. Juni 1982 – II ZR 69/81

Im ersten hier näher dargestellten *Urteil des Bundesgerichtshofs vom 28. Juni 1982*[661] zum körperschaftsteuerlichen Anrechnungsverfahren hat der Bundesgerichtshof zu der Frage Stellung genommen, ob der Körperschaftsteuer-Anrechnungsanspruch einen Teil der von der Kapitalgesellschaft gezahlten Dividende oder einen sonstigen dem Anteilseigner zufließenden Vermögensvorteil darstellt. In diesem Zusammenhang hat sich der erkennende Senat auch mit der Rechtsnatur der Körperschaftsteuer und der Funktionsweise des Anrechnungsverfahrens auseinandergesetzt. Die Entscheidung ist deshalb von Bedeutung, weil sie wichtige Aussagen zum Verhältnis von Körperschaftsteuer und Gesellschaftsrecht macht.[662]

---

[659] BFH, Urteil vom 18.02.1970 – I R 97/66 – BFHE 98, 482 (485 f.) = BStBl. 1970 II, 464 (466).

[660] BFH, Beschluss vom 09.02.1982 – VIII B 132/81 – BStBl. 1982 II, 401 (402); BFH, Urteil vom 02.10.1981 – III R 27/77 – BFHE 134, 167 (171) = BStBl. 1982 II, 8 (10) = BB 1982, 414 (415).

[661] BGH, Urteil vom 28.06.1982 – II ZR 69/81 – BGHZ 84, S. 303 ff. = DB 1982, S. 1819 ff. = WM 1982, S. 900 ff.

[662] Vgl. *W. Meilicke,* Zivilrechtliche Probleme des körperschaftsteuerlichen Anrechnungsverfahrens, in: FS für Heinz Meilicke, 94 (98).

aa) Sachverhalt

Nach § 9 lit. a) des Wohnungsgemeinnützigkeitsgesetzes (WGG)[663] durften die Mitglieder oder Gesellschafter eines gemeinnützigen Wohnungsunternehmens satzungsmäßig und tatsächlich bei der Verteilung des Reingewinns jährlich höchstens 4 v.H. ihrer eingezahlten Kapitaleinlagen und keine sonstigen Vermögensvorteile erhalten, die nicht als angemessene Gegenleistung für besondere geldwerte Leistungen anzusehen waren. Nach dem In-Kraft-Treten des Körperschaftsteuergesetzes 1977 und der damit verbundenen Vorschriften des Einkommensteuergesetzes vertraten die für die Anerkennung der Gemeinnützigkeit zuständigen Behörden die Auffassung, die anzurechnende oder zu vergütende Körperschaftsteuer sei ein „sonstiger Vermögensvorteil" i.S.d. § 9 lit. a) WGG und damit als Teil der Ausschüttung anzusehen. Da diese aber 4% nicht übersteigen dürfe, betrage die zulässige Bardividende höchstens 2,56 v.H., zu der die anzurechnende oder zu vergütende Körperschaftsteuer von 9/16 von 2,56 v.H. = 1,44 v.H. trete, so dass insgesamt 4 v.H. ausgeschüttet würden. Die Finanzverwaltung hatte sich dieser Auffassung angeschlossen.

Ein gemeinnütziges Wohnungsunternehmen in der Rechtsform der Aktiengesellschaft, welches anrechnungsberechtigte und nichtanrechnungsberechtigte Aktionäre hatte, wollte seine Anerkennung als gemeinnützig nicht verlieren. Die Hauptversammlung der Wohnungsbauaktiengesellschaft beschloss daher bei der Gewinnverteilung 1978 für die Aktionäre, auf deren Dividende Körperschaftsteuer zu entrichten war, eine um den Anrechnungsbetrag verminderte Dividende von 2,56%, für alle übrigen aber eine solche von 4%. Nachdem ein Aktionär diese Gewinnverteilung wegen Verletzung des Grundsatzes der Gleichbehandlung mit Erfolg angefochten hatte, beschloss die Hauptversammlung, für die Jahre 1978 und 1979 eine einheitliche Dividende in Höhe von 2,56 v.H. auszuschütten. Diese Beschlüsse focht wiederum ein von der Körperschaftsteuer befreiter Aktionär an.

bb) Entscheidungsgründe

Der Bundesgerichtshof hat die Beschlüsse der Hauptversammlung der Aktiengesellschaft über die Verwendung der Bilanzgewinne der Jahre 1978 und 1979 für nichtig erklärt, weil nur die Dividenden der anrechnungsberechtigten Aktionäre um die anzurechnende oder zu vergütende Körperschaftsteuer hätten gekürzt werden dürfen.

---

[663] Gesetz über die Gemeinnützigkeit im Wohnungswesen vom 28.02.1940 – Wohnungsgemeinnützigkeitsgesetz (WGG) – RGBl. 1940 I, S. 437 ff. = RStBl. 1940 III, S. 2330 ff.

(1) Dividendenkürzung bei den anrechnungsberechtigten Aktionären

Die Kürzung der Dividenden der anrechnungsberechtigten Aktionäre hielt der Bundesgerichtshof nach § 9 lit. a) WGG für geboten. Zur Begründung wies er darauf hin, dass gemeinnützige Unternehmen grundsätzlich überhaupt keinen Gewinn ausschütten dürfen. Die Vorschrift des § 9 lit. a) WGG sei eine Ausnahme, so dass der Satz von 4 v.H. der eingezahlten Kapitaleinlage die äußerste Grenze für alle Vermögensvorteile bilde, die dem Aktionär als Dividende oder in anderer Form infolge seiner Beteiligung zufließen dürfen. Aufgrund der Satzung i.V.m. §§ 58 Abs. 4, 174 AktG hatte die Hauptversammlung zu beschließen, dass vom Bilanzgewinn – vorausgesetzt, dieser reichte aus – 4% des Kapitals als Dividende auszuschütten waren. Der Bundesgerichtshof sieht folglich – ebenso wie die Finanzverwaltung – die 4%-Grenze nach § 9 lit. a) WGG als Bruttogrenze an. Ob dem Aktionär aus dem Vermögen der Gesellschaft Vorteile zufließen, ist nach Auffassung des Bundesgerichtshofs „allein nach *wirtschaftlichen Gesichtspunkten* zu beurteilen".

In Übereinstimmung mit der Ansicht des Bundesfinanzhofs zur Frage der Rechtsnatur der Körperschaftsteuer[664] weist er darauf hin, dass die Körperschaftsteuer der Aktiengesellschaft wirtschaftlich wie eine von einem Dritten entrichtete Vorauszahlung auf die vom anrechnungsberechtigten Aktionär geschuldete Einkommensteuer oder Körperschaftsteuer wirkt, auch wenn sie rechtlich eine Körperschaftsteuer der Kapitalgesellschaft und keine Vorauszahlung auf die Einkommensteuer oder Körperschaftsteuer der Gesellschafter darstellt. Aus der Tatsache, dass die Körperschaftsteuer auf ausgeschüttete Gewinne wirtschaftlich den anrechnungsberechtigten Anteilseignern zugute kommt, folgert der Bundesgerichtshof, dass der Körperschaftsteuer-Anrechnungsbetrag als Vermögensvorteil auf den Höchstsatz von 4% anzurechnen ist und damit die an die Anteilseigner ausgeschüttete Bardividende zuzüglich der Steuergutschrift das 4%-Limit nicht übersteigen dürfen.[665]

(2) Differenzierung zwischen anrechnungsberechtigten und nicht anrechnungsberechtigten Aktionären

Aus den Besonderheiten des Gemeinnützigkeitsrechts leitet der Bundesgerichtshof auch das Recht her, nur die Dividenden der anrechnungsberechtigten Aktionäre auf 2,56 v.H. zu kürzen, die Dividenden der nichtanrechnungsberechtigten Aktionäre[666] dagegen weiterhin – gemäß der Satzung – bei 4 v.H. zu

[664] BFH, Beschluss vom 09.02.1982 – VIII B 132/81 – BStBl. 1982 II, S. 401; BFH, Urteil vom 02.10.1981 – III R 27/77 – BFHE 134, S. 167 ff. = BStBl. 1982 II, S. 8 ff.

[665] So auch *Streck*, KStG, 4. Aufl., § 5 Tz. 66.

belassen. Eine einheitliche Dividende für alle Anteilseigner hält der Bundesgerichtshof nicht für geboten und sieht darin aufgrund der folgenden Erwägungen auch keinen Verstoß gegen das gesellschaftsrechtliche Gleichbehandlungsgebot: Die Anteile der Aktionäre am Gewinn bestimmten sich zwar nach § 60 Abs. 1 AktG grundsätzlich nach dem Verhältnis der Aktiennennbeträge. Abweichend hiervon könne die Satzung jedoch eine „andere Art der Gewinnverteilung" vorsehen (vgl. § 60 Abs. 3 AktG). Im zu entscheidenden Fall sah der Bundesgerichtshof eine solche anderweitige Regelung darin, dass laut Satzung bei der Ausschüttung die Höchstsätze des Gemeinnützigkeitsrechts zu beachten waren. Könnten diese Höchstsätze nur dadurch eingehalten werden, dass bei einer bestimmten Aktionärsgruppe neben der Dividende auch die anzurechnende oder zu erstattende Körperschaftsteuer zu berücksichtigen ist, liege darin eine – zulässige – satzungsbedingte Ungleichbehandlung.

cc) Kritische Analyse der Entscheidungsgründe

Den Ausführungen des Bundesgerichtshofs kann meiner Ansicht nach nicht in vollem Umfang zugestimmt werden. Zu Recht finden sich daher in der Literatur Stimmen, welche die Entscheidung des Bundesgerichtshofs durchaus kritisch betrachten.[667] Auf diese Kritik wird im Folgenden näher eingegangen.

(1) Rechtliche Einordnung des Körperschaftsteueranrechnungsanspruchs

Zunächst hatte sich der Bundesgerichtshof mit der Frage zu befassen, ob die Anrechnung bzw. Erstattung des Körperschaftsteuerguthabens, wenn schon keine Dividende, so doch wenigstens ein sonstiger Vermögensvorteil ist, der dem Gesellschafter von Seiten der Gesellschaft zufließt. Soweit ersichtlich ist das Urteil des Bundesgerichtshofs die einzige Entscheidung, die sich mit diesem Problem zu befassen hatte. Unter Hinweis auf die sog. *wirtschaftliche Betrachtungsweise* bejaht der Bundesgerichtshof diese Frage.[668]

---

666 Hierzu zählten einerseits die Anteilseigner, die nach § 5 Abs. 1 Nr. 9 KStG von der Körperschaftsteuer befreit waren, so dass gem. §§ 27 Abs. 1, 40 Nr. 2 KStG für die an sie ausgeschüttete Dividende keine Körperschaftsteuer zu entrichten und deshalb auch keine anzurechnen war, andererseits die ausländischen Anteilseigner, deren Dividende zwar mit Körperschaftsteuer belastet war, die aber keine Möglichkeit der Anrechnung hatten.

667 Kritisch äußert sich insbesondere *W. Meilicke,* Zivilrechtliche Probleme des körperschaftsteuerlichen Anrechnungsverfahrens, in: FS für Heinz Meilicke, S. 94 ff. Zustimmung findet das Urteil dagegen bei *Döllerer,* Die Rechtsnatur der neuen Körperschaftsteuer, in: BB 1983, S. 1 ff. sowie bei *Brandes,* LM Nr. 3 zu WohnungsgemeinnützigkeitsG.

Döllerer beurteilt diese Rechtsauffassung des Bundesgerichtshofs als nicht verallgemeinerungsfähig. Er argumentiert, dass der Bundesgerichtshof nur aufgrund der Besonderheiten des Gemeinnützigkeitsrechts zu dieser von der Regel abweichenden Beurteilung der anzurechnenden bzw. zu vergütenden Körperschaftsteuer kommt.[669] Der Bundesgerichtshof betrachte die anzurechnende oder zu vergütende Körperschaftsteuer nur i. S. d. § 9 WGG als Vermögensvorteil. Dies werde dadurch deutlich, dass der Bundesgerichtshof ausdrücklich nicht von der Rechtsprechung des Bundesfinanzhofs abweichen möchte, die es ablehnt, die Körperschaftsteuer nach dem KStG 1977 rechtlich als Vorauszahlung auf die Einkommensteuer oder Körperschaftsteuer der Gesellschafter und damit als Dividende oder sonstigen Vorteil aus dem Vermögen der Kapitalgesellschaft zu betrachten. Die anzurechnende oder zu vergütende Körperschaftsteuer stehe zwar in einem wirtschaftlichen Zusammenhang mit der Beteiligung, beruhe aber nicht auf einer Leistung der Kapitalgesellschaft an den Gesellschafter. In Fällen außerhalb der gemeinnützigen Wohnungsunternehmen sei es daher nicht gestattet, die Körperschaftsteuergutschrift als Vorteil aus dem Vermögen der Kapitalgesellschaft anzusehen.

Dagegen betont *W. Meilicke,* dass der Bundesgerichtshof die Einordnung der Körperschaftsteuergutschrift als Vermögensvorteil, der dem Gesellschafter aus dem Vermögen der Gesellschaft zufließt, ohne Einschränkung vorgenommen habe, so dass kein Anlass bestehe, die Entscheidung als Ausnahme zu charakterisieren.[670]

Meines Erachtens kann keiner der beiden Ansichten gefolgt werden. Sowohl *Döllerer* als auch *W. Meilicke* gehen von der Prämisse aus, dass der Bundesgerichtshof die Körperschaftsteueranrechnung bzw. -vergütung als einen Vorteil *aus dem Vermögen der Kapitalgesellschaft* betrachtet. Grund für diese Annahme dürfte wohl die – etwas unscharfe – Formulierung des Bundesgerichtshofs sein, dass es in dem zu entscheidenden Fall unter anderem um die Frage gehe, ob „der Körperschaftsteuer-Anrechnungsbetrag [...] einen sonstigen dem Aktionär von der Beklagten zufließenden Vermögensvorteil" darstelle. Aus den weiteren Ausführungen unter 1. der Entscheidungsgründe ergibt sich meines Erachtens jedoch, dass der Bundesgerichtshof die Frage, ob es sich um eine Leistung aus dem Vermögen der Gesellschaft handelt, überhaupt nicht entscheiden wollte. Ihm ging es vielmehr nur darum zu beurteilen, ob der Körperschaftsteuer-Anrechnungsbetrag einen Vermögensvorteil bildet, der „dem Aktionär als Divi-

---

668 Vgl. dazu auch BGH, Urteil vom 31.01.1995 – II ZR 42/94 – AG 1995, S. 229 ff. = BB 1995, S. 719 ff. = DB 1995, S. 918 f. = NJW 1995, S. 1088 ff. = WM 1995, S. 663 ff. = ZIP 1995, S. 462 ff.; vgl. zu diesem Urteil näher unten Drittes Kapitel, Körperschaftsteuer, IV. 2. f).

669 *Döllerer,* Zur Rechtsnatur der neuen Körperschaftsteuer, in: BB 1983, 1 (2).

670 Vgl. *W. Meilicke,* Zivilrechtliche Probleme des körperschaftsteuerlichen Anrechnungsverfahrens, in: FS für Heinz Meilicke, 94 (97).

dende oder in anderer Form *infolge seiner Beteiligung*" zufließt. Diese Frage konnte er deshalb bejahen, weil es eine systemimmanente Folge des Anrechnungsverfahrens ist, dass die Anrechnung bzw. Erstattung des Körperschaftsteuerguthabens grundsätzlich an die Eigenschaft als Anteilseigner und damit an die Beteiligung an der Kapitalgesellschaft anknüpft.[671] Ob es sich letztlich um eine Leistung der Gesellschaft handelt oder nicht, ist auch deshalb irrelevant, weil § 9 WGG nur bestimmt, dass die Gesellschafter des Wohnungsunternehmens jährlich höchstens 4 v.H. der eingezahlten Kapitaleinlagen erhalten dürfen. Die Vorschrift bestimmt nicht, auf welchem Weg dies geschehen muss. Insoweit konnte auch der Vermögensvorteil, der den Gesellschaftern über den Umweg der Körperschaftsteuergutschrift zugute kam, in die Berechnung der 4%-Grenze einbezogen werden. Vor diesem Hintergrund sind die von der Literatur in diesem Punkt geäußerten Bedenken unbegründet und ist dem Bundesgerichtshof zuzustimmen.

(2) Differenzierung zwischen anrechnungsberechtigten und nicht anrechnungsberechtigten Aktionären

Da der Bundesgerichtshof den ausländischen und den von der Körperschaftsteuer befreiten inländischen Anteilseignern eine höhere Dividende (4%) zugesprochen hat als den unbeschränkt steuerpflichtigen Anteilseignern (2,56%), haben die Anteilseigner im Ergebnis gesellschaftsrechtlich unterschiedlich hohe Gewinne erhalten. Insbesondere *W. Meilicke* hat in den unterschiedlichen Dividendensätzen einen Verstoß gegen den gesellschaftsrechtlichen Gleichbehandlungsgrundsatz gesehen.[672] Dieser Sichtweise kann jedoch deshalb nicht zugestimmt werden, weil es sich – wie der Bundesgerichtshof zutreffend festgestellt hat – um eine zulässige satzungsbedingte Ungleichbehandlung der Aktionäre handelt.

Im Aktienrecht hat der Gleichbehandlungsgrundsatz seinen Niederschlag in § 53a AktG gefunden. Er enthält das *Gebot,* Aktionäre unter gleichen Bedingungen gleich zu behandeln, und damit umgekehrt auch das *Verbot,* Aktionäre ohne genügende sachliche Rechtfertigung und in diesem Sinne willkürlich unterschiedlich zu behandeln.[673] Für den Bereich der Gewinnverteilung gibt § 60

---

[671] In diese Richtung auch *Döllerer,* Zur Rechtsnatur der neuen Körperschaftsteuer, in: BB 1983, 1 (3), der ausführt, dass die anzurechnende oder zu vergütende Körperschaftsteuer nicht auf einer Leistung der Kapitalgesellschaft, sondern auf dem Gebot des Gesetzes beruht, dass auf der Ebene der Gesellschafter eine steuerliche Entlastung in der Höhe eintritt, in der die Ausschüttung auf der Ebene der Kapitalgesellschaft Körperschaftsteuer verursacht hat.

[672] *W. Meilicke,* Zivilrechtliche Probleme des körperschaftsteuerlichen Anrechnungsverfahrens, in: FS für Heinz Meilicke, 94 (100 f.).

[673] Vgl. *Hüffer,* AktG, § 53a Rdnr. 4.

Abs. 1 AktG die am Gleichbehandlungsgrundsatz orientierte Regel vor, dass sich die Anteile der Aktionäre am Gewinn grundsätzlich nach dem Verhältnis der Aktiennennbeträge bestimmen.[674] Allerdings kann die Satzung der Aktiengesellschaft eine von § 60 Abs. 1 AktG abweichende Gewinnverteilung vorsehen (vgl. § 60 Abs. 3 AktG). Wenngleich die Satzung den Gleichbehandlungsgrundsatz als solchen nicht abschaffen kann, kann sie ohne weiteres den Maßstab der Gleichbehandlung (z. B. durch die Festlegung einer Grenze für das Gewinnbezugsrecht) ändern und sachgerechte Differenzierungen schaffen.[675] Enthält die Satzung eine entsprechende Regelung (beispielsweise in Form eines Verweises auf das Gemeinnützigkeitsrecht[676]), ist die daraus unter Umständen resultierende Ungleichbehandlung in zulässiger Weise in der Satzung festgelegt.[677] In dem vom Bundesgerichtshof zu entscheidenden Fall ließen unter anderem die Dividendenregelungen in § 3 Abs. 2 sowie § 19 Abs. 1 der Satzung erkennen, dass die darin genannten Prozentsätze durch den Höchstsatz des § 9 lit. a) WGG bestimmt werden. Aufgrund des Verweises auf diese Höchstgrenze, der erhebliche Bedeutung für die Gemeinnützigkeit der Gesellschaft zukam, wirkte die üblicherweise nur der Privatsphäre zuzurechnende und deshalb bei der Frage der Gleichbehandlung auszuklammernde persönliche Steuerpflicht des Aktionärs ausnahmsweise in das Gesellschaftsverhältnis hinein. Letztlich war es die private Steuergutschrift im Rahmen des Anrechnungsverfahrens, die für den Bundesgerichtshof den Ausschlag gab, bei den anrechnungsberechtigten und nicht anrechnungsberechtigten Aktionären unterschiedliche Dividendensätze anzuwenden, ohne mit der Zahlung von Dividenden außer Verhältnis zu den Aktiennennbeträgen gegen den gesellschaftsrechtlichen Gleichbehandlungsgrundsatz zu verstoßen.

Es steht folglich keine gesellschaftsrechtliche, sondern eine steuerrechtliche Ungleichbehandlung im Raum, die daraus resultiert, dass der Steuergesetzgeber den einen Gesellschaftern die Anrechnung oder Vergütung der Körperschaftsteuer gewährt, anderen Gesellschaftern dagegen nicht.[678]

---

[674] Vgl. *Hueck,* Der Grundsatz der gleichmäßigen Behandlung im Privatrecht, S. 48; *Hüffer,* AktG, § 60 Rdnr. 1.

[675] *Bungeroth,* in: MünchKomm-AktG, § 53a Rdnr. 19 ff.; *Henn,* Die Gleichbehandlung der Aktionäre in Theorie und Praxis, in: AG 1985, 240 (243).

[676] Vgl. *Hüffer,* AktG, § 60 Rdnr. 7; weitere Beispiele bei *Lutter,* in: Kölner Kommentar zum AktG, 2. Aufl., § 58 Rdnr. 85 ff.

[677] Im Ergebnis ebenso *Brandes,* LM Nr. 3 zu WohnungsgemeinnützigkeitsG; *Henze,* in: Großkomm. AktG, § 60 Rdnr. 29; *Lutter,* in: Kölner Kommentar zum AktG, 2. Aufl., § 60 Rdnr. 21.

[678] Vgl. *Döllerer,* Zur Rechtsnatur der neuen Körperschaftsteuer, in: BB 1983, 1 (3).

(3) Herkunft des ausgeschütteten Kapitals

Dennoch ist die vom Bundesgerichtshof vorgenommene Differenzierung mit den Wertungsentscheidungen des Steuergesetzgebers unvereinbar und führt zu aus meiner Sicht nicht hinnehmbaren Ergebnissen. Den hierfür entscheidenden Aspekt hat *W. Meilicke* ins Feld geführt. Er kritisiert, dass der Bundesgerichtshof nicht näher ausführt, aus welchem verwendbaren Eigenkapital die Gewinnausschüttung finanziert wurde.[679] Dass dies im Hinblick auf die 4%ige Ausschüttungsgrenze des § 9 lit. a) WGG von erheblicher Bedeutung gewesen wäre, belegen seine exemplarischen Berechnungen für unterschiedliche Eigenkapitalkonten (EK_{02} einerseits sowie EK_{02} und EK_{56} andererseits), die im Folgenden kurz dargelegt und analysiert werden.

(a) Ausschüttung aus EK_{02}

In der Regel stammte der wesentliche Teil der Ausschüttungen eines gemeinnützigen Wohnungsbauunternehmens aus steuerfreien Einnahmen. Diese steuerfreien Vermögensmehrungen waren im Teilbetrag i.S.d. § 30 Abs. 2 Nr. 2 KStG (EK_{02}[680]) auszuweisen, soweit es sich um inländische Einkünfte handelte.

Wurde aus dem verwendbaren Eigenkapital EK_{02} eine Ausschüttung an *anrechnungsberechtigte* Anteilseigner vorgenommen, musste die *Ausschüttungsbelastung* nach § 27 KStG in Form einer *Körperschaftsteuererhöhung* von 0% auf 36% hergestellt werden. In diesem Fall fiel die grundsätzliche Körperschaftsteuerbefreiung der Wohnungsbauunternehmen (vgl. § 5 Abs. 1 Nr. 10 KStG)[681] weg. Die Steuerbefreiung war nämlich insoweit aufgehoben, als nach den Vorschriften über das Anrechnungsverfahren die Ausschüttungsbelastung herzustellen war (vgl. § 5 Abs. 2 Nr. 2, §§ 27 ff. KStG 1977).

Soweit das Wohnungsbauunternehmen allerdings Gewinnausschüttungen an einen *unbeschränkt steuerpflichtigen, von der Körperschaftsteuer befreiten Anteilseigner* oder an eine juristische Person des öffentlichen Rechts vornahm,

---

[679] Vgl. *W. Meilicke,* Zivilrechtliche Probleme des körperschaftsteuerlichen Anrechnungsverfahrens, in: FS für Heinz Meilicke, 94 (98).

[680] Der Teilbetrag i.S.d. § 30 Abs. 2 Nr. 2 KStG (sog. EK_{02}) umfasste alle sonstigen Vermögensmehrungen, die nicht der Körperschaftsteuer unterliegen und die nicht unter § 30 Abs. 2 Nr. 3 KStG (EK_{03}, Altkapital) oder § 30 Abs. 2 Nr. 4 KStG (EK_{04}, Einlagen der Anteilseigner nach dem Systemwechsel) fallen. Die wichtigsten Beispiele für das EK_{02} sind Investitionszulagen sowie Einkünfte der gem. § 5 KStG steuerbefreiten Körperschaften, soweit sie als ausschüttende in das körperschaftsteuerliche Anrechnungsverfahren einbezogen sind, vgl. *Jünger,* in: Lademann, KStG, § 30 Anm. 72 ff.

[681] Bereits vor In-Kraft-Treten des Körperschaftsteuergesetzes 1977 waren die gemeinnützigen Wohnungsunternehmen – jedoch vollständig – von der Körperschaftsteuer befreit. Die entsprechende Steuerbefreiung fand sich bis 1976 in § 8 KStDV, vgl. *Streck,* KStG, 4. Aufl., § 5 Tz. 65.

wurde gem. § 40 Abs. 1 Nr. 2 KStG die *Körperschaftsteuer nicht erhöht.* Zweck dieser Vorschrift war es, bei Ausschüttungen innerhalb des Gemeinnützigkeitsbereichs die Erhebung einer zusätzlichen Körperschaftsteuer zu vermeiden[682] und Dividendenzahlungen eines gemeinnützigen Unternehmens an ein anderes steuerfrei zu stellen. Dieser Zweck konnte allerdings nur dann erreicht werden, wenn der Steuervorteil auch tatsächlich dem nach § 40 Abs. 1 Nr. 2 KStG von der Körperschaftsteuer befreiten Anteilseigner zugute kam. Waren auch andere von der Körperschaftsteuer befreite Anteilseigner an dem gemeinnützigen Unternehmen beteiligt, durfte nach dem Willen des Gesetzgebers die Körperschaftsteuerbefreiung gezielt nur dem Anteilseigner zugute kommen, in dessen Person die Voraussetzungen dafür vorlagen.[683] Diese Erwägungen zugrunde gelegt hätten in dem vom Bundesgerichtshof zu entscheidenden Fall nur die nach § 5 KStG von der Körperschaftsteuer befreiten inländischen Gesellschafter – wie die Klägerin als gemeinnützige Stiftung – den Steuervorteil und damit die erhöhte Dividende von 4% erhalten dürfen. Nur für sie war die Ausschüttungsbelastung nicht herzustellen.

Dagegen erscheint es verfehlt, auch den ausländischen, weder zur Anrechnung noch zur Vergütung der Körperschaftsteuer berechtigten Anteilseignern (vgl. § 50 Abs. 5 S. 2 EStG, §§ 51, 52, 50 Abs. 2 Nr. 2 KStG 1977) die erhöhte Dividende zuzusprechen. Auch für sie war die Ausschüttungsbelastung in Form einer *Körperschaftsteuererhöhung* herzustellen; die Kapitalgesellschaft musste Körperschaftsteuer in Höhe der Ausschüttungsbelastung einbehalten und an das Finanzamt abführen.

(b) Ausschüttung aus EK_{56} und EK_{02}

Weitere Probleme entstanden für die ausschüttende Gesellschaft, sofern die Ausschüttung nicht nur aus EK_{02}, sondern teilweise auch aus EK_{56} finanziert werden musste. In diesem Fall, der beispielsweise eintreten konnte, wenn für die Ausschüttung eines gemeinnützigen Wohnungsbauunternehmens ungemildert mit Körperschaftsteuer belastetes Eigenkapital als ausgeschüttet galt, das aus Geschäften entstanden war, für die Auflagen abgabenrechtlicher Art bestanden,[684] galten die aus EK_{56} stammenden Teilbeträge als zuerst verwendet.[685]

---

682 Vgl. Gesetzentwurf der Bundesregierung, BT-Drs. 700/73 vom 08.11.1973, S. 376.

683 *W. Meilicke,* Zivilrechtliche Probleme des körperschaftsteuerlichen Anrechnungsverfahrens, in: FS für Heinz Meilicke, 94 (99).

684 Vgl. *Jünger,* in: Lademann, KStG, § 40 Anm. 36; *Dötsch,* in: Dötsch/Eversberg/Jost/Witt, Die Körperschaftsteuer, § 40 KStG 1999 Rdnr. 28.

685 Vgl. § 28 Abs. 3 KStG 1977 (bis VZ 1983 § 28 Abs. 2 KStG); ebenso OFD Frankfurt, Verfügung vom 24.01.1984, S 2812 A – 2/s 2824 A – 1 – St II 10, DB 1984, 1122 (1122).

Weil die Vorschrift des § 40 Abs. 1 Nr. 2 KStG aber nur die Körperschaftsteuer*erhöhung,* nicht aber eine Körperschaftsteuer*minderung* verbot, war für den aus EK_{56} gespeisten Teil die Ausschüttungsbelastung herzustellen, und zwar gleichermaßen für die *nicht anrechnungsberechtigten* Anteilseigner (und damit auch die steuerbefreiten Körperschaften) und die *anrechnungsberechtigten* Aktionäre.[686] Soweit die Ausschüttungen dabei nicht anrechnungsberechtigten Anteilseignern zuflossen, wurde die Körperschaftsteuer definitiv, die nach einer etwaigen Körperschaftsteuerminderung noch auf den verwendeten Teilbeträgen ruhte.[687] Da die Körperschaftsteuerminderung als mitausgeschüttet galt, führte die Entscheidung des Bundesgerichtshofs nun dazu, dass das Wohnungsbauunternehmen für die Ausschüttung aus EK_{56} an *nicht anrechnungsberechtigte* Anteilseigner *mehr* aufwenden musste als für die Ausschüttung an *anrechnungsberechtigte* Anteilseigner. Betrachtet man die Dividende i.H.v. 4% als Gewinn vor Abzug der Körperschaftsteuer, mussten für die Dividende in Höhe von 2,56% (= 64%) 44 Punkte verwendbares Eigenkapital und 20 Punkte Körperschaftsteuerminderung aus dem EK_{56} aufgewendet werden, während für die Dividende in Höhe von 4% (= 100%) 80 Punkte verwendbares Eigenkapital und 20 Punkte Körperschaftsteuerminderung aus dem EK_{56} benötigt wurden.

dd) Stellungnahme und Fazit

Sowohl der Bundesgerichtshof als auch die Finanzverwaltung sind für die Bemessung der 4%-Grenze des § 9 lit. a) WGG von dem Vermögensvorteil ausgegangen, der beim Anteilseigner *ankommt.* Zwar können sie sich dabei auf den Wortlaut der Vorschrift stützen, der besagt, dass „die Mitglieder [...] höchstens jährlich vier vom Hundert ihrer eingezahlten Kapitaleinlagen [...] erhalten" dürfen, doch erweist sich bei weiterer Betrachtung die Entscheidung des Bundesgerichtshofs als unvollständig. Sie konnte im Ergebnis sogar dazu führen, dass die für die Gemeinnützigkeit der Gesellschaft bedeutsame 4%-Grenze überschritten wurde. Dies ergibt sich aus folgenden Erwägungen

Beim *unbeschränkt Steuerpflichtigen* wird die Körperschaftsteuer in Höhe von 1,44% zwar auf die Einkommensteuer angerechnet; doch verbleibt im Er-

---

[686] Insoweit unscharf *Döllerer,* Zur Rechtsnatur der neuen Körperschaftsteuer, in: BB 1983, 1 (2).

[687] Die darüber hinaus als für die Ausschüttung verwendet geltenden, nicht mit Körperschaftsteuer belasteten Teilbeträge des EK_{02} waren ebenfalls als auf die Gesamtheit der Anteilseigner entfallend anzusehen. Da – wie soeben gesehen – eine Körperschaftsteuererhöhung aber nur insoweit in Betracht kam, als die Ausschüttungen den anrechnungsberechtigten Anteilseignern zuflossen, mussten die Körperschaftsteuerminderung auf EK_{56} einerseits sowie die nach § 40 Abs. 1 Nr. 2 KStG wegfallende Körperschaftsteuererhöhung andererseits getrennt berechnet werden, vgl. OFD Frankfurt, Verfügung vom 24.01.1984, S 2812 A – 2/S 2824 A – 1 – St II 10, DB 1984, 1122 (1122).

gebnis, d.h. nach Einkommensteuer, in der Regel deutlich weniger als 4%. Beim unbeschränkt Steuerpflichtigen wird also auf den Vermögenszuwachs *vor* persönlicher *Einkommensteuerbelastung* abgestellt. Bei den *von der Körperschaftsteuer befreiten inländischen Anteilseignern* wird dagegen auf die Steuerbelastung *nach* persönlichen Ertragsteuern abgestellt, weil diese durch die erhobene Ausschüttungsbelastung bereits abgegolten sind. Bleiben die *beschränkt steuerpflichtigen ausländischen Anteilseigner,* denen der Bundesgerichtshof als nichtanrechnungsberechtigte Anteilseigner ebenfalls eine Dividende in Höhe von 4% zuspricht. Betrachtet man auch bei ihnen die Steuerbelastung *nach* persönlichen Ertragsteuern, führt dies z.B. aufgrund der in den USA üblichen indirekten *Steueranrechnung* dazu, dass einem amerikanischen Anteilseigner bei gleicher persönlicher Steuerbelastung nach Steuern ein Betrag verbleibt, der weit über demjenigen liegt, welcher dem unbeschränkt steuerpflichtigen inländischen Anteilseigner verbleibt.[688] In gleichem Maße wäre dann auch die 4%-Grenze des § 9 lit. a) WGG überschritten.

Um dieses unerwünschte Ergebnis zu vermeiden, hätte der Bundesgerichtshof im Hinblick auf die Ausschüttungsbegrenzung des § 9 lit. a) WGG darauf abstellen müssen, was bei der Gesellschaft *abfließt.*[689] Er hätte darauf hinwirken müssen, dass die Gesellschaft eine für alle Aktionäre gleiche Ausschüttung in Höhe von 2,56% beschließt mit der Maßgabe, dass die nach § 40 Abs. 1 Nr. 2 KStG Begünstigten eine zusätzliche Ausschüttung in Höhe der von der Gesellschaft ersparten Körperschaftsteuer Zug um Zug gegen Vorlage der dort vorgesehenen Bescheinigung erhalten.[690] Diese Sichtweise verfolgte offensichtlich der erste, rechtskräftig angefochtene Gewinnverwendungsbeschluss für 1978, der besagte, dass an die Aktionäre, *auf deren Dividende Körperschaftsteuer* zu entrichten war, eine um den Anrechnungsbetrag verminderte Dividende von 2,56%, für alle übrigen aber eine solche von 4% zu zahlen war. Damit war sichergestellt, dass der Steuervorteil des § 40 Abs. 1 Nr. 2 KStG tatsächlich nur den nach § 5 KStG von der Körperschaftsteuer befreiten Gesellschaftern zugute kam.

---

[688] Diese Steueranrechnung hätte nach der Sichtweise des Bundesgerichtshofs aber Berücksichtigung finden müssen, weil nicht verständlich ist, warum nach § 9 WGG ein sonstiger Vermögensvorteil in der Anrechnung der Körperschaftsteuer nur liegen soll, wenn sie beim inländischen Anteilseigner erfolgt, nicht aber beim ausländischen Anteilseigner, *W. Meilicke,* Zivilrechtliche Probleme des körperschaftsteuerlichen Anrechnungsverfahrens, in: FS für Heinz Meilicke, 94 (101).

[689] So auch *W. Meilicke,* Zivilrechtliche Probleme des körperschaftsteuerlichen Anrechnungsverfahrens, in: FS für Heinz Meilicke, 94 (101).

[690] So *W. Meilicke,* Zivilrechtliche Probleme des körperschaftsteuerlichen Anrechnungsverfahrens, in: FS für Heinz Meilicke, 94 (101).

e) Körperschaftsteueranrechnung bei Beteiligung einer Personenhandelsgesellschaft an einer Kapitalgesellschaft

Mit zahlreichen Problemen verbunden war die Frage der Körperschaftsteueranrechnung, sofern eine bilanzierungspflichtige Personenhandelsgesellschaft an einer Kapitalgesellschaft beteiligt war. Zu dieser mit der Einführung des Anrechnungsverfahrens im Jahr 1977 entstandenen Problematik lag mehr als fünfzehn Jahre lang keine Entscheidung der finanzgerichtlichen Gerichte vor. Erst der *Bundesgerichtshof* als Zivilgericht hat in seinem *Urteil vom 30. Januar 1995* zu diesem Problemkreis Stellung bezogen, so dass das Urteil aus der Sicht des Steuerrechts als Grundsatzurteil von massiver Tragweite angesehen werden kann.[691] Bis zu diesem Urteil waren insbesondere zwei Fragen umstritten. Zum einen war zu entscheiden, wem in dieser Situation der Anspruch auf Anrechnung der Körperschaftsteuer rechtlich zustand. Dies war dann mit der weiteren (bilanzrechtlichen) Frage verknüpft, wie die anrechenbare Körperschaftsteuer im Jahresabschluss der Personenhandelsgesellschaft zu erfassen war.

aa) Rechtliche Zuordnung des Anrechnungsanspruchs

Strittig war zunächst, ob die Personengesellschaft als solche oder nur der jeweilige steuerpflichtige Personengesellschafter anrechnungsberechtigt war.

(1) Anrechnungsberechtigung der Personenhandelsgesellschaft

In erster Linie die Finanzverwaltung hat den Standpunkt vertreten, dass der Anrechnungsanspruch der *Personenhandelsgesellschaft* als solcher zusteht.[692] Zur Begründung hat beispielsweise das Finanzministerium Baden-Württemberg darauf verwiesen, dass die gemäß § 36 Abs. 2 Nr. 3 EStG anzurechnende Körperschaftsteuer nach § 20 Abs. 1 Nr. 3 i.V.m. Abs. 3 EStG zu den Einnahmen der Personengesellschaft gehört und als zusammen mit der Dividende bezogen gilt. Damit gehöre zu den Einkünften aus Gewerbebetrieb der Personengesellschaft nicht nur die Dividende, sondern auch der Körperschaftsteuer-Anrechnungsanspruch.[693]

---

691 So *Felix,* An Kapitalgesellschaft beteiligte Personenhandelsgesellschaft – kein Anspruch der Personenhandelsgesellschaft auf Rückzahlung der für ausgeschüttete Gewinne erstatteten Körperschaftsteuer: Anmerkung, in: EWiR 1995, 699 (699).

692 So z.B. Finanzministerium Baden-Württemberg, Erlass vom 24.07.1978, S 2252 B – 3/78, auszugsweise veröffentlicht in Einkommensteuerkartei der Oberfinanzdirektionen Freiburg, Karlsruhe, Stuttgart, § 5 Nr. 21; Hauptfachausschuss beim Institut der Wirtschaftsprüfer in Deutschland e.V., Vorläufige Stellungnahme zu den Auswirkungen der Körperschaftsteuerreform auf die Rechnungslegung, in: WPg 1977, 38 (38) Nr. 5; *Csik/Gassner/Letters,* in: JbFSt 1978/1979, 403 (456); *Tillmann,* in: Steuerberaterkongress-Report 1978, 167 (204).

Einige Literaturstimmen begründeten die Anrechnungsberechtigung der Gesellschaft unter Hinweis auf die in § 20 Abs. 1 Nr. 3 S. 2 EStG enthaltene Fiktion, wonach „die anzurechnende oder zu vergütende Körperschaftsteuer [...] als zusammen mit den Einnahmen [...] bezogen“ galt. Diese Fiktion mache deutlich, dass Dividende und Körperschaftsteuer-Anrechnungsanspruch zu einer unlösbaren Einheit miteinander verbunden seien, so dass der Anrechnungsanspruch demjenigen zuzurechnen sei, dem auch die Dividende zustehe. Bei einer im Gesamthandsvermögen gehaltenen Beteiligung sei dies die Personenhandelsgesellschaft.[694] Wiederum andere führten an, dass nach § 718 Abs. 2 BGB in das Vermögen einer Personenhandelsgesellschaft alles falle, was „... aufgrund eines zum Gesellschaftsvermögen gehörenden Rechts erworben (werde).“ Hierzu rechneten auch Früchte von Sachen oder Rechten, und die Anrechnungsansprüche seien solche Früchte.[695]

Konsequenz dieser Sichtweise war, dass der Anspruch auf Anrechnung der Körperschaftsteuer als „aufgrund der Beteiligung erworben“ in das *Gesamthandsvermögen* der *Personenhandelsgesellschaft* fiel.

(2) Anrechnungsberechtigung der Gesellschafter

Demgegenüber betrachteten andere Stimmen in der Literatur nur die *Gesellschafter* der Personenhandelsgesellschaft als anrechnungsberechtigt.[696] Insbesondere *Döllerer* hat seine diesbezügliche Auffassung damit begründet, dass eine Anrechnung auf der Ebene der Personenhandelsgesellschaft schon deshalb nicht in Betracht kommt, weil nicht die Gesellschaft sondern nur ihre einkommensteuer- und körperschaftsteuerpflichtigen Gesellschafter *Ertragsteuersubjekte* und damit geeignete Träger des Anspruchs auf Körperschaftsteuer-Anrechnung seien. Zwar liege bei Beteiligung einer Personenhandelsgesellschaft an einer Kapitalgesellschaft das zivilrechtliche und wirtschaftliche Eigentum *(Inhaberschaft)* an den Kapitalgesellschaftsanteilen i. S. v. § 20 Abs. 2a EStG nicht bei dem einzelnen Personengesellschafter, sondern bei allen Gesellschaftern in ihrer gesamthänderischen Verbundenheit und damit bei der *Personenhandelsgesellschaft*.[697] Allerdings sei für den Anspruch auf Anrechnung der Körperschaft-

---

693 Vgl. Finanzministerium Baden-Württemberg, Erlass vom 24.07.1978, S 2252 B – 3/78, auszugsweise veröffentlicht in Einkommensteuerkartei der Oberfinanzdirektionen Freiburg, Karlsruhe, Stuttgart, § 5 Nr. 21.

694 So *Tillmann,* in: Steuerberaterkongress-Report 1978, 167 (204).

695 *Csik/Gassner/Letters,* JbFSt 1978/1979, 403 (456); vgl. dazu auch *Roser,* Anrechenbare Körperschaftsteuern im Jahresabschluss einer Holding-Personengesellschaft, in: DB 1992, 850 (852).

696 *Crezelius,* in: FS Claussen, 621 (628 ff.); *Döllerer,* in: FS Stimpel, 729 (731 f.); *Simon,* Der Anspruch auf Körperschaftsteueranrechnung bei Anteilen im Betriebsvermögen, in: BB 1981, 133 (139 f.).

steuer nicht das zivilrechtliche oder wirtschaftliche Eigentum, sondern nur die *Zurechnung* der Einnahmen *maßgebend*.[698] Steuerlich zuzurechnen seien die „Einnahmen i. S. d. § 20 Abs. 1 Nr. 1 oder 2 EStG" aber allein den Gesellschaftern.[699]

Dagegen hat *Simon* zur Begründung auf das Rangverhältnis zwischen § 20 EStG und § 36 EStG verwiesen. Er hat nicht die Vorschrift des § 20 EStG als Ausgangspunkt für die Frage der Anrechnungsberechtigung herangezogen, sondern ging davon aus, dass die Anrechnungsberechtigung aus der Vorschrift des § 36 Abs. 2 Nr. 3 EStG folgt.[700] Da die Norm im Grundsatz nur auf alle *unbeschränkt einkommensteuerpflichtigen Personen* sowie alle *unbeschränkt steuerpflichtigen Körperschaften* i. S. d. § 1 Abs. 1 KStG anwendbar sei, könne – sofern Anteilseigner eine Personenhandelsgesellschaft ist – die Anrechnung schon deshalb nicht zugunsten der Gesellschaft als solcher stattfinden, weil sie weder Einkommen- noch Körperschaftsteuer schulde.[701] Einkommen- und körperschaftsteuerpflichtig seien nur die Gesellschafter.

Weil die Gesellschaft als solche die Anrechnungsvorteile nicht nutzen konnte und die Steuergutschriften aus den Gewinnanteilen der Kapitalgesellschaft an die Gesellschafter als Steuersubjekte „durchgereicht" wurden,[702] konnte nach dieser Ansicht der Körperschaftsteuer-Anrechnungsanspruch *nicht Bestandteil* des *Gesamthandsvermögens* sein.[703]

---

[697] Ebenso *Crezelius,* in: FS Claussen, 621 (628); *Groh,* Übergang von Gesellschaftsvermögen auf die Gesellschafter mittels Steueranrechnung. Anmerkungen zum BGH-Urteil vom 30.1.1995 – II ZR 42/91, in: BB 1996, 631 (631).

[698] Nach *Döllerer,* in: FS Stimpel, 729 (731) zeigen die Vorschriften des § 20 Abs. 2 S. 1 Nr. 2, 20 Abs. 2 S. 3 EStG, wonach der Nießbraucher oder Pfandgläubiger als Anteilseigner gilt, wenn ihm die „Einnahmen im Sinn des § 20 Abs. 1 Nr. 1 oder 2 EStG" zuzurechnen sind, dass dann, wenn zivilrechtliches bzw. wirtschaftliches Eigentum an den Anteilen einerseits und Zurechnung der Einnahmen aus diesen Anteilen andererseits auseinanderfallen, die Zurechnung der Einnahmen *maßgebend* ist.

[699] *Döllerer,* in: FS Stimpel, 729 (732).

[700] Vgl. *Simon,* Der Anspruch auf Körperschaftsteueranrechnung bei Anteilen im Betriebsvermögen, in: BB 1981, 133 (139), der § 36 Abs. 2 Nr. 3 EStG als „originäre" Norm bezeichnet.

[701] Allein bei der Feststellung, ob und welcher Tatbestand einer Einkunftsart verwirklicht ist, sowie bei der Ermittlung der Einkünfte daraus kommt der Personenhandelsgesellschaft für steuerliche Zwecke *partielle Rechtssubjektivität* zu (BFH, Urteil vom 01.12.1992 – VIII R 57/90 – BFHE 170, 320 (327) = BStBl. 1994 II, 607 (611); BFH Großer Senat, Beschluss vom 25.02.1991 – GrS 7/89 – BFHE 163, 1 (16) = BStBl. 1991 II, 691 (699); BFH Großer Senat, Beschluss vom 25.06.1984 – GrS 4/82 – BFHE 141, 405 (426) = BStBl. 1984 II, 751 (761 f.)).

[702] So *Bartholl,* Zivilrechtlicher Ausgleich der Körperschaft- und Kapitalertragsteueranrechnung in Personengesellschaften – Besprechung des BGH-Urteils vom 30.1.1995 – II ZR 42/91, DB 1995, S. 918, in: DB 1995, 1797 (1797).

[703] Vgl. statt vieler *Csik/Gassner/Letters,* in: JbFSt 1978/1979, 403 (458 ff.); *Selchert,* Körperschaftsteueranrechnung bei Anteilen im Betriebsvermögen einer Mitun-

bb) Bilanzielle Behandlung des Körperschaftsteuer-Anrechnungsanspruchs

Die Frage der Anrechnungsberechtigung führte in einem nächsten Schritt zu der bilanzrechtlichen Frage, wie die anrechenbare Körperschaftsteuer im Jahresabschluss der Personenhandelsgesellschaft zu erfassen war.

Einigkeit bestand darüber, dass Gewinnausschüttungen einer Kapitalgesellschaft in Form der *Nettodividende*[704] bei der an der Kapitalgesellschaft beteiligten Personenhandelsgesellschaft (oHG, KG) zu vereinnahmen und in der handels- und steuerrechtlichen Gesamthandsbilanz als Forderungen gegen die ausschüttende Kapitalgesellschaft zu aktivieren waren.[705] Umstritten war dagegen, ob auch die mit der *Nettodividende* im Zusammenhang stehenden Steuern – die Körperschaft- und die Kapitalertragsteuer – bei der Personengesellschaft aktivierungspflichtige Einnahmen darstellten, die – sofern sie unmittelbar dem Gesellschafter gutgebracht wurden – als Entnahmen verbucht werden mussten und den Gewinn der Personengesellschaft entsprechend erhöhen konnten. Die Beantwortung dieser Frage hing entscheidend davon ab, ob man den Anspruch auf Körperschaftsteuer-Anrechnung der Personenhandelsgesellschaft oder dem Gesellschafter zusprach.

(1) Handelsbilanz der Personenhandelsgesellschaft

Vor dem grundlegenden Urteil des Bundesgerichtshofs vom 30. Januar 1995 wurden *drei verschiedene Auffassungen* vertreten, wie Gewinnausschüttungen einer Kapitalgesellschaft (und dabei insbesondere die anrechenbare Körperschaftsteuer) im (handelsrechtlichen) Jahresabschluss der Personengesellschaft zu erfassen waren.[706]

---

ternehmergemeinschaft, in: BB 1984, 888 (892); *Simon,* Der Anspruch auf Körperschaftsteueranrechnung bei Anteilen im Betriebsvermögen, in: BB 1981, 133 (140).

[704] Zu unterscheiden sind mithin: (1) Die *Bruttodividende* = Dividende plus anrechenbare Körperschaftsteuer (Steuergutschrift), (2) die *Bardividende* = ausgeschüttete Dividende ohne Körperschaftsteuer sowie (3) die *Nettodividende* = Dividende nach Abzug auch der Kapitalertragsteuer.

[705] Vgl. *Müller,* in: LM Nr. 6 zu § 122 HGB (7/1995), 1285 (1288).

[706] Alle drei Lösungsmöglichkeiten sind vor dem Grundmuster der §§ 238 ff. HGB zu sehen, die den Gewinn der Personengesellschaft als Vermögensänderung zwischen zwei Bilanzstichtagen ermitteln, wenn die Änderung der Vermögensverhältnisse, des Eigenkapitals, durch betriebliche Einflüsse hervorgerufen worden ist, vgl. *Crezelius,* in: FS Claussen, 621 (624); *Groh,* Übergang von Gesellschaftsvermögen auf die Gesellschafter mittels Steueranrechnung. Anmerkungen zum BGH-Urteil vom 30.1.1995 – II ZR 42/91, in: BB 1996, 631 (631).

(a) Körperschaftsteuer-Anrechnungsanspruch nicht Bestandteil des Gesamthandsvermögens

Vor dem Hintergrund der Auffassung, dass nur die Gesellschafter anrechnungsberechtigt sind, und der damit verbundenen Folge, dass der Anspruch auf Körperschaftsteuer-Anrechnung nicht Teil des Gesamthandsvermögens der Personengesellschaft ist, muss die *Nettomethode* gesehen werden. Danach war bei der Personenhandelsgesellschaft nur die Bardividende ohne jedweden Steueranrechnungsanspruch als Beteiligungsertrag zu erfassen.[707] Für den Anspruch auf Anrechnung der Körperschaftsteuer war in der Handelsbilanz der Personenhandelsgesellschaft kein Raum.

Eine Spielart der Nettomethode stellte die sog. *eingeschränkte Nettomethode* dar. Danach wurde zwar neben der Nettodividende zusätzlich die einbehaltene Kapitalertragsteuer als Beteiligungsertrag erfasst und als Entnahme der Gesellschafter qualifiziert. Allerdings bliebt auch nach dieser Methode der Körperschaftsteuer-Anrechnungsanspruch im Jahresabschluss der Personenhandelsgesellschaft unberücksichtigt.[708] Eine Entnahme aus dem Gesellschaftsvermögen lag diesbezüglich nicht vor.

(b) Körperschaftsteuer-Anrechnungsanspruch Teil des Gesamthandsvermögens

Auf der anderen Seite stand die sog. *Bruttomethode,* wonach die handelsbilanziell zu erfassenden Erträge aus Beteiligungen einer Personengesellschaft an einer Kapitalgesellschaft neben der Nettodividende und der einbehaltenen Kapitalertragsteuer auch den Körperschaftsteuer-Anrechnungsanspruch umfassen sollten. Dementsprechend waren im Rahmen der Buchung des Beteiligungsertrags bei der Personengesellschaft sowohl die Kapitalertragsteuer als auch der Körperschaftsteuer-Anrechnungsanspruch als von den Gesellschaftern entnommen zu betrachten.[709]

---

[707] Vgl. *Maul,* Zur Behandlung der anrechenbaren Körperschaftsteuer und Kapitalertragsteuer im Jahresabschluss von Personenhandelsgesellschaften, in: DB 1981, 1104 (1105).

[708] So *Simon,* Zur Behandlung der anrechenbaren Körperschaftsteuer und der Kapitalertragsteuer auf Beteiligungserträge im Jahresabschluss von Personengesellschaften, in: DB 1981, 1895 (1895 f.); *Döllerer,* in: FS Stimpel, 729 (738).

[709] So *Meilicke,* Zur Behandlung der anrechenbaren Körperschaftsteuer und Kapitalertragsteuer im Jahresabschluss von Personengesellschaften – eine Diskussion, in: DB 1982, 291 (293); *Schlotter,* Die Behandlung von Steueranrechnungsansprüchen in der Rechnungslegung, insbesondere im Jahresabschluss von Personengesellschaften, in: DB 1983, 188 (191); *Schulze-Osterloh,* Zivilrecht und Steuerrecht, in: AcP 190 (1990), 139 (161 ff.); *Selchert,* Körperschaftsteueranrechnung bei Anteilen einer Mitunternehmergemeinschaft, in: BB 1984, 888 (891).

In der Praxis wurde die *Bruttobilanzierungsmethode* aufgrund der HFA-Stellungnahme 2/1993[710] angewandt. Der im Zusammenhang mit Ausschüttungen einer Kapitalgesellschaft entstehende Körperschaftsteuer-Anrechnungsanspruch wurde auch dann bilanziell als Beteiligungsertrag erfasst, wenn es sich beim Ausschüttungsempfänger um eine selbst nicht steuerpflichtige Personenhandelsgesellschaft handelte. Diejenigen, die als Vertreter der *Bruttomethode* in der Verschaffung der körperschaftsteuerrechtlichen Anrechnungsvorteile eine Vermögensverschiebung von der Gesellschaft auf den Personengesellschafter sahen, mussten den (handelsrechtlichen) Gewinn der Personengesellschaft um eben diesen Vermögenswert erhöhen.

(2) Steuerbilanz der Personenhandelsgesellschaft

Aufgrund der Maßgeblichkeit der Handelsbilanz für die Steuerbilanz *(Maßgeblichkeitsprinzip)* galt für die Steuerbilanz im Grundsatz Gleiches wie für die Handelsbilanz. Da auch hier nur Wirtschaftsgüter ausgewiesen werden dürfen, welche zum Gesamthandsvermögen der Gesellschaft gehören, kamen zumindest die Vertreter der *Bruttomethode* zu einem Ansatz des Körperschaftsteuer-Anrechnungsanspruchs in der Steuerbilanz.

Demgegenüber wäre sowohl nach der *Nettomethode* als auch nach der *eingeschränkten Nettomethode* der Körperschaftsteuer-Anrechnungsanspruch grundsätzlich nicht in der Steuerbilanz der Personenhandelsgesellschaft auszuweisen gewesen.

(3) Sonderbilanz der Gesellschafter

Gleichwohl kamen sowohl die Vertreter der *Nettomethode* als auch die Vertreter der *eingeschränkten Nettomethode* zu einem Ansatz des Körperschaftsteuer-Anrechnungsanspruchs als Beteiligungsertrag: Zwar nicht in der steuerlichen Gesamthandsbilanz der Gesellschaft, wohl aber in der auf der zweiten Stufe[711] der Gewinnermittlung der Personenhandelsgesellschaft angesiedelten steuerlichen *Sonderbilanz* der Gesellschafter, in der unter anderem Aufwand

---

[710] Hauptfachausschuss beim Institut der Wirtschaftsprüfer e.V. zur Bilanzierung von Personengesellschaften, HFA 2/1993, WpG 1994, 22 (23). Diese Auffassung hat der HFA des IDW bereits unmittelbar nach In-Kraft-Treten des Körperschaftsteuerreformgesetzes am 1.1.1977 im Entwurf einer Stellungnahme vertreten. Dieser Entwurf enthielt die Anweisung, bei Beteiligung einer Personenhandelsgesellschaft an einer Kapitalgesellschaft nicht nur die Dividenden, sondern auch den Betrag der Anrechnung der Körperschaftsteuer in der Handelsbilanz der Personenhandelsgesellschaft zu erfassen (vgl. Hauptfachausschuss des Instituts der Wirtschaftsprüfer, Entwurf einer Verlautbarung zu den Auswirkungen der Körperschaftsteuerreform auf die Rechnungslegung, in: WPg 1977, 38 (38); dazu *Marks,* Zu den Auswirkungen der Körperschaftsteuerreform auf die Rechnungslegung, in: WPg 1977, 197 (200)).

und Ertrag der aktiven und passiven Wirtschaftsgüter des dem einzelnen Mitunternehmer zuzurechnenden *Sonderbetriebsvermögens* Berücksichtigung finden.[712]

Bei dem *Sonderbetriebsvermögen* handelt es sich um Wirtschaftsgüter, die zivilrechtlich und wirtschaftlich oder nur wirtschaftlich im Eigentum eines Mitunternehmers stehen und entweder in einem Zusammenhang mit dem Betrieb der Personengesellschaft stehen *(Sonderbetriebsvermögen I),* oder zumindest der Beteiligung des Gesellschafters an der Personengesellschaft förderlich sind *(Sonderbetriebsvermögen II).*[713] Die wohl überwiegende Meinung ordnete den Anspruch auf Anrechnung der Körperschaftsteuer dem *Sonderbetriebsvermögen II* des Gesellschafters zu mit der Begründung, dass es sich bei dem Anspruch um eine persönliche Einnahme des Gesellschafters handelte, die durch die Beteiligung an der Personengesellschaft ausgelöst war.[714]

---

711 Der Umfang der gewerblichen Einkünfte eines Mitunternehmers, definiert als sein Anteil am Gesamtgewinn der Mitunternehmerschaft (BFH Großer Senat, Beschluss vom 03.05.1993 – GrS 3/92 – BFHE 171, 246 (257) = BStBl. 1993 II, 616 (621) unter C. III. 6. a) aa)), ist nach dem Bundesfinanzhof in *zwei Stufen* zu ermitteln: Auf der ersten Stufe umfasst der Gesamtgewinn den in § 15 Abs. 1 S. 1 Nr. 2 S. 1 EStG genannten Anteil am Gewinn oder Verlust der Gesellschaft, der sich errechnet aus einer aus der *Handelsbilanz* nach den einkommensteuerrechtlichen Bilanzierungs- und Bewertungsvorschriften (§§ 4 ff. EStG) abgeleiteten *Steuerbilanz* der Gesellschaft einerseits zuzüglich des Ergebnisses einer etwaigen *Ergänzungsbilanz* für den einzelnen Mitunternehmer andererseits. In derartigen Ergänzungsbilanzen werden Wertkorrekturen zu den Ansätzen der Steuerbilanz der Gesellschaft erfasst, die aus individuellen Anschaffungskosten des jeweiligen Mitunternehmers stammen. *Auf einer zweiten Stufe* wird dem auf der ersten Stufe ermittelten Anteil des Gesellschafters am Gewinn der Gesellschaft das Ergebnis einer etwaigen *Sonderbilanz* des Gesellschafters hinzugerechnet, vgl. *Köster,* in: Herrmann/Heuer/Raupach, EStG und KStG, 21. Aufl., § 15 EStG Rdnr. 451; *Gschwendtner,* Ergänzungsbilanz und Sonderbilanz II in der Rechtsprechung des Bundesfinanzhofs, in: DStR 1993, 817 (818 f.).

712 *Köster,* in: Herrmann/Heuer/Raupach, EStG und KStG, 21. Aufl., § 15 EStG Rdnr. 451; *Erle,* in: Beck Hdb. PersG, § 6 Rdnr. 84.

713 BFH, Urteil vom 02.10.1997 – IV R 84/96 – BFHE 184, 425 (427) = BStBl. 1998 II, 104 (105); BFH, Urteil vom 14.04.1988 – IV R 271/84 – BFHE 153, 125 (127) = BStBl. 1988 II, 667 (668); BFH, Urteil vom 06.05.1986 – VIII R 160/85 – BFHE 147, 313 (314) = BStBl. 1986 II, 838 (838); *Schmidt,* in: Schmidt, EStG, 23. Aufl., § 15 Rdnr. 506 m.w.N.

714 Allgemeine Ansicht, vgl. z.B. *Döllerer,* in: FS Stimpel, 729 (740); *ders.*, Anspruch auf Anrechnung der Körperschaftsteuer als Teil des Gewinns aus Gewerbebetrieb und des Gewerbeertrags – Anmerkung zum Urteil des FG München vom 17.9.1984 – V 53/82 – 9, in: BB 1985, 36 (36); *Dötsch,* in: Dötsch/Eversberg/Jost/Witt, Die Körperschaftsteuer, § 20 EStG Rdnr. 41; *Wassermeyer,* in: Kirchhof/Söhn/Mellinghoff, EStG, § 20 Rdnr. E 7; *Schmidt,* in: Schmidt, EStG, 23. Aufl., § 15 Rdnr. 504; *Heinicke,* in: Schmidt, EStG, 23. Aufl., § 20 Rdnr. 212; *Raupach,* Die Systematik der Grundvorschriften des körperschaftsteuerlichen Anrechnungsverfahrens (§§ 20, 36 EStG, §§ 27, 41, 43 KStG), in: FR 1978, 570 (578); *Selchert,* Körperschaftsteueranrechnung bei Anteilen im Betriebsvermögen einer Mitunternehmergemeinschaft, in: BB 1984, 888 (892); a.A. *Simon,* Der Anspruch auf Körperschaftsteueranrechnung bei Anteilen im Betriebsvermögen, in: BB 1981, 133 (140), der die Zugehörigkeit des

Zu beachten ist in diesem Zusammenhang, dass die Zurechnung zum Sonderbetriebsvermögen lediglich zur Konsequenz hatte, dass die Körperschaftsteuergutschrift *steuerrechtlich* zum *Gesamtgewinn der Mitunternehmerschaft*[715] gehörte. Sie konnte nichts daran ändern, dass der Anrechnungsanspruch zu keinem Zeitpunkt zum Gesamthandsvermögen der Personenhandelsgesellschaft gehörte, sondern allein Teil des persönlichen Vermögens des Gesellschafters war.

f) BGH, Urteil vom 30. Januar 1995 – II ZR 42/91

Mit den soeben dargestellten Fragen der Beteiligung einer bilanzierungspflichtigen Personenhandelsgesellschaft an einer Kapitalgesellschaft hat sich der *Bundesgerichtshof* ausführlich in seinem *Urteil vom 30. Januar 1995*[716] auseinandergesetzt. Dies deshalb, weil das Urteil eine Schnittstelle zwischen dem in Gesellschaftsverträgen üblicherweise geregelten Steuerentnahmerecht der Gesellschafter und der steuerlichen Behandlung von Anrechnungsansprüchen bei Personenhandelsgesellschaften betraf. Die Entscheidung ist deshalb von beson-

---

Körperschaftsteuer-Anrechnungsanspruch zum Sonderbetriebsvermögen verneint. Er begründet seine Ansicht damit, dass sich bei einer natürlichen Person als Gesellschafter der Anspruch als Verminderung der Einkommensteuer auswirkt, und die Einkommensteuer nicht zum Betriebs- sondern zum Privatvermögen des Gesellschafters gehört.

[715] Der Besteuerung der Mitunternehmer ist im Rahmen der zweistufigen Gewinnermittlung ein aus dem Anteil des Gesellschafters am Steuerbilanzgewinn der Gesellschaft und den im Sonderbetriebsvermögen zu erfassenden Sondervergütungen des Gesellschafters zusammengesetzter *Gesamtgewinn der Mitunternehmerschaft* zugrunde zu legen, vgl. BFH, Urteil vom 13.10.1998 – VIII R 78/97 – BFHE 187, 227 (231) = BStBl. 1999 II, 163 (165) unter II. 4. a); BFH, Urteil vom 12.12.1995 – VIII R 59/92 – BFHE 179, 335 (348) = BStBl. 1996 II, 219 (225) sub C. II. 2. a); BFH, Urteil vom 30.03.1993 – VIII R 63/91 – BFHE 171, 213 (219) = BStBl. 1993 II, 706 (709) m.w.N). Die beiden Teilergebnisse werden additiv zum Anteil des Gesellschafters am Gesamtgewinn der Mitunternehmerschaft zusammengeführt (sog. *additive Gewinnermittlung*), vgl. BFH Großer Senat, Beschluss vom 10.11.1980 – GrS 1/79 – BFHE 132, 244 (251, 254) = BStBl. 1981 II, 164 (167, 169); BFH, Urteil vom 13.10.1998 – VIII R 78/97 – BFHE 187, 227 (231) = BStBl. 1999 II, 163 (165) unter II. 4. a); *Köster,* in: Herrmann/Heuer/Raupach, EStG und KStG, 21. Aufl., § 15 EStG Rdnr. 453; *Reiß,* in: Kirchhof/Söhn/Mellinghoff, EStG, § 15 Rdnr. E 62 ff.; *Schmidt,* in: Schmidt, EStG, 23. Aufl., § 15 Rdnr. 400 ff.; *Groh,* Die Bilanzen der Mitunternehmerschaft, in: StuW 1995, 383 (389); *Lang,* in: FS Schmidt, 291 (303); *Raupach,* Konsolidierte oder strukturierte Gesamtbilanz der Mitunternehmerschaft oder additive Ermittlung der Einkünfte aus Gewerbebetrieb der Mitunternehmer mit oder ohne korrespondierende Bilanzierung? – Festbeitrag zum 65. Geburtstag von Adalbert Uelner am 27. Oktober 1992, in: DStZ 1992, 692 (694).

[716] BGH, Urteil vom 30.01.1995 – II ZR 42/91 – AG 1995, S. 229 ff. = BB 1995, S. 719 ff. = DB 1995, S. 918 f. = NJW 1995, S. 1088 ff. = WM 1995, S. 663 ff. = ZIP 1995, S. 462 ff.

derem Interesse, weil der erkennende Senat Steuerrecht als „Haupt-“ und nicht nur als (haftungsrechtliche) Vorfrage anwenden musste.[717]

aa) Sachverhalt

Die Beklagte war Kommanditistin der klagenden Kommanditgesellschaft (KG), die ihrerseits mehrheitlich an einer Gesellschaft mit beschränkter Haftung (GmbH) beteiligt war. In § 10 des Gesellschaftsvertrages der KG war über die Gewinnverwendung bestimmt, dass den Gesellschaftern ein „Vorabentnahmerecht“ ihrer persönlichen Steuern aus der Beteiligung an der KG zustehen sollte, im Übrigen aber Gewinnentnahmen der Legitimation durch Gesellschafterbeschluss bedurften. Die GmbH hatte Gewinne an die KG ausgeschüttet. Daraus resultierten zugunsten der Beklagten Steuererstattungen seitens des Finanzamts für die Jahre 1988 und 1989 von rund DM 99.000,– an Körperschaftsteuer und rund DM 44.000,– an Kapitalertragsteuer. Die Kommanditgesellschaft verklagte die Kommanditisten auf Herausgabe der Körperschaftsteuer- und Kapitalertragsteueranrechnungsbeträge, die diesen im Zusammenhang mit der Versteuerung der Dividenden als Bestandteil ihres thesaurierten Gewinns an der Kommanditgesellschaft zustanden. Sie vertrat die Ansicht, es handele sich um nach dem Gesellschaftsvertrag unzulässige Entnahmen. Das Landgericht[718] hat die Klage abgewiesen.

bb) Entscheidungsgründe

Der Bundesgerichtshof hat das die Klage abweisende Urteil der Vorinstanz insoweit aufgehoben und die Sache zur erneuten Verhandlung zurückverwiesen, als die Klage auf Zahlung des Teilbetrags von DM 44.000,– („Kapitalertragsteuererstattung“) abgewiesen worden war. Demgegenüber hat er der Klage bezogen auf die Körperschaftsteuer nicht entsprochen.

Ausgangspunkt der vom Bundesgerichtshof vorzunehmenden zivilrechtlichen Beurteilung war die Bedeutung des in § 10 des Gesellschaftsvertrages der Personenhandelsgesellschaft enthaltenen *Steuerentnahmerechts*[719], wonach Privatentnahmen nur soweit zulässig waren, als diese zur Begleichung der aus der

---

[717] *Felix,* An Kapitalgesellschaft beteiligte Personenhandelsgesellschaft – kein Anspruch der Personenhandelsgesellschaft auf Rückzahlung der für ausgeschüttete Gewinne erstatteten Körperschaftsteuer: Anmerkung, in: EWiR 1995, 699 (700) spricht von einer „juristischen Delikatesse“.

[718] LG Bielefeld, Urteil vom 28.01.1994 – 12 O 163/93.

[719] Ausführlich zur Frage des Steuerentnahmerechts in Personengesellschaften *Bartholl,* Zivilrechtlicher Ausgleich der Körperschaft- und Kapitalertragsteueranrechnung in Personengesellschaften – Besprechung des BGH-Urteils vom 30.1.1995 – II ZR 42/91, DB 1995, S. 918, in: DB 1995, 1797 (1798 f.).

Gesellschafterstellung resultierenden Einkommensteuer erforderlich waren. Der Bundesgerichtshof hat in seinem Urteil differenziert und hat der Personenhandelsgesellschaft – weil der Gesellschafter wohl zuvor die gesamte vor Anrechnung sich ergebende Einkommensteuer entnommen hatte – einen Rückforderungsanspruch nur hinsichtlich der Kapitalertragsteuer, nicht jedoch hinsichtlich der Körperschaftsteuer zugesprochen.[720] Ausschlaggebend für die differenzierende Lösung des Bundesgerichtshofs war der formale Unterschied zwischen der Anrechnung von Körperschaftsteuer einerseits und Kapitalertragsteuer andererseits, den der erkennende Senat ausführlich darlegt und begründet.

(1) An das Finanzamt abgeführte Körperschaftsteuer nicht Teil des Beteiligungsertrags

Der Bundesgerichtshof begründet seine Auffassung ausgehend von der *Rechtsnatur der Körperschaftsteuer*. Er stellt klar, dass die Körperschaftsteuerschuld keine Einkommen- oder Körperschaftsteuer der Gesellschafter der ausschüttenden Kapitalgesellschaft (Teilhabersteuer) ist. Es handele sich auch nicht um eine Form der Vorauszahlung auf die individuelle Einkommen- oder Körperschaftsteuerschuld ihrer Anteilseigner. Folglich tilge die Kapitalgesellschaft mit der Zahlung der Steuer ausschließlich eine eigene Steuerschuld und nicht diejenige der Gesellschafter der Personenhandelsgesellschaft. Da zur Ausschüttung von Vornherein nur der nach Erfüllung der eigenen Steuerschuld der Kapitalgesellschaft verbleibende Teil des Gewinns zur Verfügung stehe, sei die Qualifizierung der Körperschaftsteuerschuld als Teil der Dividende zu verneinen.

(2) Körperschaftsteuer-Anrechnungs- bzw. -Erstattungsanspruch nicht Teil des Beteiligungsertrags

Nach Auffassung des erkennenden Senats kann hinsichtlich der „Dividendenqualität" nichts anderes für den Anspruch auf Anrechnung oder Erstattung der von der Kapitalgesellschaft gezahlten Körperschaftsteuer nach § 36 Abs. 2 Nr. 3 und § 36 Abs. 4 EStG gelten. Dieser Anspruch entstehe ausschließlich und originär in der Person des *Anrechungs-* bzw. *Erstattungsberechtigten.*

Sinn und Zweck des § 36 EStG sei es, die Einkommensteuerschuld des unbeschränkt Steuerpflichtigen durch Anrechnung der von der Kapitalgesellschaft gezahlten Körperschaftsteuer zu mindern oder die Erstattung eines etwaigen Überschusses zu erhalten. Um eine Doppelbelastung durch Körperschaftsteuer auf der Ebene der Kapitalgesellschaft und durch Einkommen- und Körper-

---

[720] Vgl. *Dötsch,* in: Dötsch/Eversberg/Jost/Witt, Die Körperschaftsteuer, § 20 EStG Rdnr. 165d.

schaftsteuer auf der des Gesellschafters zu vermeiden, könne der Körperschaftsteuer-Anrechnungsanspruch ausschließlich demjenigen zustehen, der die Dividende als Einkommen zu versteuern hat. In dem zu entscheidenden Fall sei dies nicht die gesamthänderisch verfasste Personengesellschaft, sondern deren Gesellschafter. Demgemäß stehe auch zivilrechtlich der Vorteil des Anrechnungsanspruchs allein dem Gesellschafter und nicht der Gesellschaft zu; er falle quasi „an der Gesamthand vorbei". Ein Anspruch der selbst nicht einkommensteuerpflichtigen Personenhandelsgesellschaft auf den dem Gesellschafter durch die beschlossene Ausschüttung gewährten Anrechnungsvorteil soll nach dem Bundesgerichtshof nicht anzuerkennen sein.

Des Weiteren sprechen nach Auffassung des Bundesgerichtshofs auch die Vorschriften des § 20 Abs. 1 Nr. 3 S. 2 EStG sowie des § 44 KStG nicht für eine Berücksichtigung der anrechenbaren Steuern auf der Ebene der Gesamthand. Während § 20 Abs. 1 Nr. 3 S. 2 EStG lediglich die Fiktion der zeitgleichen Vereinnahmung von Dividende und anzurechnender bzw. zu vergütender Körperschaftsteuer bestimme, regele § 44 KStG, dass Steuerbescheinigungen grundsätzlich den Anteilseignern zu erteilen seien. Die Personengesellschaft – und das sind die Gesellschafter in ihrer gesamthänderischen Verbundenheit – sei zwar Anteilseigner, die Gesellschaft als solche aufgrund ihrer partiellen Rechtssubjektivität aber nicht anrechnungsberechtigt. Die von der Finanzverwaltung zugelassene Vereinfachungsregelung der „Adressierung" der Steuerbescheinigung an die Personenhandelsgesellschaft kann nach dem Bundesgerichtshof für eine abweichende Entscheidung nicht dienlich sein.

Selbst wenn der Anrechnungsanspruch dem sog. Sonderbetriebsvermögen des Gesellschafters zuzuordnen sei, habe dies lediglich steuerrechtliche Konsequenzen, könne jedoch zivilrechtlich nicht zu einem originären Anspruch der Gesamthand gegen das Finanzamt führen. Dieser verbleibe bei den Gesellschaftern. Aufgrund des bis zum ergangenen Urteil anhaltenden und vertieft diskutierten Streits über die Behandlung der anrechenbaren Körperschaftsteuer nimmt der Bundesgerichtshof abschließend noch Stellung zu anderen Auffassungen. Er geht davon aus, dass der von ihm als Urteilsgrundlage herangezogene Wille des Gesetzgebers weder durch bereicherungs- oder gesellschaftsrechtliche Gesichtspunkte noch durch die Verweisung auf eine wirtschaftliche Betrachtungsweise beiseite geschoben werden kann. Die darauf gestützten Einwände können nach Auffassung des erkennenden Senats nicht dazu führen, die Körperschaftsteuergutschrift als Teil der Erträge der Personenhandelsgesellschaft anzusehen, die als gleichzeitig von ihren Gesellschaftern entnommen zu gelten hätten.

cc) Analyse der Entscheidungsgründe

Im Ergebnis ist der Entscheidung des Bundesgerichtshofs zuzustimmen. Zu Recht geht der Bundesgerichtshof davon aus, dass die von der ausschüttenden Körperschaft an das Finanzamt gezahlte Körperschaftsteuer – ebenso wie der Körperschaftsteuer-Anrechnungsanspruch des Anteilseigners gegenüber dem Finanzamt gem. § 36 Abs. 2 Nr. 3 EStG – zu keinem Zeitpunkt Teil des Beteiligungsertrags und nicht Bestandteil des Vermögens der Personengesellschaft ist. Infolgedessen liegt keine Entnahme aus dem Gesellschaftsvermögen vor, wenn das Finanzamt dem Gesellschafter der Personengesellschaft die zuvor abgeführte Körperschaftsteuer erstattet. Die Personengesellschaft hat gegen ihren Gesellschafter vorbehaltlich abweichender Bestimmungen des Gesellschaftsvertrages keinen Anspruch auf Abführung des Erstattungsbetrages an das Gesellschaftsvermögen.

(1) Rechtliche Zuordnung der anrechenbaren Körperschaftsteuer

Der Bundesgerichtshof hat *nicht* die *Personengesellschaft* als solche, sondern nur den jeweiligen steuerpflichtigen *Personengesellschafter* als zur Anrechnung der Körperschaftsteuer berechtigt angesehen. Diese Auffassung führt im Ergebnis dazu, dass der Anspruch auf die Dividende und der Anspruch auf die anrechenbare Körperschaftsteuer personenmäßig auseinander fallen, mithin Dividendenempfänger (Personengesellschaft) und Anrechnungsberechtigter (Gesellschafter) nicht identisch sind.[721] Allerdings hat diese Besonderheit ihre Ursache in der Systematik des Anrechnungsverfahrens. Aufgrund dieser Systematik ergibt sich eine strikte *Trennung* zwischen *Anrechnungsguthaben* einerseits und *Bardividende* andererseits, die aus Sicht des Bundesgerichtshofs weder aus bereicherungs- oder gesellschaftsrechtlichen Gesichtspunkten noch durch die Verweisung auf eine wirtschaftliche Betrachtungsweise aufgehoben werden kann.

(a) Gesellschaftsrechtliche Gesichtspunkte

Auch wenn vom erkennenden Senat nicht näher ausgeführt betreffen die „gesellschaftsrechtlichen Gesichtspunkte" die *Surrogationsvorschrift*[722] des § 718 Abs. 2 BGB, wonach zum Gesellschaftsvermögen auch gehört, was *auf Grund eines zum Gesellschaftsvermögen gehörenden Rechts* erworben wird. Zwar rechnen hierzu i.V.m. § 99 Abs. 2 BGB die Dividenden auf die Anteile

---

[721] Vgl. auch *Heinicke,* in: Schmidt, EStG, 23. Aufl., § 20 Rdnr. 212, der darauf hinweist, dass sich wegen des Auseinanderfallens von *Anrechnungsberechtigung* (Personengesellschaft als Anteilseigner) und *Anrechnungsmöglichkeit* (Gesellschafter als veranlagte Person) rechtsdogmatisch kaum lösbare Probleme ergeben.

[722] Vgl. *Ulmer,* in: MünchKomm-BGB, § 718 Rdnr. 20 f.

an der Kapitalgesellschaft, jedoch nicht der Anspruch auf Anrechnung der Körperschaftsteuer als solches.

Dieser Anrechnungsanspruch entsteht – wie vom Bundesgerichtshof zutreffend ausgeführt – unmittelbar in der Person des einzelnen Gesellschafters der Personengesellschaft, weil ihm die „Einnahmen i.S.d. § 20 Abs. 1 Nr. 1 oder Nr. 2 EStG“ *zuzurechnen* sind. Das Steuerrecht löst damit für die Zwecke des Anrechnungsverfahrens die durch § 20 Abs. 2a EStG bewirkte grundsätzliche Verbindung der Einkünfte aus Kapitalvermögen mit dem zivilrechtlichen oder wirtschaftlichen Eigentum an den Anteilen einer Kapitalgesellschaft, wenn sich die Anteile an der Kapitalgesellschaft im Gesamthandsvermögen einer Personengesellschaft befinden.[723] Ob man daraus den Schluss zieht, dass der Anspruch nicht „auf Grund eines zu dem Gesellschaftsvermögen gehörenden Rechts“ erworben wird[724], oder ob man sagt, § 718 Abs. 2 BGB werde durchbrochen[725], erscheint von untergeordneter Bedeutung. In beiden Fällen gelangt man zu dem Ergebnis, dass der Anspruch auf Anrechnung der Körperschaftsteuer nicht zum Gesellschaftsvermögen der Personenhandelsgesellschaft gehört. Somit ist dem Bundesgerichtshof in dieser Hinsicht beizupflichten.

(b) Bereicherungsrechtliche Gesichtspunkte

Auch auf die von ihm angesprochenen „bereicherungsrechtlichen Gesichtspunkte“ geht der Bundesgerichtshof nicht näher ein. Offenbar liegt darin ein Hinweis auf die teilweise vertretene Ansicht, die zwar den Anspruch auf Körperschaftsteuer-Anrechnung nicht als Bestandteil des Gesellschaftsvermögens der Personenhandelsgesellschaft betrachtet, jedoch trotzdem zu einer Zugehörigkeit zum Gesamthandsvermögen gelangt, indem sie davon ausgeht, die Gesellschafter der Personenhandelsgesellschaft seien um den Vermögensvorteil der Anrechnung auf Kosten der Personenhandelsgesellschaft ungerechtfertigt bereichert und hätten ihn deshalb an die Gesellschaft herauszugeben.[726]

---

[723] Vgl. *Döllerer,* in: FS Stimpel, 729 (733); ebenso *Crezelius,* in: FS Claussen, 621 (628); *Groh,* Übergang von Gesellschaftsvermögen auf die Gesellschafter mittels Steueranrechnung. Anmerkungen zum BGH-Urteil vom 30.1.1995 – II ZR 42/91, in: BB 1996, 631 (631).

[724] *Simon,* Der Anspruch auf Körperschaftsteueranrechnung bei Anteilen im Betriebsvermögen, in: BB 1981, 133 (139).

[725] *W. Meilicke,* Zur Behandlung der anrechenbaren Körperschaftsteuer und Kapitalertragsteuer im Jahresabschluss von Personengesellschaften – eine Diskussion, in: DB 1982, 291 (291).

[726] *W. Meilicke,* Zur Behandlung der anrechenbaren Körperschaftsteuer und Kapitalertragsteuer im Jahresabschluss von Personengesellschaften – eine Diskussion, in: DB 1982, 291 (291 f.); *ders.*, Zivilrechtliche Probleme des körperschaftsteuerlichen Anrechnungsverfahrens, in: FS für Heinz Meilicke, 94 (107 ff.); im Ergebnis einen bereicherungsrechtlichen Anspruch bejahend auch *Wienands/Klein,* Erstattungsanspruch der Personenhandelsgesellschaft betreffend beim Gesellschafter angerechneter Körper-

Es handele sich um ein *bereicherungsrechtliches Dreiecksverhältnis;* die Kapitalgesellschaft führe durch die Ausschüttung einer Dividende eine ungerechtfertigte Bereicherung der Gesellschafter der Personenhandelsgesellschaft herbei. Ein die Vermögensverschiebung rechtfertigender Grund bestehe nur im Verhältnis zwischen der ausschüttenden Kapitalgesellschaft und der Personenhandelsgesellschaft als ihrem Anteilseigner (sog. *Deckungsverhältnis*). Dem Personengesellschafter fehle dagegen im Verhältnis zur Kapitalgesellschaft mangels Rechtsbeziehungen jeder rechtfertigende Grund dafür, dass er die Leistung behalten dürfe. Hierfür komme nur das Verhältnis der Gesellschafter der Personenhandelsgesellschaft zu ihrer Gesellschaft in Betracht (sog. *Valutaverhältnis*).

Diese Auffassung ist unter anderem von *Maul* mit der Begründung abgelehnt worden, dass niemand ungerechtfertigt bereichert sein kann, der einen ihm gesetzlich zustehenden Anspruch geltend macht.[727] Gleichsam hat *Döllerer* darauf hingewiesen, dass der die Vermögensverschiebung rechtfertigende Grund in der Vorschrift des § 36 Abs. 2 Nr. 3 EStG zu sehen ist. Die Norm wolle eine endgültige Ordnung der Vermögenslage im Verhältnis zwischen Gesellschafter und Gesellschaft herbeiführen.[728]

Unabhängig davon, welcher dieser Ansichten man folgt, schied in dem zu entscheidenden Fall ein Rückgriff auf die bereicherungsrechtlichen Vorschriften schon deshalb aus, weil der Gesellschaftsvertrag der Kommanditgesellschaft entsprechende Bestimmungen zu Gewinn und Entnahmen enthielt.[729]

(c) Wirtschaftliche Betrachtungsweise

Weiterhin kann den Bundesgerichtshof auch die sog. *wirtschaftliche Betrachtungsweise,* derzufolge der Anrechnungsanspruch unmittelbar aus der an die Personenhandelsgesellschaft geleisteten Gewinnausschüttung der Kapitalgesellschaft folgt und somit auch wirtschaftlich zu deren Vermögen gehört, nicht überzeugen. Die darauf gestützten Einwände können aus seiner Sicht nicht dazu führen, die Körperschaftsteuergutschrift als Teil der Erträge der Personenhandelsgesellschaft anzusehen.

---

schaft- und Kapitalertragsteuer – Anmerkung zum BGH-Urteil vom 30.1.1995 – II ZR 42/94, in: GmbHR 1995, 805 (807 f.).

[727] *Maul,* Zur Behandlung der anrechenbaren Körperschaftsteuer und Kapitalertragsteuer im Jahresabschluss von Personengesellschaften – eine Diskussion, in: DB 1982, 293 (293).

[728] *Döllerer,* in: FS Stimpel, 729 (733); dagegen *Wienands/Klein,* Erstattungsanspruch der Personenhandelsgesellschaft betreffend beim Gesellschafter angerechneter Körperschaft- und Kapitalertragsteuer – Anmerkung zum BGH-Urteil vom 30.1.1995 – II ZR 42/94, in: GmbHR 1995, 805 (807).

[729] *Hey,* BGH – Erstattungsanspruch der Gesellschaft betreffend zurückgezahlte Körperschaft- und Kapitalertragsteuer an Kommanditist, in: WiB 1995, 631 (631).

Darin liegt auch kein Widerspruch zu der Auffassung, die der *Bundesgerichtshof* in seiner *Entscheidung vom 28. Juni 1982*[730], die ebenfalls Gegenstand der vorliegenden Arbeit ist, vertreten hat. In diesem Urteil zu § 9 lit. a) WGG hat er es nur für die dort zu prüfende Rechtsfrage als entscheidend angesehen, dass die Anrechnung der Körperschaftsteuer wirtschaftlich wie eine Vorauszahlung auf die Einkommensteuer oder Körperschaftsteuer der Gesellschafter wirkt. Zudem wurde bereits dort darauf hingewiesen, dass es in diesem Fall nur darum ging zu entscheiden, ob der Körperschaftsteuer-Anrechnungsbetrag einen Vermögensvorteil bildet, der dem Aktionär *infolge seiner Beteiligung* zufließt.

(d) Anrechnungsberechtigung aus § 20 Abs. 1 Nr. 3 S. 2 EStG

Eine Anrechnungsberechtigung der Personenhandelsgesellschaft konnte aus der Sicht des erkennenden Senats auch nicht aus dem Gesichtspunkt hergeleitet werden, dass Dividende und anrechenbare Körperschaftsteuer grundsätzlich als *wirtschaftliche Einheit* betrachtet werden müssen (z. B. ist das Ausschüttungspotential beim Kauf von Unternehmensbeteiligungen eine mitbewertete und mitbezahlte latente Forderung[731]). Auch in diesem Punkt ist dem Bundesgerichtshof zuzustimmen. Diejenigen, die aus der Vorschrift des § 20 Abs. 1 Nr. 3 S. 2 EStG eine Anrechnungsberechtigung herleiten wollen, verkennen nämlich, dass die Vorschrift nur eine beschränkte Aussage intendiert. In ihr ist allein die enge Zusammengehörigkeit von Dividende und Körperschaftsteuer-Anrechnungsanspruch bezüglich des Zuflusszeitpunktes angesprochen.[732] Die Norm bezweckt dagegen nicht die Bestimmung des Anspruchsberechtigten.

(2) Bilanzielle Behandlung der anrechenbaren Körperschaftsteuer

(a) Handelsbilanz

Die alleinige Anrechnungsberechtigung der Gesellschafter zugrunde gelegt hat der Bundesgerichtshof *mittelbar* auch eine Entscheidung darüber getroffen, wie der Körperschaftsteuer-Anrechnungsanspruch bei der Ergebnisermittlung der Mitunternehmerschaft *handelsrechtlich* zu berücksichtigen war. Die Sichtweise des erkennenden Senats führt zur Anwendung der *„eingeschränkten Net-*

[730] BGH, Urteil vom 28.06.1982 – II ZR 69/81 – BGHZ 84, S. 303 ff. = DB 1982, S. 1819 ff. = WM 1982, S. 900 ff.

[731] Vgl. *Herrmann,* Zur Bilanzierung bei Personenhandelsgesellschaften – Die Überarbeitung der HFA-Stellungnahme 1/1976, in: WPg 1994, 500 (503); *Jorde/Wetzel,* Bilanzierung von Dividenden bei Personenhandelsgesellschaften – BGH versus HFA 2/1993 u. a. Ende einer Diskussion, in: WPg 1995, 444 (446).

[732] *Simon,* Der Anspruch auf Körperschaftsteueranrechnung bei Anteilen im Betriebsvermögen, in: BB 1981, 133 (138).

tomethode", wonach bei Ausschüttungen einer Kapitalgesellschaft an eine bilanzierungspflichtige Personenhandelsgesellschaft nur die erhaltene Barausschüttung zuzüglich des Kapitalertragsteuer-Anrechnungsanspruchs als Beteiligungsertrag zu erfassen ist, nicht dagegen der Körperschaftsteuer-Anrechnungsanspruch.[733]

Aufgrund der Entscheidung des Bundesgerichtshofs hat der Hauptfachausschuss des Instituts der Wirtschaftsprüfer die Bruttobilanzierung verworfen und die *eingeschränkte Nettobilanzierung* als *verbindlich* erklärt. Abschnitt A II. 2. der Stellungnahme HFA 2/1993 wurde neu gefasst und um eine Anmerkung ergänzt.[734] Danach umfassen die zu bilanzierenden Erträge aus Beteiligungen einer Personengesellschaft an einer Kapitalgesellschaft zwar die einbehaltenen Kapitalertragsteuern, die bei Einbuchung des Beteiligungsertrags als von den Gesellschaftern entnommen zu betrachten seien. Aufgrund der Entscheidung des Bundesgerichtshofs sei es dagegen nicht mehr zulässig, die körperschaftsteuerlichen Anrechnungsansprüche als Teil der Erträge der Personenhandelsgesellschaft auf Gesamthandsebene zu behandeln.

Dieser Sichtweise ist schon deshalb zuzustimmen, weil die *eingeschränkte Nettomethode* haftungsrechtliche Konsequenzen auf der Ebene der beteiligten Personengesellschaft vermeidet. Folgt man nämlich der Brutto-Betrachtungsweise und sieht den Körperschaftsteuer-Anrechnungsanspruch als Bestandteil des Gesamthandsvermögens der Personenhandelsgesellschaft, wäre die Anrechnung der Körperschaftsteuer auf die Einkommen- oder Körperschaftsteuer des Gesellschafters jeweils als Entnahme zu werten; darüber hinaus könnte es in einer Kommanditgesellschaft wegen Rückgewähr der Einlage zum Wiederaufleben der persönlichen Haftung nach §§ 171 Abs. 1, 172 Abs. 4 HGB kommen.[735] Indem die eingeschränkte Nettomethode den Erstattungsanspruch nicht in das Gesamthandsvermögen der Personengesellschaft einrechnet, kann es auch nicht zur Anwendung des § 172 Abs. 4 HGB kommen. Insbesondere *Groh* hat sich vor diesem Hintergrund dafür ausgesprochen, in der Verschaffung des Körperschaftsteuer-Anrechnungsanspruchs auch in der Sicht des § 172 Abs. 4 HGB eine Entnahme des Gesellschafters zu sehen, welche die Gläubigerhaftung auslöst, wenn das Kapitalkonto des Kommanditisten unter den Betrag der im Han-

---

733 Zustimmend *D. Schulze zur Wiesch/R. Schulze zur Wiesch*, in: FS Ludewig, 983 (983 ff.). Ablehnend *Greif/Reinhardt*, Der Ausweis der Körperschaftsteuervergütung nach § 36 Abs. 2 Nr. 3 EStG im Jahresabschluss, in: DB 1996, 2237 (2237 ff.); kritisch *Altmann*, Bilanzierung von Erträgen aus Beteiligungen an Kapitalgesellschaften bei Personenhandelsgesellschaften, in: BB 1998, 631 (631 ff.), der auch nach der Entscheidung des Bundesgerichtshof eine weitere Anwendung der Bruttomethode für möglich hält.

734 Vgl. Fachnachrichten IDW, Nr. 10/1995, S. 425.

735 *Döllerer*, in: FS Stimpel, 729 (733); zustimmend *Crezelius*, in: FS Claussen, 621 (634); kritisch *Jorde*, Dividendenerträge in Rechnungslegung und Gesellschaftsvertrag von Personengesellschaften, in: DB 1996, 233 (235).

delsregister eingetragenen Haftsumme sinkt.[736] Da der Entnahmetatbestand nicht den Zugang eines zuvor im Gesellschaftsvermögens vorhandenen Vermögensgegenstandes verlange, sondern vielmehr jede Wertabgabe der Gesellschaft an den Gesellschafter als Entnahme angesehen werden könne, die nicht betrieblich veranlasst ist,[737] könne eine Entnahme auch dann bejaht werden, wenn der Körperschaftsteuer-Anrechnungsanspruch zuvor nicht zum Gesamthandsvermögen gehört hat. Diese aus Sicht des Steuerrechts zutreffende Beurteilung greift jedoch im vorliegenden Fall nicht Platz, weil es zur Anwendung des § 172 Abs. 4 HGB nur dann kommen kann, wenn es sich um einen Vermögenswert handelt, der überhaupt in das Gesamthandsvermögen der Personengesellschaft einzurechnen war.[738]

(b) Handelsrechtliche Konsequenzen

Seit der Entscheidung des Bundesgerichtshofs können Personengesellschaften, die an unbeschränkt körperschaftsteuerpflichtigen Kapitalgesellschaften beteiligt sind, nurmehr die Bardividende zzgl. der Kapitalertragsteuer als Beteiligungsertrag in der Gewinn- und Verlustrechnung ausweisen. Dementsprechend ist das handelsrechtliche Ergebnis grundsätzlich um die zuvor aufgrund der HFA-Stellungnahme 2/1993 in der Handelsbilanz enthaltene anrechenbare Körperschaftsteuer niedriger.

Allerdings wird hierdurch das bilanzielle Vermögen der Personenhandelsgesellschaft nicht berührt. Da gemäß der HFA-Stellungnahme der unmittelbar den Gesellschaftern gutgebrachte Körperschaftsteuer-Anrechnungsanspruch als aus dem Gesamthandsvermögen entnommen behandelt wurde, minderte sich dementsprechend das bilanzielle Vermögen der Personenhandelsgesellschaft in Höhe des Körperschaftsteuer-Anrechnungsanspruchs. Da dieser Vermögensminderung durch die Erfassung des Körperschaftsteuer-Anrechnungsanspruchs als Beteili-

---

[736] *Groh,* Übergang von Gesellschaftsvermögen auf die Gesellschafter mittels Steueranrechnung. Anmerkungen zum BGH-Urteil vom 30.1.1995 – II ZR 42/91, in: BB 1996, 631 (634).

[737] Eine sog. *Stoffgleichheit* zwischen abgehendem und zugehendem Vermögen sei für den Entnahmetatbestand nicht konstitutiv, vgl. *Groh,* Übergang von Gesellschaftsvermögen auf die Gesellschafter mittels Steueranrechnung. Anmerkungen zum BGH-Urteil vom 30.1.1995 – II ZR 42/91, in: BB 1996, 631 (633) unter Hinweis auf BFH, Urteil vom 20.04.1989 – IV R 106/87 – BFHE 157, 118 (119 f.) = BStBl. 1989 II, 641 (641 f.); BFH, Urteil vom 22.07.1988 – III R 175/85 – BFHE 154, 218 (221 ff.) = BStBl. 1988 II, 995 (995 ff.).

[738] Vgl. *Crezelius,* in: FS Claussen, 621 (634); *Koller,* in: Koller/Roth/Morck, HGB, §§ 171, 172 Rdnr. 23; *Schilling,* in: Großkomm. HGB, § 172 Rdnr. 9; Schlegelberger/*K. Schmidt,* HGB, § 172 Rdnr. 66; *ders.*, in: MünchKomm-HGB, §§ 171, 172 Rdnr. 66 m.w.N. aus der Rechtsprechung; *v. Gerkan,* in: Röhricht/Graf von Westphalen, HGB, § 172 Rdnr. 19.

gungsertrag eine entsprechende Ergebniserhöhung gegenüberstand, neutralisierte die Entnahme nur die ergebnisbedingte Vermögenserhöhung.[739]

(c) Steuerbilanz

Ausdrücklich offen gelassen hat der Bundesgerichtshof in seiner Entscheidung die Frage, ob der Anspruch des Gesellschafters der Personenhandelsgesellschaft gegen das Finanzamt auf Anrechnung oder Erstattung der Körperschaftsteuer, weil durch seine Gesellschaftereigenschaft veranlasst, seinem *Sonderbetriebsvermögen II* zuzuordnen ist.

(d) Steuerrechtliche Konsequenzen

Geht man mit der herrschenden Meinung von einer Zugehörigkeit des Anspruchs zum Sonderbetriebsvermögen aus, ergeben sich aus der Entscheidung des Bundesgerichtshofs auch in steuerrechtlicher Hinsicht Konsequenzen. Zu bedenken ist nämlich, dass die *zweistufige* steuerliche *Gewinnermittlung* der Mitunternehmerschaft auf erster Stufe an den aus dem handelsbilanziellen Gewinn abgeleiteten Steuerbilanzgewinn anknüpft, in dem nach der Entscheidung des Bundesgerichtshofs der Körperschaftsteuer-Anrechnungsanspruch nicht mehr enthalten ist.

Die *eingeschränkte Nettomethode* verlagert den Körperschaftsteuer-Anrechnungsanspruch vielmehr in die sonderbilanzielle Gewinnermittlung (zweite Stufe) der Mitunternehmerschaft, wo er sich in Bezug auf § 15a EStG auswirkt. Im Unterschied zur Bruttomethode, bei der sich das Gesamthandsergebnis auch um die anrechenbare Körperschaftsteuer erhöht, kommt es aufgrund der eingeschränkten Nettomethode zu einer Minderung der Gewinnermittlung erster Stufe, im Gegenzug jedoch zu einer Erhöhung des Ergebnisses der individuellen Sondergewinnermittlung des einzelnen Mitunternehmers. Diese Verschiebung kann Gesamthandsverluste entstehen lassen oder bestehende Gesamthandsverluste erhöhen. Da nach Auffassung der Finanzverwaltung[740] ein Gesamthandsverlust nicht mit einem positiven Ergebnis des Sonderbetriebsvermögens für Zwecke der Anwendung des § 15a EStG verrechnet werden kann, können

---

739 Vgl. *Ley,* Die bilanzielle Behandlung von Körperschaftsteuer- und Kapitalertragsteueranrechnungsansprüchen bei Personengesellschaften, in: DStR 1995, 1122 (1123). Zu den sich aus der eingeschränkten Nettomethode für die Bilanzierungspraxis ergebenden Konsequenzen ausführlich *Ley,* Buchführungspraxis: Umsetzung der Änderung bei der Erfassung von Körperschaftsteuer- und Kapitalertragsteuer-Anrechnungsansprüchen bei Personengesellschaften, in: DStR 1996, 817 (818 f.).

740 BMF-Schreiben vom 15.12.1993, IV B 2 – S 2241a – 57/931 (1), BStBl. 1993 I, 976 (976) = DStR 1994, 59 (59); kritisch hierzu *Wacker,* in: Schmidt, EStG, 23. Aufl., § 15a Rdnr. 104, 109.

sich hieraus höhere nicht verrechenbare Verluste nach § 15a EStG bei gleichzeitiger Versteuerung eines höheren Sonderbetriebsvermögensergebnisses ergeben.[741]

dd) Rechtsprechung des Bundesfinanzhofs

Im Anschluss an die Entscheidung des Bundesgerichtshofs hat sich auch der *Bundesfinanzhof* mit der Frage befasst, wie der Beteiligungsertrag einer Personenhandelsgesellschaft zu qualifizieren ist, wenn die Personenhandelsgesellschaft an einer Kapitalgesellschaft beteiligt ist. Nach dem *Urteil vom 22. November 1995*[742] gehören die Gewinnausschüttungen einer Gesellschaft mit beschränkter Haftung (GmbH) bei Beteiligung einer Personenhandelsgesellschaft ebenso wie die anzurechnende Körperschaftsteuer und die Kapitalertragsteuer zu den Einkünften aus Gewerbebetrieb nach § 15 Abs. 1 S. 1 Nr. 2, § 20 Abs. 3 EStG, die dem einzelnen Mitunternehmer nach Maßgabe seiner Beteiligung *zuzurechnen* sind. Nur dem einzelnen Mitunternehmer steht deshalb nach Auffassung des Bundesfinanzhofs auch die nach § 36 Abs. 2 Nr. 3 EStG anzurechnende Körperschaftsteuer zu. Es sei nicht möglich, diese Beträge durch eine gesellschaftsrechtliche Abrede abweichend von dem allgemeinen Gewinnverteilungsschlüssel in der Personenhandelsgesellschaft zu verteilen. In Übereinstimmung mit dem Bundesgerichtshof kommt der 1. Senat des Bundesfinanzhofs zu dem Ergebnis, dass der Körperschaftsteuer-Anrechnungsanspruch *nicht* zum *Dividendenertrag* der Personenhandelsgesellschaft gehört, sondern von den Personengesellschaftern als *Sonderbetriebseinnahme* entsprechend ihrer Quote an der Gesellschaft zu erfassen ist.

ee) Fazit

Letztendlich kann der Entscheidung des Bundesgerichtshofs in vollem Umfang zugestimmt werden. Es bleibt als erstaunlich zu bemerken, dass es dem Bundesgerichtshof als ordentlichem Gericht vorbehalten blieb, das körperschaftsteuerliche Vollanrechnungsverfahren zu Ende zu denken, wozu dem Bilanzrecht und vor allem dem Steuerrecht offenbar der Mut fehlte.[743] Der Bun-

---

[741] *Crezelius,* in: FS Claussen, 621 (634 f.); *Ley,* Die bilanzielle Behandlung von Körperschaftsteuer- und Kapitalertragsteueranrechnungsansprüchen bei Personengesellschaften, in: DStR 1995, 1122 (1124); a.A. offenbar *Groh,* Übergang von Gesellschaftsvermögen auf die Gesellschafter mittels Steueranrechnung. Anmerkungen zum BGH-Urteil vom 30.1.1995 – II ZR 42/91, in: BB 1996, 631 (635).

[742] BFH, Urteil vom 22.11.1995 – I R 114/94 – BFHE 179, S. 296 ff. = BStBl. 1996 II, S. 531 ff.

[743] Vgl. *Felix,* An Kapitalgesellschaft beteiligte Personenhandelsgesellschaft – kein Anspruch der Personenhandelsgesellschaft auf Rückzahlung der für ausgeschüttete Gewinne erstatteten Körperschaftsteuer: Anmerkung, in: EWiR 1995, 699 (700).

desgerichtshof hat in systematischer Auslegung die Konsequenzen aus der Steuernormgestaltung gezogen. Das bis zum Jahr 2000 geltende Körperschaftsteuersystem beruhte auf zwei völlig voneinander unabhängigen Rechtskreisen der einseitigen Körperschaftsteuerschuld der Kapitalgesellschaft und der getrennten Einkommensteuerminderung der Gesellschafter. Hinzu kam bei Beteiligungen von Personengesellschaften an ausschüttenden Kapitalgesellschaften die begrenzte partielle Einkommensteuerpflicht der Personengesellschaft, die bei der Anrechnung nicht mehr griff.

Dass die Entscheidung auch aus der Sicht des Steuerrechts richtig und fundiert begründet ist, zeigt sich darin, dass sich der Bundesfinanzhof in den wesentlichen Punkten der vom Bundesgerichtshof vertretenen Rechtsauffassung angeschlossen hat. Indem sich auch der Bundesfinanzhof für eine Anwendung der *eingeschränkten Nettomethode* ausgesprochen hat, ist eine im Raum stehende Anrufung des Gemeinsamen Senats der Obersten Gerichtshöfe des Bundes obsolet geworden. Sie wäre zumindest nicht ganz unwahrscheinlich gewesen, da – wie soeben gesehen – die Bruttobetrachtung einerseits und die eingeschränkte Nettobetrachtung andererseits zumindest steuerlich unterschiedliche Konsequenzen haben konnten.

Viertes Kapitel

Gewerbesteuer

Nach Art. 28 Abs. 2 S. 3 GG gehört zu den Grundlagen der finanziellen Eigenverantwortung der Gemeinden von Verfassungs wegen ausdrücklich „eine den Gemeinden mit Hebesatzrecht zustehende wirtschaftskraftbezogene Steuerquelle". Dies ist eine Umschreibung für die dritte und letzte, im Rahmen der vorliegenden Arbeit behandelte Ertragsteuer: die *Gewerbesteuer,* welche eine der wichtigsten gemeindlichen Einnahmequellen ist.

I. Historische Entwicklung der Gewerbesteuer

Unter den Ertragsteuern in ihrer heutigen Form ist die Gewerbesteuer die älteste. Sie beruht auf preußischem Vorbild und wurde vor der Realsteuerreform 1936 aufgrund landesrechtlicher Vorschriften erhoben, die zum Teil erheblich voneinander abwichen.[744] Das *Gewerbesteuergesetz 1936*[745] beendete diese Rechtszersplitterung und machte die Gewerbesteuer zu einer reinen Gemeindesteuer, deren Aufkommen allein den Gemeinden zustand.[746] Im Jahr 1943 wurde die gesamte Verwaltung der Gewerbesteuer nach dem Ertrag und dem Kapital einschließlich Festsetzung und Erhebung kriegsbedingt auf das Reich übertragen.[747] Nichtsdestotrotz floss das gesamte Aufkommen der Gewerbesteuer weiterhin den Gemeinden nach ihrem Anteil am Aufkommen zu. Nach dem Ende des Zweiten Weltkriegs änderte sich diese Lage insoweit, als Art. 106 GG in seiner ursprünglichen Fassung bestimmte, dass das Aufkommen an den Realsteuern grundsätzlich den Ländern zustand. Ungeachtet dieser Bestimmung

---

[744] So war die Gewerbesteuer in Hamburg, Lübeck und Bremen eine reine *Landessteuer,* in Preußen eine reine *Gemeindesteuer,* die nach dem Gewerbeertrag und dem Gewerbekapital erhoben wurde, wobei an Stelle des letzteren die Lohnsumme treten konnte; in Baden, Bayern und Württemberg war sie als Landessteuer ausgestaltet, zu der die Gemeinden Zuschläge erhoben, vgl. *Güroff,* in: Glanegger/Güroff, GewStG, § 1 Rdnr. 1; ausführlich zur Rechtslage vor der Realsteuerreform *Zitzelsberger,* Grundlagen der Gewerbesteuer, S. 5 – 71; *Heni,* Historische Analyse und Entwicklungslinien der Gewerbesteuer, S. 21 – 116.

[745] Gewerbesteuergesetz (GewStG) vom 01.12.1936, RGBl. 1936 I, S. 979 ff.

[746] Vgl. §§ 1, 27 Einführungsgesetz zu den Realsteuergesetzen (EinfGRealStG) vom 01.12.1936, RGBl. 1936 I, S. 961 ff.

[747] Vgl. Gewerbesteuervereinfachungsverordnung (GewSt-VereinfVO) vom 31.03. 1943, RGBl. 1943 I, S. 237 = RStBl. 1943, S. 329.

überließen die Länder die Gewerbesteuer jedoch übereinstimmend den Gemeinden.

Eine neuerliche Änderung des Gewerbesteuerrechts erfolgte im Jahr 1951, als der Bund unter Inanspruchnahme seines konkurrierenden Gesetzgebungsrechts das *Gesetz zur Änderung des Gewerbesteuerrechts*[748] erließ. Aufgrund dieses Gesetzes wurde das *Gewerbesteuergesetz 1950*[749] bekannt gemacht, welches die Gewerbesteuer-Vereinfachungsverordnung von 1943 aufhob und bestimmte, dass ab dem 01. Januar 1952 grundsätzlich wieder die Gemeinden für die Festsetzung und Erhebung der Gewerbesteuer nach dem Gewerbeertrag und dem Gewerbekapital zuständig sein sollten.

Eine *verfassungsrechtliche Garantie* der Gewerbesteuer besteht für die Gemeinden seit der am 01. April 1957 in Kraft getretenen *Finanzverfassungsreform* und der in diesem Rahmen erfolgten Neufassung des Art. 106 Abs. 6 S. 1 GG.[750] Eine anderweitige Verteilung der Gewerbesteuer mit Ausgleich des Steueraufkommens wurde durch die *Gemeindefinanzreform* ermöglicht, weil die Vorschriften des Art. 106 Abs. 5 und Abs. 6 GG[751] in ihrer neuen Fassung vorsahen, dass die Gemeinden am Aufkommen der staatlichen Lohn- und veranlagten Einkommensteuer und Bund und Länder am Gewerbesteueraufkommen beteiligt werden können. Umgesetzt wurde diese Möglichkeit zum 01. Januar 1970 durch § 6 Gemeindefinanzreformgesetz[752] in Form der *Gemeindeumlage*. Der Charakter der Gewerbesteuer als Gemeindesteuer ist hierdurch im Wesentlichen nicht verändert worden, denn den Gemeinden steht nach Art. 106 Abs. 6 GG das verfassungsmäßig garantierte Recht zu, in eigener Autonomie die Höhe der Gewerbesteuer durch Festsetzung und Anwendung der Hebesätze „im Rahmen der Gesetze" zu bestimmen (sog. *Hebesatzrecht der Gemeinden,* vgl. § 16 GewStG).

---

[748] Gesetz zur Änderung des Gewerbesteuerrechts vom 27.12.1951, BGBl. 1951 I, S. 996 ff.

[749] Gewerbesteuergesetz in der Fassung vom 30.04.1952 (GewStG 1950), BGBl. 1952 I, S. 270 ff.

[750] Gesetz zur Änderung und Ergänzung des Artikels 106 des Grundgesetzes vom 24.12.1956, BGBl. 1956 I, S. 1077. Umstritten war zunächst, ob durch diese Neuregelung jeder Gemeinde ihr örtliches Realsteueraufkommen oder lediglich den Gemeinden überhaupt das Realsteueraufkommen insgesamt garantiert wurde, vgl. hierzu *Sattler,* in: Handbuch der Kommunalen Wissenschaft, 1 (12). Das Bundesverfassungsgericht hat diese Frage in seiner Entscheidung vom 10. Juni 1969 offen gelassen, hat aber gleichzeitig darauf hingewiesen, dass den Gemeinden nach den realsteuerrechtlichen Normen, die bei In-Kraft-Treten des Art. 106 Abs. 6 GG bestanden, kein verfassungskräftiges Recht auf das Realsteueraufkommen zustand (vgl. BVerfG, Entscheidung vom 10.06.1969 – 2 BvR 480/61 – BVerfGE 26, 172 (184)).

[751] Einundzwanzigstes Gesetz zur Änderung des Grundgesetzes *(Finanzreformgesetz)* vom 12.05.1969, BGBl. 1969 I, S. 359 ff.

[752] Gesetz zur Neuordnung der Gemeindefinanzen *(Gemeindefinanzreformgesetz)* vom 08.09.1969, BGBl. 1969 I, S. 1587 f.

Im Laufe der Zeit hat die Gewerbesteuer auch strukturelle Veränderungen erfahren. Ursprünglich gab es drei unterschiedliche Besteuerungsgrundlagen: die *Lohnsumme,* das *Gewerbekapital* und den *Gewerbeertrag*. Nachdem zum 01. Januar 1980 zunächst die Gewerbesteuer nach der *Lohnsumme* abgeschafft. wurde[753] und durch das Gemeindefinanzreformgesetz[754] zum 01. Januar 1998 auch die *Gewerbekapitalsteuer* abgeschafft wurde – als Ausgleich erhielten die Gemeinden eine Beteiligung an der Umsatzsteuer – ist die Gewerbesteuer zu einer rein ertragsabhängigen Steuer geworden. Im Ergebnis hat diese Entwicklung eine erhöhte Konjunkturabhängigkeit der Gewerbesteuer bedingt.

II. Steuergegenstand

Steuergegenstand der Gewerbesteuer ist jeder im Inland betriebene stehende *Gewerbebetrieb* (§ 2 Abs. 1 S. 1 GewStG).[755] Da das Gewerbesteuergesetz in seiner ursprünglichen Fassung den Begriff des Gewerbebetriebs nicht näher konkretisierte, hat die Rechtsprechung bestimmte Wesensmerkmale gewerblicher Tätigkeit herausgearbeitet, die der Gesetzgeber zunächst in § 7 Abs. 2 Gemeinnützigkeitsverordnung[756] und später in § 1 Abs. 1 GewStDV 1955[757] zusammengefasst hat.[758]

---

[753] Vgl. Gesetz zur Änderung des Einkommensteuergesetzes, des Gewerbesteuergesetzes, des Umsatzsteuergesetzes und anderer Gesetze (*Steueränderungsgesetz 1979* – StÄndG 1979) vom 30.11.1978, BGBl. 1978 I, S. 1849 ff.

[754] Vgl. Gesetz zur Neuordnung der Gemeindefinanzen *(Gemeindefinanzreformgesetz)* vom 06.02.1995, BGBl. 1995 I, S. 189 ff.), zuletzt geändert durch das Steuersenkungsgesetz vom 23.10.2000 (BGBl. 2000 I, S. 1433 ff.); Gesetz über den Finanzausgleich zwischen Bund und Ländern (Finanzausgleichsgesetz – FAG) vom 23.06.1993 (BGBl. 1993 I, S. 944 ff., S. 977 ff.), zuletzt geändert durch Gesetz zur Änderung des Gesetzes über den Finanzausgleich zwischen Bund und Ländern vom 21.12.2000 (BGBl. 2000 I, S. 1917 ff.).

[755] Das Gesetz lässt hier deutlich den *Objektsteuercharakter* der Gewerbesteuer erkennen: Im Gegensatz zu den Personensteuern wird nicht an die Person des Gewerbetreibenden oder an einen Unternehmensträger, sondern an den Betrieb selbst angeknüpft, vgl. *Montag,* in: Tipke/Lang, Steuerrecht, 17. Aufl., § 12 Rdnr. 1.

[756] Verordnung zur Durchführung der §§ 17 bis 19 des Steueranpassungsgesetzes *(Gemeinnützigkeitsverordnung)* vom 16.12.1941, RStBl. 1941, S. 937 ff.

[757] Gewerbesteuer-Durchführungsverordnung *(GewStDV 1955)* vom 24.03.1956, BGBl. 1956 I, S. 152 ff.

[758] Auch der Bundesfinanzhof hat die Begriffsbestimmung der Gemeinnützigkeitsverordnung bzw. der GewStDV 1955 in seiner früheren Rechtsprechung herangezogen, vgl. nur BFH, Urteil vom 13.12.1961 – VI 133/60 U – BFHE 74, 331 (333) = BStBl. 1962 III, 127 (127); BFH, Urteil vom 07.04.1967 – VI 199/65 – BFHE 88, 450 (452) = BStBl. 1967 III, 467 (467); BFH, Urteil vom 02.11.1971 – VIII R 1/71 – BFHE 104, 321 (323) = BStBl. 1972 II, 360 (360); BFH, Urteil vom 23.10.1975 – VIII R 60/70 – BFHE 117, 360 (363 f.) = BStBl. 1976 II, 152 (153) unter II. 2. b) aa).

Das Gewerbesteuergesetz in seiner heutigen Fassung statuiert in § 2 Abs. 1 S. 2 GewStG, dass unter einem Gewerbebetrieb im gewerbesteuerrechtlichen Sinn ein gewerbliches Unternehmen im Sinne des Einkommensteuergesetzes zu verstehen ist. Einigkeit besteht dahingehend, dass dieser Verweis insbesondere die Legaldefinition des *Gewerbebetriebs* umfasst, die für das Einkommensteuerrecht erstmals durch das Steuerentlastungsgesetz 1984[759] in § 15 Abs. 2 EStG aufgenommen wurde, und die im Wesentlichen der in § 1 Abs. 1 GewStDV 1955 enthaltenen Erläuterung des Begriffs des *Gewerbebetriebs* entspricht.

1. Begriff des Gewerbebetriebs

In § 15 Abs. 2 EStG wird der Begriff des *Gewerbebetriebs* sowohl durch positive als auch durch negative Tatbestandsmerkmale bestimmt bzw. abgegrenzt. In positiver Hinsicht setzt ein Gewerbebetrieb eine selbständige, nachhaltige Betätigung voraus, die mit der Absicht unternommen wird, Gewinn zu erzielen, und die sich als Beteiligung am allgemeinen wirtschaftlichen Verkehr darstellt (§ 15 Abs. 2 S. 1 EStG). Da diese positiven Tatbestandsmerkmale gewerblicher Tätigkeit auch auf land- und forstwirtschaftliche sowie auf selbständige Tätigkeiten zutreffen, grenzt § 15 Abs. 2 S. 2 EStG die gewerbliche Tätigkeit ausdrücklich (negativ) von land- und forstwirtschaftlicher sowie selbständiger Tätigkeit ab. Da auch die *private Vermögensverwaltung* eine selbständige nachhaltige und von Gewinnerzielungsabsicht getragene Teilnahme am wirtschaftlichen Verkehr sein kann,[760] ist – wenngleich gesetzlich nicht bestimmt – allgemein anerkannt, dass der Begriff des Gewerbebetriebs zusätzlich in negativer Hinsicht das *Fehlen privater Vermögensverwaltung* voraussetzt.[761] Die dadurch entstehende Abgrenzungsproblematik kommt insbesondere im Immobilienbereich zum Tragen und wird dort unter dem Schlagwort des *gewerblichen Grundstückshandels* diskutiert.[762]

---

[759] Gesetz zur Stärkung der Wettbewerbsfähigkeit der Wirtschaft und zur Einschränkung von steuerlichen Vorteilen (Steuerentlastungsgesetz 1984 – StEntlG 1984) vom 22.12.1983, BGBl. 1983 I, S. 1583 ff.

[760] Vgl. BFH, Urteil vom 17.01.1973 – I R 191/72 – BFHE 108, 190 (193) = BStBl. 1973 II, 260 (261) unter 3.; BFH, Urteil vom 06.10.1982 - I R 7/79 - BFHE 136, 497 (498 f.) = BStBl. 1983 II, 80 (81).

[761] Vgl. BFH, Urteil vom 04.03.1980 – VIII R 150/76 – BFHE 130, 157 (161 f.) = BStBl. 1980 II, 389 (391) unter 2.; BFH, Urteil vom 25.02.1982 – IV R 25/78 – BFHE 135, 316 (318) = BStBl. 1982 II, 461 (462) unter b); BFH, Urteil vom 06.10.1982 – I R 7/79 – BFHE 136, 497 (498 f.) = BStBl. 1983 II, 80 (81); BFH Großer Senat, Beschluss vom 25.06.1984 – GrS 4/82 – BFHE 141, 405 (427) = BStBl. 1984 II, 751 (762); BFH Großer Senat, Beschluss vom 03.07.1995 – GrS 1/93 – BFHE 178, 86 (90) = BStBl. 1995 II, 617 (618) unter C. I.; BFH, Urteil vom 24.01.1996 – X R 255/93 – BFHE 180, 51 (53) = BStBl. 1996 II, 303 (304).

[762] Vgl. *Buge,* in: Herrmann/Heuer/Raupach, EStG und KStG, 21. Aufl., § 15 EStG Rdnr. 1120.

Da auch der *Bundesgerichtshof* in dem sogleich näher analysierten *Urteil vom 22. Februar 2001*[763] mit dieser Abgrenzungsfrage konfrontiert war, wird hierzu im Folgenden ein summarischer Überblick gegeben.[764]

2. Grundstücksgeschäfte als gewerbliche Betätigung

a) Begriff des Grundstückshandels

Der Begriff des *Grundstückshandels* setzt voraus, dass der Steuerpflichtige mindestens ein *Grundstück*[765] veräußert. Dies kann in der Weise geschehen, dass er ein Grundstück ankauft und unverändert wieder verkauft (sog. *Durchhandel*) oder dass er auf einem in seinem Eigentum stehenden Grundstück ein

---

763 BGH, Urteil vom 22.02.2001 – IX ZR 293/99 – DStR 2001, S. 437 f. = NJW-RR 2001, S. 1351 ff. = WM 2001, S. 741 ff.

764 Die Darstellung der Problematik in ihrer gesamten Bandbreite würde den Rahmen dieser Arbeit sprengen; insoweit sei auf das umfangreiche Schrifttum verwiesen, vgl. z. B. *Bloehs,* Die Abgrenzung privater Vermögensverwaltung von gewerblichen Grundstücks- und Wertpapiergeschäften; *Bitz,* Steuerpflicht von Immobilienveräußerungen – Abgrenzung zwischen Spekulationsgewinnen und gewerblichem Grundstückshandel, in: DStR 1999, S. 792 ff.; *Enneking,* Einkünfte aus Gewerbebetrieb und aus der Veräußerung von Privatvermögen, S. 119 ff.; *Führer,* Die Abgrenzung der privaten Vermögensverwaltung vom Gewerbebetrieb; *Gosch,* Vermögensverwaltung statt gewerblichen Grundstückshandels dank Realteilung? – zugleich Anmerkungen zum BFH-Urteil vom 22.3.1990, IV R 23/88, in: DStR 1990, S. 585 ff.; *Hörmann,* Gewerblicher Grundstückshandel; *Hofer,* Aktuelle Problembereiche des gewerblichen Grundstückshandels, in: DStR 2000, S. 1635 ff.; *Jung,* Einkommensteuerliche Abgrenzung des gewerblichen Grundstückshandels; *Kempermann,* Check-Liste zum gewerblichen Grundstückshandel, in: DStR 1996, S. 1156 ff.; *Kohlhaas,* Gewerblicher Grundstückshandel als Steuersparmodell – zugleich Anmerkungen zur Gewinnermittlungsart des gewerblichen Grundstückshändlers, in: DStR 2000, S. 1249 ff.; *Marhofer-Ferlan,* Veräußerungen von Privatvermögen und § 15 EStG; *Reiss,* Bruchteilsgemeinschaften und gewerblicher Grundstückshandel, in: FR 1992, S. 364 ff.; *Schmidt-Liebig,* Abgrenzung zwischen gewerblichen und privaten Grundstücksgeschäften; *ders.*, Neuere Rechtsprechung des BFH zur Abgrenzung gewerblicher und privater Grundstücksgeschäfte, in: FR 1997, S. 325 ff.; *ders.*, Grundstücksverkäufe als Gewerbebetrieb, in: DB 1997, S. 346 ff.; *Söffing,* Gewerblicher Grundstückshandel, in: DStZ 1996, S. 353 ff.; *Söffing/Klümpen-Neusel,* Unentgeltliche Grundstücksgeschäfte und gewerblicher Grundstückshandel – zugleich eine Besprechung des BFH-Urteils vom 5.3.2000, DStR 2000, 1131, in: DStR 2000, S. 1753 ff.; *Spindler,* Der gewerbliche Grundstückshandel in der Rechtsprechung des Bundesfinanzhofs, in: DStZ 1997, S. 10 ff.; *Stork,* Gewinnermittlungswahlrecht beim gewerblichen Grundstückshandel, in: DB 2001, S. 115 ff.; *Wangler,* Gewerblicher Grundstücks- und Wertpapierhandel – Wohin führen die Kriterien der Rechtsprechung, in: DStR 1999, S. 184 ff.; *Wöppel,* Die Abgrenzung der privaten Vermögensverwaltung vom Gewerbebetrieb bei der Veräußerung privater Grundstücke und Gebäude.

765 Der Begriff des *„Grundstücks"* meint nicht nur unbebaute Grundstücke, sondern auch Gebäude, Eigentumswohnungen, Teileigentum an Geschäftsräumen etc. (vgl. OFD Stuttgart, Verfügung vom 15.10.1976, S 2240 A – 3 – St 34, DStZ/Eild. 1976, 364 (364) unter Ziffer 1).

Bauwerk errichtet und anschließend das bebaute Grundstück veräußert (sog. *Bauträgergeschäft*). Darüber hinaus ist denkbar, dass der Steuerpflichtige vor der Veräußerung eines Grundstücks Umbau- und Modernisierungsmaßnahmen an einem bereits bestehenden Gebäude vornimmt.[766] Unerheblich ist in all diesen Konstellationen, ob der Steuerpflichtige das Grundstück erst kurze Zeit zuvor erworben hat oder ob es bereits seit längerer Zeit in seinem Eigentum steht.[767]

b) Positive Merkmale der Gewerblichkeit

Wie jede gewerbliche Tätigkeit setzt der gewerbliche Grundstückshandel zunächst in *positiver* Hinsicht eine selbständige, nachhaltige Teilnahme am allgemeinen wirtschaftlichen Verkehr in Gewinnerzielungsabsicht voraus.

Der Grundstückshandel erfüllt nach Auffassung des Bundesfinanzhofs das Merkmal der *Selbständigkeit,* wenn Kauf, Bebauung und Veräußerung des Grundstücks auf eigene Rechnung und Verantwortung des Steuerpflichtigen erfolgen.[768] Dabei muss der Steuerpflichtige bereits beim Erwerb bzw. bei der Bebauung des Grundstücks in der – zumindest bedingten – Absicht handeln, durch eine spätere Veräußerung einen Gewinn erzielen zu wollen. Da die *Gewinnerzielungsabsicht* als innere Tatsache wie alle sich in der Vorstellung von Menschen abspielenden Vorgänge nur anhand äußerer Merkmale beurteilt werden kann,[769] spielt bei ihrer Feststellung der zeitliche Zusammenhang zwischen Erwerb/Bebauung und Veräußerung des Grundstücks eine maßgebliche Rolle. Dabei lassen nach Auffassung des Bundesfinanzhofs sowohl ein enger sachlicher und zeitlicher Zusammenhang als auch die Tatsache, dass bei erfolgter Veräußerung tatsächlich ein Gewinn erzielt wird, auf eine entsprechende Gewinnerzielungsabsicht schließen.[770]

---

766 *Kein* Fall des *Grundstückshandels* liegt hingegen vor, wenn ein *Bauunternehmer* im Auftrag eines Bauherrn auf dessen Grundstück ein Gebäude errichtet. Der Bauunternehmer erbringt für seinen Auftraggeber Werkleistungen auf fremdem Grund und Boden, ohne das Grundstück zu erwerben oder zu veräußern. Nichtsdestotrotz kann die Tätigkeit des Bauunternehmers die Merkmale einer gewerblichen Tätigkeit *(Gewerbebetrieb)* i.S.d. § 15 Abs. 2 EStG erfüllen, vgl. *Buge,* in: Herrmann/Heuer/Raupach, EStG und KStG, 21. Aufl., § 15 EStG Rdnr. 1120; insoweit missverständlich *Reiß,* in: EStG KompaktKommentar, 4. Aufl., § 15 Rdnr. 114.

767 *Buge,* in: Herrmann/Heuer/Raupach, EStG und KStG, 21. Aufl., § 15 EStG Rdnr. 1120.

768 Vgl. BFH, Urteil vom 08.08.1979 – I R 186/78 – BFHE 129, 177 (179) = BStBl. 1980 II, 106 (107); BFH, Urteil vom 17.01.1973 – I R 191/72 – BFHE 108, 190 (192) = BStBl. 1973 II, 260 (261) sub 2. a).

769 Vgl. BFH Großer Senat, Beschluss vom 25.06.1984 – GrS 4/82 – BFHE 141, 405 (435) = BStBl. 1984 II, 751 (767) unter IV. 3. c) bb); vgl. auch BFH Großer Senat, Beschluss vom 12.06.1978 – GrS 1/77 – BFHE 125, 516 (527) = BStBl. 1978 II, 620 (625 f.) unter III.

770 Vgl. BFH, Urteil vom 23.10.1987 – III R 275/83 – BFHE 151, 399 (401) = BStBl. 1988 II, 293 (294) unter 2.

Nachhaltig ist eine entsprechende Tätigkeit nach der ständigen Rechtsprechung des Bundesfinanzhofs, wenn sie von der Absicht getragen wird, sie zu wiederholen und daraus eine ständige Erwerbsquelle zu machen (subjektives Element), und wenn sie sich objektiv – in der Regel durch Wiederholung – als nachhaltig darstellt.[771] Ausgehend von dieser allgemeinen Definition sieht der Bundesfinanzhof im Bereich des gewerblichen Grundstückshandels das Merkmal der Nachhaltigkeit als erfüllt an bei einer Mehrzahl von Verkaufshandlungen an verschiedene Erwerber.[772] Das Merkmal der Nachhaltigkeit ist aber auch dann zu bejahen, wenn die Tätigkeit auf einem einmaligen Beschluss beruht, die Durchführung aber mehrere Handlungen erfordert (z.B. beim Verkauf einer größeren Anzahl von Eigentumswohnungen aus einem einzelnen Bauvorhaben).[773]

Schließlich muss sich die Tätigkeit des Steuerpflichtigen als eine *Beteiligung am allgemeinen wirtschaftlichen Verkehr* darstellen. Hierzu ist erforderlich, dass sich der Veräußerer mit seiner Veräußerungsabsicht an den allgemeinen Markt, das heißt an einen nicht abgeschlossenen Kreis von Personen, wendet.[774] Diese Voraussetzung ist beispielsweise dann erfüllt, wenn der Verkäufer potenzielle Käufer mittels Zeitungsinseraten sucht[775], oder er sich über einen Makler an den Grundstücksmarkt wendet[776]. Im Übrigen genügt zur Bejahung dieses

---

[771] Vgl. BFH, Urteil vom 23.10.1987 – III R 275/83 – BFHE 151, 399 (401) = BStBl. 1988 II, 293 (294 f.) unter 3. a); BFH, Urteil vom 15.07.1986 – VIII R 289/81 – BFH/NV 1987, 92 (93) unter 2. a); BFH, Urteil vom 21.08.1985 – I R 60/80 – BFHE 145, 33 (36) = BStBl. 1986 II, 88 (89 f.) unter 2. b) (2)(2.2); BFH, Urteil vom 03.11.1982 – I R 39/80 – BFHE 137, 183 (185) = BStBl. 1983 II, 182 (183) unter I. 2.; BFH, Urteil vom 28.04.1977 – IV R 98/73 – BFHE 122, 462 (464) = BStBl. 1977 II, 728 (729) unter 1.; BFH, Urteil vom 17.01.1973 – I R 191/72 – BFHE 108, 190 (192) = BStBl. 1973 II, 260 (261) sub 2. b); BFH, Urteil vom 15.12.1971 – I R 49/70 – BFHE 104, 178 (180) = BStBl. 1972 II, 291 (291) unter 2.; BFH, Urteil vom 14.11.1963 – IV 6/60 U – BFHE 78, 358 (359) = BStBl 1964 III, 139 (139); BFH, Urteil vom 23.02.1961 – IV 313/59 U – BFHE 72, 533 (535) = BStBl. 1961 III, 194 (195): eine Reihe von Einzelhandlungen.

[772] BFH, Urteil vom 23.10.1987 – III R 275/83 – BFHE 151, 399 (402) = BStBl. 1988 II, 293 (295) unter 3. a); BFH, Urteil vom 09.12.1986 – VIII R 317/82 – BFHE 148, 480 (482) = BStBl. 1988 II, 244 (245) unter 2. b); BFH, Urteil vom 15.07.1986 – VIII R 289/81 – BFH/NV 1987, 92 (93); BFH, Urteil vom 08.08.1979 – I R 186/78 – BFHE 129, 177 (179) = BStBl. 1980 II, 106 (107) m.w.N.

[773] Vgl. BFH, Urteil vom 21.08.1985 – I R 60/80 – BFHE 145, 33 (36) = BStBl. 1986 II, 88 (89 f.) unter 2. b) (2)(2.2) m.w.N.; BFH, Urteil vom 10.08.1983 – I R 120/80 – BFHE 139, 386 (389) = BStBl. 1984 II, 137 (139) sub 1. a); BFH, Urteil vom 15.12.1971 – I R 49/70 – BFHE 104, 178 (180) = BStBl. 1972 II, 291 (291) unter 2.

[774] Vgl. BFH, Urteil vom 23.10.1987 – III R 275/83 – BFHE 151, 399 (402) = BStBl. 1988 II, 293 (295) unter 4.; BFH, Urteil vom 10.08.1983 – I R 120/80 – BFHE 139, 386 (389) = BStBl. 1984 II, 137 (139) unter 1. a) der Entscheidungsgründe; BFH, Urteil vom 17.01.1973 – I R 191/72 – BFHE 108, 190 (193) = BStBl. 1973 II, 260 (261) unter 2. d); BFH, Urteil vom 20.12.1963 – VI 313/62 U – BFHE 78, 352 (354 f.) = BStBl. 1964 III, 137 (138).

Merkmals, wenn die Verkaufsabsicht nur einem kleinen Personenkreis – unter Umständen auch nur einer Person – bekannt wird, und der Verkäufer damit rechnet, seine Verkaufsabsicht werde sich herumsprechen.[777] Insbesondere braucht bei im Zusammenhang zu sehenden Verkäufen nicht für jeden einzelnen Verkauf festgestellt werden, dass sich der Verkäufer mit seiner Verkaufsabsicht an die Allgemeinheit gewandt hat. Ausreichend ist, dass bei einzelnen Verkäufen eine Werbung stattfindet.[778]

c) Abgrenzung des Grundstückshandels zur privaten Vermögensverwaltung

Entsprechend der allgemeinen Definition des Gewerbebetriebs muss als weiteres – *negatives* – Merkmal hinzutreten, dass die Tätigkeit sich nicht als bloße Vermögensverwaltung darstellt. In seiner ständigen Rechtsprechung grenzt der Bundesfinanzhof den Grundstückshandel abstrakt anhand der sog. *Fruchtziehungsformel* von der privaten Vermögensverwaltung ab.[779] Danach ist bei Tätigkeiten auf dem Bau- und Grundstücksmarkt maßgebend, ob die Grundstücksgeschäfte noch als Nutzung des Grundbesitzes durch Fruchtziehung aus zu erhaltender Substanz anzusehen sind (dann *Vermögensverwaltung*[780]) oder ob die Substanzverwertung durch Umschichtung in den Vordergrund tritt (dann *Gewerbebetrieb*[781]).

---

775 Vgl. BFH, Urteil vom 23.10.1987 – III R 275/83 – BFHE 151, 399 (402) = BStBl. 1988 II, 293 (295) unter 4.

776 BFH, Urteil vom 16.04.1991 – VIII R 74/87 – BFHE 164, 347 (350) = BStBl. 1991 II, 844 (845) sub 2. d); BFH, Urteil vom 08.08.1979 – I R 186/78 – BFHE 129, 177 (179) = BStBl. 1980 II, 106 (107).

777 BFH, Urteil vom 23.10.1987 – III R 275/83 – BFHE 151, 399 (402) = BStBl. 1988 II, 293 (295) unter 4.; BFH, Urteil vom 10.08.1983 – I R 120/80 – BFHE 139, 386 (389) = BStBl. 1984 II, 137 (139) unter 1. a).

778 Vgl. BFH, Urteil vom 23.10.1987 – III R 275/83 – BFHE 151, 399 (402) = BStBl. 1988 II, 293 (293).

779 Vgl. *Buge,* in: Herrmann/Heuer/Raupach, 21. Aufl., § 15 EStG Rdnr. 1123; *Bitz,* in Littmann/Bitz/Pust, Das Einkommensteuerrecht, 15. Aufl., § 15 Rdnr. 131; *Schmidt-Liebig,* Der „gewerbliche Grundstückshandel" in der neueren Rechtsprechung des Bundesfinanzhofs, in: BB 1993, 904 (904); *ders.,* „Grundstückshandel" – Drei-Objekt-Grenze und Einheit der Personengesellschaft: Anmerkungen zum Beschluss des Großen Senats des Bundesfinanzhofs vom 3.7.1995 – GrS 1/93, in: BB 1996, 1799 (1800); *Streck/Schwedhelm,* Gewerblicher Grundstückshandel – Die Entwicklung der jüngeren Rechtsprechung, in: DStR 1988, 527 (528).

780 BFH, Urteil vom 10.08.1983 – I R 120/80 – BFHE 139, 386 (390) = BStBl. 1984 II, 137 (139) unter 1. b); BFH, Urteil vom 29.04.1987 – I R 10/86 – BFHE 150, 59 (60) = BStBl. 1987 II, 603 (603 f.).

781 Vgl. BFH, Urteil vom 15.12.1971 – I R 179/68 – BFHE 104, 77 (80) = BStBl. 1972 II, 279 (281); BFH, Urteil vom 29.03.1971 – I R 153/71 – BFHE 109, 431 (435) = BStBl. 1973 II, 661 (663) unter 1. b); BFH, Urteil vom 28.09.1987 – VIII R 46/84 – BFHE 151, 74 (77) = BStBl. 1988 II, 65 (66); BFH, Urteil vom 31.07.1990 –

Zur Ausfüllung der Fruchtziehungsformel hat die Rechtsprechung im Wege normfüllender Typisierung[782] die sog. *„Drei-Objekt-Grenze"* entwickelt, die zum Zwecke der Gleichheit der Rechtsanwendung[783] und im Interesse der Rechtssicherheit[784] die Grenze privater Vermögensverwaltung bestimmt.[785] Obgleich der Bundesfinanzhof in seiner Rechtsprechung den methodischen „Aufhänger" der „Drei-Objekt-Grenze" nicht einheitlich beurteilt hat – einerseits diente sie als begriffliche Präzisierung der Vermögensverwaltung,[786] andererseits wurde sie für eine Verdeutlichung des Merkmals der Nachhaltigkeit gehalten[787] – orientiert sich die Darstellung im Rahmen der vorliegenden Arbeit an der wohl herrschenden Auffassung, welche die „Drei-Objekt-Grenze" als begriffliche Präzisierung der Vermögensverwaltung ansieht.[788]

I R 173/83 – BFHE 162, 236 (242) = BStBl. 1991 II, 66 (69) unter B. 7. a); BFH Großer Senat, Beschluss vom 03.07.1995 – GrS 1/93 – BFHE 178, 86 (90 f.) = BStBl. 1995 II, 617 (619) unter C. I. m. w. N.; BFH, Urteil vom 07.03.1996 – IV R 2/92 – BFHE 180, 121 (125) = BStBl. 1996 II, 369 (370 f.) unter I. 2. der Entscheidungsgründe.

782 BFH, Urteil vom 18.05.1999 – I R 118/97 – BFHE 188, 561 (565) = BStBl. 2000 II, 28 (30) unter II. 2. c) aa), vgl. auch *Lang,* in: Tipke/Lang, Steuerrecht, 17. Aufl., § 9 Rdnr. 571.

783 BFH Großer Senat, Beschluss vom 03.07.1995 – GrS 1/93 – BFHE 178, 86 (92) = BStBl. 1995 II, 617 (619) unter C. II. 2.

784 BFH, Urteil vom 01.12.1989 – III R 56/85 – BFHE 159, 167 (169) = BStBl. 1990 II, 1054 (1055); BFH, Urteil vom 18.09.1991 – XI R 23/90 – BFHE 165, 521 (523) = BStBl. 1992 II, 135 (136).

785 Vgl. aus dem umfangreichen Schrifttum speziell zur *Drei-Objekt-Grenze Engel,* Vermögensverwaltende Personengesellschaft und ertragsteuerliche Selbständigkeit, S. 240 ff.; *Kreft/Serafini,* BFH-Entscheidungen und BMF-Schreiben zur Relativierung der Drei-Objekt-Grenze, in: GStB 2003, S. 164 ff.; *Schmidt-Liebig,* „Grundstückshandel" – Drei-Objekt-Grenze und Einheit der Personengesellschaft: Anmerkungen zum Beschluss des Großen Senats des Bundesfinanzhofs vom 3.7.1995 – GrS 1/93, in: BB 1996, S. 1799 ff.; *Schuhmann,* Die Drei-Objekt-Grenze und der „so genannte gewerbliche Grundstückshandel", in: StBp 1997, S. 34 ff.; *Söffing,* Die Drei-Objekt-Grenze beim gewerblichen Grundstückshandel – Anmerkungen zum Beschluss des Großen Senats des BFH vom 3.7.1995 – GrS 1/93, in: DB 1995, S. 2138 ff.

786 So z. B. BFH, Urteil vom 28.10.1993 – IV R 66–67/91 – BFHE 173, 313 (316) = BStBl. 1994 II, 463 (465).

787 BFH, Urteil vom 30.06.1996 – XI R 38–39/91 – BFH/NV 1994, 20 (21). Der Große Senat des Bundesfinanzhofs (BFH Großer Senat, Beschluss vom 03.07.1995 – GrS 1/93 – BFHE 178, S. 86 ff. = BStBl. 1995 II, S. 617 ff.) hat sich diesbezüglich nicht eindeutig festgelegt; zum einen sieht er die Drei-Objekt-Grenze als Unterscheidungsmerkmal zwischen Gewerbebetrieb und Vermögensverwaltung an (vgl. C. II. 2. der Entscheidungsgründe); zum anderen siedelt er sie offenbar bei der Nachhaltigkeit an (vgl. C. IV. 3. a) der Entscheidungsgründe).

788 So beispielsweise auch *Schmidt-Liebig,* „Grundstückshandel" – Drei-Objekt-Grenze und Einheit der Personengesellschaft: Anmerkungen zum Beschluss des Großen Senats des Bundesfinanzhofs vom 3.7.1995 – GrS 1/93, in: BB 1996, 1799 (1802).

3. Die sog. „Drei-Objekt-Grenze“

Nach der sog. *„Drei-Objekt-Grenze“* wird die Grenze privater Vermögensverwaltung überschritten und liegt gewerblicher Grundstückshandel vor, wenn in engem zeitlichem Zusammenhang zwischen Anschaffung (bzw. Errichtung) und Veräußerung *mehr als drei Objekte* veräußert werden.[789] Zu dieser Drei-Objekt-Regel stellt sich eine Reihe von Fragen, von denen im Rahmen der vorliegenden Arbeit nur diejenigen behandelt werden können, die auch Eingang in die Rechtsprechung des Bundesgerichtshofs gefunden haben.

a) Objektart

Die Bedeutung der „Drei-Objekt-Grenze“ hängt zunächst entscheidend von der Bestimmung des Begriffs *„Objekt“* ab. Nach der Rechtsprechung zum gewerblichen Grundstückshandel kommen als „Objekt“ im Sinne der „Drei-Objekt-Grenze“ sämtliche selbständig verkehrsfähigen Immobilienobjekte in Betracht, unabhängig von ihrer Größe, ihrem Wert oder ihrer Nutzungsart.[790]

---

[789] Erstmals BFH, Urteil vom 02.06.1976 – I R 57/74, n.v.; sodann grundlegend BFH, Urteil vom 09.12.1986 – VIII R 317/82 – BFHE 148, 480 (482 f.) = BStBl. 1988 II, 244 (245) unter 2. e); seither ständige Rechtsprechung, vgl. BFH, Urteil vom 23.10.1987 – III R 275/83 – BFHE 151, 399 (403) = BStBl. 1988 II, 293 (295); BFH, Beschluss vom 07.12.1988 – VIII B 71/88 – BFHE 155, 44 (46) = BStBl. 1989 II, 566 (567); BFH, Urteil vom 14.03.1989 – VIII R 373/83 – BFHE 158, 214 (216) = BStBl. 1990 II, 1053 (1055) unter 2.; BFH, Urteil vom 16.04.1991 – VIII R 74/87 – BFHE 164, 347 (349) = BStBl. 1991 II, 844 (845) unter 2. b); BFH, Urteil vom 18.09.1991 – XI R 23/90 – BFHE 165, 521 (523) = BStBl. 1992 II, 135 (136); BFH Großer Senat, Beschluss vom 03.07.1995 – GrS 1/93 – BFHE 178, 86 (92) = BStBl. 1995 II, 617 (619); BFH, Urteil vom 07.12.1995 – IV R 112/92 – BFHE 180, 42 (45) = BStBl. 1996 II, 367 (368) unter 1. d); BFH, Urteil vom 24.01.1996 – X R 255/93 – BFHE 180, 51 (53) = BStBl. 1996 II, 303 (304) unter 2. a); BFH, Urteil vom 14.01.1998 – X R 1/96 – BFHE 185, 242 (245 f.) = BStBl. 1998 II, 346 (348) unter 5.; BFH, Urteil vom 18.05.1999 – I R 118/97 – BFHE 188, 561 (564) = BStBl. 2000 II, 28 (30); BFH, Urteil vom 15.03.2000 – X R 130/97 – BFHE 191, 360 (363) = BStBl. 2001 II, 530 (532); BFH Großer Senat, Beschluss vom 10.12.2001 – GrS 1/98 – BFHE 197, 240 (244) = BStBl. 2002 II, 291 (292 f.) unter C. III. 2.; BFH, Urteil vom 16.05.2002 – III R 9/98 – BFHE 199, 245 (250 f.) = BStBl. 2002 II, 571 (573).

[790] Vgl. zuletzt BFH, Urteil vom 18.09.2002 – X R 108/96 – BFH/NV 2003, 455 (455) sub II. 1.; BFH, Urteil vom 16.05.2002 – III R 9/98 – BFHE 199, 245 (251) = BStBl. 2002 II, 571 (573 f.) unter II. 2. a); BFH Großer Senat, Beschluss vom 10.12.2001 – GrS 1/98 – BFHE 197, 240 (244) = BStBl. 2002 II, 291 (293) unter C. III. 2.; BFH, Urteil vom 18.05.1999 – I R 118/97 – BFHE 188, 561 (564 f.) = BStBl. 2000 II, 28 (30) unter II. 2. c) aa); BFH, Urteil vom 23.04.1996 – VIII R 27/94 – BFH/NV 1997, 170 (173) unter 1. b) dd); BFH, Urteil vom 30.06.1993 – XI R 38–39/91 – BFH/NV 1994, 20 (21) unter 2.; BFH, Urteil vom 10.10.1991 – XI R 22/90 – BFH/NV 1992, 238 (239) unter 2.; aus der Literatur *Buge,* in: Herrmann/Heuer/Raupach, 21. Aufl., § 15 EStG Rdnr. 1131; *Lenski/Steinberg,* GewStG, § 2 Anm. 1386. Vgl. auch BFH, Urteil vom 16.04.1991 – VIII R 74/87 – BFHE 164, 347 (349) = BStBl. 1991 II, 844 (845) sub 2. b) sowie BFH, Beschluss vom 22.04.1998 – IV B 19/98 – BFHE 185, 480 (485) = BStBl. 1999 II, 295 (297) unter 1. b) aa): „Objekt im

Wenngleich noch nicht sämtliche mit dem „Objektbegriff" verbundenen Abgrenzungsfragen abschließend geklärt sind,[791] besteht jedenfalls Einigkeit darüber, dass von der „Drei-Objekt-Grenze" sog. *Wohneinheiten*[792] – hierzu rechnen unter anderem Ein- und Zweifamilienhäuser sowie Eigentumswohnungen – erfasst werden.[793] Diese Erkenntnis genügt für das sogleich analysierte Urteil des Bundesgerichtshofs.

b) Maßgebliche Anzahl von Veräußerungen

Nach der „Drei-Objekt-Grenze" kann eine gewerbliche Grundstücksveräußerung grundsätzlich erst ab einem Verkauf von *vier Einheiten* angenommen werden. Da der Zahl der veräußerten Objekte jedoch nur *indizielle Bedeutung* zukommt,[794] kann auch bei Überschreiten der „Drei-Objekt-Grenze" ausnahmsweise das Vorliegen eines gewerblichen Grundstückshandels abzulehnen sein.[795]

Umgekehrt wirkt die „Drei-Objekt-Grenze" nach inzwischen wohl herrschender Meinung auch *nicht* wie eine *Freigrenze,* so dass aufgrund weiterer Umstände auch die Anschaffung und Veräußerung von weniger als vier Objekten gewerblichen Charakter haben kann.[796] Darüber hinaus werden, wenn durch die

---

Sinne der Drei-Objekt-Grenze kann sein, was auch Gegenstand eines Grundstückskaufvertrags sein kann".

[791] Umstritten ist insbesondere noch die Behandlung von Großprojekten, vgl. *Buge,* in: Herrmann/Heuer/Raupach, EStG und KStG, 21. Aufl., § 15 EStG Rdnr. 1145.

[792] Vgl. zu dieser Begriffsbestimmung BFH Großer Senat, Beschluss vom 03.07.1995 – GrS 1/93 – BFHE 178, 86 (92) = BStBl. 1995 II, 617 (619) unter C. II. 1. der Gründe.

[793] Vgl. zu Eigentumswohnungen und Einfamilienhäusern z. B. BFH, Urteil vom 09.12.1986 – VIII R 317/82 – BFHE 148, 480 (483) = BStBl. 1988 II, 244 (245) unter 2. e); BFH, Urteil vom 18.01.1989 – X R 108/88 – BFHE 156, 115 (116) = BStBl. 1990 II, 1051 (1052); BFH, Urteil vom 20.11.1990 – VIII R 15/87 – BFHE 163, 66 (67) = BStBl. 1991 II, 345 (345) unter 1.; BFH, Urteil vom 25.04.1991 – IV R 111/90 – BFHE 165, 188 (190) = BStBl. 1992 II, 283 (284) unter II. 1. a); BFH, Urteil vom 12.07.1991 – III R 47/88 – BFHE 165, 498 (501) = BStBl. 1992 II, 143 (145); vgl. ausführlich zum Objektbegriff und zu der stark einzelfallorientierten Rechtsprechung *Lenski/Steinberg,* GewStG, § 2 Anm. 1387; *Bitz,* in: Littmann/Bitz/Pust, Das Einkommensteuerrecht, 15. Aufl., § 15 Rdnr. 132b.

[794] BFH Großer Senat, Beschluss vom 03.07.1995 – GrS 1/93 – BFHE 178, 86 (92) = BStBl. 1995 II, 617 (619) unter C. II. 2.

[795] Vgl. BFH, Vorlagebeschluss vom 02.09.1992 – XI R 21/91 – BFHE 171, 31 (36 f.) = BStBl. 1993 II, 668 (671) unter II. 4.; *Schmidt-Liebig,* Der „gewerbliche Grundstückshandel" in der neueren Rechtsprechung des Bundesfinanzhofs, in: BB 1993, 904 (906).

[796] BFH Großer Senat, Beschluss vom 10.12.2001 – GrS 1/98 – BFHE 197, 240 (247) = BStBl. 2002 II, 291 (294) unter C. III. 5.; aus dem Schrifttum statt vieler *Bitz,* in: Littmann/Bitz/Pust, Das Einkommensteuerrecht, 15. Aufl., § 15 Rdnr. 132b sowie *Weber-Grellet,* in: Schmidt, EStG, 23. Aufl., § 15 Rdnr. 48; für eine Behandlung als Freigrenze haben sich beispielsweise *Altfelder,* Gewerblicher Grundstückshandel im

Veräußerung von mehr als drei Objekten die Tätigkeit gewerblichen Charakter erlangt, auch die Erträge aus der Veräußerung der ersten drei Objekte als gewerbliche Einkünfte erfasst und unterliegen der Gewerbesteuer.[797]

c) Zeitraum

Neben der Anzahl der veräußerten Objekte kommt dem *zeitlichen Moment* indizielle Bedeutung für die Beurteilung der Frage zu, ob eine gewerbliche Betätigung gegeben ist. Dabei ist die „Drei-Objekt-Grenze" im Zusammenhang mit einer *doppelten Zeitgrenze von fünf Jahren* zu sehen.[798]

Zum einen müssen innerhalb von *fünf Jahren* mehr als drei Objekte veräußert werden.[799] Zum anderen ist die Fünf-Jahresfrist entscheidend für den Zeitraum zwischen Erwerb (bzw. Errichtung) und Veräußerung des einzelnen Objekts (sog. *Haltedauer*). Grund dafür ist die aus dem zeitlichen Zusammenhang zwischen Kauf und Verkauf der Objekte abgeleitete Vermutung einer zumindest bedingten Verkaufsabsicht.[800] Sofern die Haltedauer des Objekts *nicht mehr als fünf Jahre* beträgt, bejaht die Rechtsprechung (widerlegbar) das Vorliegen eines engen zeitlichen Zusammenhangs und damit eine Verkaufsabsicht.[801] Der Bundesfinanzhof hat jedoch betont, dass der „Fünf-Jahres-Zeitraum" keine absolute Grenze bildet und dass Objekte, die nach mehr als fünf Jahren seit Erwerb/Errichtung veräußert werden, nicht generell außer Betracht zu bleiben haben.[802]

Wandel, in: FR 2000, 349 (352); *Jung,* Einkommensteuerliche Abgrenzung des gewerblichen Grundstückshandels, S. 143, 178 sowie *Kempermann,* Checkliste zum gewerblichen Grundstückshandel, in: DStR 1996, 1156 (1158) ausgesprochen.

797 Vgl. *Engel,* Vermögensverwaltende Personengesellschaft und ertragsteuerrechtliche Selbständigkeit, S. 245; *Schmidt-Liebig,* Der „gewerbliche Grundstückshandel" in der neueren Rechtsprechung des Bundesfinanzhofs, in: BB 1993, 904 (906)

798 Vgl. BFH, Urteil vom 28.07.1993 – XI R 21/92 – BFH/NV 1994, 463 (464); *Buge,* in: Herrmann/Heuer/Raupach, EStG und KStG, 21. Aufl., § 15 EStG Rdnr. 1123; *Lenski/Steinberg,* GewStG, § 2 Anm. 1388; *Söffing,* Gewerblicher Grundstückshandel – eine Beurteilungshilfe, in: DStZ 1996, 353 (357 ff.).

799 Vgl. BMF-Schreiben vom 20.12.1990 – IV B 2 – S 2240 – 61/90, BStBl. 1990 I, 884 (885, 887) unter Tz. 10.

800 So *Lenski/Steinberg,* GewStG, § 2 Anm. 1388; vgl. zur Verkaufsabsicht sogleich unter II. 4.

801 Vgl. nur BFH, Urteil vom 23.10.1987 – III R 275/83 – BFHE 151, 399 (404) = BStBl. 1988 II, 293 (296) unter 5. b); BFH, Urteil vom 06.04.1990 – III R 28/87 – BFHE 160, 494 (497) = BStBl. 1990 II, 1057 (1059); *Söffing,* Gewerblicher Grundstückshandel Teil I, in: DB 1998, 1683 (1685).

802 Vgl. BFH, Urteil vom 05.09.1990 – X R 107–108/89 – BFHE 161, 543 (546) = BStBl. 1990 II, 1060 (1061). Dementsprechend ist der Fünf-Jahres-Zeitraum für den einzelnen Steuerpflichtigen auch nicht in der Weise mehrfach anwendbar, dass er alle fünf Jahre die „Drei-Objekt-Grenze" in Anspruch nehmen kann, vgl. BFH, Urteil vom 11.12.1991 – III R 59/89 – BFH/NV 1992, 464 (466); ebenso *Schmidt-Liebig,* Der „gewerbliche Grundstückshandel" in der neueren Rechtsprechung des Bundesfinanzhofs, in: BB 1993, 904 (906); so aber *Bitz,* Grundstücksgeschäfte – Abgrenzung zwi-

Die Folge eines *über fünf Jahre* hinausgehenden Zeitraums ist lediglich, dass sich die von dem zeitlichen Zusammenhang ausgehende Indizwirkung hinsichtlich des Vorliegens einer bedingten Veräußerungsabsicht verringert und durch andere Anhaltspunkte ergänzt werden muss.[803] Erst bei einer Haltedauer von *mehr als zehn Jahren* ist grundsätzlich vom Fehlen einer Veräußerungsabsicht bei der Anschaffung auszugehen.

4. (Bedingte) Veräußerungsabsicht

Da die gewerbliche Grundstücksveräußerung ganz wesentlich durch die Absicht gekennzeichnet ist, die Grundstücke zeitnah nach ihrem Erwerb entweder unverändert oder nach Weiterbearbeitung (Bebauung/erhebliche Modernisierung) wieder zu veräußern,[804] hat die Rechtsprechung bereits vor der Anwendung der „Drei-Objekt-Grenze" formal verlangt, dass schon im Zeitpunkt des Erwerbs bzw. der Bebauung eine (zumindest *bedingte*) *Veräußerungsabsicht* des Steuerpflichtigen besteht.[805] Die Veräußerungsabsicht als innere Tatsache kann nur anhand objektiver Gegebenheiten festgestellt werden.[806] Wie bereits oben erwähnt hat der Bundesfinanzhof dabei dem zeitlichen Zusammenhang zwischen Erwerb und Veräußerung seit jeher eine besondere Bedeutung beigemessen.[807] Je kürzer der Zeitraum zwischen Anschaffung und Veräußerung ist, umso mehr spricht nach Auffassung des Bundesfinanzhofs der Beweis des ers-

---

schen privater Vermögensverwaltung und gewerblichem Grundstückshandel nach der neueren Rechtsprechung und Verwaltungsauffassung, in: FR 1991, 438 (440).

803 Vgl. BFH, Urteil vom 05.09.1990 – X R 107–108/89 – BFHE 161, 543 (546) = BStBl. 1990 II, 1060 (1061); vgl. dazu auch *Buge,* in: Herrmann/Heuer/Raupach, EStG und KStG, 21. Aufl., § 15 EStG Rdnr. 1131; *Schmidt-Liebig,* Der „gewerbliche Grundstückshandel" in der neueren Rechtsprechung des Bundesfinanzhofs, in: BB 1993, 904 (908).

804 Vgl. *Schmidt-Liebig,* Abgrenzung zwischen gewerblichen und privaten Grundstücksgeschäften, S. 63; *ders.*, Der „gewerbliche Grundstückshandel" in der neueren Rechtsprechung des Bundesfinanzhofs, in: BB 1993, 904 (908).

805 Vgl. bereits BFH, Urteil vom 29.03.1973 – I R 153/71 – BFHE 109, 431 (434) = BStBl. 1973 II, 661 (662 f.); ebenso BFH, Urteil vom 12.07.1991 – III R 47/88 – BFHE 165, 498 (501) = BStBl. 1992 II, 143 (145) m.w.N.; *Weber-Grellet,* in: Schmidt, EStG, 23. Aufl., § 15 Rdnr. 55 hält das Merkmal der bedingten Veräußerungsabsicht für obsolet; er spricht sich dafür aus, für die Abgrenzung allein auf die *objektiven Verhältnisse* abzustellen.

806 So beispielsweise BFH, Urteil vom 17.03.1981 – VIII R 149/78 – BFHE 133, 44 (51) = BStBl. 1981 II, 522 (526) sowie BFH, Urteil vom 23.10.1987 – III R 275/83 – BFHE 151, 399 (403) = BStBl. 1988 II, 293 (295) unter 5. b); vgl. zu dieser Frage auch BFH Großer Senat, Beschluss vom 12.06.1978 – GrS 1/77 – BFHE 125, 516 (527) = BStBl. 1978 II, 620 (625 f.) unter III. sowie BFH Großer Senat, Beschluss vom 25.06.1984 – GrS 4/82 – BFHE 141, 405 (435) = BStBl. 1984 II, 751 (767) unter IV. 3. c) bb).

807 So auch *Engel,* Vermögensverwaltende Personengesellschaft und ertragsteuerrechtliche Selbständigkeit, S. 245.

ten Anscheins für das Vorliegen der bedingten Veräußerungsabsicht.[808] Daneben hat die Rechtsprechung zur Feststellung der Veräußerungsabsicht auch auf die ständige Wiederkehr gleichartiger Geschäfte, die Ausübung eines „grundstücksnahen" Berufs[809] bzw. die (frühe oder späte) Aufteilung eines Objekts in Eigentumseinheiten[810] abgestellt.

5. BGH, Urteil vom 22. Februar 2001 – IX ZR 293/99

Der *Bundesgerichtshof* hat sich in seinem *Urteil vom 22. Februar 2001*[811] mit Fragen betreffend die „Drei-Objekt-Regel" auseinander gesetzt. Der Entscheidung lag der folgende Sachverhalt zugrunde.

a) Sachverhalt

Die aus den Klägern bestehende Gesellschaft bürgerlichen Rechts erwarb 1989 den hälftigen Miteigentumsanteil an einem Grundstückskomplex, der aus drei Häusern bestand und in insgesamt 144 Wohnungseigentumseinheiten aufgeteilt war. Die andere Hälfte des Miteigentumsanteils wurde im Jahr 1993 formell von dem Vater der Kläger auf die BGB-Gesellschaft übertragen.

Anfang 1991 erwogen die Kläger den Verkauf des Grundbesitzes. Im November desselben Jahres beauftragten die Kläger den Beklagten, einen Fachanwalt für Steuerrecht, sie in den mit dem Verkauf der einzelnen Eigentumswohnungen zusammenhängenden steuerlichen Fragen zu beraten, nachdem sie sich zuvor bereits über ihren Vater an den Beklagten gewandt hatten. Diesen hatte der Anwalt schon Mitte des Jahres 1991 telefonisch und schriftlich darauf hingewiesen, dass man die Häuser zur Vermeidung steuerlicher Nachteile „mindestens

---

[808] Ausführlich *Biergans,* Die Abgrenzung zwischen Vermögensverwaltung und gewerblichem Grundstückshandel, in: StBp 1991, S. 193 ff.; *Schmidt-Liebig,* Der „gewerbliche Grundstückshandel" in der neueren Rechtsprechung des Bundesfinanzhofs, in: BB 1993, S. 904 ff.; *ders.,* „Grundstückshandel" – Drei-Objekt-Grenze und Einheit der Personengesellschaft: Anmerkungen zum Beschluss des Großen Senats des Bundesfinanzhofs vom 3.7.1995 – GrS 1/93, in: BB 1996, S. 1799 ff. jeweils m. w. N.; aus der Rechtsprechung vgl. BFH, Urteil vom 29.03.1973 – I R 153/71 – BFHE 109, 431 (434) = BStBl. 1973 II, 661 (662 f.); BFH, Urteil vom 12.07.1991 – III R 47/88 – BFHE 165, 498 (502) = BStBl. 1992 II, 143 (145) unter 1. a) cc); BMF-Schreiben vom 20.12.1990, IV B 2 – S 2240 – 61/90, BStBl. 1990 I, 884 (887) unter Tz. 19 i. V. m. Tz. 18.

[809] Vgl. BFH, Urteil vom 10.02.1987 – VIII R 167/85 – BFH/NV 1987, 440 (441) unter 3. a).

[810] BFH, Urteil vom 28.09.1987 – VIII R 46/84 – BFHE 151, 74 (77) = BStBl. 1988 II, 65 (66); BFH, Urteil vom 23.10.1987 – III R 275/83 – BFHE 151, 399 (403) = BStBl. 1988 II, 293 (295).

[811] BGH, Urteil vom 22.02.2001 – IX ZR 293/99 – DStR 2001, S. 437 f. = NJW-RR 2001, S. 1351 ff. = WM 2001, S. 741 ff.

fünf, besser zehn Jahre behalten solle". In einem Beratungsschreiben vom 21. November 1991 schlug der Beklagte schließlich mehrere gesellschaftsrechtliche Gestaltungsmöglichkeiten (u. a. Einbringung des Immobilienobjekts in einen von der BGB-Gesellschaft zu unterhaltenden Gewerbebetrieb; Verkauf des Objekts an eine zu diesem Zweck zu gründende GmbH) vor. Da der Beklagte dabei voraussetzte, dass die Kläger sich entschlossen hatten, die Wohnungen einzeln alsbald zu verkaufen und sich deshalb die Versteuerung eines erheblichen Teils des Erlöses unter dem Gesichtspunkt des „gewerblichen Grundstückshandels" nicht vermeiden ließ, unterblieben weitere Hinweise auf die „Drei-Objekt-Grenze". Schon vor Erhalt des Beratungsschreibens im November 1991 verkauften die Kläger zwei der 144 Wohnungen. Bis Ende 1993 wurden ca. 40% der Wohnungen veräußert, der Rest 1996. Im Oktober 1997 setzte das Finanzamt gegen die Kläger eine Gewerbesteuer in Höhe von DM 245.097,– fest.

Daraufhin nahmen die Kläger den Beklagten auf Ersatz des ihnen entstandenen Steuerschadens in Anspruch mit der Begründung, er habe sie in steuerlicher Hinsicht unzureichend beraten. Sie machten ihm primär zum Vorwurf, dass er sie nicht darauf hingewiesen habe, dass es zur Vermeidung der Versteuerung des Veräußerungsgewinns erforderlich gewesen wäre, mit dem Verkauf bis zum Ablauf von zehn Jahren nach dem Erwerb des Grundstückskomplexes abzuwarten. Zumindest hätte sich nach Ansicht der Kläger die Versteuerung eines Teils des Veräußerungsgewinns durch Einbringung des Immobilienobjekts in eine von ihnen zu gründende GmbH & Co. KG vermeiden lassen. Das Landgericht[812] hat die zunächst erhobene Feststellungsklage abgewiesen. In der Berufungsinstanz haben die Kläger beantragt, den Beklagten zur Zahlung von DM 205.431,– zu verurteilen. Darüber hinaus begehrten sie die Feststellung, dass der Beklagte ihnen den gesamten durch die fehlerhafte steuerliche Beratung entstandenen Schaden zu ersetzen habe. Das Berufungsgericht[813] hat die Verpflichtung des Beklagten festgestellt, den Klägern allen Schaden zu ersetzen, der ihnen aus der unsachgemäßen Beratung durch den Beklagten entstanden ist; hinsichtlich des Zahlungsantrags hat es die Klage abgewiesen. Mit der Revision zum Bundesgerichtshof verfolgte der Beklagte seinen Antrag auf vollständige Klageabweisung weiter.

b) Entscheidungsgründe

Die Revision zum Bundesgerichtshof führte zur Aufhebung des Berufungsurteils und zur Zurückverweisung. Begründet hat der erkennende Senat seine Entscheidung mit der (unzulässigen) Widersprüchlichkeit der Urteilsformel des oberlandesgerichtlichen Urteils. Für die weitere Sachbehandlung hat der Bun-

---

812 LG München I, Urteil vom 27.08.1998 – 34 O 12446/96.

813 OLG München, Urteil vom 14.06.1999 – 17 U 5677/98.

desgerichtshof in seinem Urteil verschiedene, von der Rechtsauffassung des Berufungsgerichts abweichende Hinweise gegeben. Diese betreffen insbesondere die Voraussetzungen eines entsprechenden Schadensersatzanspruchs. In diesem Zusammenhang hat der Bundesgerichtshof auch zur steuerrechtlichen Frage der Abgrenzung zwischen privater Vermögensverwaltung und gewerblichem Grundstückshandel Stellung genommen. Auf diese Ausführungen unter II. der Urteilsgründe beschränkt sich die folgende Darstellung.

aa) Pflichtverletzung

Zunächst ist der Bundesgerichtshof auf die Frage einer möglichen Pflichtverletzung eingegangen. Nach seiner Auffassung konnte das Berufungsgericht ein pflichtwidriges Verhalten des Beklagten nicht allein auf die Tatsache stützen, dass ein gesonderter Hinweis an die Kläger auf die Bedeutung der „zehnjährigen Haltefrist" unterblieben ist.

Der Bundesgerichtshof hat vielmehr auf das Vorbringen des Beklagten verwiesen, wonach dieser bereits im Juni 1991 den Vater der Kläger in den mit dem Verkauf der Eigentumswohnung zusammenhängenden steuerlichen Fragen beraten habe und im Rahmen dieser Beratung sowohl schriftlich als auch telefonisch „nachdrücklich" darauf hingewiesen habe, dass ein Einzelverkauf der Wohnungen vermieden werden müsse, wenn diese nicht zehn Jahre zuvor durch Vermietung und Verpachtung genutzt würden. Dieses Vorbringen lege nahe, dass den Klägern, die sich zu jenem Zeitpunkt „über ihren Vater" an den Beklagten gewandt hätten, die Auskunft des Beklagten bekannt gewesen sei. Hinzu komme, dass nach dem Vortrag des Beklagten die Kläger bereits infolge der Beratung durch eine andere Steuerberatungsgesellschaft über die steuerrechtlichen Folgen eines sofortigen Einzelverkaufs der Wohnungen Bescheid gewusst haben sollen. Die Richtigkeit dieses Vorbringens unterstellt sei der Beklagte nicht verpflichtet gewesen, die Kläger nochmals auf die Bedeutung der Zehnjahresfrist, die sie sicher vor einer Versteuerung des Veräußerungsgewinns hätte bewahren können, hinzuweisen. Er habe dann vielmehr davon ausgehen können, dass die Kläger trotz der ihnen bekannten Folgen die Absicht verfolgten, die Wohnungen sofort einzeln zu verkaufen, und sich darauf beschränken können, auf die Gestaltungsmöglichkeiten hinzuweisen, die bei Ausführung dieses Entschlusses bestanden.

bb) Schaden

Auch im Hinblick auf das Vorliegen eines Schadens folgt der Bundesgerichtshof dem oberlandesgerichtlichen Urteil nicht. Während das Berufungsgericht in seiner Entscheidung für die Zulässigkeit der Feststellungsklage auf die bloße Möglichkeit der Schadensentstehung abgestellt hat, hat der Bundesgerichtshof klargestellt, dass bei einem allgemeinen Vermögensschaden – und hierum handelte es sich in dem zu entscheidenden Fall – die Wahrscheinlichkeit eines Schadenseintritts dargetan werden muss.[814] Zu deren Bejahung gereichte dem Bundesgerichtshof die Tatsache, dass den Klägern bereits ein Schaden in Form der Gewerbesteuerfestsetzungen entstanden ist.

cc) Kausalität zwischen Pflichtverletzung und Schaden

Schließlich hat der Bundesgerichtshof zur Ursächlichkeit einer etwaigen Pflichtverletzung für den Schaden der Kläger Stellung genommen. Dabei ist er insbesondere auf die von der Revision aufgeworfene Frage eingegangen, ob die Ursächlichkeit einer mangelhaften Beratung für die eingetretenen steuerlichen Nachteile schon deshalb abzulehnen ist, weil bereits der Verkauf der ersten beiden Wohnungen im November 1991 den Tatbestand des gewerblichen Grundstückshandels erfüllt habe. Zur Begründung ihrer Rechtsauffassung hat die Revision darauf verwiesen, dass die Kläger die beiden Wohnungen in der Absicht verkauft hätten, das Objekt insgesamt zu veräußern. Dem ist der Bundesgerichtshof nicht gefolgt.

Er ist vielmehr davon ausgegangen, dass für die Kläger trotz der beiden im November 1991 erfolgten Wohnungsverkäufe und trotz ihrer von Anfang an bestehenden Verkaufsabsicht die Möglichkeit nicht verloren war, die Einstufung ihrer gesamten jenen Grundstückskomplex betreffenden Tätigkeit als „gewerblich" zu vermeiden. An dieser Stelle des Urteils kommt die „Drei-Objekt-Regel" zum Tragen.

Zunächst weist der erkennende Senat darauf hin, dass „der Bundesfinanzhof in seiner ständigen Rechtsprechung beim Halten und Verkauf von Grundstücken private Vermögensverwaltung von gewerblichem Grundstückshandel aus Gründen der ‚gebotenen Vereinfachung' durch eine zahlenmäßige und durch eine zeitliche Begrenzung unterscheidet." Dabei stufe der Bundesfinanzhof grundsätzlich höchstens drei Grundstücksverkäufe in einem Zeitraum von fünf Jahren als private Vermögensverwaltung ein; eine darüber hinausgehende Veräußerung von Grundstücken werde als gewerbliches Handeln angesehen. Die Finanzverwaltung habe sich dieser schematischen Abgrenzung in einem gemeinsamen Bund-Länder-Erlass[815] angeschlossen. Zwar sei der Revision zuzugeben, dass sowohl der Anzahl der Objekte als auch dem zeitlichen Rahmen nur indizielle Bedeutung zukomme, doch habe die steuerrechtliche Praxis hieraus im Wesentlichen nur den Schluss gezogen, dass auch beim Verkauf von mehr als drei Objekten im Einzelfall private Vermögensverwaltung gegeben sein könne. Beim

---

814 Unter Hinweis auf BGH, Urteil vom 15.10.1992 – IX R 43/92 – WM 1993, 251 (260).

815 BMF-Schreiben vom 20.12.1990, IV B 2 – S 2240 – 61/90, BStBl. 1990 I, S. 884 ff.

Verkauf von weniger als vier Einheiten sei eine Einstufung der Tätigkeit als gewerbliche nur in zwei Fällen erwogen worden. Zum einen sei von gewerblichem Grundstückshandel für den Fall ausgegangen worden, dass jemand „sich dazu entschließt, sein Kapital in der Weise einzusetzen, dass er laufend Grundstücke bei jeder geeigneten Gelegenheit erwirbt und mit Gewinn wieder verkauft, ihm dies jedoch nur in drei Fällen möglich ist [und er von dieser Tätigkeit Abstand nehmen muss, weil ihm weitere Geschäfte trotz darauf gerichteter Bemühungen nicht gelingen]"; zum anderen für den Fall, dass der Steuerpflichtige Bauten zum Zweck der Weiterveräußerung selbst errichtet.

Hieraus zieht der Bundesgerichtshof den Schluss, dass aufgrund der Handhabung der „Drei-Objekt-Grenze" im Jahre 1991 – und dies war der für die steuerliche Beratung durch den Beklagten maßgebliche Zeitraum – nicht damit zu rechnen war, dass Finanzverwaltung und Finanzgerichte bereits den Verkauf von zwei (nicht selbst errichteten) Eigentumswohnungen als gewerblichen Grundstückshandel einstufen würden. Vielmehr sei nach einer etwaigen Absicht, noch weitere Objekte zu verkaufen, aufgrund der typisierenden Betrachtungsweise nicht gefragt worden, solange es bei dem Verkauf von zwei Einheiten blieb.

c) Analyse der Entscheidungsgründe

Den Ausführungen des Bundesgerichtshofs zur Handhabung der „Drei-Objekt-Regel" kann aus steuerrechtlicher Sicht in vollem Umfang zugestimmt werden. Insbesondere nehmen sie die im Streitjahr 1991 einschlägige Rechtsprechung des Bundesfinanzhofs sowie die Praxis der Finanzverwaltung in zutreffender Weise in Bezug. Daher beschränkt sich die nachfolgende Analyse auf einige ergänzende Bemerkungen.

aa) Eigentumswohnungen als „Objekte"

Zutreffend ist zunächst, dass der Bundesgerichtshof die von den Klägern veräußerten Eigentumswohnungen als „Objekte" im Sinne der „Drei-Objekt-Regel" eingestuft hat. Obgleich die Entscheidung des Bundesgerichtshofs mit dem Streitjahr 1991 ein recht frühes Entwicklungsstadium der „Drei-Objekt-Regel" betraf – diese Entwicklung scheint selbst nach der letzten Entscheidung des Großen Senats des Bundesfinanzhofs aus dem Jahr 2001[816] noch nicht abgeschlossen – bestand bereits im damaligen Zeitpunkt Einigkeit darüber, dass Eigentumswohnungen in den Anwendungsbereich der „Drei-Objekt-Regel" fallen. Tatsächlich hatte es der Bundesfinanzhof in den bis 1991 entschiedenen

[816] BFH Großer Senat, Beschluss vom 10.12.2001 – GrS 1/98 – BFHE 197, S. 240 ff. = BStBl. 2002 II, S. 291 ff.

Fällen, auf die sich der Bundesgerichtshof teilweise in seinem Urteil stützt, ausschließlich mit Eigentumswohnungen, Ein- oder Zweifamilienhäusern sowie unbebauten Grundstücken zu tun.[817] Die Frage, ob anderer Grundbesitz, z. B. Fabrik- oder Hotelgrundstücke oder mit mehr als zwei Wohnungen bebaute Grundstücke als ein Objekt im Sinne der Objektgrenze anzusehen sind, ist sowohl von der Rechtsprechung als auch von der Finanzverwaltung zunächst offengelassen und erst später entschieden worden.[818]

bb) Indizielle Bedeutung der Anzahl der Objekte

Weiterhin ist dem Bundesgerichtshof darin zuzustimmen, dass bereits nach der damaligen Rechtsprechung des Bundesfinanzhofs der Objektanzahl lediglich indizielle Bedeutung zukam. Zutreffend ist auch, dass die hieraus gezogene Schlussfolgerung im Wesentlichen darin bestand, dass trotz Erwerb und Veräußerung von mehr als drei Objekten innerhalb von fünf Jahren die Voraussetzungen für einen gewerblichen Grundstückshandel nicht als gegeben anzusehen sein können.[819] Erst im Jahr 2001 hat der Große Senat des Bundesfinanzhofs entschieden, dass eine Gewerblichkeit auch bei der Veräußerung von weniger als vier Objekten angenommen werden kann, wenn ganz besondere Umstände zweifelsfrei auf eine von Anfang an bestehende Veräußerungsabsicht schließen lassen.[820] Dieser Beschluss des Großen Senats erging zur Anwendbarkeit der „Drei-Objekt-Regel" bei der Veräußerung selbst errichteter Gebäude – ein Aspekt, den auch der Bundesgerichtshof in seiner Entscheidung angesprochen hat.

---

[817] BFH, Vorlagebeschluss vom 02.09.1992 – XI R 21/91 – BFHE 171, 31 (33) = BStBl. 1993 II, 668 (669).

[818] Für *Mehrfamilienhäuser* zunächst offen gelassen unter anderem von BFH, Beschluss vom 20.11.1990 – VIII B 102/89 – BFH/NV 1991, 304 (304 f.); BFH, Urteil vom 12.07.1991 – III R 47/88 – BFHE 165, 498 (502) = BStBl. 1992 II, 143 (145) unter 1. a) bb); zustimmend sodann BFH, Urteil vom 18.05.1999 – I R 118/97 – BFHE 188, 561 (565) = BStBl. 2000 II, 28 (30) unter II. 2. c) aa); BFH, Urteil vom 15.03.2000 – X R 130/97 – BFHE 191, 360 (365) = BStBl. 2001 II, 530 (532) unter II. 3. c). Die Finanzverwaltung hat zunächst die Auffassung vertreten, dass Mehrfamilienhäuser, Hotel- und Fabrikgrundstücke keine Objekte i. S. d. „Drei-Objekt-Grenze" sind (BMF-Schreiben vom 20.12.1990, IV B 2 – S 2240 – 61/90, BStBl. 1990 I, 884 (885) unter Tz. 9; BMF-Schreiben vom 21.01.2000, IV C 2 – S 2240 – 2/00, BStBl. 2000 I, 133 (133). Seit dem BMF-Schreiben vom 09.07.2001, IV A 6 – 2240 – 35/01, DStR 2001, 1253 (1253) teilt sie jedoch für Anschaffungsfälle das weite Objektverständnis des Bundesfinanzhofs.

[819] Vgl. BFH, Vorlagebeschluss vom 02.09.1992 – XI R 21/91 – BFHE 171, 31 (36 f.) = BStBl. 1993 II, 668 (671) unter II. 4.

[820] BFH Großer Senat, Beschluss vom 10.12.2001 – GrS 1/98 – BFHE 197, 240 (247) = BStBl. 2002 II, 291 (294) unter C. III. 5. der Entscheidungsgründe.

cc) Veräußerung selbst errichteter Gebäude

Hierzu führt der Bundesgerichtshof aus, dass die damalige finanzgerichtliche Praxis bei einer Veräußerung von weniger als vier Einheiten eine Einstufung der Tätigkeit als gewerblich unter anderem in Fällen vorgenommen hat, in denen der Steuerpflichtige Bauten zum Zweck der Weiterveräußerung selbst errichtet hat. Wenngleich diese Rechtsauffassung der damals herrschenden Meinung entsprach, so ist sie mit der heutigen Rechtsprechung des Bundesfinanzhofs nicht mehr vereinbar.

Die Wende in der Rechtsprechung zeichnete sich allerdings erst im Jahr 1997 ab, als der 10. Senat des Bundesfinanzhofs dem Großen Senat des Bundesfinanzhofs die Rechtsfrage zur Entscheidung vorgelegt hat, ob die Errichtung von Wohnobjekten in zumindest bedingter Verkaufsabsicht sowie die hiermit in sachlichem sowie zeitlichem Zusammenhang stehende Veräußerung dieser Objekte *unabhängig von ihrer Zahl* eine gewerbliche Tätigkeit darstelle, weil diese „dem Bild eines Bauunternehmers/Bauträgers entspreche".[821] Der Große Senat des Bundesfinanzhofs hat diese Frage verneint. Er hat sich vielmehr für eine Anwendung der „Drei-Objekt-Grenze" auch bei der Veräußerung selbst errichteter Gebäude ausgesprochen. Nach seiner Auffassung kann der Umstand, dass der Steuerpflichtige Objekte in zumindest bedingter Veräußerungsabsicht errichtet und diese in sachlichem sowie zeitlichem Zusammenhang hiermit veräußert, nicht schon allein deshalb – unabhängig von der Zahl der Objekte – eine gewerbliche Tätigkeit begründen, weil sie dem Bild eines Bauunternehmers bzw. Bauträgers entspricht.[822] Begründet hat der Große Senat seine Auffassung damit, dass weder die bloße Bebauung eines Grundstücks noch der Erwerb etwas über die spätere Nutzung aussage. Auch eine der Errichtung nachfolgende Veräußerung könne noch der Vermögensverwaltung zuzurechnen sein. Des Weiteren könne der zeitliche Zusammenhang zwischen Errichtung und Veräußerung für sich genommen noch keinen Rückschluss auf das Vorhandensein einer bedingten Veräußerungsabsicht bei der Errichtung zulassen. Daher sei auch für die Fälle der Veräußerung nach Errichtung die – als Beweisanzeichen einzustufende – „Drei-Objekt-Grenze" maßgeblich.

dd) Allgemeine Voraussetzungen gewerblicher Tätigkeit

Abschließend sei die Aufmerksamkeit noch auf den Abschnitt II. 5. der Urteilsgründe gelenkt, in dem der erkennende Senat sich erstmals auf die finanz-

---

[821] Vgl. BFH, Vorlagebeschluss vom 29.10.1997 – X R 183/96 – BFHE 184, S. 355 ff. = BStBl. 1998 II, S. 332 ff.

[822] BFH Großer Senat, Beschluss vom 10.12.2001 – GrS 1/98 – BFHE 197, 240 (245 f.) = BStBl. 2002 II, 291 (293) unter C. III. 4.; vgl. dazu BMF-Schreiben vom 19.02.2003, IV A 6 – S 2240 – 15/03.

gerichtliche Rechtsprechung bezieht. Wenn der erkennende Senat des Bundesgerichtshofs dort davon spricht, dass der Bundesfinanzhof „in einer langjährigen Rechtsprechung beim Halten und Verkauf von Grundstücken private Vermögensverwaltung von gewerblichem Grundstückshandel aus Gründen der ‚gebotenen Vereinfachung' durch eine zahlenmäßige und durch eine zeitliche Begrenzung unterscheidet", erweckt dies meines Erachtens fälschlicherweise den Eindruck, dass eine gewerbliche Tätigkeit auf dem Grundstücksmarkt allein anhand der „Drei-Objekt-Grenze" zu beurteilen ist.

Zu beachten ist jedoch, dass neben dem negativen Merkmal „keine private Vermögensverwaltung" auch die positiven Begriffsmerkmale des § 15 Abs. 2 EStG vorliegen müssen. Sofern also im Einzelfall die Grenze privater Vermögensverwaltung überschritten ist, muss weiterhin geprüft werden, ob die sonstigen Merkmale (selbständige, nachhaltige Teilnahme am allgemeinen Verkehr mit Gewinnerzielungsabsicht) erfüllt sind.[823]

6. BGH, Urteil vom 26. Mai 1994 – IX ZR 57/93

Die Bedeutung der Abgrenzung gewerblicher Grundstücksgeschäfte von privater Vermögensverwaltung auch außerhalb des Steuerrechts zeigt sich darin, dass der *Bundesgerichtshof* bereits in einem früheren *Urteil vom 26. Mai 1994*[824] mit Fragen betreffend die Gewerblichkeit von Immobilienveräußerungen befasst war. Im Gegensatz zu der soeben analysierten Entscheidung aus dem Jahr 2001 betraf das Urteil aus dem Jahr 1994 einen Zeitraum, in dem die „Drei-Objekt-Grenze" in ihrer heutigen Form noch nicht zur Anwendung kam. Dem Urteil lag der folgende Sachverhalt zugrunde:

a) Sachverhalt

Die Klägerinnen wurden von dem beklagten Steuerberater über mehrere Jahre hinweg in steuerlichen Angelegenheiten betreut. Im Jahr 1979 erwarben sie für ihre bürgerlich-rechtliche „Vermietungsgesellschaft" ein Grundstück für DM 290.000,– in der Erwartung, dass dieses Grundstück Bauland werde. Für diesen Fall wollten sie auf dem Grundstück ein Wohngebäude errichten und dieses vermieten.

---

[823] Vgl. BFH, Urteil vom 12.07.1991 – III R 47/88 – BFHE 165, 498 (503) = BStBl. 1992 II, 143 (145 f.) sub 1. b); ähnlich *Streck/Schwedhelm*, Gewerblicher Grundstückshandel – Die Entwicklung der jüngeren Rechtsprechung, in: DStR 1988, 527 (528): „Bevor die Frage einer Überschreitung der Grenze privater Vermögensverwaltung akut wird, muss feststehen, dass die in § 15 Abs. 2 EStG normierten positiven Merkmale der Gewerblichkeit erfüllt sind."

[824] BGH, Urteil vom 26.05.1994 – IX ZR 57/93 – NJW-RR 1994, S. 1210 f. = VersR 1994, S. 1315 ff. = WM 1994, S. 1848 ff.

Bereits vor dem Abschluss des Kaufvertrages hatte die W. Immobilien GmbH, deren Geschäftsführer und Gesellschafter die Ehemänner der Klägerinnen waren, die Gemeinde gebeten, den Bebauungsplan auf das Kaufgrundstück zu erstrecken. Anfang 1982 richteten die Klägerinnen eine Bauvoranfrage – die letztendlich im November 1983 positiv beschieden wurde – an die Gemeinde und erörterten mit dieser einige Monate später eine Ablösung der Erschließungsbeiträge. Die Gemeinde übersandte den Klägerinnen schließlich Mitte 1982 den Entwurf einer Ablösungsvereinbarung. Der Entwurf wurde im Oktober 1982 an einen Makler weitergegeben und von den Klägerinnen am Ende des Jahres unterzeichnet.

Bis Ende September 1983 veräußerten die Klägerinnen sieben Teile des im Jahr 1979 erworbenen, noch unbebauten Grundstücks für insgesamt DM 1.098.120,–. Aufgrund einer Außenprüfung im Jahre 1986 stufte das Finanzamt die Veräußerung der Grundstücksteile als gewerblichen Grundstückshandel ein und setzte gegen die Klägerinnen mit bestandskräftigen Bescheiden von März und Mai 1987 Einkommen- und Gewerbesteuer fest. Im Dezember 1990 machten die Klägerinnen gegen den Beklagten gerichtlich Schadensersatzansprüche wegen fehlerhafter steuerlicher Beratung geltend. Sowohl das Landgericht[825] als auch das Oberlandesgericht[826] haben die Klage wegen Verjährung abgewiesen. Mit der Revision zum Bundesgerichtshof verfolgten die Klägerinnen ihr Begehren weiter.

b) Entscheidungsgründe

Der erkennende Senat des Bundesgerichtshofs hat das Berufungsurteil aufgehoben und die Sache zur neuerlichen Verhandlung und Entscheidung an das Oberlandesgericht zurückverwiesen. Im Gegensatz zum Berufungsgericht hat der Bundesgerichtshof den Ersatzanspruch der Klägerinnen nicht als verjährt angesehen. Seiner Auffassung nach hat die Verjährung des Ersatzanspruchs nicht bereits – wie vom Berufungsgericht angenommen – am 01. Januar 1984, sondern erst mit Zugang des belastenden Steuerbescheids im März 1987 begonnen, so dass die Klägerinnen die dreijährige Verjährungsfrist des § 68 StBerG durch die Klageeinreichung am 29. Dezember 1990 rechtzeitig unterbrechen konnten. Auf die diesbezüglichen Ausführungen unter I. der Urteilsgründe soll jedoch an dieser Stelle nicht näher eingegangen werden.

Von Interesse im Rahmen der vorliegenden Arbeit ist vielmehr II. der Urteilsgründe. Dort nimmt der Bundesgerichtshof mit dem Hinweis, dass sich das angefochtene oberlandesgerichtliche Urteil auch nicht aus anderen Gründen als

---

[825] LG Köln, Urteil vom 13.05.1992 – 20 O 608/90.

[826] OLG Köln, Urteil vom 01.03.1993 – 27 U 111/92.

richtig erweist, zu den Voraussetzungen des geltend gemachten Schadensersatzanspruchs wegen positiver Forderungsverletzung Stellung. Aus Sicht des erkennenden Senats hatten die Klägerinnen diesen Anspruch schlüssig dargelegt.

aa) Pflichtverletzung des Steuerberaters

Zunächst hat der Bundesgerichtshof festgehalten, dass der Beklagte gegen die ihm obliegende vertragliche Beratungspflicht verstoßen hat, weil er die Klägerinnen nicht über die bis zur Beratungszeit im Jahr 1982 geltende Rechtsprechung des Bundesfinanzhofs zum gewerblichen Grundstückshandel belehrt hat. Im Rahmen eines umfassenden Steuerberatungsvertrages sei zwischen den Klägerinnen und dem Beklagten im Jahre 1982 mehrfach die Frage erörtert worden, welche steuerlichen Folgen eine Veräußerung des im Oktober 1979 erworbenen Grundstück als Ganzes oder in Teilflächen habe. Der Beklagte, dem die Bauvoranfrage, die Gespräche mit der Gemeinde wegen einer Ablösung der Erschließungsbeiträge, das Ablösungsangebot der Gemeinde und dessen Weitergabe an einen Makler bekannt gewesen seien, habe erklärt, das unbebaute Grundstück könne drei Jahre nach seinem Erwerb steuerfrei in Teilflächen veräußert werden. Im Vertrauen auf die Richtigkeit dieser Auskunft hätten die Klägerinnen die Grundstücksteile veräußert.

Diese Auskunft erweise sich fehlerhaft, weil schon zur Beratungszeit Grundstücksgeschäfte nach ständiger Rechtsprechung des Bundesfinanzhofs[827] in der Regel eine *Gewerbetätigkeit* außerhalb privater Vermögensverwaltung darstellten, wenn *mehr als drei Objekte* verkauft wurden und zwischen Grundstückserwerb und Veräußerung ein enger zeitlicher Zusammenhang bestanden habe. Der zeitliche Zusammenhang sei als Indiz dafür gewertet worden, dass das Grundstück bereits in der Absicht der Veräußerung erworben wurde und damit auch ein innerer Zusammenhang zwischen Erwerb und Veräußerung bestehe. Dabei habe es der Bundesfinanzhof genügen lassen, wenn beim Erwerb die Veräußerung des Vermögenswertes selbst nur in Erwägung gezogen wurde, gegebenenfalls neben der Absicht, das Grundstück beispielsweise durch Vermietung zu nutzen.[828] Je kürzer der Zeitraum zwischen Erwerb und Veräußerung gewesen sei, umso eher sei davon auszugehen gewesen, dass der Erwerb zum Zwecke der Veräußerung erfolgte. Dabei habe der Bundesfinanzhof bereits bei einem

---

[827] Unter Hinweis auf BFH, Urteil vom 15.12.1971 – I R 49/70 – BFHE 104, 178 (180) = BStBl. 1972 II, 291 (292); BFH, Urteil vom 29.03.1973 – I R 153/71 – BFHE 109, 431 (434 f.) = BStBl. 1973 II, 661 (662) unter 1. a); BFH, Urteil vom 23.10.1975 – VIII R 60/70 – BFHE 117, 360 (364) = BStBl. 1976 II, 152 (153) unter 2. b) bb); BFH, Urteil vom 08.08.1979 – I R 186/78 – BFHE 129, 177 (179) = BStBl. 1980 II, 106 (107).

[828] BFH, Urteil vom 23.10.1987 – III R 275/83 – BFHE 151, 399 (403) = BStBl. 1988 II, 293 (295).

Verkauf innerhalb von fünf Jahren nach Erwerb einen Zusammenhang zwischen diesem und dem Verkauf angenommen.[829]

Da nach der Rechtsprechung des Bundesfinanzhofs an die Widerlegung der Vermutung, dass Anschaffung und Veräußerung zusammenhängen, bei kurzen Zeitabständen sehr strenge Anforderungen zu stellen gewesen seien,[830] habe der Beklagte in Rechnung stellen müssen, dass die Klägerinnen die Vermutung nicht würden widerlegen können, dass sie schon beim Erwerb beabsichtigt hätten, das Grundstück zu parzellieren und diese Parzellen zu verkaufen. Hinzu komme, dass Bauvoranfrage, Abwälzung der Erschließungsbeiträge und Weitergabe des dahingehenden Angebots an den Makler weitere objektive Anhaltspunkte für eine Veräußerungsabsicht und damit für die Aufnahme einer gewerblichen Tätigkeit gewesen seien. Auch diese Tätigkeiten lagen innerhalb des Zeitraums von drei Jahren ab Kauf des Grundstücks, so dass das Grundstück, als es bei Aufnahme der gewerblichen Tätigkeit als Einlage eingebracht wurde, gem. § 6 Abs. 1 Nr. 5a EStG mit den niedrigeren Anschaffungskosten anstatt mit dem höheren Teilwert zu bewerten gewesen sei.

bb) Schaden

Die fehlerhafte Beratung habe bei den Klägerinnen einen Schaden in Form der Veräußerungsgewinne, die sowohl der Einkommen- als auch der Gewerbesteuer unterlagen, ausgelöst *(tatsächliche Situation)*. Auf diese Gefahr einer Besteuerung hätte der Beklagte die Klägerinnen hinweisen müssen. Zugleich hätte er sie darüber aufklären müssen, dass eine solche Gefahr nicht bestand, wenn die Klägerinnen das Grundstück als Ganzes veräußerten. In diesem Fall wäre es nicht zu einer Besteuerung gekommen, weil es an einer nachhaltigen, auf Wiederholung angelegten Gewerbetätigkeit gefehlt hätte *(hypothetische Situation)*.[831]

cc) Kausalzusammenhang zwischen Pflichtverletzung und Schaden

Weiterhin geht der erkennende Senat auf den zwischen Pflichtverletzung und Schaden bestehenden Kausalzusammenhang ein. Seiner Ansicht nach haben die

---

[829] BFH, Urteil vom 23.10.1987 – III R 275/83 – BFHE 151, 399 (403 f.) = BStBl. 1988 II, 293 (295 f.) unter 5. b).

[830] BFH, Urteil vom 08.08.1979 – I R 186/78 – BFH 129, 177 (179) = BStBl. 1980 II, 106 (107); BFH, Urteil vom 16.04.1991 – VIII R 74/87 – BFHE 164, 347 (351) = BStBl. 1991 II, 844 (846) unter 2. e).

[831] BFH, Urteil vom 15.12.1971 – I R 49/70 – BFHE 104, 178 (180) = BStBl. 1972 II, 291 (291) unter 2.; BFH, Urteil vom 08.08.1979 – I R 186/78 – BFH 129, 177 (179) = BStBl. 1980 II, 106 (107).

Klägerinnen schlüssig dargelegt, dass sie bei sachgerechter Beratung entweder das Grundstück als Ganzes zu dem Preis veräußert hätten, der als Gesamterlös aus dem Verkauf der Teilflächen erzielt worden sei, oder den Verkauf unterlassen, das Grundstück bebaut und zu Wohnzwecken vermietet hätten. In diesen Fällen wäre der Steuerschaden nicht entstanden.

c) Analyse der Entscheidungsgründe

Im Ergebnis ist mit dem Bundesgerichtshof von einer Pflichtverletzung des Beklagten auszugehen. Insbesondere erweist sich als zutreffend, dass der Beklagte bei korrekter Anwendung der damaligen finanzgerichtlichen Rechtsprechung zum gewerblichen Grundstückshandel den Klägerinnen nicht zu einem Verkauf des Grundstücks in mehreren Teilen in engem zeitlichen Abstand zum Erwerb hätte raten dürfen. Dennoch geben die Ausführungen des Bundesgerichtshofs zur fehlerhaften Beratung des Beklagten über die Gewerblichkeit der Grundstücksgeschäfte Anlass zur Kritik, weil sie die für den Beratungszeitraum 1982 maßgebliche Rechtsprechung des Bundesfinanzhofs nicht in allen Einzelheiten zutreffend wiedergeben.

aa) Keine Anwendung der „Drei-Objekt-Grenze"

Als unzutreffend erweist sich zunächst, dass der Bundesgerichtshof die zur Bestimmung der Gewerblichkeit maßgebliche Anzahl der Objekte mit „drei" angibt. Diese typisierende Betrachtungsweise (die sog. *„Drei-Objekt-Grenze"*) wurde erst im Jahr 1986 vom VIII. Senat des Bundesfinanzhofs herangezogen und ist seither für Abgrenzung zwischen privater Vermögensverwaltung und gewerblichem Grundstückshandel maßgebend.[832] Gleichsam ist irreführend, wenn der erkennende Senat des Bundesgerichtshofs zur Untermauerung seiner Rechtsauffassung zwei Urteile des Bundesfinanzhofs aus den Jahren 1987 und 1991 zitiert, die bei der angesprochenen Abgrenzungsfrage bereits auf die „Drei-Objekt-Regel" abgestellt haben.

Im Jahr 1982 – und allein dieser Zeitraum war für das Urteil des Bundesgerichtshofs entscheidend – ist die finanzgerichtliche Rechtsprechung noch von anderen Voraussetzungen für die Annahme eines Gewerbebetriebs ausgegangen. Insbesondere fehlte es an einer typisierenden Betrachtungsweise; maßgebend waren stets die Umstände des Einzelfalls.

---

[832] BFH, Urteil vom 09.12.1986 – VIII R 317/82 – BFHE 148, 480 (482 f.) = BStBl. 1988 II, 244 (245) unter 2. e).

bb) Rechtsprechung des Bundesfinanzhofs zum gewerblichen Grundstückshandel vor Anwendung der „Drei-Objekt-Grenze"

Nach der früheren Rechtsprechung des Bundesfinanzhofs war bei der Frage, ob die Veräußerung von Grundstücken als Gewerbebetrieb anzusehen ist, von folgenden Grundsätzen auszugehen.

(1) Allgemeine Merkmale eines Gewerbebetriebs

Zunächst erforderte die Annahme eines Gewerbebetriebs eine selbständige nachhaltige Betätigung, die mit Gewinnabsicht unternommen wurde.[833] Insoweit ergeben sich keine Besonderheiten im Vergleich zur heutigen Rechtsprechung, so dass auf die obigen Ausführungen verwiesen werden kann.

(2) Abgrenzung zur privaten Vermögensverwaltung

Darüber hinaus musste sich die Tätigkeit, um zur Annahme eines Gewerbebetriebs zu gelangen, als eine Beteiligung am allgemeinen wirtschaftlichen Verkehr darstellen, die über eine Vermögensverwaltung hinausging. Der Bereich privater Vermögensverwaltung war nach der sog. *Fruchtziehungsformel* überschritten, wenn nach dem Gesamtbild der Betätigung und unter Berücksichtigung der Verkehrsauffassung die Ausnutzung substanzieller Vermögenswerte durch Umschichtung gegenüber der Nutzung von Grundbesitz im Sinne einer Fruchtziehung aus zu erhaltenden Substanzwerten entscheidend in den Vordergrund trat. Da es an der „Drei-Objekt-Grenze" zur Konkretisierung dieser Formel fehlte, war bei der steuerlichen Beurteilung eine Reihe von Merkmalen jeweils in ihrer Gesamtheit zu würdigen. Von Bedeutung waren unter anderem die folgenden Gesichtspunkte:[834]

---

[833] Dabei war für den Begriff des Gewerbebetriebs im einkommensteuerrechtlichen und gewerbesteuerrechtlichen Sinne (§ 15 EStG, § 2 GewStG) die Definition des Gewerbes in § 1 Abs. 1 GewStDV heranzuziehen, vgl. nur BFH, Urteil vom 13.12.1961 – VI 133/60 U – BFHE 74, 331 (333) = BStBl. 1962 III, 127 (127); BFH, Urteil vom 07.04.1967 – VI 199/65 – BFHE 88, 450 (452) = BStBl. 1967 III, 467 (467); BFH, Urteil vom 02.11.1971 – VIII R 1/71 – BFHE 104, 321 (323) = BStBl. 1972 II, 360 (360).

[834] Vgl. hierzu OFD Stuttgart, Verfügung vom 15.10.1976, S 2240 A – 3 – St 34, DStZ/Eild. 1976, S. 364 ff.; *Streck/Schwedhelm,* Gewerblicher Grundstückshandel – Die Entwicklung der jüngeren Rechtsprechung, in: DStR 1988, 527 (528 ff.).

(a) Zeitlicher Zusammenhang zwischen Grundstückserwerb und Grundstücksveräußerung

Zunächst hat die Rechtsprechung auf den zeitlichen Zusammenhang zwischen Grundstückserwerb und -veräußerung abgestellt. Darauf hat auch der Bundesgerichtshof in seiner Entscheidung in zutreffender Weise hingewiesen. Ähnlich wie heute waren drei Zeiträume bedeutsam.

Wurden Grundstücke veräußert, die während einer langen Zeitdauer (im Allgemeinen *10 Jahre*) im Rahmen bloßer Vermögensverwaltung durch Fruchtziehung (z.B. Eigennutzung, Vermietung) genutzt wurden, lag kein Gewerbebetrieb vor, wenn sich die bei der Veräußerung entfaltete Tätigkeit auf den reinen Verkauf der Grundstücke beschränkte. Es handelte sich dann lediglich um die Beendigung der vermögensverwaltenden Tätigkeit. Auch eine große Zahl von Verkäufen vermochte in solchen Fällen für sich allein die Annahme eines Gewerbebetriebs nicht zu begründen.[835] Standen die Ankäufe und Verkäufe mehrerer Grundstücke in einem engeren zeitlichen Zusammenhang, so war dies ein Beweisanzeichen dafür, dass der Bereich der Vermögensverwaltung überschritten war, und die Ausnutzung der Vermögenssubstanz durch Umschichtung in den Vordergrund trat. Als *enger zeitlicher Zusammenhang* wurde im Allgemeinen eine Zeitspanne von *fünf Jahren* gesehen.[836] Dabei war unerheblich, ob bereits beim Grundstückserwerb eine Weiterveräußerungsabsicht bestand.[837] Lag die Absicht der Weiterveräußerung jedoch von Anfang an vor, so stand auch eine *über 5 Jahre* hinausgehende Zeitspanne der Annahme eines gewerblichen Grundstückshandels nicht entgegen.

(b) Verwertungsmaßnahmen beim Verkauf unbebauter Grundstücke

Beim Verkauf *unbebauter Grundstücke* war die bloße Parzellierung und Veräußerung von Baugrundstücken noch als eine zur Verwertung des Grundbesitzes notwendige und übliche Maßnahme zu betrachten, die für sich genommen ohne Rücksicht auf die Zahl der Verkäufe nicht als gewerbliche Betätigung zu qualifizieren war.[838] Sofern der Steuerpflichtige jedoch über die bloße Parzellierung

---

[835] BFH, Urteil vom 22.10.1969 – I R 61/68 – BFHE 97, 120 (123) = BStBl. 1970 II, 61 (62) sub 1.

[836] Vgl. BFH, Urteil vom 17.01.1973 – I R 191/72 – BFHE 108, 190 (190 ff.) = BStBl. 1973 II, 260 (260 f.); BFH, Urteil vom 29.03.1973 – I R 153/71 – BFHE 109, 431 (435) = BStBl. 1973 II, 661 (663) unter 1. b): Zeitraum von 5 Jahren.

[837] Vgl. BFH, Urteil vom 15.12.1971 – I R 179/68 – BFHE 104, 77 (80) = BStBl. 1972 II, 279 (281).

[838] Vgl. BFH, Urteil vom 29.08.1973 – I R 214/71 – BFHE 110, 348 (351) = BStBl. 1974 II, 6 (7) unter I. 2.

hinausgegriffen hat, indem er an der *Erschließung* und *Baureifmachung* des Geländes aktiv mitwirkte, so entstand durch diese Tätigkeit ein Gewerbebetrieb.[839]

Zu Recht hat daher der Bundesgerichtshof in seinen Urteilsgründen darauf verwiesen, dass die von den Klägerinnen im Vorfeld des Verkaufs ergriffenen Maßnahmen (Bauvoranfrage, Abwälzung der Erschließungsbeiträge und Weitergabe des dahingehenden Angebots an einen Makler) als objektive Anhaltspunkte für das Vorliegen eines Gewerbebetriebs zu werten waren.

(c) Zahl der verkauften Objekte

Eine über die Vermögensverwaltung hinausgehende Beteiligung am allgemeinen wirtschaftlichen Verkehr setzte weiterhin voraus, dass sich der Steuerpflichtige mit seinen *Verkaufsabsichten* an den allgemeinen Grundstücksmarkt wandte.[840] In diesem Zusammenhang kam der Zahl der verkauften Objekte indizielle Bedeutung zu und hat die Rechtsprechung diese Voraussetzung umso eher als erfüllt angesehen, je größer die Zahl der an verschiedene Erwerber verkauften Objekte war.

Entgegen der Darstellung des Bundesgerichtshofs konnte im Streitjahr 1982 meines Erachtens noch nicht von einer gefestigten Rechtsprechung dahingehend ausgegangen werden, dass die Grenze privater Vermögensverwaltung beim Verkauf von mehr als *drei Objekten* überschritten war. Die Mehrzahl der bis Mitte der 70er Jahre vom Bundesfinanzhof entschiedenen Fälle betraf regelmäßig die Veräußerung von mehr als zehn Objekten;[841] lediglich in einer nicht veröffentlichten Entscheidung aus dem Jahr 1976[842] sowie zwei weiteren Entscheidungen[843] hat der Bundesfinanzhof die Anzahl von drei Objekten herangezogen.

Vielmehr hat die Finanzverwaltung früher im Allgemeinen sogar die Veräußerung von *bis zu sechs Objekten* noch als private Vermögensverwaltung beurteilt; dabei hat sie auf Veräußerungen innerhalb der letzten *acht Jahre* abgestellt.[844] Wurden mehr als sechs Objekte veräußert, war nach den soeben genannten Gesichtspunkten zu prüfen, ob ein gewerblicher Grundstückshandel vorlag; die Anzahl der veräußerten Objekte allein konnte hingegen die Gewerb-

---

[839] BFH, Urteil vom 29.08.1973 – I R 214/71 – BFHE 110, 348 (351) = BStBl. 1974 II, 6 (7).

[840] Vgl. BFH, Urteil vom 29.03.1973 – I R 153/71 – BFHE 109, 431 (434) = BStBl. 1973 II, 661 (662) unter 1. a).

[841] Vgl. hierzu die Aufstellung der BFH-Urteile in Punkt 1.4.2. der Verfügung der OFD Stuttgart vom 15.10.1976, S 2240 A – 3 – St 34, DStZ/Eild. 1976, S. 364 ff.

[842] BFH, Urteil vom 02.06.1976 – I R 57/74, n. v.

[843] BFH, Urteil vom 29.03.1973 – I R 153/71 – BFHE 109, 431 (431 ff.) = BStBl. 1973 II, 661 (661 ff.) sowie BFH, Urteil vom 08.08.1979 – I R 186/78 – BFHE 129, 177 (179) = BStBl. 1980 II, 106 (107).

lichkeit nicht begründen. Da in dem zu entscheidenden Fall die Klägerinnen das fragliche Grundstück in *sieben Parzellen* aufgeteilt haben und diese Parzellen veräußerten, konnte auf eine entsprechende Verkaufsabsicht geschlossen werden. Richtete sich die Tätigkeit nur auf den Verkauf eines oder einiger Grundstücke, konnte darin noch eine Betätigung im Rahmen der Vermögensverwaltung erblickt werden.[845] Das hat auch der Bundesgerichtshof so gesehen.

d) Fazit

Auch in der zweiten hier analysierten Entscheidung zur Gewerbesteuer ist der Bundesgerichtshof zu einem aus steuerrechtlicher Sicht grundsätzlich zutreffenden Ergebnis gekommen. Sofern der Bundesgerichtshof allerdings davon ausgeht, dass der Beklagte bereits im damaligen Zeitpunkt darauf hätte hinweisen müssen, dass nach „gefestigter Rechtsprechung des Bundesfinanzhofs Grundstücksgeschäfte eine Gewerbetätigkeit außerhalb privater Vermögensverwaltung darstellen, wenn mehr als drei Objekte verkauft wurden", überspannt dies meines Erachtens die Anforderungen an die Sorgfaltspflichten des steuerlichen Beraters. Zutreffender wäre aus meiner Sicht gewesen, wenn der Bundesgerichtshof bei der Bestimmung des pflichtgemäßen Verhaltens auf die damalige Sicht der Finanzverwaltung abgestellt hätte. Letztendlich hätte dies jedoch an der Schadensersatzpflicht des Beklagten nichts geändert, weil seine Beratungstätigkeit auch mit den Leitlinien der Finanzverwaltung nicht vereinbar war.

---

[844] Vgl. OFD Stuttgart, Verfügung vom 15.10.1976, S 2240 A – 3 – St 34, DStZ/Eild. 1976, 364 (365) unter Ziffer 1.4.2.; dazu auch BFH, Urteil vom 18.01.1989 – X R 108/88 – BFHE 156, 115 (116) = BStBl. 1990 II, 1051 (1052).

[845] BFH, Urteil vom 07.04.1967 – VI 199/65 – BFHE 88, 450 (452) = BStBl. 1967 III, 467 (467).

Fünftes Kapitel

Rechtsprechungseinheit zwischen Bundesgerichtshof und Bundesfinanzhof

Nachdem in den vorangehenden Kapiteln ausgewählte Urteile des Bundesgerichtshofs, die sich mit ertragsteuerrechtlichen Problemen befassen, einer näheren Analyse zugeführt worden sind und insbesondere untersucht wurde, inwieweit die vom Bundesgerichtshof gefundene Lösung mit der Rechtsauffassung des Bundesfinanzhofs übereinstimmt, ist der letzte Teil der Arbeit dem übergeordneten Gedanken der *Rechtsprechungseinheit* gewidmet. In diesem Zusammenhang soll der Frage nachgegangen werden, ob der Bundesgerichtshof in den soeben dargestellten Urteilen zu Recht davon abgesehen hat, den „Gemeinsamen Senat der obersten Gerichtshöfe des Bundes" (im Folgenden: der Gemeinsame Senat) anzurufen, oder ob er vielmehr von einer an sich gebotenen Vorlagepflicht Abstand genommen hat. Diese Fragestellung bedarf vor allem deshalb einer näheren Betrachtung, weil bereits mehrfach Umgehungstendenzen der obersten Gerichtshöfe des Bundes im Hinblick auf die Anrufung des Gemeinsamen Senats festgestellt wurden,[846] die unter anderem auf das Phänomen des *„horror pleni"* in den obersten Gerichtshöfen des Bundes zurückgeführt worden sind.[847]

I. Aufgabenstellung des Gemeinsamen Senats

Dem Gemeinsamen Senat, der seine Arbeit erst im Jahre 1968 und damit später als die obersten Gerichtshöfe des Bundes aufgenommen hat,[848] kommt die grundgesetzlich[849] verankerte Aufgabe zu, die *Einheitlichkeit der Rechtspre-*

[846] Vgl. nur *Schulte,* Rechtsprechungseinheit als Verfassungsauftrag, S. 115 ff.; *Späth,* Der Gemeinsame Senat der obersten Gerichtshöfe des Bundes – seine Stellung und Aufgabe; Umgehungstendenzen in der Rechtsprechung, in: BB 1977, S. 153 ff.

[847] Dazu *Schulte,* Rechtsprechungseinheit als Verfassungsauftrag, S. 144 m.w.N. in Fn. 122.

[848] Sowohl der *Bundesgerichtshof* als auch der *Bundesfinanzhof* haben ihre Rechtsprechungstätigkeit im Jahr 1950 aufgenommen. Das *Bundesverwaltungsgericht* ist durch Gesetz vom 23.09.1952 errichtet worden, das *Bundesarbeitsgericht* im Jahr 1954. Als letztes der obersten Bundesgerichte wurde das *Bundessozialgericht* im September 1954 eröffnet; seine erste öffentliche Sitzung fand am 23.03.1955 statt. Ausführlich zur Entstehungsgeschichte des Gemeinsamen Senats *Schulte,* Rechtsprechungseinheit als Verfassungsauftrag, S. 32 ff.

chung zu wahren. Insoweit soll er divergierende Entscheidungen der obersten Gerichtshöfe des Bundes in ein und derselben Rechtsfrage verhindern. Dieser durch das Grundgesetz vorgegebene allgemeine Rahmen ist durch das „Gesetz zur Wahrung der Einheitlichkeit der Rechtsprechung der obersten Gerichtshöfe des Bundes“ (RsprEinhG)[850] dahingehend konkretisiert worden, dass der Gemeinsame Senat zur Entscheidung berufen ist, wenn der erkennende Senat eines obersten Gerichtshofs in einer Rechtsfrage von der Entscheidung eines anderen obersten Gerichtshofes abweichen will (§ 2 Abs. 1 Alt. 1 RsprEinhG), oder ein oberster Gerichtshof von einer von ihm selbst früher eingeholten Entscheidung des Gemeinsamen Senats abweichen will (§ 2 Abs. 1 Alt. 2 RsprEinhG). Sofern nach den Gerichtsverfassungs- oder Verfahrensgesetzen zunächst der Große Senat oder die Vereinigten Großen Senate eines obersten Gerichtshofs anzurufen sind, so entscheidet der Gemeinsame Senat erst, wenn der Große Senat oder die Vereinigten Großen Senate von der Entscheidung eines anderen obersten Gerichtshofs oder des Gemeinsamen Senats abweichen wollen (sog. *Doppeldivergenz*[851], vgl. § 2 Abs. 2 RsprEinhG). Die Entscheidungskompetenz des Gemeinsamen Senats ist in diesem Fall eine *subsidiäre,* da die Voraussetzung seines Tätigwerdens die nach Schlichtung der Innendivergenz fortbestehende Außendivergenz ist.[852]

II. Pflicht zur Vorlage an den Gemeinsamen Senat

An dieser Stelle soll nicht näher auf die für das *Ausgleichsverfahren*[853] vor dem Gemeinsamen Senat grundlegenden Begriffe der „Rechtsprechungsabweichung in einer Rechtsfrage“ sowie der „Entscheidung“ eingegangen werden.[854] Für Zwecke der vorliegenden Arbeit genügt vielmehr die Erkenntnis, dass eine zur Anrufung des Gemeinsamen Senats verpflichtende Rechtsprechungsabwei-

---

849 Vgl. Art. 95 Abs. 1 S. 3 GG.

850 Gesetz zur Wahrung der Einheitlichkeit der Rechtsprechung der obersten Gerichtshöfe des Bundes vom 19.06.1968, BGBl. 1968 I, S. 661 ff.

851 Das Merkmal der *Doppeldivergenz* setzt sich aus den Fällen der *Innendivergenz* – ein Senat beabsichtigt, von der Rechtsprechung eines anderen Senats des eigenen Gerichtshofs abzuweichen – und der *Außendivergenz* – ein Senat beabsichtigt, von einem Senat eines anderen obersten Gerichtshofs abzuweichen – zusammen, vgl. *Schmidt-Räntsch,* Zur Bildung des Gemeinsamen Senats der obersten Gerichtshöfe des Bundes, in: DRiZ 1968, 325 (328); *Schulte,* Rechtsprechungseinheit als Verfassungsauftrag, S. 82.

852 *Schmidt-Räntsch,* Zur Bildung des Gemeinsamen Senats der obersten Gerichtshöfe des Bundes, in: DRiZ 1968, 325 (328); *Schulte,* Rechtsprechungseinheit als Verfassungsauftrag, S. 82.

853 Vgl. zum Begriff des *Ausgleichsverfahrens Hanack,* Ausgleich divergierender Entscheidungen, S. 1 Fn. 1, S. 205 ff.; *Miebach,* Der Gemeinsame Senat, S. 110.

854 Zu diesen Begriffen ausführlich *Schulte,* Rechtsprechungseinheit als Verfassungsauftrag, S. 92 ff.

chung dann gegeben ist, wenn ein oberster Gerichtshof des Bundes in den *tragenden Gründen*[855] *einer Entscheidung im weiteren Sinne* dieselbe von einem anderen obersten Gerichtshof oder vom Gemeinsamen Senat an gleicher Stelle entschiedene Rechtsfrage abweichend beantworten möchte.[856]

Dies zugrunde gelegt soll – nachdem sich unter den hier analysierten Urteilen kein Fall findet, in dem der Bundesgerichtshof dem Gemeinsamen Senat eine Rechtsfrage zur Entscheidung vorgelegt hat – untersucht werden, ob sich unbewusste Umgehungen des Gemeinsamen Senats oder sogar „Umgehungstendenzen" des Bundesgerichtshofs hinsichtlich seiner Vorlageverpflichtung feststellen lassen.

1. Unbewusste Nichtanrufung des Gemeinsamen Senats

Zu einer *unbewussten Nichtanrufung* des Gemeinsamen Senats trotz bestehender Rechtsprechungsabweichung kommt es regelmäßig dann, wenn dem zur Entscheidung berufenen obersten Bundesgericht die entgegenstehende Beantwortung der Rechtsfrage durch ein anderes oberstes Gericht gar nicht bekannt ist. Obwohl § 2 RsprEinhG den obersten Gerichtshöfen eine vollständige Auswertung der Entscheidungen anderer oberste Gerichtshöfe auferlegt, lassen sich solche unbewussten Nichtanrufungen schon deshalb nicht gänzlich vermeiden, weil es dem einzelnen Richter eines obersten Rechtsprechungsorgans aufgrund der hohen Arbeitsbelastung unter Umständen nicht möglich ist, die gesamte Rechtsprechung der „Nachbargerichtshöfe" zu überblicken.[857] Wenngleich dieser Befund aufgrund des fortschreitenden Ausbaus des juristischen Informationssystems „juris" sowie der zunehmenden Verbreitung elektronischer Rechtsdokumentationen heute in immer geringerem Maße zutreffen dürfte, so ist doch zu berücksichtigen, dass ein Großteil der hier dargestellten Urteile mit den 80er Jahren sowie den frühen 90er Jahren des letzten Jahrhunderts einen Zeitraum betrifft, in dem die genannten Recherchemöglichkeiten noch im Aufbau begriffen und wenig verbreitet waren.

In lediglich einem der hier analysierten Urteile aus dem Bereich der Einkommensteuer *(BGH, Urteil vom 25.09.1990 – XI ZR 126/89*[858]*)* hat der erken-

---

[855] Als *tragende Gründe* (rationes decidendi) lassen sich diejenigen Rechtsansichten bezeichnen, mit denen das Rechtsprechungsorgan die Entscheidung des konkreten Rechtsstreits erkennbar absichern und untermauern wollte. Zu den *nicht tragenden Gründen* (obiter dicta) zählen dagegen die richterlichen Entscheidungsaussagen, von denen sich das Rechtsprechungsorgan bei der Lösung des konkreten Rechtsstreits erkennbar nicht hat leiten lassen, die es vielmehr ohne jeden Fallbezug in seine Entscheidungsgründe aufnahm (*Schlüter,* obiter dictum, S. 42, S. 78; *Schulte,* Rechtsprechungseinheit als Verfassungsauftrag, S. 109).

[856] *Schulte,* Rechtsprechungseinheit als Verfassungsauftrag, S. 113.

[857] Vgl. *Schulte* Rechtsprechungseinheit als Verfassungsauftrag, S. 114 f.

nende 11. Senat seine Rechtsauffassung hinsichtlich der Frage, ob die Fortführung einer zulässigerweise nach § 6b EStG gebildeten Reinvestitionsrücklage summenmäßig begrenzt ist, nicht auf ein kurz zuvor in der gleichen Rechtsfrage ergangenes Urteil des Bundesfinanzhofs gestützt. Da die beiden Entscheidungen zeitlich dicht beieinander gelegen haben, liegt zwar die Vermutung nahe, dass dem Bundesgerichtshof im Entscheidungszeitpunkt die Beantwortung der Rechtsfrage durch den Bundesfinanzhof nicht bekannt war. Dennoch resultierte hieraus *keine Rechtsprechungsabweichung,* da sich der Bundesgerichtshof im Ergebnis – wenn auch unbewusst – der Rechtsauffassung des Bundesfinanzhofs angeschlossen hat. In einem weiteren Urteil zur Körperschaftsteuer *(BGH, Urteil vom 18.12.1997 – IX ZR 153/96*[859]*)* hat der 9. Senat die Frage der Ersatzpflicht des körperschaftsteuerlichen Anrechnungsguthabens unter Berufung auf zahlreiche Urteile des Bundesfinanzhofs beantwortet, die jedoch den Sachverhalt, für den der Senat die Auffassung des Bundesfinanzhofs in Anspruch genommen hat, gar nicht betrafen. Damit war zwar die grundsätzliche Möglichkeit einer unbewussten Rechtsprechungsabweichung gegeben. Da zu der entsprechenden Frage allerdings überhaupt keine finanzgerichtliche Rechtsprechung existierte, die für eine Abweichung Raum gelassen hätte, bestand folglich auch in diesem Fall *keine Pflicht zur Anrufung des Gemeinsamen Senats.*

Gleichermaßen ist auch bei den übrigen Urteilen, die im Rahmen der vorliegenden Arbeit analysiert wurden, *keine unbewusste Rechtsprechungsabweichung* festzustellen. Der jeweils zur Entscheidung berufene Senat des Bundesgerichtshofs hat seine Rechtsauffassung mit – teilweise zahlreichen – treffenden Zitaten aus der finanzgerichtlichen Rechtsprechung untermauert, so dass sich die für eine unbewusste Abweichung erforderliche Unkenntnis von einer (entgegenstehenden) Rechtsprechung des Bundesfinanzhofs kaum begründen lässt. Ein spezieller Hinweis sei in diesem Zusammenhang auf das Urteil zur Verlustübernahme bei „verunglückter Organschaft" *(BGH, Urteil vom 16.01.1992 – IX ZR 56/91*[860]*)* erlaubt. Dort zitiert der Bundesgerichtshof zum Teil wörtlich die zur gleichen Rechtsfrage ergangene Entscheidung des Bundesfinanzhofs.

Bemerkenswert ist ebenfalls, dass der Bundesgerichtshof in keinem Urteil der Versuchung erlegen ist, auf eine von ihm selbst getroffene frühere Entscheidung zu einer steuerlichen Rechtsfrage zu rekurrieren, ohne den Fortgang der finanzgerichtlichen Rechtsprechung zu beachten. Vielmehr beweisen beispielsweise die zur Frage der Steuerbarkeit von Unterhaltsersatzrenten analysierten Urteile, dass der Bundesgerichtshof auch zwischenzeitliche Rechtsprechungsänderungen

---

[858] Zu diesem Urteil ausführlich oben Zweites Kapitel – Einkommensteuer, II. 1. c).

[859] Zu diesem Urteil ausführlich oben Drittes Kapitel – Körperschaftsteuer, III. 4. c) cc).

[860] Zu diesem Urteil ausführlich oben Drittes Kapitel – Körperschaftsteuer, II. 3. d) bb).

des Bundesfinanzhofs in seine Erwägungen einbezieht. Während der 3. Zivilsenat des Bundesgerichtshofs in einem Urteil aus dem Jahr 1986 *(BGH, Urteil vom 06.11.1986 – III ZR 193/85*[861]*)* noch auf die frühere Rechtsprechung des Bundesfinanzhofs zurückgreifen konnte, hat der 6. Zivilsenat in seinem *Urteil vom 02.12.1997 – VI ZR 142/96*[862] zutreffend auf die neueren Tendenzen in der Rechtsprechung des Bundesfinanzhofs zur steuerlichen Behandlung von Unterhaltsersatzrenten verwiesen.

2. „Umgehungstendenzen"

Wenngleich die im Rahmen der vorliegenden Arbeit ausgewerteten Entscheidungen des Bundesgerichtshofs keine Fälle unbewusster Nichtanrufung des Gemeinsamen Senats hervorgebracht haben, muss sich in einem zweiten Schritt der Blick auf die Frage richten, ob „Umgehungstendenzen" im Sinne einer bewussten Nichtanrufung des Gemeinsamen Senats feststellbar sind. Im Gegensatz zu einer unbewussten Nichtanrufung setzt die *bewusste Nichtanrufung* des Gemeinsamen Senats voraus, dass der zur Entscheidung berufene Senat des obersten Bundesgerichts um die abweichende Beantwortung der Rechtsfrage durch einen „Nachbargerichtshof" weiß, er aber trotz dieses Wissens der Überzeugung ist, von einer Vorlage an den Gemeinsamen Senat absehen zu können. Um in diesem Fall eine eigentlich bestehende Vorlegungspflicht zu verneinen, bedienen sich die obersten Rechtsprechungsorgane verschiedener Methoden.[863] So setzen zahlreiche Entscheidungen oberster Gerichtshöfe des Bundes an dem von § 2 RsprEinhG geforderten Merkmal der *„Identität der Rechtsfrage"* (die Abweichung muss sich auf *dieselbe* Rechtsfrage beziehen) an und konstatieren im Wege des *„distinguishing"*[864] einen die Anrufung des Gemeinsamen Senats entbehrlich machenden anderen Sachverhalt.[865] Ansätze des bewussten und gezielten „distinguishing" finden sich auch im Rahmen einer hier dargestellten Entscheidung des Bundesgerichtshofs.

---

[861] Zu diesem Urteil ausführlich oben Zweites Kapitel – Einkommensteuer, III. 2. f).

[862] Zu diesem Urteil ausführlich oben Zweites Kapitel – Einkommensteuer, III. 2. g).

[863] Vgl. dazu ausführlich *Schulte,* Rechtsprechungseinheit als Verfassungsauftrag, S. 117 ff.

[864] Die Argumentationsfigur des *„distinguishing"* entstammt dem angloamerikanischen Rechtskreis. Dort wird sie unter anderem dazu genutzt, rechtserhebliche Unterschiede zwischen zwei Fällen herauszuarbeiten, die eine von einem Präzedenzfall abweichende Entscheidung rechtfertigen, vgl. *Schulte,* Rechtsprechungseinheit als Verfassungsauftrag, S. 126.

[865] So z.B. BFH, Urteil vom 01.04.1971 – IV R 208/69 – BFHE 102, 442 (446) = BStBl. 1971 II, 689 (690); vgl. dazu auch *Beisse,* in: FS v. Wallis, 45 (52): „Es gibt zwei Kunstgriffe, die Anrufung zu vermeiden. Der eine besteht darin, dass ein anderer Sachverhalt konstatiert wird. Ein feiner Unterschied in der Fallgestaltung erweist sich als rechtserheblich."

In seinem *Urteil vom 25.07.1987 – IVa ZR 162/85* hat sich der 4a. Zivilsenat mit der Frage auseinander gesetzt, in welchem Umfang das Gehalt, das an den beherrschenden Gesellschafter-Geschäftsführer einer GmbH aufgrund eines zivilrechtlich wirksamen, jedoch tatsächlich *nicht durchgeführten* Geschäftsführervertrages gezahlt wurde, als verdeckte Gewinnausschüttung zu werten war. Während die Betriebsprüfer aufgrund der Tatsache, dass die Zahlungen über ein *Verrechnungskonto* abgewickelt wurden, den Betrag, den die Geschäftsführer über ihr Gehalt hinaus entnommen haben, als (zinsloses) Darlehen behandelt haben und zu dem Ergebnis kamen, dass eine verdeckte Gewinnausschüttung nur im Zinsvorteil zu sehen war, hat der Bundesgerichtshof nicht nur den Zinsvorteil, sondern die gesamten entnommenen Beträge als verdeckte Gewinnausschüttung angesehen. In diesem Zusammenhang führt er aus:

> „Dieser Beurteilung steht auch das Urteil des Bundesfinanzhofs vom 23. Juni 1981 – VIII R 102/80 – FR 1982, 124 f. [...] nicht entgegen. Diese Entscheidung behandelt einen Fall, in dem eine Kapitalgesellschaft für die bei ihr angestellten Gesellschafter Verrechnungskonten führte. Die steuerliche Anerkennung der Anstellungsverträge ist, soweit ersichtlich, im damaligen Verfahren weder von der Finanzverwaltung noch von den Finanzgerichten in Zweifel gezogen worden; auch sind die vereinbarten Gehälter jeweils bei Fälligkeit auf dem Verrechnungskonto eingebucht worden. Gegenstand der Entscheidung war damals lediglich die Frage, ob in Höhe der Sollbuchungen, die das durch die Verbuchung der Gehälter entstandene Guthaben überstiegen und daher mit zukünftigen Gehaltsansprüchen zu verrechnen waren, eine Darlehensgewährung vorlag; der Bundesfinanzhof hat dies bejaht. Im vorliegenden Fall sind dagegen die Gehälter nicht laufend und rechtzeitig verbucht worden; aus diesem Grunde ist den Geschäftsführerverträgen die steuerliche Anerkennung versagt worden, so dass es für die steuerrechtliche Beurteilung so angesehen werden muss, als ob überhaupt kein entgeltlicher Geschäftsführervertrag abgeschlossen worden wäre."

Der Bundesgerichtshof hat folglich die vom Bundesfinanzhof zur Führung von Verrechnungskonten entwickelten Grundsätze nicht angewendet, weil er in der tatsächlichen Nichtdurchführung der zivilrechtlich wirksamen Vereinbarung (keine laufende und rechtzeitige Verbuchung der Gehälter) einen anders liegenden Sachverhalt gesehen hat. Diese Sichtweise erscheint jedoch fraglich, weil der Bundesfinanzhof in dem zitierten Urteil an keiner Stelle auf die Regelmäßigkeit der Buchungen abgestellt hat. Ausschlaggebend war für ihn allein die Tatsache, dass die Kapitalgesellschaft Verrechnungskonten für ihre Gesellschafter geführt hat, von denen sie nach Einbuchung der Gehälter Auszahlungen für private Zwecke der Gesellschafter abgebucht hat. Nachdem dies – wenn auch in unregelmäßigen Abständen – auch in dem vom Bundesgerichtshof zu entscheidenden Fall geschehen ist, war aus meiner Sicht ein „distinguishing" nicht gerechtfertigt und hat damit grundsätzlich eine Rechtsprechungsabweichung vorgelegen. Wenngleich im Ergebnis eine Pflicht zur Anrufung des Gemeinsamen Senats an der Tatsache gescheitert wäre, dass sich diese Abweichung nicht auf die *tragenden Gründe* der Entscheidung bezog – i. e., zur Begründung der Frage herangezogen wurde, ob eine schuldhafte Pflichtverletzung des steuerlichen Beraters vorlag –, lässt dieses Urteil aus meiner Sicht erkennen, dass die in der Literatur festgestellten „Umgehungstendenzen" der obersten Gerichtshöfe des Bundes hinsichtlich ihrer Vorlageverpflichtung bei Rechtsprechungsabweichungen nicht vollkommen unbegründet sind.

3. Weitere Einzelfälle

Aus steuerrechtlicher Sicht von besonderem Interesse sind vor dem Hintergrund der Frage der Rechtsprechungseinheit zwei weitere Urteile des Bundesgerichtshofs, die im Rahmen der vorliegenden Arbeit im Kapitel zur Körperschaftsteuer näher analysiert wurden. Beide Urteile betreffen Fragen des körperschaftsteuerlichen Anrechnungsverfahrens.

a) BGH, Urteil vom 28. Juni 1982 – II ZR 69/81

In dem ersten Urteil aus dem Jahr 1982[866] hatte sich der 2. Zivilsenat des Bundesgerichtshofs im Hinblick auf § 9 lit. a) WGG mit der Problematik zu befassen, ob der Körperschaftsteuer-Anrechnungsanspruch einen Teil der von einer Kapitalgesellschaft an ihren Anteilseigner gezahlten Dividende oder zumindest einen sonstigen dem Anteilseigner zufließenden Vermögensvorteil darstellt. Während die erste Möglichkeit aufgrund der Rechtsprechung des Bundesfinanzhofs zur Rechtsnatur der Körperschaftsteuer nach dem KStG 1977 (weder Teilhabersteuer noch Vorauszahlung auf die Einkommensteuer bzw. Körperschaftsteuer der Gesellschafter) ausschied, hat der Bundesgerichtshof die zweite Alternative unter Hinweis auf die im Steuerrecht geltende wirtschaftliche Betrachtungsweise bejaht. Mit diesem Ergebnis hat sich der Bundesgerichtshof insbesondere in der steuerrechtlichen Literatur dem Vorwurf ausgesetzt gesehen, unter Berufung auf die Besonderheiten des Gemeinnützigkeitsrechts zu einer von der Regel abweichenden Beurteilung der anzurechnenden bzw. zu vergütenden Körperschaftsteuer gekommen zu sein.[867] Dass diese Kritik, die den Vorwurf des *„distinguishing"* in sich trägt, nicht gerechtfertigt ist und auf einer zu engen Auslegung des BGH-Urteils beruht, wurde bereits an anderer Stelle ausgeführt. Da dieses Urteil – soweit ersichtlich – bis heute die einzige Entscheidung geblieben ist, die sich mit dieser Frage befasst hat, und die Auffassung des Bundesgerichtshofs insoweit nicht auf dem Prüfstand der finanzgerichtlichen Rechtsprechung gestanden hat, stellte sich die Frage einer Anrufung des Gemeinsamen Senats nicht. Die in der steuerrechtlichen Literatur geäußerte Kritik, die mit *Döllerer* zudem von einem BFH-Richter stammt, lässt es jedoch

[866] Zu diesem Urteil ausführlich oben Drittes Kapitel – Körperschaftsteuer, IV. 2. d).
[867] So *Döllerer,* Zur Rechtsnatur der neuen Körperschaftsteuer, in: BB 1983, 1 (2).

nicht vollkommen fern liegend erscheinen, dass der Bundesfinanzhof diese Rechtsfrage anders entschieden hätte.

b) BGH, Urteil vom 30. Januar 1995 – II ZR 42/91

Abgerundet wird das Kapitel zur Rechtsprechungseinheit mit dem *Urteil* des *BGH vom 30.01.1995 – II ZR 42/91*[868], in dem sich der 2. Zivilsenat mit der Problematik der Körperschaftsteueranrechnung bei Beteiligung einer bilanzierungspflichtigen Personenhandelsgesellschaft an einer Kapitalgesellschaft befasst hat. Das Urteil betrifft insoweit eine aus steuerrechtlicher Sicht besonders gelagerte Fallkonstellation, als es dem Bundesgerichtshof als oberstem Zivilgericht vorbehalten war, diese bis dahin von den Finanzgerichten nicht entschiedene und in der steuerrechtlichen Literatur kontrovers diskutierte Frage zu Ende zu denken. Der Bundesgerichtshof hat nur den jeweiligen Personengesellschafter – nicht die Personenhandelsgesellschaft – als zur Anrechnung der Körperschaftsteuer berechtigt angesehen. Gleichzeitig hat er sich damit in bilanzieller Hinsicht für die Anwendung der *„eingeschränkten Nettomethode“* ausgesprochen.

Im Hinblick auf die Frage der Rechtsprechungseinheit ist dieses Urteil deshalb von Interesse, weil der Bundesfinanzhof im Jahr 1995 ebenfalls mit Frage der Körperschaftsteueranrechnung bei Beteiligung einer Personenhandelsgesellschaft an einer Kapitalgesellschaft befasst war und – nachdem sich der Bundesgerichtshof mit seiner Entscheidung für die „eingeschränkte Nettomethode“ in Widerspruch zu der in der Praxis vorherrschenden *Bruttobilanzierungsmethode* gesetzt hatte – eine abweichende Entscheidung des Bundesfinanzhofs und eine daraus resultierende Rechtsprechungsabweichung durchaus denkbar erschienen. Zu einer im Raum stehenden Anrufung des Gemeinsamen Senats ist es jedoch im Ergebnis nicht gekommen, weil sich sowohl der Bundesfinanzhof als auch der Hauptfachausschuss des Instituts der Wirtschaftsprüfer im Anschluss an die Rechtsprechung des Bundesgerichtshofs ebenfalls für eine Anwendung der eingeschränkten Nettomethode ausgesprochen haben. Die gebotene Einheit der Rechtsprechung war damit gewahrt.

[868] Zu diesem Urteil ausführlich oben Drittes Kapitel – Körperschaftsteuer, IV. 2. f).

Zusammenfassendes Ergebnis

Die vorstehende Untersuchung zur Rechtsprechung des Bundesgerichtshofs auf dem Gebiet des Steuerrechts konnte mit ausgewählten Entscheidungen der BGH-Zivilsenate zur *Einkommensteuer, Körperschaftsteuer* und *Gewerbesteuer* nur einen kleinen Ausschnitt der umfangreichen Thematik ansprechen. Allerdings stehen die analysierten Entscheidungen repräsentativ für die Bedeutung, die dem Steuerrecht für die Entscheidungstätigkeit des Bundesgerichtshofs zukommt. Sie spiegeln zunächst die Bandbreite der ertragsteuerrechtlichen Probleme wider, mit denen der Bundesgerichtshof in seiner neueren Rechtsprechung befasst war. Diese reichte von der einkommensteuerrechtlichen Frage des Werbungskostenabzugs im Rahmen des sog. Erhaltungsmodells über die körperschaftsteuerrechtliche Problematik verdeckter Gewinnausschüttungen bis hin zur gewerbesteuerlich relevanten Abgrenzung zwischen privater Vermögensverwaltung und gewerblichem Grundstückshandel. Gleichzeitig vermitteln die Urteile einen Eindruck von der Qualität der im Rahmen der ordentlichen Gerichtsbarkeit auftretenden Steuerfragen: Zumeist standen komplexe Probleme zur Diskussion, die auch im steuerrechtlichen Schrifttum und der finanzgerichtlichen Rechtsprechung kontrovers beurteilt wurden bzw. werden. Erinnert sei nur an die im Kapitel zur Körperschaftsteuer dargestellten Urteile zur Verlustübernahme bei „verunglückter Organschaft" *(BGH, Urteil vom 16.01.1992 – IX ZR 56/91)* sowie zur Frage der Körperschaftsteueranrechnung bei Beteiligung einer bilanzierungspflichtigen Personenhandelsgesellschaft an einer Kapitalgesellschaft *(BGH, Urteil vom 30.01.1995 – II ZR 42/91)*.

Entgegen den anfangs geäußerten Bedenken hat sich die Qualität der adressierten Probleme jedoch im Grundsatz nicht in Rechtsprechungsdivergenzen niedergeschlagen. Vielmehr ist der Bundesgerichtshof in der Mehrzahl der Fälle zu einem aus steuerrechtlicher Sicht vertretbaren Ergebnis gekommen, und stimmen die Sichtweise von Bundesgerichtshof und Bundesfinanzhof überein. Eine Ausnahme bilden insoweit lediglich das Urteil des 9. Zivilsenats zur Gewinnabführung bei „verunglückter Organschaft" *(BGH, Urteil vom 30.09.1999 – IX ZR 139/98)* sowie – in Teilen – eines der Urteile zu verdeckten Gewinnausschüttungen im Zusammenhang mit der Tätigkeit eines beherrschenden Gesellschafter-Geschäftsführers *(BGH, Urteil vom 18.12.1997 – IX ZR 153/96)*. Dieser insgesamt positive Befund dürfte nicht zuletzt darauf zurückzuführen sein, dass sich der jeweils zur Entscheidung berufene Senat des Bundesgerichtshofs intensiv mit der Rechtsprechung des Bundesfinanzhofs auseinander gesetzt hat und seine Rechtsauffassung mit zutreffenden Zitaten aus der Rechtsprechung seines

Nachbargerichtshofs untermauert hat. Damit ist der Bundesgerichtshof insbesondere auch den von § 2 RsprEinhG vorausgesetzten Interpretationsanforderungen gerecht geworden.

Es darf jedoch nicht unerwähnt bleiben, dass eine ins Detail gehende Analyse der steuerrechtlichen Ausführungen in einigen Fällen Defizite in der Rechtsanwendung hat erkennen lassen. Zu nennen sind einerseits die Fälle, in denen der Bundesgerichtshof die materiell-rechtlichen Vorgaben des Steuerrechts in unzureichender Weise umgesetzt hat. Dieser Fallgruppe lässt sich beispielsweise das *Urteil des Bundesgerichtshofs vom 29.04.1993 – IX ZR 101/92* zuordnen. Dort hat der 9. Zivilsenat in systemwidriger Weise im Rahmen der Einkünfte aus Land- und Forstwirtschaft vom Vorliegen eines Gewerbebetriebs gesprochen, obgleich zwischen beiden Einkunftsarten ein Exklusivitätsverhältnis besteht. Ein weiteres Beispiel ist das ebenfalls vom 9. Zivilsenat gefällte Urteil zur Gewinnabführung bei „verunglückter Organschaft“ *(BGH, Urteil vom 30.09.1999 – IX ZR 139/98)*. Andererseits sei das Augenmerk auf die Fälle fehlerhafter Anwendung der finanzgerichtlichen Rechtsprechung gelenkt. Als Beispiel hierfür kann unter anderem das ebenfalls im Kapitel zur Körperschaftsteuer erläuterte Urteil des 4a. Zivilsenats zu verschiedenen Einzelfällen verdeckter Gewinnausschüttungen *(BGH, Urteil vom 25.02.1987 – IVa ZR 162/85)* herangezogen werden. In diesem Urteil hatte der erkennende Senat davon gesprochen, dass nach der Rechtsprechung des Bundesfinanzhofs verdeckte Gewinnausschüttungen unter zwei voneinander unabhängigen Voraussetzungen gegeben sein können. Tatsächlich betraf die zweite „Voraussetzung“ jedoch die vom Bundesfinanzhof entwickelten Sondertatbestandsmerkmale für beherrschende Gesellschafter-Geschäftsführer.

Die Untersuchung hat weiterhin gezeigt, dass die steuerrechtlichen Probleme in der überwiegenden Zahl der Urteile als haftungsrechtliche Vorfrage im Rahmen von Schadensersatzprozessen aufgetaucht sind. Hingewiesen sei nur auf die Urteile zur Bildung einer steuerfreien Rücklage nach § 6b EStG *(BGH, Urteil vom 25.09.1990 – XI ZR 126/89)*, zur verdeckten Gewinnausschüttung bei einem als In-Sich-Geschäft unwirksamen Geschäftsführungsvertrag *(BGH, Urteil vom 18.11.1999 – IX ZR 402/97)* sowie zur Abgrenzung zwischen privater Vermögensverwaltung und gewerblichem Grundstückshandel *(BGH, Urteil vom 26.05.1994 – IX ZR 57/93)*. Ebenso hat der Bundesgerichtshof zu steuerrechtlichen Fragen Stellung genommen, wenn eine Entscheidung im Falle der Zurückverweisung eines Rechtsstreits Hinweise an das Berufungsgericht zur weiteren Sachbehandlung enthält (so unter anderem *BGH, Urteil vom 12.03.1986 – IVa ZR 183/84* sowie *BGH, Urteil vom 22.02.2001 – IX ZR 293/99*). Lediglich in zwei Urteilen zur Körperschaftsteuer *(BGH, Urteil vom 28.06.1982 – II ZR 69/81* sowie *BGH, Urteil vom 30.01.1995 – II ZR 42/91)* hatte der 2. Zivilsenat des Bundesgerichtshofs Steuerrecht als „Hauptfrage“ und nicht nur als (haftungsrechtliche) Vorfrage anzuwenden. In dem letztgenannten Fall war es dem

Bundesgerichtshof als ordentlichem Gericht sogar vorbehalten, die Vorgaben des Körperschaftsteuerrechts noch vor dem Bundesfinanzhof zu Ende zu denken.

Es steht zu erwarten, dass auch zukünftig nicht nur im Rahmen von Haftungsprozessen immer wieder Fallkonstellationen auftreten, die eine Befassung des Bundesgerichtshofs mit steuerrechtlichen Fragen erforderlich machen. Daran wird auch die derzeit diskutierte Reduzierung der Gerichtsbarkeiten von bisher fünf auf nurmehr zwei nichts ändern. Selbst wenn eine Zusammenlegung der öffentlich-rechtlichen Fachgerichtsbarkeiten (Sozial-, Finanz- und Verwaltungsgerichtsbarkeit) sowie die Eingliederung der Arbeitsgerichtsbarkeit in die ordentliche Gerichtsbarkeit Synergieeffekte ohne Aufgabe der notwendigen Spezialisierung mit sich bringen würde, so vermag sie doch nicht die Schnittstellenproblematik zwischen „ordentlicher Gerichtsbarkeit" und „Finanzgerichtsbarkeit" zu eliminieren.

Allerdings könnte aus meiner Sicht ein anderer Gedanke der geplanten Reform – die flexiblere Gestaltung der Einsatzmöglichkeiten für Richter – nutzbar gemacht werden. So erscheint es durchaus denkbar, in einem Verfahren vor dem Bundesgerichtshof, das die Entscheidung komplexer steuerrechtlicher Probleme erfordert, einen Richter des Bundesfinanzhofs zu Rate zu ziehen. Solange dies jedoch nicht möglich ist, bleibt zu hoffen, dass sich der Bundesgerichtshof weiterhin – soweit notwendig – in der bisher praktizierten Form mit der nicht zu den Kernkompetenzen des obersten deutschen Zivilgerichts zählenden Materie des Steuerrechts auseinander setzt.

Anhang

Überblick über die analysierten Entscheidungen des BGH sowie die darin zitierte Rechtsprechung des BFH

I. Urteile zur Einkommensteuer

Urteile des Bundesgerichtshofs		Zitierte Rechtsprechung des Bundesfinanzhofs		
Datum	*Aktenzeichen*	*Datum*	*Aktenzeichen*	*Fundstelle*
23.05.1985	III ZR 69/84	18.09.1952	IV 70/49 U	BFHE 56, 754 = BStBl. 1952 III, 290
		05.04.1965	VI 330/63 U	BFHE 82, 312 = BStBl. 1965 III, 359
12.03.1986	IVa ZR 183/84	26.06.1958	IV 39/58 U	BFHE 67, 237 = BStBl. 1958 III, 364
		25.06.1970	IV 190/65	BFHE 99, 513 = BStBl. 1970 II, 730
		23.06.1971	I B 16/71	BFHE 103, 24 = BStBl. 1971 II, 730
		26.10.1971	VIII R 137/70	BFHE 104, 67 = BStBl. 1972 II, 215
		20.01.1976	VIII R 253/71	BFHE 117, 437 = BStBl. 1976 II, 305
		11.05.1976	VIII B 54/75	BFHE 119, 22 = BStBl. 1976 II, 596
06.11.1986	III ZR 193/85	18.09.1952	IV 70/49 U	BFHE 56, 754 = BStBl. 1952 III, 290
		05.04.1965	VI 330/63 U	BFHE 82, 312 = BStBl. 1965 III, 359
25.02.1988	VII ZR 152/87	30.10.1964	VI 346/61 U	BFHE 81, 188 = BStBl. 1965 III, 67
		08.12.1970	I R 80/70	BFHE 104, 134 = BStBl. 1972 II, 292

(Fortsetzung nächste Seite)

(Fortsetzung: I. Urteile zur Einkommensteuer)

Urteile des Bundesgerichtshofs		Zitierte Rechtsprechung des Bundesfinanzhofs		
Datum	*Aktenzeichen*	*Datum*	*Aktenzeichen*	*Fundstelle*
		15.12.1976	I R 4/75	BFHE 121, 57 = BStBl. 1977 II, 220
		11.10.1983	VIII R 61/81	BFHE 140, 177 = BStBl. 1984 II, 267
25.09.1990	XI ZR 126/89	26.11.1973	GrS 5/71	BFHE 111, 242 = BStBl. 1974 II, 132
29.04.1993	IX ZR 101/92	20.02.1970	III R 75/66	BFHE 98, 553 = BStBl. 1970 II, 484
		24.07.1996	IV R 137/84	BFHE 147, 352 = BStBl. 1986 II, 808
		01.12.1988	IV R 72/87	BFHE 155, 344 = BStBl. 1989 II, 234
30.09.1993	IX ZR 73/93	Hinweis auf die Rechtsprechung des BFH zur Betriebsveräußerung		
02.12.1997	VI ZR 142/96	19.10.1978	VIII R 9/77	BFHE 126, 405 = BStBl. 1979 II, 133
		25.10.1994	VIII R 79/91	BFHE 175, 439 = BStBl. 1995 II, 121
27.11.1998	V ZR 344/97	14.11.1989	IX R 197/84	BFHE 158, 546 = BStBl. 1990 II, 299
		30.07.1991	IX R 43/89	BFHE 165, 245 = BStBl. 1991 II, 918
		29.10.1991	IX R 117/90	BFHE 166, 203 = BStBl. 1992 II, 285
		04.02.1992	IX B 39/91	BFHE 167, 102 = BStBl. 1992 II, 883
		18.04.1994	IX B 155/93	BFH/NV 1994, 852

II. Urteile zur Körperschaftsteuer

Urteile des Bundesgerichtshofs		Zitierte Rechtsprechung des Bundesfinanzhofs		
Datum	*Aktenzeichen*	*Datum*	*Aktenzeichen*	*Fundstelle*
24.03.1982	IVa ZR 303/80	24.06.1957	I 143/56 U	BFHE 65, 433 = BStBl. 1957 III, 400
		10.04.1962	I 65/61 U	BFHE 74, 690 = BStBl. 1962 III, 255
		16.11.1965	I 302/61 S	BFHE 84, 268 = BStBl. 1966 III, 97
		30.11.1966	I 310/62	BFHE 87, 394 = BStBl. 1967 III, 152
28.06.1982	II ZR 69/81	02.10.1981	III R 27/77	BFHE 134, 167 = BStBl. 1982 II, 8
		09.02.1982	VIII B 132/81	BFHE 135, 303 = BStBl. 1982 II, 401
25.02.1987	IVa ZR 162/85	31.07.1956	I 4/5-55 U	BFHE 63, 237 = BStBl. 1956 III, 288
		16.09.1958	I 88/57 U	BFHE 67, 468 = BStBl. 1958 III, 451
		13.12.1960	I 88/60 U	BFHE 72, 182 = BStBl. 1961 III, 68
		24.03.1961	VI 160/60	HFR 1961, 170
		10.04.1962	I 216/60 U	BFHE 75, 137 = BStBl. 1962 III, 318
		21.08.1962	I 255/60	HFR 1962, 339
		31.07.1963	I 164/62 U	BFHE 77, 328 = BStBl. 1963 III, 440
		29.11.1967	I 96/64	BFHE 91, 151 = BStBl. 1968 II, 234
		08.01.1969	I R 26/67	BFHE 95, 1 = BStBl. 1969 II, 268
		17.02.1971	I R 172/69	BFHE 102, 47 = BStBl. 1971 II, 463
		22.03.1972	I R 117/70	BFHE 105, 143 = BStBl. 1972 II, 501
		12.12.1973	I R 183/71	BFHE111, 150 = BStBl. 1974 II, 179
		03.04.1974	I R 241/71	BFHE 112, 178 = BStBl. 1974 II, 497

(Fortsetzung nächste Seite)

(Fortsetzung: II. Urteile zur Körperschaftsteuer)

Urteile des Bundesgerichtshofs		Zitierte Rechtsprechung des Bundesfinanzhofs		
Datum	*Aktenzeichen*	*Datum*	*Aktenzeichen*	*Fundstelle*
		02.05.1974	I R 194/72	BFHE 112, 476 = BStBl. 1974 II, 585
		10.07.1974	I R 205/72	BFHE 113, 218 = BStBl. 1974 II, 719
		30.07.1975	I R 110/72	BFHE 117, 36 = BStBl. 1976 II, 74
		21.07.1976	I R 223/74	BFHE 119, 453 = BStBl. 1976 II, 734
		03.11.1976	I R 98/75	BFHE 120, 388 = BStBl. 1977 II, 172
		23.06.1981	VIII R 102/80	BFHE 134, 541 = BStBl. 1982 II, 245
16.01.1992	IX ZR 56/91	16.05.1990	I R 96/88	BFHE 160, 554 = BStBl. 1990 II, 797
30.01.1995	II ZR 42/94	09.02.1982	VIII B 132/81	BFHE 135, 303 = BStBl. 1982 II, 401
		26.11.1986	VIII B 114/86	BFHE 148, 129 = BStBl. 1987 II, 179
05.12.1996	IX ZR 61/96	29.10.1986	I R 318/83	BFHE 148, 158 = BStBl. 1987 II, 310
15.04.1997	IX ZR 70/96	11.12.1985	I R 223/82	BFH/NV 1985/86, 637
		29.04.1987	I R 118/83	BFH/NV 1988, 122
		31.07.1991	I S 1/91	BFHE 165, 256 = BStBl. 1991 II, 933
		30.08.1995	I R 155/94	BFHE 178, 371 = DB 1995, 2451
18.12.1997	IX ZR 153/96	08.12.1970	I R 80/70	BFHE 104, 134 = BStBl. 1972 II, 292
		15.12.1976	I R 4/75	BFHE 121, 57 = BStBl. 1977 II, 220
		05.10.1977	I R 230/75	BFHE 124, 164 = BStBl. 1978 II, 234

Urteile des Bundesgerichtshofs		Zitierte Rechtsprechung des Bundesfinanzhofs		
Datum	*Aktenzeichen*	*Datum*	*Aktenzeichen*	*Fundstelle*
		23.05.1984	I R 266/81	BFHE 141, 261 = BStBl. 1984 II, 723
		29.04.1987	I R 176/83	BFHE 150, 337 = BStBl. 1987 II, 733
		02.03.1988	I R 103/86	BFHE 153, 313 = BStBl. 1988 II, 786
		13.09.1989	I R 41/86	BFHE 158, 338 = BStBl. 1989 II, 1029
		04.12.1991	I R 26/91	BFHE 167, 32 = BStBl. 1992 II, 686
		11.12.1991	I R 152/90	BFHE 167, 42 = BStBl. 1992 II, 690
		29.07.1992	I R 28/92	BFHE 169, 322 = BStBl. 1993 II, 247
		10.03.1993	I R 51/92	BFHE 171, 58 = BStBl. 1993 II, 635
		30.08.1995	I R 155/94	BFHE 178, 371 = DB 1995, 2451
		12.06.1997	I R 14/96	BFHE 183, 459 = ZIP 1997, 1963
30.09.1999	IX ZR 139/98	17.12.1980	I R 220/78	BFHE 132, 285 = BStBl. 1981 II, 383
18.11.1999	IX ZR 402/97	22.09.1976	I R 68/74	BFHE 120, 200 = BStBl. 1977 II, 15
		13.03.1991	I R 1/90	BFHE 164, 255 = BStBl. 1991 II, 597
		23.10.1996	I R 71/95	BFHE 181, 328 = BStBl. 1999 II, 35

III. Urteile zur Gewerbesteuer

Urteile des Bundesgerichtshofs		Zitierte Rechtsprechung des Bundesfinanzhofs		
Datum	*Aktenzeichen*	*Datum*	*Aktenzeichen*	*Fundstelle*
26.05.1994	IX ZR 57/93	15.12.1971	I R 49/70	BFHE 104, 178 = BStBl. 1972 II, 291
		29.03.1973	I R 153/71	BFHE 109, 431 = BStBl. 1973 II, 661
		23.10.1975	VIII R 60/70	BFHE 117, 360 = BStBl. 1976 II, 152
		08.08.1979	I R 186/78	BFHE 129, 177 = BStBl. 1980 II, 106
		23.10.1987	III R 275/83	BFHE 151, 399 = BStBl. 1988 II, 293
		16.04.1991	VIII R 74/87	BFHE 164, 347 = BStBl. 1991 II, 844
22.02.2001	IX ZR 293/99	09.12.1986	VIII R 317/82	BFHE 148, 480 = BStBl. 1988 II, 244
		12.07.1991	III R 47/88	BFHE 165, 498 = BStBl. 1992 II, 143
		02.09.1992	XI R 21/91	BFHE 171, 31 = BStBl. 1993 II, 668
		03.07.1995	GrS 1/93	BFHE 178, 86 = BStBl. 1995 II, 617
		22.04.1998	IV B 19/98	BFHE 185, 480 = BStBl. 1999 II, 295
		20.05.1998	III B 9/98	BFHE 186, 236 = BStBl. 1998 II, 721

Literaturverzeichnis

I. Kommentare, Handbücher

Bamberger, Heinz Georg/*Roth,* Herbert (Hrsg.): Kommentar zum Bürgerlichen Gesetzbuch, Band 2: §§ 611–1296, ErbbauVO, WEG; bearb. von Heinz Georg Bamberger u. a.; München 2003 (zit.: *Bearbeiter,* in: Bamberger/Roth, BGB)

Baumbach, Adolf/*Hopt,* Klaus J.: Handelsgesetzbuch mit GmbH & Co., Handelsklauseln, Bank- und Börsenrecht, Transportrecht; bearb. von Klaus J. Hopt und Hanno Merkt; begr. von Adolf Baumbach; 31., neubearbeitete und erweiterte Auflage, München 2003 (zit.: *Bearbeiter,* in: Baumbach/Hopt, HGB)

Baumbach, Adolf/*Hueck,* Alfred: GmbH-Gesetz: Gesetz betreffend die Gesellschaften mit beschränkter Haftung, begr. von Adolf Baumbach, fortgef. von Alfred Hueck, 17. erweiterte und völlig überarbeitete Auflage, München 2000 (zit.: *Bearbeiter,* in: Baumbach/Hueck, GmbHG)

Beck'scher Bilanz-Kommentar: Handels- und Steuerrecht – §§ 238 bis 339 HGB, hrsg. von Axel Berger, Helmut Ellrott, Gerhart Förschle, Burkhard Hense, 5. völlig neubearbeitete Auflage, München 2003 (zit.: *Bearbeiter,* in: Beck'scher Bilanz-Kommentar)

Beck'sches Handbuch der GmbH: Gesellschaftsrecht – Steuerrecht, hrsg. von Welf Müller, Burkhard Hense, bearb. von Björn Ahrenkiel u. a., 3. Auflage, München 2002 (zit.: *Bearbeiter,* in: Beck Hdb. GmbH)

Beck'sches Handbuch der Personengesellschaften: Gesellschaftsrecht – Steuerrecht, hrsg. von Welf Müller, Wolf-Dieter Hoffmann, bearb. von Roman Bärwaldt u. a., München 1999 (zit.: *Bearbeiter,* in: Beck Hdb. PersG)

Blümich: EStG/KStG/GewStG – Einkommensteuergesetz, Körperschaftsteuergesetz, Gewerbesteuergesetz: Kommentar, hrsg. von Klaus Ebling, München [Loseblatt, Stand: 82. Ergänzungslieferung, April 2004] (zit.: Blümich/*Bearbeiter,* EStG/KStG/GewStG)

Blümich, Walter/*Klein,* Otto/*Steinbring,* Werner/*Stutz,* Heinrich: Körperschaftsteuergesetz mit Durchführungsverordnungen, Nebengesetzen und Verwaltungsanweisungen, Kommentar von Walter Blümich u. a., 4. völlig neubearbeitete Auflage, Berlin/Frankfurt a. M. 1965 (zit.: *Blümich/Klein/Steinbring/Stutz,* KStG)

Bordewin, Arno/*Brandt,* Jürgen (Hrsg.): Kommentar zum Einkommensteuergesetz (EStG), hrsg. von Arno Bordewin und Jürgen Brandt, Heidelberg [Loseblatt, Stand: 244. Ergänzungslieferung, Juni 2004] (zit.: *Bearbeiter,* in: Bordewin/Brandt, EStG)

Bühler, Ottmar/*Paulick,* Heinz: Einkommensteuer; Körperschaftsteuer; nebst Durchführungsverordnungen, Nebengesetzen und -verordnungen. Handkommentar von

Ottmar Bühler und Heinz Paulick; 3. neubearbeitete Auflage, München 1976 [Loseblatt, Stand: 4. Ergänzungslieferung 1979] (zit.: *Bühler/Paulick,* Einkommensteuer/Körperschaftsteuer)

Centrale für GmbH Dr. Otto Schmidt (Hrsg.): GmbH-Handbuch: Gesellschaftsrecht, Rechnungswesen, Steuerrecht, Arbeits- und Sozialversicherungsrecht, Verträge und Formulare, bearb. von Harald Kallmeyer u. a., Köln 1970 ff. [Loseblatt, Stand: 107. Ergänzungslieferung, Februar 2004] (zit.: *Bearbeiter,* in: GmbH-Handbuch)

Dehmer, Hans: Umwandlungsrecht, Umwandlungssteuerrecht: Umwandlung – Verschmelzung – Spaltung – Einbringung, erl. von Hans Dehmer, München 1994 (zit.: *Dehmer,* Umwandlungsrecht)

Dötsch, Ewald/*Eversberg,* Horst/*Jost,* Werner F./*Witt,* Georg: Die Körperschaftsteuer: Kommentar zum Körperschaftsteuergesetz, zum Umwandlungssteuergesetz und zu den einkommensteuerrechtlichen Vorschriften der Anteilseignerbesteuerung; von Ewald Dötsch, Horst Eversberg, Werner F. Jost, Alexandra Pung, Georg Witt; unter Mitarbeit von Christoph Buyer u. a., Stuttgart [Loseblatt, Stand: 51. Ergänzungslieferung, Mai 2004] (zit.: *Bearbeiter,* in: Dötsch/Eversberg/Jost/Witt, Die Körperschaftsteuer)

Dötsch, Ewald/*Geiger,* Otto/*Klingebiel,* Jörg/*Lang,* Friedbert/*Rupp,* Thomas/*Wochinger,* Peter: Verdeckte Gewinnausschüttung/Verdeckte Einlage, Kommentar, Stuttgart 2004 (zit.: *Bearbeiter,* in: Dötsch/Geiger/Klingebiel/Lang/Rupp/Wochinger)

Ebenroth, Carsten Thomas/*Boujong,* Karlheinz/*Joost,* Detlev: Handelsgesetzbuch (HGB): Kommentar, hrsg. von Carsten Thomas Ebenroth u. a., Band 1: §§ 1–342a; München 2001 (zit.: *Bearbeiter,* in: Ebenroth/Boujong/Joost, HGB)

Felsmann, Willi (Begr.): Einkommensbesteuerung der Land- und Forstwirte: Kommentar zur Besteuerung der buchführenden und nichtbuchführenden Betriebe und zu den Steuerfolgen der Betriebsveräußerung, begr. von Willi Felsmann, fortgef. von Manfred Pape und Hans Wilhelm Giere, 3. Auflage, St. Augustin [Loseblatt, Stand: 23. Ergänzungslieferung, April 1998] (zit.: *Bearbeiter,* in: Felsmann)

Frotscher, Gerrit/*Maas,* Ernst (Hrsg.): Körperschaftsteuergesetz, Umwandlungssteuergesetz, Freiburg 1978 ff. [Loseblatt, Stand: 75. Ergänzungslieferung, Juni 2004] (zit.: *Bearbeiter,* in: Frotscher/Maas , KStG/UmwStG)

Gadow, W./*Heinichen,* E. (Begr.): AktG: Großkommentar, hrsg. von Klaus J. Hopt, Herbert Wiedemann, 15. Lieferung: §§ 54–66, 4. neubearbeitete Auflage, Berlin u. a. 2001 (zit.: *Bearbeiter,* in: Großkomm. AktG)

Gerloff, Wilhelm/*Meisel,* Franz (Hrsg.): Handbuch der Finanzwissenschaft, Band 2: Besondere Steuerlehre, Finanzwirtschaft der öffentlichen Körperschaften, der öffentliche Kredit, 1. Auflage, Tübingen 1927 (zit.: *Bearbeiter,* in: Handbuch der Finanzwissenschaft)

Glanegger, Peter/*Güroff,* Georg: Gewerbesteuergesetz: Kommentar, erläutert von Peter Glanegger, Georg Güroff u. a., 5. völlig neubearbeitete Auflage, München 2002 (zit.: *Bearbeiter,* in: Glanegger/Güroff, GewStG)

Greif, Martin/*Schuhmann,* Helmut: Kommentar zum Körperschaftsteuergesetz, hrsg. von Martin Greif, Hans-Jochen Gutike u. a., Wiesbaden, ab 1993 Heidelberg

[Loseblatt, Stand: 23. Nachtragslieferung, April 1994] (zit.: *Bearbeiter,* in: Greif/Schuhmann, KStG)

Hachenburg, Max (Begr.): Gesetz betreffend die Gesellschaften mit beschränkter Haftung (GmbHG), Großkommentar, hrsg. von Peter Ulmer, 8. neubearbeitete Auflage, Berlin u. a. 1992 (zit.: Hachenburg/*Bearbeiter,* GmbHG)

Hartmann, Alfred/*Böttcher,* Conrad/*Grass,* Adolf (Hrsg.): Großkommentar zur Einkommensteuer, bearb. von Conrad Böttcher u. a., Stuttgart [Loseblatt, Stand: 39. Nachtragslieferung Dezember 1974] (zit.: *Bearbeiter,* in: Hartmann/Böttcher/Grass)

Herrmann, Carl/*Heuer,* Gerhard/*Raupach,* Arndt: Einkommensteuer- und Körperschaftsteuergesetz, Kommentar, begr. von Alfons Mrozek, Albert Kennerknecht, fortgef. von Gerhard Heuer, Carl Herrmann, 21. Auflage, Köln [Loseblatt, Stand: 213. Lieferung, März 2004] (zit.: *Bearbeiter,* in: Herrmann/Heuer/Raupach, EStG und KStG, 21. Aufl.)

Hüffer, Uwe: Aktiengesetz, erläutert von Uwe Hüffer, 6. neubearbeitete Auflage, München 2004 (zit.: *Hüffer,* AktG)

Kirchhof, Paul (Hrsg.): EStG: KompaktKommentar Einkommensteuergesetz, von Paul Kirchhof, 2. neu bearbeitete Auflage, Heidelberg 2002 (zit.: *Bearbeiter,* in: EStG KompaktKommentar, 2. Aufl.)

– EStG: KompaktKommentar Einkommensteuergesetz, von Paul Kirchhof, 4. neu bearbeitete Auflage, Heidelberg 2004 (zit.: *Bearbeiter,* in: EStG KompaktKommentar, 4. Aufl.)

Kirchhof, Paul/*Söhn,* Hartmut/*Mellinghoff,* Rudolf (Hrsg.): Einkommensteuergesetz: Kommentar, Heidelberg [Loseblatt, Stand: 142. Ergänzungslieferung, Mai 2004] (zit.: *Bearbeiter,* in: Kirchhof/Söhn/Mellinghoff, EStG)

Klein, Franz/*Flockermann,* Paul G./*Kühr,* Christian: Kommentar zum Einkommensteuergesetz: Einkommensteuergesetz 1979 (EStG 1979) in d. Fassung vom 21. Juni 1979 (BGBl. I, S. 722) mit allen Änderungen, zuletzt durch das Subventionsabbaugesetz vom 26. Juni 1981 (BGBl. I, S. 537), hrsg. von Franz Klein u. a., bearb. von Praktikern aus Rechtsprechung, Verwaltung und Wirtschaft, 3. neubearbeitete Auflage, Neuwied/Darmstadt 1981 (zit.: *Bearbeiter,* in: Klein/Flockermann/Kühr, EStG)

Koller, Ingo/*Roth,* Wulf-Henning/*Morck,* Winfried: Handelsgesetzbuch: Kommentar, 4. Auflage, München 2003 (zit.: *Bearbeiter,* in Koller/Roth/Morck, HGB)

Kölner Kommentar zum Aktiengesetz: hrsg. von Wolfgang Zöllner, bearb. von Carsten Peter Claussen u. a., 2. neubearbeitete und erweiterte Auflage, Köln u. a. 1988 (zit.: *Bearbeiter,* in: Kölner Kommentar zum AktG, 2. Aufl.)

Lademann, Fritz: Kommentar zum Körperschaftsteuergesetz, bearb. von Hans Birkholz u. a., Stuttgart, München u. a. [Loseblatt, Stand: 26. Ergänzungslieferung, März 1997] (zit.: *Bearbeiter,* in: Lademann, KStG)

– Kommentar zum Einkommensteuergesetz, bearb. von Klaus Altehofer u. a., 4. Auflage, Stuttgart [Loseblatt, Stand: 141. Nachtrag, Oktober 2003] (zit.: *Bearbeiter,* in: Lademann, EStG)

Leingärtner, Wilhelm/*Zaisch,* Horst: Die Einkommensbesteuerung der Land- und Forstwirtschaft, Handbuch, 2. völlig überarbeitete und erweiterte Auflage, München 1991

Lenski, Edgar/*Schmidt,* Ludwig: Körperschaftsteuer, begr. von Edgar Lenski, fortgef. von Ludwig Schmidt, Buchreihe „Finanz und Steuern" Band 7; 6. neubearbeitete Auflage, Stuttgart 1972 (zit.: *Lenski/Schmidt,* Körperschaftsteuer)

Lenski, Edgar/*Steinberg,* Wilhelm: Kommentar zum Gewerbesteuergesetz, begr. von Edgar Lenski und Wilhelm Steinberg, fortgef. von Viktor Sarrazin und Hans-Wilkin Stäuber, 9. Auflage, Köln [Loseblatt, Stand: 87. Ergänzungslieferung, Juli 2003] (zit.: *Lenski/Steinberg,* GewStG)

Littmann, Eberhard: Das Einkommensteuerrecht, 3. Auflage, Stuttgart 1952 (zit.: *Littmann,* Das Einkommensteuerrecht, 3. Aufl.)

– Das Einkommensteuerrecht, 5. Auflage, Stuttgart 1956 (zit.: *Littmann,* Das Einkommensteuerrecht, 5. Aufl.)

– Das Einkommensteuerrecht, 6. Auflage, Stuttgart 1959 (zit.: *Littmann,* Das Einkommensteuerrecht, 6. Aufl.)

– Das Einkommensteuerrecht, 8. Auflage, Stuttgart 1966 (zit.: *Littmann,* Das Einkommensteuerrecht, 8. Aufl.)

– Das Einkommensteuerrecht, 13. Auflage, Stuttgart 1981 (zit.: *Littmann,* Das Einkommensteuerrecht, 13. Aufl.)

Littmann, Eberhard/*Bitz,* Horst/*Pust,* Hartmut: Das Einkommensteuerrecht: Kommentar zum Einkommensteuerrecht, 15. Auflage, Stuttgart [Loseblatt, Stand: 60. Ergänzungslieferung Februar 2004, Stand: Mitte November 2003] (zit.: *Bearbeiter,* in: Littmann/Bitz/Pust, Das Einkommensteuerrecht, 15. Aufl.)

Lutter, Marcus/*Hommelhoff,* Peter: GmbH-Gesetz, Kommentar, bearb. von Walter Bayer u. a., 16. neu bearbeitete und erweiterte Auflage, Köln 2004 (zit.: *Bearbeiter,* in: Lutter/Hommelhoff, GmbHG, 16. Aufl.)

Michalski, Lutz (Hrsg.): Kommentar zum Gesetz betreffend die Gesellschaften mit beschränkter Haftung (GmbH-Gesetz), hrsg. von Lutz Michalski, bearb. von Gerhard Dannecker u. a., München 2002 (zit.: Michalski-*Bearbeiter,* GmbHG)

Mössner, Jörg Manfred/*Seeger,* Siegbert F.: Körperschaftsteuergesetz – Kommentar; hrsg. von Jörg Manfred Mössner und Siegbert F. Seeger; unter Mitarbeit von Axel Christochowitz u. a., Herne [Loseblatt, Stand: 32. Ergänzungslieferung, Juli 2004] (zit.: *Bearbeiter,* in: Mössner/Seeger, KStG)

Münchener AnwaltsHandbuch Unternehmenssteuerrecht: hrsg. von Jochen Lüdicke und Norbert Rieger, bearb. von Jochen Bahns u. a., München 2004 (zit.: *Bearbeiter,* in: MAH Unternehmenssteuerrecht)

Münchener Handbuch des Gesellschaftsrechts: Band 2: Kommanditgesellschaft, Stille Gesellschaft, hrsg. von Bodo Riegger und Lutz Weipert, bearb. von Gerold Bezzenberger u. a., München 1991 (zit.: *Bearbeiter,* in: MünchHdbGesR)

Münchener Kommentar zum Aktiengesetz: Band 2: §§ 53a–75; hrsg. von Bruno Kropff, Johannes Semler, bearb. von Walter Bayer u. a., 2. Auflage des Geßler/Hefermehl/Eckhardt/Kropff, Aktiengesetz, München 2003 (zit.: *Bearbeiter* in MünchKomm-AktG)

Münchener Kommentar zum Bürgerlichen Gesetzbuch: Band 5: Schuldrecht, Besonderer Teil III (§§ 705–853, Partnerschaftsgesellschaftsgesetz, Produkthaftungsgesetz); hrsg. von Kurt Rebmann, Roland Rixecker, Franz Jürgen Säcker; bearb. von Mathias Habersack u. a., 4. Auflage, München 2003 (zit.: *Bearbeiter,* in: MünchKomm-BGB)

– Band 7: Familienrecht I (§§ 1297–1588, VAHRG, VAÜG, HausratsV); hrsg. von Kurt Rebmann, Roland Rixecker, Franz Jürgen Säcker; bearb. von Claus Dörr u. a., 4. Auflage, München 2000 (zit.: *Bearbeiter,* in: MünchKomm-BGB)

Münchener Kommentar zum Handelsgesetzbuch: Band 1: Erstes Buch – Handelsstand (§§ 1–104); hrsg. von Karsten Schmidt, bearb. von Gunther Bokelmann u. a., München 1996 (zit.: *Bearbeiter,* in: MünchKomm-HGB)

– Band 3: Zweites Buch – Handelsgesellschaften und stille Gesellschaft, Zweiter Abschnitt – Kommanditgesellschaft, Dritter Abschnitt – Stille Gesellschaft (§§ 161–237), Konzernrecht der Personengesellschaften; hrsg. von Karsten Schmidt, bearb. von Barbara Grunewald u. a., München 2002 (zit.: *Bearbeiter,* in: MünchKomm-HGB)

Palandt, Otto: Bürgerliches Gesetzbuch mit Einführungsgesetz (Auszug), BGB-Informationspflichten-Verordnung, Unterlassungsklagengesetz, Produkthaftungsgesetz, Erbbaurechtsverordnung, Wohnungseigentumsgesetz, Hausratsverordnung, Lebenspartnerschaftsgesetz, Gewaltschutzgesetz (Auszug), bearb. von Peter Bassenge u. a.; 63. neubearbeitete Auflage, München 2004 (zit.: Palandt/*Bearbeiter,* BGB)

Püttner, Günter (Hrsg.): Handbuch der Kommunalen Wissenschaft und Praxis, Band 3: Kommunale Aufgaben und Aufgabenerfüllung, 1. Auflage, Berlin/Heidelberg 1981 ff. (zit.: *Bearbeiter,* in: Handbuch der Kommunalen Wissenschaft)

Röhricht, Volker/*Graf v. Westphalen,* Friedrich (Hrsg.): Handelsgesetzbuch: Kommentar zu Handelsstand, Handelsgesellschaften, Handelsgeschäften und besonderen Handelsverträgen (ohne Bilanz-, Transport- und Seerecht), hrsg. von Volker Röhricht, Friedrich Graf von Westphalen, bearb. von Ludwig Ammon u. a., 2. neubearbeitete und erweiterte Auflage, Köln 2001 (zit.: *Bearbeiter,* in: Röhricht/Graf v. Westphalen, HGB)

Rowedder, Heinz (Begr.)/*Schmidt-Leithoff,* Christian (Hrsg.): Gesetz betreffend die Gesellschaften mit beschränkter Haftung (GmbHG), Kommentar, begr. von Heinz Rowedder, hrsg. von Christian Schmidt-Leithoff, bearb. von Alfred Bergmann u. a., 4. Auflage, München 2002 (zit.: Rowedder/Schmidt-Leithoff-*Bearbeiter,* GmbHG)

Schlegelberger, Franz (Begr.): Handelsgesetzbuch: Kommentar von Ernst Geßler u. a., Band III 1. Halbband (§§ 105–160), 5. neubearbeitete Auflage, München 1992 (zit.: Schlegelberger/*Bearbeiter,* HGB)

– Handelsgesetzbuch: Kommentar von Ernst Geßler u. a.., Band III 2. Halbband (§§ 161–177a, §§ 335–342 [§§ 230–237 n. F.]), 5. neubearbeitete Auflage, München 1986 (zit.: Schlegelberger/*Bearbeiter,* HGB)

Schmidt, Ludwig (Hrsg.): Einkommensteuergesetz: Kommentar, hrsg. von Ludwig Schmidt, 1. Auflage, München 1982 (zit.: *Bearbeiter,* in: Schmidt, EStG, 1. Aufl.)

– Einkommensteuergesetz: Kommentar, hrsg. von Ludwig Schmidt, 16. völlig neubearbeitete Auflage, München 1997 (zit.: *Bearbeiter,* in: Schmidt, EStG, 16. Aufl.)

– Einkommensteuergesetz: Kommentar, hrsg. von Ludwig Schmidt, 23. völlig neubearbeitete Auflage, München 2004 (zit.: *Bearbeiter,* in: Schmidt, EStG, 23. Aufl.)

Sporbeck, Werner: Die Körperschaftsteuer – ein Handbuch für die Praxis, München 1974

Staub, Hermann (Begr.): HGB: Großkommentar, hrsg. von Claus-Wilhelm Canaris, Wolfgang Schilling, Peter Ulmer, 9. Lieferung: §§ 161–177a, Berlin u.a. 1987 (zit.: *Bearbeiter,* in: Großkomm. HGB)

– HGB: Großkommentar, hrsg. von Claus-Wilhelm Canaris, Wolfgang Schilling, Peter Ulmer, 4. neubearbeitete Auflage, 13. Lieferung: §§ 230–237, Berlin u.a. 1990 (zit.: *Bearbeiter,* in: Großkomm. HGB)

Streck, Michael: Körperschaftsteuergesetz mit Nebengesetzen, Kommentar, 4. völlig neubearbeitete Auflage, München 1995 (zit.: *Streck,* KStG, 4. Aufl.)

– Körperschaftsteuergesetz mit Nebengesetzen: Kommentar, 5. völlig neubearbeitete Auflage, München 1997 (zit.: *Streck,* KStG, 5. Aufl.)

– (Hrsg.): Körperschaftsteuergesetz mit Nebengesetzen: Kommentar, 6. völlig neubearbeitete Auflage, München 2003 (zit.: *Bearbeiter,* in: Streck, KStG, 6. Aufl.)

Widmann, Siegfried/*Mayer,* Dieter (Hrsg.): Umwandlungsrecht: Umwandlungsgesetz – Umwandlungssteuergesetz, Einbringung einzelner Wirtschaftsgüter in Kapital- und Personengesellschaften, Übernahme einer Personengesellschaft durch einen Gesellschafter, Realteilung einer Personengesellschaft, Einbringung eines Unternehmens in eine Stiftung, Umwandlung und Verschmelzung ausländischer Kapitalgesellschaften, Umsatzsteuer und Grunderwerbsteuer bei den einzelnen Vorgängen, Umwandlungsrecht und Umwandlungssteuerrecht im Ausland, Vertragsmuster; hrsg. von Siegfried Widmann, Dieter Mayer; bearb. von Michael Fronhöfer u.a., 3. Auflage, Bonn/Berlin [Loseblatt, Stand: 75. Ergänzungslieferung März 2004] (zit.: *Bearbeiter,* in: Widmann/Mayer (Hrsg.), Umwandlungsrecht)

Widmann, Siegfried/*Meyer,* Robert: Umwandlungsrecht: Umwandlungsgesetz, Umwandlungssteuergesetz, Verschmelzung von Gesellschaften mit beschränkter Haftung, Spaltung von der Verwaltung der Treuhandanstalt unterliegenden Unternehmen, Spaltung einer Kapitalgesellschaft, Einbringung einzelner Wirtschaftsgüter in Kapital- und Personengesellschaften, Übernahme einer Personengesellschaft durch einen Gesellschafter, Realteilung einer Personengesellschaft, Einbringung eines Unternehmens in eine Stiftung, Formwechselnde Umwandlung, Umwandlung und Verschmelzung ausländischer Kapitalgesellschaften, Umsatzsteuer und Grunderwerbsteuer bei den einzelnen Vorgängen, Umwandlungsrecht und Umwandlungssteuerrecht im Ausland; bearbeitet von Sigfried Widmann und Robert Mayer, Stuttgart [Loseblatt, Stand: 27. Ergänzungslieferung, Februar 1995] (zit.: *Widmann/Meyer,* Umwandlungsrecht)

II. Aufsätze, Lehrbücher, Monographien, Urteilsanmerkungen

Altfelder, Stefan: Gewerblicher Grundstückshandel im Wandel, in: FR 2000, S. 349 ff.

Altmann, Gerd: Bilanzierung von Erträgen aus Beteiligungen an Kapitalgesellschaften bei Personenhandelsgesellschaften, in: BB 1998, S. 631 ff.

Balz, Gerhard: Die Beendigung der Mitgliedschaft in der GmbH: Eine empirische und dogmatische Untersuchung zur Ausschließung und zum Austritt von Gesellschaftern, Berlin 1984 (zit.: *Balz,* Die Beendigung der Mitgliedschaft in der GmbH)

Barth, Kuno: Gerechte Besteuerung der Landwirte, insbesondere im Vergleich zu den Arbeitnehmern, freien Berufen und Gewerbetreibenden, in: BB 1979, S. 1546 ff.

Bartholl, Carsten: Zivilrechtlicher Ausgleich der Körperschaft- und Kapitalertragsteueranrechnung in Personengesellschaften – Besprechung des BGH-Urteils vom 30.1.1995 – II ZR 42/91, DB 1995, S. 918, in: DB 1995, S. 1797 ff.

Baumgärtel, Gottfried: Beweislastverteilung bei Beratungsfehlern im Rahmen einer Rechtsberatung, Anmerkung, in: JR 1994, S. 466

Becker, Ralph: Steuerliche Behandlung einer verdeckten Gewinnausschüttung, die auf einem unwirksamen Gewinnabführungsvertrag beruht – Anmerkung, in: GmbHR 1999, S. 1200 f.

Beiser, Reinhold: Unterhaltsersatzrenten in der Einkommensteuer, in: DB 2001, S. 1900 ff.

Beisse, Heinrich: Von der Aufgabe des Großen Senats, in: Der Bundesfinanzhof und seine Rechtsprechung: Grundfragen – Grundlagen, Festschrift für Hugo von Wallis zum 75. Geburtstag am 12. April 1985, hrsg. von F. Klein und K. Vogel, Bonn 1985, S. 45 ff. (zit.: *Beisse,* in: FS v. Wallis)

Benne, Dietmar: Verlustabzug bei Fusion von Konzerntochtergesellschaften – Zu § 10d des Einkommensteuergesetzes, in: BB 1977, S. 491 ff.

Biergans, Enno: Die Abgrenzung zwischen Vermögensverwaltung und gewerblichem Grundstückshandel, in: StBp 1991, S. 193 ff.

Bilsdorfer, Peter: Einkommensteuerpflicht für Schadensersatzrenten wegen Entziehung des Rechts auf Unterhalt, Anmerkung, in: NJW 1979, S. 2423 f.

Binz, Mark K./*Sorg,* Martin H.: Die GmbH & Co. KG – Das Standardwerk für Familienunternehmen im Handels- und Steuerrecht, von Mark K. Binz und Martin H. Sorg, 9. überarbeitete und erweiterte Auflage, München 2003 (zit.: *Binz/Sorg,* Die GmbH & Co. KG)

Birk, Dieter: Steuerrecht, 5. neu bearbeitete Auflage, Heidelberg 2002 (zit.: *Birk,* Steuerrecht)

Birkenfeld, Wolfram: Treuhandverhältnisse im Steuerrecht – dargestellt im Rahmen von Bauherrengemeinschaften, in: BB 1983, S. 1086 ff.

Bitz, Horst: Grundstücksgeschäfte – Abgrenzung zwischen privater Vermögensverwaltung und gewerblichem Grundstückshandel nach der neueren Rechtsprechung und Verwaltungsauffassung, in: FR 1991, S. 438 ff.

– Steuerpflicht von Immobilienveräußerungen – Abgrenzung zwischen Spekulationsgewinnen und gewerblichem Grundstückshandel, in: DStR 1999, S. 792 ff.

Bitz, Michael (Hrsg.): Vahlens Kompendium der Betriebswirtschaftslehre, hrsg. von Michael Bitz u. a., bearb. von Jörg Baetge u. a., München 1984 (zit.: *Bearbeiter,* in: Kompendium der Betriebswirtschaftslehre)

Bloehs, Joachim: Die Abgrenzung privater Vermögensverwaltung von gewerblichen Grundstücks- und Wertpapiergeschäften, Tübinger Schriften zum Staats- und Verwaltungsrecht, Band 63, Berlin 2001

Boelsen, Lothar: Schadensersatzleistungen und Vorteilsausgleich bei Schadensfällen mit einkommensteuerrechtlichem Hintergrund, in: DB 1988, S. 2187 ff.

Boorberg, Wolfgang/*Haas,* Helmut: Steuerrecht II: Einkommen-/Lohnsteuer, Gewerbesteuer, Körperschaftsteuer, 5. Auflage, München 2002 (zit.: *Boorberg/Haas,* Steuerrecht II)

v. Bornhaupt, Kurt Joachim: Schadensersatz im Einkommensteuerrecht, in: NWB Fach 3 (11/1986), S. 6197 ff.

Brandes: Anmerkung aus LM Nr. 3 zu WohnungsgemeinnützigkeitsG

Brezing, Klaus: Verdeckte Gewinnausschüttungen nach dem Körperschaftsteuergesetz 1977, in: DB 1976, S. 2079 ff.

Brönner, Herbert: Die Besteuerung der Gesellschaften, des Gesellschafterwechsels und der Umwandlungen; von Herbert Brönner, bearb. von H. P. Bareis u. a., 15. erweiterte Auflage, Stuttgart 1984 (zit.: *Brönner,* Die Besteuerung der Gesellschaften)

Brych, Friedrich: Das Bauherrenmodell, in: Jura 1981, S. 248 ff.

Carlé, Thomas: Die Zukunft des anschaffungsnahen Aufwands, in: DStZ 2001, S. 377 ff.

Conze, Anton Gregor: Rückwirkung zwischen der Höhe der Schadensersatzleistung und deren Ertragsbesteuerung, in: FR 1972, S. 532 f.

Costede, Jürgen: Grundfragen der Absetzungsbefugnis wegen Abnutzung – betrachtet am Beispiel von Nutzungsrechten an Grundbesitz, in: StuW 1986, S. 44 ff.

Crezelius, Georg: Gesamthandsbilanz und Körperschaftsteuersystem, in: Festschrift für Carsten Peter Claussen zum 70. Geburtstag, hrsg. von Klaus-Peter Martens, Harm Peter Westermann, Wolfgang Zöllner; Köln u. a. 1997, S. 621 ff. (zit.: *Crezelius,* in: FS Claussen)

Csik, Andreas/*Gassner,* Bruno/*Letters,* Werner: Notwendige Gestaltungen bei Alt- und Neuverträgen im Hinblick auf das KStG 1977 unter gleichzeitiger Darstellung zivilrechtlicher, steuerrechtlicher und betriebswirtschaftlicher Voraussetzungen und Folgen, in: Jahrbuch der Fachanwälte für Steuerrecht 1978/1979, S.403 ff. (zit.: *Csik/Gassner/Letters,* in: JbFSt 1978/1979)

Daumke, Michael: Grundriss des deutschen Steuerrechts: die wesentlichen Steuerarten, Verfahrensrecht, Internationales Steuerrecht, von Michael Daumke, unter Mitarbeit von Harald Braun u. a., 5. überarbeitete Auflage, Bielefeld 2002 (zit.: *Daumke,* Grundriss)

Depping, Bernd/*Voß,* Ulrich: Qualifizierte Schriftformklausel und verdeckte Gewinnausschüttung – Anmerkungen zum Beschluss des BFH vom 31.7.1991 – I S 1/91, in: DStR 1992, S. 341 ff.

Dirrigl, Hans/*Wagner,* Franz W.: Die Steuerplanung der Unternehmung, Stuttgart/New York 1980

Döllerer, Georg: Anspruch auf Anrechnung der Körperschaftsteuer als Teil des Gewinns aus Gewerbebetrieb und des Gewerbeertrags – Anmerkung zum Urteil des FG München vom 17.9.1984 – V 53/82 – 9, in: BB 1985, S. 36 f.

– Die Anrechnung der Körperschaftsteuer bei Beteiligung einer Personenhandelsgesellschaft an einer Kapitalgesellschaft, in: Festschrift für Walter Stimpel zum 68. Geburtstag am 29. November 1985, hrsg. von Marcus Lutter, Hans-Joachim Mertens, Peter Ulmer; Berlin u. a. 1985, S. 729 ff. (zit.: *Döllerer,* in: FS Stimpel)

– Die Rechtsnatur der neuen Körperschaftsteuer, in: BB 1983, S. 1 ff.

– Neue Definition der verdeckten Gewinnausschüttung, Anmerkung zum BFH-Urteil vom 22.2.1989 – I R 44/85, in: BB 1989, S. 1175 f.

– Die verdeckte Gewinnausschüttung und ihre Rückabwicklung nach neuem Körperschaftsteuerrecht, in: DStR 1980, S. 395 ff.

– Verdeckte Gewinnausschüttungen, verdeckte Einlage – neue Rechtsprechung, neue Fragen, in: DStR 1989, S. 331 ff.

– Verdeckte Gewinnausschüttungen und verdeckte Einlagen bei Kapitalgesellschaften, Heidelberg 1975 (zit.: *Döllerer,* Verdeckte Gewinnausschüttungen)

– Verdeckte Gewinnausschüttungen und verdeckte Einlagen bei Kapitalgesellschaften, 2. Auflage, Heidelberg 1990 (zit.: *Döllerer,* Verdeckte Gewinnausschüttungen, 2. Aufl.)

– Verdeckte Gewinnausschüttungen und verdeckte Einlagen nach neuem Körperschaftsteuerrecht, in: BB 1979, S. 57 ff.

– Verlust eines kapitalersetzenden Gesellschafterdarlehens als nachträgliche Anschaffungskosten einer wesentlichen Beteiligung – Bemerkungen zum BFH-Urteil vom 16.4.1991 – VIII R 100/87, in: FR 1992, S. 233 ff.

– Verlustübernahme im Konzern – eine verdeckte Einlage?, in: Ertragsbesteuerung: Zurechnung – Ermittlung – Gestaltung, Festschrift für Ludwig Schmidt zum 65. Geburtstag, hrsg. von Arndt Raupach, Adalbert Uelner; München 1993, S. 523 ff. (zit.: *Döllerer,* in: FS Schmidt)

Dörner, Bernhard M.: Verdeckte Gewinnausschüttungen sowie Leistungen zwischen Kapitalgesellschaft und Gesellschafter nach dem Halbeinkünfteverfahren, in: Information StW 2001, S. 76 ff.

Dötsch, Ewald/*Buyer,* Christoph: Teilwertabschreibung auf Organbeteiligungen – Die Grenzen der körperschaftsteuerlichen Anerkennung, in: DB 1991, S. 10 ff.

Drenseck, Walter: AfaA für ein nach dem Erwerb umgebautes Gebäude, in: FR 1994, S. 745 f.

– Anmerkung zu IX R 111/86 und IX R 112/83, in: FR 1987, S. 510

Eckert, Jörn: Rechtsfolgen des Kommanditistenwechsels – Unter Berücksichtigung des Urteils des Bundesgerichtshofes vom 29. Juni 1981, in: ZHR 147 (1983), S. 565 ff.

v. Einem, Hans-Jörg: Beitragsregress des Rentenversicherungsträgers wegen drittverursachter Schädigung einer Pflegeperson, in: VersR 1995, S. 1164 ff.

Engel, Michaela: Vermögensverwaltende Personengesellschaft und ertragsteuerrechtliche Selbständigkeit, Bamberg Univ. Diss. 2002, Herne/Berlin 2003

Engl, Richard: Kein Körperschaftsteuer-Anrechnungsverfahren bei der Einziehung von Anteilen an Kapitalgesellschaften – Zugleich eine Stellungnahme zum Beitrag von Ossendorf in BB 1979, S. 40, in: BB 1979, S. 566 ff.

Enneking, Felix: Einkünfte aus Gewerbebetrieb und aus der Veräußerung von Privatvermögen, Münster 1990

Esch, Günter: Die mitgliedschaftlichen und steuerrechtlichen Wirkungen der Ausschließung oder des Austritts aus einer GmbH aus wichtigem Grund, in: GmbHR 1981, S. 25 ff.

Fasold, Rudolf W.: Schadensersatzleistungen für erhöhte Körperschaftsteuer, in: Der Steuerberater 1973, S. 43 ff.

– Die verdeckte Gewinnausschüttung im neuen KStG 1977, in: DB 1976, S. 1886 ff.

Feldhahn, Michael: Stellungnahme zur Frage der einkommensteuerrechtlichen Beurteilung von Erhaltungsmodellen nach dem Urteil des BFH vom 14.11.1989, in: DStR 1990, S. 474

Felix, Günther: An Kapitalgesellschaft beteiligte Personenhandelsgesellschaft – kein Anspruch der Personenhandelsgesellschaft auf Rückzahlung der für ausgeschüttete Gewinne erstatteten Körperschaftsteuer: Anmerkung, in: EWiR 1995, S. 699 f.

– Übertragung stiller Reserven des Anlagevermögens, in: BB 1965, S. 553 ff.

Fischer, Lothar: Abschied vom anschaffungsnahen (Herstellungs-)Aufwand, in: DStZ 2002, S. 860 ff.

Fischer, Peter: Wiederkehrende Bezüge und Leistungen: kommentierte Fallsammlung zur Besteuerung von Renten und dauernden Lasten, München 1994

Fleck, Hans-Joachim: Das Dienstverhältnis der Vorstandsmitglieder und Geschäftsführer in der Rechtsprechung des BGH, in: WM 1985, S. 677 ff.

Fleischer, Erich/*Thierfeld,* Rainer: Stille Gesellschaft im Steuerrecht, von Erich Fleischer und Rainer Thierfeld, 5. Auflage, Achim bei Bremen 1990

Flies, Rolf: Vermögensverluste bei den Überschusseinkünften, Bochum Univ. Diss. 1995, Bochum 1995

– Mindern Umlagen und Erstattungen von Aufwendungen die Werbungskostenpauschbeträge?, in: DB 1997, S. 799 ff.

Frotscher, Gerrit: „Zweistufige Gewinnermittlung" und Korrektur der verdeckten Gewinnausschüttung – Replik zu dem Beitrag von Prof. Dr. Franz Wassermeyer, DB 2002, 2668, in: FR 2003, S. 230 ff.

Führer, Christian: Die Abgrenzung der privaten Vermögensverwaltung vom Gewerbebetrieb bei natürlichen Personen und Personengesellschaften, Herne/Berlin 1996

Gail, Winfried/*Grothe,* Armin: Anschaffung oder Herstellung von Wirtschaftsgütern bei der Investitionszulage, in: BB 1975, S. 551 ff.

Geck, Reinhard: Die Wertsicherung von Abfindungsverpflichtungen gegenüber ausgeschiedenen Gesellschafter, in: DStR 1993, S. 1371 ff.

Geigel, Reinhart: Der Haftpflichtprozess, 6. neubearbeitete Auflage, München/Berlin 1952

Georgi, Andreas A.: Steuern in der Investitionsplanung – eine Analyse der Entscheidungsrelevanz von Ertrag- und Substanzsteuern, Darmstadt Techn. Hochsch. Diss. 1985, Hamburg 1986

Glade, Anton: Wesentlichkeitsgrundsatz und nachträgliche Herstellungskosten, in: DB 1997, S. 296 ff.

Goldbeck, Werner/*Uhde,* Werner: Das Bauherrenmodell in Recht und Praxis, Neuwied/Darmstadt 1984

Gonnella, Robert/*Starke,* Peter: Körperschaftsteuerliche Besonderheiten bei verunglückter Organschaft, in: DB 1996, S. 248 ff.

Gorski, Hans-Günter: Zur einkommensteuerrechtlichen Beurteilung der Bauherren- und Erwerbermodelle in der neueren Rechtsprechung des Bundesfinanzhofs, in: BB 1991, S. 593

Gosch, Dietmar: Mittelbare verdeckte Gewinnausschüttung an nahestehende Personen, BFH-Urteil vom 18.12.1996 – I R 139/94 (BStBl. 1997 I, S. 301), in: NWB Fach 4 (31/1997), S. 4167 f.

– Verdeckte Gewinnausschüttung bei bestehenden Schadensersatzansprüchen – Anmerkung zum Urteil des BFH vom 14.07.1998 – VIII B 38/98, in: DStR 1998, S. 1550 ff.

– Vermögensverwaltung statt gewerblichen Grundstückshandels dank Realteilung? – zugleich Anmerkungen zum BFH-Urteil vom 22.3.1990, IV R 23/88, in: DStR 1990, S. 585 ff.

Greif, Martin/*Reinhardt,* Gerd: Der Ausweis der Körperschaftsteuervergütung nach § 36 Abs. 2 Nr. 3 EStG im Jahresabschluss, in: DB 1996, S. 2237 ff.

Groh, Manfred: Übergang von Gesellschaftsvermögen auf die Gesellschafter mittels Steueranrechnung. Anmerkungen zum BGH-Urteil vom 30.1.1995 – II ZR 42/91, in: BB 1996, S. 631 ff.

– Die Bilanzen der Mitunternehmerschaft, in: StuW 1995, S. 383 ff.

Gschwendtner, Hubert: Ergänzungsbilanz und Sonderbilanz II in der Rechtsprechung des Bundesfinanzhofs, in: DStR 1993, S. 817 ff.

– Mehrbedarfsrenten nicht einkommensteuerbar – Anmerkung zum BFH-Urteil vom 25. Oktober 1994 VIII R 79/91, in: DStZ 1995, S. 130 f.

Haeger, Bernd: Bildung, Übertragung und Auflösung der § 6b EStG-Rücklage nach neuem Bilanzrecht (Teil I), in: DB 1987, S. 445 ff.

Hanack, Ernst-Walter: Der Ausgleich divergierender Entscheidungen in der obersten Gerichtsbarkeit – eine prozessrechtliche Studie insbesondere zur Vorlegungspflicht und der Rechtsmittelzulässigkeit wegen Abweichung, Hamburg/Berlin 1962 (zit.: *Hanack,* Ausgleich divergierender Entscheidungen)

Hartz: Verdeckte Gewinnausschüttungen an Gesellschafter-Geschäftsführer von Kapitalgesellschaften. Tatsachenfeststellung und rechtliche Würdigung nach der FGO – Anmerkungen zum BFH-Urteil I 88/63 U, in: DB 1966, S. 238 ff.

Heidenhain, Martin: Anmerkung aus LM BGB § 249 (A) Nr. 112 (5/1997)

Heinemann, Peter: Der Geltungsbereich des § 181 BGB für Rechtsbeziehungen zwischen GmbH und ihrem Vertretungsorgan und seine Steuerrelevanz, in: GmbHR 1985, S. 176 ff.

Hellwig, Peter: Ungelöste Probleme aus der Fundgrube des § 6b EStG, in: DStR 1968, S. 363 ff.

Heni, Georg: Historische Analyse und Entwicklungslinien der Gewerbesteuer, Bayreuth Univ. Diss. 1989, Frankfurt a. M. 1991

Henn, Günter: Die Gleichbehandlung der Aktionäre in Theorie und Praxis, in: AG 1985, S. 240 ff.

Herrmann, Horst: Zur Bilanzierung bei Personenhandelsgesellschaften – Die Überarbeitung der HFA-Stellungnahme 1/1976, in: WPg 1994, S. 500 ff.

Hesselmann, Malte: Zur einkommen- und gewerbesteuerlichen Behandlung der Geschäftsführer-Gehälter bei der GmbH & Co., in: GmbHR 1966, S. 37 ff.

Hesselmann, Malte/*Tillmann,* Bernd: Handbuch der GmbH & Co.: Systematische Darstellung in handelsrechtlicher und steuerrechtlicher Sicht, 17. neubearbeitete und wesentlich erweiterte Auflage, Köln 1991 (zit.: *Hesselmann/Tillmann,* Handbuch der GmbH & Co.)

Heuermann, Bernd: Anschaffungskosten einer noch zu modernisierenden Eigentumswohnung – BFH-Urteil vom 30.7.1991 – IX R 43/89 (BStBl. II S. 918), Anmerkung, in: NWB Fach 3 (5/1992), S. 8173 f.

Hey, Felix Christopher: BGH – Erstattungsanspruch der Gesellschaft betreffend zurückgezahlte Körperschaft- und Kapitalertragsteuer an Kommanditist, Anmerkung, in: WiB 1995, S. 631

Hey, Johanna: Bedeutung der Besteuerungsfolgen der verdeckten Gewinnausschüttung nach der Unternehmenssteuerreform, in: GmbHR 2001, S. 1 ff.

Hofer, Hannes F.: Aktuelle Problembereiche des gewerblichen Grundstückshandels, in: DStR 2000, S. 1635 ff.

Hoffmann, Wolf-Dieter: Die Steuerbelastungswirkung der verdeckten Gewinnausschüttung gemäß Körperschaftsteuergesetz 1977, in: BB 1977, S. 239 ff.

– Beteiligungsbewertung und kapitalersetzendes Darlehen, Anmerkung zum BFH-Urteil vom 16.4.1991 – VIII R 100/87, BB 1991, 2063 ff., in: BB 1991, S. 2262 ff.

– Sanierungszuschuss als Anschaffungskosten Anmerkung zum BFH-Urteil vom 18.12.1990 – VIII R 158/86, in: BB 1992, S. 402

Hörger, Helmut/*Kemper,* Nicolas: Mantelkauf bei Kapitalgesellschaften, in: DStR 1989, S. 15 ff.

– Mantelkauf bei Kapitalgesellschaften – Der BMF-Erlass vom 11.6.1990, in: DStR 1990, S. 539 ff.

Hörmann, Norbert: Gewerblicher Grundstückshandel – Drei-Objekte-Rechtsprechung und Grenzen der Typisierung, Augsburg 1996

Hörmann, Norbert/*Jakob,* Wolfgang: Einkünfteerzielungsabsicht oder Liebhaberei im Rahmen der Einkünfte aus VuV, in: FR 1989, S. 665 ff.

Hottmann, Jürgen/*Grobshäuser,* Uwe/*Hübner,* Heinrich/*Meermann,* Albert/*Schaeberle,* Jürgen/*Zimmermann,* Reimar: Die GmbH im Steuerrecht, von Jürgen Hottmann u. a. 1. Auflage, Achim bei Bremen 2002 (zit.: *Bearbeiter,* in: Hottmann u. a., Die GmbH im Steuerrecht)

Hueck, Götz: Der Grundsatz der gleichmäßigen Behandlung im Privatrecht, München/Berlin 1958

Hueck, Götz/*Windbichler,* Christine: Gesellschaftsrecht – ein Studienbuch; von Götz Hueck, fortgeführt von Christine Windbichler, 20. völlig neubearbeitete Auflage, München 2003

Hülsmann, Christoph: Abfindungsklauseln – Kontrollkriterien der Rechtsprechung, in: NJW 2002, S. 1673 ff.

Immenga, Ulrich: Die personalistische Kapitalgesellschaft: eine rechtsvergleichende Untersuchung nach deutschem GmbH-Recht und dem Recht der Corporations in den Vereinigten Staaten, Bielefeld, Univ. Habil. Schrift 1970, Bad Homburg 1970

Institut „Finanzen und Steuern" e. V.: Zur Problematik der Behandlung verdeckter Gewinnausschüttungen nach der Körperschaftsteuer-Reform, Heft 117

Jacobsen, Uwe: Ermittlung der Einkommensteuer beim Zusammentreffen von Progressionsvorbehalt (§ 32b EStG) und außerordentlichen Einkünften (§ 34 Abs. 2 EStG), in: DB 1983, S. 2444 f.

Jakob, Wolfgang/*Jüptner,* Roland: Drittaufwand, Nutzungseinlage und Überschusseinkünfte – Zugleich ein Beitrag zur einkommensteuerlichen Grundfunktion, in: FR 1988, S. 141 ff.

Jakob, Wolfgang/*Wittmann,* Rolf: Von Zweck und Wesen steuerlicher AfA, in: FR 1988, S. 540 ff.

Jansen, Rudolf/*Wrede,* Friedrich: Renten, Raten, Dauernde Lasten: Systematik, Rechtsprechung und Praxis bei der Einkommensteuer, 10. Auflage, Herne/Berlin 1992 (zit.: *Jansen/Wrede,* Renten, Raten, Dauernde Lasten, 10 Aufl.)

– Renten, Raten, Dauernde Lasten: Systematik, Rechtsprechung und Praxis bei der Einkommensteuer, 12. Auflage, Herne/Berlin 1998 (zit.: *Jansen/Wrede,* Renten, Raten, Dauernde Lasten, 12. Aufl.)

Jonas, Bernd: Schadensersatzanspruch einer GmbH gegen den steuerlichen Berater wegen Nichtvermeidung einer verdeckten Gewinnausschüttung, in: GmbHR 1987, S. 233 ff.

Jorde, Thomas: Dividendenerträge in Rechnungslegung und Gesellschaftsvertrag von Personengesellschaften, in: DB 1996, S. 233 ff.

Jorde, Thomas/*Wetzel,* Frank: Bilanzierung von Dividenden bei Personenhandelsgesellschaften – BGH versus HFA 2/1993 u. a. Ende einer Diskussion, in: WPg 1995, S. 444 ff.

Jung, Mathias: Einkommensteuerliche Abgrenzung des gewerblichen Grundstückshandels, Berlin 1998

Jurkat, Werner: Die Organschaft im Körperschaftsteuerrecht, Heidelberg 1975

Kanaplei, Wilhelm: Renten im Einkommensteuerrecht, 2. Auflage, Herne/Berlin 1958

Kanzler, Hans-Joachim: Zur Zwangsauflösung einer Reinvestitionsrücklage, in: FR 1991, S. 170

Kapp, Reinhard/*Grune,* Gunter: Die Besteuerung von Renten, Köln-Marienburg 1965

Kemper, Nicolas/*Sommer,* Michael: Einheitswertabhängige Abfindungen (Teil I und II) – Auswirkungen der steuerlichen Rechtslage ab 1.1.1993, in: DStR 1993, S. 1409 ff., S. 1451 ff.

Kempermann, Michael: Check-Liste zum gewerblichen Grundstückshandel, in: DStR 1996, S. 1156 ff.

Keuk, Brigitte: Rückzahlung und Entschädigung nicht abzugsfähiger Ausgaben im Einkommen- und Körperschaftsteuerrecht, in: DB 1972, S. 847 f.

Knepper, Karl-Heinz: Gewinnabführungsvertrag bei verunglückter Organschaft – eine Erwiderung auf den Beitrag von *Laengner,* in: BB 1991, S. 1607 f.

– Bilanzierung im qualifiziert faktischen Konzern, in: DStR 1993, S. 1613 ff.

Knobbe-Keuk, Brigitte: Die Behandlung von verdeckten Gewinnausschüttungen, Gewinnverlagerungen zwischen Konzerngesellschaften und „verunglückten" Gewinnabführungen nach dem neuen Körperschaftsteuerrecht, in: StuW 1977, S. 157 ff.

– Bilanz- und Unternehmenssteuerrecht, 9. völlig überarbeitete und erweiterte Auflage, Köln 1993

– Die Einkommensbesteuerung der entgeltlichen Überlassung von Bodensubstanz, in: DB 1985, S. 144 ff.

Koch, Peer: Die Besteuerung von Schadensersatzleistungen unter dem besonderen Aspekt der steuerlichen Leistungsfähigkeit im Einkommensteuerrecht, Augsburg Univ. Diss., Augsburg 1981

Kohlhaas, Karl-Friedrich: Gewerblicher Grundstückshandel als Steuersparmodell – zugleich Anmerkungen zur Gewinnermittlungsart des gewerblichen Grundstückshändlers, in: DStR 2000, S. 1249 ff.

Konow, Karl-Otto: Verdeckte Gewinnausschüttungen durch mittelbare Zuwendungen an Gesellschafter, in: GmbHR 1966, S. 231 ff.

Kormann, Berthold: Das negative Kapitalkonto: Kontenführung – Bilanzierung – Erfolgsauswirkung von Abtretungen, in: BB 1974, S. 893 ff.

Korn, Klaus: Neue Beratungsaspekte zu verdeckten Gewinnausschüttungen, in: Kölner Steuerdialog 2001, Nr. 4, S. 12811 ff. (zit.: *Korn,* in: KÖSDI 2001)

Korn, Klaus/*Strahl,* Martin: GmbH und Gesellschafter: steueroptimale Gestaltungen und Formulierungen, in: NWB Fach 4, S. 4291 ff.

Kornblum, Udo: Satzungsändernder Gesellschafterbeschluss – Anmerkung, in: EWiR 2000, S. 675 f.

Kraft, Cornelia/*Kraft,* Gerhard: Steuerliche Konsequenzen aus der Verlustausgleichsverpflichtung des beherrschenden GmbH-Gesellschafters, in: BB 1992, S. 2465 ff.

Krebs, Hans-Joachim: Änderungen des Körperschaftsteuerrechts zur Jahreswende 1989/1990, in: BB 1990, S. 527 ff.

Krebs, Ottomar: Die Grundsätze der Besteuerung des Schadensersatzes im Haftpflichtrecht nach dem EStG, Köln Univ. Diss. 1956

Krebühl, Hans-Herbert: Besteuerung der Organschaft im neuen Unternehmenssteuerrecht, in: DStR 2002, S. 1241 ff.

Kreft, Volker/*Serafini,* Jürgen: BFH-Entscheidungen und BMF-Schreiben zur Relativierung der Drei-Objekt-Grenze, in: GStB 2003, S. 164 ff.

Kruse, Heinrich Wilhelm: Über Werbungskosten, in: FR 1981, S. 473 ff.

Kutscher, Gerhard: Gewinnermittlung aus Land- und Forstwirtschaft nach Durchschnittssätzen – Möglichkeiten und Unmöglichkeiten, in: DStZ/A 1976, S. 7 ff.

– Gesetz zur Neuregelung der Einkommensbesteuerung der Land- und Forstwirtschaft, in: FR 1980, S. 449 ff.

Laengner, Dieter: Gewinnabführungsvertrag bei verunglückter Organschaft, in: BB 1991, S. 1239 ff.

Lang, Joachim: Die Bemessungsgrundlage der Einkommensteuer: rechtssystematische Grundlagen steuerlicher Leistungsfähigkeit im deutschen Einkommensteuerrecht, Köln, Univ. Habil. Schrift 1981, Köln 1988

– Zur Subjektfähigkeit von Personengesellschaften im Einkommensteuerrecht, in: Ertragsbesteuerung: Zurechnung – Ermittlung – Gestaltung, Festschrift für Ludwig Schmidt zum 65. Geburtstag, hrsg. von Arndt Raupach, Adalbert Uelner; München 1993, S. 291 ff. (zit.: *Lang,* in: FS Schmidt)

Lange, Joachim: Verdeckte Gewinnausschüttungen: eine systematische Darstellung der Voraussetzungen und Auswirkungen, 4. vermehrte Auflage, Herne/Berlin 1973 (zit.: *Lange,* Verdeckte Gewinnausschüttungen, 4. Aufl.)

– Verdeckte Gewinnausschüttungen: systematische Darstellung der Voraussetzungen und Auswirkungen, 7. völlig überarbeitete Auflage, Herne/Berlin 1998 (zit.: *Lange,* Verdeckte Gewinnausschüttungen, 7. Aufl.)

Lange, Joachim/*Janssen,* Bernhard: Verdeckte Gewinnausschüttungen: systematische Darstellung der Voraussetzungen und Auswirkungen, begr. von Joachim Lange, fortgef. von Bernhard Janssen, 8. völlig überarbeitete Auflage, Herne/Berlin 2003 (zit.: *Lange/Janssen,* Verdeckte Gewinnausschüttungen, 8. Aufl.)

Laube, Konrad: Probleme des Übergangs zur gesetzlichen Regelung der körperschaftsteuerlichen Organschaft, in: BB 1969, S. 1532 ff.

Lauda, Rudolf: Anmerkung aus LM BGB § 249 (Ba), Nr. 33 (1/1994)

Lempenau, Gerhard: Verdeckte Gewinnausschüttung – Sorgenkind der Körperschaftsteuerreform, in: BB 1977, S. 1209 ff.

Leu, Dietmar: Die Einkunftserzielungsabsicht im Bereich der Einkünfte aus Vermietung und Verpachtung – Verbliebene Praxisrelevanz, in: DStZ 2000, S. 129 ff.

– Randprobleme der neuen Rechtsprechung zum Damnum, in: DStZ 1997, S. 823 ff.

Ley, Ursula: Die bilanzielle Behandlung von Körperschaftsteuer- und Kapitalertragsteueranrechnungsansprüchen bei Personengesellschaften, in: DStR 1995, S. 1122 ff.

– Buchführungspraxis: Umsetzung der Änderung bei der Erfassung von Körperschaftsteuer- und Kapitalertragsteuer-Anrechnungsansprüchen bei Personengesellschaften, in: DStR 1996, S. 817 ff.

Mahlow, Christian: Verdeckte Gewinnausschüttungen an nahe stehende Personen – Anmerkungen zum BFH-Urteil vom 18.12.1996 – I R 139/84 –, in: DB 1997, S. 1640 ff.

Marhofer-Ferlan, Helga P.: Veräußerungen von Privatvermögen und § 15 EStG, Konstanz 1990

Marks, Peter: Zu den Auswirkungen der Körperschaftsteuerreform auf die Rechnungslegung – Zum Entwurf einer Verlautbarung des HFA, in: WPg 1977, S. 197 ff.

Marotzke, Wolfgang: Haftungsverhältnisse und Probleme der Nachlassverwaltung bei der Beerbung des einzigen Komplementärs durch den einzigen Kommanditisten – Bemerkungen zum Urteil BGHZ 113, 132, in: ZHR 156 (1992), S. 17 ff.

Mathiak, Walter: Rechtsprechung zum Bilanzsteuerrecht, in: StuW 1987, S. 51 ff.

Maul, Karl-Heinz: Zur Behandlung der anrechenbaren Körperschaftsteuer und der Kapitalertragsteuer auf Beteiligungserträge im Jahresabschluss von Personenhandelsgesellschaften, in: DB 1981, S. 1104 ff.

– Zur Behandlung der anrechenbaren Körperschaftsteuer und Kapitalertragsteuer im Jahresabschluss von Personengesellschaften – eine Diskussion, in: DB 1982, S. 293

Meilicke, Wienand: Verlustabzug bei Fusion von Konzerntochtergesellschaften, in: BB 1977, S. 1138 f.

– Zivilrechtliche Probleme des körperschaftsteuerlichen Anrechnungsverfahrens, in: Beiträge zum Zivil-, Steuer- und Unternehmenssteuerrecht – Festschrift für Heinz Meilicke; hrsg. vom Fachinstitut der Steuerberater e. V.; mit Beiträgen von K. A. Bettermann u. a., Berlin u. a. 1985 (zit.: *W. Meilicke,* Zivilrechtliche Probleme des körperschaftsteuerlichen Anrechnungsverfahrens, in: FS H. Meilicke)

– Zur Behandlung der anrechenbaren Körperschaftsteuer und Kapitalertragsteuer im Jahresabschluss von Personengesellschaften – eine Diskussion, in: DB 1982, S. 291 f.

Mendel, Reinhard: Zu den Anforderungen an die Sorgfaltspflichten eines Steuerberaters im Rahmen von Beratungsverträgen, in: WuB IV A. § 676 BGB 5.86, S. 1601 f.

Meyer, Bernd: Die Behandlung beruflich genutzter Wirtschaftsgüter des Privatvermögens als Werbungskosten (§ 9 Abs. 1 Nr. 6 und 7 EStG), in: DStR 1981, S. 131 ff.

Michel, Frank P.: Die Einigung bei der Übertragung von Personengesellschaftsanteilen, in: ZGR 1991, S. 412 ff.

Miebach, Klaus: Der Gemeinsame Senat der obersten Gerichtshöfe des Bundes: Geschichte, Probleme und Stellung des Gemeinsamen Senats zum Bundesverfassungsgericht, Berlin 1971 (zit.: *Miebach,* Der Gemeinsame Senat)

Moxter, Adolf: Das Realisationsprinzip – 1984 und heute, in: BB 1984, S. 1780 ff.

Müller, Welf: Anmerkung aus LM Nr. 6 zu § 122 HGB (7/1995)

Müller-Gatermann, Gert: Sanierung und Mantelkauf – ein Widerspruch?, in. DStR 1991, S. 597 ff.

Nehm, Hilmar: Gibt es Bauherren im Erwerbermodell – Anmerkungen zum BFH-Beschluss vom 18.9.1985 II B 24-29/85, in: DB 1986, S. 1486 f.

Neumann, Ralf: VGA und verdeckte Einlagen von A–Z, Köln 2001

Nölkel, Dieter: Steuerliche Verlustabzugspotenziale in den Unternehmen der neuen Bundesländer, in: BB 1995, S. 332 ff.

o.V.: Reinvestitionsvergünstigung nach § 6b EStG und Bilanzänderungen, in: DB 1965, S. 1195

– Reinvestitionsvergünstigung nach § 6b EStG: Übertragung stiller Reserven auf Gebäude, in: DB 1967, S. 2008

Ossendorf, Herbert: Körperschaftsteuer-Anrechnung bei der Einziehung von Geschäftsanteilen an einer GmbH?, in: BB 1979, S. 40 ff.

Ottersbach, Jörg H.: Verdeckte Gewinnausschüttung durch Leistungen an nahe stehende Personen eines Gesellschafters, in: NWB Fach 4 (38/2001), S. 4435 ff.

Pabst, Günter: Die Konzeption des Erhaltungsmodells, in: FWW 1986, S. 19 ff.

Patzner, Andreas: Haftung eines Steuerberaters für einen fehlerhaften Ergebnisabführungsvertrag, in: WuB IV A. § 675 BGB 1.00, S. 247 ff.

Paus, Bernhard: 6b-Rücklagen und Betriebsveräußerung – Gestaltungsmöglichkeiten für den Steuerpflichtigen, in: FR 1984, S. 249 ff.

– Pensionszahlungen an „nahe stehende Personen" als vGA – Anmerkungen zu dem BFH-Urteil vom 18.12.1996, in: DStZ 1997, S. 739 ff.

Pezzer, Heinz-Jürgen: Die Instandsetzung und Modernisierung von Gebäuden nach der jüngsten Rechtsprechung des BFH, in: DB 1996, S. 849 ff.

Pfister, Wolfgang: Die Einmann-Personengesellschaft: ein interdisziplinärer Ansatz, Frankfurt 1999

Preißer, Michael/*Seeliger,* Thomas: Die organsteuerliche Behandlung vorvertraglich veranlasster Mehrabführungen nach neuer Verwaltungsauffassung – Null gleich Null gleich Eins? Das Aufeinandertreffen zweier Besteuerungssysteme zur Vermeidung von Mehrbelastungen als lohnendes Additiv für den Fiskus!, in: BB 1999, S. 393 ff.

Priester, Hans-Joachim: Bilanzierung und Besteuerung beim qualifizierten faktischen Konzern, in: Steuerberater-Jahrbuch 1993/94, S. 141 ff. (zit.: *Priester,* in: StBJb 1993/94)

Prinz, Ulrich: „Fortentwicklung" des Organschaftsrechts: Neue Irrungen und Wirrungen, in: FR 2002, S. 66 ff.

– Grundsatzbetrachtungen zum Werbungskostenbegriff, in: FR 1986, S. 397 ff.

Ranft, Eckart: Aktuelle Fragen zur Besteuerung von Kapitalgesellschaften, in: Steuerberater-Jahrbuch 1972/73, S. 269 ff. (zit.: *Ranft,* in: StBJb 1972/73)

Raupach, Arndt: Konsolidierte oder strukturierte Gesamtbilanz der Mitunternehmerschaft oder additive Ermittlung der Einkünfte aus Gewerbebetrieb der Mitunternehmer mit oder ohne korrespondierende Bilanzierung? – Festbeitrag zum 65. Geburtstag von Adalbert Uelner am 27. Oktober 1992, in: DStZ 1992, S. 692 ff.

– Die Systematik der Grundvorschriften des körperschaftsteuerlichen Anrechnungsverfahrens (§§ 20, 36 EStG, §§ 27, 41, 43 KStG), in: FR 1978, S. 570 ff.

Raupach, Arndt/*Tipke,* Klaus/*Uelner,* Adalbert: Niedergang oder Neuordnung des deutschen Einkommensteuerrechts?, Symposion aus Anlass des fünfzigjährigen Bestehens des Instituts für Steuerrecht der Westfälischen Wilhelms-Universität zu Münster am 1.10.1984, Köln 1985 (zit.: *Bearbeiter,* in: Raupach/Tipke/Uelner)

Reiss, Wolfram: Bruchteilsgemeinschaften und gewerblicher Grundstückshandel, in: FR 1992, S. 364 ff.

Richter, Heinz: Verlängerung der Reinvestitionsfrist i. S. des § 6b EStG, in: Die steuerliche Betriebsprüfung 1973, S. 103 ff.

Richter, Heinz/*Winter,* Willi: Gewinnübertragungen nach §§ 6b/6c EStG, 2. erneuerte Auflage, Herne/Berlin 1979

Rischar, Andreas: Geschäftsführerentgelte und verdeckte Gewinnausschüttungen, in: GmbHR 2003, S. 15 ff.

Röhricht, Volker: Zum Austritt des Gesellschafters aus der GmbH, in: Festschrift für Alfred Kellermann zum 70. Geburtstag am 29. November 1990, hrsg. von Reinhard Goerdeler u. a., Berlin 1991, S. 361 ff. (zit.: *Röhricht,* in: FS Kellermann)

Rose, Gerd: Betrieb und Steuer; Band 1: Ertragsteuern – Einkommensteuer, Körperschaftsteuer, Gewerbesteuer, 18. erheblich überarbeitete Auflage, Berlin 2004 (zit.: *G. Rose,* Ertragsteuern)

– Betrieb und Steuer; Band 3: Die Substanzsteuern – Bewertungsgesetz, Grundsteuer, Erbschaft- und Schenkungsteuer, 10. vollständig überarbeitete Auflage, Wiesbaden 1997 (zit.: *G. Rose,* Substanzsteuern)

– Betriebswirtschaftliche Steuerlehre – eine Einführung für Fortgeschrittene, 3. vollständig überarbeitete und aktualisierte Auflage, Wiesbaden 1992 (zit.: *G. Rose,* Betriebswirtschaftliche Steuerlehre)

– Die Steuerbelastung der Unternehmung, Grundzüge der Teilsteuerrechnung, Wiesbaden 1973 (zit.: *G. Rose,* Die Steuerbelastung der Unternehmung)

Roser, Frank D.: Anrechenbare Körperschaftsteuern im Jahresabschluss einer Holding-Personengesellschaft, in: DB 1992, S. 850 ff.

Ruban, Reinhild: Die atypisch stille Gesellschaft im Ertragsteuerrecht – Tendenzen in der neueren Rechtsprechung des Bundesfinanzhofs, in: DStZ 1995, S. 637 ff.

Saenger, Ingo: Amtspflichtverletzungen des Notars bei Beurkundung einer Befreiung vom Selbstkontrahierungsverbot und Vollzug einer Satzungsänderung, in: WuB IV A. § 181 BGB 1.00, S. 338 ff.

Scharfenberg, Jens: Zu der Abgrenzung von Herstellungsaufwand und Erhaltungsaufwand bei der Instandsetzung und Modernisierung von Gebäuden, in: DStR 1997, S. 473 ff.

Schäufele, Herbert: Sind Schadensersatzleistungen des steuerlichen Beraters wegen überhöhter Körperschaftsteuerzahlungen körperschaftsteuerpflichtiges Einkommen der schadlos gestellten Kapitalgesellschaft? – Kritik am Urteil des Bundesfinanzhofs vom 8. Dezember 1971, BStBl. 1972 II, S. 292, in: BB 1972, S. 1399 f.

Scheiterle, Walter: Entschädigungsleistungen für nichtabzugsfähige Aufwendungen, in: Der Steuerberater 1972, S. 195 ff.

Schick: Die steuerliche Behandlung von Schadensersatzrenten beim Rentenempfänger, in: NJW 1967, S. 962 ff.

Schick, Rainer: GmbHR-Kommentar zum BGH-Urteil vom 18.11.1999, IX ZR 402/97, in: GmbHR 2000, S. 140 f.

Schiefer, Christina: Die Anwachsung bei der Gesellschaft bürgerlichen Rechts, in: DStR 1996, S. 788 ff.

Schlagheck, Markus: Private Pkw-Nutzung und verdeckte Gewinnausschüttung, in: StBp 1998, S. 237 ff.

Schlotter, J.: Die Behandlung von Steueranrechnungsansprüchen in der Rechnungslegung, insbesondere im Jahresabschluss von Personengesellschaften, in: DB 1983, S. 188 ff.

Schlüter, Wilfried: Das „obiter dictum" – Die Grenzen höchstrichterlicher Entscheidungsbegründung, dargestellt an Beispielen aus der Rechtsprechung des Bundesarbeitsgerichts, München 1973 (zit.: *Schlüter,* obiter dictum)

Schmidt, Karsten: Gesellschaftsrecht, 4. neubearbeitete Auflage, Köln u.a. 2002 (zit.: *K. Schmidt,* Gesellschaftsrecht)

Schmidt, Ludwig: Ertragsteuerrechtliche Probleme des Gesellschafterwechsels bei Personengesellschaften, in: FR 1978, S. 353 ff.

– Personengesellschaften im Spannungsfeld von Zivilrecht und Ertragsteuerrecht, in: FR 1980, S. 482 ff.

– Die GmbH als Organgesellschaft im Körperschaftsteuerrecht, in: GmbHR 1971, S. 9 ff.

Schmidt, Ludwig/*Müller,* Thomas/*Stöcker,* Ernst E.: Die Organschaft im Körperschaftsteuer-, Gewerbesteuer- und Umsatzsteuerrecht, 5. Auflage, Herne/Berlin 1999 (zit.: *Schmidt/Müller/Stöcker,* Organschaft, 5. Aufl.)

– Die Organschaft im Körperschaftsteuer-, Gewerbesteuer- und Umsatzsteuerrecht, 6. Auflage, Herne/Berlin 2003 (zit.: *Schmidt/Müller/Stöcker,* Organschaft, 6. Aufl.)

Schmidt-Liebig, Axel: Abgrenzung zwischen gewerblichen und privaten Grundstücksgeschäften: methodische Grundlagen, Gestaltungsmöglichkeiten, Praxishinweise, Rechtsprechungsübersicht, 4. Auflage, Bielefeld 2002

– Die AfA-Basis von ins Privatvermögen überführten Wirtschaftsgütern, in: DStR 1992, S. 1745 ff.

– Der Beschluss des Bundesfinanzhofs vom 18.09.1985 und die steuerliche Einordnung von Bauherren- und anderen Vertragsbündelmodellen – Zugleich ein Beitrag zur wirtschaftlichen Betrachtungsweise, in: BB 1986, S. 774 ff.

– Der „gewerbliche Grundstückshandel“ in der neueren Rechtsprechung des Bundesfinanzhofs, in: BB 1993, S. 904 ff.

– „Grundstückshandel“ – Drei-Objekt-Grenze und Einheit der Personengesellschaft: Anmerkungen zum Beschluss des Großen Senats des Bundesfinanzhofs vom 3.7.1995 – GrS 1/93, in: BB 1996, S. 1799 ff.

– Grundstücksverkäufe als Gewerbebetrieb, in: DB 1997, S. 346 ff.

– Neuere Rechtsprechung des BFH zur Abgrenzung gewerblicher und privater Grundstücksgeschäfte, in: FR 1997, S. 325 ff.

Schmidt-Räntsch, Günther: Zur Bildung des Gemeinsamen Senats der obersten Gerichtshöfe des Bundes, in: DRiZ 1968, S. 325 ff.

Schmitz, Bernhard/*Wichmann,* Gerd: Die Haftung des Steuerberaters bei verdeckter Gewinnausschüttung – Anmerkungen zu dem BGH-Urteil vom 18.12.1997, DB 1998, S. 669 ff., in: DB 1999, S. 732 ff.

Schneck, Horst/*Hirsch,* Christoph J.: Mehrabführungen aufgrund vorvertraglicher Geschäftsvorfälle in der Organschaft, in: GmbHR 1999, S. 898 ff.

Schuhmann, Helmut: Die Drei-Objekt-Grenze und der „so genannte gewerbliche Grundstückshandel“, in: StBp 1997, S. 34 ff.

Schulte, Martin: Rechtsprechungseinheit als Verfassungsauftrag: dargestellt am Beispiel des Gemeinsamen Senats der obersten Gerichtshöfe des Bundes, Münsterische Beiträge zur Rechtswissenschaft, Band 20, Berlin 1986

Schulze zur Wiesch, Dietrich W./*Schulze zur Wiesch,* Reinhard W.: Körperschaftsteueranrechnung und Jahresabschluss einer Personenhandelsgesellschaft, in: Baetge, Jörg (Hrsg.), Rechnungslegung, Prüfung und Beratung: Herausforderungen für den Wirtschaftsprüfer, Festschrift zum 70. Geburtstag von Prof. Dr. Rainer Ludewig, Düsseldorf 1996, S. 983 ff. (zit.: *D. Schulze zur Wiesch/R. Schulze zur Wiesch,* in: FS Ludewig)

Schulze zur Wiesche, Dieter: Betriebsveräußerung, Gesellschafterwechsel und Betriebsaufgabe im Steuerrecht unter besonderer Berücksichtigung der freiberuflichen Praxis, 8. neu bearbeitete Auflage, Heidelberg 2002 (zit.: *Schulze zur Wiesche,* Betriebsveräußerung)

– Körperschaftsteuerliche Änderungen aufgrund des Steuerreformgesetzes 1990, in: GmbHR 1988, S. 350 ff.

Schulze-Osterloh, Joachim: Zivilrecht und Steuerrecht, in: AcP 190 (1990), S. 139 ff.

Seeger, Siegbert: Anmerkung zum BFH-Urteil vom 14.3.1989 – I R 8/85, in: FR 1989, S. 466

Seitrich, Peter: Zur Angemessenheit der Vergütung des Gesellschafter-Geschäftsführers einer GmbH, in: BB 1987, S. 877 ff.

Selchert, Friedrich W.: Körperschaftsteueranrechnung bei Anteilen im Betriebsvermögen einer Mitunternehmergemeinschaft, in: BB 1984, S. 888 ff.

Sender, Lothar: Die angemessene Verzinsung des Gesellschafter-Verrechnungskontos bei einer GmbH und die steuerliche Erfassung eines möglichen Zinsvorteils beim Gesellschafter, in: GmbHR 1992, S. 649 ff.

Simon, Peter: Der Anspruch auf Körperschaftsteueranrechnung bei Anteilen im Betriebsvermögen, in: BB 1981, S. 133 ff.

Söffing, Günter: Anschaffungskosten – Herstellungskosten – anschaffungsnaher Aufwand: Die wichtigsten Punkte der BFH-Urteile vom 12. September 2001 IX R 39/97 sowie IX R 52/00 und Gedanken dazu, in: DStZ 2002, S. 587 ff.

– Der anschaffungsnahe Aufwand, in: DB 1986, S. 662 ff.

– Die Drei-Objekt-Grenze beim gewerblichen Grundstückshandel – Anmerkungen zum Beschluss des Großen Senats des BFH vom 3.7.1995 – GrS 1/93, in: DB 1995, S. 2138 ff.

– Gewerblicher Grundstückshandel – eine Beurteilungshilfe, in: DStZ 1996, S. 353 ff.

– Das negative Kapitalkonto eines Kommanditisten bei Gesellschafterwechsel und Gesellschaftsauflösung, in: BB 1982, S. 629 ff.

– Überlegungen zum Begriff „Bauherr“, in: DB 1982, S. 1189 ff.

– Verdeckte Gewinnausschüttung bei nahe stehenden Personen, in: DStZ 1999, S. 885 ff.

Söffing, Matthias G./*Klümpen-Neusel,* Claudia: Unentgeltliche Grundstücksgeschäfte und gewerblicher Grundstückshandel – zugleich eine Besprechung des BFH-Urteils vom 5.3.2000, DStR 2000, 1131, in: DStR 2000, S. 1753 ff.

Söhn, Hartmut: Anschaffungskosten/Herstellungskosten und Betriebsausgabenbegriff, in: StuW 1991, S. 270 ff.

– Steuerbarkeit von Unterhaltsersatzrenten, in: FR 1996, S. 81 ff.

Späth, Wolfgang: Der Gemeinsame Senat der obersten Gerichtshöfe des Bundes – seine Stellung und Aufgabe; Umgehungstendenzen in der Rechtsprechung, in: BB 1977, S. 153 ff.

Spindler, Wolfgang: Der gewerbliche Grundstückshandel in der Rechtsprechung des Bundesfinanzhofs, in: DStZ 1997, S. 10 ff.

– Zur Abgrenzung von Herstellungs- und Erhaltungsaufwand bei Instandsetzungs- und Modernisierungsmaßnahmen an Gebäuden, in: DStR 1996, S. 765 ff.

Steinle, Franz: Schadensersatz für immaterielle Schäden und Einkommensteuerpflicht, in: BB 1981, S. 359 ff.

– Schadensersatz und Ertragsteuerrecht, Tübingen Univ. Diss. 1982, Tübingen 1982

Stork, Stephen: Gewinnermittlungswahlrecht beim gewerblichen Grundstückshandel, in: DB 2001, S. 115 ff.

Streck, Michael/*Schwedhelm,* Rolf: Verlustabzug und Mantelkauf nach der Steuerreform, in: FR 1989, S. 153 ff.

– Gewerblicher Grundstückshandel – Die Entwicklung der jüngeren Rechtsprechung, in: DStR 1988, S. 527 ff.

Stuhrmann, Gerd: Abgrenzung von Herstellungsaufwendungen und Erhaltungsaufwendungen bei Instandsetzung und Modernisierung von Gebäuden, in: BB 1997, S. 658 ff.

– Anschaffungsnaher Aufwand bei Gebäuden und „Erwerbermodelle“, in: BB 1985, S. 1656 f.

Sturm, Wolfgang: Verlustübernahme bei verunglückter Organschaft – eine Steueroase für verbundene Unternehmen?, in: DB 1991, S. 2055 ff.

Stürner, Rolf: Der Erwerbsschaden und seine Ersatzfähigkeit, in: JZ 1984, S. 461 ff.

Thiel, Jochen: Mantelkauf oder Sanierung – Zur Auslegung des § 8 Abs. 4 KStG, in: GmbHR 1990, S. 223 ff.

– Die verdeckte Gewinnausschüttung im Spannungsfeld zwischen Zivil- und Steuerrecht, in: DStR 1993, S. 1801 ff.

Thiel, Rudolf: Die Neutralisierung der dem Empfänger der verdeckten Gewinnausschüttung zu Lasten der Kapitalgesellschaft erwachsenden Bereicherung, in: FR 1977, S. 267 ff.

– Übertragung stiller Reserven: Kommentar zu § 6b des Einkommensteuergesetzes in der Fassung des Steueränderungsgesetzes 1964, Schriftenreihe „Steuerrecht und Steuerpolitik“, Heft 4, Heidelberg 1965 (zit.: *R. Thiel,* Übertragung stiller Reserven)

– Die verdeckte Gewinnausschüttung und ihre Bedeutung für das Einkommen der ausschüttenden Gesellschaft und das ihrer Gesellschafter, in: DB 1962, S. 1482 ff.

Tiedtke, Klaus: Fortbestand der Befreiung vom Verbot des Selbstkontrahierens bei der Umwandlung einer mehrgliedrigen in eine Einmann-GmbH, in: ZIP 1991, S. 355 ff.

– Die mündliche Änderung der qualifizierten Schriftformklausel im Steuerrecht, in: DStZ 1992, S. 195 ff.

Tillmann, Bert: Ausgewählte Fragen zum körperschaftsteuerlichen Anrechnungsverfahren, in: Steuerberaterkongress-Report 1978: Ansprachen, Referate, Diskussionen/ Deutscher Steuerberaterkongress 1978 der Bundessteuerberaterkammer, hrsg. von der Bundesssteuerberaterkammer, Körperschaft des öffentlichen Rechts, Bonn, und dem Deutschen wissenschaftlichen Steuerinstitut der Steuerberater und Steuerbevollmächtigten e. V., Bonn; München 1978, S. 167 ff. (zit.: *Tillmann,* in: Steuerberaterkongress-Report 1978)

Tipke, Klaus: Die Steuerrechtsordnung: Band I (Wissenschaftsorganisatorische, systematische und grundrechtlich-rechtsstaatliche Grundlagen), 2. Auflage, Köln 2000; Band II (Steurrechtfertigungstheorie, Anwendung auf alle Steuerarten, sachgerechtes Steuersystem), 2. Auflage Köln 2003; Band III (Föderative Steuerverteilung, Rechtsanwendung und Rechtsschutz, Gestalter der Steuerrechtsordnung), Köln 1993 (zit.: *Tipke,* Steuerrechtsordnung)

Tipke, Klaus/*Lang,* Joachim: Steuerrecht, begr. von Klaus Tipke, fortgef. von Joachim Lang, 15. völlig überarbeitete Auflage, Köln 1996 (zit.: *Tipke/Lang,* Steuerrecht, 15. Aufl.)

– Steuerrecht, begr. von Klaus Tipke, fortgef. von Joachim Lang, unter Mitarbeit von Roman Seer u. a., 17. völlig überarbeitete Auflage, Köln 2002 (zit.: *Bearbeiter,* in: Tipke/Lang (Hrsg.), Steuerrecht, 17. Aufl.)

Trautmann, Oliver: Bilanzierung und Besteuerung im qualifiziert faktischen Konzern, Bamberg Univ. Diss., 1996, Frankfurt am Main 1997

Wangler, Clemens: Gewerblicher Grundstücks- und Wertpapierhandel – Wohin führen die Kriterien der Rechtsprechung?, in: DStR 1999, S. 184 ff.

Wanninger, Andrea/*Nikolaidu,* Dimitra: Ausgewählte Probleme zur vGA insbesondere bei Gesellschafter-Geschäftsführern, in: BB 2002, S. 2470 ff.

Wassermeyer, Franz: 20 Jahre BFH-Rechtsprechung zu Grundsatzfragen der verdeckten Gewinnausschüttung, in: FR 1989, S. 218 ff.

– Neues zur Definition der verdeckten Gewinnausschüttung – Anmerkung zu dem BFH-Urteil vom 7.8.2002, I R 2/02 und zugleich Stellungnahme zu Frotscher, FR 2002, S. 859, in: DB 2002, S. 2668 ff.

– Der Nießbrauch im Einkommensteuerrecht, in: FR 1983, S. 157 ff.

– Verdeckte Gewinnausschüttungen um Zusammenhang mit Gesellschafter-Geschäftsführern, in: DStR 1991, S. 1065 ff.

– Verdeckte Gewinnausschüttungen und verdeckte Einlage, in: DStR 1990, S. 158 ff.

Wätzig, Martin: Die Neuregelung der Einkommensbesteuerung der Land- und Forstwirtschaft, in: DB 1980, S. 1711 ff.

Weimar, Robert: Grundprobleme und offene Fragen um den faktischen GmbH-Geschäftsführer, in: GmbHR 1997, S. 473 ff. (Teil I), S. 538 ff. (Teil II)

Wichmann, Gerd: Der Bauherr im Einkommensteuerrecht, in: BB 1991, S. 589

– Bilanzierung bei verunglückter Organschaft – zugleich Anmerkung zum Urteil des Bundesfinanzhofs vom 16.5.1990, in: BB 1992, S. 394 f.

– Die Frage nach dem zutreffenden Verständnis von der Bauherreneigenschaft, in: DB 1982, S. 2057

– Die Frage nach der Rückforderbarkeit des Anrechnungsguthabens bei verdeckten Gewinnausschüttungen, in: BB 1996, S. 88 ff.

Wienands, Hans-Gerd/*Klein,* Manfred: Erstattungsanspruch der Personenhandelsgesellschaft betreffend beim Gesellschafter angerechneter Körperschaft- und Kapitalertragsteuer – Anmerkung zum BGH-Urteil vom 30.1.1995 – II ZR 42/94, in: GmbHR 1995, S. 805 ff.

Wochinger, Peter: Verdeckte Gewinnausschüttungen und verdeckte Einlagen, 3. Auflage, Bonn 1995

Woerner, Lothar: Grundsatzfragen zur Bilanzierung schwebender Geschäfte, in: FR 1984, S. 489 ff.

Wolff-Diepenbrock, Johannes: Zur AfA-Berechtigung bei unentgeltlichem Nießbrauch – Die Urteile des Bundesfinanzhofs vom 28. Juli 1981, in: DStZ 1982, S. 331 ff.

Wolfsteiner, Hans: Bauherrenmodelle in der notariellen Praxis, in: DNotZ 1979, S. 579 ff.

Wollny, Paul: Bauherrenmodelle zur Errichtung von Eigentumswohnungen im Einkommensteuerrecht – Überlegungen zur bisherigen Rechtsprechung in ihren Tendenzen, in: Beilage 1 zu BB 1982, S. 1 ff.

Wöppel, Berthold: Die Abgrenzung der privaten Vermögensverwaltung vom Gewerbebetrieb bei der Veräußerung privater Grundstücke und Gebäude, Würzburg 1992

Wüllenkemper, Dirk: Rückfluss von Aufwendungen im Einkommensteuerrecht, Bochum Univ. Diss. 1986/1987, Köln 1987

Zitzelsberger, Heribert: Grundlagen der Gewerbesteuer: eine steuergeschichtliche, rechtsvergleichende, steuersystematische und verfassungsrechtliche Untersuchung, Regensburg, Univ. Habil. Schrift 1989, Köln 1990 (zit.: *Zitzelsberger,* Grundlagen der Gewerbesteuer)

Sachverzeichnis

65 Britta Spitzbart
Das Betriebsvermögen im Erbschaftsteuerrecht
Geltendes Recht und Reformvorschläge
285 S. 2000 ⟨3-428-09913-3⟩
€ 60,– / sFr 104,–

66 Michael Bernhard
Einkünfte versus Income
Eine systemvergleichende und wertende Betrachtung des deutschen Einkünftebegriffs und dessen US-amerikanischen Synonyms, insbesondere dargestellt am Beispiel der Vermietung und Verpachtung von Wohnimmobilien
Abb.; 469 S. 2000 ⟨3-428-10044-1⟩
€ 84,– / sFr 145,–

67 Klaus Tipke / Nadya Bozza (Hrsg.)
Besteuerung von Einkommen
Rechtsvergleich Italien, Deutschland und Spanien als Beitrag zur Harmonisierung des Steuerrechts in Europa
Frontispiz; 315 S. 2000
⟨3-428-09953-2⟩
€ 68,– / sFr 117,–

68 Hagen Kobor
Die Auslegung im Erbschaftsteuergesetz
Die Erbschaftsteuer zwischen Zivilrecht und Ertragsteuerrecht
224 S. 2000 ⟨3-428-10067-0⟩
€ 58,– / sFr 100,–

69 Irene Gombert
Die Schätzung der Besteuerungsgrundlagen nach § 162 der Abgabenordnung
167 S. 2001 ⟨3-428-10031-X⟩
€ 56,– / sFr 97,–

70 Reimar Pinkernell
Einkünftezurechnung bei Personengesellschaften
231 S. 2001 ⟨3-428-10203-7⟩
€ 62,– / sFr 107,–

71 Peter Bauschatz
Verdeckte Gewinnausschüttung und Fremdvergleich im Steuerrecht der GmbH
§§ 8 Abs. 3 S. 2; 8 a KStG
215 S. 2001 ⟨3-428-10337-8⟩
€ 56,– / sFr 97,–

72 Paul Richard Gottschalk
Leistungen in das Gesellschaftsvermögen einer GmbH als freigebige Zuwendung gemäß § 7 Abs. 1 Nr. 1 ErbStG
Tab., Abb.; IV, 508 S. 2001
⟨3-428-10392-0⟩
€ 98,– / sFr 169,–

73 Nadya Bozza-Bodden
Das deutsche und das italienische Körperschaftsteuersystem im Europäischen Binnenmarkt
447 S. 2002 ⟨3-428-10670-9⟩
€ 90,– / sFr 155,–

74 Roman M. Seer / Christian Wolsztynski
Steuerrechtliche Gemeinnützigkeit der öffentlichen Hand
Eine Untersuchung zur Gemeinnützigkeit privatrechtlicher Körperschaften in staatlicher (Mit-)Trägerschaft
Abb.; 249 S. 2002 ⟨3-428-10726-8⟩
€ 64,– / sFr 110,–

75 Dorrit Selbmann
Die Übertragung stiller Reserven bei Personengesellschaften nach § 6b EstG
Eine Norm zwischen Konstanz und Wandel
267 S. 2003 ⟨3-428-10914-7⟩
€ 74,– / sFr 125,–

76 Kerstin Löhr
Das umsatzsteuerrechtliche Optionsrecht für Vermietungsumsätze
Zugleich eine Untersuchung zur Bedeutung des steuerlichen Leistungsfähigkeitsprinzips im Umsatzsteuerrecht
IV, 423 S. 2003 ⟨3-428-10908-2⟩
€ 98,– / sFr 165,–